Vahlens Handbücher
der Wirtschafts- und Sozialwissenschaften

Investition

von

Univ.-Prof. Dr. Hartmut Bieg

Univ.-Prof. Dr. Heinz Kußmaul

Univ.-Prof. Dr. Gerd Waschbusch

3., vollständig überarbeitete Auflage

Verlag Franz Vahlen München

Die Autoren sind o. Professoren für Betriebswirtschaftslehre an der Universität des Saarlandes.

Univ.-Prof. Dr. Hartmut Bieg ist tätig im Bereich Wirtschaftswissenschaft.

Univ.-Prof. Dr. Heinz Kußmaul ist Direktor des Betriebswirtschaftlichen Instituts für Steuerlehre und Entrepreneurship am Lehrstuhl für Allgemeine Betriebswirtschaftslehre, insb. Betriebswirtschaftliche Steuerlehre.

Univ.-Prof. Dr. Gerd Waschbusch ist Inhaber des Lehrstuhls für Allgemeine Betriebswirtschaftslehre, insb. Bankbetriebslehre, sowie Direktor des Instituts für Banken und Mittelstandsfinanzierung e. V. (IfBM) mit Sitz in Saarbrücken.

ISBN 978-3-8006-5051-4

© 2016 Verlag Franz Vahlen GmbH, Wilhelmstraße 9, 80801 München
Satz: DTP-Vorlagen der Autoren
Druck und Bindung: Beltz Bad Langensalza GmbH,
Neustädter Str. 1–4, 99947 Bad Langensalza
Gedruckt auf säurefreiem, alterungsbeständigem Papier
(hergestellt aus chlorfrei gebleichtem Zellstoff)

Vorwort

Das hier in 3. Auflage vorgelegte Lehr- und Handbuch wendet sich an Leser, die sich umfassend und grundlegend mit den Fragen der Investition und des Investitionsmanagements auseinandersetzen wollen, seien es Lehrende und Studierende an Universitäten, Fachhochschulen, Dualen Hochschulen, Verwaltungs- und Wirtschaftsakademien und ähnlichen Einrichtungen, seien es interessierte Praktiker. Der Stand des Faches wird in ausführlicher Weise wiedergegeben, wobei die betriebswirtschaftlich gebotene Entscheidungsorientierung in den Mittelpunkt der Überlegungen gestellt wird; selbstverständlich erfolgt die Analyse auf dem Stand der theoretischen Diskussion.

Nach einem knapp gehaltenen ersten Abschnitt mit einer Darstellung der Grundlagen, Grundprinzipien und Bestandteile der Finanzwirtschaft wird in den darauffolgenden acht Abschnitten ausführlich Bezug genommen auf die Bereiche der Investition. Nach einer Darstellung der betrieblichen Einordnung der Investitionsrechnung und der Entscheidungen über Investitionen erfolgt eine ausführliche Würdigung zunächst der statischen Verfahren und dann der dynamischen Verfahren (einschließlich der Endwertverfahren und der Bestimmung der optimalen Nutzungsdauer) der Investitionsrechnung. Die folgenden Ausführungen thematisieren die Berücksichtigung der Steuern und der Geldentwertung in der Investitionsrechnung, danach die Berücksichtigung der Unsicherheit sowie die Investitionsprogrammentscheidungen, ehe eine Beurteilung der Investitionsrechnungsverfahren vorgenommen wird. Im letzten Abschnitt wird sehr ausführlich die Gesamtbewertung von Unternehmen als spezieller Anwendungsfall der Investitionsrechnung analysiert.

Die Ausführungen basieren auf dem Rechtsstand des Jahres 2015.

Ein derartiges Werk entsteht weder in einem einzigen Schritt noch ist es das Werk Einzelner. Es ist das Ergebnis unserer an der Universität des Saarlandes (sowie zuvor an der Technischen Universität Kaiserslautern) gehaltenen Veranstaltungen. In den Vorlesungen und Übungen konnten viele Überlegungen zusammen mit den Studierenden, denen an dieser Stelle ganz herzlich gedankt sei, überprüft, verbessert und präzisiert werden. Ganz wesentlich haben unsere wissenschaftlichen Mitarbeiterinnen und Mitarbeiter, mit denen wir zusammengearbeitet haben, zum Abschluss dieses Werkes beigetragen. Bei der Erstellung dieses Werkes konnten wir auch auf zahlreiche Aufsätze zurückgreifen, die wir in den Jahren 1995 bis 2009 in der Zeitschrift „Der Steuerberater" veröffentlicht haben; für die hervorragende Zusammenarbeit mit deren Chefredakteuren, *Herrn Uwe-Karsten Reschke* und *Frau Maria Wolfer*, möchten wir uns ausdrücklich bedanken.

Da dieses Buch eine grundlegende und umfassende Überarbeitung der 2. Auflage aus dem Jahr 2009 darstellt, die ihrerseits eine vollständige Revision der Erstauflage darstellte, möchten wir an dieser Stelle zunächst den an der 1. und 2. Auflage Beteiligten danken, indem wir aus dem Vorwort der 2. Auflage zitieren, wobei zunächst auf die Erstauflage Bezug genommen wird (die beiden ersten Auflagen wurden noch alleine von den beiden erstgenannten Autoren verfasst).

„Unser Dank für zahlreiche Hinweise, Hilfen und Verbesserungsvorschläge gilt unseren derzeitigen und früheren wissenschaftlichen Mitarbeitern, *Herrn Dr. Christopher Hossfeld, Herrn Prof. Dr. Michael Jacob, Herrn Dipl.-Kfm. Thomas Kern, Frau Dipl.-Kffr. Susanne König-Schichtel, Herrn Dr. Gregor Krämer, Frau Dr. Stefanie Meyer-Haberhauer, Herrn Dipl.-Kfm. Andreas Nestel, Herrn Priv.-Doz. Dr. Gerd Waschbusch* sowie *Frau Dipl.-Kffr. Nicole Klein, Herrn Dr. Bernd Leiderer, Frau Dr. Martina Petersen, Herrn Dipl.-Kfm. Lutz Richter* und *Herrn Dipl.-Kfm. Dipl. ESC René Schäfer*. Für die Sorgfalt und Umsicht beim Schreiben der Manuskripte danken wir *Frau Silvia Comtesse* und *Frau Renate Kolp* sowie *Frau Doris Schneider*; dem Lektor des Verlages, *Herrn Dipl.-Volkswirt Dieter Sobotka*, sind wir für die harmonische Zusammenarbeit zu Dank verpflichtet.

Für Hinweise und Verbesserungsvorschläge bei der Erstellung dieser 2. Auflage danken wir sehr herzlich *Herrn Dipl.-Kfm. Dennis Weiler,* der uns auch bei der Koordination und der Herstellung eines druckfertigen Werkes eine unentbehrliche Hilfe war; er meisterte diese Aufgabe mit Bravour, außerordentlichem Einsatz und nie erlahmendem Eifer in beispielhafter Weise. Ihm gilt unser ganz besonderer Dank. Für die Mithilfe bei der Unterstützung im Umfeld der Publikation gilt unser Dank *Frau Doris Schneider* genauso wie dem Lektor des Verlags Vahlen, *Herrn Dennis Brunotte*, für die harmonische Zusammenarbeit."

Für Hinweise bei der Erstellung der 3. Auflage hat sich als kritischer Betrachter, als Koordinator und als Verantwortlicher für die Erstellung einer Druckvorlage für den Verlag mit außerordentlichem Einsatz und Eifer in hervorragender Weise *Herr Florian Müller, M.Sc.*, eingebracht, dem unser ganz besonderer Dank gilt. Er wurde unterstützt von *Frau Miriam Heck, B.Sc.*, der ebenso wie *Frau Heike Mang*, die für die Unterstützung im Umfeld der Publikation maßgebend ist, sowie den Lektoren des Verlages, *Herrn Dipl.-Kfm. Thomas Ammon* und *Frau Dr. Barbara Schlösser*, unser großes „Dankeschön" gilt.

Selbstverständlich gehen alle in diesem Werk enthaltenen Fehler ausschließlich zu Lasten der Autoren. Den Lesern sind wir für Anregungen sowie für Verbesserungsvorschläge, die wir gerne berücksichtigen werden, dankbar.

Saarbrücken, im November 2015 *Hartmut Bieg*

Heinz Kußmaul

Gerd Waschbusch

Inhaltsübersicht

Vorwort V
Inhaltsverzeichnis XI
Verzeichnis der Abbildungen XXI
Verzeichnis der Abkürzungen XXV

Erster Abschnitt

Grundlagen, Grundprinzipien und Bestandteile der Finanzwirtschaft

A. Die Grundlagen der Finanzwirtschaft 1
B. Die Grundprinzipien der Finanzwirtschaft 8
C. Die Bestandteile der Finanzwirtschaft 21

Zweiter Abschnitt

Die betriebliche Einordnung der Investitionsrechnung und Entscheidungen über Investitionen

A. Die betriebliche Einordnung der Investitionsrechnung 29
B. Die Entscheidungen über Investitionen 34

Dritter Abschnitt

Die statischen Verfahren der Investitionsrechnung

A. Die Gemeinsamkeiten der statischen Verfahren 51
B. Die Kostenvergleichsrechnung 52
C. Die Gewinnvergleichsrechnung 58
D. Die Rentabilitätsvergleichsrechnung 59
E. Die statische Amortisationsrechnung 63
F. Beispiel zur Anwendung der statischen Verfahren der Investitionsrechnung ... 67
G. Zusammenfassende Beurteilung 70

Vierter Abschnitt

Die dynamischen Verfahren der Investitionsrechnung

A. Grundlagen 73

B. Ausgewählte Verfahren 100

C. Ausgewählte dynamische Rechenverfahren zur Ermittlung der optimalen Nutzungsdauer und des optimalen Ersatzzeitpunkts von Investitionen 138

Fünfter Abschnitt

Die Berücksichtigung der Steuern und der Geldentwertung in der Investitionsrechnung

A. Die Begründung für die Berücksichtigung von Steuern 155

B. Der Einfluss verschiedener Steuerarten auf die Investitionsentscheidung ... 157

C. Die Erfassung der Steuern in der Investitionsrechnung 165

D. Der Einfluss der Geldentwertung auf Investitionsentscheidungen und Berücksichtigung in der Investitionsrechnung 174

E. Beispiel zur Wirkung der Steuern und der Geldentwertung auf die Investitionsrechnung 180

Sechster Abschnitt

Die Berücksichtigung der Unsicherheit bei Investitionsentscheidungen

A. Die Formen der Unsicherheit 185

B. Die Entscheidungen bei Risiko 186

C. Die Entscheidungen bei Ungewissheit 195

D. Spezielle Methoden zur Erfassung der Unsicherheit 199

E. Zusammenfassende Beurteilung 214

Siebenter Abschnitt

Die Investitionsprogrammentscheidungen

A. Die Grundlagen: Sukzessive und simultane Investitionsplanung 217

B. Die klassischen kapitaltheoretischen Modelle zur simultanen Investitions- und Finanzplanung 219

C. Die Ansätze der linearen Programmierung zur simultanen Investitions- und Finanzplanung 224

D. Zusammenfassende Kritik an den Modellen der simultanen Unternehmensplanung 232

Achter Abschnitt
Die Beurteilung der Investitionsrechnungsverfahren

A. Die Investitionsrechnungsverfahren in der Theorie 237

B. Die Investitionsrechnungsverfahren in der Praxis 240

Neunter Abschnitt
Die Gesamtbewertung von Unternehmen als spezieller Anwendungsfall der Investitionsrechnung

A. Die Unternehmensbewertung als Spezialfall der (dynamischen) Investitionsrechnung 243

B. Die Verfahren der Unternehmensbewertung 255

C. Die Gesamtbewertungsverfahren 273

D. Die Unternehmensbewertung nach IDW S1 307

E. Der Shareholdervalue 326

Literaturverzeichnis 345

Stichwortverzeichnis 359

Inhaltsverzeichnis

Vorwort V
Inhaltsübersicht VII
Verzeichnis der Abbildungen XXI
Verzeichnis der Abkürzungen XXV

Erster Abschnitt

Grundlagen, Grundprinzipien und Bestandteile der Finanzwirtschaft

A. Die Grundlagen der Finanzwirtschaft 1
   I. Leistungswirtschaftlicher und finanzwirtschaftlicher Bereich 1
      1. Der ökonomische Bezugsrahmen eines Unternehmens 1
      2. Die isolierte Betrachtung des finanzwirtschaftlichen Bereichs 5
   II. Investition und Finanzierung als Elemente der Finanzwirtschaft 7
B. Die Grundprinzipien der Finanzwirtschaft 8
   I. Die Ziele der Finanzwirtschaft 8
   II. Die finanzwirtschaftlichen Entscheidungskriterien 10
      1. Die Kapitalrentabilität als eigenständige finanzwirtschaftliche Zielsetzung 10
      2. Die Liquidität 12
      3. Die Sicherheit 16
      4. Die Unabhängigkeit 18
   III. Die finanzwirtschaftlichen Aufgaben und Fragestellungen 20
C. Die Bestandteile der Finanzwirtschaft 21
   I. Die Investition 21
   II. Die Finanzierung 24

Zweiter Abschnitt

Die betriebliche Einordnung der Investitionsrechnung und Entscheidungen über Investitionen

A. Die betriebliche Einordnung der Investitionsrechnung 29
   I. Die Einordnung der Investitionsrechnung innerhalb des Investitionsprozesses 29
   II. Die Investition als Teil der betrieblichen Gesamtplanung 32
B. Die Entscheidungen über Investitionen 34
   I. Die Ziele der Investoren 34
   II. Die Entscheidungssituationen 35

Inhaltsverzeichnis

 III. Die Daten und Datenbeschaffungsprobleme 37

 IV. Die Beurteilung der Handlungsmöglichkeiten 40

 V. Das Investitionscontrolling 46

 VI. Die Einordnung der Methoden der Investitionsrechnung 49

Dritter Abschnitt
Die statischen Verfahren der Investitionsrechnung

A. Die Gemeinsamkeiten der statischen Verfahren 51

B. Die Kostenvergleichsrechnung 52

 I. Allgemeine Bemerkungen und Detaildarstellung 52

 II. Kritik 56

C. Die Gewinnvergleichsrechnung 58

 I. Allgemeine Bemerkungen und Detaildarstellung 58

 II. Kritik 59

D. Die Rentabilitätsvergleichsrechnung 59

 I. Allgemeine Bemerkungen und Detaildarstellung 59

 II. Die Relevanz der kalkulatorischen Zinsen 61

  1. Eigenkapitalrentabilität unter Verwendung des kalkulatorischen Gewinns 61

  2. Eigenkapitalrentabilität unter Verwendung des modifizierten Gewinns 61

  3. Gesamtkapitalrentabilität 62

 III. Kritik 62

E. Die statische Amortisationsrechnung 63

 I. Allgemeine Bemerkungen und Detaildarstellung 63

 II. Kritik 65

F. Beispiel zur Anwendung der statischen Verfahren der Investitionsrechnung 67

G. Zusammenfassende Beurteilung 70

Vierter Abschnitt
Die dynamischen Verfahren der Investitionsrechnung

A. Grundlagen 73

 I. Die finanzmathematischen Grundlagen der Investitionsrechnung 73

  1. Die Bedeutung der Finanzmathematik für die Investitionsrechnung 73

  2. Die Grundlagen der Zinsrechnung im Rahmen der Investitionsrechnung 74

  3. Die Zins- und Zinseszinsrechnung 77

  4. Die Rentenrechnung 83

  5. Der Sonderfall des Rentenbarwertes: Ewige Rente 88

		6. Die Annuitätenrechnung 89
	II.	Die Gemeinsamkeiten der dynamischen Verfahren 93
		1. Die Grundlagen 93
		a) Die Verwendung von Zahlungsgrößen 93
		b) Der Zahlungszeitpunkt 94
		c) Der Bezugszeitpunkt 95
		d) Der Kalkulationszinssatz 96
		2. Der vollständige Finanzplan 97
B.	Ausgewählte Verfahren 100
	I.	Die Kapitalwertmethode 100
		1. Allgemeine Bemerkungen und Detaildarstellung 100
		2. Die Prämissen der Kapitalwertmethode 102
		3. Endliche und unendliche Renten 102
		4. Kritik 103
	II.	Die Annuitätenmethode 104
		1. Allgemeine Bemerkungen und Detaildarstellung 104
		2. Die Bedeutung der Annuität 105
		3. Die Prämissen der Annuitätenmethode 105
		4. Endliche und unendliche Renten 106
		5. Kritik 107
	III.	Die Methode des internen Zinsfußes 107
		1. Allgemeine Bemerkungen und Detaildarstellung 107
		2. Die Bestimmung des internen Zinsfußes 108
		3. Die Bedeutung des internen Zinsfußes und Prämissen 111
		4. Endliche und unendliche Renten 112
		5. Kritik 113
	IV.	Die dynamische Amortisationsrechnung 114
		1. Allgemeine Bemerkungen und Detaildarstellung 114
		2. Die Bedeutung der Amortisationsdauer und Prämissen 115
		3. Endliche und unendliche Renten 116
		4. Kritik 117
	V.	Die zusammenfassende Beurteilung der klassischen dynamischen Verfahren der Investitionsrechnung 118
		1. Der vollständige und begrenzte Vorteilsvergleich 118
		2. Der Einfluss der Rechenverfahren auf die Investitionsentscheidung beim Alternativenvergleich 119

XIV   *Inhaltsverzeichnis*

    VI. Die Varianten der „klassischen" dynamischen Verfahren
der Investitionsrechnung 120

        1. Modellannahmen und Wirklichkeit 120

        2. Die dynamischen Endwertverfahren 122

            a) Einordnung 122

            b) Die Vermögensendwertmethode 123

            c) Die Sollzinssatzmethoden 125

        3. Zusammenfassende Beurteilung der dynamischen Endwertverfahren 132

    VII. Beispiel zur praktischen Anwendung der dynamischen Verfahren
der Investitionsrechnung 133

C. Ausgewählte dynamische Rechenverfahren zur Ermittlung der optimalen
Nutzungsdauer und des optimalen Ersatzzeitpunkts von Investitionen 138

    I. Allgemeine Bemerkungen 138

    II. Die Bestimmung der optimalen Nutzungsdauer 140

        1. Einmalige Investitionen 140

        2. Mehrmalige Investitionen 144

            a) Allgemeine Bemerkungen 144

            b) Fallunterscheidungen 144

            c) Endlicher Planungszeitraum und nicht-identische Investitionsketten 146

            d) Endlicher Planungszeitraum und identische Investitionsketten 146

            e) Unendlicher Planungszeitraum und identische Investitionsketten 147

    III. Die Bestimmung des optimalen Ersatzzeitpunkts 149

        1. Allgemeine Bemerkungen 149

        2. Unendlicher Planungszeitraum und identische Investitionsketten 151

Fünfter Abschnitt
Die Berücksichtigung der Steuern und
der Geldentwertung in der Investitionsrechnung

A. Die Begründung für die Berücksichtigung von Steuern 155

B. Der Einfluss verschiedener Steuerarten auf die Investitionsentscheidung 157

    I. Die Ertragsteuern 157

    II. Die gewinnunabhängigen Steuern 159

C. Die Erfassung der Steuern in der Investitionsrechnung 161

    I. Die Modifizierung des Kalkulationszinssatzes 161

    II. Der Überblick über die grundlegenden Modelle der Investitionsrechnung
zur Berücksichtigung des Steuereinflusses 163

        1. Einordnung 163

    2. Standardmodell zur Berücksichtigung von Ertragsteuern 163
    3. Die Erweiterung des Standardmodells zur Berücksichtigung einer objektbezogenen Finanzierung 168
    4. Die Erweiterung des Standardmodells zur Berücksichtigung staatlicher Investitionshilfen 170
    5. Die Bruttomethode 172
D. Der Einfluss der Geldentwertung auf Investitionsentscheidungen und Berücksichtigung in der Investitionsrechnung 174
E. Beispiel zur Wirkung der Steuern und der Geldentwertung auf die Investitionsrechnung 180

Sechster Abschnitt

Die Berücksichtigung der Unsicherheit bei Investitionsentscheidungen

A. Die Formen der Unsicherheit 185
B. Die Entscheidungen bei Risiko 186
    I. Überblick 186
    II. Statistische Kennzahlen 187
        1. Vorbemerkungen 187
        2. Der Erwartungswert 188
        3. Die Varianz bzw. Standardabweichung 188
    III. Klassische Entscheidungsprinzipien bei Risiko 190
        1. Erwartungswert (μ-Prinzip, Bayes-Regel) 190
        2. Erwartungswert und Standardabweichung (μ, σ-Prinzip) 191
    IV. *Bernoulli*-Prinzip 193
        1. Darstellung 193
        2. Kritik am Bernoulli-Prinzip 194
C. Die Entscheidungen bei Ungewissheit 195
D. Spezielle Methoden zur Erfassung der Unsicherheit 199
    I. Korrekturverfahren 199
    II. Sensitivitätsanalyse 200
        1. Allgemeine Bemerkungen 200
        2. Dreifach-Rechnung 200
        3. Zielgrößen-Änderungsrechnung 201
        4. Kritische-Werte-Rechnung 203
        5. Beurteilung der Sensitivitätsanalyse 205
    III. Risikoanalyse 206
        1. Darstellung 206

		2. Beurteilung der Risikoanalyse	210

	IV.	Entscheidungsbaumverfahren	211
		1. Darstellung	211
		2. Beurteilung des Entscheidungsbaumverfahrens	213
E.	Zusammenfassende Beurteilung		214

Siebenter Abschnitt

Die Investitionsprogrammentscheidungen

A.	Die Grundlagen: Sukzessive und simultane Investitionsplanung	217
B.	Die klassischen kapitaltheoretischen Modelle zur simultanen Investitions- und Finanzplanung	219
	I. Prämissen und Arten der Simultanplanungsmodelle	219
	II. Der Einperiodenfall	220
	1. Die Modelldarstellung	220
	2. Die Modellbeurteilung	223
	III. Der Mehrperiodenfall (*Dean*-Modell)	224
	1. Die Modelldarstellung	224
	2. Die Modellbeurteilung	224
C.	Die Ansätze der linearen Programmierung zur simultanen Investitions- und Finanzplanung	224
	I. Die lineare Programmierung	224
	II. Das Einperiodenmodell (Modell von *Albach*)	225
	1. Die Modelldarstellung	225
	2. Die Modellbeurteilung	230
	III. Das Mehrperiodenmodell (Modell von *Hax* und *Weingartner*)	231
	1. Die Modelldarstellung	231
	2. Die Modellbeurteilung	232
D.	Zusammenfassende Kritik an den Modellen der simultanen Unternehmensplanung	232
	I. Die grundsätzlichen Kritikpunkte bezüglich der Modelle zur simultanen Unternehmensplanung	232
	1. Die Datenbeschaffungsprobleme	232
	2. Die rechentechnischen Probleme	233
	II. Die weitergehenden Kritikpunkte bezüglich der Modelle zur simultanen Unternehmensplanung	233
	1. Die grundsätzliche Kritik	233
	2. Das entscheidungslogische Konzept der Modelle	234
	3. Der Ablauf des Entscheidungsprozesses	234

| | | 4. Die Zielfunktion der Modelle versus Zielbildung in der Realität .... 234 |
| | III. | Zusammenfassende Beurteilung .... 236 |

Achter Abschnitt

Die Beurteilung der Investitionsrechnungsverfahren

A. Die Investitionsrechnungsverfahren in der Theorie 237

B. Die Investitionsrechnungsverfahren in der Praxis 240

Neunter Abschnitt

Die Gesamtbewertung von Unternehmen als spezieller Anwendungsfall der Investitionsrechnung

A. Die Unternehmensbewertung als Spezialfall der (dynamischen) Investitionsrechnung 243

    I. Die Grundlagen: Theoretische Einordnung 243

    II. Die Anlässe und Funktionen der Unternehmensbewertung 246

        1. Die Anlässe der Unternehmensbewertung 246

        2. Die Funktionen der Unternehmensbewertung 248

            a) Die funktionale Unternehmensbewertung 248

            b) Die Hauptfunktionen 249

                (1) Die Beratungsfunktion 249

                (2) Die Vermittlungsfunktion 251

                (3) Die Argumentationsfunktion 253

            c) Die Nebenfunktionen 254

                (1) Die Steuerbemessungsfunktion 254

                (2) Die Bilanzfunktion 255

B. Die Verfahren der Unternehmensbewertung 255

    I. Einordnung 255

    II. Die traditionellen Verfahren 258

        1. Die Substanzwertverfahren 258

        2. Die Mittelwertverfahren 264

        3. Die Methoden der befristeten und unbefristeten Geschäftswertabschreibung 265

        4. Die Methoden der Übergewinnabgeltung 266

        5. Das Stuttgarter Verfahren als spezielle Variante der einfachen undiskontierten Übergewinnabgeltung 268

C. Die Gesamtbewertungsverfahren 273

    I. Einordnung 273

XVIII Inhaltsverzeichnis

	II. Die Cashflow-Ermittlung	278
	1. Die Cashflow-Begriffe	278
	2. Die indirekte Methode der Cashflow-Ermittlung	279
	3. Die direkte Methode der Cashflow-Ermittlung	282
	III. Die Eigenkapitalkosten und das Capital Asset Pricing Model (CAPM)	284
	1. Allgemeine Anmerkungen	284
	2. Die Risikoprämie und der Betafaktor	285
	3. Die Vor- und Nachteile des Capital Asset Pricing Model (CAPM)	287
	IV. Das Ertragswertverfahren	287
	V. Das vereinfachte Ertragswertverfahren als besondere Form des Ertragswertverfahrens	290
	1. Die Bewertung des Betriebsvermögens nach dem BewG	290
	2. Die Ermittlung des vereinfachten Ertragswerts	292
	VI. Das Flow to Equity (FTE)-Verfahren	296
	VII. Das Free Cashflow (FCF)-Verfahren	297
	VIII. Das Total Cashflow (TCF)-Verfahren	300
	IX. Das Adjusted Present Value (APV)-Verfahren	302
	1. Darstellung des APV-Verfahrens	302
	2. Die Vor- und Nachteile des Adjusted Present Value (APV)-Verfahrens	305
D.	Die Unternehmensbewertung nach IDW S1	307
	I. Allgemeine Bemerkungen	307
	II. Die Bedeutung und Grundsätze des Standards IDW S1	307
	1. Einordnung	307
	2. Der Grundsatz der Maßgeblichkeit des Bewertungszwecks	308
	3. Der Grundsatz der Bewertung der wirtschaftlichen Unternehmenseinheit	308
	4. Der Grundsatz des Stichtagsprinzips	308
	5. Der Grundsatz der gesonderten Bewertung des nicht betriebsnotwendigen Vermögens	309
	6. Der Grundsatz der Unbeachtlichkeit des bilanziellen Vorsichtsprinzips	309
	7. Der Grundsatz der Nachvollziehbarkeit der Bewertungsansätze	310
	8. Der Grundsatz zur Bewertung des betriebsnotwendigen Vermögens	310
	a) Der Unternehmenswert als Summe diskontierter Nettoeinnahmen aus dem betriebsnotwendigen Vermögen	310
	b) Die Ermittlung des objektivierten Unternehmenswerts	312
	c) Der subjektive Entscheidungswert	315
	9. Dokumentation und Berichterstattung	316

III. Die Prognose der künftigen finanziellen Überschüsse und die Bestimmung des Diskontierungszinssatzes 318
    1. Allgemeines 318
    2. Die Prognose der künftigen finanziellen Überschüsse 319
    3. Die Kapitalisierung der künftigen finanziellen Überschüsse 321
        a) Grundlagen 321
        b) Die Berücksichtigung des Risikos 322
        c) Die Berücksichtigung von persönlichen Ertragsteuern 323
        d) Die Berücksichtigung wachsender finanzieller Überschüsse .. 323
        e) Die Berücksichtigung des Kapitalstrukturrisikos 324
IV. Zusammenfassung 325

E. Der Shareholdervalue 326
  I. Überblick 326
  II. Der Economic Value Added (EVA) 329
    1. Überblick 329
    2. Die Berechnungskomponenten 331
        a) Der Economic Book Value (EBV) 331
        b) Die Net Operating Assets (NOA) 332
        c) Der Net Operating Profit After Taxes (NOPAT) 333
        d) Die Ermittlung der Gewinngröße Economic Value Added (EVA) 334
    3. Kritische Beurteilung 335
  III. Der Cashflow Return On Investment (CFROI) 336
    1. Überblick 336
    2. Die Berechnungskomponenten 337
        a) Die Bruttoinvestitionsbasis (BIB) 337
        b) Der Brutto-Cashflow 339
        c) Die Nutzungsdauer 339
        d) Die Ermittlung des Cashflow Return On Investment (CFROI) 340
    3. Kritische Beurteilung 342
  IV. Zusammenfassung 343

Literaturverzeichnis **345**
Stichwortverzeichnis **359**

Verzeichnis der Abbildungen

Abbildung 1: Das Unternehmen im volkswirtschaftlichen Güter- und Geldstrom 2
Abbildung 2: Güter- und Finanzbewegungen im Unternehmen 3
Abbildung 3: Ausgewählte Bestandsgrößen und ihre positiven und negativen Veränderungen 4
Abbildung 4: Charakteristika älterer und neuerer Auffassungen zur betrieblichen Finanzwirtschaft 8
Abbildung 5: Ausprägungsformen der Kapitalrentabilität 10
Abbildung 6: Systematisierung von Liquiditätsbegriffen 15
Abbildung 7: Kapitalanlagealternativen mit unterschiedlicher Risikoverteilung 17
Abbildung 8: Gliederung der Investitionen nach der Art der Vermögensgegenstände 22
Abbildung 9: Zusammenhänge zwischen betrieblichem Rechnungswesen und Finanzwesen 23
Abbildung 10: Finanzierungsvorgänge und Bilanzinhalt 26
Abbildung 11: Elemente des Finanzierungsbegriffs 28
Abbildung 12: Prozessphasen bei Investitionsentscheidungen 30
Abbildung 13: Entscheidungen über Investitionen 35
Abbildung 14: Zukünftige Umweltzustände 40
Abbildung 15: Arten von Imponderabilien 41
Abbildung 16: Ermittlung des Zielerfüllungsgrades mit Hilfe einer Punkteskala 45
Abbildung 17: Aufgabenbereiche und Einzelaufgaben des Investitionscontrolling 48
Abbildung 18: Durchschnittlich gebundenes Kapital, kein Liquidationserlös 55
Abbildung 19: Durchschnittlich gebundenes Kapital, Liquidationserlös 55
Abbildung 20: Übersicht über den Anwendungsbereich der Kostenvergleichsrechnung 56
Abbildung 21: Einfache Überschussrechnung 73
Abbildung 22: Fragestellungen der Zinsrechnung 77
Abbildung 23: Zeitliche mathematische Entwicklung des Endkapitals bei Zinseszinsrechnung 79
Abbildung 24: Ermittlung des Endwerts 79
Abbildung 25: Ermittlung des Barwerts 82
Abbildung 26: Rentenendwert 84
Abbildung 27: Rentenbarwert 86
Abbildung 28: Ermittlung des Rentenbarwerts 87

XXII *Verzeichnis der Abbildungen*

Abbildung 29: Verteilung eines Gegenwartswerts 90

Abbildung 30: Verteilung des Rentenendwerts 92

Abbildung 31: Ermittlung der Annuitäten aus dem Rentenendwert 93

Abbildung 32: Vollständiger Finanzplan 98

Abbildung 33: Interpolation zur Bestimmung des internen Zinsfußes 110

Abbildung 34: Kapitalwertfunktionen von drei Investitionen (Eindeutigkeit, Mehrdeutigkeit, Nicht-Existenz) 114

Abbildung 35: Zielwertsuche mit Microsoft Excel bei Investitionsobjekt B innerhalb des Zahlenbeispiels 132

Abbildung 36: Planungssituationen bei der Bestimmung optimaler Nutzungsdauern mehrmaliger Investitionen 145

Abbildung 37: Ansätze zur Berücksichtigung der Geldentwertung in der Investitionsrechnung im Rahmen des Kalkulationszinssatzes 175

Abbildung 38: Die Formen der Unsicherheit 186

Abbildung 39: Risikoeinstellung des Investors in Abhängigkeit vom Optimismusparameter λ 197

Abbildung 40: Mögliche Ergebnisse einer Dreifach-Rechnung 201

Abbildung 41: Reagibilität des Kapitalwerts bei Variation einzelner Inputgrößen 203

Abbildung 42: Sensitivitätsanalyse des Kapitalwerts in Bezug auf Kapazität und Absatzpreis 205

Abbildung 43: Histogramm der simulativen Risikoanalyse 209

Abbildung 44: Dichtefunktion des Kapitalwerts 209

Abbildung 45: Risikoprofil des Fallbeispiels 210

Abbildung 46: Formalstruktur eines Entscheidungsbaums 212

Abbildung 47: Praxis- und Theorieverfahren zur Berücksichtigung der Unsicherheit 214

Abbildung 48: Verfahren zur Berücksichtigung der Unsicherheit in mittelständischen Unternehmen 215

Abbildung 49: Bestimmung des optimalen Investitions- und Finanzierungsprogramms anhand der Kapitalnachfrage- und Kapitalangebotskurve 223

Abbildung 50: Statische und dynamische Verfahren der Investitionsrechnung 237

Abbildung 51: Anwendung von Verfahren der Investitionsrechnung 239

Abbildung 52: Anwendung von Investitionsrechnungsverfahren in der Praxis 241

Abbildung 53: Kategorien von Investitionsrechnungen 244

Abbildung 54: Anlässe für die Bewertung ganzer Unternehmen 247

Abbildung 55: Die Funktionen der Unternehmensbewertung und deren Zielgrößen 249

Abbildung 56: Die Verfahren der Unternehmensbewertung 257

Verzeichnis der Abbildungen

Abbildung 57: Formen der Substanzwerte in der Unternehmensbewertung und deren Abgrenzung zum Ertragswert 260

Abbildung 58: Ermittlung des Sonderabschlags bei persönlichem Einsatz eines Gesellschafter-Geschäftsführers..270

Abbildung 59: Berechnungsschema zur Ermittlung des Jahresertrags............................272

Abbildung 60: Die Gesamtbewertungsverfahren 277

Abbildung 61: Systematisierung der einzelnen DCF-Verfahren 277

Abbildung 62: Die direkte und die indirekte Ermittlung des Cashflows..........................279

Abbildung 63: Definition des TCF...280

Abbildung 64: Definition des FCF...281

Abbildung 65: Definition des FTE...281

Abbildung 66: Vergleich der indirekten Ermittlung von FCF, TCF und FTE..................282

Abbildung 67: Vergleich der direkten Ermittlung von FCF, TCF und FTE....................283

Abbildung 68: Regressionsgerade zur Bestimmung von β...286

Abbildung 69: Bewertung des Betriebsvermögens nach dem BewG...............................292

Abbildung 70: Berechnung des zukünftig nachhaltig erzielbaren Jahresertrags 295

Abbildung 71: Gemeiner Wert des Unternehmens..295

Abbildung 72: Die indirekte Ermittlung des FTE 296

Abbildung 73: Die indirekte Ermittlung des FCF 298

Abbildung 74: Die indirekte Ermittlung des TCF 301

Abbildung 75: Funktionen des Wirtschaftsprüfers bei der Unternehmensbewertung 312

Abbildung 76: Inhalt des Bewertungsgutachtens..318

Abbildung 77: Systematisierung der Unternehmenswerte 325

Abbildung 78: Systematisierung der Shareholdervalue-Ansätze 328

Abbildung 79: Verbindung der Berechnungselemente von EVA mit dem Shareholdervalue 330

Abbildung 80: Schema zur Berechnung des EBV..332

Abbildung 81: Schema zur Berechnung des NOA 333

Abbildung 82: Schema zur Berechnung des NOPAT 334

Abbildung 83: Schema zur Berechnung der BIB 338

Abbildung 84: Schema zur Berechnung des Brutto-Cashflows 339

Abbildung 85: Darstellung der Berechnung des CFROI..340

Abbildung 86: Beispielhafte Darstellung der Ermittlung des CFROI und des CVA..........342

Verzeichnis der Abkürzungen

A	Auszahlungen
a. F.	alte Fassung
a. L.	am Lech
a. M.	am Main
AB	Abzinsungsfaktor
Abs.	Absatz
abzgl.	abzüglich
AfA	Absetzung für Abnutzung
AK	Anschaffungskosten
AktG	Aktiengesetz
APM	Arbitrage Pricing Model
APV	Adjusted Present Value
AUF	Aufzinsungsfaktor
Aufl.	Auflage
BewG	Bewertungsgesetz
BGBl.	Bundesgesetzblatt
BIB	Bruttoinvestitionsbasis
BMW	Bayerische Motorenwerke Aktiengesellschaft
bspw.	beispielsweise
BStBl.	Bundessteuerblatt
bzgl.	bezüglich
bzw.	beziehungsweise
C&L	Coopers & Lybrand (jetzt: PwC – PricewaterhouseCoopers)
ca.	circa
CAPM	Capital Asset Pricing Model
CFROI	Cashflow Return On Investment
const.	konstant
COT	Cash Operating Taxes

CVA	Cash Value Added
d. h.	das heißt
d. Verf.	die Verfasser
DAX	Deutscher Aktienindex
DCF	Discounted Cashflow
diesbzgl.	diesbezüglich
DM	Deutsche Mark
DVFA	Deutsche Vereinigung für Finanzanalyse und Anlageberatung e. V.
E	Einzahlungen
e. V.	eingetragener Verein
EBV	Economic Book Value
EC	Ersetzungskapitalwert
EDV	elektronische Datenverarbeitung
EK	Eigenkapital
ErbStG	Erbschaftsteuergesetz
ErbStR	Erbschaftsteuerrichtlinien
ES	Entwurf Standard
EStG	Einkommensteuergesetz
EStR	Einkommensteuerrichtlinien
etc.	et cetera
EUR	Euro
EVA	Economic Value Added
evtl.	eventuell(e/en/er)
f.	folgende
FCF	Free Cashflow
ff.	fortfolgende
FIFO	First In, First Out
FK	Fremdkapital
FTE	Flow To Equity

Verzeichnis der Abkürzungen

gem.	gemäß
GewStG	Gewerbesteuergesetz
ggf.	gegebenenfalls
GmbH	Gesellschaft mit beschränkter Haftung
GOF	Geschäfts- oder Firmenwert
grds.	grundsätzlich(e/en/er)
GrStG	Grundsteuergesetz
GuV	Gewinn- und Verlustrechnung(en)

H	Hinweis
HFA	Hauptfachausschuss
Hrsg.	Herausgeber
hrsg.	herausgegeben

i. Allg.	im Allgemeinen
i. Br.	im Breisgau
i. d. R.	in der Regel
i. e. S.	im engeren Sinne
i. H. d.	in Höhe der/des
i. H. v.	in Höhe von
i. S.	im Sinne
i. V. m.	in Verbindung mit
i. w. S.	im weiteren Sinne
IDW	Institut der Wirtschaftsprüfer in Deutschland e. V.
IF	Investitionsförderung
inkl.	inklusive
insb.	insbesondere
InsO	Insolvenzordnung
Inv.	Investition
InvZulG	Investitionszulagengesetz
IZL	Investitionszulage
IZS	Investitionszuschuss

JÜ	Jahresüberschuss

Verzeichnis der Abkürzungen

Kap.	Kapitel
KC	Kettenkapitalwert
Kfz.	Kraftfahrzeug
kg	Kilogramm
km	Kilometer
KSt	Körperschaftsteuer
KStG	Körperschaftsteuergesetz
KWF	Kapitalwiedergewinnungsfaktor
L	Liquidationserlös
LIFO	Last In, First Out
LP	lineare Programmierung
m^2	Quadratmeter
m. a. W.	mit anderen Worten
MAPI	Machinery and Allied Products Institute
MDAX	Mid-Cap-DAX
Mio.	Million
MVA	Market Value Added
MWEK	Marktwert des Eigenkapitals
MWFK	Marktwert des Fremdkapitals
MWGK	Marktwert des Gesamtkapitals
NOA	Net Operating Assets
NOPAT	Net Operating Profit After Taxes
Nr.	Nummer
o. g.	oben genannte(n)
o. O.	ohne Ort
o. V.	ohne Verfasser
p. a.	per annum
PR	Pensionsrückstellungen

R	Richtlinie
RB	Restbuchwert
RBF	Rentenbarwertfaktor
RBW	Rentenbarwert
REF	Rentenendwertfaktor
REW	Rentenendwert
ROI	Return On Investment
RVF	Rückwärtsverteilungsfaktor
RWF	Restwertverteilungsfaktor
S.	Seite
SDAX	Small-Cap-DAX
sog.	sogenannte(n/r/s)
SolZ	Solidaritätszuschlag
SolZG	Solidaritätszuschlagsgesetz
Sp.	Spalte
Tax-CAPM	CAPM unter Berücksichtigung von Steuern
TCF	Total Cashflow
TEUR	Tausend Euro
TRM	*Teichroew, Robichek, Montalbano*
Tz.	Textziffer
u. a.	und andere/unter anderem
u. Ä.	und Ähnliche(r/s)
u. E.	unseres Erachtens
u. U.	unter Umständen
UmwG	Umwandlungsgesetz
usw.	und so weiter
v. a.	vor allem
VAZ	Veranlagungszeitraum
vBP	vereidigter Buchprüfer
VCI	Verband der Chemischen Industrie e. V.

vgl.	vergleiche
VoFi	vollständiger Finanzplan
VR	Vermögensrentabilität
WACC	Weighted Average Cost Of Capital
WBK	Wiederbeschaffungskosten
WestLB	Westdeutsche Landesbank Girozentrale (jetzt: Portigon)
WP	Wirtschaftsprüfer
Z	Zahlungsüberschuss
z. B.	zum Beispiel
z. T.	zum Teil
ZMB	Zahlungsmittelbestand
zzgl.	zuzüglich

Erster Abschnitt

Grundlagen, Grundprinzipien und Bestandteile der Finanzwirtschaft

A. Die Grundlagen der Finanzwirtschaft

I. Leistungswirtschaftlicher und finanzwirtschaftlicher Bereich

1. Der ökonomische Bezugsrahmen eines Unternehmens

Jedes Unternehmen ist über die Beschaffung der Faktoreinsatzgüter, die eigentliche Leistungserstellung („Produktion") sowie den Absatz der erstellten Güter in die Gesamtwirtschaft eingebunden. Über diesen „Kernbereich" der Unternehmenstätigkeit, dem **leistungs- bzw. güterwirtschaftlichen Bereich**, tritt es mit anderen in- und ausländischen Wirtschaftssubjekten und mit dem Staat in Kontakt.[1]

Diesen vielfältigen Güter- und Leistungsströmen laufen in einer Geldwirtschaft jeweils Geldströme (Zahlungsströme) entgegen. **Abbildung 1**[2] (S. 2) zeigt diese Leistungs- und Zahlungsströme einer Volkswirtschaft. Was hinsichtlich der **Leistungs- und Zahlungsströme** allgemein für die Gesamtwirtschaft gilt, lässt sich auch in jedem einzelnen Unternehmen beobachten. Die Einbindung eines Unternehmens in die Leistungs- und Zahlungsströme einer Volkswirtschaft zeigt **Abbildung 2**[3] (S. 3).

Die hier getroffene gedankliche Unterscheidung zwischen leistungs- und finanzwirtschaftlichem Bereich sollte jedoch nicht zu der Annahme verleiten, diese beiden Bereiche seien unabhängig voneinander. Die **Abhängigkeit zwischen leistungs- und finanzwirtschaftlichem Bereich** resultiert einerseits aus vorangegangenen vertraglichen Vereinbarungen sowie gesetzlichen Vorschriften. Andererseits bedingen sich diese beiden Unternehmensbereiche in zweifacher Hinsicht gegenseitig. Zum einen ist der reibungslose Ablauf des leistungswirtschaftlichen Prozesses jedes Unternehmens nur gesichert, wenn genügend finanzielle Mittel zur Beschaffung der Produktionsfaktoren zur Verfügung stehen und durch den Absatz der Betriebsleistungen über den Markt wieder zurückgewonnen werden können; der leistungswirtschaftliche Bereich setzt also generell voraus, dass seine Finanzierung gesichert ist. Zum anderen führen Störungen im leistungswirtschaftlichen Bereich letztlich immer

---

[1] Wesentliche Passagen dieses Abschnitts sind entnommen aus *Bieg, Hartmut*: Aufgaben, Grundprinzipien und Bestandteile der Finanzwirtschaft. In: Der Steuerberater 1994, S. 456–460, 499–504, Der Steuerberater 1995, S. 15–19, 53–60 und aus *Kußmaul, Heinz*: Grundlagen der Investition und Investitionsrechnung. In: Der Steuerberater 1995, S. 99–103, 135–139, 179–183.

[2] Modifiziert entnommen aus *Süchting, Joachim*: Finanzmanagement – Theorie und Politik der Unternehmensfinanzierung. 6. Aufl., Wiesbaden 1995, S. 10.

[3] Modifiziert entnommen aus *Wöhe, Günter*: Einführung in die Allgemeine Betriebswirtschaftslehre. 21. Aufl., München 2002, S. 11, in der aktuellen Aufl. nicht mehr enthalten.

auch zu Störungen im finanzwirtschaftlichen Bereich, da sich der aus dem Absatz der Betriebsleistungen erwartete Zustrom an Zahlungsmitteln nachteilig verändert.

All dies zeigt die Berechtigung der Vorstellung *Riegers*, wonach der betriebliche Kreislauf i. Allg. in Geldform beginnt und über die Umwandlung in Güter bzw. Leistungen in der Wiedergeldwerdung als Folge der Leistungsverwertung endet.[4] Es zeigt auch, dass „jeder güterwirtschaftliche Vorgang zugleich einen Akt der Kapitaldisposition darstellt"[5]. Zu den Güter- und Leistungsströmen parallel, aber in entgegengesetzter Richtung, verlaufen die Zahlungsströme (Geldströme). Allerdings müssen die korrespondierenden Ströme nicht zeitgleich fließen (z. B. beim Kauf auf Ziel); außerdem gibt es finanzwirtschaftliche Transaktionen ohne leistungswirtschaftliches Äquivalent. Trotzdem ist es berechtigt, die **Finanzwirtschaft als Spiegelbild der Leistungswirtschaft** zu charakterisieren, so dass den genannten (leistungswirtschaftlichen) „Kernbereichen" des Unternehmens die finanzwirtschaftlichen Äquivalente der Beschaffungsfinanzierung, der Produktionsfinanzierung und der Absatzfinanzierung gegenübergestellt werden können.[6]

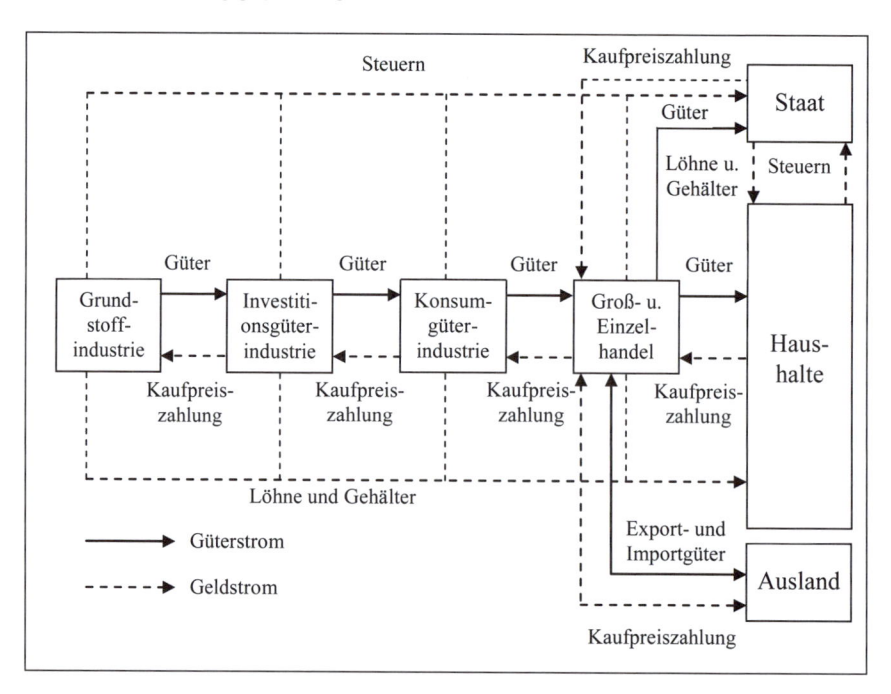

Abbildung 1: Das Unternehmen im volkswirtschaftlichen Güter- und Geldstrom

Der finanzwirtschaftliche Bereich umfasst diejenigen Vorgänge und Aktivitäten, die **Einzahlungen** und **Auszahlungen** auslösen. Der Saldo der Ein- und Auszahlungen eines be-

---

[4] Vgl. *Rieger, Wilhelm*: Einführung in die Privatwirtschaftslehre. 3. Aufl., Erlangen 1964, S. 179.

[5] *Gutenberg, Erich*: Grundlagen der Betriebswirtschaftslehre. 3. Band: Die Finanzen. 8. Aufl., Berlin/Heidelberg/New York 1980, S. 2.

[6] Vgl. *Hahn, Oswald*: Finanzwirtschaft. 2. Aufl., Landsberg a. L. 1983, S. 37.

A. Die Grundlagen der Finanzwirtschaft

stimmten Zeitraumes entspricht der Veränderung der zugehörigen Bestandsgröße, des **Zahlungsmittelbestandes**. Diesen Bestand liquider Mittel kann man definieren als den an einem bestimmten Zeitpunkt feststellbaren Bestand an Bargeld sowie jederzeit verfügbaren Guthaben bei Kreditinstituten (Sichtguthaben).

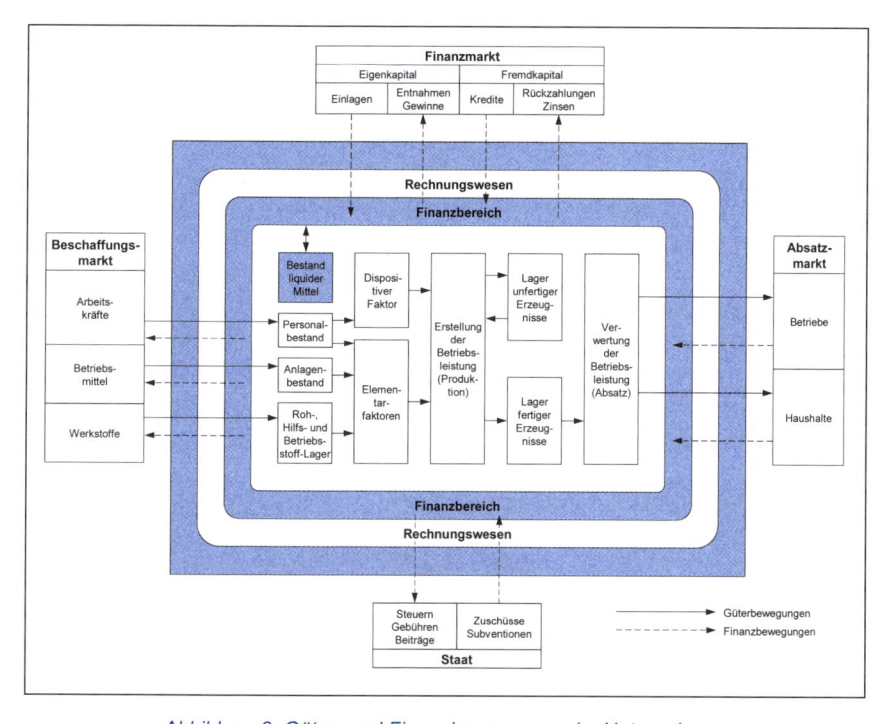

Abbildung 2: Güter- und Finanzbewegungen im Unternehmen

Die Auszahlungen des Leistungsbereichs, die **Leistungsauszahlungen**, umfassen die laufend anfallenden Auszahlungen für Löhne und Gehälter, für die Beschaffung von Waren bzw. Roh-, Hilfs- und Betriebsstoffen sowie von Dienstleistungen, aber auch die Auszahlungen für die Beschaffung der im Leistungsbereich benötigten Betriebsmittel wie Gebäude, Maschinen und Werkzeuge. Als Einzahlungen im Leistungsbereich (**Leistungseinzahlungen**) sind v. a. die Einzahlungen aus Umsatzerlösen, aber auch sonstige Einzahlungen, etwa aus dem Verkauf technischer Anlagen, zu nennen.

Man unterscheidet vom soeben definierten Zahlungsmittelbestand den Bestand an **Geldvermögen** (Zahlungsmittelbestand + alle übrigen Geldforderungen – Geldschulden), der durch **Einnahmen** und **Ausgaben** positiv bzw. negativ verändert wird. Geldforderungen und Geldschulden resultieren im Wesentlichen aus schuldrechtlichen Verträgen; die Geldschulden enthalten jedoch auch die Rückstellungen. Der (betriebliche) **Netto- oder Reinvermögensbestand (Eigenkapital)** ist definiert als Geldvermögen zzgl. übriges Vermögen (Sachvermögen + verbriefte und unverbriefte Eigentümerrechte an Unternehmen + immaterielles Vermögen) abzgl. Sachleistungsverpflichtungen; die Eigentümerrechte an Unternehmen resultieren aus gesellschaftsrechtlichen Verträgen. Der Reinvermögensbestand wird durch die erfolgswirksamen **Erträge/Leistungen** und **Aufwendungen/Kosten** bzw. die erfolgsunwirksamen **Einlagen** (in Kapitalgesellschaften: Kapitalerhöhungen) und **Entnahmen** (in Kapitalgesellschaften: Kapitalherabsetzungen) verändert.

Die verschiedenen **Bestandsdefinitionen** und die **zugehörigen** positiven und negativen **Veränderungen** fasst **Abbildung 3** zusammen. Da also zwischen dem Zahlungsmittelbestand und dem Reinvermögen (Eigenkapital) eines Unternehmens unterschieden wird, stellt der Saldo der Leistungseinzahlungen und der Leistungsauszahlungen (Leistungssaldo) lediglich einen Maßstab für die leistungswirtschaftlich bedingten Veränderungen des Zahlungsmittelbestandes dar, nicht jedoch für den Periodenerfolg des Unternehmens. So führt der Kauf von Gegenständen des Anlage- und Umlaufvermögens im Lieferungszeitpunkt zu einer Ausgabe, im Zahlungszeitpunkt zu einer Auszahlung (beide Zeitpunkte können identisch sein), also zu den genannten Zeitpunkten zu einer Verminderung des Geldvermögens bzw. des Zahlungsmittelbestandes, dagegen erst in späteren Perioden zu Aufwendungen, etwa in Form von planmäßigen Abschreibungen über die angesetzte Abschreibungsdauer beim zeitlich begrenzt nutzbaren Anlagevermögen, in Form von außerplanmäßigen Abschreibungen beim Anlage- und Umlaufvermögen oder in Form der Verrechnung des Wareneinsatzes in der Periode des Warenverkaufs. Bei Rückstellungen folgt der Aufwandsverrechnung i. d. R. eine Auszahlung.

Zahlungsmittelbestand	= Kassenbestand + jederzeit verfügbare Guthaben bei Kreditinstituten (einschließlich Deutsche Bundesbank bzw. Hauptverwaltung der Deutschen Bundesbank)
Veränderungen:	Einzahlungen (+) Auszahlungen (–)
Geldvermögen	= Zahlungsmittelbestand + alle übrigen Geldforderungen – Geldschulden
Veränderungen:	Einnahmen (+) Ausgaben (–)
(Betriebliches) Netto- bzw. Reinvermögen (Eigenkapital)	= Geldvermögen + Sachvermögen + verbriefte und unverbriefte Eigentümerrechte + immaterielles Vermögen – Sachleistungsverpflichtungen
Veränderungen:	Erträge bzw. Leistungen (+) Aufwendungen bzw. Kosten (–) } erfolgswirksam Einlagen/Kapitalerhöhungen (+) Entnahmen/Kapitalherabsetzungen (–) } erfolgsunwirksam

Abbildung 3: Ausgewählte Bestandsgrößen und ihre positiven und negativen Veränderungen

Zweifellos ist der **Leistungssaldo** wesentlicher Bestandteil der in einem Unternehmen anfallenden Zahlungsströme. **Weitere Ein- und Auszahlungen** ergeben sich aber auch aus den **Beziehungen des Unternehmens zu seinen externen Geldgebern**, die Einlagen oder Kredite zur Verfügung stellen. Diese Einlagen und Kreditgewährungen begründen Rechtsbeziehungen, die in der Zukunft Zahlungen vom Unternehmen an die Eigentümer in Form gewinnabhängiger Ausschüttungen und evtl. Kapitalrückzahlungen bzw. an die Gläubiger in Form vertraglich vereinbarter Zins- und Tilgungszahlungen erforderlich machen. Diese Auszahlungen sind ebenso wenig unmittelbar vom Leistungsbereich abhängig wie Auszahlungen, die für den Erwerb von Finanztiteln (z. B. Aktien, GmbH- und Genossenschaftsanteile, festverzinsliche Wertpapiere, aber auch Kreditgewährungen und Festgelder) durch das Unternehmen geleistet werden.

Daneben gibt es **weitere finanzwirtschaftliche Transaktionen**, die nicht unmittelbar vom Leistungsbereich des Unternehmens ausgelöst werden. Dazu zählen Zahlungen, welche die Unternehmen in Form von Steuern, Beiträgen und Gebühren an den Staat leisten bzw. in Form von Subventionen und Zuschüssen vom **Staat** erhalten. So lassen sich zumindest nicht alle Steuern als Leistungsauszahlungen dem Leistungsbereich zuordnen. Bspw. sind die Bemessungsgrundlagen der Steuern vom Einkommen und Ertrag nicht nur vom Leistungsbereich abhängig; sie werden auch durch finanzwirtschaftliche Dispositionen beeinflusst (z. B. kann für Einzelunternehmer und Gesellschafter von Personengesellschaften die Belastung mit Einkommensteuer von der Gewinnverwendungsentscheidung abhängig sein). Wie es nicht vom Leistungsbereich ausgelöste Auszahlungen gibt, so kommen – neben den bereits erwähnten Subventionen und Zuschüssen – auch **Einzahlungen** vor, **die nicht aus dem Leistungsbereich resultieren**, so wenn früher erworbene Finanztitel veräußert werden oder infolge des Zeitablaufs zur Rückzahlung gelangen bzw. wenn aus gehaltenen Finanztiteln gewinnabhängige (z. B. Dividenden) oder vertraglich vereinbarte (z. B. Zinsen) Einzahlungen fließen.

2. Die isolierte Betrachtung des finanzwirtschaftlichen Bereichs

Die betriebliche Finanzwirtschaft beschäftigt sich nur mit denjenigen Vorgängen und Aktivitäten innerhalb eines Unternehmens, die Veränderungen des Zahlungsmittelbestands, also Ein- und Auszahlungen, auslösen. Dies gilt insb. auch für die unmittelbar leistungswirtschaftlich bedingten Ein- und Auszahlungen. Eine solche **isolierte Betrachtung der Zahlungsströme** ist berechtigt, da (fast) alle leistungswirtschaftlichen Vorgänge aufgrund des Kreislaufgedankens auf die von ihnen ausgelösten Zahlungsströme reduziert werden können.

So bedeutet eine im leistungswirtschaftlichen Bereich eines Unternehmens vorgenommene Investition unter den für diesen Unternehmensbereich entscheidenden Aspekten nichts anderes als die Umwandlung von Zahlungsmitteln in materielle und immaterielle Güter, mit denen zur Erstellung der betrieblichen Leistung und zur Aufrechterhaltung bzw. Erhöhung der Leistungsbereitschaft erforderliche Faktorkapazitäten aufgebaut werden bzw. bestehende Faktorkapazitäten besser genutzt werden können. Aus leistungswirtschaftlicher Sicht stehen die technischen und kapazitätsdeterminierenden Eigenschaften des Investitionsobjektes im

Vordergrund. Folgerichtig unterscheidet man die Investitionsobjekte bei dieser Sichtweise nach der Art der zu beschaffenden Vermögensobjekte.[7]

Aus leistungswirtschaftlicher Sicht ist es interessant, in welcher Weise das Investitionsobjekt mit den übrigen betrieblichen Produktionsfaktoren zusammenwirkt und welchen Einfluss es auf die Leistungsfähigkeit des Unternehmens ausübt. Diese Zusammenhänge zu untersuchen, ist Aufgabe der Absatz-, Produktions- und Kapazitätsplanung.

Die Finanzwirtschaft – hier im Speziellen die Investitionsrechnung – hingegen interessiert sich nicht für die leistungswirtschaftlichen Auswirkungen auf den Betriebsprozess, sondern nur für die Zahlungsmittelbewegungen, die durch diese Investitionsobjekte ausgelöst werden.

Für die finanzwirtschaftliche Beurteilung einer Investition sowie für den Vergleich verschiedener Investitionsalternativen ist es daher grds. völlig unwichtig, ob die betrachteten Investitionen im Leistungsbereich erfolgen, also zu Veränderungen im Leistungsbereich des Unternehmens führen, oder ob es sich um Finanzinvestitionen handelt, die keinerlei Beziehungen zum leistungswirtschaftlichen Bereich des Unternehmens aufweisen.

Im Übrigen lässt sich die beschriebene, für die Finanzwirtschaft typische Reduktion des Betriebsprozesses auf Geldbestände und ihre Veränderungen auch für **Bilanzen** feststellen.

Ein Teil des in der Bilanz ausgewiesenen **Vermögens** ist Ergebnis der leistungswirtschaftlichen Seite der Investitionen. Dazu zählen:

- die bilanzierungsfähigen Einsatzfaktoren,
- das Ergebnis des Kombinationsprozesses dieser Faktoren mit den nicht-bilanzierungsfähigen Einsatzfaktoren (Arbeit, Dienstleistungen fremder Unternehmen, dispositiver Faktor) sowie
- ein erheblicher Teil des Ergebnisses der Leistungsverwertung (Forderungen).

Daneben finden sich im Vermögen aber auch Teile, die aus Finanzinvestitionen stammen, also dem finanzwirtschaftlichen Bereich angehören.

Das auf der Passivseite ausgewiesene **Kapital** des Unternehmens repräsentiert seinen finanzwirtschaftlichen Bereich. Es beruht auf den Rechtsbeziehungen zwischen dem Unternehmen und seinen Geldgebern, welche die Rechtsposition eines Eigentümers oder eines Gläubigers einnehmen.

Der als Vermögen ausgewiesene **Zahlungsmittelbestand** stellt die Verbindung zwischen dem Leistungs- und Finanzbereich eines Unternehmens her. Der Zahlungsmittelbestand dient zur Bezahlung der zur Leistungserstellung benötigten Produktionsfaktoren. Erst beim Eingang der Verkaufserlöse kommt es wieder zu einem Zahlungsmittelzufluss.

---

[7] Vgl. dazu **Abschnitt 1, Kap. C.I.**

II. Investition und Finanzierung als Elemente der Finanzwirtschaft

Entsprechend der Einteilung des leistungswirtschaftlichen Bereichs in Beschaffung von Produktionsfaktoren sowie Produktion und Absatz der erstellten Leistungen kann man den finanzwirtschaftlichen Bereich in Kapitalbeschaffung (Finanzierung), Kapitalverwendung (Investition) und Kapitaltilgung unterteilen. Die Lehre der **Finanzwirtschaft** umfasst daher **die Theorie und die Technik der Kapitalaufbringung (einschließlich der Kapitaltilgung) und der Kapitalanlage**, behandelt also sowohl die Akquisition (Gewinnung) als auch die Disposition (Verwendung) finanzieller Mittel.[8] Die Zusammenfassung von Investition und Finanzierung unter dem Begriff Finanzwirtschaft erfolgt, da zwischen beiden Bereichen aufgrund der ausgelösten Zahlungsmittelbewegungen Interdependenzen bestehen. So entstehen ohne Mittelverwendungsmöglichkeiten keine Finanzierungsprobleme; Finanzierungsfragen lassen sich nicht abschließend klären, solange die Beziehung zur Mittelverwendung nicht berücksichtigt wird. Ebenso braucht man ohne Finanzierungsmöglichkeiten nicht über Investitionsmöglichkeiten nachzudenken; Investitionsfragen können nicht ohne Berücksichtigung der finanziellen Aspekte beantwortet werden.[9]

Diese übergreifende Betrachtung der genannten Teilbereiche in der Finanzwirtschaft weicht von der traditionellen isolierten Betrachtung der beiden Gebiete ab. Aber nur in einer derartigen ganzheitlichen Betrachtung des Gesamtsystems des Unternehmens lassen sich die Interdependenzen der einzelnen Bereiche berücksichtigen. Anders als der auf die Deskription finanzwirtschaftlicher Sachverhalte beschränkte traditionelle Ansatz der Finanzwirtschaft ist der moderne Ansatz der Finanzwirtschaft management- und entscheidungsorientiert. Investition und Finanzierung werden nun als Optimierungsvorgang gesehen, in dem Mittelbeschaffung und Mittelverwendung im Hinblick auf die Unternehmensziele aufeinander abgestimmt werden.[10] Die Charakteristika des traditionellen, des managementorientierten und entscheidungsorientierten sowie des kapitalmarktorientierten Ansatzes der Finanzwirtschaft sind in **Abbildung 4**[11] (S. 8) gegenübergestellt.[12]

---

[8] Vgl. dazu auch *Perridon, Louis/Steiner, Manfred/Rathgeber, Andreas W.*: Finanzwirtschaft der Unternehmung. 16. Aufl., München 2012, S. 5 und S. 10.

[9] Vgl. *Büschgen, Hans E.*: Grundlagen betrieblicher Finanzwirtschaft – Unternehmensfinanzierung. 3. Aufl., Frankfurt a. M. 1991, S. 17.

[10] Vgl. *Büschgen, Hans E.*: Grundlagen betrieblicher Finanzwirtschaft – Unternehmensfinanzierung. 3. Aufl., Frankfurt a. M. 1991, S. 17.

[11] Geringfügig modifiziert entnommen aus *Süchting, Joachim*: Finanzmanagement – Theorie und Politik der Unternehmensfinanzierung. 6. Aufl., Wiesbaden 1995, S. 7.

[12] Vgl. grundlegend und umfassend zur Investitionstheorie *Hering, Thomas*: Investitionstheorie. 4. Aufl., Berlin/Boston 2015.

Traditioneller Ansatz
• Externe Betrachtungsweise
• Deskriptive Methode
• Isoliertheit der Finanzierungsentscheidungen im Hinblick auf die Kapitalbeschaffung
• Effizienzkriterium: Einhaltung bestimmter Bilanzstrukturnormen
Management- und entscheidungsorientierter Ansatz
• Interne Betrachtungsweise
• Analytische Methode
• Simultaneität der Entscheidungen im Hinblick auf Kapitalbeschaffung und -verwendung
• Effizienzkriterien: Beiträge zur Erfolgs- und Risikoposition
Kapitalmarktorientierter Ansatz
• Externe Betrachtungsweise
• Analytische Methode
• Verständnis der Renditeforderungen von Kapitalgebern als Kapitalkosten des Unternehmens
• Effizienzkriterium: Kurswertmaximierung

Abbildung 4: Charakteristika älterer und neuerer Auffassungen zur betrieblichen Finanzwirtschaft

B. Die Grundprinzipien der Finanzwirtschaft

I. Die Ziele der Finanzwirtschaft

Erst aufgrund gesetzter **Ziele** als Angabe des gewünschten Zustandes der Realität ist der Entscheidungsträger in der Lage, die zur Verfügung stehenden **Handlungsalternativen zu bewerten** und so zu einer **Entscheidung** zu gelangen. Entscheidungsträger können also erst dann eine rationale Entscheidung treffen, wenn mittels eines vorgegebenen Zielkriteriums festgestellt werden kann, ob die durch die Entscheidung ausgelöste Maßnahme einen Beitrag zur Erreichung dieses Zieles liefert.[13]

In der Realität verfolgen die für ein Unternehmen Verantwortlichen gleichzeitig mehrere Ziele. Man unterscheidet zwischen **Oberzielen**, welche die allgemeinen Zielvorstellungen des Unternehmens beinhalten, und **Unter- bzw. Zwischenzielen**, die aufgrund der fehlenden Operationalität der Oberziele aus diesen abgeleitet und nach- bzw. zwischengeschaltet werden müssen. Die Gesamtheit der nebeneinander existierenden bzw. hierarchisch geordneten – teilweise sogar miteinander konkurrierenden – Ziele wird als **Zielsystem** eines Unternehmens bezeichnet.

Aus Gründen der Operationalität formuliert man manchmal hierarchisch untergeordnete Ziele als Nebenbedingungen in der Weise, dass ein bestimmter Wert nicht unter- oder überschritten werden soll. I. d. R. dominieren in einer marktwirtschaftlich organisierten Volks-

---

[13] Vgl. *Süchting, Joachim*: Finanzmanagement – Theorie und Politik der Unternehmensfinanzierung. 6. Aufl., Wiesbaden 1995, S. 295.

wirtschaft die **monetären Oberziele** wie Umsatz- und Gewinnstreben. Letzteres wird häufig auch als **das** Oberziel des Unternehmens bezeichnet.[14]

Aus **leistungswirtschaftlicher Sicht** wird angestrebt, bei der Erstellung der betrieblichen Leistungen und bei ihrem Absatz langfristig den Gewinn zu maximieren. Verfolgt die Unternehmensleitung ausschließlich dieses Ziel, so werden betriebliche Leistungen nur erbracht, wenn sich damit ein Gewinn erzielen lässt, wenn also eine positive Differenz zwischen Leistungen und Kosten – den leistungsbedingten Erfolgsbeiträgen – zu erwarten ist.[15] Die **finanzwirtschaftliche Sicht** ist im Gegensatz dazu kapital- bzw. zahlungsorientiert. Dies zeigt sich in der Formulierung der finanzwirtschaftlichen Zielfunktion i. S. der Maximierung der Kapitalrentabilität (dies entspricht einer Kapitalorientierung) unter den Nebenbedingungen der Liquidität (dieses Kriterium ist zahlungsorientiert), der Sicherheit und der Unabhängigkeit.[16]

Diese Unterscheidung in leistungs- und finanzwirtschaftliche Sichtweise zeigt sich auch in der GuV nach § 275 Abs. 2 HGB (Gesamtkostenverfahren) und § 275 Abs. 3 HGB (Umsatzkostenverfahren). Dort werden die Erfolgsbeiträge (Erträge, Aufwendungen), die aus dem leistungswirtschaftlichen Bereich stammen (Positionen 1 bis 8 in Abs. 2; Positionen 1 bis 7 in Abs. 3; der Saldo dieser Posten kann als **Betriebsergebnis** bezeichnet werden)[17], getrennt von den aus dem finanzwirtschaftlichen Bereich stammenden Erfolgsbeiträgen (Positionen 9 bis 13 in Abs. 2; Positionen 8 bis 12 in Abs. 3; der Saldo dieser Positionen kann als **Finanzergebnis** bezeichnet werden)[18] ausgewiesen. Häufig ist in den leistungswirtschaftlich geprägten Industrie- und Handelsunternehmen das Finanzergebnis aufgrund der hohen Fremdkapitalzinsen negativ. Die Schemata des § 275 Abs. 2 bzw. Abs. 3 HGB zur GuV nehmen diese Ergebnisdifferenzierung entsprechend dem Bereich ihrer Entstehung in Betriebs- und Finanzergebnis allerdings nur insoweit vor, als die zusammengehörenden Positionen unmittelbar aufeinander folgen.

Über die für finanzwirtschaftliche Überlegungen ebenfalls entscheidenden Ein- und Auszahlungen einer Periode informiert die nur für die Erfolgsermittlung zuständige GuV dagegen nicht.[19] Nur über den wenig aussagefähigen Saldo der Ein- und Auszahlungen des Geschäftsjahres wird man aufgrund der Veränderung der Bestandsgröße „liquide Mittel", also

---

[14] Vgl. *Wöhe, Günter/Döring, Ulrich*: Einführung in die Allgemeine Betriebswirtschaftslehre. 25. Aufl., München 2013, S. 9–10.

[15] Auf die wichtige Differenzierung zwischen Leistungen und Erträgen bzw. Kosten und Aufwendungen, wobei auch die neutralen Erträge und Aufwendungen einerseits und die kalkulatorischen Leistungen und Kosten andererseits zu berücksichtigen sind, sei hier nur hingewiesen; vgl. dazu *Wöhe, Günter*: Bilanzierung und Bilanzpolitik. 9. Aufl., München 1997, S. 21–24.

[16] Vgl. *Bieg, Hartmut*: Betriebswirtschaftslehre 2: Finanzierung. Freiburg i. Br. 1991, S. 18–26.

[17] Vgl. *Eisele, Wolfgang/Knobloch, Alois Paul*: Technik des betrieblichen Rechnungswesens. 8. Aufl., München 2011, S. 87.

[18] Vgl. *Bieg, Hartmut/Kußmaul, Heinz*: Grundlagen der Bilanzierung. 4. Aufl., Wiesbaden 2000, S. 136.

[19] Dieser Aufgabe wird die Kapitalflussrechnung gerecht, welche gem. § 297 Abs. 1 Satz 1 HGB obligatorischer Bestandteil eines Konzernabschlusses ist. Kapitalmarktorientierte Kapitalgesellschaften, die keinen Konzernabschluss aufstellen müssen, sind gem. § 264 Abs. 1 Satz 2 HGB jedoch dazu verpflichtet, den Jahresabschluss um eine Kapitalflussrechnung zu ergänzen.

der Aktivposition B. IV. (§ 266 Abs. 2 HGB) informiert. Aus finanzwirtschaftlicher Sicht sind also mehrere Nebenbedingungen zu beachten, die leistungswirtschaftlich von untergeordneter Bedeutung, im Rahmen des Gesamtunternehmens aber von existenzieller Bedeutung sind. Ansonsten orientieren sich unternehmerische Entscheidungen sowohl im leistungswirtschaftlichen als auch im finanzwirtschaftlichen Bereich an der Zielsetzung der (langfristigen) **Gewinnmaximierung**. Auch die Tatsache, dass im finanzwirtschaftlichen Bereich eine relative Gewinngröße (**Kapitalrentabilität**), im leistungswirtschaftlichen Bereich dagegen der absolute Gewinn als Entscheidungskriterium herangezogen wird, kann nicht darüber hinwegtäuschen, dass letztlich eben doch jede Mittelbeschaffung und Mitteldisposition nach ihrem Gewinnbeitrag zu beurteilen ist.[20]

II. Die finanzwirtschaftlichen Entscheidungskriterien

1. Die Kapitalrentabilität als eigenständige finanzwirtschaftliche Zielsetzung

Die Kapitalrentabilität stellt eine besondere Interpretation des Gewinnbegriffs dar. Kapitalrentabilitäten sind Kennzahlen, in denen eine Erfolgsgröße ins Verhältnis zu verschiedenen im Unternehmen eingesetzten Kapitalgrößen gesetzt wird. Sie geben an, in welcher Höhe sich das eingesetzte Kapital in der betreffenden Periode verzinst hat, und tragen somit dem weit verbreiteten Renditedenken Rechnung. Da das in der Finanzwirtschaft angestrebte Ziel die Rentabilitätsmaximierung ist, orientiert man sich bei finanzwirtschaftlichen Entscheidungen nicht an der absoluten Höhe des Gewinns, sondern an der Relation zwischen Gewinn bzw. Jahresüberschuss und eingesetztem Kapital, also an der relativen Höhe des Gewinns. **Abbildung 5**[21] enthält mögliche Ausprägungsformen der Kapitalrentabilität.

a) Eigenkapitalrentabilität	=	$\dfrac{\text{Gewinn (bzw. JÜ)}}{\text{EK}}$
b) Gesamtkapitalrentabilität	=	$\dfrac{\text{Gewinn (bzw. JÜ)} + \text{FK-Zinsen}}{\text{EK} + \text{FK}}$
c) Betriebskapitalrentabilität	=	$\dfrac{\text{Betriebsergebnis}}{\text{betriebsnotwendiges Kapital}}$
d) Rentabilität eines einzelnen Investitionsobjektes	=	$\dfrac{\text{dem Projekt zurechenbare Einzahlungsüberschüsse}}{\text{für das Projekt erforderlicher Kapitaleinsatz}}$

Abbildung 5: Ausprägungsformen der Kapitalrentabilität

Die Messung der Rentabilität kann zum einen für eine Abrechnungsperiode (Geschäftsjahr) erfolgen, so in den in **Abbildung 5** aufgeführten Fällen a) bis c); sie kann sich zum anderen

---

[20] Vgl. *Köhler, Richard*: Zum Finanzierungsbegriff einer entscheidungsorientierten Betriebswirtschaftslehre. In: Zeitschrift für Betriebswirtschaft 1969, S. 443.

[21] Entnommen aus *Bieg, Hartmut*: Betriebswirtschaftslehre 2: Finanzierung. Freiburg i. Br. 1991, S. 23.

aber auch auf einen längeren oder kürzeren Zeitraum beziehen, so in dem in **Abbildung 5** genannten Fall d), wobei man die Gesamtlebensdauer des Unternehmens oder die Laufzeit eines Investitionsobjekts heranzieht. An dieser Stelle soll zumindest erwähnt werden, dass man z. B. den Jahresüberschuss (oder in anderer Definition das Betriebsergebnis) eines Unternehmens auch zu seinen Umsatzerlösen in Beziehung setzen kann; man erhält so die **Umsatzrentabilität**.

Eine Modifikation der Kennzahl Gesamtkapitalrentabilität stellt der **Return On Investment** (ROI) dar, der als Quotient aus Jahresüberschuss bzw. Betriebsergebnis und Gesamtkapital gebildet wird. Um die Gründe für einen gegenüber dem Vorjahr verbesserten oder verschlechterten ROI besser analysieren zu können, zerlegt man ihn in die Bestandteile **Umsatzrentabilität** (Jahresüberschuss bzw. Betriebsergebnis : Umsatzerlöse) und **Kapitalumschlagshäufigkeit** (Umsatzerlöse : Gesamtkapital). Das Produkt dieser beiden Größen ergibt wiederum den ROI.[22]

Welche der dargestellten Rentabilitätskennziffern die jeweils „richtige" ist, hängt vom konkreten finanzwirtschaftlichen Entscheidungsproblem ab. So wird man bei einem Investitionsvorhaben zwar stets auch die Rentabilität des insgesamt eingesetzten Eigenkapitals im Auge behalten, vorrangig orientiert man sich aber an der Vorteilhaftigkeit des betreffenden Investitionsobjekts. Dagegen löst man sich bei der finanziellen Steuerung des Gesamtunternehmens weitgehend von der Objektebene und orientiert sich am Periodenergebnis.

Strittig kann allerdings sein, ob bei einer Finanzierungsentscheidung die **Eigenkapital- oder die Gesamtkapitalrentabilität** als Entscheidungskriterium herangezogen werden soll. Dabei ist die Frage zu beantworten, ob der bzw. die Eigentümer eines Unternehmens auf eine betriebliche Maßnahme verzichten soll(en), die zwar die Gesamtkapitalrentabilität vermindern, die Eigenkapitalrentabilität jedoch erhöhen würde. Ein Verzicht auf die Maßnahme hätte zwar zur Folge, dass sich das insgesamt – von Eigentümer(n) und Gläubigern – eingesetzte Kapital besser „verzinst" als dies bei Durchführung der Maßnahme der Fall wäre. Ein Eigentümer kann aus seiner Sicht allerdings eine Verschlechterung der Gesamtkapitalrentabilität durchaus in Kauf nehmen, wenn sich durch die Maßnahme die „Verzinsung" des von ihm eingesetzten Kapitals verbessert.[23] Das hier angedeutete Zusammenspiel zwischen mehreren Rentabilitätskennziffern ist Grundlage des **Leverage-Effekts**. Dabei geht es um die Frage, inwiefern sich durch Erhöhung des Verschuldungsgrads (Fremdkapital : Eigenkapital) die Eigenkapitalrentabilität steigern lässt.[24]

Letztendlich geht es bei jeder unternehmerischen Betätigung um eine Maximierung des **„Unternehmenswerts"** aus der Sicht des Anteilseigners. Diese aus dem Gewinnmaximierungsprinzip ableitbare Zielsetzung wird als **Shareholdervalue-Ansatz** bezeichnet. Bei dieser konsequent an der Steigerung des Unternehmenswerts ausgerichteten Zielsetzung

---

[22] Vgl. ausführlich hierzu *Bieg, Hartmut/Kußmaul, Heinz/Waschbusch, Gerd*: Externes Rechnungswesen. 6. Aufl., München 2012, S. 373–375.
[23] Vgl. *Bieg, Hartmut*: Betriebswirtschaftslehre 2: Finanzierung. Freiburg i. Br. 1991, S. 23–24.
[24] Vgl. hierzu *Bieg, Hartmut/Kußmaul, Heinz*: Investitions- und Finanzierungsmanagement. Band III: Finanzwirtschaftliche Entscheidungen, München 2000, S. 45–58.

sind die Interessen der anderen Anspruchsgruppen (**Stakeholder**) als Nebenbedingungen bzw. Unterziele zu berücksichtigen.[25]

2. Die Liquidität

Würde man die Liquidität mit dem Zahlungsmittelbestand (Kassenbestand + jederzeit verfügbare Guthaben bei Kreditinstituten) gleichsetzen, so wäre ihr Umfang eindeutig und ihre Messung unproblematisch. Die Definition der Liquidität als positiver Zahlungsmittelbestand ist aber als finanzwirtschaftliches Kriterium wenig aussagefähig. Nicht die Höhe des Zahlungsmittelbestandes ist ausschlaggebend, sondern ob die Zahlungskraft eines Unternehmens insgesamt ausreicht, die an es gestellten Anforderungen zu erfüllen. Dem Umstand, dass der Zahlungsmittelbestand nur einen Teil der disponierbaren Zahlungsmittel umfasst, trägt der erste zu erörternde Liquiditätsbegriff Rechnung, wonach Liquidität die Eigenschaft eines Vermögensobjektes ist. Dem Umstand, dass Liquidität nicht nur durch die **Zahlungskraft**, sondern auch durch die **Zahlungsverpflichtungen** bestimmt wird, trägt der zweite Liquiditätsbegriff Rechnung, wonach Liquidität die Eigenschaft eines Wirtschaftssubjektes (in unserem Zusammenhang also eines Unternehmens) ist.

Versteht man Liquidität als eine Eigenschaft von Vermögensobjekten, so geht es im Wesentlichen um die **Liquidisierbarkeit** (oft verkürzt auch als Liquidierbarkeit bezeichnet) einzelner Vermögensgegenstände. Man kann also unter Liquidität die „Eigenschaft von Vermögensobjekten (verstehen; d. Verf.), mehr oder weniger leicht als Zahlungsmittel verwendet oder durch Verkauf oder Abtretung in ein Zahlungsmittel umgewandelt werden zu können"[26] (absolute Liquidität). Zahlungsmittel sind dabei dadurch gekennzeichnet, dass durch ihre Übertragung eine Zahlungsverpflichtung mit befreiender Wirkung erfüllt wird. Gesetzliche Zahlungsmittel, für die Annahmezwang besteht, verfügen bei ungestörter Geldwirtschaft über diese Eigenschaft. Inwieweit auch andere als die gesetzlichen Zahlungsmittel hier einzubeziehen sind, hängt von der Annahmebereitschaft der Gläubiger ab.[27]

Zwei Aspekte sind für die angesprochene **Geldnähe von Vermögensobjekten** bestimmend:

- Der Zeitraum, in dem sich die einzelnen Vermögenspositionen im Rahmen des üblichen Umsatzprozesses wieder „verflüssigen" (Self-liquidating Period). Im Zusammenhang mit dieser **ursprünglichen oder absoluten Liquidität** spricht *Moxter* von Geldwerdungsabstand, *Stützel* von der Selbstliquidationsperiode.[28] Dieser Zeitraum spielt z. B. auch eine Rolle bei der Gliederung der Aktivseite von Bilanzen.

---

[25] Vgl. dazu *Perridon, Louis/Steiner, Manfred/Rathgeber, Andreas W.*: Finanzwirtschaft der Unternehmung. 16. Aufl., München 2012, S. 16–17; vgl. ausführlich dazu **Abschnitt 9, Kap. E.**

[26] *Stützel, Wolfgang*: Liquidität. In: Handwörterbuch der Sozialwissenschaften. 6. Band, Stuttgart/Tübingen/Göttingen 1959, S. 625.

[27] Vgl. *Bieg, Hartmut*: Schwebende Geschäfte in Handels- und Steuerbilanz. Frankfurt a. M./Bern 1977, S. 180–181.

[28] Vgl. *Moxter, Adolf*: Bilanzlehre. 2. Aufl. Wiesbaden 1976, S. 99–100, in der aktuellen Aufl. nicht mehr enthalten; *Stützel, Wolfgang*: Liquidität. In: Handwörterbuch der Sozialwissenschaften. 6. Band, Stuttgart/Tübingen/Göttingen 1959, S. 622.

- Die Möglichkeit, einen Vermögensgegenstand bereits vor Ablauf seiner Selbstliquidationsperiode vorzeitig zu liquidisieren (Shiftability). Im Zusammenhang mit dieser **künstlichen oder abgeleiteten Liquidität** ist nicht selten ein – im Voraus mitunter nicht exakt bestimmbares – Disagio in Kauf zu nehmen.[29]

Liquidität wird aber auch als **Eigenschaft von Wirtschaftssubjekten** i. S. von **Zahlungsfähigkeit** verstanden. Wie bereits angedeutet, kann es sich im Rahmen betriebswirtschaftlicher Untersuchungen bei den in Frage stehenden Wirtschaftssubjekten nur um **Unternehmen** handeln. Insoweit kann man Liquidität auch als Eigenschaft von Unternehmen verstehen, „Zahlungsansprüche mehr oder weniger leicht erfüllen zu können"[30]. Dieser Liquiditätsbegriff wurde am prägnantesten von *Witte* formuliert: „Liquidität ist die Fähigkeit der Unternehmung, die zu einem Zeitpunkt zwingend fälligen Zahlungsverpflichtungen uneingeschränkt erfüllen zu können; sie muß während des Bestehens der Unternehmung zu jedem Zeitpunkt gegeben sein"[31]. Unter zwingend fälligen Zahlungsverpflichtungen versteht man in diesem Zusammenhang solche, die vertraglich oder gesetzlich zwingend bzw. wirtschaftlich unumgänglich sind.

Die Liquidität eines Unternehmens ist also dann gegeben, wenn zwischen den Zahlungsverpflichtungen und der Zahlungsfähigkeit Übereinstimmung besteht. Für die Zahlungsfähigkeit sind nicht nur die vorhandenen Zahlungsmittel entscheidend, sondern die **Zahlungskraft** des Unternehmens, worunter die Summe der Zahlungsmittel verstanden werden soll, über die ein Unternehmen zu einem bestimmten Zeitpunkt verfügen kann. Bei diesem Liquiditätsbegriff, der lediglich auf die Zahlungsfähigkeit im Zeitpunkt des Fälligwerdens einer Zahlungsverpflichtung abstellt, kommt es demzufolge nicht darauf an, ob die Erfüllung durch bereits vorhandene Zahlungsmittel erfolgt oder ob die Zahlungsmittel erst beschafft werden müssen. Entscheidend ist, dass sie rechtzeitig in der erforderlichen Höhe zur Verfügung stehen und dass die Zahlungsfähigkeit während des Bestehens des Unternehmens zu jedem Zeitpunkt gegeben ist (Bonitätsaspekt). Liquidität i. S. dieses zweiten Begriffs lässt sich nicht allein aufgrund des vorhandenen Zahlungsmittelbestandes ermitteln; vielmehr wird eine Aussage darüber getroffen, ob das Unternehmen zu einem bestimmten Zeitpunkt mindestens die **Zahlungskraft** aufweist, die zur Tilgung seiner fälligen Zahlungsanforderungen nötig ist.[32] Da es hier offenbar um ein Deckungsverhältnis, also eine Relation geht, spricht man auch von **relativer Liquidität**.

Nach *Mellerowicz* ist unter der Liquidität der Tatbestand der **Zahlungsbereitschaft**, also die Fähigkeit eines Unternehmens, allen Zahlungsverpflichtungen und Zahlungsnotwendigkeiten fristgerecht nachkommen zu können, zu verstehen. Diese Formulierung zeigt besonders deutlich, dass die Liquidität immer unter dem Gesichtspunkt eines fortzuführenden Unter-

---

[29] Vgl. *Perridon, Louis/Steiner, Manfred/Rathgeber, Andreas W.*: Finanzwirtschaft der Unternehmung. 16. Aufl., München 2012, S. 12.
[30] *Stützel, Wolfgang*: Liquidität. In: Handwörterbuch der Sozialwissenschaften. 6. Band, Stuttgart/Tübingen/Göttingen 1959, S. 622.
[31] *Witte, Eberhard*: Die Liquiditätspolitik der Unternehmung. Tübingen 1963, S. 15.
[32] Vgl. *Perridon, Louis/Steiner, Manfred/Rathgeber, Andreas W.*: Finanzwirtschaft der Unternehmung. 16. Aufl., München 2012, S. 13.

nehmens zu sehen ist, die das ständige Eingehen neuer Zahlungsverpflichtungen erforderlich macht. Können diese Verpflichtungen ohne Gefährdung der zukünftigen Liquidität eingegangen werden, so wird das Unternehmen vom Zahlungsbereich her nicht behindert.[33]

Der Gelddisponent hat aufgrund des dargestellten Zusammenhangs also Vorsorge zu treffen, dass aus vorhandenen **Zahlungsmittelbeständen und verfügbaren Krediten** ein **Zahlungspotenzial** in einer Höhe mobilisiert werden kann, dass alle im Laufe eines Tages auftretenden Verfügungen in voller Höhe gedeckt werden können. Liquidität ist damit weniger eine Frage ausreichender Zahlungsmittelbestände als vielmehr eine Frage ausreichender **Bonität** des Unternehmens, das zusätzliche Zahlungsmittel beschaffen muss. Die Sicherung der Liquidität ist aber nicht nur ein Problem der täglichen Gelddisposition. Es ist vielmehr sicherzustellen, dass Liquidität (i. S. der Zahlungsfähigkeit) auch an jedem Tag der Unternehmenszukunft gegeben ist. Die Definition der Liquiditätssicherung als Zukunftsproblem ergibt sich, da es am heutigen Tag eine absolut sichere Liquiditätsdisposition und Liquiditätsvorsorge für den zukünftigen Tag nicht geben kann.

Die **Erhaltung der Liquidität** ist kein ursprüngliches betriebswirtschaftliches Ziel, sondern eine **Nebenbedingung der Rentabilitätsmaximierung**, „die bei allen erwogenen Aktionen zur Realisierung bestimmten Verhaltens streng zu beachten ist"[34]. Liquidität ist sogar Existenzbedingung aller Unternehmen, da (dauernde) Zahlungsunfähigkeit (Illiquidität) nach § 16 i. V. m. § 17 Abs. 1 InsO Insolvenzgrund ist und somit zum Ausscheiden des Unternehmens aus dem Wirtschaftsprozess führt. Berechnet man das Deckungsverhältnis zwischen verfügbaren Zahlungsmitteln einerseits und fälligen Zahlungsverpflichtungen andererseits für einen bestimmten Zeitpunkt, etwa für den Bilanzstichtag, so spricht man von statischer Liquidität. Dagegen bezieht sich die dynamische Liquidität auf einen zukünftigen Zeitraum, z. B. auf das nächste Jahr. Dabei sind bspw. auch die nicht in der Bilanz ausgewiesenen zugesagten und bereitgestellten, aber noch nicht abgerufenen Kredite zu berücksichtigen.

Während die **Erhaltung der Liquidität Voraussetzung für das Rentabilitätsstreben** ist, gilt der **Umkehrschluss** dieser Aussage **nicht**. Denn auch ein rentabel arbeitendes Unternehmen kann trotz erzielter Gewinne bei Illiquidität gezwungen sein, das Insolvenzverfahren einzuleiten. Hingegen kann ein unrentables Unternehmen zunächst noch liquide bleiben und durch rechtzeitig eingeleitete Sanierungsmaßnahmen die Notwendigkeit eines Insolvenzverfahrens wegen Illiquidität oder drohender Illiquidität verhindern. Diese an sich widersprüchliche Situation kann auftreten, weil für die **Liquiditätsbetrachtung** die genauen **Zahlungszeitpunkte** entscheidend sind, also tägliche Zahlungsfähigkeit gefordert wird, während die **Rentabilitätsbetrachtung über einen (längeren) Zeitraum** erfolgt. Somit ist es für die Erfolgsermittlung nicht entscheidend, wann genau die Aufwendungen zu Auszahlungen und die Erträge zu Einzahlungen werden. Gerade dieses zeitliche Auseinanderfallen

---

[33] Vgl. *Mellerowicz, Konrad*: Allgemeine Betriebswirtschaftslehre. 3. Band, 12. Aufl., Berlin 1967, S. 23.

[34] *Köhler, Richard*: Zum Finanzierungsbegriff einer entscheidungsorientierten Betriebswirtschaftslehre. In: Zeitschrift für Betriebswirtschaft 1969, S. 443.

B. Die Grundprinzipien der Finanzwirtschaft

von Zahlungszeitpunkt und Zeitpunkt der Erfolgswirksamkeit ist der Grund für die unterschiedliche Beurteilung hinsichtlich der Erfolgs- bzw. Liquiditätslage.

Nach *Gutenberg* befindet sich ein Unternehmen im **finanziellen Gleichgewicht**, wenn es zu allen Zeitpunkten genau so viele liquide Mittel zur Verfügung hat, wie es zur Deckung seiner fälligen Zahlungsverpflichtungen benötigt.[35] Diese Definition reduziert den Begriff des finanziellen Gleichgewichtes auf die **Zahlungsfähigkeit**, also auf den Liquiditätsaspekt. Da es sich hier um eine ständige Augenblicks- oder Momentanliquidität (**zeitpunktbezogene Liquidität**) handelt, stellt sich das Problem der Aufrechterhaltung der Liquidität für jedes Unternehmen zu jedem Zeitpunkt seines Bestehens. Bei dieser verwendeten Liquiditätsdefinition gibt es nur zwei Möglichkeiten: Entweder liegt Liquidität vor oder nicht. Liquide sein bedeutet i. S. dieses Liquiditätsbegriffs also nicht, über einen hohen Bestand an Zahlungsmitteln zu verfügen. Eine größere Zahlungskraft, als sie von den Zahlungsanforderungen her bedingt wird, ist unnötig und unter dem Rentabilitätsgesichtspunkt unwirtschaftlich. Reicht die Zahlungskraft nicht aus, die auftretenden Zahlungsanforderungen zu erfüllen, so liegt Illiquidität vor. **Abbildung 6**[36] beinhaltet eine Übersicht über die verschiedenen Liquiditätsbegriffe.

```
                        ┌──────────────┐
                        │  Liquidität  │
                        └──────┬───────┘
                ┌──────────────┴──────────────┐
        ┌───────────────┐            ┌───────────────┐
        │   Absolute    │            │    Relative   │
        │   Liquidität  │            │   Liquidität  │
        └───────┬───────┘            └───────┬───────┘
         Eigenschaft von              Eigenschaft von
         Vermögensobjekten            Wirtschaftssubjekten
         (Liquidisierbarkeit)         (Zahlungsfähigkeit)
        ┌───────┴───────┐            ┌───────┴───────┐
    Natürliche,     Künstliche,    Statische      Dynamische
    ursprüngliche   abgeleitete    Liquidität     Liquidität
    Liquidität      Liquidität

      Meist zeitpunktbezogen,       Zeitraumbezogen,
      bilanzorientiert              an Zahlungsreihen
                                    (Finanzplan)
                                    orientiert
```

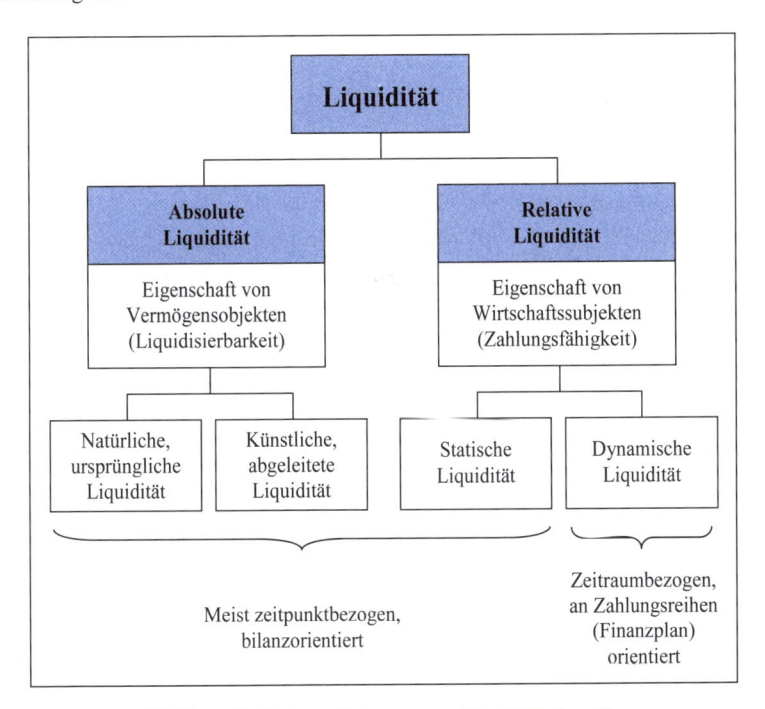

Abbildung 6: Systematisierung von Liquiditätsbegriffen

---

[35] Vgl. *Gutenberg, Erich*: Grundlagen der Betriebswirtschaftslehre. 3. Band: Die Finanzen. 8. Aufl., Berlin/Heidelberg/New York 1980, S. 272–273.

[36] Modifiziert entnommen aus *Vormbaum, Herbert*: Finanzierung der Betriebe. 9. Aufl., Wiesbaden 1995, S. 113.

Eine weitere Fassung des Begriffs des finanziellen Gleichgewichts bezieht dagegen das gesamte Zielsystem des Unternehmens in die Betrachtung ein. Demnach ist finanzielles Gleichgewicht gegeben, wenn **zusätzlich zu der** oben geforderten Bedingung jederzeitiger **Zahlungsfähigkeit die Zahlungsströme des Unternehmens im Hinblick auf sein Zielsystem optimal aufeinander abgestimmt sind.** Dies ist dann der Fall, wenn bei unveränderter Datenkonstellation im finanziellen Bereich keine Entscheidung revidiert werden muss.[37] Das so definierte finanzielle Gleichgewicht ist erreicht, wenn neben der Zahlungsfähigkeit des Unternehmens, die zu jedem Zeitpunkt gegeben sein muss, alle unternehmerischen Entscheidungen in der Weise getroffen werden, dass das Unternehmen dadurch das langfristige Gewinnmaximum erreicht, was im finanziellen Bereich streng genommen bedeutet, dass zu keinem Zeitpunkt mehr liquide Mittel gehalten werden, als zur Bedienung der Zahlungsverpflichtungen erforderlich sind. Man sieht sofort, dass das finanzielle Gleichgewicht in diesem strengen Sinne in der Praxis nie erreicht werden kann, denn i. d. R. wird es – zumindest aus Vorsichtsgründen – am Ende der Geschäftstage „Überbestände" an liquiden Mitteln geben, deren verzinsliche Anlage die Gewinnsituation des Unternehmens verbessert hätte. Da selten beide Kriterien gleichzeitig erfüllt werden können, wird wohl meistens die Erreichung des Gewinnmaximums bzw. einer möglichst hohen Eigenkapitalrentabilität zugunsten der Bereitstellung eines genügend hohen Zahlungsmittelbestandes verfehlt werden. Der dargestellte Gegensatz wird allerdings durch die Möglichkeit der verzinslichen Anlage auf Geldmarktkonten, über die jederzeit verfügt werden kann, gemildert.

3. Die Sicherheit

Unter Sicherheitsstreben versteht man das Ziel der Eigentümer bzw. der für das Unternehmen Verantwortlichen, das zur Verfügung gestellte **Kapital uneingeschränkt zu erhalten**. Konsequent umgesetzt würde dies den Verzicht auf jegliches Risiko bedeuten. Da jedoch letztlich (fast) jede unternehmerische Tätigkeit ein gewisses Risiko in sich birgt, müsste bei strenger Verfolgung dieses Zieles jegliche derartige Tätigkeit eingestellt werden. Dies kann allerdings nicht der Zweck dieser Zielsetzung sein. Vielmehr muss dieses Ziel zur **Nebenbedingung** modifiziert werden. Kann nicht von vornherein ein Verlust ausgeschlossen werden, so wird ein Risiko nur dann eingegangen, „wenn der Verlustgefahr auch die Chance eines Gewinns gegenübersteht"[38]. Dabei ist folgendes Verhältnis zwischen Risiko und Gewinn entscheidend: Je höher das Risiko einer Aktion ist, desto höher kann i. d. R. der Gewinn aus dieser Aktion und damit die Steigerung der Rentabilität ausfallen. Der Eintritt eines Misserfolges wirkt sich dagegen negativ auf die Rentabilität aus. Bei entsprechend hohem Verlust aus der Aktion werden die Gewinne aus anderen Aktionen aufgezehrt; der so entstehende Periodenverlust führt zur Verminderung des Eigenkapitals. Die Rentabilität kann also auch negativ werden.

---

[37] Vgl. *Mülhaupt, Ludwig*: Finanzielles Gleichgewicht. In: Handwörterbuch der Finanzwirtschaft, hrsg. von *Hans E. Büschgen*. Stuttgart 1976, Sp. 404.

[38] *Hahn, Oswald*: Finanzwirtschaft. 2. Aufl., Landsberg a. L. 1983, S. 35.

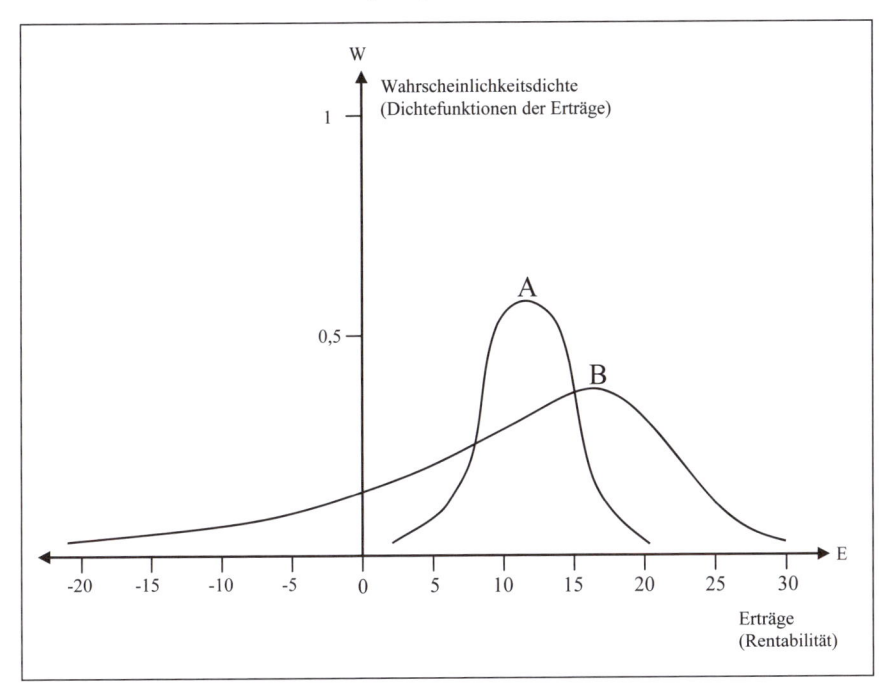

Abbildung 7: Kapitalanlagealternativen mit unterschiedlicher Risikoverteilung

Das Streben nach Sicherheit hat Einfluss auf die Entscheidungen im leistungswirtschaftlichen wie im finanzwirtschaftlichen Bereich. So ist z. B. bei **Investitionsentscheidungen**, bei denen insb. über die aus einer Investition erwarteten Rückflüsse Unsicherheit besteht, die Risikoscheu bzw. Risikoneigung des im Unternehmen für Investitionen Verantwortlichen, die individuell unterschiedlich ist, zu berücksichtigen. Dies kann pauschal, mit Hilfe subjektiver oder objektiver Wahrscheinlichkeiten oder anderer Gewichtungsfaktoren geschehen. Ex ante ist meist jedoch nur eine Belegung mit subjektiven Wahrscheinlichkeiten möglich. Die in **Abbildung 7**[39] dargestellten Kapitalanlagealternativen A und B (z. B. Aktien) weisen hinsichtlich der Erfolgserwartungen unterschiedliche Wahrscheinlichkeitsverteilungen auf. Investitionsalternative B verspricht eine höhere maximale Rendite; zugleich weist es aber auch ein wesentlich höheres Verlustrisiko auf als Alternative A. Investitionsalternative A ist somit „sicherer" als Alternative B. Eine rationale Entscheidung zwischen den beiden Kapitalanlagealternativen kann nur unter Berücksichtigung der Risikopräferenzfunktion des Entscheidungsträgers getroffen werden.[40]

Aber auch **Kapitalbeschaffungsmaßnahmen** (Finanzierungsentscheidungen) können Risiken in sich bergen, denn die Aufnahme von Fremdkapital bedeutet immer, dass die an die Fremdkapitalgeber zu leistenden Zins- und Tilgungszahlungen vertraglich fest vereinbart sind. Aufgrund der Unsicherheit bzgl. der Einzahlungen aus der Unternehmenstätigkeit, aus

---

[39] Modifiziert entnommen aus *Perridon, Louis/Steiner, Manfred/Rathgeber, Andreas W.*: Finanzwirtschaft der Unternehmung. 16. Aufl., München 2012, S. 16.

[40] Vgl. *Bieg, Hartmut*: Betriebswirtschaftslehre 2: Finanzierung. Freiburg i. Br. 1991, S. 24–25.

denen die Kreditverpflichtungen erfüllt werden sollen, besteht die Gefahr der Illiquidität. Insofern lassen sich ex ante auch keine Aussagen über die zukünftig erzielbare Gesamtkapitalrentabilität machen. Daraus ergibt sich die Forderung, einen möglichst hohen Anteil an Eigenkapital zu halten, da dieses einerseits keine zwingenden Zahlungsverpflichtungen hervorruft, andererseits aber als Haftungs- und Risikokapital negative Periodenergebnisse „auffangen" kann. Eigenkapital soll also das Unternehmensrisiko tragen, damit dieses nicht auf das Fremdkapital abgewälzt werden muss.

4. Die Unabhängigkeit

Unter dem Unabhängigkeitsstreben versteht man das Ziel der Eigentümer bzw. der Unternehmensleitung, die Kapitalbeschaffung so zu gestalten, dass das **Unternehmensgeschehen nicht durch die Einflussnahme Dritter beeinträchtigt wird**. Es geht also konkret um die Möglichkeit der Einflussnahme der (neu gewonnenen bzw. ihr bisheriges Engagement verstärkenden) Kapitalgeber auf unternehmerische Entscheidungen. Jede Kapitalaufnahme schafft neue Mitspracherechte, die sich nach der Art des aufgenommenen Kapitals unterscheiden.

Mit der **Zuführung von Eigenkapital** ist üblicherweise die Gewährung von Entscheidungs-, Mitsprache-, Stimm- und Kontrollrechten verbunden. Hierbei sind folgende Fälle zu unterscheiden:

Erfolgt die Beteiligungsfinanzierung durch die **bisherigen Gesellschafter**, so können sich Entscheidungsrechte und das Stimmrechtsverhältnis ändern, wenn die Gesellschafter mit einer vom bisherigen Beteiligungsverhältnis abweichenden Quote zusätzliches Eigenkapital zuführen; dies gilt nur für den Fall, dass die Stimmrechtsverteilung von der Anteilsquote abhängt.[41]

Beim Eintritt **neuer Gesellschafter** sind diesen – neben Vermögensrechten in Form einer risikoadäquaten Verzinsung und der Abgeltung stiller Rücklagen bei Ein- und Austritt – auch „Machtbefugnisse" zu gewähren, die sich auf Mitsprache sowie Informations- und Kontrollrechte erstrecken.[42] Dadurch werden die Entscheidungsbefugnisse der bisherigen Gesellschafter geschmälert, was insb. bei mittelständischen Unternehmen, die häufig bewusst nach Unabhängigkeit von fremden Kapitalgebern streben, als nachteilig empfunden wird. Inwieweit sich Auswirkungen auf die Machtstrukturen innerhalb der Gesellschaft ergeben, hängt dabei sowohl von der gesellschaftsrechtlichen Stellung der neuen Eigenkapitalgeber (z. B. stiller Gesellschafter, Kommanditist, Komplementär, Stamm- oder Vorzugsaktionär) als auch von den ihnen zustehenden Rechten nach Gesetz, Gesellschaftsvertrag oder Satzung ab.[43] Durch entsprechende Gestaltung (z. B. durch Konstruktion einer stillen

---

[41] Bei Kapitalgesellschaften ergeben sich analoge Veränderungen beim Bezugsrecht, beim Gewinnverteilungsschlüssel und beim Anspruch auf Liquidationserlös.
[42] Vgl. *Kußmaul, Heinz*: Betriebswirtschaftliche Beratungsempfehlungen zur Finanzierung mittelständischer Unternehmen. In: Steuerberaterkongreß-Report 1990, München 1991, S. 188–189.
[43] Vgl. *Wöhe, Günter/Bilstein, Jürgen*: Grundzüge der Unternehmensfinanzierung. 9. Aufl., München 2002, S. 417–419, in der aktuellen Aufl. nicht mehr enthalten.

Gesellschaft oder durch gesellschaftsvertragliche Beschränkung der Einflussnahmemöglichkeiten) kann somit der Machtverlust der bereits beteiligten Gesellschafter begrenzt werden.

Die tatsächlichen Einflussnahmemöglichkeiten der Eigenkapitalgeber können faktisch auch durch eine breite Streuung der Kapitalanteile, wie sie bspw. bei Publikumskapitalgesellschaften vorkommt, beschränkt sein; diese führt dazu, dass für Inhaber kleiner Anteile eine Beteiligung an der Entscheidungsfindung im Unternehmen organisatorisch unmöglich wird und eine Kontrolle der Entscheidungsorgane kaum wirksam vollzogen werden kann.[44]

Insgesamt ist die Mitsprache bei der Aufnahme neuen Eigenkapitals üblicherweise größer als bei der **Kreditfinanzierung**. Bei Letzterer ist der Umfang der Kreditgewährung und die Marktmacht des Gläubigers im Verhältnis zum kreditnehmenden Unternehmen für den Umfang der Mitspracherechte entscheidend.

Das **Unabhängigkeitsstreben kollidiert in starkem Maße mit den übrigen finanzwirtschaftlichen Entscheidungskriterien**. Durch das Zugeständnis, zukünftig in gewisser Weise auf das Unternehmensgeschehen Einfluss nehmen zu können, werden u. U. insb. Fremdkapitalgeber dazu veranlasst, ihrerseits Zugeständnisse bei der Vereinbarung des Zinssatzes zu machen, ihr Kapital langfristig zur Verfügung zu stellen oder sogar risikobereiter zu investieren. Dies mag das kreditnehmende Unternehmen beim Abschluss des Kreditvertrages als außerordentlich vorteilhaft einschätzen. Es wird diese Vorteile aber möglicherweise mit einer Einflussnahme des Gläubigers „bezahlen" müssen, welche die Dispositionsfreiheit und Flexibilität des Unternehmens so stark einschränkt, dass dadurch der Unternehmensprozess gestört wird. Auch durch die bei der Kreditaufnahme vielfach notwendigen und durchaus üblichen Sicherheiten bspw. in Form von Grundpfandrechten, Sicherungsübereignungen und Verpfändungen wird die unternehmerische Verfügungsgewalt eingeengt, ja sogar die Möglichkeit weiterer Kreditaufnahmen begrenzt,[45] denn diese Vermögensgegenstände stehen zur Absicherung weiterer Kredite u. U. nicht mehr zur Verfügung. Letztlich kann die Beherrschung durch einen einzelnen Kapitalgeber sogar die Rentabilität des Unternehmens insofern beeinträchtigen, als dieser Preise diktieren und Wachstumsbeschränkungen im leistungswirtschaftlichen Bereich vorschreiben kann.[46]

Die Erhaltung der Dispositionsfreiheit und der Flexibilität des Unternehmens ist von solcher Bedeutung, dass sich das **Unabhängigkeitsstreben** als **wichtige Nebenbedingung bei der Kapitalbeschaffung und damit auch bei Investitionsentscheidungen** darstellt. Es muss allerdings eine überlegte und klare Abwägung vorgenommen werden, ob aus dem Unabhän-

---

[44] Vgl. *Franke, Günter/Hax, Herbert*: Finanzwirtschaft des Unternehmens und Kapitalmarkt. 6. Aufl., Dordrecht u.a. 2009, S. 7.
[45] Vgl. *Perridon, Louis/Steiner, Manfred/Rathgeber, Andreas W.*: Finanzwirtschaft der Unternehmung. 16. Aufl., München 2012, S. 12.
[46] Vgl. *Hahn, Oswald*: Finanzwirtschaft. 2. Aufl., Landsberg a. L. 1983, S. 36.

gigkeitsstreben heraus ein Verzicht auf eine weitere Kapitalaufnahme sinnvoll ist, der dann evtl. einen Verzicht auf mögliches Unternehmenswachstum mit sich bringt.[47]

III. Die finanzwirtschaftlichen Aufgaben und Fragestellungen

Die für die betriebliche Finanzwirtschaft Verantwortlichen müssen die **Geldströme (Zahlungsströme)** eines Unternehmens, die durch betriebliche und außerbetriebliche Prozesse ausgelöst werden, **erfassen, steuern und kontrollieren**. Sie haben dabei insb. die termingerechte Erfüllung der Zahlungsverpflichtungen sicherzustellen, müssen dabei allerdings stets auch darauf bedacht sein, dem Unternehmen nicht durch den Bestand zu hoher liquider Mittel Erträge entgehen zu lassen. Hieraus ergeben sich die folgenden Aufgaben:

- Die für die betriebliche Finanzwirtschaft Verantwortlichen haben langfristig den **Finanzmittelbedarf zu erkunden**, den das Unternehmen in den übrigen betrieblichen Teilbereichen, aber auch im finanzwirtschaftlichen Bereich hat. Sie haben **Finanzmittel** in ausreichendem Umfang und in der gewünschten Fristigkeit **zu beschaffen**, um diese dann ihrer speziellen Verwendung, etwa der Anschaffung von Realgütern oder der Beschaffung vorübergehender oder langfristiger Finanzanlagen, zuzuführen.

- Der zielgerechte Ablauf der Finanzmittelbeschaffung und -verwendung setzt voraus, dass der **Zahlungsverkehr** kostengünstig und schnell abgewickelt werden kann, d. h., es sind nicht nur die notwendigen **Vorkehrungen für den ungestörten Ablauf des Zahlungsverkehrs** zu schaffen, sondern es sind auch Neuerungen, die den Ablauf langfristig verbessern können, durchzuführen. Darüber hinaus ist im finanzwirtschaftlichen Bereich das organisatorische Umfeld so zu gestalten, dass das Unternehmen seine Ziele erreichen kann.

- Schließlich ist zu **kontrollieren**, ob die eingesetzten Instrumente zielgerecht arbeiten, ob die gewählte Organisationsstruktur sinnvoll ist, ob die Finanzierungsform noch zeitgemäß ist, ob die vorgenommenen Investitionen den Erwartungen entsprechen; falls Änderungen des Umweltzustandes eingetreten sind oder Erkenntnisse anderer Art vorliegen, können unverzüglich Anpassungsmaßnahmen vorgenommen werden.

In großen Unternehmen werden die finanzwirtschaftlichen Entscheidungen häufig dezentral in verschiedenen Abteilungen getroffen. In diesem Falle müssen alle Entscheidungen durch eine Instanz koordiniert werden. Bezeichnet man diese Stelle als das **Finanzmanagement**, so wird der Begriff – wie allgemein üblich – in **institutioneller Sichtweise** verwendet. Er bezeichnet also die Instanz, die für die Koordinierung derjenigen Aktivitäten der Unternehmensführung zuständig ist, die das finanzielle Gleichgewicht des Unternehmens sicherstellen sollen. Gewöhnlich ist dies der Finanzvorstand.[48]

Es lässt sich ein **enges Zusammenspiel zwischen Kapitalanlage und Kapitalaufbringung** feststellen. Selbst wer die Investitionsrechnung isoliert betrachtet, hat die Ausgangsfrage zu

---

[47] Vgl. *Perridon, Louis/Steiner, Manfred/Rathgeber, Andreas W.*: Finanzwirtschaft der Unternehmung. 16. Aufl., München 2012, S. 12.

[48] Vgl. *Büschgen, Hans E.*: Grundlagen betrieblicher Finanzwirtschaft – Unternehmensfinanzierung. 3. Aufl., Frankfurt a. M. 1991, S. 25–26.

stellen, welches Investitionsobjekt zu realisieren ist, wenn Mittel in genügend großer Höhe zur Verfügung stehen. Andererseits ist Ausgangsfrage der Finanzierung, wie eine Investition, die zwingend benötigt wird, optimal finanziert werden sollte. Diese Fragestellungen lassen u. U. vermuten, jeweils einer der Teilbereiche sei fix, während der andere zu optimieren sei. Tatsächlich können aber in der Praxis beide Teilbereiche gestaltet werden. Daraus ergibt sich die **Notwendigkeit der gemeinsamen Planung von Investition und Finanzierung**. Es gilt folgender Zusammenhang: Jede Mittelverwendung hat eine Mittelbeschaffung zur Voraussetzung. Der beste Investitionsplan ist bedeutungslos, wenn keine Mittel zur Durchführung der Investition zur Verfügung stehen. Umgekehrt ist die Beschaffung finanzieller Mittel unsinnig, wenn für sie keine ertragbringende Verwendung gefunden werden kann. Daher muss Mittelbeschaffung stets eine Mittelverwendung nach sich ziehen.[49]

C. Die Bestandteile der Finanzwirtschaft

I. Die Investition

Der Investor verfolgt mit einer zum gegenwärtigen Zeitpunkt erfolgenden Geldauszahlung für bestimmte Vermögensgegenstände oder Dienstleistungen das Ziel, dadurch in späteren Perioden höhere Geldeinzahlungen oder Minderauszahlungen zu erwirtschaften.

Charakteristische Merkmale von Investitionen sind demnach die Transformation eines gegenwärtigen Zahlungsmittelbestandes in materielle, immaterielle oder finanzielle Güter, sowie das Ziel, dadurch auf direkte bzw. indirekte Weise zusätzliche Einzahlungen oder geringere Auszahlungen zu erreichen.[50] Es lässt sich also eine **enge Verknüpfung zwischen der güter- bzw. leistungswirtschaftlichen und finanzwirtschaftlichen Ebene** eines Unternehmens erkennen. Jedoch kann bei der Beratung, Beurteilung und Entscheidung über eine Investition prinzipiell eine Trennung zwischen leistungswirtschaftlichen und finanzwirtschaftlichen Aspekten vorgenommen werden.

Stehen die technischen und kapazitätsorientierten Eigenschaften der Investitionsobjekte und damit der **leistungswirtschaftliche Aspekt** im Vordergrund, so lassen sich die zu beschaffenden Vermögensgegenstände ihrer Art nach gem. **Abbildung 8**[51] (S. 22) unterscheiden.

Auf den leistungswirtschaftlichen Aspekt wird auch abgezielt, wenn in einer Wirtschaftsperiode die Unterteilung der Gesamt- oder Bruttoinvestitionen eines Betriebes in **Ersatz- oder Reinvestitionen** (Ersatzbeschaffung wirtschaftlich verbrauchter Güter) und in **Erweiterungs- oder Nettoinvestitionen** (Vergrößerung der Kapazität) erfolgt. Dieser Kapazitätseffekt der Investitionen erfährt i. d. R. allerdings keine Berücksichtigung im Rahmen des Themengebiets „Investitionsrechnung", sondern wird in der Literatur im Zusammenhang

---

[49] Vgl. *Wöhe, Günter* u. a.: Grundzüge der Unternehmensfinanzierung. 11. Aufl., München 2013, S. 3.
[50] Vgl. *Bieg, Hartmut*: Betriebswirtschaftslehre 1: Investition und Unternehmungsbewertung. 2. Aufl., Freiburg i. Br. 1997, S. 1.
[51] Modifiziert entnommen aus *Bieg, Hartmut*: Betriebswirtschaftslehre 1: Investition und Unternehmungsbewertung. 2. Aufl., Freiburg i. Br. 1997, S. 2.

mit der „Betriebsgrößenplanung" bzw. generell im Rahmen des Bereiches „Produktion" diskutiert.

Die Investitionsrechnung interessiert sich jedoch i. Allg. nicht dafür, in welcher Weise ein Investitionsobjekt mit den übrigen betrieblichen Produktionsfaktoren zusammenwirkt oder welchen Einfluss es auf die Leistungsfähigkeit des Unternehmens besitzt, sondern für sie ist lediglich der **finanzwirtschaftliche Aspekt** relevant.[52] Ihre Betrachtungsweise reduziert das Investitionsobjekt auf die von ihm ausgelösten Veränderungen des Zahlungsmittelbestandes; dies kommt auch im eingangs erwähnten zweiten Merkmal der Investition zum Ausdruck.

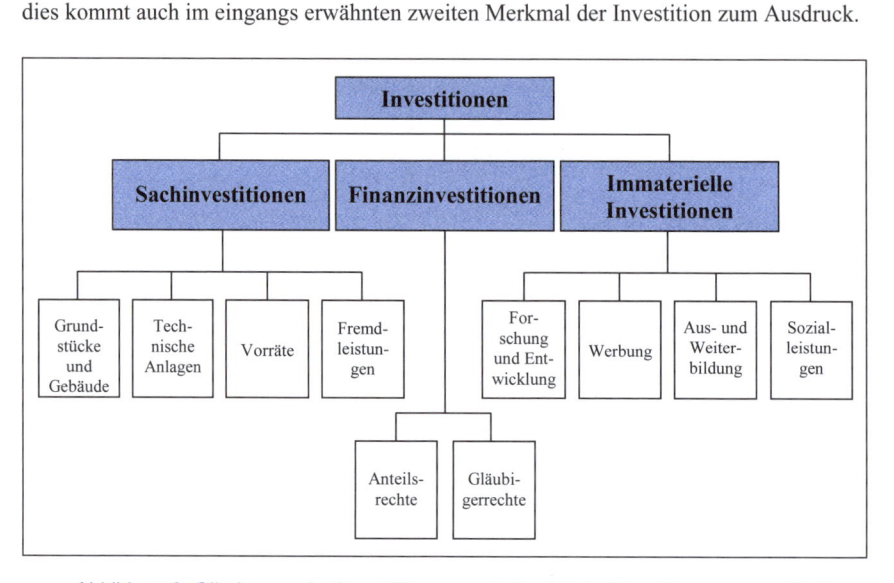

Abbildung 8: Gliederung der Investitionen nach der Art der Vermögensgegenstände

Diesem Tatbestand trägt der **zahlungsorientierte (pagatorische) Investitionsbegriff** Rechnung. Er ist laut *Büschgen* insb. eine Folge davon, dass Investition und Finanzierung bei der Investitionsplanung gemeinsam zu betrachten sind.[53] Danach ist eine Investition eine betriebliche Maßnahme, die zu unterschiedlichen Zeitpunkten Ein- und Auszahlungen verursacht. Der erste Zahlungsvorgang ist dabei im Normalfall eine Auszahlung und wenigstens eine der folgenden Zahlungen ist eine Einzahlung.

Das Fachgebiet „Investitionsrechnung" betrachtet demgemäß nur die **finanzwirtschaftlichen Aspekte** der Investitionen, d. h. ihre Zahlungsströme. Jede Investition lässt sich nämlich – unabhängig von der Art der Investition (Sach-, Finanz- oder immaterielle Investition) und unabhängig davon, ob es sich um eine Ersatz- oder um eine Erweiterungsinvestition

---

[52] Vgl. *Büschgen, Hans E.*: Betriebliche Finanzwirtschaft – Unternehmensinvestitionen. Frankfurt a. M. 1981, S. 12; vgl. dazu auch *Kruschwitz, Lutz*: Investitionsrechnung. 14. Aufl., München 2014, S. 3–5.

[53] Vgl. *Büschgen, Hans E.*: Betriebliche Finanzwirtschaft – Unternehmensinvestitionen. Frankfurt a. M. 1981, S. 11–12.

handelt – auf die von ihr ausgelösten Zahlungsmittelbewegungen (Ein- und Auszahlungen) reduzieren.

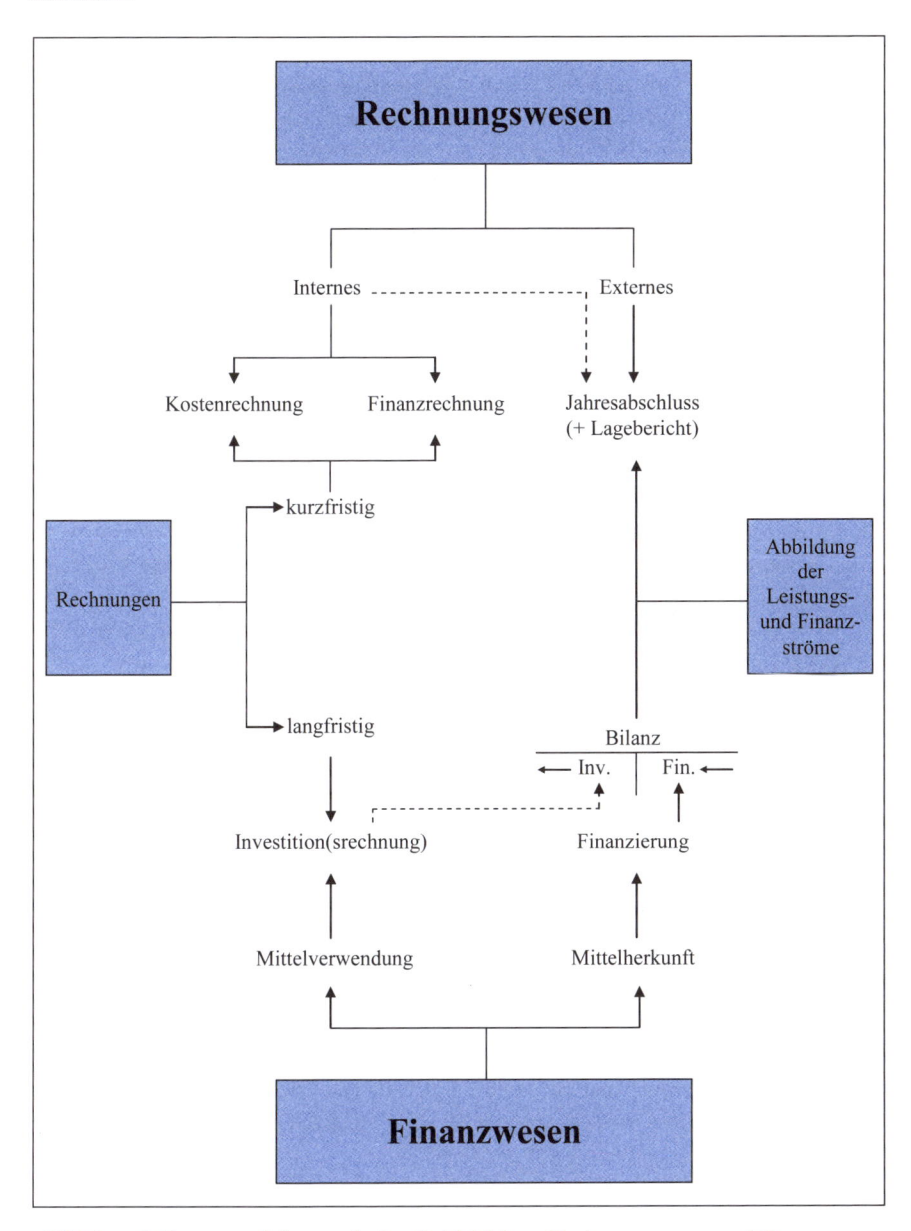

Abbildung 9: Zusammenhänge zwischen betrieblichem Rechnungswesen und Finanzwesen

Betrachtet man die innerhalb des Bereichs des **betrieblichen Finanz- bzw. Rechnungswesens** ablaufenden Prozesse hinsichtlich Entscheidungsvorbereitung, Treffen von Entscheidungen sowie Informationserstellung und -verwertung, so wirken sich die mit einer Investition in Zusammenhang stehenden Aktionen zum einen deutlich auf die Aktivseite einer Bilanz sowie auf die GuV und die Finanzrechnung aus, zum anderen macht sich die Planung und Berechnung von realisationsfähigen und auch zur Verwirklichung geeigneten Investitionsobjekten (Investitionsrechnung) im Bereich der mittel- bis langfristigen Unternehmensplanung bemerkbar (vgl. **Abbildung 9**[54]; S. 23).

Betrachtet man den Vorgang der Investition vom **Standpunkt der Bilanz** aus, so kommt er auf der Aktivseite der Bilanz, die Aufschluss über die Verwendung des unternehmerischen Kapitals gibt, zum Ausdruck. Vorausgehen muss der Betrachtung, Beurteilung und Realisierung von Investitionen zunächst die Beschaffung von verwendbarem Kapital.

Bilanztechnisch erkennbar wird die Kapitalbeschaffung auf der Passivseite der Bilanz, die Auskunft darüber gibt, welche Kapitalbeträge dem Betrieb zur Nutzung überlassen worden sind und in welcher Form (Eigen- bzw. Fremdkapital) dies geschehen ist.

Abgesehen von dem Fall der Einbringung von Sacheinlagen durch die Kapitalgeber erscheinen die vermögensmäßigen Gegenwerte des beschafften Kapitals in der Bilanz zunächst als Zahlungsmittel, ehe sie zur Durchführung des Betriebsprozesses verwendet, also investiert werden. Da jedoch die Erwirtschaftung von Kapital auch im Rahmen der Freisetzung investierter Geldbeträge durch den betrieblichen Umsatzprozess vonstatten gehen kann, macht sich die Bereitstellung finanzieller Mittel für erneute Investitionsvorgänge oftmals durch Vermögensumschichtungen auf der Aktivseite (ggf. ohne Änderung der auf der Passivseite ausgewiesenen Kapitalpositionen) bemerkbar.[55]

II. Die Finanzierung

In der Literatur herrscht keine Einigkeit über die Definition des Finanzierungsbegriffs. Die **klassische Interpretation** der Finanzierung orientiert sich an dem in der Bilanz ausgewiesenen Kapital.[56] Finanzierung beschränkt sich dann auf die **Vorgänge der Kapitalbeschaffung**, wobei der Begriff der Kapitalbeschaffung eng oder weit gefasst werden kann. So kann der Begriff der Kapitalbeschaffung anhand nachfolgender Kriterien eingeschränkt werden:

- Entsprechend der Form der Kapitalbeschaffung, z. B. Beschränkung auf die Beschaffung finanzieller Mittel durch Ausgabe von Wertpapieren;
- entsprechend der Dauer der Kapitalbereitstellung, z. B. Beschränkung auf die Beschaffung langfristiger Mittel;
- entsprechend der Verwendung der beschafften Kapitalbeträge, z. B. Beschränkung auf die Kapitalbeschaffung zum Zwecke der Gründung und Erweiterung oder zum Zwecke der Finanzierung von aus dem Rahmen der gewöhnlichen Geschäftstätigkeit herausfallender Vorhaben.

---

[54] Entnommen aus *Kußmaul, Heinz*: Grundlagen der Investition und Investitionsrechnung. In: Der Steuerberater 1995, S. 101.

[55] Vgl. *Wöhe, Günter* u. a.: Grundzüge der Unternehmensfinanzierung. 11. Aufl., München 2013, S. 2–5.

[56] Vgl. *Perridon, Louis/Steiner, Manfred/Rathgeber, Andreas W.*: Finanzwirtschaft der Unternehmung. 16. Aufl., München 2012, S. 389.

In der weitesten Fassung dieser klassischen Definition der Kapitalbeschaffung erfolgt keine Einschränkung bzgl. Form, Fristigkeit und Verwendung der finanziellen Mittel. Sie umschließt über die Kapitalbeschaffung hinaus sämtliche Kapitaldispositionen, die im Zusammenhang mit dem Betriebsprozess stehen, also auch die Kapitalrückzahlung und die Kapitalumschichtungen.[57] Aber auch in dieser Fassung bezieht sich der Finanzierungsbegriff nur auf die Vorgänge der Passivseite, die extern ausgelöst werden. Der am abstrakten Kapital orientierte Finanzierungsbegriff wird erweitert durch die Einbeziehung der Vermögensseite. Damit setzt sich Finanzierung nicht nur mit der Beschaffung externer Mittel, sondern auch mit der internen Mittelbeschaffung durch Gewinne, Mittelfreisetzungen, Abschreibungen usw. auseinander. Dies bezeichnet man als den am **Realkapital orientierten Finanzierungsbegriff**.[58]

Definiert man Finanzierung als „die Summe der Tätigkeiten, die darauf ausgerichtet sind, den Betrieb in dem entsprechenden Umfang mit Geld und anderen Vermögensteilen auszustatten, der zur Realisation der betrieblichen Ziele erforderlich ist"[59], so handelt es sich um einen (weiten) **entscheidungsorientierten Finanzierungsbegriff**. Ebenfalls um einen entscheidungsorientierten – wenn auch engeren und damit möglicherweise operationaleren – Ansatz handelt es sich, wenn Finanzierung als zielgerichtete Gestaltung und Steuerung sämtlicher Zahlungsströme eines Unternehmens verstanden wird. Dies führt zu dem pagatorischen, d. h. an Zahlungsströmen orientierten Finanzierungsbegriff. *Köhler* definiert diesbzgl.: „Zusammenfassend sei die Finanzierung, Teil der Finanzwirtschaft, definiert als Gesamtheit der Zahlungszuflüsse (Einzahlungen) und der beim Zugang nichtmonetärer Güter vermiedenen sofortigen Zahlungsmittelabflüsse (Auszahlungen)"[60]. Diese Definition beinhaltet alle Formen der internen und externen Geld- und Kapitalbeschaffung, einschließlich der Kapitalfreisetzungseffekte.

In Anlehnung an *Vormbaum* und *Wöhe* u. a. wird im Folgenden von einer **vier Kernbereiche** umfassenden Auslegung des Finanzierungsbegriffs ausgegangen.[61] Danach fallen in den Bereich der Finanzierung als Erstes alle betrieblichen Maßnahmen der Versorgung des Unternehmens mit disponiblem (für unternehmerische Entscheidungen zur Verfügung stehendem) Kapital

- zur Durchführung der betrieblichen Leistungserstellung und Leistungsverwertung (Erfüllung des eigentlichen Betriebszwecks) und

---

[57] Vgl. ausführlich zur Abgrenzung der einzelnen Finanzierungsbegriffe und ihrer Vertreter *Grochla, Erwin*: Finanzierung, Begriff der. In: Handwörterbuch der Finanzwirtschaft, hrsg. von *Hans E. Büschgen*, Stuttgart 1976, Sp. 413–415.

[58] *Perridon/Steiner/Rathgeber* beziehen sich hierbei auf *Beckmann, Liesel*: Die betriebswirtschaftliche Finanzierung. 2. Aufl., München 1956, S. 28 und *Rössle, Karl*: Allgemeine Betriebswirtschaftslehre. 5. Aufl., Stuttgart 1956, S. 105. Vgl. *Perridon, Louis/Steiner, Manfred/Rathgeber, Andreas W.*: Finanzwirtschaft der Unternehmung. 16. Aufl., München 2012, S. 389.

[59] *Grochla, Erwin*: Finanzierung, Begriff der. In: Handwörterbuch der Finanzwirtschaft, hrsg. von *Hans E. Büschgen*, Stuttgart 1976, Sp. 414.

[60] *Köhler, Richard*: Zum Finanzierungsbegriff einer entscheidungsorientierten Betriebswirtschaftslehre. In: Zeitschrift für Betriebswirtschaft 1969, S. 451.

[61] Vgl. *Vormbaum, Herbert*: Finanzierung der Betriebe. 9. Aufl., Wiesbaden 1995, S. 26–30; *Wöhe, Günter* u. a.: Grundzüge der Unternehmensfinanzierung. 11. Aufl., München 2013, S. 2–4.

- zur Vornahme bestimmter außerordentlicher finanztechnischer Vorgänge (z. B. Unternehmensgründung, Kapitalerhöhung, Umwandlung, Sanierung, Liquidation).

Ergänzend zu dieser Bereitstellung von finanziellen Mitteln jeder Art (**Kapitalbeschaffung** i. w. S.) kommen als Zweites Maßnahmen zur optimalen Strukturierung des Kapitals des Unternehmens hinzu (**Kapitalumschichtung, Umfinanzierung**). Durch die vorgenommene Einbeziehung der Sanierung und Liquidation wird der Finanzierungsbegriff als Drittes auf den Verlust und die Rückzahlung früher beschafften Kapitals ausgeweitet (**Kapitalabfluss** bspw. in Form von Kapitalentnahmen, Kredittilgungen, Gewinnausschüttungen). Als Viertes umfasst der verwendete Finanzierungsbegriff schließlich die Freisetzung von in Sach- und Finanzwerten investierten Geldbeträgen in liquide Form durch den sich über den Markt vollziehenden betrieblichen Umsatzprozess. Es handelt sich hierbei um die Wiederbeschaffung früher investierter Mittel und deren Bereitstellung für erneute Finanzierungsvorgänge. Derartige **Kapitalfreisetzungen** finden ihren Niederschlag nicht nur auf der Passivseite der Bilanz (wegen der Erfolgswirksamkeit), sondern sie zeigen sich v. a. auf der Aktivseite in Form von Vermögensumschichtungen. Vermögensumschichtungen sind zudem auch möglich, wenn die auf der Passivseite ausgewiesenen Kapitalpositionen konstant bleiben. Dadurch fällt auch die Bereitstellung finanzieller Mittel, die nicht zu einer Vergrößerung des auf der Passivseite ausgewiesenen Kapitals führt, unter den Finanzierungsbegriff.

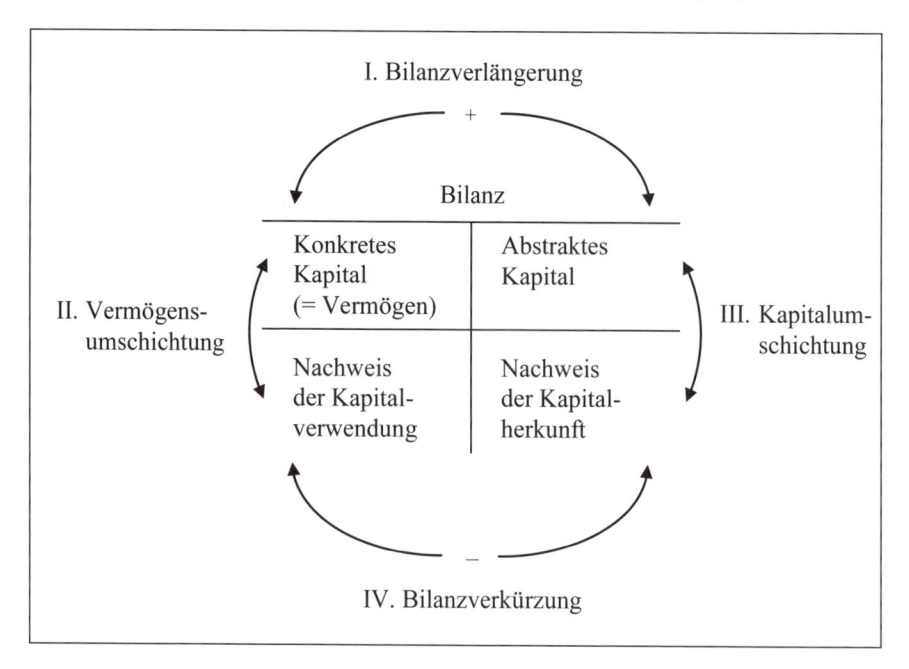

Abbildung 10: Finanzierungsvorgänge und Bilanzinhalt

Der Begriff Finanzierung beschränkt sich darüber hinaus nicht nur auf die reine Geldbeschaffung (liquide Mittel), sondern er umschließt auch die Zurverfügungstellung von Sachgütern in Form von Sacheinlagen oder die Einbringung von Wertpapieren. Kapitalbeschaffung (Finanzierung) und Kapitalverwendung (Investition) erfolgen in diesen Fällen als einheitlicher Vorgang. Finanzierung umfasst infolgedessen nicht nur die Geldbeschaffung, sondern die **Kapitalbeschaffung in allen Formen**. Das zur Nutzung überlassene Eigen- oder Fremdkapital findet seinen vermögensmäßigen Gegenwert in Form von Geld, Sachgütern, Wertpapieren oder anderen Vermögensgegenständen.

Der **Kapitalbereich der Bilanz** (Passivseite) gibt demzufolge Auskunft darüber, welche Kapitalbeträge in welcher rechtlichen Form (Eigenkapital oder Fremdkapital) dem Betrieb zur Nutzung überlassen werden, während der **Vermögensbereich der Bilanz** (Aktivseite) zum Ausdruck bringt, in welchen Vermögensarten die von den Kapitalgebern zur Verfügung gestellten Mittel derzeit gebunden sind.

In diesem Zusammenhang lassen sich grds. vier Arten von Finanzierungsvorgängen, die sich in einer Änderung des Bilanzinhalts niederschlagen, unterscheiden (siehe **Abbildung 10**[62]; S. 26).

Bilanzverlängernde Finanzierungsmaßnahmen führen zu einer Erhöhung des dem Betrieb zur Verfügung stehenden Vermögens bei gleichzeitiger, gleichgewichtiger Erhöhung des Kapitals. Diese Vorgänge werden als **Kapitalbeschaffung** bezeichnet. Mit dem Ausweis des neu aufgenommenen Kapitals (Eigenkapital und/oder Fremdkapital) auf der Passivseite wird der juristische Anspruch dokumentiert. Auf der Aktivseite zeigt sich diese Kapitalerhöhung in ihrer konkreten Form, folglich als Zufluss von liquiden Mitteln (z. B. Bareinlage, Kreditaufnahme) oder als Erhöhung der Sachgüter (z. B. Sacheinlage, Kauf auf Ziel).

Vermögensumschichtende Finanzierungsvorgänge (Aktivtausch) führen bei gleich bleibender Bilanzsumme zu einer Umstrukturierung des Vermögens, indem z. B. Sachgüter oder Finanztitel in liquide Mittel umgewandelt werden; gebundenes Vermögen wird also durch Veräußerung freigesetzt. Es gibt allerdings Finanzierungsvorgänge, die neben einer Vermögensumschichtung gleichzeitig auch zu einer Bilanzverlängerung oder -verkürzung führen, so, wenn beim Verkauf von Vermögensgegenständen zu einem über dem Buchwert liegenden Preis stille Rücklagen gewinnerhöhend aufgedeckt werden oder wenn durch deren vorherige Überbewertung ein außerordentlicher Aufwand entsteht. Finanzierungsmaßnahmen, die zu einer Vermögensumschichtung führen, werden als **Kapitalfreisetzung** bezeichnet.

Bei **kapitalumschichtenden Finanzierungsvorgängen (Passivtausch)** kommt es bei gleich bleibender Bilanzsumme zu einer Umstrukturierung der Passivseite. Die Veränderung der Rechtsposition des Kapitalgebers gegenüber dem Unternehmen (Eigentümer wird Gläubiger bzw. umgekehrt) zählt ebenso zu dieser **Kapitalumschichtung** wie Strukturveränderungen innerhalb des Eigenkapitals (z. B. Kapitalerhöhungen aus Gesellschaftsmitteln) und des Fremdkapitals (z. B. Vereinbarung, einen kurzfristigen Kredit auf langfristige Darlehensbasis umzustellen).

---

[62] Modifiziert entnommen aus *Vormbaum, Herbert*: Finanzierung der Betriebe. 9. Aufl., Wiesbaden 1995, S. 27.

Bilanzverkürzende Finanzierungsmaßnahmen führen zu einer Verkleinerung der Bilanzsumme durch Verminderung des dem Betrieb zur Verfügung stehenden Vermögens bei gleichzeitiger, gleichgewichtiger Verminderung des Kapitals. Dieser **Kapitalabfluss** zeigt sich in konkreter Form als Verminderung der liquiden Mittel bzw. von Sachgütern, schlägt sich aber auch in einer entsprechenden Verminderung der die Rechtsansprüche der Kapitalgeber repräsentierenden Eigen- oder Fremdkapitalpositionen nieder (z. B. Tilgung eines Darlehens).

Eine Zusammenfassung über die Elemente des hier verstandenen Finanzierungsbegriffs zeigt **Abbildung 11**[63].

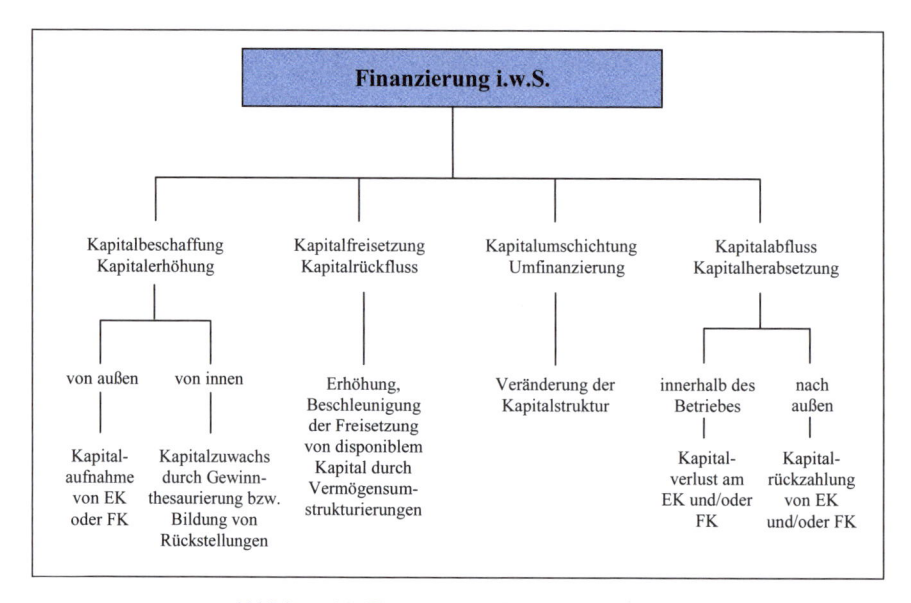

Abbildung 11: Elemente des Finanzierungsbegriffs

---

[63] Modifiziert entnommen aus *Vormbaum, Herbert*: Finanzierung der Betriebe. 9. Aufl., Wiesbaden 1995, S. 29.

Zweiter Abschnitt

Die betriebliche Einordnung der Investitionsrechnung und Entscheidungen über Investitionen

A. Die betriebliche Einordnung der Investitionsrechnung

I. Die Einordnung der Investitionsrechnung innerhalb des Investitionsprozesses

Die Begriffe Investitionsrechnung, Investitionsplanung und Investitionsprozess stehen zwar von ihrer thematischen und intentionalen Grundausrichtung her eng miteinander in Beziehung, dürfen aber dennoch nicht als gleichbedeutend angesehen werden. Die Investitionsrechnung wird nämlich als Instrument im Rahmen der Investitionsplanung eingesetzt, welche wiederum eine Phase innerhalb des Investitionsprozesses darstellt.[64] Systematisch logisch zerlegen lässt sich ein Investitionsprozess i. Allg. – wie in **Abbildung 12**[65] (S. 30) dargestellt – in

- eine **Planungsphase**,
- eine **Realisations- bzw. Durchsetzungsphase** sowie
- eine **Kontroll- und Überwachungsphase**,

wobei teilweise eine weitere Untergliederung der ersten Phase in die Planungsstufen

- **Problemstellungsphase**,
- **Suchphase**,

---

[64] Wesentliche Passagen dieses Abschnitts und der folgenden Abschnitte sind entnommen aus *Kußmaul, Heinz*: Grundlagen der Investition und Investitionsrechnung. In: Der Steuerberater 1995, S. 99–103, S. 135–139 und S. 179–183; *Kußmaul, Heinz*: Statische Verfahren der Investitionsrechnung. In: Der Steuerberater 1995, S. 221-227 und S. 259–263; *Kußmaul, Heinz*: Dynamische Verfahren der Investitionsrechnung. In: Der Steuerberater 1995, S. 302–308, S. 348–353, S. 381–389 und S. 428–436; *Kußmaul, Heinz*: Berücksichtigung der Steuern und Geldentwertung in der Investitionsrechnung. In: Der Steuerberater 1995, S. 463–473; *Kußmaul, Heinz*: Berücksichtigung der Steuern und Geldentwertung in der Investitionsrechnung. In: Der Steuerberater 1996, S. 16–22; *Kußmaul, Heinz*: Berücksichtigung der Unsicherheit bei Investitionsentscheidungen. In: Der Steuerberater 1996, S. 63–67 und S. 104–112; *Kußmaul, Heinz*: Investitionsprogrammentscheidungen. In: Der Steuerberater 1996, S. 151–154, S. 189–195 und S. 223–230; *Kußmaul, Heinz*: Gesamtbewertung von Unternehmen als spezieller Anwendungsfall der Investitionsrechnung. In: Der Steuerberater 1996, S. 262–268, S. 303–312, S. 350–358 und S. 395–402; *Kußmaul, Heinz*: Investitionsrechnung. In: Saarbrücker Handbuch der Betriebswirtschaftlichen Beratung, hrsg. von *Karlheinz Küting*, 4. Aufl., Herne 2008, S. 161–250; *Kußmaul, Heinz*: Darstellung der Discounted Cash-Flow-Verfahren – auch im Vergleich zur Ertragswertmethode nach dem IDW Standard ES 1 –. In: Der Steuerberater 1999, S. 332–347 sowie *Kußmaul, Heinz*: Darstellung der Shareholder Value-Ansätze. In: Der Steuerberater 1999, S. 382–390.

[65] Modifiziert entnommen aus *Kruschwitz, Lutz*: Investitionsrechnung. 14. Aufl., München 2014, S. 8.

- **Beurteilungsphase** und
- **Entscheidungsphase**

vorgenommen wird.[66]

```
┌─────────────────────────────────────┐
│                                     │
│         ┌──────────────────┐        │
│         │  Planungsphase   │        │
│         └──────────────────┘        │
│         (1) Problemstellung         │
│                                     │
│         (2) Suche nach realisierbaren│
│             Alternativen            │
│                                     │
│         (3) Beurteilung der Alternativen│
│             in monetärer sowie nicht│
│             monetärer Hinsicht      │
│                                     │
│         (4) Treffen einer Entscheidung│
│                                     │
│         ┌──────────────────┐        │
│         │ Realisations- bzw.│       │
│         │ Durchsetzungs-   │        │
│         │ phase            │        │
│         └──────────────────┘        │
│                                     │
│         ┌──────────────────┐        │
│         │ Kontroll- und    │        │
│         │ Überwachungs-    │        │
│         │ phase            │        │
│         └──────────────────┘        │
└─────────────────────────────────────┘
```

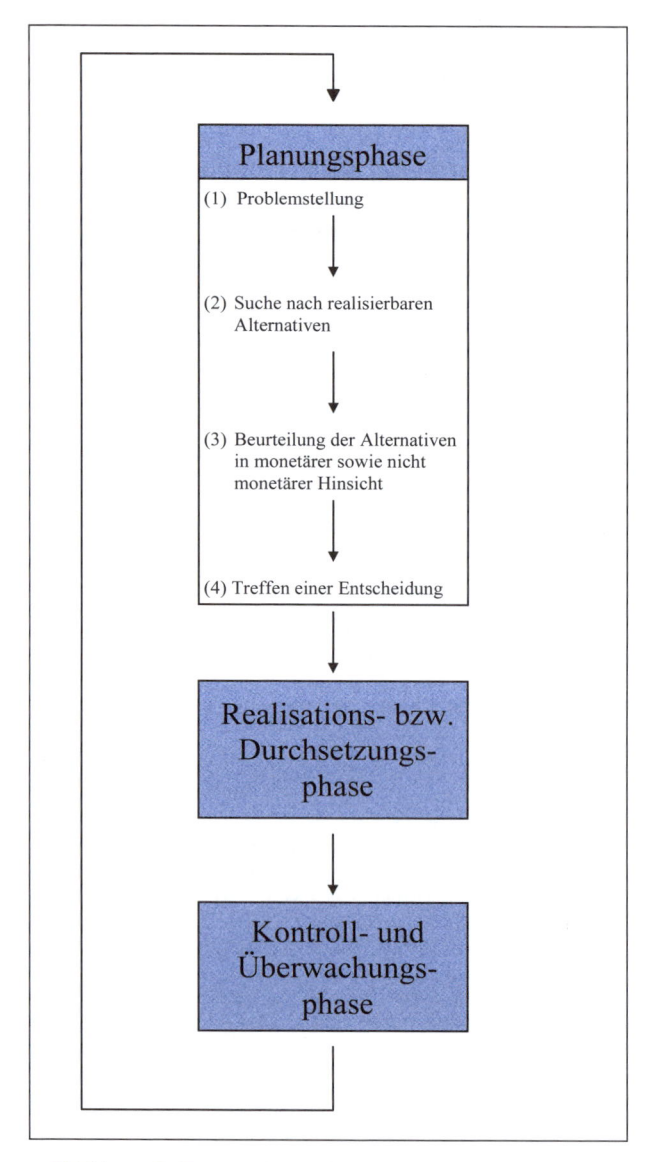

Abbildung 12: Prozessphasen bei Investitionsentscheidungen

---

[66] Vgl. dazu u.a. *Bieg, Hartmut*: Betriebswirtschaftslehre 1: Investition und Unternehmungsbewertung. 2. Aufl., Freiburg i. Br. 1997, S. 14; *Büschgen, Hans E.*: Betriebliche Finanzwirtschaft – Unternehmensinvestitionen. Frankfurt a. M. 1981, S. 21; *Kruschwitz, Lutz*: Investitionsrechnung. 14. Aufl., München 2014, S. 7–9; *Olfert, Klaus*: Investition. 12. Aufl., Ludwigshafen (Rhein) 2012, S. 63–86.

Am Beginn der **Planungsphase** steht das Erkennen des Problems bzgl. einer möglichen Investition und daran anschließend die Formulierung der Problemstellung (sog. **Problemstellungsphase**). In dieser ersten Stufe entsteht die Idee zur Durchführung einer bestimmten Investition. Dies setzt voraus, dass der Investor eine Mangellage erkennt und überzeugt ist, diesen Zustand beseitigen zu können. Deshalb muss er zunächst seine Ausgangssituation analysieren und außerdem Kenntnis über die Ziele seiner Investitionstätigkeit besitzen; nur auf diese Weise können Entscheidungskriterien abgeleitet werden, die es dem Investor gestatten, eine der zur Verfügung stehenden Investitionsalternativen als die zweckmäßigste bzw. optimale Handlungsweise zu bestimmen.

In der zweiten Stufe der Planungsphase sucht der Entscheidungsträger nach Möglichkeiten zur Beseitigung des erkannten Mangels (sog. **Suchphase**). Nach einer erfolgten Auflistung und Bezeichnung der ihm zur Auswahl stehenden Alternativen wird er deren Konsequenzen zu ermitteln versuchen, wobei aufgrund seiner Zielsetzung bereits eine Vorauswahl getroffen werden kann, bei der nicht realisierbare oder offensichtlich unbrauchbare bzw. ineffiziente Lösungen von vornherein ausscheiden. Da es sich bei den verschiedenen zu selektierenden Möglichkeiten immer um zukünftige Ereignisse handelt, macht die Ermittlung der Handlungskonsequenzen den Einsatz von Prognose- und Schätzungsverfahren notwendig. Die bei der Bestimmung dieser Daten auftretenden Probleme bilden einen zentralen Problembereich der Investitionstheorie. Im Bedarfsfall müssen alternative Zukunftsentwicklungen unterstellt, quantifiziert und verarbeitet werden.

In der dritten Stufe der Planungsphase erfolgt eine Bewertung der nach der Vorauswahl verbleibenden Investitionsalternativen (sog. **Beurteilungsphase**). Nur auf diese Objekte findet die **Investitionsrechnung im eigentlichen Sinne** überhaupt Anwendung; die Alternativen werden hinsichtlich der monetären, d. h. in Geldeinheiten ausgedrückten Ziele des Entscheidungsträgers und unter Zugrundelegung der hierfür relevanten Daten in eine kardinale Reihenfolge gebracht. Die grundlegende Vorbedingung dafür ist aber, dass alle Handlungsmöglichkeiten nach derselben Investitionsberechnungsmethode beurteilt werden. Daneben wird eine Beurteilung der Alternativen hinsichtlich der nicht monetären Ziele vorgenommen; diese wird ohne Heranziehung von Investitionsrechenverfahren durchgeführt.

Im Rahmen der eigentlichen Entscheidung (sog. **Entscheidungsphase**; vierte Stufe innerhalb der Planungsphase) erfolgt – unter Heranziehung der Investitionsrechnungsergebnisse sowie unter Ergänzung durch verschiedene als Imponderabilien bezeichnete weitere Einflussgrößen – eine Verdichtung der Ergebnisse der vorangegangenen Stufe zu einem endgültigen Werturteil und daran anschließend eine Aussonderung aller nicht-optimalen Alternativen.

Sofern nicht bereits in der Beurteilungsphase eine Eingliederung der Investitionsplanung in die Gesamtplanung explizit berücksichtigt wurde, muss zusätzlich eine **Abstimmung mit der Gesamtplanung**, insb. mit der Finanzplanung, vorgenommen werden. Der Finanzplanung kommt eine besondere Bedeutung zu, da Investitionen einen Kapitalbedarf induzieren und deshalb vor ihrer Realisation zu klären ist, ob dieser gedeckt werden kann.

In der **Realisations- bzw. Durchsetzungsphase** findet die Durchführung der Investition entsprechend dem Beschluss statt. Finanzwirtschaftlich betrachtet ist sie nur insoweit von

Interesse, als hier die – für die Beurteilung der Vorteilhaftigkeit eines Objekts entscheidenden bzw. ausschlaggebenden – Anfangsauszahlungen anfallen.

In der **Kontroll- und Überwachungsphase** wird ein Soll-/Ist-Vergleich durchgeführt. Dieser Soll-/Ist-Vergleich wird sinnvollerweise nicht – wie **Abbildung 12** (S. 30) vermuten lässt – erst nach Abschluss der **Realisations- und Durchsetzungsphase** durchgeführt. Vielmehr sollte bereits während der **Realisations- und Durchsetzungsphase** eine Gegenüberstellung des geplanten bzw. erwarteten Zielerreichungsgrades mit dem tatsächlich realisierten Ergebnis stattfinden, d. h., die erwarteten Konsequenzen, die zur Entscheidung bzgl. einer bestimmten Alternative geführt haben, werden mit den tatsächlich eingetretenen Konsequenzen verglichen. Bei Abweichungen von den Planungswerten müssen rechtzeitig geeignete Korrekturmaßnahmen eingeleitet werden; für die Investitionsrechnung ergibt sich somit eine neue Problemstellung. Mit dem Übergang von der Kontroll- und Überwachungsphase zur Planungsphase schließt sich damit der Kreis des Investitionsprozesses.[67] Obwohl in der Kontroll- und Überwachungsphase bisweilen Investitionskontrollrechnungen eingesetzt werden, liegt das eigentliche Anwendungsgebiet der Investitionsrechnung jedoch in der Planungsphase.

II. Die Investition als Teil der betrieblichen Gesamtplanung

Aufgabe der langfristigen Planung eines Betriebs ist der Versuch der **Beseitigung eines** in einem betrieblichen Teilbereich (Beschaffungs-, Produktions-, Absatz-, Verwaltungs- oder Finanzierungsbereich) evtl. bestehenden **Engpasses**. Kurzfristige Pläne (Planungsperiode i. d. R. kürzer als 1 Jahr) müssen dagegen diesen Engpasssektor als gegeben und nahezu unveränderlich ansehen. Die daraus entstehende Notwendigkeit, alle kurzfristigen Pläne am Minimumsektor auszurichten, wird als Ausgleichsgesetz bzw. -prinzip der Planung bezeichnet.[68]

Die Ausrichtung der **Investitionsplanung** ist i. Allg. **langfristiger Natur**, da mit der Durchführung von Investitionen das Geschehen in anderen unternehmerischen Teilbereichen (z. B. im Beschaffungs- und Produktionsbereich) für einen längeren Zeitraum vorbestimmt wird. Eine Änderung der durchgeführten Maßnahmen (z. B. Liquidierung betrieblich genutzter Maschinen bei gleichzeitigem Kauf neuer Produktionsanlagen) kann oftmals nur unter Inkaufnahme erheblicher finanzieller Verluste vollzogen werden, da der **Reversibilitätsgrad** von bereits getätigten Investitionen i. d. R. **gering** ist. Soweit Investitionen fixe Kosten verursachen, resultiert aus ihnen eine Erstarrung der Kostenstruktur. Dieser Effekt erlangt

---

[67] Vgl. v.a. *Bieg, Hartmut*: Betriebswirtschaftslehre 1: Investition und Unternehmungsbewertung. 2. Aufl., Freiburg i. Br. 1997, S. 14–17; *Büschgen, Hans E.*: Betriebliche Finanzwirtschaft – Unternehmensinvestitionen. Frankfurt a. M. 1981, S. 21–23; *Kruschwitz, Lutz*: Investitionsrechnung. 14. Aufl., München 2014, S. 7–9; *Olfert, Klaus*: Investition. 12. Aufl., Ludwigshafen (Rhein) 2012, S. 63–86.

[68] Vgl. *Bieg, Hartmut*: Betriebswirtschaftslehre 1: Investition und Unternehmungsbewertung. 2. Aufl., Freiburg i. Br. 1997, S. 17; *Büschgen, Hans E.*: Betriebliche Finanzwirtschaft – Unternehmensinvestitionen. Frankfurt a. M. 1981, S. 24.

insb. dann Bedeutung, wenn durch die Investition die Anlagenintensität wesentlich zunimmt, da dann die Gewinnschwelle in Bereiche höherer Umsätze verlagert wird.[69]

Des Weiteren ist eine **Abstimmung der Investitionspolitik mit anderen betrieblichen Bereichen** notwendig, da sämtliche lang- und kurzfristigen Planungen eines Unternehmens über den Finanzplan in engem Zusammenhang miteinander stehen und somit eine gegenseitige Beeinflussung gegeben ist. Investitionsobjekte, die im Regelfall viel Kapital binden, konkurrieren in besonderer Weise mit anderen Unternehmensbereichen um die i. d. R. knappen liquiden Mittel. Bei der Aufstellung der unternehmensbereichsspezifischen Teilpläne ist jede einzelne Betriebsabteilung bestrebt, die ihr im Rahmen der Gesamtplanung zugeteilte Aufgabe möglichst optimal zu lösen. Jedoch bedeutet eine optimale Lösung vom Standpunkt eines einzelnen Betriebsbereichs aus nicht immer zugleich auch eine optimale Lösung der Gesamtaufgabe. Aufgabe der Betriebsleitung ist es daher, eine Koordinierung der Teilpläne zu erreichen, um im Interesse des Gesamtbetriebes bzw. des Investors eine optimale Lösung zu finden.[70]

Nimmt man eine Analyse des Phasenschemas des Investitionsentscheidungsprozesses vor, so lässt sich erkennen, dass neben den in der Investitionsrechnung ausschließlich verwendeten finanzwirtschaftlichen Kriterien noch eine Vielzahl anderer Einflussgrößen eine Investitionsentscheidung beeinflussen; die Investitionsrechnung stellt also nur „einen Baustein im gesamten Entscheidungsprozess dar"[71].

Da lediglich der quantifizierbare Teil der zur Verfügung stehenden Informationen in der Investitionsrechnung berücksichtigt wird, kann sie zur Vorbereitung von Entscheidungen über zur Auswahl stehende Handlungskonsequenzen eingesetzt werden. Sie soll den Entscheidungsträger bestmöglichst unterstützen, eine rational richtige Entscheidung zu treffen; eine Präjudizierung von Entscheidungen kann hingegen nicht von ihr verlangt werden. Aus diesem Grund ist von wesentlicher Bedeutung, dass der Entscheidungsträger Kenntnis über das Zustandekommen des Ergebnisses der Investitionsrechnung erlangt. Dies setzt die Beurteilungsfähigkeit der Zuverlässigkeit der in die Berechnung eingehenden Prognosedaten sowie des zu verwendenden Investitionsrechenverfahrens seitens des Entscheidungsträgers voraus; insb. muss er über dessen Schwächen und die damit verbundene Begrenztheit der Aussagefähigkeit des Ergebnisses Bescheid wissen.[72]

---

[69] Vgl. dazu u.a. *Altrogge, Günter*: Investition. 4. Aufl., München/Wien 1996, S. 1-4; *Bieg, Hartmut*: Betriebswirtschaftslehre 1: Investition und Unternehmungsbewertung. 2. Aufl., Freiburg i. Br. 1997, S. 17; *Büschgen, Hans E.*: Betriebliche Finanzwirtschaft – Unternehmensinvestitionen. Frankfurt a. M. 1981, S. 24.

[70] Vgl. dazu insb. *Bieg, Hartmut*: Betriebswirtschaftslehre 1: Investition und Unternehmungsbewertung. 2. Aufl., Freiburg i. Br. 1997, S. 17–18.

[71] *Kruschwitz, Lutz*: Investitionsrechnung. 14. Aufl., München 2014, S. 8.

[72] Vgl. *Bieg, Hartmut*: Betriebswirtschaftslehre 1: Investition und Unternehmungsbewertung. 2. Aufl., Freiburg i. Br. 1997, S. 18; *Büschgen, Hans E.*: Betriebliche Finanzwirtschaft – Unternehmensinvestitionen. Frankfurt a. M. 1981, S. 25–27; *Kruschwitz, Lutz*: Investitionsrechnung. 14. Aufl., München 2014, S. 7–9.

B. Die Entscheidungen über Investitionen

I. Die Ziele der Investoren

Vor der eigentlichen Entscheidung des Investors über ein zu realisierendes Investitionsobjekt ist es erforderlich, die späteren Konsequenzen des Vorhabens im Rahmen der Investitionsrechnung möglichst exakt zu bestimmen, zu beurteilen und gegen spätere Konsequenzen anderer Handlungsalternativen abzuwägen. Bestehen mehrere sinnvoll realisierbare Alternativen, so sollte diejenige ausgewählt werden, die der Zielpräferenzstruktur des Entscheidungsträgers am nächsten kommt. Aus diesem Grund ist schon bei der Auswahl der anwendbaren Methoden der Investitionsrechnung zu beachten, dass mit ihr eine an den Zielen des Investors orientierte Beurteilung der Objekte möglich sein muss. Deshalb besteht das Erfordernis, dass der Entscheidungsträger Kenntnis über seine **Zielstruktur** besitzt und diese in klarer, mathematisch umsetzbarer Weise formuliert wird.

Während **nicht monetäre Zielsetzungen**, die durchaus eine bedeutende Rolle bei der Entscheidungsfindung über zur Auswahl stehende Alternativen spielen können (v. a. dann, wenn sich der Investor bzgl. quantitativer Elemente nahezu indifferent in seiner Wahl zwischen mindestens zwei Handlungsmöglichkeiten verhält), keine Berücksichtigung im Rahmen der Investitionsrechnung finden, gehen **monetäre Zielvorstellungen** primär in folgenden Ausprägungen in das Entscheidungskalkül der Investitionsrechnung ein:[73]

- Vermögensstreben;
- Einkommensstreben;
- Wohlstandsstreben.

Ist eine **Vermögensakkumulation** Grundlage der Überlegung, so strebt der Investor ein möglichst hohes Vermögen am Ende des Planungszeitraumes an. Daneben möchte er in jedem der Planungszeiträume einen vorab in seiner Höhe eindeutig festgelegten Geldbetrag zu Konsumzwecken aus seinem Vermögen entnehmen (Nebenbedingung). Der Entnahmebetrag kann im Zeitablauf konstant bleiben oder aber variieren, d. h., er kann steigen, fallen, schwanken oder auch für jede Periode mit null angesetzt werden.

In Abgrenzung dazu möchte der Entscheidungsträger bei **Streben nach Einkommen** möglichst hohe jährliche Konsumentnahmen erhalten. Es ist deshalb erforderlich, dass das zum Ende des Planungszeitraums gewünschte Endvermögen als Nebenbedingung mit einem festen Betrag angesetzt wird, der wertmäßig auch null sein kann. In diesem Fall sind die Investitionsvorhaben nach der Höhe des aus ihnen erzielbaren Entnahmeniveaus zu bewerten. Auch hier kann unterstellt werden, dass die Konsumentnahmen in zeitlicher Hinsicht einen konstanten, steigenden, fallenden oder wechselnden Verlauf aufweisen sollen. Zu beachten ist jedoch unbedingt, dass der hier dargelegte Einkommens- (= Entnahme-)begriff nicht den des Steuerrechts oder den Gewinnbegriff aus Handels- und Steuerrecht widerspiegelt.

---

[73] Vgl. insb. *Schneider, Dieter*: Investition, Finanzierung und Besteuerung. 7. Aufl., Wiesbaden 1992, S. 65–67.

Weiterhin wäre es denkbar, dass ein Investor eine gleichzeitige Maximierung seines jährlichen Einkommens und seines Vermögens am Ende des Planungszeitraums anstrebt. Grundgedanke dieser Zielsetzung ist das **Streben nach Wohlstand**. Hier muss sich der Investor dann allerdings vor Beginn der Rechnung entscheiden, welchen Wert er einer Steigerung des Einkommens um eine Geldeinheit beimisst, d. h., er muss, um zu einer operablen Zielfunktion zu gelangen, zwischen Vermögens- und Einkommensstreben gewichten. Das Wohlstandsstreben kann deshalb als Verknüpfung der beiden übrigen Zielsetzungen aufgefasst werden und stellt somit kein grds. neues Ziel dar.[74]

II. Die Entscheidungssituationen

Möchte man in der Investitionsrechnung eine Charakterisierung der Entscheidungen nach der Art der Entscheidungssituation vornehmen, so kann eine Aufteilung in Einzel- und Programmentscheidungen erfolgen (vgl. dazu **Abbildung 13**[75]). Diese Unterscheidung erweist sich ebenso wie die weitere Differenzierung der Einzel- und Programmentscheidungen als durchaus sinnvoll, da in jeder Situation die Fragestellung eine andere ist. Somit sind jeweils unterschiedliche Methoden der Problemlösung und der Investitionsrechnung zweckadäquat.

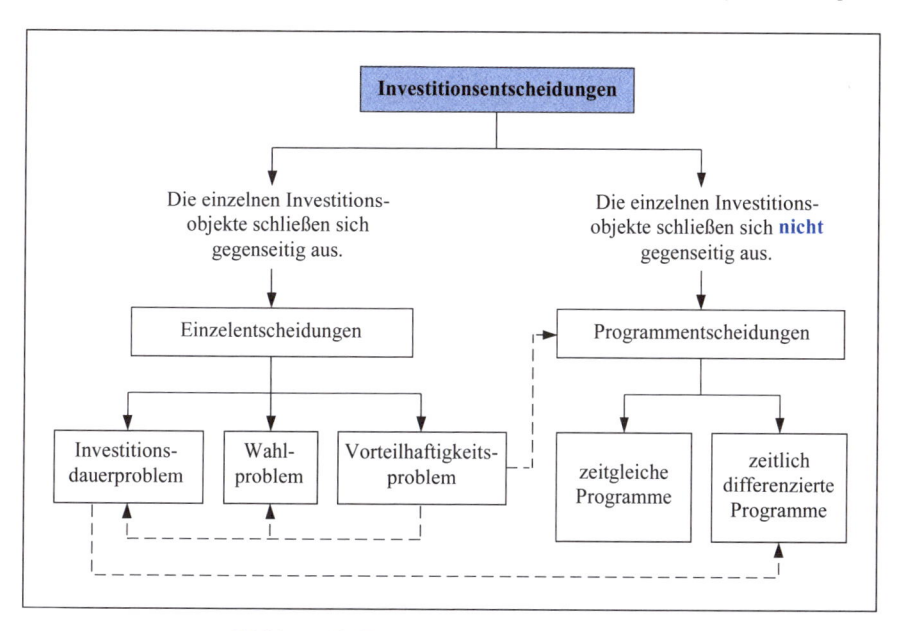

Abbildung 13: Entscheidungen über Investitionen

---

[74] Vgl. *Bieg, Hartmut*: Betriebswirtschaftslehre 1: Investition und Unternehmungsbewertung. 2. Aufl., Freiburg i. Br. 1997, S. 7–10. Eine weiterreichende, umfassendere Darstellung der charakteristischen Kennzeichen der verschiedenen Formen des monetären Strebens, die im Entscheidungsfindungsprozess mittels der Investitionsrechnung optimiert werden können, lässt sich u.a. finden bei *Kruschwitz, Lutz*: Investitionsrechnung. 14. Aufl., München 2014, S. 10–13 und *Schneider, Dieter*: Investition, Finanzierung und Besteuerung. 7. Aufl., Wiesbaden 1992, S. 65–70.

[75] Geringfügig modifiziert entnommen aus *Bieg, Hartmut*: Betriebswirtschaftslehre 1: Investition und Unternehmungsbewertung. 2. Aufl., Freiburg i. Br. 1997, S. 13.

Bei **Einzelentscheidungen** schließen sich die gegebenen Investitionsalternativen gegenseitig vollständig aus. Fällt die Entscheidung eines Investors zugunsten einer bestimmten Alternative, so besteht keine Möglichkeit mehr, ein anderes oder mehrere andere Objekte zur gleichen Zeit zu realisieren. Man bezeichnet derartige Investitionsobjekte deshalb als echte Alternativen. Bei Einzelentscheidungen wird i. Allg. eine Unterscheidung vorgenommen zwischen folgenden Arten der Problemstellung:[76]

- **Vorteilhaftigkeitsproblem:**

  Hierbei geht es um die Beurteilung eines einzigen Investitionsobjekts; es herrscht folgende Entscheidungssituation: Durchführung der Investition oder Verzicht darauf (Wahl der sog. Null-Alternative). Das Investitionsvorhaben sollte dann realisiert werden, wenn dadurch die Zielgröße des Investors positiv beeinflusst wird, wenn also sein Einkommensniveau und/oder der Endwert seines Vermögens dadurch ansteigt.

- **Wahlproblem:**

  Mehrere Investitionsalternativen sind technisch realisierbar, der Investor muss sich aber für eine einzige Alternative entscheiden. Mögliche Ursachen hierfür können u. a. die Begrenztheit des für die Anschaffungsauszahlung zur Verfügung stehenden Geldbetrags oder der Verwendungszweck der Alternativen (technische Alternativen mit gleichem Verwendungszweck) sein. Eine ergänzende Überprüfung auf absolute Vorteilhaftigkeit, d. h. im Vergleich zum Verzicht auf jegliche Investitionsmaßnahme (Null-Alternative), ist bei einer derartigen Entscheidungssituation – abgesehen von Investitionen, die aufgrund gesetzlicher Vorschriften in jedem Fall durchgeführt werden müssen (z. B. Umweltschutzinvestitionen) – unerlässlich.

- **Investitionsdauerproblem:**

  Hier geht es um die Frage der optimalen Nutzungsdauer eines neu anzuschaffenden Investitionsgutes sowie um die des Zeitpunktes des Ausscheidens einer gegenwärtig sich in Betrieb befindlichen Anlage aus dem Produktionsprozess. Investitionsdauerentscheidungen können als Einzel- oder Programmentscheidungen auftreten.

Investitionsprogrammentscheidungen lassen sich dadurch kennzeichnen, dass sich die alternativen Investitionsobjekte einander nicht in jedem Fall ausschließen, sondern gemeinsam verwirklicht werden können, d. h., sie stellen keine echten Alternativen dar. Bei Programmentscheidungen hat der Investor also die Möglichkeit, sich für verschiedene Kombinationen aus einer bestimmten Anzahl von Investitionsobjekten zu entscheiden. Auch in dieser Situation hat eine Überprüfung der relativ besten Handlungsmöglichkeit auf absolute Vorteilhaftigkeit im Hinblick auf die Zielsetzung des Investors zu erfolgen.

Die **Struktur von Programmentscheidungen** ist im Vergleich zu Einzelentscheidungen von wesentlich **komplexerer Art**. Deshalb müssen hinsichtlich der Lösung solcher Probleme i. Allg. auch wesentlich kompliziertere Rechenmethoden (z. B. lineare Programmierung)

---

[76] Vgl. dazu u.a. *Bieg, Hartmut*: Betriebswirtschaftslehre 1: Investition und Unternehmungsbewertung. 2. Aufl., Freiburg i. Br. 1997, S. 10–12; *Busse von Colbe, Walther/Laßmann, Gert*: Betriebswirtschaftstheorie. Band 3, 3. Aufl., Berlin 1990, S. 117–118; *Mellwig, Winfried*: Kompendium für das Examen zum vBP/WP. Band 2: Betriebswirtschaft, 2. Aufl., Hamburg 1994, S. 173–174.

eingesetzt werden. Es wird zwar i. d. R. versucht, den Problembereich so zu reduzieren, dass nur noch Einzelentscheidungen getroffen werden müssen; jedoch gelingt dies erstens nicht immer und zweitens ist dabei regelmäßig – wie bei jeder modellhaften Abstraktion von der komplexen Wirklichkeit – mit Informationsverlusten zu rechnen, so dass die Gefahr von Fehlentscheidungen besteht.[77]

III. Die Daten und Datenbeschaffungsprobleme

Die Auswirkungen eines Investitionsobjekts auf die Ziele des Entscheidungsträgers machen sich vom Entscheidungszeitpunkt aus betrachtet immer erst in der Zukunft bemerkbar; i. Allg. sind sie daher mit Unsicherheiten behaftet. **Probleme** treten **bei der Investitionsrechnung weniger** unmittelbar **in der Rechnung selbst als** vielmehr **in der Beschaffung der** hierzu **notwendigen Daten** auf. Die Datenbeschaffung stellt das eigentliche praktische Problem bei der Investitionsrechnung dar; in der Folge werden die wichtigsten bei der Investitionsrechnung auftretenden Probleme erörtert.

Generelle Schwierigkeiten bereitet zunächst die **Entwicklung eigener Ideen für realisierbare Investitionen**. Nur wenn ein Mangelzustand erkannt wird und sich als Folge daraus die Notwendigkeit ergibt, die zu seiner Beseitigung bestehenden Möglichkeiten zu überprüfen, werden Investitionsrechnungen überhaupt erst notwendig. Zwangsläufig können allerdings nur der Unternehmensleitung bekannte Alternativen berücksichtigt werden.

Die Darstellung der Investitionsalternativen durch die von ihnen ausgelösten Ein- und Auszahlungen setzt die Beschaffung derjenigen Daten voraus, die eine Bestimmung der zukünftigen Zahlungsstromentwicklung ermöglichen; sie resultieren zum einen aus den **für einzelne Investitionsvorhaben gesondert anzustellenden Prognosen** und zum anderen aus der **kurz- und langfristigen betrieblichen Planung sowie den Entscheidungen in anderen Unternehmensbereichen**, die ebenfalls auf bestimmten Zukunftserwartungen basieren. Außerdem sind Interdependenzen zu den Dispositionen in anderen betrieblichen Teilbereichen zu beachten. Die Gesamtplanung der Unternehmensleitung dient also einerseits für jedes bedeutsame Investitionsvorhaben als unbedingt notwendige, unverzichtbare Datenquelle; auf der anderen Seite müssen für jedes Investitionsvorhaben eigene Prognosen auf der Basis der Gesamtplanung angestellt werden.[78]

In die Investitionsrechnung eingehen müssen alle durch eine Investitionsentscheidung ausgelösten zusätzlichen Zahlungsmittelbewegungen (sog. **entscheidungsrelevante Zahlungen**):

- **Auszahlungen:** Anschaffungsauszahlungen; laufende Auszahlungen für Löhne und Gehälter sowie Werkstoffe und Reparaturen; Auszahlungen für die Beschaffung höherer Bestände an Rohstoffen oder Vorprodukten; Auszahlungen für erhöhten Lagerhal-

---

[77] Vgl. *Bieg, Hartmut*: Betriebswirtschaftslehre 1: Investition und Unternehmungsbewertung. 2. Aufl., Freiburg i. Br. 1997, S. 12; *Büschgen, Hans E.*: Betriebliche Finanzwirtschaft – Unternehmensinvestitionen. Frankfurt a. M. 1981, S. 28.

[78] Vgl. *Bieg, Hartmut*: Betriebswirtschaftslehre 1: Investition und Unternehmungsbewertung. 2. Aufl., Freiburg i. Br. 1997, S. 18–19.

tungsaufwand; Demontage- und Beseitigungsauszahlungen am Ende der Nutzungsdauer; Steuerzahlungen.

- **Einzahlungen:** Umsatzerlöse aus dem Verkauf der mittels des Investitionsobjekts erzeugten Erzeugnisse (Problem der direkten Zurechenbarkeit der Umsatzerlöse auf bestimmte maschinelle Anlagen); erzielter Liquidationserlös am Ende der Nutzungsdauer.

Besonders schwierig gestaltet sich die Bestimmung der entscheidungsrelevanten Zahlungen, wenn das Investitionsobjekt in ein bereits bestehendes Unternehmen eingebracht wird. In dieser Situation ist eine Beachtung des kompletten und damit komplexen Systems von Interdependenzen mit anderen Unternehmensbereichen erforderlich.[79] Erschwert wird die Prognose der relevanten Zahlungen darüber hinaus noch dadurch, dass Investitionen häufig ihrerseits diverse inner- und außerbetriebliche Veränderungen auslösen, die selbst wieder Zahlungswirksamkeit besitzen.

Die **Beschaffung** der in die Investitionsrechnung einfließenden Daten erfolgt aufgrund der Unvorhersehbarkeit der in der Zukunft liegenden zahlungswirksamen Vorgänge i. Allg. unter Zuhilfenahme von qualitativen und/oder quantitativen **Prognoseverfahren**:

- **Qualitative Prognoseverfahren:**

  Hier handelt es sich um Methoden, die subjektive Einschätzungen von Personen zugrunde legen, nicht auf Vergangenheitswerten aufbauen und ohne die Verwendung mathematischer Operationen auskommen.

  Man unterscheidet dabei **Befragungstechniken**, bei denen Sachverständige oder Personen, deren Verhalten man voraussagen will, direkt nach ihren geplanten Verhaltensweisen befragt werden, und **Methoden des strukturierten Nachdenkens**, die zum Ziel haben, das eigene Erfahrungswissen und die eigene Intuition systematisch zu entfalten und für Prognosezwecke nutzbar zu machen.

- **Quantitative Prognoseverfahren:**

  Diese Verfahren bedienen sich vorhandener Zeitreihen von Vergangenheitswerten (z. B. Umsatzstatistiken der vergangenen Jahre). Eine weitergehende Klassifizierung dieser Art von Prognoseverfahren kann dahingehend vorgenommen werden, dass eine systematisch logische Trennung erfolgt zwischen **nicht-kausalen Prognosemethoden**, bei denen der Versuch unternommen wird, eine Gesetzmäßigkeit aus einer bestimmten Zeitreihe in der Vergangenheit abzuleiten, deren Gültigkeit dann für die Zukunft unterstellt wird, und **kausalen Prognosemethoden**, die die zu prognostizierende Größe als abhängige Variable von einer oder mehreren sachlichen Einflussgrößen sehen; im letzteren Fall werden immer mindestens zwei Zeitreihen verwendet.[80]

Investitionsrechnungen basieren immer auf **unvollkommenen Informationen**, da die Möglichkeiten der Beschaffung von Informationen über die Konsequenzen der zur Auswahl

---

[79] Vgl. *Bieg, Hartmut*: Die Verfahren der Investitionsrechnung und ihre Verwendung in der Praxis. In: Der Steuerberater 1985, S. 19–20.

[80] Vgl. dazu u.a. *Bieg, Hartmut*: Betriebswirtschaftslehre 1: Investition und Unternehmungsbewertung. 2. Aufl., Freiburg i. Br. 1997, S. 21–23; *Kruschwitz, Lutz*: Investitionsrechnung. 14. Aufl., München 2014, S. 16–19.

stehenden Handlungsalternativen in geforderter guter Qualität beschränkt sind. Das Problem der Beschaffung zuverlässiger Daten wird umso größer, je länger der zugrunde gelegte Planungszeitraum ist. Eine besondere Bedeutung kommt dem Problem der **Unsicherheit** bzgl. der Zukunftserwartungen zu. Hierbei lässt sich zwischen **Risiko- und Ungewissheitssituationen** unterscheiden (vgl. dazu auch **Abbildung 14**[81]; S. 40):

- **Risikosituationen:**

    Es können Wahrscheinlichkeiten für das Eintreten aller möglichen Zukunftsereignisse bestimmt werden. Die Einschätzung des Investors ist also unsicher dahingehend, welcher alternative Umweltzustand tatsächlich eintreten wird; allerdings ist ihm mittels der Höhe der Wahrscheinlichkeiten eine Aussage darüber möglich, dass ein bestimmtes Ereignis wahrscheinlicher ist als ein anderes. **Objektive Wahrscheinlichkeiten** können dann zugrunde gelegt werden, wenn statistisch gesicherte Aussagen über das Eintreffen der Zukunftssituationen möglich sind. **Subjektive Wahrscheinlichkeiten** sind heranzuziehen, wenn zwar keine statistisch gesicherten Aussagen über das Eintreffen von Zukunftssituationen vorliegen, der Entscheidungsträger aber aufgrund seiner individuellen Erfahrung oder Intuition unbekannten Entwicklungen „subjektive Wahrscheinlichkeitswerte" zuordnen kann.

- **Ungewissheitssituationen:**

    Bei Vorliegen einer derartigen Situation lassen sich die Eintrittswahrscheinlichkeiten bestimmter zukünftiger Umweltzustände nicht in Zahlen ausdrücken. Es wird nun auf verschiedene Arten versucht, das bei der Investitionsrechnung in solchen Fällen vorhandene Unsicherheitsproblem sinnvoll berücksichtigen zu können; die denkbaren Lösungsansätze sind u. a. folgende:[82]

    – Ausgehen von sicheren Entwicklungen, Berücksichtigung der tatsächlich bestehenden Mehrdeutigkeiten außerhalb der Rechnung;

    – Einbeziehung der Unsicherheit bzw. des Risikos in die Investitionsrechnung:

        ▪ Risikozuschläge auf zukünftige Auszahlungen oder auf Kalkulationszinssätze bzw. Abschläge auf Einzahlungen;

        ▪ explizite Verarbeitung unsicherer bzw. risikobehafteter Daten durch nichtdeterministische Methoden.

---

[81] Vgl. *Bieg, Hartmut*: Betriebswirtschaftslehre 1: Investition und Unternehmungsbewertung. 2. Aufl., Freiburg i. Br. 1997, S. 25.

[82] Vgl. dazu *Bamberg, Günter/Coenenberg, Adolf G./Krapp, Michael*: Betriebswirtschaftliche Entscheidungslehre. 15. Aufl., München 2012, S. 109–122; *Bieg, Hartmut*: Betriebswirtschaftslehre 1: Investition und Unternehmungsbewertung. 2. Aufl., Freiburg i. Br. 1997, S. 24–26; *Büschgen, Hans E.*: Betriebliche Finanzwirtschaft – Unternehmensinvestitionen. Frankfurt a. M. 1981, S. 113–114; *Kruschwitz, Lutz*: Investitionsrechnung. 14. Aufl., München 2014, S. 285–288; *Perridon, Louis/Steiner, Manfred/Rathgeber, Andreas W.*: Finanzwirtschaft der Unternehmung. 16. Aufl., München 2012, S. 108–141.

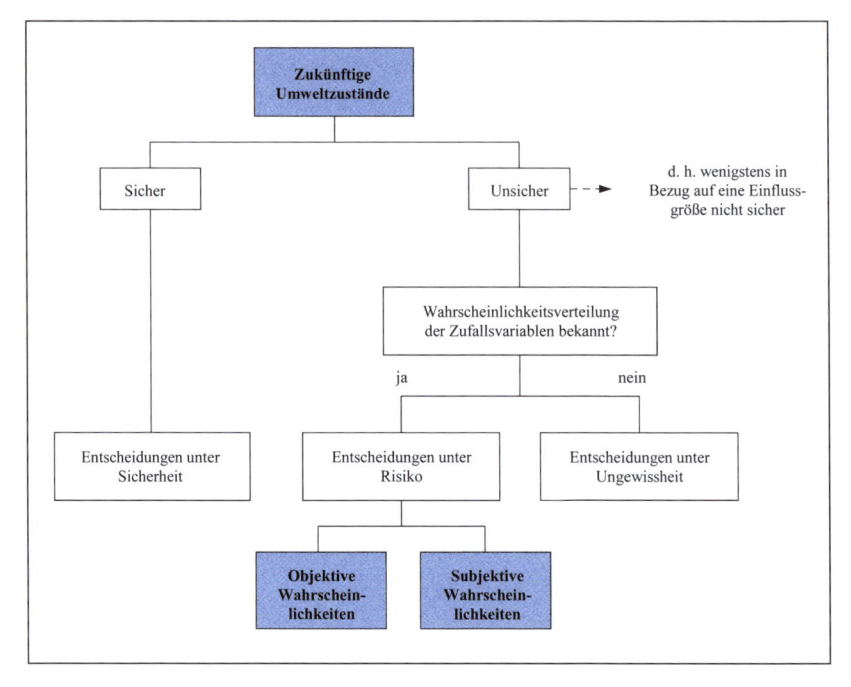

Abbildung 14: Zukünftige Umweltzustände

IV. Die Beurteilung der Handlungsmöglichkeiten

In der Beurteilungsphase werden die Handlungsmöglichkeiten anhand ihrer erwarteten Konsequenzen in Bezug auf ein vorgegebenes Zielsystem bewertet. Die **Bewertung** erfolgt dabei i. Allg. **in drei Stufen**:[83]

(1) Bewertung der quantifizierten Konsequenzen in Bezug auf monetäre Ziele (Aufgabe der Investitionsrechnung);
(2) Beurteilung der nicht-quantifizierten Konsequenzen in Bezug auf monetäre und nicht monetäre Ziele;
(3) Verknüpfung der Ergebnisse der ersten und der zweiten Stufe (z. B. mittels Nutzwertanalyse bzw. Scoring-Modell oder Preis-Leistungs-Modell).

Die Vorgehensweise bei der Bewertung der quantifizierten Konsequenzen in Bezug auf monetäre Ziele (**Stufe 1 der Bewertung**) ist folgende: Unter Zugrundelegung einer bestimmten Entscheidungssituation, die gekennzeichnet ist durch Ziele, Alternativen, Handlungskonsequenzen und ggf. Handlungsbeschränkungen, lässt sich ein Entscheidungsmodell (abstrahierende Abbildung einer Entscheidungssituation) aufstellen. Dabei ist es notwendig, dass das Modell Isomorphie (Gleichgestaltigkeit zwischen Abbildung und Abzubildendem) aufweist; Vereinfachungen sind hierbei im Hinblick auf die Überschaubarkeit und Beherrschbarkeit des Modells allerdings zulässig, d. h., man wird sich in der Praxis mit partieller Isomorphie begnügen.

---

[83] Vgl. diesbzgl. v.a. *Kruschwitz, Lutz*: Investitionsrechnung. 14. Aufl., München 2014, S. 19–23.

Zur Umsetzung des Entscheidungsmodells in eine mathematische Symbolik bedient man sich der Investitionsrechnung. Auch sie kann nur dem Anspruch nach partieller Isomorphie gerecht werden, denn sie betrachtet immer nur einen mehr oder minder unvollständigen Ausschnitt aus der betrieblichen Wirklichkeit und beschränkt sich auf die Betrachtung derjenigen Elemente und Zusammenhänge, die besonders wichtig und auch gut abbildungsfähig erscheinen.

Die Investitionsrechnung ist lediglich zur Bewertung quantifizierter Handlungskonsequenzen in Bezug auf monetäre Ziele geeignet. Um die Beurteilung der nicht-quantifizierten Konsequenzen in Bezug auf monetäre und nicht monetäre Ziele (**Stufe 2 der Bewertung**) durchführen zu können, muss eine Reihe von Informationen außerhalb der Investitionsrechnung berücksichtigt werden. Diese zusätzlich zu verarbeitenden Daten werden als **Imponderabilien** bezeichnet. Einen Überblick über die verschiedenen Arten von Imponderabilien gibt **Abbildung 15**[84].

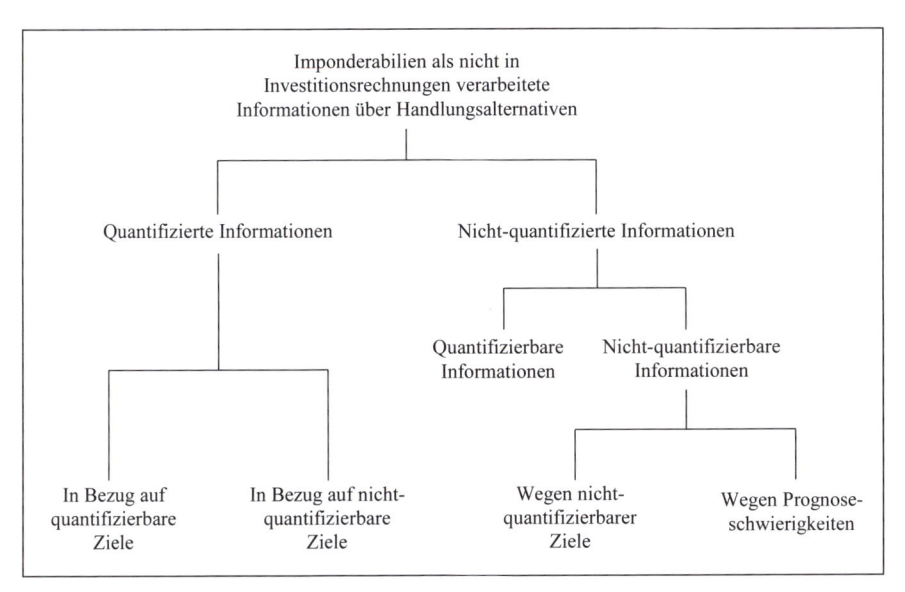

Abbildung 15: Arten von Imponderabilien

Um die Ergebnisse der ersten und der zweiten Stufe miteinander verknüpfen zu können (**Stufe 3 der Bewertung**), zieht man i. Allg. qualitative Planungstechniken heran, da quantitative Planungsmethoden aufgrund des Vorliegens von Strukturdefekten und nicht metrisch quantifizierbarer Daten in zahlreichen praktischen Problemstellungen versagen. Qualitative Planungstechniken stellen dann Instrumente dar, um zumindest einigermaßen klare Vorstellungen über die Problemsituation und/oder die Qualität von Lösungsvorschlägen zu erlangen; sie ermöglichen eine nützliche Strukturierung von Problemen bzw. eine Vorselektion von Alternativen und verbessern dadurch das Problemverständnis beim Planenden.

---

[84] Geringfügig modifiziert entnommen aus *Kruschwitz, Lutz*: Investitionsrechnung. 14. Aufl., München 2014, S. 22.

Wichtige **qualitative Methoden** zur Handhabung der oben angesprochenen Probleme sind u. a. Checklisten (zur Vorbereitung von Nutzwertanalysen), Nutzwertanalysen bzw. Scoring-Modelle sowie Preis-Leistungs-Modelle.[85]

Checklisten stellen im strengen Sinne keine Planungsverfahren dar, sondern Instrumente der Problemstrukturierung und Entscheidungsunterstützung, denn in einer Checkliste werden die zur Beurteilung einer Investition relevanten Kriterien zusammengetragen, anhand derer Experten die Investition einstufen. Erst durch die Erweiterung der Checkliste zu einem Merkmalsprofil zeigt dieses Instrument Ansätze eines Planungsverfahrens.

In einer Checkliste wird die Auflistung aller für ein Investitionsproblem relevanten Aspekte vorgenommen. Die Intention einer Checkliste besteht in der Durchführung einer geschlossenen systematischen Analyse über die Kriterienausprägungen einer Investition. Der eigentliche Vorteil von Checklisten liegt in dieser geschlossenen Sichtweise.

Eine Analyse von Checklisten erfolgt i. Allg. in zwei Stufen. Die erste Stufe bezieht sich auf die Erstellung der Checkliste, d. h. dem Zusammentragen der für ein Problem relevanten Merkmale. In dieser Stufe kann oftmals auf bereits veröffentlichte Checklisten zurückgegriffen werden. Derartige Checklisten bergen jedoch meist die Gefahr, nicht problemspezifisch zu sein, da u. U. mehrere für das spezielle Problem relevante Merkmale fehlen können. Um eine nicht geschlossene Sichtweise der Probleme zu vermeiden, müssen solche Checklisten auf Relevanz der Merkmale und Ergänzungsbedürftigkeit untersucht werden.

In der zweiten Stufe geht es um den Einsatz der Checkliste für ein spezielles Problem. Es hat eine Untersuchung des Problems durch Experten nach allen in der Liste festgelegten Dimensionen zu erfolgen. Dabei sollen Vorstellungen darüber gewonnen werden, ob ein Problem die Merkmale erfüllt (Ja/Nein-Entscheidungen) bzw. wie gut die zu erwartende Ausprägung der einzelnen Merkmale bei einem bestimmten Lösungsvorschlag für ein Problem ist (Erfüllungsgrad des Merkmals durch die Problemlösung, z. B. sehr gut, gut, befriedigend etc.). Auf diese Weise entsteht dann ein relativ geschlossenes Bild von der Problemsituation bzw. der Eignung von Lösungen.

Checklisten können für einmalige Probleme ebenso eingesetzt werden wie für wiederkehrende Fragestellungen strukturähnlicher Probleme. V. a. im Wiederholungsfall ist deren Effizienz sehr hoch, da der Aufwand zur Entwicklung oder Überprüfung einer Checkliste entfällt oder aber zumindest gering ist.

Insb. sind Checklisten sehr gut geeignet für eine transparente Darstellung von Gegensätzen zwischen konträren Bewertungsgesichtspunkten bzgl. der Entscheidungsalternativen. Allerdings muss darauf geachtet werden, dass in der Checkliste nur Einflussfaktoren aufgenommen werden, die bei mindestens einer der zu beurteilenden Investitionsalternativen von

---

[85] Vgl. dazu insb. *Adam, Dietrich*: Investitionscontrolling. 3. Aufl., München/Wien 2000, S. 89–105; *Schneeweiß, Christoph*: Kostenwirksamkeitsanalyse, Nutzwertanalyse und Multi-Attributive Nutzentheorie. In: Wirtschaftswissenschaftliches Studium 1990, S. 13–18; *Zangemeister, Christof*: Nutzwertanalyse in der Systemtechnik. 4. Aufl., München 1976, S. 45–54.

Bedeutung sind. Darüber hinaus sollte eine völlige Überschneidungsfreiheit der in die Checkliste aufzunehmenden Kriterien gewährleistet sein.[86]

Eine **Nutzwertanalyse (Punktbewertungs- bzw. Scoring-Modell)** basiert i. d. R. auf einer Checkliste und verdichtet die mehrdimensionale Bewertung eines Investitionsobjektes zu einer eindimensionalen Kennziffer, d. h., es handelt sich um ein formalisiertes Verfahren zur Entscheidungsfindung oder -vorbereitung, wenn es um eine Auswahl von Handlungsmöglichkeiten unter Berücksichtigung eines mehrdimensionalen Zielsystems geht. Häufig existiert eine große Anzahl von Alternativen, für die konkrete Daten für quantitative Planungsverfahren nicht oder nur mit hohen Kosten bestimmt werden können. Die Nutzwertanalyse erlaubt dann mit vergleichsweise geringem Aufwand eine erste grobe Beurteilung von Investitionen.[87]

Im Rahmen der Vorgehensweise bei der Nutzwertanalyse werden den Investitionsvorhaben ersatzweise für den eigentlichen Beitrag zum Unternehmensziel Punktwerte zugeordnet, die aus den Ausprägungen einer Reihe von Beurteilungskriterien abgeleitet werden. Der resultierende Punkt- oder Nutzwert drückt dann zahlenmäßig die subjektive Vorziehenswürdigkeit eines Vorhabens aus.

Die Nutzwertanalyse bringt folglich einzelne Handlungsalternativen bei den ausgewählten Kriterien in eine „Besser-Schlechter-Anordnung"; sie verdichtet die Informationen über die Merkmale in einer Checkliste zu einem dimensionslosen Wert. Erfolgbringend einsetzen lässt sich eine Nutzwertanalyse nur, wenn gewährleistet ist, dass ein hoher Unternehmenserfolg eng mit hohen Nutzwerten korreliert.

Die Ausprägungen des Vorgehensprinzips „Nutzwertanalyse" sind vielfältig. Die unterschiedlichen Varianten ergeben sich aus den unterschiedlichen Möglichkeiten, den Kriterienausprägungen Punkte zuzuweisen, Gewichte zu vergeben und die Kriterien miteinander zu verknüpfen; zusätzlich kann die Nutzwertanalyse mit Mindestbedingungen (Restriktionen) für einzelne Kriterien arbeiten, die einzuhalten sind.[88]

Das Konstruktionsprinzip der einfachsten **Variante einer Nutzwertanalyse** lässt sich formelmäßig folgendermaßen darstellen:

$$\boxed{N_i = \sum_j w_j \cdot P_{ij}}$$

---

[86] Vgl. *Adam, Dietrich*: Investitionscontrolling. 3. Aufl., München/Wien 2000, S. 89–93.
[87] Vgl. *Adam, Dietrich*: Investitionscontrolling. 3. Aufl., München/Wien 2000, S. 89.
[88] Vgl. *Adam, Dietrich*: Investitionscontrolling. 3. Aufl., München/Wien 2000, S. 93–94; *Blohm, Hans/Lüder, Klaus/Schaefer, Christina*: Investition. 10. Aufl., München 2012, S. 150–151; *Schneeweiß, Christoph*: Kostenwirksamkeitsanalyse, Nutzwertanalyse und Multi-Attributive Nutzentheorie. In: Wirtschaftswissenschaftliches Studium 1990, S. 13–14.

Dabei gilt:

N_i : Nutzwert der Investitionsalternative i;

P_{ij} : Punktwert, den eine Alternative i beim Beurteilungskriterium j aufgrund eines Expertenurteils erreicht;

w_j : Gewicht, das dem Kriterium j beigemessen wird.

Der Nutzwert ergibt sich als Summe der gewichteten Punkte; die Grundvariante der Nutzwertanalyse arbeitet also mit einer additiven Verknüpfung der Teilnutzwerte. Es existieren jedoch auch Verfahren mit einer multiplikativen Verknüpfung der Kriterienausprägungen. Zu bemerken ist, dass die Grundvariante bei den Kriterien nur mit einer zulässigen Ausprägung je Kriterium arbeitet. Denkbar sind darüber hinaus auch Verfahrensweisen, die für eine Strategie mehrere Ausprägungen der Kriterien zulassen und von bestimmten Wahrscheinlichkeiten für den Eintritt dieser Ausprägungen ausgehen; derartige Verfahren bestimmen dann einen Erwartungswert des Nutzens.

Im Weiteren erfolgt eine kurze Darstellung der Grundvariante der Nutzwertanalyse mit additiver Verknüpfung der Kriterien. Die Verfahrensschritte dieser Variante sind:[89]

(1) Auswahl von Zielkriterien und Aufbau eines Zielsystems;

(2) Gewichtung der Zielkriterien;

(3) Ermittlung der Zielerträge der Kriterien für jede Alternative;

(4) Abbildung der Zielerträge auf dimensionslosen Zielerfüllungsskalen;

(5) Berechnung der Teilnutzwerte;

(6) Berechnung der Nutzwerte;

(7) Ordnung der Alternativen in eine Rangfolge.

- **Auswahl von Zielkriterien und Aufbau eines Zielsystems:**

    Im ersten Schritt der Nutzwertanalyse müssen die Kriterien bestimmt werden, die zur Beurteilung der Alternativen herangezogen werden sollen. Eine richtige Bewertung der Alternativen ist nur möglich, wenn alle relevanten Kriterien berücksichtigt werden. Die Vollständigkeit der Zielkriterien und das Erkennen mehrfach berücksichtigter, gleichartiger Zielkriterien ist am leichtesten durch Ordnung aller Ziele in einem hierarchischen System zu erreichen. Dabei werden umfassende übergeordnete Ziele zergliedert, bis ihr Erfüllungsgrad messbar oder zumindest eindeutig beurteilbar ist. Untergeordnete Ziele werden systematisch ergänzt, bis sie ihr gemeinsames Oberziel voll abdecken.

- **Gewichtung der Zielkriterien:**

    Da i. Allg. nicht alle Kriterien die gleiche Bedeutung für die Bewertung der Alternativen haben, müssen die Ziele entsprechend den Präferenzen der Entscheidungsträger gewichtet werden. Die Gewichtung erfolgt am besten durch schrittweises Vorgehen in-

---

[89] Vgl. dazu u.a. *Blohm, Hans/Lüder, Klaus/Schaefer, Christina*: Investition. 10. Aufl., München 2012, S. 151–165; *Schneeweiß, Christoph*: Kostenwirksamkeitsanalyse, Nutzwertanalyse und Multi-Attributive Nutzentheorie. In: Wirtschaftswissenschaftliches Studium 1990, S. 14–15; *Zangemeister, Christof*: Nutzwertanalyse in der Systemtechnik. 4. Aufl., München 1976, S. 69–75.

nerhalb der Zielhierarchie, indem jeweils die Unterziele eines gemeinsamen Oberzieles gewichtet werden. Der Vorteil der Trennung von Einstufung nach Rangzahl und Gewichtung liegt v. a. darin, dass bei den unterschiedlichen zu bewertenden Lösungen die einzelnen Eigenschaften auch ein unterschiedliches Gewicht aufweisen können. Als Beispiel seien unterschiedliche Qualitätsanforderungen genannt, die auf dem Markt zu unterschiedlichen Preisniveaus führen und z. B. Normalbedarf, gehobenen Bedarf und Luxusbedarf kennzeichnen. In diesen drei Fällen werden die Eigenschaften eines Gutes unterschiedlich bewertet, d. h., der Käufer legt auf jeweils andere Dinge sein Hauptgewicht.

- **Ermittlung der Zielerträge der Kriterien für jede Alternative:**

Die Ermittlung der Zielerträge erfolgt in der dem Kriterium eigenen Dimension, d. h. bspw. in technisch-physikalischen Größen wie km, kg, m^2 etc., in Geldgrößen oder in verbalen Beschreibungen wie sehr gut, gut, befriedigend usw.

- **Abbildung der Zielerträge auf dimensionslosen Zielerfüllungsskalen:**

Im nächsten Schritt werden die Zielerträge auf dimensionslosen Skalen abgebildet, um sie durch die Beseitigung unterschiedlicher Dimensionen aggregierbar zu machen. Dabei muss gleichzeitig angegeben werden, wann ein Kriterium optimal bzw. wann es unzureichend erfüllt ist. Üblicherweise verwendet man dazu eine Zehn-Punkte-Skala. Im einfachsten Fall – wie dem in **Abbildung 16** zugrunde gelegten – ist der Zusammenhang zwischen Zielertrag und Zielerfüllungsgrad linear, doch kann auch jeder andere nachgewiesene oder plausible Verlauf eingesetzt werden.

- **Berechnung der Teilnutzwerte:**

Die Teilnutzwerte eines jeden Kriteriums bei allen Alternativen ergeben sich durch Multiplikation von Zielerfüllungsgrad mit zugehörigem Gewicht des Kriteriums.

- **Berechnung der Nutzwerte:**

Der Nutzwert einer jeden Alternative ergibt sich durch Zusammenfassung der Teilnutzwerte nach einer definierten Wertsyntheseregel; in der Grundvariante der Nutzwertanalyse ist dies die Addition aller Teilnutzwerte einer Alternative.

- **Ordnung der Alternativen in eine Rangfolge:**

Entsprechend der Höhe der Nutzwerte der Alternativen lassen sich die analysierten Alternativen in eine Rangreihe einordnen.

Zielertrag		Zielerfüllungsgrad
sehr gut	(Kriterium wird sehr gut erfüllt)	10 Punkte
…		
durchschnittlich	(Kriterium wird durchschnittlich erfüllt)	5 Punkte
…		
nicht ausreichend	(Kriterium wird nicht ausreichend erfüllt)	0 Punkte

Abbildung 16: Ermittlung des Zielerfüllungsgrades mit Hilfe einer Punkteskala

Das Verfahren der Nutzwertanalyse ist bei sinnvoller Anwendung durchaus zur Informationsverdichtung bei mehrdimensionalen Zielen geeignet, wenn sich der Benutzer der Anwendungsproblematik (subjektive Einflüsse bei der Wahl der Kriterien, Problem der Unabhängigkeit der Kriterien, Probleme bei der Festlegung der Gewichte und der Beschreibung der Kriterienausprägungen) bewusst ist.[90] Jedoch gibt es – wie bei jeder wissenschaftlichen Vorgehensweise – eine Reihe von Kritikpunkten, die im Wesentlichen auf die Problematik der Quantifizierung qualitativer Sachverhalte zurückzuführen sind.[91]

Da eine Nutzwertanalyse metrische und nicht-metrische Informationen verarbeitet und dabei im Falle der metrischen Informationen als Folge des formalisierten Verfahrens ein Informationsverlust eintritt, fand eine Weiterentwicklung dieses Verfahrens zu sog. Preis-Leistungs-Modellen statt. **Preis-Leistungs-Modelle** sehen eine Beurteilung von Investitionsobjekten in zwei Phasen vor. In der ersten Phase wird der Kriterienkatalog einer Nutzwertanalyse nur für die nicht metrisch messbaren Kriterien eingesetzt und es werden Investitionsalternativen aussortiert, die bestimmten Mindestanforderungen bei diesen Kriterien nicht genügen. Für die verbleibenden Investitionsalternativen wird dann in einer zweiten Beurteilungsphase auf Basis der metrischen Informationen eine Investitionsrechnung durchgeführt.[92]

V. Das Investitionscontrolling

Der Begriff „Controlling" in seiner allgemeinen Form wird sowohl in der Literatur als auch in der Praxis mit unterschiedlichen Inhalten belegt und auch in verschiedenen Zusammenhängen benutzt.[93] Die eigentliche Schwierigkeit hinsichtlich einer übergreifenden Erfassung des Begriffs liegt wohl darin, dass Controlling i. d. R. als Zusammenfassung von Aufgaben angesehen wird, die von anderen Bereichen bzw. Funktionen nicht hinreichend erfüllt werden können. In einem prinzipiellen Ansatz kann man den unklaren Begriff in der Weise festlegen, dass man **Controlling** als **zielbezogene Erfüllung von Führungsaufgaben** ansieht, die der systemgestützten Informationsbeschaffung und Informationsverarbeitung zur Planerstellung, Koordination und Kontrolle dient.[94]

Um nun die Führungsaufgaben tatsächlich ziel- und zweckorientiert erfüllen zu können, ist es notwendig, dass das Unternehmen über ein funktionierendes Planungs-, Kontroll- und Informationssystem sowie über ein geeignetes Motivations- und Personalführungssystem verfügt. Das Controlling soll die verschiedenen Bestandteile des Führungssystems auf eine

---

[90] Vgl. dazu u.a. *Brauckschulze, Ute*: Die Produktelimination. Münster 1983, S. 236.
[91] Vgl. diesbzgl. z.B. *Adam, Dietrich*: Investitionscontrolling. 3. Aufl., München/Wien 2000, S. 89.
[92] Vgl. dazu ausführlich *Adam, Dietrich*: Investitionscontrolling. 3. Aufl., München/Wien 2000, S. 104–105.
[93] Bzgl. einer ausführlichen Diskussion des Begriffs und der Inhalte des Controlling vgl. *Sierke, Bernt R. A.*: Investitions-Controlling im Controlling-System – Darstellung eines integrierten Ansatzes mit Hilfe ausgewählter linearer Dekompositionsverfahren. Korbach 1990, S. 7–70.
[94] Vgl. dazu u.a. *Götze, Uwe*: Investitionsrechnung. 7. Aufl., Berlin/Heidelberg 2014, S. 30–31; *Küpper, Hans-Ulrich/Weber, Jürgen/Zünd, André*: Zum Verständnis und Selbstverständnis des Controlling. In: Zeitschrift für Betriebswirtschaft 1990, S. 281–293; *Reichmann, Thomas*: Controlling mit Kennzahlen – Die systemgestützte Controlling-Konzeption mit Analyse- und Reportinginstrumenten. 8. Aufl., München 2011, S. 12.

gemeinsame Aufgabe hin ausrichten und die Koordination dieser Teilbereiche „zur Sicherstellung einer zielgerichteten Lenkung"[95] vornehmen. Insb. soll es zu einer rationalen Entscheidungsfindung beitragen, die Interdependenzprobleme bei arbeitsteiligen Prozessen verkleinern und eine Anpassung der Unternehmensstrategie an Umweltveränderungen herbeiführen bzw. beschleunigen. Die Koordination des Führungsgesamtsystems als primäre Zwecksetzung des Controlling beruht also letztendlich auf der Arbeitsteilung und den Interdependenzen zwischen den einzelnen Organisationseinheiten.[96]

Aus diesem grundlegenden Aufgabenbereich des Controlling lassen sich die **spezifischen Funktionen bzw. Teilaufgaben** ableiten:[97]

- Ausgestaltung und Überwachung des Planungs-, Kontroll- und Informationssystems sowie Koordination zwischen diesen Systembereichen;
- Koordination zwischen den o. g. Systembereichen und der Organisation bzw. Personalführung;
- Koordination zwischen Informationsbedarf, -erzeugung und -bereitstellung;
- Mitwirkung bei Planungs- und Kontrollprozessen;
- Beratung der Unternehmensleitung.

Aufbauend auf dieser Interpretation des allgemeinen Controlling-Begriffs lässt sich **Investitionscontrolling** zunächst grundlegend interpretieren als **Maßnahme zur Erfüllung von Controlling-Zielen in den Phasen der Planung, Koordination und Kontrolle von Investitionen** (Unterstützung des gesamten Führungsprozesses im Investitionsbereich). Investitionscontrolling stellt daher einen Teilbereich eines mehrstufigen entscheidungsebenenbezogenen Controlling-Gesamtsystems dar.[98]

Als spezielle **Aufgabenbereiche des Investitionscontrolling** lassen sich daher

- die Beteiligung an der Investitionsplanung und Investitionskoordination,
- die Kontrolle der Investitionsobjekte in der Realisationsphase sowie
- die Investitionskontrolle nach Verwirklichung der Investition

anführen (vgl. dazu auch **Abbildung 17**[99]; S. 48).[100]

---

[95] *Küpper, Hans-Ulrich/Weber, Jürgen/Zünd, André*: Zum Verständnis und Selbstverständnis des Controlling. In: Zeitschrift für Betriebswirtschaft 1990, S. 283.

[96] Vgl. *Adam, Dietrich*: Investitionscontrolling. 3. Aufl., München/Wien 2000, S. 16.

[97] Vgl. z.B. *Götze, Uwe*: Investitionsrechnung. 7. Aufl., Berlin/Heidelberg 2014, S. 30–35; *Reichmann, Thomas/Lange, Christoph*: Aufgaben und Instrumente des Investitions-Controlling. In: Die Betriebswirtschaft 1985, S. 454–455.

[98] Vgl. diesbzgl. *Lücke, Wolfgang (Hrsg.)*: Investitionslexikon. 2. Aufl., München 1991, S. 166–167; *Reichmann, Thomas/Lange, Christoph*: Aufgaben und Instrumente des Investitions-Controlling. In: Die Betriebswirtschaft 1985, S. 454–466; *Schaefer, Sigrid*: Datenverarbeitungsunterstütztes Investitions-Controlling. München 1993, S. 7–21.

[99] Geringfügig modifiziert entnommen aus *Eilenberger, Guido/Ernst, Dietmar/Toebe, Marc*: Betriebliche Finanzwirtschaft. 8. Aufl., München 2013, S. 149.

Zweiter Abschnitt: Investitionsrechnung und Entscheidungen über Investitionen

Als Instrumentarium für einen effektiven Einsatz des Investitionscontrolling werden die im Rahmen des bereichs- und funktionsübergreifenden Gesamtcontrollingkonzeptes verwendeten Verfahren zur Prognose, Entscheidung, Bewertung und Analyse von Sachverhalten investitionszweckspezifisch und zielorientiert herangezogen.[101]

Aufgabenbereiche des Investitionscontrolling

- **Beteiligung an Investitionsplanung und Investitionskoordination**
  - Investitionsanregung
  - Entscheidungsbezogene Informationsversorgung der Planungsinstanzen
  - Ggf. Durchführung der Investitionsplanung
  - Koordination der Investitionsplanung und des Investitionsvolumens
  - Überprüfung der Investitionsanträge
  - Ggf. Durchführung der Investitionsrechnung und -beurteilung
  - Evaluation der Investitionsrisiken

- **Kontrolle der Investitionsobjekte in der Realisationsphase**
  - Kontrolle einzelner Investitionsobjektdurchführungen (Objektkontrolle)
  - Realisationskontrolle der Investitionsbudgets
  - Entscheidungsbezogene Informationsverarbeitung und -versorgung der Genehmigungs- und Planungsinstanzen
  - Risikobeobachtung und -überwachung

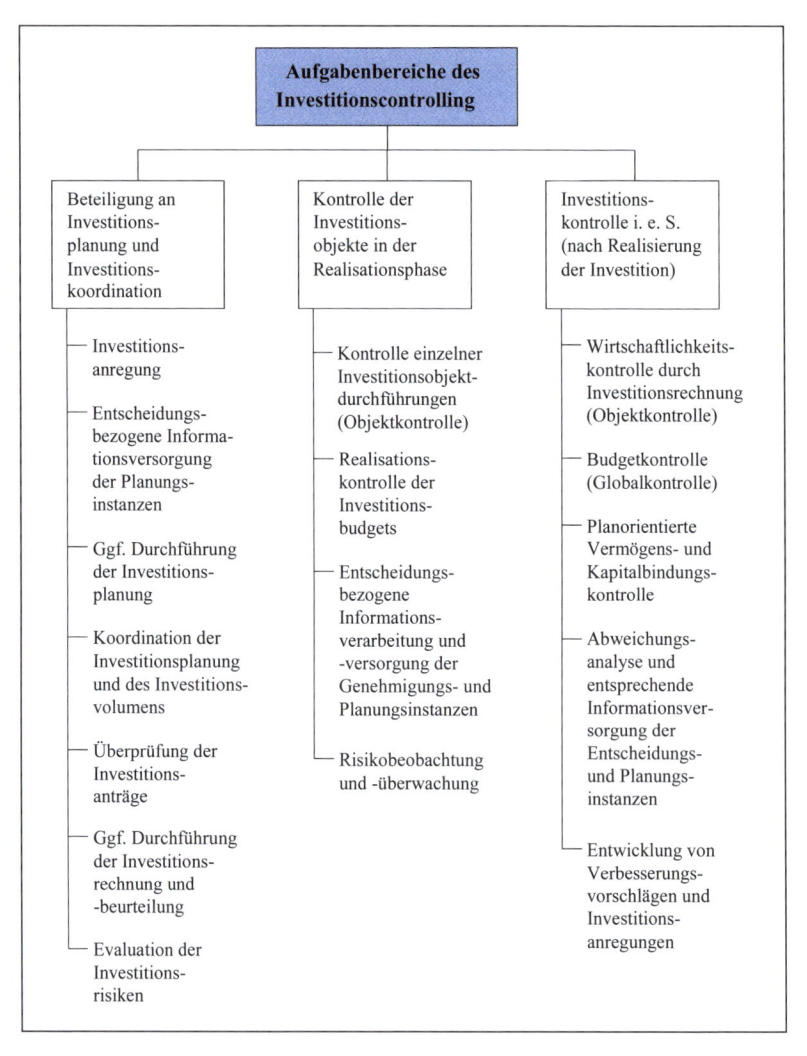

- **Investitionskontrolle i. e. S. (nach Realisierung der Investition)**
  - Wirtschaftlichkeitskontrolle durch Investitionsrechnung (Objektkontrolle)
  - Budgetkontrolle (Globalkontrolle)
  - Planorientierte Vermögens- und Kapitalbindungskontrolle
  - Abweichungsanalyse und entsprechende Informationsversorgung der Entscheidungs- und Planungsinstanzen
  - Entwicklung von Verbesserungsvorschlägen und Investitionsanregungen

Abbildung 17: Aufgabenbereiche und Einzelaufgaben des Investitionscontrolling

---

[100] Vgl. darüber hinaus *Reichmann, Thomas*: Controlling mit Kennzahlen – Die systemgestützte Controlling-Konzeption mit Analyse- und Reportinginstrumenten. 8. Aufl., München 2011, S. 242–247; *Reichmann, Thomas/Lange, Christoph*: Aufgaben und Instrumente des Investitions-Controlling. In: Die Betriebswirtschaft 1985, S. 455–458; *Schwellnuß, Axel G.*: Investitions-Controlling. München 1991, S. 8–12.

[101] Bzgl. genauerer Erläuterungen zu den verschiedenen Instrumenten des Investitionscontrolling vgl. *Adam, Dietrich*: Investitionscontrolling. 3. Aufl., München/Wien 2000, S. 29–36; *Reichmann, Thomas/Lange, Christoph*: Aufgaben und Instrumente des Investitions-Controlling. In: Die Betriebswirtschaft 1985, S. 458–464.

VI. Die Einordnung der Methoden der Investitionsrechnung

Unter dem Stichwort „Investitionsrechnung" werden alle Rechenverfahren zusammengefasst, die im Rahmen des Entscheidungsprozesses die Beurteilung isolierter Investitionsvorhaben bzw. die Vorteilhaftigkeit von mehreren Investitionsvorhaben ermöglichen. Nach dem Genauigkeitsgrad und dem Rechenaufwand unterscheidet man die folgenden drei Gruppen der Investitionsrechnungsverfahren.

Die **statischen Methoden** gehen nicht vom zahlungsorientierten Investitionsbegriff aus, d. h., sie ziehen zur Beurteilung nicht die Ein- und Auszahlungen eines Investitionsobjektes heran, sondern beurteilen die Investitionsobjekte mit Hilfe der **Erfolgsgrößen** Kosten bzw. Aufwendungen oder Leistungen bzw. Erträge, die aus dem Rechnungswesen bekannt sind. Die in diese Verfahren eingehenden Maßgrößen sind also für andere Zwecke konzipiert; dies lässt ihre Tauglichkeit für Investitionsentscheidungen fraglich erscheinen. Es werden grds. **vier statische Verfahren** unterschieden, die teilweise aufeinander aufbauen und in **Abschnitt 3** näher vorgestellt werden:

- Kostenvergleichsrechnung;
- Gewinnvergleichsrechnung;
- Rentabilitätsvergleichsrechnung;
- statische Amortisationsrechnung.

Diese Methoden werden als **statisch** bezeichnet, da sie den **Zeitfaktor nicht bzw. nur unvollkommen berücksichtigen**, also i. d. R. die im Zeitablauf eintretenden Veränderungen der Ertrags- und Aufwandsgrößen bzw. der Leistungs- und Kostengrößen ebenso unbeachtet lassen wie den genauen Zeitpunkt ihrer Entstehung.[102] Die Zeitstruktur der in die Beurteilung einbezogenen Strömungsgrößen geht unter, da bei den statischen Verfahren nur mit **Durchschnittswerten** des gesamten Investitionszeitraums gearbeitet wird; man spricht deshalb auch von **einperiodigen Verfahren**. Vereinfachend wird vielfach sogar nur das erste Nutzungsjahr des Investitionsobjekts als repräsentativ für die gesamte Nutzungsdauer angesehen.

Die **dynamischen Methoden** berücksichtigen die durch eine Investition ausgelösten **Ein- und Auszahlungsströme**, die bis zum Ende der wirtschaftlichen Nutzungsdauer des Investitionsobjektes bzw. bis zu einem bestimmten Planungszeitpunkt erwartet werden. In Abgrenzung zu den statischen Verfahren erfolgt hierbei eine explizite **Berücksichtigung des Zeitfaktors** durch Verwendung der Zinseszinsrechnung: Der zeitliche Anfall von Ein- und Auszahlungsbeiträgen eines Investitionsvorhabens wird nicht – im Gegensatz zur Vorgehensweise bei den statischen Verfahren – vernachlässigt oder durch eine Durchschnittsbetrachtung ersetzt, sondern wird durch Auf- und Abzinsung einzelner Zahlungsgrößen explizit berücksichtigt. Dabei stützen sich die „klassischen Ansätze" der dynamischen Verfahren auf die typische Annahme eines **vollkommenen Kapitalmarkts**, d. h., der Kapitalanlage-

---

[102] Vgl. *Wöhe, Günter/Döring, Ulrich*: Einführung in die Allgemeine Betriebswirtschaftslehre. 25. Aufl., München 2013, S. 482–488.

zins entspricht dem Zins für die Kapitalaufnahme und wird zudem als konstant angesehen; es besteht insb. keine Unsicherheit über die zukünftige Entwicklung des Marktzinses.[103]

Es werden ebenfalls vier klassische dynamische Verfahren unterschieden, welche in **Abschnitt 4** eingehend erläutert werden:

- Kapitalwertmethode;
- Annuitätenmethode;
- Methode des internen Zinsfußes;
- dynamische Amortisationsrechnung.

Die moderneren Varianten der dynamischen Verfahren lösen sich von der in der Realität sehr selten anzutreffenden Annahme eines vollkommenen Kapitalmarkts. Als Vertreter dieser **moderneren Ansätze** werden im Rahmen dieses Lehrbuchs (vgl. **Abschnitt 4, Kap. A.VI.2.**)

- die Vermögensendwertmethode und
- die Sollzinssatzmethoden diskutiert.

Ein weiterer Vertreter der moderneren Ansätze ist das sog. Marktzinsmodell, welches auf den Erkenntnissen der modernen Bankkalkulation und der dort entwickelten „Marktzinsmethode" beruht.[104]

Die **Simultanmodelle** gehen noch einen Schritt weiter als die dynamischen Verfahren, indem sie die Interdependenzen der Investitionsplanung mit den Plänen aus anderen betrieblichen Bereichen, insb. der Finanzierung, der Produktion und dem Absatz, berücksichtigen. Mit Hilfe der Methoden der Unternehmensforschung, insb. der linearen Programmierung, wird versucht, gleichzeitig alle entscheidungsrelevanten Faktoren dieser Bereiche zu berücksichtigen und so simultan das Optimum dieser Aktionsvariablen unter Berücksichtigung verschiedener Nebenbedingungen zu ermitteln.[105]

---

[103] Vgl. *Schierenbeck, Henner/Wöhle, Claudia B.*: Grundzüge der Betriebswirtschaftslehre. 18. Aufl., München 2012, S. 391.

[104] Vgl. zum Marktzinsmodell eingehend *Schierenbeck, Henner/Wöhle, Claudia B.*: Grundzüge der Betriebswirtschaftslehre. 18. Aufl., München 2012, S. 440–454; vgl. dazu kritisch *Adam, Dietrich*: Investitionscontrolling. 3. Aufl., München/Wien 2000, S. 186–190 und *Hering, Thomas*: Investitionstheorie. 4. Aufl., Berlin/Boston 2015, S. 283–292.

[105] Vgl. *Wöhe, Günter/Döring, Ulrich*: Einführung in die Allgemeine Betriebswirtschaftslehre. 25. Aufl., München 2013, S. 507–508.

Dritter Abschnitt

Die statischen Verfahren der Investitionsrechnung

A. Die Gemeinsamkeiten der statischen Verfahren

Statische Verfahren der Investitionsrechnung dienen zur Vorbereitung von Einzelentscheidungen, insb. der Lösung des Vorteilhaftigkeits- und Wahlproblems; es sollen keine Lösungen für Investitionsprogrammentscheidungen gefunden werden.[106]

Als Grundzielsetzung der statischen Verfahren gilt nicht Einkommens-, Vermögens- oder Wohlstandsmaximierung; angestrebt wird hier vielmehr Kostenminimierung, Gewinn- und Rentabilitätsmaximierung sowie in bestimmten Situationen auch eine Verringerung des Risikos (Realisation einer möglichst geringen Amortisationszeit). Es werden aus diesem Grund nicht Aus- und Einzahlungen für die Rechnung herangezogen, sondern die periodisierten Größen Kosten bzw. Aufwendungen und Leistungen bzw. Erträge.[107]

Als typische Verfahren angesehen werden in der investitionstheoretischen Literatur

- die **Kostenvergleichsrechnung**,
- die **Gewinnvergleichsrechnung**,
- die **Rentabilitätsvergleichsrechnung** und
- die **statische Amortisations(dauer)rechnung**.[108]

---

[106] Vgl. bzgl. des Verständnisses der dargelegten Begriffe **Abschnitt 2, Kap. B.II.**

[107] Vgl. dazu u.a. *Bieg, Hartmut*: Die Verfahren der Investitionsrechnung und ihre Verwendung in der Praxis. In: Der Steuerberater 1985, S. 20; *Bieg, Hartmut*: Aufgaben, Grundprinzipien und Bestandteile der Finanzwirtschaft. In: Der Steuerberater 1995, S. 19; *Lücke, Wolfgang* (Hrsg.): Investitionslexikon. 2. Aufl., München 1991, S. 361; *Walz, Hartmut/Gramlich, Dieter*: Investitions- und Finanzplanung. 8. Aufl., Frankfurt a. M. 2011, S. 114.

[108] Vgl. dazu u. a. *Adam, Dietrich*: Investitionscontrolling. 3. Aufl., München/Wien 2000, S. 105–118; *Bieg, Hartmut*: Betriebswirtschaftslehre 1: Investition und Unternehmungsbewertung. 2. Aufl., Freiburg i. Br. 1997, S. 26–53; *Blohm, Hans/Lüder, Klaus/Schaefer, Christina*: Investition. 10. Aufl., München 2012, S. 130–149; *Büschgen, Hans E.*: Betriebliche Finanzwirtschaft – Unternehmensinvestitionen. Frankfurt a. M. 1981, S. 35–51; *Busse von Colbe, Walther/Laßmann, Gert*: Betriebswirtschaftstheorie. Band 3, 3. Aufl., Berlin 1990, S. 21–28; *Däumler, Klaus-Dieter/Grabe, Jürgen*: Grundlagen der Investitions- und Wirtschaftlichkeitsrechnung. 13. Aufl., Herne 2014, S. 165–224; *Eilenberger, Guido/Ernst, Dietmar/Toebe, Marc*: Betriebliche Finanzwirtschaft. 8. Aufl., München 2013, S. 155–161; *Götze, Uwe*: Investitionsrechnung. 7. Aufl., Berlin/Heidelberg 2014, S. 56–73; *Heinhold, Michael*: Investitionsrechnung. 8. Aufl., München/Wien 1999, S. 45–74; *Lücke, Wolfgang* (Hrsg.): Investitionslexikon. 2. Aufl., München 1991, S. 361; *Mellwig, Winfried*: Kompendium für das Examen zum vBP/WP. Band 2: Betriebswirtschaft, 2. Aufl., Hamburg 1994, S. 180; *Olfert, Klaus*: Investition. 12. Aufl., Ludwigshafen (Rhein) 2012, S. 150–201; *Perridon, Louis/Steiner, Manfred/Rathgeber, Andreas W.*: Finanzwirtschaft der Unternehmung. 16. Aufl., München 2012, S. 33–48; *Schierenbeck, Henner*: Methodik und Aussagewert statischer Investitionskalküle. In: Wirtschaftswissenschaftliches Studium 1976, S. 217–223;

Im Wesentlichen laufen die Berechnungen hierbei auf der **Basis einer Durchschnittsperiode** ab; es handelt sich also um einperiodige Verfahren, bei denen die genannten Größen für Investitionsobjekte mit mehrjähriger Nutzungsdauer nicht für alle zukünftigen Perioden errechnet werden, sondern eine Orientierung an durchschnittlichen Erfolgsgrößen erfolgt, indem eine „Durchschnittsperiode" herangezogen wird, diese Durchschnittswerte als charakteristisch für die gesamte Investition angesehen werden und eine Entscheidungsfindung anhand dieser Durchschnittswerte erfolgt. **Zeitliche Unterschiede im Entstehen der** in die Rechnung einbezogenen **Größen finden keine Berücksichtigung.**[109]

Die Gefahr bei der Heranziehung statischer Verfahren als Entscheidungsunterstützungsmodell liegt darin, dass u. U. falsche bzw. unvollständige Alternativen formuliert und als logische Konsequenz deshalb „**unvollständige Vergleiche**" durchgeführt werden.

B. Die Kostenvergleichsrechnung

I. Allgemeine Bemerkungen und Detaildarstellung

Hat der Entscheidungsträger die Wahlmöglichkeit zwischen mindestens zwei realisierbaren Alternativen, so kann eine Kostenvergleichsrechnung durch Gegenüberstellung der Kosten der einzelnen Investitionsobjekte zum Zweck der Ermittlung der kostengünstigsten Alternative durchgeführt werden. In den Kostenvergleich einzubeziehen sind alle durch das jeweilige Investitionsvorhaben verursachten zusätzlichen Kosten, die zum einen aufwandsgleich (Löhne und Gehälter einschließlich Nebenkosten, Materialkosten einschließlich Materialnebenkosten, Energiekosten, Raumkosten, Werkzeugkosten, Instandhaltungskosten) und zum anderen kalkulatorischer Art (kalkulatorische Abschreibungen, kalkulatorische Zinsen) sein können.[110]

Nicht unbedingt in die Entscheidung miteinbezogen werden müssen solche Kostenarten, die für alle Alternativen in gleicher Höhe anfallen, da sie keinen Einfluss auf das Ergebnis des Vergleichs haben. Möchte der Investor allerdings nicht nur Kenntnis über die Vorteilhaftig-

---

Walz, Hartmut/Gramlich, Dieter: Investitions- und Finanzplanung. 8. Aufl., Frankfurt a. M. 2011, S. 113–141.

[109] Vgl. *Bieg, Hartmut*: Betriebswirtschaftslehre 1: Investition und Unternehmungsbewertung. 2. Aufl., Freiburg i. Br. 1997, S. 26–27; *Götze, Uwe*: Investitionsrechnung. 7. Aufl., Berlin/Heidelberg 2014, S. 57; *Perridon, Louis/Steiner, Manfred/Rathgeber, Andreas W.*: Finanzwirtschaft der Unternehmung. 16. Aufl., München 2012, S. 32 und S. 33; *Schierenbeck, Henner*: Methodik und Aussagewert statischer Investitionskalküle. In: Wirtschaftswissenschaftliches Studium 1976, S. 219; *Walz, Hartmut/Gramlich, Dieter*: Investitions- und Finanzplanung. 8. Aufl., Frankfurt a. M. 2011, S. 113–114.

[110] Vgl. dazu u.a. *Betriebswirtschaftlicher Ausschuß des VCI*: Unternehmerische Investitionskontrolle. Herne/Berlin 1974, S. 78; *Bieg, Hartmut*: Die Verfahren der Investitionsrechnung und ihre Verwendung in der Praxis. In: Der Steuerberater 1985, S. 20; *Blohm, Hans/Lüder, Klaus/Schaefer, Christina*: Investition. 10. Aufl., München 2012, S. 130–131; *Walz, Hartmut/Gramlich, Dieter*: Investitions- und Finanzplanung. 8. Aufl., Frankfurt a. M. 2011, S. 116–117.

B. Die Kostenvergleichsrechnung

keit der Objekte erlangen, sondern auch über die relative Bedeutung der Kostenunterschiede, so ist von dieser Vernachlässigung abzusehen.[111]

Nachdem eine Kostenvergleichsrechnung die positive Erfolgsgröße **Leistungen vollkommen unberücksichtigt** lässt, kann sie konsequenterweise nur folgende Investitionsentscheidungen unterstützen:

- Investitionsvorhaben, bei denen die Höhe der Leistungen unabhängig davon ist, welche der Investitionsalternativen ausgewählt wird, da infolge der Realisierung gleicher Qualität der hergestellten Produkte alle Alternativen zu gleichen Absatzmengen und Absatzpreisen führen. Derartige Vorhaben können u. a. Ersatz- bzw. Rationalisierungsinvestitionen sein, evtl. aber auch Erweiterungsinvestitionen, sofern die verschiedenen realisierbaren Investitionsalternativen Umsatzsteigerungen in gleichem Umfang zur Folge haben.

- Investitionsvorhaben, die aufgrund von Gesetzesbestimmungen oder von Anordnungen übergeordneter Entscheidungsorgane in jedem Fall durchgeführt werden müssen, obwohl nicht mit Leistungen zu rechnen ist oder die Leistungen nicht quantifiziert werden können.[112]

Die Ausrichtung einer Investitionsentscheidung an der Kostenvergleichsrechnung impliziert, dass sich der Investor darüber im Klaren ist, dass auch bei einer Entscheidung für die kostengünstigste Alternative wegen der Vernachlässigung der Leistungen nicht gewährleistet ist, dass diese Investition einen Beitrag zur Erwirtschaftung eines positiven Erfolgs mit sich bringt.

Zu den Kosten, die sich infolge der Realisierung eines bestimmten Investitionsobjekts neu ergeben oder die die laufenden Betriebskosten ändern, die also variabel in Bezug auf Durchführung oder Unterlassung des Investitionsvorhabens sind, zählen auch die kalkulatorischen Abschreibungen und die kalkulatorischen Zinsen, da sie hinsichtlich der Investitionsentscheidung – unabhängig von der Tatsache, dass sie nach Durchführung der Investitionsmaßnahme i. Allg. als fixe Kosten in Bezug auf Ausbringungsänderungen gelten – variable Kosten darstellen, also durch eine entsprechende Entscheidung verhindert werden könnten.

Die **kalkulatorischen Abschreibungen** pro Periode ergeben sich als Quotient aus Anschaffungskosten (vermindert um den erwarteten Restveräußerungserlös oder Schrottwert)[113] und der Anzahl der Jahre der Nutzung:

---

[111] Vgl. *Bieg, Hartmut*: Die Verfahren der Investitionsrechnung und ihre Verwendung in der Praxis. In: Der Steuerberater 1985, S. 20.

[112] Vgl. *Bieg, Hartmut*: Betriebswirtschaftslehre 1: Investition und Unternehmungsbewertung. 2. Aufl., Freiburg i. Br. 1997, S. 28; *Büschgen, Hans E.*: Betriebliche Finanzwirtschaft – Unternehmensinvestitionen. Frankfurt a. M. 1981, S. 36.

[113] Die Anschaffungskosten können i. S. der Kostenrechnung auch vereinfacht mit den entsprechenden Wiederbeschaffungskosten angegeben werden, da die Anschaffungskosten diesen im Entscheidungszeitpunkt der Investition entsprechen werden.

$$\varnothing \text{ Abschreibung pro Periode} = \frac{\text{Anschaffungskosten } (A_0) - \text{Restverkaufserlös } (L_n)}{\text{Anzahl der Nutzungsperioden } (n)}$$

Von der Vorgehensweise her entspricht dies der in der Finanzbuchhaltung angewendeten linearen Abschreibungsmethode; dort richtet sich die Nutzungsdauer allerdings nach den handelsrechtlich bzw. steuerrechtlich (AfA-Tabellen) gebotenen bzw. zugelassenen Werten, während hier eine Rechnung i. S. der Kostenrechnung mit der unter wirtschaftlichen Gesichtspunkten ermittelten voraussichtlichen Nutzungsdauer durchgeführt wird. Die Anwendung anderer Abschreibungsmethoden (v. a. degressive Abschreibung bzw. Abschreibung nach Leistungseinheiten) bzw. die Einbeziehung von etwaigen in einer bestimmten Periode gewährten Sonderabschreibungen hat auf das Ergebnis der Kostenvergleichsrechnung keinen Einfluss, da die Jahresabschreibungsbeträge in Durchschnittswerte überführt werden; diese Durchschnittswerte sind von der angewendeten Abschreibungsmethode völlig unabhängig.

Die **kalkulatorischen Zinskosten** werden ermittelt, indem das während der Nutzungsdauer durchschnittlich gebundene Kapital mit dem zugrunde gelegten Kalkulationszinssatz multipliziert wird. Dabei liegt der Bestimmung der Höhe des durchschnittlich gebundenen Kapitals die Überlegung zugrunde, dass bei abnutzbaren Gütern die Hälfte der Anschaffungskosten des Investitionsobjekts als durchschnittlich gebunden gilt. Unterstellt wird dabei allerdings eine kontinuierliche Kapitalfreisetzung über den Absatzmarkt; eine Berücksichtigung von auftretenden Verlusten, von zeitlichen Verschiebungen im Kapitalrückfluss und von vorgezogenen Tilgungen des aufgenommenen Kapitals unterbleibt völlig. Wird am Ende der wirtschaftlichen Nutzungsdauer des Investitionsobjektes ein Liquidationserlös erzielt, so ist dieser als über die gesamte Nutzungsdauer gebunden anzusehen, was letztendlich auf die durchschnittliche Kapitalbindung in der Weise Einfluss hat, als diese nun nicht mehr $A_0 : 2$, sondern $(A_0 + L_n) : 2$ beträgt.

Die kalkulatorischen Zinskosten lassen sich danach formal berechnen als hälftige Summe aus den Anschaffungskosten und dem Restveräußerungserlös, multipliziert mit dem von der Finanzierung abhängigen Kalkulationszinssatz:

$$\varnothing \text{ Zinskosten pro Periode} = \left(\frac{\text{Anschaffungskosten } (A_0) + \text{Restverkaufserlös } (L_n)}{2} \right) \cdot \text{Zinssatz } (i)$$

Bei einer Fremdfinanzierung des Objekts wird eine Rechnung unter Verwendung der Zinskosten des aufgenommenen Fremdkapitals durchgeführt; bei einer Eigenfinanzierung zieht man dagegen die aufgrund der Investition entgangenen Zinsen aus einer Alternativanlage (kalkulatorische Zusatzkosten) heran.[114]

---

[114] Vgl. dazu insb. *Bieg, Hartmut*: Betriebswirtschaftslehre 1: Investition und Unternehmungsbewertung. 2. Aufl., Freiburg i. Br. 1997, S. 30; *Götze, Uwe*: Investitionsrechnung. 7. Aufl., Berlin/Heidelberg 2014, S. 58–63; *Perridon, Louis/Steiner, Manfred/Rathgeber, Andreas W.*: Finanzwirtschaft der Unternehmung. 16. Aufl., München 2012, S. 34–37; *Walz, Hartmut/Gramlich, Dieter*: Investitions- und Finanzplanung. 8. Aufl., Frankfurt a. M. 2011, S. 116–118.

Grafisch veranschaulicht wird die durchschnittliche Bindung des eingesetzten Kapitals ohne bzw. bei Erzielung eines Liquidationserlöses am Ende der wirtschaftlichen Nutzungsdauer(n) in **Abbildung 18** und **Abbildung 19**.[115]

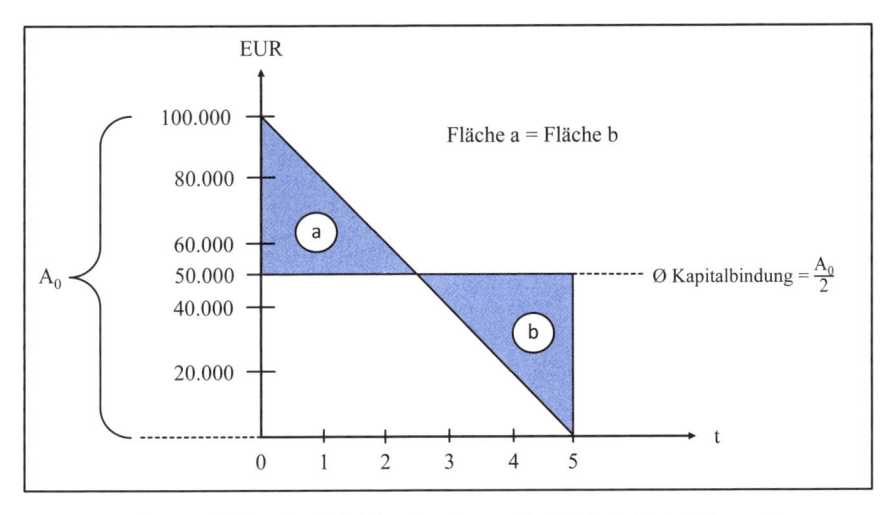

Abbildung 18: Durchschnittlich gebundenes Kapital, kein Liquidationserlös

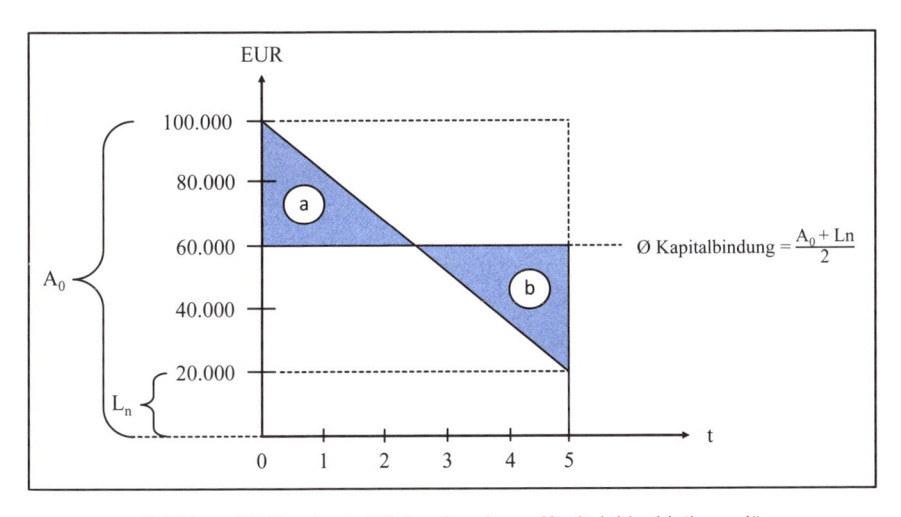

Abbildung 19: Durchschnittlich gebundenes Kapital, Liquidationserlös

Durchgeführt werden kann eine Kostenvergleichsrechnung zum einen als **Gesamtkostenvergleich** (Vergleich der für die einzelnen Investitionsobjekte ermittelten Gesamtkosten je Durchschnittsperiode) und zum anderen als **Stückkostenvergleich** (Vergleich der für die einzelnen Investitionsobjekte ermittelten vollen Stückkosten je Leistungseinheit). Verfügen die verglichenen Investitionsobjekte über die gleiche Leistungsabgabe, so führen beide

---

[115] Vgl. *Bieg, Hartmut*: Betriebswirtschaftslehre 1: Investition und Unternehmungsbewertung. 2. Aufl., Freiburg i. Br. 1997, S. 29–30.

Rechnungen bzgl. der Vorteilhaftigkeit der Investitionsobjekte immer zur gleichen Reihenfolge; eine unterschiedliche Reihenfolge kann sich dagegen bei Zugrundelegung verschiedener Ausbringungsmengen ergeben.[116]

Wann im Einzelfall eine Kostenvergleichsrechnung auf Gesamt- bzw. auf Stückkostenbasis durchgeführt werden kann, ist aus **Abbildung 20**[117] ersichtlich.

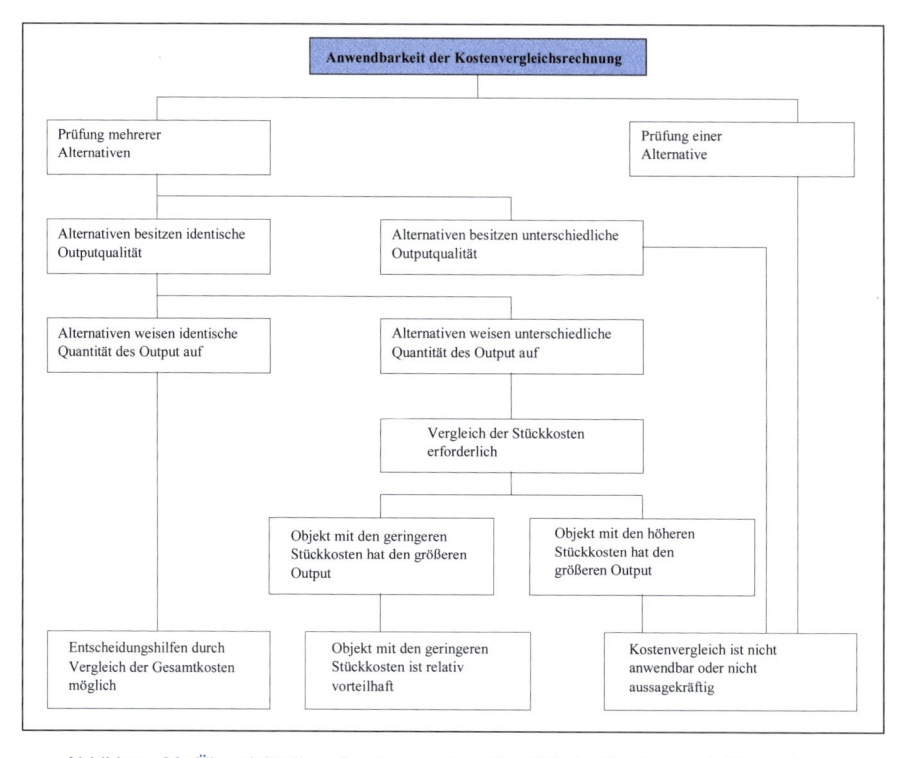

Abbildung 20: Übersicht über den Anwendungsbereich der Kostenvergleichsrechnung

II. Kritik

Da ein marktwirtschaftlich agierendes Unternehmen als Oberziel i. Allg. Gewinnmaximierung anstrebt, kann die Kostenvergleichsrechnung bzgl. der Beurteilung von Investitionen nur dann zu einem aussagefähigen Ergebnis führen, wenn die durch die einzelnen Investitionsobjekte erzielbaren **Erlöse bei jeder der zur Wahl stehenden Alternativen gleich hoch** sind.

Zieht man nicht die für eine Kostenvergleichsrechnung charakteristischen Durchschnittswerte (durchschnittliche Auslastung bzw. Kosten) heran, d. h., erfolgt aus Vereinfachungsgrün-

---

[116] Vgl. *Bieg, Hartmut*: Betriebswirtschaftslehre 1: Investition und Unternehmensbewertung. 2. Aufl., Freiburg i. Br. 1997, S. 30.

[117] Entnommen aus *Walz, Hartmut/Gramlich, Dieter*: Investitions- und Finanzplanung. 8. Aufl., Frankfurt a. M. 2011, S. 116.

den keine Umrechnung der voraussichtlichen Kosten während der gesamten Nutzungsdauer eines Investitionsobjekts in einen Durchschnittswert, sondern kalkuliert man mit den i. d. R. am problemlosesten und exaktesten zu schätzenden Kosten des ersten Jahres nach Durchführung der Investition, impliziert dies die Unterstellung einer Veränderung der Kosten aller miteinander verglichenen Objekte im Zeitablauf in gleicher Weise; u. U. kann diese Sichtweise bei voneinander differierenden Kostenstrukturen der Vergleichsobjekte (unterschiedliche Abschreibungs-, Zins- und Betriebskosten sowie unterschiedliche Lohnintensität) aber eklatante Fehlentscheidungen hervorrufen. Aber selbst bei exakter Berechnung der Durchschnittswerte bleiben die Veränderungen der Erfolgsgrößen im Zeitablauf gänzlich unberücksichtigt.[118]

Ein weiteres Problem der Kostenvergleichsrechnung liegt darin, dass die der Entscheidung über Investitionen zugrunde liegenden Kostengrößen keine Extremsituationen des betrieblichen Produktionsbereiches widerspiegeln; es werden keine Kapazitätsspitzen oder extrem niedrige Auslastungssituationen sowie die daraus resultierenden Kostensituationen berücksichtigt.[119]

Darüber hinaus besteht die Gefahr falscher Vorteilhaftigkeitsentscheidungen, wenn die zur Auswahl stehenden Investitionsalternativen unterschiedliche Nutzungsdauern aufweisen. So kann u. U. der Fall eintreten, dass sich das Objekt mit der längeren Nutzungsdauer bezogen auf die „Durchschnittsperiode" rechnerisch als kostengünstigstes herausstellt. Wählt der Investor dieses Objekt, so fallen dabei auch noch in denjenigen Perioden Kosten an, in denen ein kürzerfristiges Investitionsobjekt bereits beendet ist, also keine Kosten mehr verursacht; ebenso erfolgt bei der die Erlösseite außer Acht lassenden Kostenvergleichsrechnung beim längerfristigen Objekt eine Vernachlässigung der in diesem Zeitraum noch erzielten Erlöse.

Ein wesentlicher Kritikpunkt an der Kostenvergleichsrechnung ist auch, dass bei unterschiedlichen Anschaffungskosten der verglichenen Investitionsobjekte der **Problembereich der Finanzierung vollkommen außer Acht gelassen** wird; es wird nämlich unterstellt, dass jedes zur Entscheidung stehende Investitionsobjekt zum zugrunde liegenden Zinssatz finanziert werden kann. Dabei ergibt sich die Frage, was der Investor mit dem verfügbaren Restkapital macht, falls er sich für das Investitionsobjekt mit den niedrigsten Anschaffungskosten entscheidet.[120]

Als Vorteile der Kostenvergleichsrechnung können die relativ **einfache rechentechnische Anwendbarkeit** und die leichte Beschaffung der benötigten Informationen aus dem internen

---

[118] Vgl. dazu u.a. *Bieg, Hartmut*: Die Verfahren der Investitionsrechnung und ihre Verwendung in der Praxis. In: Der Steuerberater 1985, S. 21; *Blohm, Hans/Lüder, Klaus/Schaefer, Christina*: Investition.10. Aufl., München 2012, S. 139.

[119] Vgl. dazu insb. *Bieg, Hartmut*: Betriebswirtschaftslehre 1: Investition und Unternehmensbewertung. 2. Aufl., Freiburg i. Br. 1997, S. 38; *Götze, Uwe*: Investitionsrechnung. 7. Aufl., Berlin/Heidelberg 2014, S. 64.

[120] Vgl. dazu insb. *Bieg, Hartmut*: Die Verfahren der Investitionsrechnung und ihre Verwendung in der Praxis. In: Der Steuerberater 1985, S. 21–22; *Götze, Uwe*: Investitionsrechnung. 7. Aufl., Berlin/Heidelberg 2014, S. 63–64.

bzw. evtl. auch aus dem externen Rechnungswesen des Unternehmens gesehen werden. Aus diesem Grund kommt die Kostenvergleichsrechnung in erster Linie bei der **Beurteilung kleinerer Ersatz- und Rationalisierungsinvestitionen** sowie bei überschlägigen Überlegungen – z. B. auch bei Verhandlungen unter großem zeitlichem Entscheidungsdruck – zum Einsatz.[121]

C. Die Gewinnvergleichsrechnung

I. Allgemeine Bemerkungen und Detaildarstellung

Im Gegensatz zur Kostenvergleichsrechnung werden in der Gewinnvergleichsrechnung auch die Leistungen berücksichtigt, was den Anwendungsbereich dieses statischen Investitionsrechenverfahrens vergrößert. Hier ist es nun auch möglich, Erweiterungsinvestitionen hinsichtlich ihrer Vorteilhaftigkeit zu untersuchen.

Als **Beurteilungsmaßstab** dient die durch ein Investitionsobjekt **in jeder Durchschnittsperiode ausgelöste Gewinnveränderung**; maßgeblich ist also der Saldo zwischen den durch das Investitionsobjekt hervorgerufenen durchschnittlichen Kosten je Periode und den durch diese Maßnahme ausgelösten durchschnittlichen Leistungen je Periode. Durch den Vergleich mit der Nicht-Realisation eines Investitionsobjekts (Null-Alternative) kann ein relativ vorteilhaftes Investitionsobjekt unmittelbar auch auf seine absolute Vorteilhaftigkeit hin überprüft werden.

Wird eine Gewinnvergleichsrechnung zur Beurteilung mehrerer relativ vorteilhafter Investitionsalternativen herangezogen, so ist diejenige Alternative zu realisieren, die in der fiktiven Durchschnittsperiode zum größten positiven Erfolg führt. Kann durch keines der zur Auswahl stehenden Investitionsobjekte ein Gewinn realisiert werden, so erweisen sich alle betrachteten Alternativen als absolut unvorteilhaft und sollten daher unter Zugrundelegung ausschließlich monetärer Gesichtspunkte nicht realisiert werden.

Analog zur Kostenvergleichsrechnung erfolgt auch in der Gewinnvergleichsrechnung eine Berücksichtigung der Kosten der Kapitalverzinsung (zu zahlende Zinsen auf das in Anspruch genommene Fremdkapital bzw. anderweitig erzielbare und somit gewünschte Mindestverzinsung des Eigenkapitals). Daher ist es bei der Gewinnvergleichsrechnung – im Gegensatz zur Kostenvergleichsrechnung – möglich, auch einzelne Investitionsobjekte hinsichtlich ihrer monetären Vorteilhaftigkeit zu untersuchen. Der durch ein bestimmtes Investitionsobjekt erzielte zusätzliche Periodengewinn stellt dann den **Betrag** dar, **der dem Investor** nach Abdeckung aller Kosten **über die gewünschte Mindestverzinsung des Eigenkapitals hinaus zufließt**.

Da hier die einer Durchschnittsperiode zugrunde liegende Erlössituation – für die man in der betrieblichen Praxis trotz der bereits geschilderten Problematik häufig das erste Jahr der Lebensdauer eines Investitionsobjekts als repräsentativ heranzieht – berücksichtigt wird, ist

---

[121] Vgl. *Bieg, Hartmut*: Betriebswirtschaftslehre 1: Investition und Unternehmungsbewertung. 2. Aufl., Freiburg i. Br. 1997, S. 38.

ein Vorteilhaftigkeitsvergleich auch bei unterschiedlicher Leistungsabgabe der verglichenen Investitionsobjekte denkbar. In diesem Zusammenhang erfolgt auch die Lösung des Problems der Realisation unterschiedlicher Absatzpreise, die bei den verschiedenen Objekten erzielbar sind.[122]

II. Kritik

Ebenso wie bei der Kostenvergleichsrechnung besteht auch bei der Gewinnvergleichsrechnung die **Gefahr des Vergleichs unechter Alternativen**. Brauchbar sind Ergebnisse der Gewinnvergleichsrechnung nur dann, wenn es sich um Investitionsobjekte mit **gleicher Nutzungsdauer und gleichem Kapitaleinsatz** handelt. Da Anschluss- und Ergänzungsinvestitionen bei unterschiedlicher Nutzungsdauer bzw. bei unterschiedlichem Kapitaleinsatz nicht berücksichtigt werden, kann es zu Fehlentscheidungen bzgl. der Vorteilhaftigkeit von Investitionsobjekten kommen. Auch erfolgt keine Berücksichtigung der zeitlichen Entwicklung der Erfolgsgrößen (Kosten und Leistungen).

Die Vorteile einer Gewinnvergleichsrechnung liegen in der Einfachheit der Datenbeschaffung und der Rechnung.[123]

D. Die Rentabilitätsvergleichsrechnung

I. Allgemeine Bemerkungen und Detaildarstellung

Zur Berechnung von Rentabilitätskennziffern für verschiedene betriebswirtschaftliche Zwecke wird der Erfolg einer betrachteten Periode ins Verhältnis zu bestimmten anderen Größen, z. B. zum eingesetzten Kapital oder zum Umsatz der Periode, gesetzt. Bei der statischen Rentabilitätsvergleichsrechnung wird allerdings ausschließlich die **Kapitalrentabilität** zur Entscheidung über Investitionsobjekte benötigt; Ziel ist die Maximierung dieser Größe. Zur Ermittlung der Kapitalrentabilität muss der Gewinn eines Investitionsobjekts zum dafür erforderlichen Kapitaleinsatz ins Verhältnis gesetzt werden:

$$\text{Kapitalrentabilität} = \frac{\text{Periodengewinn}}{\text{Kapitaleinsatz}}$$

Wenngleich diese Relation zunächst eindeutig erscheint, so lässt sich doch festhalten, dass die Kapitalrentabilität sehr unterschiedliche Inhalte aufweisen kann, was konsequenterweise unterschiedliche Ergebnisse bei der Beurteilung von Investitionen hervorruft. Die Divergenz bei der Ermittlung der Höhe der Kapitalrentabilität lässt sich damit begründen, dass bzgl.

---

[122] Vgl. dazu u.a. *Bieg, Hartmut*: Die Verfahren der Investitionsrechnung und ihre Verwendung in der Praxis. In: Der Steuerberater 1985, S. 22–23; *Büschgen, Hans E.*: Betriebliche Finanzwirtschaft – Unternehmensinvestitionen. Frankfurt a. M. 1981, S. 40–41; *Kern, Werner*: Investitionsrechnung. Stuttgart 1974, S. 125; *Perridon, Louis/Steiner, Manfred/Rathgeber, Andreas W.*: Finanzwirtschaft der Unternehmung. 16. Aufl., München 2012, S. 39–40; *Walz, Hartmut/Gramlich, Dieter*: Investitions- und Finanzplanung. 8. Aufl., Frankfurt a. M. 2011, S. 120–122.

[123] Vgl. *Bieg, Hartmut*: Die Verfahren der Investitionsrechnung und ihre Verwendung in der Praxis. In: Der Steuerberater 1985, S. 23; *Büschgen, Hans E.*: Betriebliche Finanzwirtschaft – Unternehmensinvestitionen. Frankfurt a. M. 1981, S. 42.

der Zählergröße (Periodengewinn) und/oder Nennergröße (Kapitaleinsatz) unterschiedliche begriffliche Vorstellungen vorhanden sind.

Auch bei der Differenzierung in Eigen- und in Gesamtkapitalrentabilität ist diese Problematik weiterhin gegeben:

$$\text{Eigenkapitalrentabilität} = \frac{\text{Periodengewinn}}{\text{Eigenkapital}}$$

$$\text{Gesamtkapitalrentabilität} = \frac{\text{Periodengewinn} + \text{Fremdkapitalzinsen}}{\text{Eigenkapital} + \text{Fremdkapital}}$$

Zweck der Rentabilitätsvergleichsrechnung ist die Ermittlung der monetären Vorteilhaftigkeit von Investitionsobjekten. Im Gegensatz zu Kosten- und Gewinnvergleichsrechnungen kann bei einer Rentabilitätsvergleichsrechnung auch die **unterschiedliche Kapitalbindung der einzelnen Objekte berücksichtigt** werden; aus diesem Grund können sich im Verhältnis zur Gewinnvergleichsrechnung bei unterschiedlichem Kapitaleinsatz andere Vorteilhaftigkeiten ergeben.

Zur Ermittlung des Kapitaleinsatzes sind dem Investitionsobjekt diejenigen Eigen- und Fremdkapitalbeträge zuzurechnen, die bei der Anschaffung des Investitionsobjekts zusätzlich gebunden bzw. aufgenommen werden. Da bei der Rentabilitätsvergleichsrechnung ebenfalls eine fiktive Durchschnittsperiode als Grundlage für die Entscheidung bzgl. Investitionen dient, basiert die Berechnung letztendlich auch wieder auf Durchschnittsgrößen, d. h., es ist die **durchschnittliche zusätzliche Kapitalbindung** heranzuziehen.

Bei Erweiterungsinvestitionen ergibt sich der zusätzliche Periodengewinn aus der Differenz zwischen zusätzlichen Leistungen und zusätzlichen Kosten, bei Rationalisierungsinvestitionen ist der Erfolg dagegen in der Kostenersparnis gegenüber der bisherigen Situation zu sehen. Auch bei der Höhe des Gewinns handelt es sich um eine Durchschnittsgröße, unabhängig davon, ob die Berechnung über die gesamte Dauer der Investition erfolgt oder ob der Gewinn des ersten Jahres geschätzt und als Durchschnittsgewinn verwendet wird.[124]

---

[124] Vgl. *Bieg, Hartmut*: Betriebswirtschaftslehre 1: Investition und Unternehmungsbewertung. 2. Aufl., Freiburg i. Br. 1997, S. 41–42; *Blohm, Hans/Lüder, Klaus/Schaefer, Christina*: Investition. 10. Aufl., München 2012, S. 140–146; *Büschgen, Hans E.*: Betriebliche Finanzwirtschaft – Unternehmensinvestitionen. Frankfurt a. M. 1981, S. 42–43; *Götze, Uwe*: Investitionsrechnung. 7. Aufl., Berlin/Heidelberg 2014, S. 67–70; *Walz, Hartmut/Gramlich, Dieter*: Investitions- und Finanzplanung. 8. Aufl., Frankfurt a. M. 2011, S. 124–125.

II. Die Relevanz der kalkulatorischen Zinsen

1. Eigenkapitalrentabilität unter Verwendung des kalkulatorischen Gewinns

Da es keine eindeutig zu präferierenden Basisgrößen für die Ermittlung von Rentabilitätskennzahlen gibt, muss sich ein Investor über die jeweilige Bedeutung der berechneten Kennzahl in Abhängigkeit von den zugrunde liegenden Größen im Klaren sein.

Zieht man den als Ergebnis der Gewinnvergleichsrechnung resultierenden **kalkulatorischen Gewinn** (Betriebsergebnis) als eine der relevanten Größen **zur Ermittlung der Rentabilität** heran, so drückt dieser Gewinn aus, dass die durchschnittlichen Periodenerlöse neben allen anderen Kosten auch die bei Fremdfinanzierung anfallenden Zinsen für das aufgenommene Fremdkapital und/oder die bei Eigenfinanzierung aufgrund der Investitionsentscheidung entgangenen Erträge (kalkulatorische Zusatzkosten i. S. von kalkulatorischen Eigenkapitalzinsen) übersteigen.

Wird der per Gewinnvergleichsrechnung ermittelte kalkulatorische Gewinn ins Verhältnis zum zusätzlichen durchschnittlich gebundenen Kapital in Beziehung gesetzt, so gibt die errechnete Rentabilitätskennziffer an, welche Rendite das zusätzlich durchschnittlich gebundene Gesamtkapital über die Verzinsung des Fremdkapitals und/oder die kalkulatorische Verzinsung des Eigenkapitals hinaus erzielt.[125]

Sofern die auf diese Weise errechnete Rentabilität eines Investitionsobjekts größer als null ist, handelt es sich um ein vorteilhaftes Objekt. Stehen mehrere vorteilhafte Objekte zur Wahl, so erfolgt unter Zugrundelegung ausschließlich monetärer Gesichtspunkte aufgrund der Rentabilitätsvergleichsrechnung i. Allg. eine Entscheidung zugunsten des Objekts mit der höchsten Rendite.

2. Eigenkapitalrentabilität unter Verwendung des modifizierten Gewinns

Möchte der Investor eine Investitionsentscheidung nicht auf der Basis der über den kalkulatorischen Zins hinausgehenden Verzinsung treffen, sondern aufgrund der tatsächlichen Durchschnittsverzinsung i. S. der üblicherweise definierten Eigen- oder Gesamtkapitalrentabilität, so hat eine entsprechende Modifikation des im Rahmen der Gewinnvergleichsrechnung ermittelten kalkulatorischen Gewinns zu erfolgen.

Zur **Berechnung der Eigenkapitalrentabilität unter Verwendung des modifizierten Gewinns** müssen zu dem aus der Gewinnvergleichsrechnung resultierenden kalkulatorischen Gewinn wieder die dort als Negativkomponente berücksichtigten kalkulatorischen Eigenkapitalzinsen hinzugerechnet werden; der als Zählergröße bei der Berechnung der Eigenkapitalrentabilität verwendete Gewinn darf also nicht um die kalkulatorischen Eigenkapitalzinsen vermindert werden.

---

[125] Vgl. etwa *Walz, Hartmut/Gramlich, Dieter*: Investitions- und Finanzplanung. 8. Aufl., Frankfurt a. M. 2011, S. 125.

Diese so ermittelte Rentabilitätsziffer drückt aus, welche Rendite auf das eingesetzte Eigenkapital durch eine bestimmte Investition erwirtschaftet wird. Besteht eine Wahlmöglichkeit zwischen mehreren Objekten mit positiver Eigenkapitalrentabilität, so erscheint unter monetären Gesichtspunkten im ersten Augenblick das Objekt mit der höchsten Eigenkapitalrentabilität, also das relativ vorteilhafteste, am günstigsten.

Ob es sich allerdings auch als absolut vorteilhaft erweist, kann ohne **Heranziehung einer Vergleichsalternative** nicht beurteilt werden. Deshalb wird als relevante Vergleichsgröße i. Allg. die gewünschte Mindestverzinsung des Eigenkapitals verwendet. Der Investor wird nämlich nur dann überhaupt zur Durchführung einer bestimmten Investition bereit sein, wenn das relativ vorteilhafteste Objekt, d. h. das Objekt mit der höchsten Eigenkapitalrentabilität, keine niedrigere Eigenkapitalrentabilität als die gewünschte Mindestverzinsung aufweist. Auch ein einzelnes zur Disposition stehendes Objekt wird nur dann verwirklicht werden, wenn es diese Bedingung erfüllt.

3. Gesamtkapitalrentabilität

Im Gegensatz zur Eigenkapitalrentabilität soll bei der **Gesamtkapitalrentabilität** die vom Investor gewählte Finanzierungssituation nicht entscheidungsbeeinflussend sein. Wird als maßgebliche Basisgröße zur Berechnung der per Gewinnvergleichsrechnung ermittelte kalkulatorische Gewinn gewählt, so ist dieser zum Zweck der Ermittlung der Gesamtkapitalrentabilität wieder um die kalkulatorischen Eigenkapitalzinsen und auch um die Fremdkapitalzinsen zu erhöhen, d. h. also, dass bei der Berechnung der als Zähler in der Gesamtkapitalrentabilität berücksichtigten Gewinnziffer weder kalkulatorische Eigenkapitalzinsen noch Fremdkapitalzinsen abgezogen werden.

Auch in diesem Fall ist bei der Entscheidungsmöglichkeit zwischen mehreren Investitionsobjekten das relativ vorteilhafteste daraufhin zu überprüfen, ob es die Kapitalkosten deckt bzw. die vom Verschuldungsgrad (Verhältnis Fremdkapital zu Eigenkapital), von den Fremdkapitalzinsen und von der gewünschten Mindestverzinsung des Eigenkapitals abhängige Mindesthöhe erreicht. Diese Aussage gilt gleichermaßen auch für Überlegungen, die sich nur auf ein einzelnes Investitionsobjekt beziehen.[126]

III. Kritik

Das der Rentabilitätsvergleichsrechnung zugrunde liegende Vorteilhaftigkeitskriterium stellt auf die Analyse der monetären, in Rentabilitätsgrößen gemessenen Vorteilhaftigkeit eines einzelnen Investitionsobjekts ab. Es stellt sich aber die Frage, ob es auch ohne Schwierigkeiten bei der Auswahl eines Investitionsobjekts aus einer Anzahl sich gegenseitig ausschließender Investitionsobjekte angewendet werden kann, indem dasjenige Investitionsobjekt als realisierungswürdig eingestuft wird, das die höchste Rentabilität erzielt, die zudem den

---

[126] Vgl. zu diesen Ausführungen v.a. *Bieg, Hartmut*: Die Verfahren der Investitionsrechnung und ihre Verwendung in der Praxis. In: Der Steuerberater 1985, S. 24–25; *Däumler, Klaus-Dieter/Grabe, Jürgen*: Grundlagen der Investitions- und Wirtschaftlichkeitsrechnung. 13. Aufl., Herne 2014, S. 194–196; *Walz, Hartmut/Gramlich, Dieter*: Investitions- und Finanzplanung. 8. Aufl., Frankfurt a. M. 2011, S. 125–126.

Mindestanforderungen des Investors entspricht. Auch hier ist festzustellen, dass durch die Vernachlässigung etwaiger Anschluss- bzw. Ergänzungsinvestitionen die Gefahr des Vergleichs unvollständiger Alternativen gegeben ist. Problemlos angewendet werden kann die Rentabilitätsvergleichsrechnung also nur, wenn die zur Auswahl stehenden Investitionsalternativen identische Nutzungsdauern und identische Kapitalbindungen aufweisen. Allerdings liefert die Rentabilitätsvergleichsrechnung bei Vorhandensein einer derartigen Situation auch keine anderen Ergebnisse bzgl. der Vorzugswürdigkeit eines Investitionsobjekts als die Gewinnvergleichsrechnung.[127]

E. Die statische Amortisationsrechnung

I. Allgemeine Bemerkungen und Detaildarstellung

Im Gegensatz zu den bisher dargestellten statischen Verfahren der Investitionsrechnung wird die Vorteilhaftigkeit einer Investition bei der statischen Amortisations(dauer)rechnung nicht anhand von erfolgsrechnerischen Größen (Kosten, Gewinn, Rentabilität) beurteilt, sondern es erfolgt hier die **Beurteilung anhand einer Zeitgröße**. Diese stellt diejenige Zeitdauer dar, innerhalb der die Anschaffungskosten einer Investition durch die aus dem Investitionsobjekt resultierenden Einzahlungsüberschüsse wieder zurückerwirtschaftet werden, in der sich der Kapitaleinsatz also amortisiert. Die Zeitspanne wird als **Amortisationsdauer** (bzw. Kapitalrückfluss- oder Kapitalwiedergewinnungszeit, Pay-off-, Pay-back- oder Pay-out-Periode) bezeichnet. Für die rechentechnische Vorgehensweise wird unterstellt, dass zunächst alle Einzahlungsüberschüsse zur Amortisation des Kapitaleinsatzes verwendet werden; es erfolgt keine Berücksichtigung der nach dem Ende der Amortisationsdauer noch erwirtschafteten Einzahlungsüberschüsse.

Obwohl anhand der statischen Amortisationsrechnung die Zeitspanne für die Rückgewinnung des ursprünglichen Kapitaleinsatzes ermittelt werden soll, deren Realisation bei durchgeführten **Erweiterungsinvestitionen** durch den Überschuss der durch das Investitionsobjekt erwirtschafteten Einzahlungen über die durch das Objekt ausgelösten Auszahlungen erfolgt, wird es in der betrieblichen Praxis z. T. vorgezogen, statt Ein- und Auszahlungen die erfolgsrechnerischen Größen Leistungen und Kosten heranzuziehen; es wird also mit dem durch das Investitionsobjekt ausgelösten kalkulatorischen Periodengewinn (vgl. dazu **Abschnitt 3, Kap. C.**) gerechnet, der allerdings um die nicht zahlungswirksamen kalkulatorischen Abschreibungen (und kalkulatorischen Eigenkapitalzinsen) erhöht werden muss.

Die Erhöhung um die Abschreibungen ist erforderlich, da die Kapitalrückflüsse (Cashflows) und nicht die Gewinne zur Ermittlung der Amortisationsdauer maßgebend sind.

Die Erhöhung um die kalkulatorischen Eigenkapitalzinsen muss deshalb erfolgen, da bei der Amortisationsrechnung die vom Investor gewünschte Verzinsung des Eigenkapitals unberücksichtigt bleibt. Möchte man eine an der gewünschten Eigenkapitalverzinsung orientierte

---

[127] Vgl. *Bieg, Hartmut*: Die Verfahren der Investitionsrechnung und ihre Verwendung in der Praxis. In: Der Steuerberater 1985, S. 25–26.

Amortisationsdauer berechnen, so dürfen die kalkulatorischen Eigenkapitalzinsen dem kalkulatorischen Gewinn nicht hinzugefügt werden.

Würde bei der Berechnung der statischen Amortisationsdauer der Periodengewinn auch um die Fremdkapitalzinsen erhöht werden, so hätte man missachtet, dass diese zu Auszahlungen führen. Eine Berücksichtigung von Liquidationserlösen ist prinzipiell ebenfalls möglich, wenngleich sie in der überwiegenden Mehrzahl der Fälle (i. d. R. ist die Lebensdauer der Investition größer als die Amortisationsdauer) ohne Einfluss auf die Amortisationsdauer sind.

Sofern eine Investition zum Zweck der **Rationalisierung** durchgeführt werden soll, sind – da hier von unveränderten Einzahlungen ausgegangen wird – nur die jährlichen Kostenersparnisse und die jährlichen Abschreibungen für die Ersatzanlage zu berücksichtigen, während die Abschreibung des Restwertes der ersetzten Anlage keine Entscheidungsrelevanz besitzt.[128]

Es lassen sich **zwei Verfahren der statischen Amortisationsrechnung** unterscheiden:[129]

- **Durchschnittsmethode:**

  Dem zu erwartenden kalkulatorischen Durchschnittsgewinn des Durchschnittsjahres werden die durchschnittlichen Jahresabschreibungen und die durchschnittlichen jährlichen Eigenkapitalzinsen zugeschlagen. Als resultierendes Ergebnis erhält man einen für alle Jahre in gleicher Höhe unterstellten jährlichen Kapitalrückfluss. Darauf basierend ergibt sich dann folgende Amortisationsdauer:

$$\text{Amortisationszeit (Jahre) } t_{AM} = \frac{\text{Anschaffungskosten [EUR]}}{\varnothing \text{ Kapitalrückfluss [EUR/Jahr]}}$$

- **Kumulationsmethode:**

  Hierbei handelt es sich um ein mehrperiodiges Verfahren, das die unterschiedlich hohen Kapitalrückflüsse der einzelnen Jahre berücksichtigt und nicht mit Durchschnittswerten bzgl. Leistungen und Kosten rechnet. Es findet eine sukzessive Ermittlung der Amortisationsdauer statt, indem die in den einzelnen Jahren erwirtschafteten Rückflüsse so lange kumuliert werden, bis die Höhe der Anschaffungsauszahlungen erreicht ist.

---

[128] Vgl. dazu u.a. *Bieg, Hartmut*: Die Verfahren der Investitionsrechnung und ihre Verwendung in der Praxis. In: Der Steuerberater 1985, S. 26–27; *Blohm, Hans/Lüder, Klaus/Schaefer, Christina*: Investition. 10. Aufl., München 2012, S. 146–149; *Büschgen, Hans E.*: Betriebliche Finanzwirtschaft – Unternehmensinvestitionen. Frankfurt a. M. 1981, S. 47–48; *Eisele, Wolfgang*: Die Amortisationsdauer als Entscheidungskriterium für Investitionsmaßnahmen. In: Wirtschaftswissenschaftliches Studium 1985, S. 375–376; *Götze, Uwe*: Investitionsrechnung. 7. Aufl., Berlin/Heidelberg 2014, S. 70–72; *Rolfes, Bernd*: Statische Verfahren der Wirtschaftlichkeitsrechnung. In: Das Wirtschaftsstudium 1986, S. 416; *Walz, Hartmut/Gramlich, Dieter*: Investitions- und Finanzplanung. 8. Aufl., Frankfurt a. M. 2011, S. 133–134.

[129] Vgl. *Bieg, Hartmut*: Betriebswirtschaftslehre 1: Investition und Unternehmungsbewertung. 2. Aufl., Freiburg i. Br. 1997, S. 48; *Büschgen, Hans E.*: Betriebliche Finanzwirtschaft – Unternehmensinvestitionen. Frankfurt a. M. 1981, S. 48–49; *Däumler, Klaus-Dieter/Grabe, Jürgen*: Grundlagen der Investitions- und Wirtschaftlichkeitsrechnung. 13. Aufl., Herne 2014, S. 213–218.

Je nach Art des zugrunde liegenden Investitionsentscheidungsproblems (Vorteilhaftigkeitsproblem, Wahlproblem)[130] ergibt sich ein anderes Entscheidungskriterium für die Vorteilhaftigkeit bestimmter nach der statischen Amortisationsrechnung beurteilter Investitionsobjekte.

Soll ein einzelnes Investitionsobjekt mittels der statischen Amortisationsrechnung auf seine **Vorteilhaftigkeit** hin untersucht werden, so wird als Beurteilungsmaßstab für die berechnete Amortisationsdauer des Objekts eine vom Investor maximal als akzeptabel angesehene – und damit von seiner Risikobereitschaft abhängige – Amortisationsdauer verwendet. Das Entscheidungskriterium kann in diesem Fall folgendermaßen formuliert werden: **Eine Investition ist als vorteilhaft anzusehen, wenn ihre Amortisationsdauer die vorgegebene Höchstamortisationsdauer nicht überschreitet**. Zu beachten ist jedoch, dass die vorgegebene **Höchstamortisationsdauer die erwartete Nutzungsdauer nicht überschreiten darf**, da sonst eine Amortisation des Objekts überhaupt nicht möglich wäre.

Steht der Investor dagegen vor einem **Wahlproblem**, d. h., hat er zwischen mehreren sich gegenseitig ausschließenden Investitionsobjekten zu entscheiden, so lautet das Entscheidungskriterium: **Auszuwählen ist diejenige Investition, die die relativ kürzeste Amortisationsdauer aufweist**; diese darf außerdem nicht über der vorgegebenen Höchstamortisationsdauer liegen. Allerdings darf auch in diesem Fall die Amortisationsdauer des vorteilhaftesten Objekts nicht höher sein als seine voraussichtliche Nutzungsdauer.[131]

II. Kritik

Obwohl die Ermittlung von Amortisationsdauern anstehender Investitionen als entscheidungsrelevantes Risikokriterium in der betrieblichen Praxis sehr beliebt ist, sei an dieser Stelle auf die zahlreichen Probleme einer statischen Amortisationsrechnung hingewiesen.

Zunächst muss unbedingt berücksichtigt werden, dass sich Amortisationsdauern zutreffend nur auf der Basis zukünftiger Ein- und Auszahlungen ermitteln lassen. Erfolgt eine Berechnung aber unter Heranziehung der um bestimmte kalkulatorische Komponenten (Abschreibungen und Eigenkapitalzinsen) korrigierten kalkulatorischen Gewinne, so wird das zeitliche Auseinanderfallen von Auszahlungen und Kosten bzw. Einzahlungen und Leistungen vernachlässigt.

Einer der Hauptkritikpunkte an der statischen Amortisationsrechnung ist, dass die für eine Entscheidung über ein Investitionsobjekt vorgegebene **Höchstamortisationsdauer willkürlich** festgelegt wird. Ein Investor, der seine Entscheidungen über mögliche Investitionen an statischen Amortisationsdauern orientiert, berücksichtigt **ausschließlich Risikogesichtspunkte**. Der Vorzug wird also solchen Investitionsobjekten gegeben, die sich in kürzerer Zeit amortisieren. Eine derartige Entscheidung kann aber in eklatanter Weise gegen die

---

[130] Vgl. bzgl. der beiden Begriffe **Abschnitt 2, Kap. B.II.**
[131] Vgl. *Bieg, Hartmut*: Die Verfahren der Investitionsrechnung und ihre Verwendung in der Praxis. In: Der Steuerberater 1985, S. 27–28.

monetären Zielsetzungen des Investors (Einkommens-, Vermögens- oder Wohlstandsstreben) verstoßen.

In der überwiegenden Mehrzahl der Fälle stellt aber das Streben nach Sicherheit für einen Investor nicht die Maxime seiner Zielpräferenzstruktur dar. Aus diesem Grund sollte das per statischer Amortisationsrechnung errechnete Risikokriterium „Amortisationsdauer" nie vorrangig zur Entscheidung über Investitionen herangezogen werden.[132]

Als weiterer Kritikpunkt lässt sich anführen, dass als Konsequenz der ausschließlichen Orientierung an Risikogesichtspunkten alle Einzahlungsüberschüsse nach der Amortisation eines Investitionsobjekts (einschließlich der Liquidationserlöse) vernachlässigt werden. Dies lässt Investitionsobjekte, die eine längere Laufzeit aufweisen und erst nach einer gewissen Zeit hohe Einzahlungsüberschüsse – mit oftmals steigender Tendenz – erwirtschaften, unvorteilhafter erscheinen als solche Objekte, die vergleichsweise kurze Laufzeiten haben und zu Beginn sofort relativ hohe, im Zeitablauf allerdings oftmals stark sinkende Einzahlungsüberschüsse abwerfen.[133] Dieses Problem gilt gleichermaßen für Entscheidungen über einzelne Investitionsobjekte und für Wahlentscheidungen.

Es lässt sich bei Anwendung der statischen Amortisationsrechnung als entscheidungsrelevantes Verfahren der Investitionsrechnung auch kein Zusammenhang erkennen zwischen der Amortisationsdauer und den risikobestimmenden Faktoren (Grad der Ungewissheit bzgl. der zu treffenden Entscheidung, Eintrittswahrscheinlichkeit der prognostizierten Gewinne, Ausmaß des möglichen Schadens bei Eintritt ungünstiger Entwicklungen); daher ist die Amortisationsdauer folglich kein geeigneter Beurteilungsmaßstab für das mit einer Investition verbundene Risiko.[134]

Aus diesem Grund wird von *Hax* vorgeschlagen, die **Amortisationsdauer nicht als Kriterium für die Entscheidung** über Annahme oder Ablehnung von Investitionsobjekten heranzuziehen, sondern als organisatorische Regelung zur Kompetenzabgrenzung. „Wenn man überhaupt bei betrieblichen Investitionsentscheidungen mit einer maximal zulässigen Amortisationsdauer arbeitet, dann sollte dies nur in der Weise geschehen, daß die Entscheidung über Objekte, deren Amortisationsdauer das Maximum überschreitet, höheren Instanzen der betrieblichen Hierarchie vorbehalten wird."[135]

---

[132] Vgl. *Bieg, Hartmut*: Betriebswirtschaftslehre 1: Investition und Unternehmungsbewertung. 2. Aufl., Freiburg i. Br. 1997, S. 51–52; *Däumler, Klaus-Dieter/Grabe, Jürgen*: Grundlagen der Investitions- und Wirtschaftlichkeitsrechnung. 13. Aufl., Herne 2014, S. 222.

[133] Vgl. dazu u.a. *Bieg, Hartmut*: Die Verfahren der Investitionsrechnung und ihre Verwendung in der Praxis. In: Der Steuerberater 1985, S. 28; *Hax, Herbert*: Investitionstheorie. 5. Aufl., Würzburg/Wien 1993, S. 44.

[134] Vgl. *Bieg, Hartmut*: Betriebswirtschaftslehre 1: Investition und Unternehmungsbewertung. 2. Aufl., Freiburg i. Br. 1997, S. 52.

[135] *Hax, Herbert*: Investitionstheorie. 5. Aufl., Würzburg/Wien 1993, S. 38.

F. Beispiel zur Anwendung der statischen Verfahren der Investitionsrechnung

Die Riesling GmbH benötigt für das kommende Jahr eine neue Abfüllanlage für ihren Prädikatswein. Es stehen ihr dazu die folgenden Investitionsalternativen zur Verfügung:[136]

	Anlage I	Anlage II
Anschaffungskosten (EUR)	66.000	75.000
Nutzungsdauer (Jahre)	6	6
Kapazität (Flaschen/Jahr)	9.500	10.000
Sonstige fixe Kosten (EUR/Jahr)	9.250	8.225
Materialkosten (EUR/Flasche)	0,72	0,72
Löhne und Lohnnebenkosten (EUR/Jahr)	11.610	12.000
Energiekosten (EUR/Flasche)	0,10	0,12
Sonstige variable Kosten (EUR/Jahr)	10.000	10.875

Aufgrund der wirtschaftlich angespannten Lage ist von einem Kalkulationszinssatz von 5 % auszugehen.

(1) Ermitteln Sie nach der Kostenvergleichsrechnung die kostengünstigere Investitionsalternative!

(2) Die Riesling GmbH kann am Markt einen Preis von 5,70 EUR/Flasche Wein erzielen. Für welche Anlage würde sich das Unternehmen entscheiden, wenn es eine Gewinnvergleichsrechnung bei seiner Entscheidung zugrunde legt und außerdem davon ausgegangen werden kann, dass alle jährlich abgefüllten Weinflaschen am Markt abgesetzt werden könnten?

(3) Welche Anlage ist nach der Rentabilitätsvergleichsrechnung – unter den gleichen Prämissen wie bei (2) und unter Heranziehung der Gesamtkapitalrentabilität – vorteilhafter?

(4) Berechnen Sie die statische Amortisationsdauer der beiden Anlagen nach der Durchschnittsmethode!

Lösung:

(1) Bei der Kostenvergleichsrechnung werden periodisierte Größen und Durchschnittswerte herangezogen. Wie bei allen statischen Verfahren der Investitionsrechnung wird das zeitliche Auseinanderfallen der Zahlungsgrößen nicht berücksichtigt.

Da die beiden Anlagen unterschiedliche Kapazitäten pro Jahr aufweisen, kann der Vergleich nicht auf Gesamtkostenbasis durchgeführt werden, sondern es sind die Stückkosten (Kosten je Flasche Wein) als entscheidungsrelevante Größe zur Ermittlung der kostengünstigeren Alternative maßgeblich.

---

[136] Entnommen aus *Kußmaul, Heinz*: Statische Verfahren der Investitionsrechnung. In: Der Steuerberater 1995, S. 261–263.

	Anlage I	Anlage II
Anschaffungskosten (EUR)	66.000	75.000
Nutzungsdauer (Jahre)	6	6
Liquidationserlös am Ende der Lebensdauer (EUR)	–	–
Kapazität (Flaschen/Jahr)	9.500	10.000
Abschreibungen (EUR/Jahr)	$\frac{66.000}{6} = 11.000$	$\frac{75.000}{6} = 12.500$
Zinsen (5 % auf 1/2 Anschaffungswert) (EUR/Jahr)	1.650	1.875
Sonstige fixe Kosten (EUR/Jahr)	9.250	8.225
Gesamte fixe Kosten (EUR/Jahr)	21.900	22.600
Gesamte fixe Kosten (EUR/Flasche)	2,3053	2,26
Materialkosten (EUR/Flasche)	0,72	0,72
Löhne und Lohnnebenkosten (EUR/Jahr)	11.610	12.000
Löhne und Lohnnebenkosten (EUR/Flasche)	$\frac{11.610}{9.500} = 1,2221$	$\frac{12.000}{10.000} = 1,20$
Energiekosten (EUR/Flasche)	0,10	0,12
Sonstige variable Kosten (EUR/Jahr)	10.000	10.875
Sonstige variable Kosten (EUR/Flasche)	$\frac{10.000}{9.500} = 1,0526$	$\frac{10.875}{10.000} = 1,0875$
Gesamte variable Kosten (EUR/Flasche)	3,0947	3,1275
Gesamte Kosten (EUR/Flasche)	**5,40**	**5,3875**

Die Anlage I weist die höheren Kosten mit 5,40 EUR/Flasche auf. Deshalb würde die kostengünstigere Anlage II bevorzugt von der Riesling GmbH ausgewählt werden. Eine absolute Vorteilhaftigkeit der Anlagen für das Unternehmen lässt sich aus der statischen Kostenvergleichsrechnung allerdings nicht ablesen.

(2) Die Gewinnvergleichsrechnung stellt eine Erweiterung der Kostenvergleichsrechnung durch Einbeziehung der Erlöse (Leistungen) dar. Für den durchschnittlichen Periodengewinn gilt allgemein:

$$\text{Ø Periodengewinn} = \text{Ø Periodenerlöse} - \text{Ø Kosten der Periode}$$

Für die beiden Anlagen bedeutet dies bei einem Absatzpreis von 5,70 EUR/Flasche, dass folgende durchschnittliche Periodengewinne erzielt werden könnten:

$G_I = (5{,}70 - 5{,}40) =$ **0,30 EUR/Flasche**

$G_I = (5{,}70 - 5{,}40) \cdot 9.500 =$ **2.850 EUR/Jahr**

$G_{II} = (5{,}70 - 5{,}3875) =$ **0,3125 EUR/Flasche**

$G_{II} = (5{,}70 - 5{,}3875) \cdot 10.000 =$ **3.125 EUR/Jahr**

Anlage II ist nach der Gewinnvergleichsrechnung vorteilhafter, denn die Riesling GmbH erzielt einen Gewinn von 3.125 EUR gegenüber nur 2.850 EUR bei einer Investition in Anlage I.

(3) Zu dem Ergebnis der Gewinnvergleichsrechnung müssen die Zinsen hinzugerechnet werden, da sie vorher – sowohl im Falle der vollständigen Finanzierung über Eigenkapital als auch bei Fremdkapitalfinanzierung – ergebniswirksam abgezogen wurden, also den durchschnittlichen Periodengewinn geschmälert haben. Allgemein gilt:

$$\text{Kapitalrentabilität} = \frac{\text{Periodengewinn}}{\text{Kapitaleinsatz}}$$

Gewinn$_I$ = 2.850 + 1.650 = 4.500 EUR

Kapitaleinsatz$_I$ = $\frac{A_0}{2}$ = $\frac{66.000}{2}$ = 33.000 EUR

Rentabilität$_I$: r$_I$ = $\frac{4.500}{33.000}$ = 0,1364 = **13,64 %**

Gewinn$_{II}$ = 3.125 + 1.875 = 5.000 EUR

Kapitaleinsatz$_{II}$ = $\frac{A_0}{2}$ = $\frac{75.000}{2}$ = 37.500 EUR

Rentabilität$_{II}$: r$_{II}$ = $\frac{5.000}{37.500}$ = 0,1333 = **13,33 %**

Die Rentabilität beider Investitionsobjekte liegt deutlich über der geforderten Mindestverzinsung von 5 %. Somit ist die Realisation beider Anlagen für sich genommen sinnvoll. Im Vergleich ist die Anlage I mit einer maximal erzielbaren Rendite von 13,64 % vorzuziehen.

(4) Die statische Amortisationsrechnung geht i. Allg. von den Ergebnissen der Kostenvergleichsrechnung und der Gewinnvergleichsrechnung aus und dient dem Unternehmen zur Einschätzung des Risikos, welches es finanzwirtschaftlich mit der Investition eingeht. Die Vorteilhaftigkeit einer Investition wird anhand der Amortisationsdauer gemessen. Allgemein gilt für die Bestimmung der maßgeblichen Amortisation nach der Durchschnittsmethode:

$$\text{Amortisationszeit (Jahre) } t_{AM} = \frac{\text{Anschaffungskosten [EUR]}}{\varnothing \text{ Kapitalrückfluss} \left[\frac{\text{EUR}}{\text{Jahr}}\right]}$$

$$\approx \frac{\text{Anschaffungskosten [EUR]}}{\text{Gewinn [EUR/Jahr]} + \text{Abschreibungen [EUR/Jahr]}}$$

Wird die Anschaffung der Maschine vollständig über Fremdkapital finanziert, so gilt hinsichtlich der Vorteilhaftigkeiten der beiden Investitionsalternativen Folgendes:

t_{AM_I} = $\frac{66.000}{2.850 + 11.000}$ = 4,77 Jahre ≈ **4 Jahre, 9 Monate, 7 Tage**

$t_{AM_{II}}$ = $\frac{75.000}{3.125 + 12.500}$ = 4,8 Jahre ≈ **4 Jahre, 9 Monate, 18 Tage**

Würde hingegen eine Finanzierung gänzlich über Eigenkapital erfolgen, so müssten zum durchschnittlichen Periodengewinn noch die kalkulatorischen Eigenkapitalzinsen hinzugerechnet werden, was im Vergleich zu den oben berechneten Werten zu einer Verkürzung der Amortisationsdauern führt:

$$t_{AM_I} = \frac{66.000}{4.500 + 11.000} = 4{,}26 \text{ Jahre} \approx \textbf{4 Jahre, 3 Monate, 4 Tage}$$

$$t_{AM_{II}} = \frac{75.000}{5.000 + 12.500} = 4{,}29 \text{ Jahre} \approx \textbf{4 Jahre, 3 Monate, 14 Tage}$$

Unabhängig von der unterstellten Finanzierungssituation lässt sich als Ergebnis festhalten, dass Anlage I die geringere Amortisationszeit aufweist und somit unter ausschließlicher Berücksichtigung dieses Kriteriums vorteilhafter als Anlage II ist. Allgemein gültige Kriterien bzgl. einer maximal vertretbaren Amortisationsdauer gibt es nicht.

G. Zusammenfassende Beurteilung

Bedingt durch die verschiedenen Vorteilhaftigkeitskriterien gehen in die statischen Verfahren der Investitionsrechnung im Wesentlichen **Erfolgsgrößen** ein. Jedoch können Erfolgsgrößen die finanzwirtschaftlichen Aspekte von Investitionen, also die durch sie ausgelösten Zahlungsströme, nicht zutreffend beschreiben, da es sich dabei um aus diversen Gründen in bestimmter Weise periodisierte Zahlungsvorgänge handelt. Außerdem stehen die verwendeten Vorteilhaftigkeitskriterien in nur sehr weitläufigem Zusammenhang zur jeweiligen Zielpräferenzstruktur des Investors.

Da in die statischen Verfahren der Investitionsrechnung **nur Durchschnittsgrößen** eingehen (eine Ausnahme hiervon bildet nur die Amortisationsrechnung in der Variante der Kumulationsrechnung), es sich also nur um **einperiodige Verfahren** handelt, findet die zeitliche Verteilung der Erfolgsgrößen keine Berücksichtigung. Es kann also keine Einbeziehung der Tatsache erfolgen, dass zu realisierende Investitionsobjekte im Zeitablauf gleich bleibende, steigende bzw. fallende Gewinne aufweisen können.

Die Herbeiführung einer Vergleichbarkeit der Zahlen ist zwar prinzipiell möglich, indem Zinseffekte durch entsprechende Ab- bzw. Aufzinsung einbezogen werden; da eine verzinsliche Anlage aber nur bei Zahlungsmitteln möglich ist, hat eine Berücksichtigung von Zinsen keinen effektiven Nutzen, solange Erfolgsgrößen, nicht aber Zahlungsgrößen als relevante Daten herangezogen werden.

Wie bereits erwähnt, sind Vergleiche zwischen verschiedenen Investitionsobjekten mittels statischer Verfahren der Investitionsrechnung nur dann möglich, wenn weder der zur Verwirklichung der Investitionen jeweils erforderliche Kapitaleinsatz noch die Nutzungsdauern differieren. Diese Voraussetzungen sind jedoch nur selten erfüllt; deshalb wäre zur Durchführung vollständiger Vergleiche eine Einbeziehung der Ergänzungs- und/oder Anschlussinvestitionen erforderlich. Da aber keine Einbeziehung erfolgt, besteht die **Gefahr eines Vergleichs unvollständiger Alternativen**, so dass Fehleinschätzungen bzgl. der Vorteilhaftigkeit einzelner Investitionsobjekte wahrscheinlich sind.

Vorteilhaft an den statischen Verfahren der Investitionsrechnung ist die Einfachheit der Berechnung und der relativ geringe Aufwand bzgl. der Ermittlung der Durchschnittsgrößen, was insb. für den als äußerst problematisch anzusehenden Fall der Verwendung des ersten Jahres als Durchschnittsperiode gilt. Aus diesen letzten Überlegungen heraus gelten die statischen Verfahren der Investitionsrechnung als Praktikerverfahren und werden auch als solche bezeichnet.[137]

---

[137] Vgl. dazu insb. *Bieg, Hartmut*: Die Verfahren der Investitionsrechnung und ihre Verwendung in der Praxis. In: Der Steuerberater 1985, S. 29; *Kern, Werner*: Investitionsrechnung. Stuttgart 1974, S. 161; *Walz, Hartmut/Gramlich, Dieter*: Investitions- und Finanzplanung. 8. Aufl., Frankfurt a. M. 2011, S. 137–139.

Vierter Abschnitt

Die dynamischen Verfahren der Investitionsrechnung

A. Grundlagen

I. Die finanzmathematischen Grundlagen der Investitionsrechnung

1. Die Bedeutung der Finanzmathematik für die Investitionsrechnung

Der Investitionsprozess lässt sich in die Planungsphase, die Realisationsphase und die Kontrollphase zerlegen, wobei die Investitionsrechnung vorrangig als Instrument im Rahmen der Investitionsplanung eingesetzt wird.[138] Sie bildet neben den nicht quantifizierbaren Faktoren die Grundlage der Investitionsentscheidung. Investitionen lassen sich durch einen Zahlungsstrom kennzeichnen, der mit einer Auszahlung beginnt.[139] Eine einfache Unterscheidung der Investitionsrechnungsverfahren, die diese Zahlungsströme in unterschiedlicher Weise berücksichtigen, führt zu einer Einteilung in statische und dynamische Verfahren.[140] Statische Verfahren basieren auf der Annahme, dass die Zeit keinen Einfluss auf den Wert einer Geldgröße hat. Demzufolge werden bspw. Einzahlungen immer mit dem nominellen Wert im Investitionskalkül berücksichtigt.

Beispiel:

Ein Investor muss sich zwischen zwei qualitativ gleichwertigen Investitionsobjekten entscheiden, die sich lediglich durch ihre Zahlungsströme unterscheiden. Weiterhin wird unterstellt, dass die Zahlungsströme das Entscheidungskriterium für den Investor darstellen. Die Einzahlungsüberschüsse (in EUR) werden in **Abbildung 21** dargestellt.

		Investitionsobjekt 1	Investitionsobjekt 2
Anschaffungskosten	t_0	– 250.000	– 250.000
Einzahlungsüberschuss	t_1	50.000	250.000
Einzahlungsüberschuss	t_2	50.000	50.000
Einzahlungsüberschuss	t_3	50.000	50.000
Einzahlungsüberschuss	t_4	250.000	50.000
Überschuss insgesamt		150.000	150.000

Abbildung 21: Einfache Überschussrechnung

---

[138] Vgl. **Abschnitt 2, Kap. A.I.**
[139] Vgl. **Abschnitt 1, Kap. C.I.**
[140] Vgl. **Abschnitt 2, Kap. B.VI.**

Ein Investor, der keine zeitlichen Präferenzen bzgl. des Anfalls der Zahlungsströme hat, wird zu dem Ergebnis kommen, dass ihm beide Investitionsobjekte den gleichen Nutzen stiften werden.

Dynamische Verfahren hingegen berücksichtigen die Zeit in ihren Verknüpfungen, indem sie unterstellen, dass Einzahlungen bzw. Auszahlungen, die den gleichen Betrag aufweisen, aber zu unterschiedlichen Zeitpunkten anfallen, einen voneinander abweichenden Wert haben.[141] Dieser Gedanke bildet die Schnittstelle zu einem Spezialgebiet der angewandten Mathematik, nämlich der Finanzmathematik.[142] Diese beschäftigt sich mit dem Problem, Zahlungsgrößen, die zu unterschiedlichen Zeitpunkten anfallen, unter Berücksichtigung von Zins- und Zinseszinseffekten vergleichbar zu machen.[143]

Beispiel:

Auf der Grundlage der Daten des vorangegangenen Beispiels ergibt sich, dass der Investor, der in Bezug auf den zeitlichen Anfall der einzelnen Zahlungen nicht indifferent ist, sich eindeutig für das Investitionsobjekt 2 entscheidet. Die Begründung für seine Entscheidung liegt in der Überlegung, dass ihm die Einzahlungen aus einem Investitionsobjekt, die näher am Investitionszeitpunkt liegen, eher wieder zur Verfügung stehen und in Form einer erneuten Anlage zu weiteren Einzahlungsströmen oder aufgrund einer dadurch möglichen Kreditrückzahlung zur Minderung von Zinsauszahlungen führen.

Die oben stehenden Beispiele verdeutlichen, dass im Rahmen der dynamischen Verfahren nicht ausschließlich die absolute Höhe der Zahlungsströme über die Vorteilhaftigkeit einer Investition entscheidet, sondern ebenso deren zeitliche Reihenfolge. Zur Anwendung der dynamischen Verfahren sind die grundlegenden Fragestellungen der Zins- und Zinseszinsrechnung sowie der Renten- und Annuitätenrechnung zu erörtern.[144]

2. Die Grundlagen der Zinsrechnung im Rahmen der Investitionsrechnung

Der Zins stellt den Preis für die Überlassung von Kapital für eine bestimmte Zeitdauer dar.[145] Dabei ergeben sich die Zinsen z aus dem Produkt von Anfangskapital K_0, Zinssatz i und der Anzahl der Zinsperioden n in Jahren:

$$z = K_0 \cdot i \cdot n$$

Zinsperioden sind als gleich lange Zeiträume definiert, in denen keine weiteren Zahlungen anfallen.[146] Damit können relevante Zahlungen nur am Anfang oder am Ende einer Zinspe-

---

[141] Vgl. *Lücke, Wolfgang* (Hrsg.): Investitionslexikon. 2. Aufl., München 1991, S. 57.
[142] Vgl. *Lücke, Wolfgang* (Hrsg.): Investitionslexikon. 2. Aufl., München 1991, S. 93.
[143] Vgl. *Bitz, Michael*: Grundlagen der Finanzwirtschaft. In: Studienbriefe der FernUniversität Hagen 000089, Hagen 1999, S. 37.
[144] Vgl. *Bitz, Michael*: Grundlagen der Finanzwirtschaft. In: Studienbriefe der FernUniversität Hagen 000089, Hagen 1999, S. 37.
[145] Vgl. *Lücke, Wolfgang* (Hrsg.): Investitionslexikon. 2. Aufl., München 1991, S. 424.
[146] Vgl. *Altrogge, Günter*: Investition. 4. Aufl., München/Wien 1996, S. 55.

riode auftreten. Der zu verzinsende Betrag bleibt während dieser Zeit gleich. Diese Definition orientiert sich somit an diskontinuierlichen, punktuellen Zahlungen. Auch wenn im Folgenden eine Zinsperiode aus Vereinfachungsgründen stets mit einem Jahr angenommen wird, sind durchaus kürzere Zeitintervalle denkbar. In diesen Fällen spricht man von einer unterjährlichen oder unterjährigen Zinsperiode.[147] Als Maß der Verzinsung gilt der Zinssatz i, der im Rahmen der vorliegenden Überlegungen in der Dezimalschreibweise angewendet wird.

Beispiel:

Bei einer Zinssatzangabe von 6 % wird mit dem Dezimalwert von 0,06 gerechnet.

Im Regelfall wird der Zinssatz i auf eine Zinsperiode von der Länge eines Jahres bezogen, so dass von einem jährlichen Zinssatz oder einem Zinssatz per annum gesprochen wird.[148] Zu beachten ist aber, dass durchaus auch Zinssätze in Anwendung gebracht werden können, die sich auf einen kürzeren Zeitraum beziehen und damit nicht ohne Weiteres vergleichbar sind. Die Vergleichbarkeit von Zinssätzen wird darüber hinaus auch durch unterschiedliche Modalitäten in Bezug auf die Zuschreibung der Zinsen auf das Kapital erschwert, so dass aus einem bestimmten nominellen Jahreszinssatz verschiedene effektive Zinssätze resultieren können. Der Zinssatz stellt ein relatives Maß dar, das auf eine Bezugsgröße angewandt wird. Dabei kann zum einen auf das Anfangskapital K_0, zum anderen auf das Endkapital K_n abgestellt werden. Wachsen die Zinsen proportional zum Anfangskapital, spricht man von nachschüssiger Verzinsung; erfolgt das Wachstum proportional zum Endkapital, liegt eine vorschüssige Verzinsung vor:[149]

- Vorschüssige Zinsen ergeben sich aus: Anfangskapital gleich Endkapital abzgl. Zinsen vom Endkapital.

  Es gilt:

  $$K_0 = K_n - K_n \cdot i_{vor} = K_n \cdot (1 - i_{vor})$$

  mit:

  i_{vor} : vorschüssiger Zinssatz.

- Nachschüssige Zinsen ergeben sich aus: Endkapital gleich Anfangskapital zzgl. Zinsen vom Anfangskapital.

  Es gilt:

  $$K_n = K_0 + K_0 \cdot i = K_0 \cdot (1 + i)$$

  mit:

  i : nachschüssiger Zinssatz.

---

[147] Vgl. *Altrogge, Günter*: Investition. 4. Aufl., München/Wien 1996, S. 55.
[148] Vgl. *Altrogge, Günter*: Investition. 4. Aufl., München/Wien 1996, S. 56.
[149] Vgl. *Schindler, Klaus*: Mathematik für Ökonomen. 5. Aufl., Wiesbaden 2005, S. 79.

Die vor- und nachschüssige Zinsrechnung führen bei gleichem Zinssatz nicht zum gleichen Ergebnis, wie das folgende Beispiel zeigt.

Beispiel:

Wird ein in einem Jahr fälliger Wechsel, der einen Nominalbetrag von 10.000 EUR aufweist, mit einem vorschüssigen Zinssatz von 10 % bei der A-Bank diskontiert, so erhält der Einreicher nach obiger Formel einen Betrag von 9.000 EUR gutgeschrieben.

$K_0 = K_n - K_n \cdot i_{vor} = K_n \cdot (1 - i_{vor}) = 10.000 \cdot (1 - 0,10) = 9.000$ EUR

Die A-Bank erhält als vorschüssigen Zins 1.000 EUR.

Der Kunde erhält demnach einen Kredit i. H. v. 9.000 EUR. Nimmt er diesen Betrag alternativ bei der B-Bank als Darlehen bei nachschüssiger Zinsrechnung auf, so wird er bei einjähriger Laufzeit einen Gesamtbetrag von 9.900 EUR zurückzahlen müssen; zur Einlösung des von der A-Bank diskontierten Wechsels benötigt er hingegen 10.000 EUR.

$K_n = K_0 + K_0 \cdot i = K_0 \cdot (1 + i) = 9.000 \cdot (1 + 0,10) = 9.900$ EUR

Die Formeln zur Berechnung des Endkapitals bei vor- bzw. nachschüssiger Zinsrechnung erlauben jedoch durch Gleichsetzung, Kürzen des Anfangskapitals K_0 und Auflösung nach dem vorschüssigen Zins i_{vor} bzw. nach dem nachschüssigen Zins i eine einfache Umrechnung eines vorschüssigen Zinssatzes in einen nachschüssigen Zinssatz.[150]

Ausgangspunkt bilden die Ausdrücke:

$$K_n = K_0 \cdot (1 + i)$$

$$K_n = \frac{K_0}{(1 - i_{vor})}$$

Durch Gleichsetzen ergibt sich:

$$K_0 \cdot (1 + i) = \frac{K_0}{(1 - i_{vor})}$$

Die gesuchten Zinssätze lassen sich durch einfaches Umformen aus dem obigen Ausdruck gewinnen:

$$i_{vor} = \frac{i}{(1 + i)}$$

$$i = \frac{i_{vor}}{(1 - i_{vor})}$$

---

[150] Vgl. *Köhler, Harald*: Finanzmathematik. 4. Aufl., München/Wien 1997, S. 65.

Beispiel:

Der vorschüssige Zins von 10 % in der vorangestellten Überlegung entspricht somit einem nachschüssigen Zins i. H. v. 11,11 %.

$$i = \frac{i_{vor}}{(1 - i_{vor})} = \frac{0,10}{(1 - 0,10)} = 0,1111$$

3. Die Zins- und Zinseszinsrechnung

Die grundlegende Fragestellung, mit der sich die Zins- und Zinseszinsrechnung auseinandersetzt, ist die nach dem **Wert, den eine heute geleistete Zahlung in der Zukunft hat**, bzw. **welchen Wert eine erst in der Zukunft fällige Zahlung heute hat**.[151] Dabei kann der Zeitraum zwischen der heute geleisteten bzw. der zukünftigen Zahlung eine bis mehrere Perioden umfassen. **Abbildung 22**[152] stellt diesen Zusammenhang dar.

In Abhängigkeit von der **Behandlung** der Zinszahlungen, die sich während der Laufzeit ergeben, wird zwischen der **einfachen Zinsrechnung** und der **Zinseszinsrechnung** unterschieden.

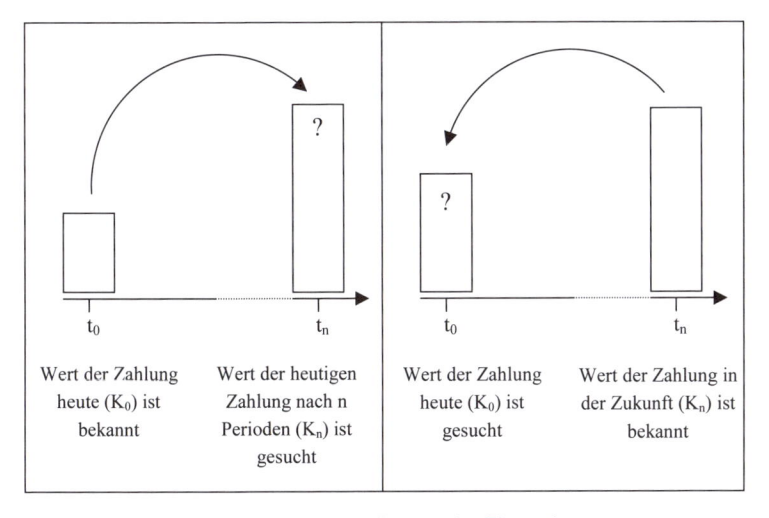

| Wert der Zahlung heute (K_0) ist bekannt | Wert der heutigen Zahlung nach n Perioden (K_n) ist gesucht | Wert der Zahlung heute (K_0) ist gesucht | Wert der Zahlung in der Zukunft (K_n) ist bekannt |

Abbildung 22: Fragestellungen der Zinsrechnung

Während im Rahmen der einfachen Zinsrechnung die Zinsen dem Anfangskapital K_0 für die Berechnung der Zinsen in den folgenden Perioden nicht zugeschlagen werden und sich damit die Berechnungsbasis für die Zinsen der folgenden Zinsperioden nicht erhöht, ist dies im Rahmen der Zinseszinsrechnung gerade der Fall. Damit lässt sich das Endkapital K_n bei

---

[151] Vgl. *Bitz, Michael*: Grundlagen der Finanzwirtschaft. In: Studienbriefe der FernUniversität Hagen 000089, Hagen 1999, S. 37.

[152] Vgl. *Däumler, Klaus-Dieter/Grabe, Jürgen*: Grundlagen der Investitions- und Wirtschaftlichkeitsrechnung. 13. Aufl., Herne 2014, S. 49 und S. 51.

einjähriger Geldanlage auf der Grundlage der **einfachen Zinsrechnung** mit der folgenden Formel ermitteln:

$$K_n = K_0 + K_0 \cdot i$$

Im Fall der mehrjährigen Geldanlage muss bei der Berechnung des Endkapitals berücksichtigt werden, dass die Zinsen aus den vorhergehenden Zinsperioden nicht mitverzinst werden. Das Endkapital setzt sich somit aus dem Anfangskapital und den Zinszahlungen aus den jeweiligen Perioden zusammen.

$$K_n = K_0 + K_0 \cdot i \cdot n$$

Beispiel:

Investor A legt 1.000 EUR zu 3 % für 4 Jahre an, wobei die Zinsen auf der Grundlage der einfachen Zinsrechnung ermittelt werden.

Die Zinsgutschrift am Ende des 1. Jahres ($z = K_0 \cdot i \cdot n = 1.000 \cdot 0,03 \cdot 1 = 30$) beträgt demnach 30 EUR, ebenso nach dem zweiten, dritten und vierten Jahr. In der Summe hält der Investor nach 4 Jahren 1.120 EUR Endkapital in den Händen.

$K_n = K_0 + K_0 \cdot i \cdot n = 1.000 + 1.000 \cdot 0,03 \cdot 4 = 1.120$ EUR

Im Rahmen der **Zinseszinsrechnung** werden die Zinsen, die dem Kapitalgeber für die vergangenen Zinsperioden zustehen, jeweils dem zinsbringenden Kapital zugeschlagen, so dass diese Zinsen in der nächsten Periode die Berechnungsgrundlage erhöhen. In der Berechnung des Endkapitals schlägt sich dieses wie in **Abbildung 23** (S. 79) nieder.[153]

Der Ausdruck $(1+i) = q$ wird als **Zinsfaktor** bezeichnet. So ergibt sich die folgende Gleichung zur Ermittlung des Endkapitals nach n Jahren unter Berücksichtigung des Zinseszinseffektes bei einem einheitlichen Zinssatz i:

$$K_n = K_0 \cdot (1+i)^n = K_0 \cdot q^n$$

Das Endvermögen K_n ergibt sich aus der Aufzinsung des Anfangsvermögens K_0 mit dem einheitlichen Zinssatz i über n Jahre. Durch diese Rechenoperation wird also der zukünftige Wert eines gegenwärtigen Geldbetrages unter der Berücksichtigung von Zins und Zinseszinsen bestimmt.[154] Der Ausdruck q^n stellt den sog. **Aufzinsungsfaktor AUF(i;n)** dar, der in Abhängigkeit von der Laufzeit n und dem Zinssatz i aus finanzmathematischen Tabellen[155] entnommen bzw. mittels Taschenrechner leicht bestimmt werden kann.

---

[153] Vgl. *Däumler, Klaus-Dieter/Grabe, Jürgen*: Grundlagen der Investitions- und Wirtschaftlichkeitsrechnung. 13. Aufl., Herne 2014, S. 49.

[154] Vgl. *Bitz, Michael*: Grundlagen der Finanzwirtschaft. In: Studienbriefe der FernUniversität Hagen 000089, Hagen 1999, S. 42.

[155] Vgl. *Däumler, Klaus-Dieter*: Finanzmathematisches Tabellenwerk. 4. Aufl., Herne/Berlin 1998.

Kapital am Ende der 1. Periode	$K_1 = K_0 + K_0 \cdot i$ $ = K_0 \cdot (1+i)$
Kapital am Ende der 2. Periode	$K_2 = K_1 + K_1 \cdot i$ $ = K_1 \cdot (1+i)$ $ = K_0 \cdot (1+i) \cdot (1+i)$ $ = K_0 \cdot (1+i)^2$
Kapital am Ende der 3. Periode	$K_3 = K_2 + K_2 \cdot i$ $ = K_2 \cdot (1+i)$ $ = K_0 \cdot (1+i)^2 \cdot (1+i)$ $ = K_0 \cdot (1+i)^3$
Kapital am Ende der n-ten Periode	$K_n = K_{n-1} + K_{n-1} \cdot i$ $ = K_{n-1} \cdot (1+i)$ $ = K_0 \cdot (1+i)^{n-1} \cdot (1+i)$ $ = K_0 \cdot (1+i)^n$

Abbildung 23: Zeitliche mathematische Entwicklung des Endkapitals bei Zinseszinsrechnung

Beispiel (vgl. dazu **Abbildung 24**):

Welchen Kontostand weist ein Sparbuch mit einem Anfangskapital von 1.000 EUR nach 4 Jahren auf, wenn ein Zinssatz von 3 % vergütet wird?

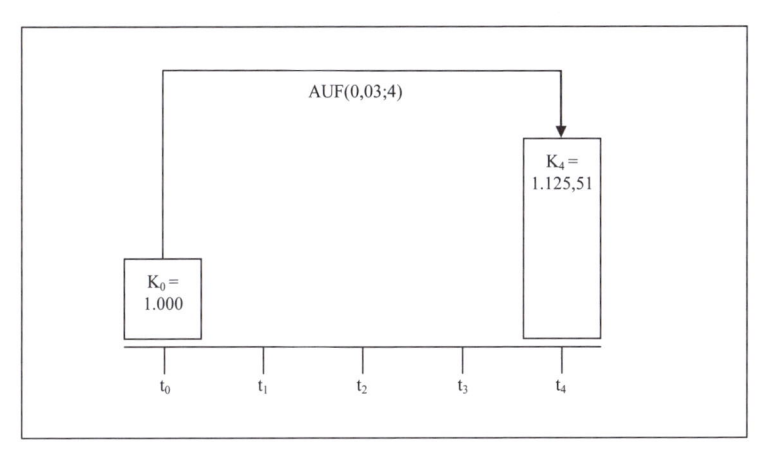

Abbildung 24: Ermittlung des Endwerts

$$K_n = K_0 \cdot (1+i)^n = K_0 \cdot q^n = K_0 \cdot \text{AUF}(i;n)$$

$$K_4 = 1.000 \cdot (1+0,03)^4 = 1.000 \cdot \underbrace{(1,12551)}_{\text{AUF}(0,03;4)} = 1.125,51 \text{ EUR}$$

Der Kontostand wird sich nach 4 Jahren auf 1.125,51 EUR belaufen.

Gibt man für einen Augenblick die oben gesetzte Prämisse auf, dass sich die Verzinsung stets auf eine Zinsperiode von der Dauer eines Jahres bezieht und lässt kürzere Verzinsungszeiträume zu, so liegt eine unterjährliche bzw. unterjährige Verzinsung vor. Es stellt sich dann die Frage, wie sich bspw. das Endkapital entwickelt, wenn die Zinsen, die bis zum Zinstermin aufgelaufen sind, mitverzinst werden, also der Zinseszinseffekt eintritt.

Beispiel:

Ein Sparer legt zu Beginn der Periode 01 bei der A-Bank 1.000 EUR zu einem Zinssatz von 6 % an. Die A-Bank schreibt die Zinsen zum Ende der Periode 01 gut. Alternativ kann der Sparer seine Einlage bei der B-Bank tätigen. Diese bietet ebenfalls 6 % an. Jedoch berechnet die B-Bank jeweils halbjährlich die Zinsen, die dann der Spareinlage zugeschlagen werden.

Das Endkapital der Einlage nach einem Jahr bei der A-Bank ergibt sich wie folgt:

$$K_n = K_0 \cdot (1+i)^n = K_0 \cdot q^n$$

$$K_1 = 1.000 \cdot (1+0,06)^1 = 1.000 \cdot 1,06 = 1.060 \text{ EUR}$$

Um das Endkapital der Einlage bei der B-Bank nach einem Jahr berechnen zu können, muss eine Vorüberlegung angestellt werden. Der Zins, den die B-Bank ihrem Kunden angeboten hat, ist ein Jahreszins. Geht man davon aus, dass ein Jahr 360 Zinstage aufweist, und bezeichnet man den Zinssatz in nicht dezimaler Schreibweise mit p, so gilt:

$$i = \frac{p \cdot 360}{100 \cdot 360} = \frac{6 \cdot 360}{100 \cdot 360} = 0,06$$

Da sich der Berechnungszeitraum aber auf ein halbes Jahr bezieht, muss der Zins entsprechend angepasst werden. In unserem Beispiel wird der Zins auf zwei gleich lange Zeiträume verteilt, so dass gilt:

$$i_{\text{angepasst}} = \frac{p \cdot 180}{100 \cdot 360} = \frac{p}{100 \cdot 2} = \frac{6}{100 \cdot 2} = 0,03$$

Nunmehr kann das Endkapital berechnet werden. Allerdings muss hierbei beachtet werden, dass sich die Berechnung über zwei unterjährige Zinsperioden m erstreckt, die in der Summe ein Jahr ergeben.

$$K_n = K_0 \cdot (1+i_{\text{angepasst}})^m = K_0 \cdot q^m_{\text{angepasst}}$$

$$K_1 = 1.000 \cdot (1+0,03)^2 = 1.000 \cdot 1,0609 = 1.060,90 \text{ EUR}$$

Da die in der unterjährigen Laufzeit angefallenen Zinsen jeweils gutgeschrieben werden und damit für den nächsten Zinszeitraum die Grundlage der Verzinsung erhöhen, steigt – wie aus dem angeführten Beispiel abgeleitet werden kann – der Endwert der Spareinlage mit der Anzahl der unterjährigen Zinsperioden.

Werden die Überlegungen nun darauf abgestellt, dass die Zahl der Zinsperioden keine endliche Zahl annimmt, sondern über alle Grenzen wächst, so wird von einer **stetigen, kontinuierlichen oder natürlichen Verzinsung** gesprochen. Ausgangspunkt ist die modifizierte

A. Grundlagen

Formel zur Berechnung des Endwertes bei unterjährlicher Verzinsung. Dabei stellt m die Anzahl der gleichlangen Verzinsungzeiträume binnen eines Jahres dar:

$$K_n = K_0 \cdot q^n = K_0 \cdot \left(1 + \frac{p}{m \cdot 100}\right)^{m \cdot n}$$

Die Zahl der gleich langen Zeiträume soll nun gegen unendlich laufen:[156]

$$K_n = \lim_{m \to \infty} (K_0 \cdot q^n) = \lim_{m \to \infty} \left[K_0 \cdot \left(1 + \frac{p}{m \cdot 100}\right)^{m \cdot n}\right]$$

$$K_n = K_0 \cdot \lim_{m \to \infty} \left[\left(1 + \frac{p}{m \cdot 100}\right)^{m \cdot n}\right]$$

$$K_n = K_0 \cdot \lim_{m \to \infty} \left[\left(1 + \frac{p}{m \cdot 100}\right)^{m}\right]^n$$

Nun wird der Ausdruck $\left(\frac{p}{m \cdot 100}\right)$ in der folgenden Weise modifiziert:

$$\left(\frac{p}{m \cdot 100}\right) = \frac{1}{z}$$

$$m = \left(\frac{p \cdot z}{100}\right)$$

Daraus folgt durch Einsetzen in den obigen Ausdruck:

$$K_n = K_0 \cdot \lim_{z \to \infty} \left[\left(1 + \frac{1}{z}\right)^{\left(\frac{p \cdot z}{100}\right)}\right]^n = K_0 \cdot \lim_{z \to \infty} \left\{\left[\left(1 + \frac{1}{z}\right)^z\right]^{\left(\frac{p}{100}\right)}\right\}^n$$

Der Ausdruck $\lim_{z \to \infty} \left(1 + \frac{1}{z}\right)^z$ nimmt den Wert der *Euler*schen Zahl e an.

Damit ergibt sich der Endwert bei kontinuierlicher Verzinsung wie folgt:

$$K_n = K_0 \cdot e^{\frac{p \cdot n}{100}} = K_0 \cdot e^{i \cdot n}$$

$$K_n = K_0 \cdot \left(e^{\left(\frac{p}{100}\right)}\right)^n = K_0 \cdot e^{i \cdot n}$$

Für die folgenden Betrachtungen gilt wieder die **Prämisse der jährlichen Verzinsung**.

Analog zur Ermittlung des künftigen Wertes einer heutigen Zahlung lässt sich der heutige Wert einer Zahlung ermitteln, die erst in der Zukunft erfolgt. Diese Rechenoperation wird

---

[156] Vgl. hierzu *Köhler, Harald*: Finanzmathematik. 4. Aufl., München/Wien 1997, S. 57–58.

Vierter Abschnitt: Die dynamischen Verfahren der Investitionsrechnung

als **Abzinsung** bezeichnet. Sie stellt die Umkehroperation zur **Aufzinsung** dar und bestimmt den Wert einer Geldgröße im Zeitpunkt t = 0, der auch als **Barwert** K_0 bezeichnet wird.[157]

$$K_n = K_0 \cdot (1 + i)^n = K_0 \cdot q^n = K_0 \cdot AUF(i;n)$$

$$K_0 = \frac{K_n}{(1 + i)^n} = \frac{K_n}{q^n} = K_n \cdot q^{-n}$$

Der Ausdruck q^{-n} wird als **Abzinsungsfaktor AB(i;n)** bezeichnet und ist ebenfalls aus finanzmathematischen Tabellen[158] abzulesen bzw. mit Hilfe des Taschenrechners ermittelbar.

Beispiel (vgl. dazu **Abbildung 25**):

Welcher Betrag muss heute angelegt werden, damit unter Berücksichtigung von Zins und Zinseszinsen ein Sparbuch nach 4 Jahren Anlagezeit, bei einer Verzinsung von 3 %, ein Guthaben von 1.125,51 EUR aufweist?

$$K_0 = \frac{K_n}{q^n} = K_n \cdot q^{-n} = K_n \cdot AB(i;n)$$

$$K_0 = \frac{1.125,51}{(1 + 0,03)^4} = 1.125,51 \cdot (1 + 0,03)^{-4} = 1.125,51 \cdot \underbrace{0,88849}_{AB(0,03;\,4)} = 1.000 \text{ EUR}$$

Es müssen heute 1.000 EUR angelegt werden, damit nach 4 Jahren das gewünschte Guthaben ausgewiesen wird.

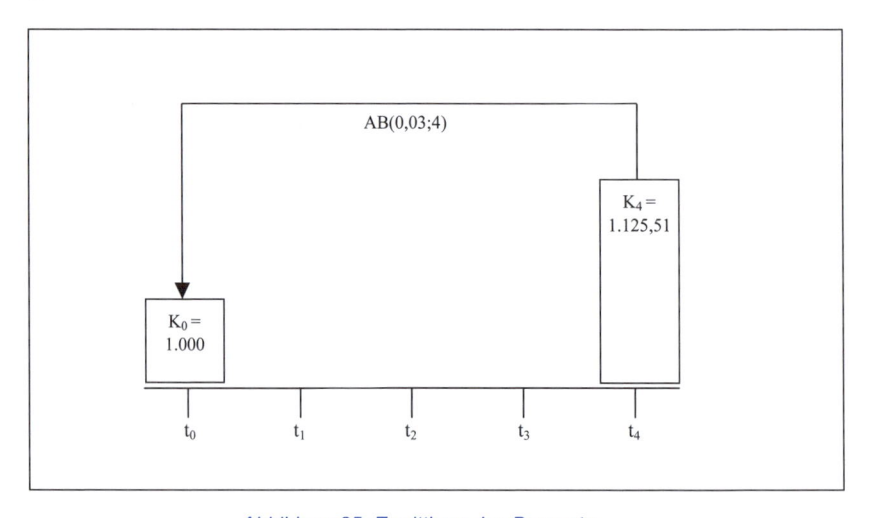

Abbildung 25: Ermittlung des Barwerts

---

[157] Vgl. *Bitz, Michael*: Grundlagen der Finanzwirtschaft. In: Studienbriefe der FernUniversität Hagen 000089, Hagen 1999, S. 43.
[158] Vgl. *Däumler, Klaus-Dieter*: Finanzmathematisches Tabellenwerk. 4. Aufl., Herne/Berlin 1998.

Mittels dieser Transformation wird die Gleichwertigkeit (Äquivalenz) einer Zahlung, die zum heutigen Zeitpunkt getätigt wird, zu einer Zahlung, die zu einem späteren Zeitpunkt erfolgt, hergestellt. Wie die beiden obigen Beispiele zeigen, entspricht ein Betrag von 1.125,51 EUR im Jahr t = 4 einem Betrag von 1.000 EUR in der Gegenwart, also in t = 0, wenn unterstellt wird, dass ein unveränderlicher Zinssatz von 3 % gegeben ist.

4. Die Rentenrechnung

Gegenstand der Zins- und Zinseszinsrechnung ist die Ermittlung des gegenwärtigen Wertes **eines** zukünftigen Betrags (Barwert) bzw. die Ermittlung des künftigen Wertes (Endwert) eines heutigen Betrags. Im Mittelpunkt steht also ein einzelner Geldbetrag. Die Rentenrechnung hingegen beschäftigt sich mit der Frage, welchen Wert **ein Zahlungsstrom**, der über mehrere Perioden in **gleicher Höhe** anfällt, heute hat bzw. welchen Wert er in der Zukunft hat. Somit wird eine Zahlungsreihe auf einen Wert komprimiert.[159]

Gem. der anfangs gesetzten Prämissen werden Perioden von jährlicher Dauer betrachtet, in denen Zahlungen stets zum Periodenende anfallen sollen. Darüber hinaus soll die Höhe der anfallenden Zahlungen a konstant sein. Es handelt sich bei diesen Zahlungen also um **nachschüssige Renten**.[160]

Der Endwert einer Rente, also der Wert, den die einzelnen zu unterschiedlichen Zeitpunkten angefallenen Rentenzahlungen a am Ende des Rentenzahlungszeitraums haben, lässt sich grds. in der Form ermitteln, dass die einzelnen Rentenzahlungen a mit dem einheitlichen Zinssatz i auf den Zeitpunkt t = n aufgezinst werden. Die Summe aus diesen einzelnen Endwerten ergibt dann den sog. **Rentenendwert REW**. Somit sind die einzelnen zukünftigen Zahlungen in einen einzigen äquivalenten endwertorientierten Wert transformiert worden. **Abbildung 26**[161] (S. 84) verdeutlicht diese Vorgehensweise grafisch.

---

[159] Vgl. *Bitz, Michael*: Grundlagen der Finanzwirtschaft. In: Studienbriefe der FernUniversität Hagen 000089, Hagen 1999, S. 46.
[160] Vgl. *Däumler, Klaus-Dieter/Grabe, Dieter*: Grundlagen der Investitions- und Wirtschaftlichkeitsrechnung. 13. Aufl., Herne 2014, S. 58–59.
[161] Aus optischen Gründen wird hier und in einigen folgenden Abbildungen ein Zeitpunkt (hier: t = n) mit zwei Elementen belegt; dies wird durch den Kasten um die Zeitpunktangaben bei den Elementen zum Ausdruck gebracht.

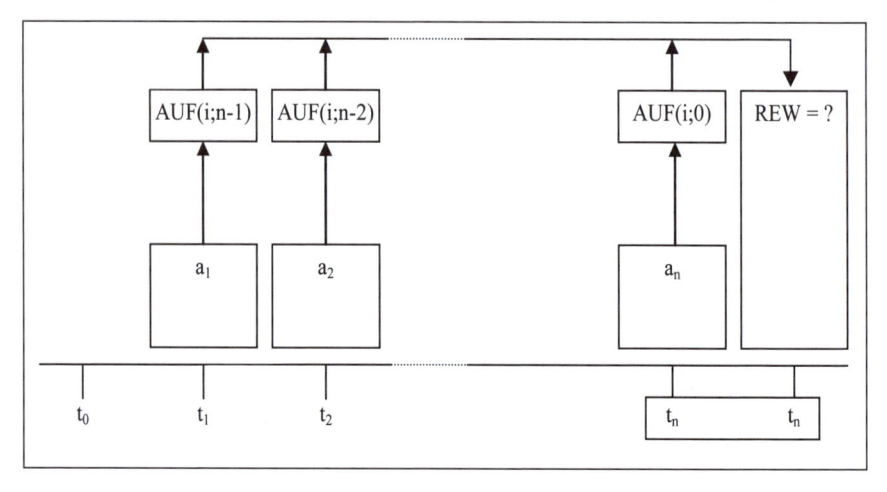

84 *Vierter Abschnitt: Die dynamischen Verfahren der Investitionsrechnung*

Abbildung 26: Rentenendwert

Die Zahlungsreihe zur Ermittlung des Rentenendwertes hat das folgende Aussehen:[162]

$$REW = a_n + a_{n-1} \cdot (1+i)^1 + a_{n-2} \cdot (1+i)^2 + \ldots + a_1 \cdot (1+i)^{n-1}$$

Sofern Zahlungsbeträge in gleicher Höhe gegeben sind, gilt: $a_n = a_{n-1} = \ldots = a_1 = a$:

$$REW = a + a \cdot (q)^1 + a \cdot (q)^2 + \ldots + a \cdot (q)^{n-1}$$

$$REW = a \cdot (1 + q^1 + q^2 + \ldots + q^{n-1})$$

$$REW = a \cdot \sum_{t=0}^{n-1} AUF(i;n)$$

Der obige Summenausdruck $\sum_{t=0}^{n-1} AUF(i;n)$ wird als **Rentenendwertfaktor REF(i;n)** bezeichnet und ist durch die Laufzeit n sowie den Zinssatz i bestimmt.

Grds. lässt sich der Rentenendwert durch die Addition der einzelnen Endwerte ermitteln, wie **Abbildung 26** zeigt. Dies führt aber bei Rentenzahlungen, die über einen längeren Zeitraum erfolgen, zu erheblichem Rechenaufwand. Jedoch kann unter der Prämisse der gleich bleibenden Rentenzahlungen auf ein einfacheres Verfahren zurückgegriffen werden. Aus der Herleitung des Rentenendwerts wurde ersichtlich, dass die aufzuaddierenden Aufzinsungsfaktoren eine geometrische Reihe bilden, da sich jedes Reihenelement aus dem jeweils vorhergehenden Element durch Multiplikation mit dem Faktor q^1 bilden lässt. Die Summe einer geometrischen Reihe berechnet man nach der folgenden Formel:[163]

---

[162] Vgl. *Kruschwitz, Lutz*: Finanzmathematik. 5. Aufl., München 2010, S. 49.
[163] Vgl. *Däumler, Klaus-Dieter/Grabe, Jürgen*: Grundlagen der Investitions- und Wirtschaftlichkeitsrechnung. 13. Aufl., Herne 2014, S. 55.

A. Grundlagen

$$s_n = x_1 \cdot \frac{f^n - 1}{f - 1}$$

Dabei sind die Symbole wie folgt zu interpretieren:

s_n	Summe von n Gliedern der geometrischen Reihe	K_n
x_1	Erstes Glied der geometrischen Reihe	a
f	Faktor, mit dem das vorherige Glied der geometrischen Reihe zu multiplizieren ist, um das nachfolgende Glied zu erhalten	$(1+i)^1 = q^1$

Bei Anwendung der Summenformel einer geometrischen Reihe auf die oben stehende Zahlungsreihe ergibt sich der nachstehende Ausdruck:

$$K_n = a \cdot \frac{(1+i)^n - 1}{(1+i) - 1} = a \cdot \frac{q^n - 1}{q - 1} = a \cdot \frac{q^n - 1}{i}$$

Der Term $\frac{q^n - 1}{q - 1}$ wird ebenfalls als **Rentenendwertfaktor REF(i;n)** bezeichnet und nimmt damit den gleichen Wert an wie $\sum_{t=0}^{n-1} \text{AUF}(i; n)$. Er kann in Abhängigkeit von der Laufzeit n und dem Zinssatz i ebenso wie der Abzinsungsfaktor AB und der Aufzinsungsfaktor AUF aus finanzmathematischen Tabellen[164] entnommen oder mittels Taschenrechner bestimmt werden. Der Endwert einer n-jährigen nachschüssigen Rente wird demnach durch die Multiplikation des entsprechenden Rentenendwertfaktors REW(i;n) mit dem gleich bleibenden Rentenbetrag a ermittelt.

Die Anwendung dieser Formel führt aber nur dann zu korrekten Ergebnissen, wenn die eingangs erwähnten Prämissen erfüllt sind. Danach müssen die Zahlungen immer am Periodenende erfolgen, der zeitliche Abstand zwischen den Zahlungen muss gleich (äquidistant) sein und die Zahlungsreihe darf nur Beträge von gleicher nomineller Höhe aufweisen (uniforme Zahlungen). Wird eine dieser Prämissen nicht erfüllt, so ist der Barwert nur zu ermitteln, indem die einzelnen Zahlungen mit dem entsprechendem Aufzinsungsfaktor AUF(i;n) multipliziert und anschließend aufsummiert werden.

Beispiel:[165]

Der Pächter eines kleinen Gartengrundstücks erhält am Jahresende jeweils eine Rechnung über 200 EUR vom Verpächter. Der Pachtvertrag läuft über 10 Jahre. Der Pächter möchte wissen, welchen Endwert diese Zahlungsreihe bei einem Zinssatz von 4% hat.

---

[164] Vgl. *Däumler, Klaus-Dieter*: Finanzmathematisches Tabellenwerk. 4. Aufl., Herne/Berlin 1998.
[165] Vgl. *Däumler, Klaus-Dieter/Grabe, Jürgen*: Grundlagen der Investitions- und Wirtschaftlichkeitsrechnung. 13. Aufl., Herne 2014, S. 59–60.

86 *Vierter Abschnitt: Die dynamischen Verfahren der Investitionsrechnung*

$$K_n = a \cdot \frac{(1+i)^n - 1}{i}$$

$$K_{10} = 200 \cdot \underbrace{\frac{(1+0{,}04)^{10} - 1}{0{,}04}}_{REW(0{,}04;10)} = 200 \cdot 12{,}00611 = 2.401{,}22 \text{ EUR}$$

Würde der Pächter die 200 EUR jeweils am Jahresende auf ein Sparbuch mit 4 % Verzinsung anlegen, hätte er nach 10 Jahren ein Guthaben von 2.401,22 EUR.

Wird hingegen nach dem **Barwert einer Rente** gefragt, ergibt sich die in **Abbildung 27** dargestellte Situation.

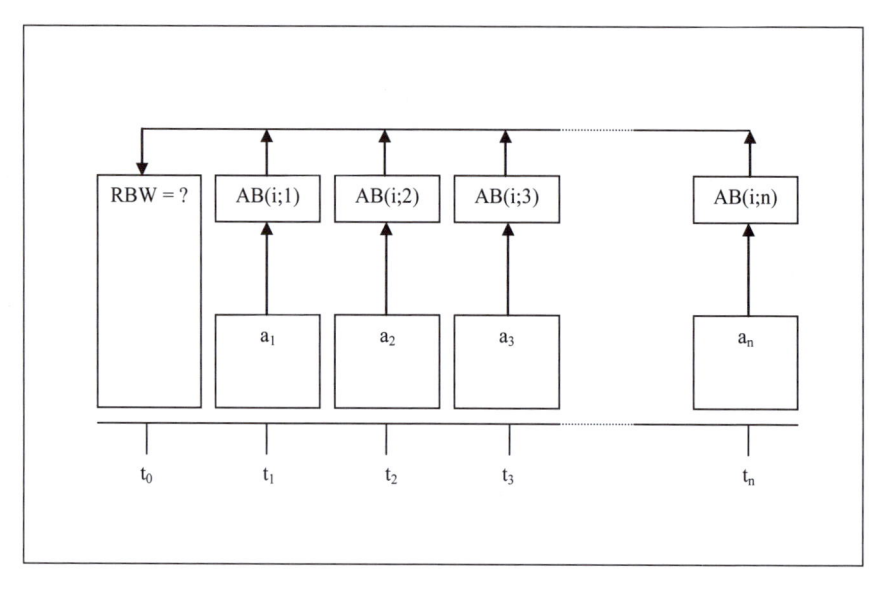

Abbildung 27: Rentenbarwert

Zur Berechnung des Rentenbarwerts kann eine zweistufige Vorgehensweise eingeschlagen werden.[166] In einer ersten Stufe werden die Rentenzahlungen aufgezinst und ergeben damit den Rentenendwert. Führt man sich vor Augen, dass durch die Abzinsung dieses Endwerts mit dem einheitlichen Zinssatz über die Laufzeit der Rente ein gleichwertiger Barwert gem. des Ausdrucks[167] $K_0 = K_n \cdot q^{-n}$ berechnet werden kann, ergibt sich der gesuchte Rentenbarwert K_0.

Abbildung 28 (S. 87) verdeutlicht die Vorgehensweise, die im Folgenden rechnerisch umgesetzt wird.

---

[166] Vgl. *Däumler, Klaus-Dieter/Grabe, Jürgen*: Grundlagen der Investitions- und Wirtschaftlichkeitsrechnung. 13. Aufl., Herne 2014, S. 58.
[167] Vgl. *Kruschwitz, Lutz*: Finanzmathematik. 5. Aufl., München 2010, S. 52.

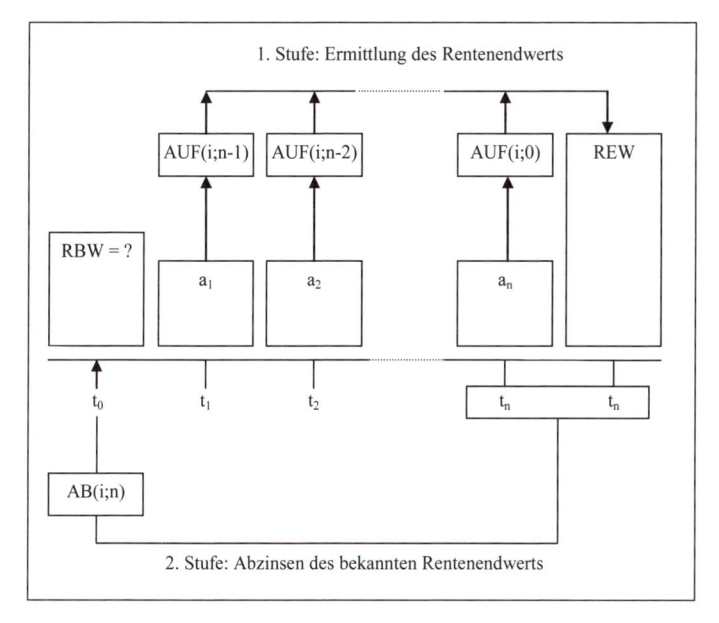

Abbildung 28: Ermittlung des Rentenbarwerts

Mit Hilfe des Rentenendwertfaktors wird in einem ersten Schritt der Rentenendwert für äquidistante, uniforme und nachschüssige Rentenzahlungen ermittelt:

$$K_n = a \cdot \frac{(1+i)^n - 1}{i}$$

Im zweiten Schritt wird dieser Endwert auf den Zeitpunkt, in dem die Rentenzahlungen beginnen, abgezinst:

$$K_0 = K_n \cdot AB(i;n)$$
$$K_0 = \left[a \cdot \frac{(1+i)^n - 1}{i}\right] \cdot AB(i;n)$$

Damit ergibt sich die folgende Formel zur Berechnung des Rentenbarwertes RBW:

$$K_0 = a \cdot \frac{(1+i)^n - 1}{i \cdot (1+i)^n}$$

Der Ausdruck $\frac{(1+i)^n - 1}{i \cdot (1+i)^n}$ wird als **Rentenbarwertfaktor RBF(i;n)** bezeichnet und erlaubt die Berechnung der **einmaligen Zahlung** zum Zeitpunkt t = 0, die einer **Zahlungsreihe**

– beginnend in t = 1 – mit gleich bleibenden nachschüssigen Jahreszahlungen bei einem Zinssatz von i gleichwertig ist.[168]

Beispiel:

Dem Inhaber eines Patentes stehen in den nächsten 15 Jahren jährlich nachschüssige Ansprüche i. H. v. 5.000 EUR zu. Der Nutzer des Patents möchte diese Rentenzahlungen aber in einen heute fälligen Einmalbetrag transformieren. Welcher Betrag muss dem Erfinder angeboten werden, damit er sich auf der Grundlage eines Zinssatzes von 5 % wirtschaftlich nicht schlechter stellt?

$$K_0 = a \cdot \frac{(1+i)^n - 1}{i \cdot (1+i)^n}$$

$$K_0 = 5.000 \cdot \frac{(1+0,05)^{15} - 1}{0,05 \cdot (1+0,05)^{15}} = 5.000 \cdot \underbrace{10,37966}_{RBF(0,05;15)} = 51.898,30 \text{ EUR}$$

Dem Erfinder müssen heute 51.898,30 EUR angeboten werden, um die wirtschaftliche Gleichwertigkeit zwischen den Rentenzahlungen und dem Einmalbetrag herzustellen.[169]

5. Der Sonderfall des Rentenbarwertes: Ewige Rente

Die Rentenrechnung stellt auf endlich lange fließende Zahlungsströme ab. Bei Aufgabe dieser Prämisse wird von einer ewigen Rente gesprochen.[170] Zur Ermittlung des Barwertes einer ewigen Rente kann von der allgemeinen Formel für den Rentenbarwert ausgegangen werden, indem die Laufzeit n gegen unendlich geht. Der Grenzwert des so ermittelten Rentenbarwertes ist der Barwert der ewigen Rente:

$$K_0 = a \cdot \frac{(1+i)^n - 1}{i \cdot (1+i)^n} = a \cdot \left[\frac{1}{i} \cdot \frac{(1+i)^n}{(1+i)^n} - \frac{1}{i \cdot (1+i)^n}\right]$$

$$\lim_{n \to \infty} K_0 = a \cdot \left[\frac{1}{i} \cdot \underbrace{\frac{(1+i)^n}{(1+i)^n}}_{1} - \underbrace{\frac{1}{i \cdot (1+i)^n}}_{\to 0}\right]$$

$$K_0 = a \cdot \frac{1}{i}$$

Der Ausdruck $\frac{1}{i}$ wird auch als **Kapitalisierungsfaktor** bezeichnet.[171]

Beispiel:

Der Begünstigte einer Stiftung erhält in Zukunft – bis in alle Ewigkeit – an jedem Jahresende 250 EUR ausgezahlt, womit ein typischer Fall der ewigen Rente vorliegt. Nach der Formel zur Berechnung des Barwertes dieser Rente ergibt sich bei einem Zinssatz von 10 %:

---

[168] Vgl. *Bitz, Michael*: Grundlagen der Finanzwirtschaft. In: Studienbriefe der FernUniversität Hagen 000089, Hagen 1999, S. 49.
[169] Vgl. *Bitz, Michael*: Grundlagen der Finanzwirtschaft. In: Studienbriefe der FernUniversität Hagen 000089, Hagen 1999, S. 46.
[170] Vgl. *Kruschwitz, Lutz*: Finanzmathematik. 5. Aufl., München 2010, S. 121.
[171] Vgl. *Kahle, Egbert/Lohse, Dieter*: Grundkurs Finanzmathematik. 4. Aufl., München 1997, S. 50.

$$K_0 = a \cdot \frac{1}{i} = 250 \cdot \frac{1}{0{,}1} = 2.500 \text{ EUR}$$

M. a. W., wenn heute 2.500 EUR angelegt werden und ein Zinssatz von 10 % unterstellt wird, der bis in alle Ewigkeit garantiert ist, dann kann exakt in der Höhe der jährlichen Zinsgutschrift die jährliche Rentenzahlung aus dem Anfangskapital geleistet werden.[172]

Von praktischer Bedeutung ist der Barwert einer ewigen Rente bei überschlägigen Kalkulationen, da er eine gute Approximation des exakten Rentenbarwertes darstellt und diesem umso näher kommt, je höher der Zinssatz i und je länger die Laufzeit n ist.[173]

6. Die Annuitätenrechnung

Ausgangspunkt der Rentenrechnung ist die Umrechnung eines Zahlungsstroms von gleich bleibenden Zahlungen (Rente) in einen einzigen äquivalenten Betrag, den Rentenbarwert RBW oder den Rentenendwert REW. Im Rahmen der Annuitätenrechnung wird die umgekehrte Fragestellung behandelt. Aus **einem vorgegebenen Betrag** soll ein **äquivalenter Strom gleich bleibender Zahlungen** a bestimmt werden. Dabei kann es sich um die Transformation eines gegenwärtigen oder die eines zukünftigen Betrages handeln. M. a. W., es soll eine Einmalzahlung in eine Zahlungsreihe umgewandelt werden.[174] Die Verrentung einer heutigen Einmalzahlung stellt sich grafisch wie in **Abbildung 29**[175] (S. 90) dar.

Grundlage für die Ermittlung der Annuität a, die aus einem heute zu leistenden Betrag K_0 über eine bestimmte Laufzeit n zu tätigen ist, bildet die Überlegung, die im Rahmen der Rentenrechnung bereits angestellt wurde. Aus der Formel zur Ermittlung des Rentenbarwertes kann durch einfache Umformung die gesuchte Größe, nämlich die Annuität a, ermittelt werden:

$$K_0 = a \cdot \frac{(1+i)^n - 1}{i \cdot (1+i)^n}$$

$$K_0 \cdot \frac{i \cdot (1+i)^n}{(1+i)^n - 1} = a$$

Dabei wird der Ausdruck $\frac{i \cdot (1+i)^n}{(1+i)^n - 1}$, der vom Zinssatz i und der Laufzeit n abhängt, als **Kapitalwiedergewinnungsfaktor KWF(i;n)** oder als **Annuitätenfaktor** bezeichnet. Durch die

---

[172] Vgl. *Bitz, Michael*: Grundlagen der Finanzwirtschaft. In: Studienbriefe der FernUniversität Hagen 000089, Hagen 1999, S. 50.

[173] Vgl. *Bitz, Michael*: Grundlagen der Finanzwirtschaft. In: Studienbriefe der FernUniversität Hagen 000089, Hagen 1999, S. 51.

[174] Vgl. *Bitz, Michael*: Grundlagen der Finanzwirtschaft. In: Studienbriefe der FernUniversität Hagen 000089, Hagen 1999, S. 37.

[175] Vgl. *Däumler, Klaus-Dieter/Grabe, Jürgen*: Grundlagen der Investitions- und Wirtschaftlichkeitsrechnung. 13. Aufl., Herne 2014, S. 126.

Multiplikation des Kapitalwiedergewinnungsfaktors mit dem heute fälligen Betrag kann dieser in jährlich gleiche Zahlungen a auf die Laufzeit n verteilt werden.[176]

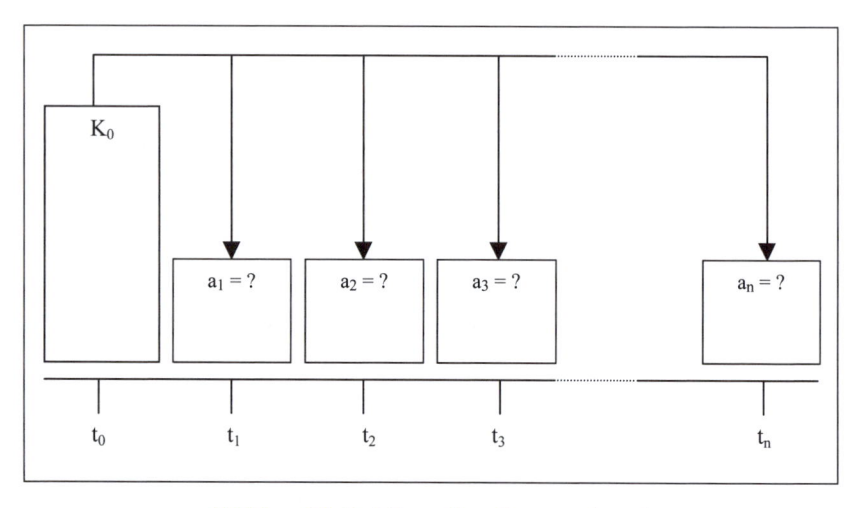

Abbildung 29: Verteilung eines Gegenwartswerts

Beispiel:

Die Anschaffungskosten einer Investition belaufen sich auf 100.000 EUR. Der Investor wünscht eine Verzinsung von 10 %. Welchen Betrag a muss die Investition jährlich nachschüssig abwerfen, damit die Anschaffungskosten nach 4 Jahren zurückgeflossen sind und die gewünschte Verzinsung erreicht wurde?

$$K_0 \cdot \frac{i \cdot (1+i)^n}{(1+i)^n - 1} = a$$

$$100.000 \cdot \frac{0,1 \cdot (1+0,1)^4}{(1+0,1)^4 - 1} = 31.547,08 \text{ EUR}$$

Die Investition muss demnach jährlich eine Auszahlung von 31.547,08 EUR an den Investor ermöglichen, damit die gewünschten Kriterien erfüllt werden.[177]

Durch die Abzinsung der einzelnen Annuitätenzahlungen auf den Zeitpunkt t = 0 ergibt sich der heute fällige Betrag; die wirtschaftliche Gleichwertigkeit (Äquivalenz) zwischen der Summe der Annuitätenzahlungen und dem Einmalbetrag zum Zeitpunkt t = 0 ist gegeben.

Eine Gegenüberstellung des Kapitalwiedergewinnungsfaktors mit dem Rentenbarwertfaktor zeigt, dass sich dieser als Kehrwert des Kapitalwiedergewinnungsfaktors darstellt:

---

[176] Vgl. *Däumler, Klaus-Dieter/Grabe, Jürgen*: Grundlagen der Investitions- und Wirtschaftlichkeitsrechnung. 13. Aufl., Herne 2014, S. 127–128.

[177] Vgl. *Däumler, Klaus-Dieter/Grabe, Jürgen*: Grundlagen der Investitions- und Wirtschaftlichkeitsrechnung. 13. Aufl., Herne 2014, S. 129–130.

A. Grundlagen

> Rentenbarwertfaktor: $\left[\dfrac{(1+i)^n - 1}{i \cdot (1+i)^n}\right]$
>
> Bildung des Kehrwerts des Rentenbarwertfaktors: $\left[\dfrac{(1+i)^n - 1}{i \cdot (1+i)^n}\right]^{-1}$
>
> Kapitalwiedergewinnungsfaktor als Ergebnis: $\dfrac{i \cdot (1+i)^n}{(1+i)^n - 1}$

Beispiel:

Die oben stehende Investition erzielte eine Rente von 31.547,08 EUR. Unter den Prämissen eines Zinssatzes von 10 % und einer Laufzeit von 4 Jahren ergibt sich der Barwert dieser Zahlungsreihe mit Hilfe des Rentenbarwertfaktors.

$$K_0 = a \cdot \frac{(1+i)^n - 1}{i \cdot (1+i)^n}$$

$$K_0 = 31.547{,}08 \cdot \underbrace{\frac{(1+0{,}1)^4 - 1}{0{,}1 \cdot (1+0{,}1)^4}}_{RBF(0{,}1;4)} = 31.547{,}08 \cdot 3{,}16987 = 100.000{,}14 \text{ EUR}$$

Der ermittelte Barwert von annähernd 100.000 EUR (Rundungsdifferenz) entspricht den Anschaffungskosten des Investors im Zeitpunkt t = 0 und führt damit im Vergleich zum vorherigen Beispiel zu einem schlüssigen Ergebnis.

Die Verrentung einer später anfallenden Einmalzahlung hat das in **Abbildung 30**[178] (S. 92) dargestellte Aussehen.

Hier ergibt sich demnach das Problem, die Höhe der Rentenzahlung a zu ermitteln, die nach einer bestimmten Laufzeit wertmäßig dem später fälligen Betrag entspricht. Für die Lösung dieser Frage bietet sich die in **Abbildung 31**[179] (S. 93) verdeutlichte Vorgehensweise an.[180]

In einer ersten Stufe kann der in der Zukunft fällige Betrag mit Hilfe des Abzinsungsfaktors AB(i;n) in den Betrag transformiert werden, dem er, würde er heute geleistet, entsprechen würde. Es handelt sich um den Barwert.

---

[178] Vgl. *Däumler, Klaus-Dieter/Grabe, Jürgen*: Grundlagen der Investitions- und Wirtschaftlichkeitsrechnung. 13. Aufl., Herne 2014, S. 131.

[179] Vgl. *Däumler, Klaus-Dieter/Grabe, Jürgen*: Grundlagen der Investitions- und Wirtschaftlichkeitsrechnung. 13. Aufl., Herne 2014, S. 131.

[180] Vgl. *Däumler, Klaus-Dieter/Grabe, Jürgen*: Grundlagen der Investitions- und Wirtschaftlichkeitsrechnung. 13. Aufl., Herne 2014, S. 131–135.

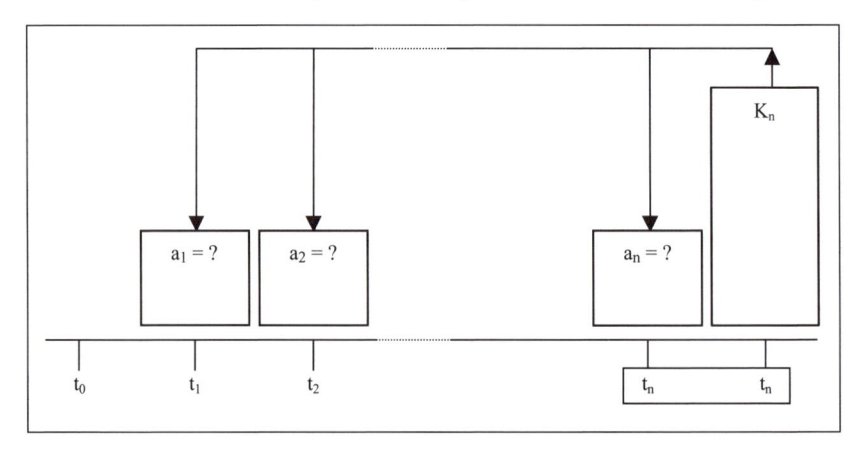

Abbildung 30: Verteilung des Rentenendwerts

Dieser Wert ist aber der Ausgangspunkt der vorangegangenen Überlegung zur Verrentung einer heutigen Zahlung gewesen, so dass in einer zweiten Stufe durch die Anwendung des Kapitalwiedergewinnungsfaktors KWF(i;n) die gesuchte Rentenhöhe a ermittelt werden kann. Durch die Zusammenfassung von Schritt eins und Schritt zwei kann der Rückwärtsverteilungsfaktor RVF(i;n) – auch bezeichnet als Restwertverteilungsfaktor – gewonnen werden, der durch Multiplikation mit dem in der Zukunft liegenden Betrag die Ermittlung der Annuität a in einem Schritt gestattet.

1. Stufe: Ermittlung des Barwertes der in der Zukunft liegenden Zahlung:

$$K_0 = \frac{K_n}{(1+i)^n} = \frac{K_n}{q^n} = K_n \cdot q^{-n} = K_n \cdot (1+i)^{-n}$$

2. Stufe: Verteilung des Barwertes auf die Zukunft, in Form gleich hoher Zahlungen (Annuitäten):

$$a = K_n \cdot (1+i)^{-n} \cdot \frac{i \cdot (1+i)^n}{(1+i)^n - 1}$$

$$a = K_n \cdot \frac{i}{(1+i)^n - 1} = K_n \cdot RVF(i;n)$$

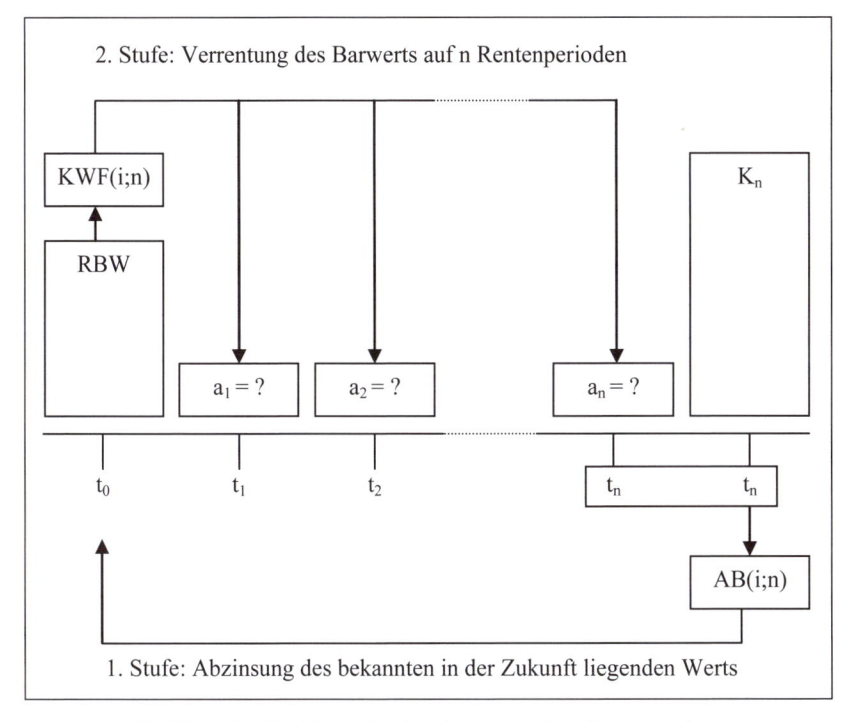

Abbildung 31: Ermittlung der Annuitäten aus dem Rentenendwert

Beispiel:

Im Rahmen seiner Altersvorsorge möchte ein Investor bis zum Eintritt in den Ruhestand, der in 20 Jahren sein wird, ein Kapital von 750.000 EUR zusammengespart haben. Er möchte dabei in Form von jährlich zum Jahresende fälligen Sparraten ansparen, die mit einem Zinssatz von 5 % verzinst werden. Welche Zahlungen muss der Investor erbringen?

$$a = K_n \cdot \frac{i}{(1+i)^n - 1}$$

$$a = 750.000 \cdot \frac{0,05}{(1+0,05)^{20} - 1} = 750.000 \cdot \underbrace{(0,03024)}_{RVF(0,05;20)} = 22.682,25 \text{ EUR}$$

Der Sparer muss Ratenzahlungen i. H. v. 22.682,25 EUR aufbringen.

II. Die Gemeinsamkeiten der dynamischen Verfahren

1. Die Grundlagen

a) Die Verwendung von Zahlungsgrößen

Bei Anwendung der dynamischen Verfahren der Investitionsrechnung lassen sich einige bei den statischen Verfahren vorhandene Ungenauigkeiten bzw. Fehler vermeiden:

- Die **Beurteilung von Investitionsvorhaben** erfolgt – ausgehend vom zahlungsorientierten Investitionsbegriff[181] – nicht nach Erfolgsgrößen, sondern anhand **der durch sie ausgelösten Zahlungsströme**.

- Es erfolgt **keine** Bildung von **Periodendurchschnitten**; vielmehr werden die zeitlichen Unterschiede im Entstehen der Ein- und Auszahlungen für den gesamten Betrachtungs- bzw. Planungszeitraum explizit berücksichtigt.

Man kann erkennen, dass die dynamischen Verfahren der Investitionsrechnung wesentlich aussagestärker, aber rechentechnisch auch schwieriger zu handhaben sind als die statischen Verfahren. Da die Ein- und Auszahlungen zu unterschiedlichen Zeitpunkten anfallen, ergibt sich durch **Auf- oder Abzinsung auf einen einheitlichen Bezugszeitpunkt** eine Vergleichbarkeit der einzelnen Größen miteinander. Obgleich die pagatorischen Begriffe Einzahlungen bzw. Auszahlungen nicht deckungsgleich mit den Begriffen Einnahmen bzw. Ausgaben sind, werden beide Begriffspaare häufig synonym verwendet. Meistens erfolgt nicht einmal ein Hinweis darauf, dass eine Abgrenzung dieser Begriffe voneinander aus investitionsrechnerischer Sicht für nicht notwendig gehalten wird. Geht man aber von der klassischen betriebswirtschaftlichen Definition der Begriffe aus (Einzahlung: Erhöhung des Zahlungsmittelbestandes, d.h. der Kassenbestände und der jederzeit verfügbaren Bankguthaben; Auszahlung: Verminderung des Zahlungsmittelbestandes; Einnahme: Erhöhung des Geldvermögens; Ausgabe: Verminderung des Geldvermögens; Geldvermögen: Summe aus Zahlungsmittelbestand zzgl. Bestand an sonstigen, d.h. im Zahlungsmittelbestand noch nicht enthaltenen Geldforderungen abzgl. Bestand an Geldschulden),[182] so stellt man fest, dass **nur Ein- und Auszahlungen Zinswirkungen** haben können und dass sich Einnahmen und Ausgaben von diesen liquiditätswirksamen Transaktionen durch die zusätzliche Berücksichtigung von Kreditbeziehungen unterscheiden. Eine synonyme Verwendung der Begriffspaare ist also nur zweckmäßig, wenn zeitliche Verwerfungen der Zahlungsmittel- und Geldvermögensveränderungen durch Kreditbeziehungen nicht auftreten.[183]

b) Der Zahlungszeitpunkt

Bzgl. einer exakten Ermittlung der Zinswirkungen müsste grds. eine taggenaue Einbeziehung aller Zahlungszeitpunkte in die Investitionsrechnung erfolgen. Das Problem dabei ist, dass derart exakte Schätzungen zukünftiger Ein- und Auszahlungen nur vereinzelt möglich sind. Aus diesem Grund behilft man sich mit folgenden vereinfachenden Annahmen:[184]

- Unterteilung des gesamten Investitionszeitraums in Perioden, üblicherweise in Jahre.
- Unterstellung, dass die **Anschaffungsauszahlung A** unmittelbar vor Beginn des ersten Jahres (**im Zeitpunkt t = 0**) anfällt.

---

[181] Vgl. dazu **Abschnitt 1, Kap. C.I.**

[182] Vgl. dazu u.a. *Wöhe, Günter/Kußmaul, Heinz*: Grundzüge der Buchführung und Bilanztechnik. 9. Aufl., München 2015, S. 15–16 sowie **Abschnitt 1, Kap. A.I.1.**

[183] Vgl. insb. *Bieg, Hartmut*: Betriebswirtschaftslehre 1: Investition und Unternehmensbewertung. 2. Aufl., Freiburg i. Br. 1997, S. 54.

[184] Vgl. dazu u.a. *Bieg, Hartmut*: Die Verfahren der Investitionsrechnung und ihre Verwendung in der Praxis. In: Der Steuerberater 1985, S. 61.

- Der zeitliche Anfall aller laufenden durch Investitionen ausgelösten Zahlungen liegt **jeweils am Ende der folgenden Jahre** (t = 1, 2, ..., n). Dies hat den Zweck, dass eine **Saldierung der Einzahlungen** E_t der einzelnen Jahre **mit den** in diesen Jahren jeweils anfallenden **Auszahlungen** A_t erfolgen kann. Bei den so ermittelten **Nettozahlungen** der einzelnen Perioden Z_t kann es sich um Einzahlungsüberschüsse ($Z_t > 0$) oder um Auszahlungsüberschüsse ($Z_t < 0$) handeln, von denen unterstellt wird, dass sie am jeweiligen Periodenende anfallen.

- Ein in der letzten Periode (t = n) evtl. anfallender **Liquidationserlös** ($L_n > 0$) oder entstehende **Abbruch- und/oder Entsorgungskosten** ($L_n < 0$) finden eine gesonderte Berücksichtigung am Ende der letzten Periode.

- Alle Zahlungen einer Periode fallen an deren Ende an (d.h., es handelt sich um eine **„nachschüssige" Rechnung**).

- Allerdings wäre **auch** eine **„vorschüssige" Berechnung**, bei der alle Zahlungen annahmegemäß am Anfang der betreffenden Periode anfallen, **möglich**. Die Anschaffungsauszahlungen würden dann nicht mehr am Ende der Periode 0 anfallen, sondern zu Beginn der Periode 1, also in t = 1, der Liquidationserlös ergäbe sich erst nach n Jahren, also in t = n + 1 am Anfang der folgenden Periode.

c) Der Bezugszeitpunkt

Durch die Auf- bzw. Abzinsung der zu unterschiedlichen Zeitpunkten anfallenden Ein- und Auszahlungen und damit durch die **Ausrichtung der Zahlungsströme auf einen gemeinsamen Bezugszeitpunkt** wird der Tatsache Rechnung getragen, dass der Wert von Ein- und Auszahlungen umso höher anzusetzen ist, je früher sie entstehen. Hinter dieser rechentechnischen Vorgehensweise stehen folgende Überlegungen: je früher über Einzahlungen aus einer Investition verfügt werden kann und je länger Auszahlungen hinausgeschoben werden können, desto größer ist der Zinsertrag, der sich durch Reinvestition von Einzahlungsüberschüssen erzielen lässt, bzw. desto geringer ist der Zinsaufwand, der sich als Folge der Finanzierung von Auszahlungsüberschüssen ergibt. Erst durch diese **Ausrichtung der Zahlungsströme auf einen einheitlichen Zeitpunkt** ist es möglich, sämtliche mit dem Investitionsobjekt in Zusammenhang stehenden Ein- und Auszahlungen zu einer einzigen letztendlich für die Beurteilung der Vorteilhaftigkeit ausschlaggebenden Größe zu verdichten. Darüber hinaus besteht die **Möglichkeit einer Gegenüberstellung mehrerer zu beurteilender Handlungsalternativen** nur dann, **wenn alle Alternativen den gleichen Bezugszeitpunkt besitzen**.

Wird als Bezugszeitpunkt das **Ende des Planungszeitraums** ausgewählt, so ergibt sich durch Aufzinsung aller durch die Investition ausgelösten Zahlungen der **Endwert** dieser Investition. Bei Heranziehung dieser Größe als maßgebliches Entscheidungskriterium steht das „Vermögensstreben" des Investors[185] im Mittelpunkt des Interesses, hier in der einfachen Form der Maximierung des Endwerts des Vermögens ohne zwischenzeitliche Entnahmen des Investors.

---

[185] Vgl. **Abschnitt 2, Kap. B.I.**

Wählt man als Bezugszeitpunkt dagegen den **Anfang des Planungszeitraums**, so entspricht der durch Abzinsung aller durch die Investition ausgelösten Zahlungen ermittelte **Kapitalwert** (Barwert; C_0) dem „Vermögensstreben" des Investors in Form einer Maximierung des Gegenwartswerts des Vermögens. Allerdings ist dabei die Unterstellung notwendig, dass der Investor entweder keine Entnahmen während des Planungszeitraums tätigt oder dass er bei vollkommenem Kapitalmarkt jederzeit Fremdkapital in beliebiger Höhe zum Kalkulationszinssatz aufnehmen kann.

Grds. ohne Bedeutung für die Investitionsentscheidung ist, ob man den Endwert oder den Kapitalwert von Investitionsobjekten berechnet oder ob als relevanter Bezugspunkt ein beliebiger Zeitpunkt inner- oder außerhalb des Planungszeitraums herangezogen wird. Allerdings werden in der betrieblichen Praxis i.d.R. Kapitalwerte berechnet, d.h., es werden die Zahlungen auf den Beginn des Betrachtungszeitraums abgezinst.[186]

d) Der Kalkulationszinssatz

Mit dem Kalkulationszinssatz i werden im Rahmen der dynamischen Verfahren der Investitionsrechnung **alle Zahlungen** auf einen einheitlichen Bezugszeitpunkt auf- oder abgezinst und damit **vergleichbar gemacht**. Die Wahl der Höhe des Kalkulationszinssatzes beeinflusst in ganz entscheidender Weise das Ergebnis der Vorteilhaftigkeit von Investitionsrechnungen und damit die Entscheidung eines Investors. Von großer Bedeutung ist daher die Festlegung der Höhe des Kalkulationszinssatzes. Herrscht Klarheit darüber, dass die in Frage kommende(n) Investition(en) durch die zusätzliche Aufnahme von Eigen- oder/und Fremdkapital finanziert werden soll(en), so ist der Kalkulationszinssatz aus den anfallenden Kapitalkosten abzuleiten. Erfolgt die **Finanzierung über Fremdkapital**, entspricht er dem tatsächlich zu zahlenden **effektiven Sollzinssatz**. Da Letzterer allerdings im Vorstadium der Investitionstätigkeit nicht exakt vorhersehbar ist, werden Berechnungen stattdessen oftmals mit dem Kapitalmarktzins für aufzunehmende Gelder entsprechender Fristigkeit durchgeführt.

Wird dagegen eine Finanzierung durch Zuführung von neuem **Eigenkapital** bevorzugt, so sind als maßgebender Kalkulationszinssatz die Eigenkapitalkosten anzusehen; in der betrieblichen Praxis werden diese i. Allg. aus der **Rendite einer Alternativanlage** abgeleitet. Bei gleichzeitiger Aufnahme von Eigen- und Fremdkapital ist ein entsprechend deren Verhältnis gewichteter Mischzinssatz zu ermitteln. Ist bereits in der Planungsphase ersichtlich, dass Kapital in ausreichender Höhe vorhanden ist, das ohne die Durchführung der Investition am Kapitalmarkt angelegt werden könnte, so orientiert sich der Kalkulationszinssatz grds. am Habenzinssatz. Allerdings wird es unter Berücksichtigung der hohen Fremdkapitalquote der Unternehmen und der zwischen Soll- und Habenzinssatz befindlichen Zinsmarge sinnvoller sein, diese freien Beträge – falls keine Investition getätigt wird – für die Kre-

---

[186] Vgl. dazu v.a. *Bieg, Hartmut*: Die Verfahren der Investitionsrechnung und ihre Verwendung in der Praxis. In: Der Steuerberater 1985, S. 61; *Büschgen, Hans E.*: Betriebliche Finanzwirtschaft – Unternehmensinvestitionen. Frankfurt a. M. 1981, S. 55–58.

dittilgung zu verwenden; dies hätte zur Konsequenz, dass wiederum auf den Kapitalmarkt-Sollzins für Gelder entsprechender Fristigkeit zurückgegriffen wird.[187]

2. Der vollständige Finanzplan

Eine rationale Entscheidung hinsichtlich bestimmter Investitionsobjekte, die zueinander in Konkurrenzbeziehung stehen, ist nur dann möglich, wenn diese echte sich gegenseitig vollständig ausschließende Alternativen darstellen. Das Problem besteht allerdings darin, dass reale Investitionen von sich aus i. Allg. keine echten Alternativen sind. Oftmals unterscheiden sie sich nicht nur in der Höhe ihrer Anschaffungsauszahlungen voneinander, sondern auch in der Höhe ihrer Rückflüsse und des Weiteren auch in der zeitlichen Verteilung ihrer Einzahlungen und Auszahlungen. Außerdem weisen die miteinander zu vergleichenden Investitionen häufig unterschiedlich lange Nutzungsdauern auf. Prinzipiell hat ein Investor, der bestimmte Investitionsobjekte aus der Zahl der realisierbaren, sich gegenseitig nicht vollständig ausschließenden Alternativen auswählen möchte, nun zwei Möglichkeiten hinsichtlich der Berücksichtigung dieser Tatsache: Zum einen kann er diese Fakten vernachlässigen, was aber im Ergebnis nicht unbedingt zu einer richtigen Entscheidung führt; zum anderen kann er versuchen, diese Kenntnis bestmöglich bzgl. der Vorbereitung einer annähernd richtigen Entscheidung zu nutzen. Zu diesem Zweck müssen allerdings die **unvollständigen Investitionsalternativen** in geeigneter Weise **zu echten Alternativen vervollständigt werden**.

Dies ist durch Aufstellung sog. **vollständiger Finanzpläne** möglich. Dabei ist jede denkbare und zulässige Investitions- bzw. Finanzierungsentscheidung explizit zu berücksichtigen.[188] Eigentlich sollten bei der Aufstellung solcher Pläne nur reale Investitions- und Finanzierungsobjekte Eingang finden; dabei tritt jedoch das Problem auf, dass v.a. die in der ferneren Zukunft liegenden Objekte bzw. die damit einhergehenden Zahlungen eine erhöhte Planungsunsicherheit in sich bergen. Aus diesem Grund behilft man sich in der Praxis oftmals mit fiktiven Ergänzungsinvestitionen und -krediten, die nach bislang vorliegenden Geschäftsunterlagen und -erfahrungen in ihrer Höhe und der zeitlichen Verteilung der Zahlungsströme bestmöglich geschätzt werden. **Abbildung 32**[189] (S. 98) zeigt den schematischen Aufbau eines vollständigen Finanzplans.[190]

---

[187] Vgl. dazu u.a. *Bieg, Hartmut*: Betriebswirtschaftslehre 1: Investition und Unternehmungsbewertung. 2. Aufl., Freiburg i. Br. 1997, S. 57.
[188] Vgl. dazu u.a. *Kruschwitz, Lutz*: Investitionsrechnung. 14. Aufl., München 2014, S. 34–39.
[189] Modifiziert entnommen aus *Kruschwitz, Lutz*: Investitionsrechnung. 14. Aufl., München 2014, S. 240.
[190] Bzgl. weitergehender Ausführungen hinsichtlich der Aufstellung vollständiger Finanzpläne sowie beispielhafter Darstellungen vgl. u.a. *Adam, Dietrich*: Investitionscontrolling. 3. Aufl., München/Wien 2000, S. 69–72; *Altrogge, Günter*: Investition. 4. Aufl., München/Wien 1996, S. 40–41, S. 309–310 und S. 375–383; *Büschgen, Hans E.*: Betriebliche Finanzwirtschaft – Unternehmensinvestitionen. Frankfurt a. M. 1981, S. 66–74; *Busse von Colbe, Walther/Laßmann, Gert*: Betriebswirtschaftstheorie. Band 3, 3. Aufl., Berlin 1990, S. 43–47 und *Kruschwitz, Lutz*: Investitionsrechnung. 14. Aufl., München 2014, S. 34–39 und S. 239–246.

	0	1	...	n
Basiszahlungen	M_0	M_1	...	M_n
Investitionsobjekt 1	$z^I_{01}x_1$	$z^I_{11}x_1$	...	$z^I_{n1}x_1$
2	$z^I_{02}x_2$	$z^I_{12}x_2$	...	$z^I_{n2}x_2$
⋮	⋮	⋮		⋮
m	$z^I_{0m}x_m$	$z^I_{1m}x_m$	...	$z^I_{nm}x_m$
Finanzierungsobjekt 1	$z^F_{01}y_1$	$z^F_{11}y_1$	...	$z^F_{n1}y_1$
2	$z^F_{02}y_2$	$z^F_{12}y_2$	...	$z^F_{n2}y_2$
⋮	⋮	⋮	...	⋮
p	$z^F_{0p}y_p$	$z^F_{1p}y_p$		$z^F_{np}y_p$
Entnahmen	f_0Y	f_1Y	...	f_nY
Endvermögen				C_n

Abbildung 32: Vollständiger Finanzplan

Erläuterung der Symbole:

C_t : Finanzmittelüberschuss/-defizit des Investors im Zeitpunkt t;

i : Index für den i-ten Investitionsobjekttyp (i = 1, 2, ..., m);

j : Index für den j-ten Finanzierungsobjekttyp (j = 1, 2, ..., p);

M_t : Element der Basiszahlungsreihe für den Zeitpunkt t;

t : Zeitindex (t = 0, 1, 2, ..., n);

n : Planungshorizont;

x_i : Anzahl der Investitionsobjekte vom Typ i;

y_i : Anzahl der Finanzierungsobjekte vom Typ j;

f_tY : Entnahmen im Zeitpunkt t;

z^I_{ti} : Zahlung, die die i-te Investition im Zeitpunkt t verursacht;

z^F_{tj} : Zahlung, die die j-te Finanzierung im Zeitpunkt t verursacht.

Die Funktionsweise des vollständigen Finanzplans wird im Folgenden anhand eines Zahlenbeispiels dargestellt.[191]

---

[191] In Anlehnung an das Beispiel bei *Kruschwitz, Lutz*: Investitionsrechnung. 14. Aufl., München 2014, S. 34–36.

A. Grundlagen

Beispiel:

Ein Investor, dessen Planungszeitraum sich auf 3 Jahre erstreckt, besitzt zum heutigen Zeitpunkt liquide Mittel i. H. v. $M_0 = 1.100$ EUR. Es stehen ihm zwei sich gegenseitig ausschließende Investitionsalternativen zur Auswahl, die folgende Zahlungsreihen (Beträge in EUR) besitzen:

	0	1	2	3
Objekt A	– 1.000	0	482	1.200
Objekt B	– 1.200	800	900	0

Weiterhin sind folgende zusätzliche Informationen gegeben:

- Es wird ein Vermögensstreben des Investors unterstellt, d. h., der Investor möchte beginnend vom Zeitpunkt $t = 0$ jährlich 200 EUR entnehmen und sein Endvermögen maximieren.
- In $t = 0$ könnte ein Kredit mit einer Laufzeit von 3 Jahren in Höhe von maximal 400 EUR aufgenommen werden, wobei Ratentilgung und ein Zinssatz von 20 % p. a. vereinbart werden.
- In $t = 1$ könnte ein weiterer Kredit von maximal 300 EUR aufgenommen werden. Der Zinssatz beläuft sich auf 15 % p. a., die Laufzeit auf 1 Jahr.
- In $t = 0$ könnte eine weitere Sachinvestition (Objekt C) erfolgen mit der Zahlungsreihe (–200 EUR; 150 EUR; 100 EUR).
- In $t = 1$ könnte eine Finanzinvestition in unbeschränkter Höhe erfolgen (Zinssatz: 12 % p. a., Laufzeit: 1 Jahr).
- Es gibt außer den genannten Möglichkeiten keine weiteren Investitions- und Finanzierungsmöglichkeiten. Allerdings ist eine Kassenhaltung zu jedem Zeitpunkt möglich.

Es ist festzustellen, dass für ein und dasselbe Investitionsobjekt in der Regel mehrere zulässige vollständige Finanzpläne aufgestellt werden können.[192]

Ein möglicher vollständiger Finanzplan für Investitionsobjekt A könnte wie folgt aussehen (Angaben gerundet; Beträge in EUR):

	0	1	2	3
Basiszahlungen (liquide Mittel)	1.100			
Investitionsobjekt A	– 1.000	0	482	1.200
Sachinvestition (Objekt C)	– 200	150	100	
Kredit (20%)	300	– 160	– 140	– 120
Kredit (15%)		210	– 242	
Kassenhaltung				
Entnahmen	– 200	– 200	– 200	– 200
Endvermögen				880

---

[192] Vgl. *Kruschwitz, Lutz*: Investitionsrechnung. 14. Aufl., München 2014, S. 38–39.

Vierter Abschnitt: Die dynamischen Verfahren der Investitionsrechnung

Der Kapitaldienst für den Kredit (20 %) ergibt sich aus der gleich bleibenden Tilgungsleistung von jeweils 100 EUR zzgl. der Zinszahlungen auf das jeweilige noch im Betrieb gebundene Kapital am Ende des vorangegangenen Jahres.

Dem entsprechend ergibt sich für Investitionsobjekt B nachstehender vollständiger Finanzplan (als ein Beispiel für mögliche Finanzpläne; Angaben gerundet; Beträge in EUR):

	0	1	2	3
Basiszahlungen (liquide Mittel)	1.100			
Investitionsobjekt B	– 1.200	800	900	0
Sachinvestition (Objekt C)				
Finanzinvestition (12 %)		– 440	493	
Kredit (20 %)	300	– 160	– 140	– 120
Kassenhaltung			– 1.053	1.053
Entnahmen	– 200	– 200	– 200	– 200
Endvermögen				733

Der Investor wird sich in diesem Fall für Investitionsobjekt A entscheiden, da dieses neben den kontinuierlichen Entnahmen i. H. v. jährlich 200 EUR das größere Endvermögen aufweist.

B. Ausgewählte Verfahren

I. Die Kapitalwertmethode

1. Allgemeine Bemerkungen und Detaildarstellung

Jede Investition lässt sich durch eine bestimmte Zahlungsreihe Z_t ($= E_t - A_t$) ausdrücken (für $t = 0, 1, 2, ..., n$). Wird eine Zahlung Z_t aus dieser Folge auf den Zeitpunkt $t = 0$ abgezinst, so ergibt sich der Barwert (Gegenwartswert) von Z_t, also der Wert des am Ende von Periode t anfallenden Ein- bzw. Auszahlungsüberschusses Z_t zum Zeitpunkt $t = 0$. Auch im Falle der Abzinsung einzelner Einzahlungen E_t oder Auszahlungen A_t wird von deren Barwert gesprochen. Es lässt sich also generell sagen:

$$\text{Barwert} = \text{Zeitwert} \cdot \text{Abzinsungsfaktor}$$

Die **Summe aller Barwerte** der durch ein Investitionsvorhaben verursachten Zahlungen wird als **Kapitalwert C_0** dieser Investition (Net Present Value) bezeichnet:

$$C_0 = \sum_{t=0}^{n} \frac{Z_t}{(1+i)^t} = \sum_{t=0}^{n} \left(\frac{E_t}{(1+i)^t} - \frac{A_t}{(1+i)^t} \right)$$

Dabei gilt:

C_0 : Kapitalwert der Investition;

E_t : Einzahlungen der Periode t;

A_t : Auszahlungen der Periode t;

Z_t : Differenz zwischen den Ein- und Auszahlungen der Periode t mit folgender Wirkung:

→ Einzahlungsüberschuss der Periode t, wenn $Z_t > 0$ bzw.

→ Auszahlungsüberschuss der Periode t, wenn $Z_t < 0$;

i : Kalkulationszinssatz;
n : Nutzungsdauer des Investitionsobjekts;
t : Zeitindex (t = 0, 1, 2, ..., n).

Die folgende, häufig vorzufindende Darstellung berücksichtigt explizit, dass

- zum Zeitpunkt t = 0 bei Realisierung der Investition keine Einzahlungen vorliegen ($E_0 = 0$ und damit $Z_0 = A_0$),

- am Ende der Nutzungsdauer ein Liquidationserlös ($L_n > 0$) bzw. eine Liquidationsauszahlung (z.B. Abbruch- und/oder Entsorgungskosten; $L_n < 0$) anfallen kann.

Es ergibt sich daher folgende abgewandelte Formel:

$$C_0 = -A_0 + \sum_{t=1}^{n} \frac{Z_t}{(1+i)^t} + \frac{L_n}{(1+i)^n}$$

Dabei gilt:

A_0 : Anschaffungsauszahlung im Zeitpunkt t = 0;
L_n : Liquidationserlös, falls $L_n > 0$ bzw. Liquidationsauszahlung, falls $L_n < 0$.

Der für ein bestimmtes Investitionsobjekt ermittelte Kapitalwert C_0 gibt an, welchen – auf einen Zeitpunkt t = 0 bezogenen – **Vermögenszuwachs** der Investor bei Durchführung des Investitionsvorhabens **über die Tilgung der Anschaffungsauszahlung** und **über die Verzinsung** des eingesetzten Betrages **zum Kalkulationszinssatz** hinaus erzielt.

Hat der Kapitalwert der Investition C_0 einen Betrag von null, so sagt dies aus, dass gerade noch die zugrunde gelegte Mindestverzinsung i erzielt wird. Die Einzahlungsüberschüsse reichen also aus, die Anfangsauszahlung zu tilgen und das im Investitionsobjekt gebundene Kapital zum Kalkulationszinsfuß zu verzinsen.

Ein einzelnes Investitionsvorhaben erweist sich – verglichen mit der Nichtrealisierung der Investition (sog. Null-Alternative) – folglich nur dann als vorteilhaft, wenn der Kapitalwert C_0 einen positiven Betrag annimmt, d.h., wenn sein Kapitalwert größer als null ist. Von mehreren zur Verfügung stehenden Alternativen ist diejenige für den Investor am günstigsten, die den größten positiven Kapitalwert besitzt.[193]

---

[193] Vgl. dazu insb. *Bieg, Hartmut*: Die Verfahren der Investitionsrechnung und ihre Verwendung in der Praxis. In: Der Steuerberater 1985, S. 62; *Blohm, Hans/Lüder, Klaus/Schaefer, Christina*: Investition. 10. Aufl., München 2012, S. 47–66; *Buchner, Robert*: Kapitalwert, interner Zinsfuß und Annuität als investitionsrechnerische Auswahlkriterien. In: Wirtschaftswissenschaftliches Studium

Die Gültigkeit der eben dargelegten Aussagen ist allerdings an einige Prämissen geknüpft, die hinsichtlich der Anwendung der Kapitalwertmethode getroffen werden.

2. Die Prämissen der Kapitalwertmethode

Um zu gewährleisten, dass die Kapitalwertmethode zu einem Ergebnis führt, das der monetären Zielsetzung eines Investors entspricht, müssen folgende Prämissen erfüllt sein:[194]

(1) Der Investor besitzt zum Zeitpunkt der Entscheidung Kenntnis über die wirtschaftliche Nutzungsdauer des Investitionsobjekts.

(2) Die von einem Investitionsobjekt in der Zukunft verursachten Ein- und Auszahlungen sind sicher zu ermitteln und dieser Investition zuzurechnen.

(3) Alle durch die Investition ausgelösten Ein- und Auszahlungen fallen am Ende jeder einzelnen Periode an; die Anschaffungsauszahlung fällt am Ende der Periode an, die dem Betrachtungszeitraum vorausgeht (= unmittelbar vor der ersten Periode); es muss jedoch erwähnt werden, dass dieses Kriterium keine absolut unabdingbare Voraussetzung für die Anwendung der Kapitalwertmethode darstellt.

(4) Es liegt ein **vollkommener und für den Investor unbeschränkter Kapitalmarkt** vor, d.h., es besteht die Möglichkeit, Kapital in beliebiger Höhe zu einem bestimmten Zinssatz (Kalkulationszinssatz i) sowohl anzulegen als auch aufzunehmen.

(5) Erwirtschaftete Einzahlungsüberschüsse können entweder jederzeit zur Kredittilgung verwendet werden, was zu Zinsersparnissen i. H. d. Kalkulationszinssatzes führt, oder sie können zum gleichen Zinssatz (z.B. als Bankguthaben) wieder angelegt werden (sog. **Wiederanlageprämisse**).

3. Endliche und unendliche Renten

Die oben angeführte Kapitalwertformel kann vereinfacht dargestellt werden, wenn die Einzahlungsüberschüsse Z_t für alle Perioden gleich hoch sind ($Z_t = Z$). Die konstanten Einzahlungsüberschüsse Z werden als Rente bezeichnet. Fallen sie in den Zeitpunkten t = 1 bis t = n an, so spricht man von einer „**endlichen Rente**".

Der Kapitalwert einer über n Perioden zu erwartenden nachschüssigen Rente Z (Entstehung des Einzahlungsüberschusses stets am Ende der Periode) lässt sich, falls zudem mit einem

---

1993, S. 218–222; *Büschgen, Hans E.*: Betriebliche Finanzwirtschaft – Unternehmensinvestitionen. Frankfurt a. M. 1981, S. 58–66; *Busse von Colbe, Walther/Laßmann, Gert*: Betriebswirtschaftstheorie. Band 3, 3. Aufl., Berlin 1990, S. 47–48; *Däumler, Klaus-Dieter/Grabe, Jürgen*: Grundlagen der Investitions- und Wirtschaftlichkeitsrechnung. 13. Aufl., Herne 2014, S. 62–64; *Götze, Uwe*: Investitionsrechnung. 7. Aufl., Berlin/Heidelberg 2014, S. 78–100; *Perridon, Louis/Steiner, Manfred/Rathgeber, Andreas W.*: Finanzwirtschaft der Unternehmung. 16. Aufl., München 2012, S. 52–54; *Rolfes, Bernd*: Dynamische Verfahren der Wirtschaftlichkeitsrechnung. In: Das Wirtschaftsstudium 1986, S. 481–483; *Walz, Hartmut/Gramlich, Dieter*: Investitions- und Finanzplanung. 8. Aufl., Frankfurt a. M. 2011, S. 43–56.

[194] Vgl. dazu insb. *Bieg, Hartmut*: Betriebswirtschaftslehre 1: Investition und Unternehmungsbewertung. 2. Aufl., Freiburg i. Br. 1997, S. 64–68; *Blohm, Hans/Lüder, Klaus/Schaefer, Christina*: Investition. 10. Aufl., München 2012, S. 64–66.

Liquidationserlös am Ende des Betrachtungszeitraums gerechnet wird, folgendermaßen ermitteln (der Faktor, mit dem Z multipliziert wird, ist der Rentenbarwertfaktor):[195]

$$C_0 = -A_0 + \sum_{t=1}^{n} \frac{Z_t}{(1+i)^t} + \frac{L_n}{(1+i)^n}$$

$$C_0 = -A_0 + Z \cdot \left[\frac{1}{(1+i)} + \frac{1}{(1+i)^2} + \ldots + \frac{1}{(1+i)^n}\right] + \frac{L_n}{(1+i)^n}$$

$$C_0 = -A_0 + Z \cdot \frac{(1+i)^n - 1}{i \cdot (1+i)^n} + \frac{L_n}{(1+i)^n}$$

Es ist jedoch unbedingt zu berücksichtigen, dass eine derartige Vereinfachung nur Gültigkeit besitzt, wenn tatsächlich mit konstanten Einzahlungsüberschüssen gerechnet werden kann. Wird diese Unveränderlichkeit der Zahlungsüberschüsse nur für die Berechnung verwendet, weil eine Prognose zu schwierig und/oder zu arbeitsaufwendig wäre, so wird eine Ermittlung richtiger Ergebnisse umso unwahrscheinlicher sein, je stärker die tatsächlichen Einzahlungsüberschüsse von dem angenommenen Durchschnittswert abweichen.

Rechnet man für einen „unendlich" langen Zeitraum mit einem jährlich gleich hohen nachschüssigen Einzahlungsüberschuss Z, so lässt sich der **Kapitalwert dieser „unendlichen (ewigen) Rente"** nach folgender Formel bestimmen:[196]

$$C_0 = -A_0 + \frac{Z}{i}$$

4. Kritik

Bei vielen Vorteilhaftigkeitsbetrachtungen mit Hilfe der Verfahren der Investitionsrechnung besteht die **Gefahr des Vergleichs unvollständiger Alternativen**. Insb. wird bei den Berechnungen nicht berücksichtigt, dass die verschiedenen vergleichend gegenübergestellten Alternativen i.d.R. eine unterschiedliche Kapitalbindungshöhe bzw. z.T. auch Kapitalbindungsdauer aufweisen. Es besteht also das **Problem** der expliziten Berücksichtigung **von Anschlussinvestitionen** (bei differierender Kapitalbindungsdauer) **und Ergänzungsinvestitionen** (bei unterschiedlicher Kapitalbindungshöhe).

Bei der Berechnung im Rahmen der Kapitalwertmethode wird dieses Problem durch die **Wiederanlageprämisse** bewältigt: Alle Zahlungsüberschüsse, Ergänzungs- und Anschlussinvestitionen verzinsen sich zum Kalkulationszinsfuß. Ergänzungs- und Anschlussinvestitionen können nur zu einem jährlichen Wertzuwachs in Höhe ihres Betrages multipliziert mit dem Kalkulationszinssatz führen. Genau diese Verzinsung wird aber durch die Diskontierung mit dem Kalkulationszinssatz auf den Zeitpunkt t = 0 wieder rückgängig gemacht, so dass ihr Kapitalwert immer gleich null ist.

---

[195] Vgl. dazu **Abschnitt 4, Kap. A.I.4.**
[196] Vgl. dazu **Abschnitt 4, Kap. A.I.5.**

104 *Vierter Abschnitt: Die dynamischen Verfahren der Investitionsrechnung*

Als **Nachteile** der Kapitalwertmethode können die z.T. unrealistischen Unterstellungen hinsichtlich des einheitlichen Zinssatzes für Anlage und Aufnahme von Kapital, der Wiederanlage von Kapital und der Situation des Kapitalmarktes angesehen werden. Der große **Vorteil** der Kapitalwertmethode liegt in der Berücksichtigung von Zahlungsgrößen und exakten Zahlungszeitpunkten; dies ermöglicht eine Bewertung der Investitionsvorhaben unter den monetären Zielsetzungen des Investors.

II. Die Annuitätenmethode

1. Allgemeine Bemerkungen und Detaildarstellung

Als Interpretation des Kapitalwerts ergibt sich, dass dieser – wenn keine jährlichen Entnahmen erfolgen – den auf den Beginn der Betrachtungsperiode bezogenen Vermögenszuwachs ausdrückt, der durch die Investition veranlasst wurde. Orientiert sich ein Investor am Kapitalwert eines bestimmten Investitionsobjekts, so lässt sich daraus i. Allg. ein Streben nach Maximierung seines Vermögens (ohne Entnahmen in den einzelnen Perioden) erkennen.

Im Gegensatz zur Kapitalwertmethode, die also durch ein Denken in Totalerfolgen charakterisiert werden kann, trägt die Annuitätenmethode als abgewandelte Form der Kapitalwertmethode dem Denken in **Periodenerfolgen** Rechnung.

Man gelangt von dem Kapitalwert einer Investition zu einer geänderten Darstellungsform dieses Werts, indem eine Umformung der ursprünglichen Zahlungsreihe einer Investition in eine andere, aber äquivalente Zahlungsreihe, deren einzelne Faktoren äquidistant und uniform sind, vorgenommen wird. Dabei bedeutet

- **äquivalent**, dass der Kapitalwert der neuen Zahlungsreihe dem Kapitalwert der ursprünglichen Reihe entspricht;
- **äquidistant**, dass die (fiktiven) Zahlungen der neuen (fiktiven) Reihe zu Zeitpunkten anfallen, die jeweils gleich weit voneinander entfernt sind (i. Allg. wird ein Anfall am Jahresende unterstellt);
- **uniform**, dass die Zahlungen der neuen Reihe alle gleich groß sind.

Eine Zahlungsreihe, die diese Bedingungen erfüllt, wird als **Annuität** G_n einer Investition (annuity) bezeichnet.[197]

Um die ursprüngliche Zahlungsreihe in eine äquivalente Zahlungsreihe, deren Faktoren Uniformität und Äquidistanz aufweisen, zu transformieren, sind zwei Schritte notwendig. Zunächst erfolgt die Berechnung des Kapitalwerts der ursprünglichen Zahlungsreihe der Investition. Danach wird dieser mit dem vom Kalkulationszinssatz sowie der Nutzungsdauer abhängigen Kapitalwiedergewinnungsfaktor (vgl. **Abschnitt 4, Kap. A.I.6.**) multipliziert:

---

[197] Vgl. dazu v.a. *Bieg, Hartmut*: Betriebswirtschaftslehre 1: Investition und Unternehmungsbewertung. 2. Aufl., Freiburg i. Br. 1997, S. 71–72; *Buchner, Robert*: Kapitalwert, interner Zinsfuß und Annuität als investitionsrechnerische Auswahlkriterien. In: Wirtschaftswissenschaftliches Studium 1993, S. 220.

$$G_n = \sum_{t=0}^{n} \frac{Z_t}{(1+i)^t} \cdot \frac{i \cdot (1+i)^n}{(1+i)^n - 1} = C_0 \cdot KWF$$

Das **Entscheidungskriterium** kann bei Anwendung der Annuitätenmethode folgendermaßen formuliert werden:

Eine einzelne Investition ist bei ausschließlich zahlungsorientierter Betrachtung vorteilhaft, wenn ihre Annuität größer null ist. Von mehreren alternativen Handlungsmöglichkeiten des Investors ist diejenige mit der größten positiven Annuität vorzuziehen.[198]

2. Die Bedeutung der Annuität

Die Annuität gibt Aufschluss darüber, welchen konstanten Betrag ein Investor innerhalb der als bekannt vorausgesetzten Nutzungsdauer der Investition jeweils am Ende der einzelnen Perioden entnehmen könnte, ohne dass dadurch die Rückgewinnung des durch die Investition gebundenen Kapitals sowie die Verzinsung des jeweils gebundenen Kapitals zum Kalkulationszinssatz beeinträchtigt würde. Es wird hier in klarer Weise die Beziehung zum Streben des Investors nach **Einkommensmaximierung** (bei einem gewünschten Endvermögen von null) deutlich.

Da die Annuität der ursprünglichen Zahlungsreihe äquivalent ist, also den gleichen Kapitalwert besitzt, gilt einerseits die Beziehung $G_n = C_0 \cdot KWF$ und andererseits $C_0 = G_n \cdot RBF$. Aus diesem Grund ist eine Interpretation der Annuität auch i.S. der **Vermögensmaximierung** möglich, nämlich als der bei einem bestimmten Kalkulationszinssatz über die Rückgewinnung und Verzinsung des eingesetzten Kapitals hinaus erwirtschaftete mittlere Vermögenszuwachs pro Periode, d.h. als auf die Perioden 1 bis n zinseszinsmäßig verteilter Kapitalwert.

Es lässt sich also erkennen, dass die Annuitätenmethode nicht nur formal gesehen, sondern auch in ihrer materiellen Ausprägung eine **Variante der Kapitalwertmethode** darstellt. Daher gelten für die Annuitätenmethode im Wesentlichen auch die gleichen Prämissen wie für die Kapitalwertmethode.[199]

3. Die Prämissen der Annuitätenmethode

Ebenso wie bei der Kapitalwertmethode wird auch hinsichtlich der Annuitätenmethode ein **vollkommener und für den Investor unbeschränkter Kapitalmarkt** unterstellt. Des Weiteren gilt die **Wiederanlageprämisse**.

---

[198] Vgl. *Bieg, Hartmut*: Betriebswirtschaftslehre 1: Investition und Unternehmensbewertung. 2. Aufl., Freiburg i. Br. 1997, S. 73–74; *Blohm, Hans/Lüder, Klaus/Schaefer, Christina*: Investition. 10. Aufl., München 2012, S. 66–68; *Götze, Uwe*: Investitionsrechnung. 7. Aufl., Berlin/Heidelberg 2014, S. 100–103; *Walz, Hartmut/Gramlich, Dieter*: Investitions- und Finanzplanung. 8. Aufl., Frankfurt a. M. 2011, S. 61–62.

[199] Vgl. dazu insb. *Bieg, Hartmut*: Betriebswirtschaftslehre 1: Investition und Unternehmensbewertung. 2. Aufl., Freiburg i. Br. 1997, S. 74; *Blohm, Hans/Lüder, Klaus/Schaefer, Christina*: Investition. 10. Aufl., München 2012, S. 66–68.

106 *Vierter Abschnitt: Die dynamischen Verfahren der Investitionsrechnung*

Im Hinblick auf die **Beurteilung eines einzelnen Investitionsobjekts** können Kapitalwert- und Annuitätenmethode – unter Zugrundelegung dieser Prämissen – deshalb nie zu einem unterschiedlichen Ergebnis kommen. Aus $C_0 > 0$ folgt nämlich, dass auch $G_n > 0$ ist, denn $G_n = C_0 \cdot KWF$ und KWF nehmen bei einem positiven Zinssatz stets einen Wert größer null an. Zu beachten ist aber, dass eine Berechnung der Annuität unter Verwendung des Kapitalwiedergewinnungsfaktors nur dann durchgeführt werden kann, wenn der Kalkulationszinssatz während der Gesamtdauer des Investitionsobjekts konstant bleibt.

Soll die Lösung eines **Wahlproblems** mittels der Annuitätenmethode erfolgen, so muss eine weitere Prämisse erfüllt sein: Es darf keine Abweichung in den Nutzungsdauern aller in den Vergleich einbezogenen Objekte bestehen.[200] Der Grund dafür liegt in der ansonsten vorgenommenen Verteilung des Kapitalwerts auf jeweils unterschiedliche Zeiträume.

4. Endliche und unendliche Renten

Ebenso wie im Fall der Kapitalwertmethode ist hier eine Vereinfachung möglich, wenn die Perioden 1 bis n jeweils gleich hohe Einzahlungsüberschüsse Z aufweisen, d.h. wenn die Rechnung mit einer „**endlichen Rente**" durchgeführt wird.[201] Bei Vorliegen eines derartigen Sachverhalts muss keine vorherige Berechnung des Kapitalwerts des Investitionsobjekts erfolgen; vielmehr lässt sich die Annuität G_n direkt ermitteln:

$$G_n = Z - \left(A_0 - \frac{L_n}{(1+i)^n}\right) \cdot KWF$$

Ist kein Liquidationserlös zu erwarten, so vereinfacht sich die Berechnung nochmals:

$$G_n = Z - A_0 \cdot KWF$$

Hierbei stellt das Produkt aus Anschaffungsauszahlung und Kapitalwiedergewinnungsfaktor den jährlich in konstanter Höhe zu zahlenden, also seinerseits als Annuität ausgedrückten Zins- und Tilgungsanteil des für die Investition erforderlichen Kapitals dar. Da die Summe aus Zins und Tilgung auch als Kapitaldienst bezeichnet wird, ergibt sich die Annuität einer Investition in diesem speziellen Fall als Differenz zwischen den konstanten Einzahlungsüberschüssen pro Jahr und dem Kapitaldienst der Investition.

Wird dagegen mit einer **unendlichen** (ewigen) **Rente**[202] gerechnet, die jeweils am Periodenende gezahlt wird, so ergibt sich eine noch stärker vereinfachte Formel für die Berechnung der Annuität, denn es kann auf die Berücksichtigung eines Liquidationserlöses verzichtet werden, da dieser erst in der unendlich weit entfernt liegenden Periode n anfällt:

---

[200] Vgl. *Bieg, Hartmut*: Betriebswirtschaftslehre 1: Investition und Unternehmungsbewertung. 2. Aufl., Freiburg i. Br. 1997, S. 74; *Büschgen, Hans E.*: Betriebliche Finanzwirtschaft – Unternehmensinvestitionen. Frankfurt a. M. 1981, S. 76–77.
[201] Vgl. dazu **Abschnitt 4, Kap. A.I.4.**
[202] Vgl. dazu **Abschnitt 4, Kap. A.I.5.**

$$G_n = Z - A_0 \cdot i$$

5. Kritik

Da die Annuitätenmethode nur eine **Modifikation der Kapitalwertmethode** darstellt und daher auf den gleichen Prämissen basiert, gelten für beide Investitionsrechenverfahren prinzipiell die gleichen Kritikpunkte. In Ergänzung dazu lässt sich sagen, dass Annuitäten nicht immer ökonomisch sinnvoll interpretiert werden können.

Der große **Vorteil** der Annuitätenmethode liegt jedoch in der **erhöhten Anschaulichkeit** und Aussagekraft von Periodenerfolgen im Vergleich zur Kapitalwertmethode, die als Ergebnis den Totalerfolg einer Investition widerspiegelt.

Als **Nachteile** der Annuitätenmethode müssen dagegen zum einen der **zusätzliche Berechnungsaufwand**, der – mit Ausnahme der Rentenrechnung – von der Berechnung über den „Umweg" Kapitalwertmethode herrührt, und zum anderen die **Gefahr von Fehlentscheidungen**, wenn ein Vergleich von Objekten mit unterschiedlicher Lebensdauer anhand ihrer auf die jeweilige Objektdauer berechneten Annuitäten erfolgt, gesehen werden.[203]

III. Die Methode des internen Zinsfußes

1. Allgemeine Bemerkungen und Detaildarstellung

Während die wirtschaftliche Vorteilhaftigkeit einer konkreten Investitionsmaßnahme bei der Kapitalwertmethode und der Annuitätenmethode – ausgehend von einem bestimmten Kalkulationszinssatz – in absoluten Größen ausgedrückt wird, versucht man bei der Methode des internen Zinsfußes zunächst zu ermitteln, welche effektive Verzinsung das in jedem Zeitpunkt der Investitionsdauer gebundene Kapital (bzw. vorhandene Vermögen) erbringt. Danach erst stellt sich die Frage, ob die Investition aufgrund dieser Verzinsung realisiert werden sollte.

Da der interne Zinsfuß r einer Investition (Internal Rate of Return (IRR)) ausdrückt, **welche Verzinsung das jeweils gebundene Kapital erwirtschaftet**, lässt sich feststellen, dass bei diesem Zinssatz die aus dem Investitionsobjekt resultierenden Einzahlungsüberschüsse gerade ausreichen, die Tilgung des eingesetzten Kapitals und die Verzinsung des jeweils gebundenen Betrags zu diesem Zinssatz sicherzustellen. M. a. W. ausgedrückt bedeutet dies, dass der interne Zinsfuß r denjenigen Diskontierungszinssatz darstellt, bei dessen Anwendung auf die Zahlungsreihe einer Investition der Kapitalwert null ist, bei dem also die Summe der Barwerte aller mit der Investition verbundenen Auszahlungen gleich der Summe der Barwerte aller durch sie hervorgerufenen Einzahlungen ist.[204]

---

[203] Vgl. dazu insb. *Büschgen, Hans E.*: Betriebliche Finanzwirtschaft – Unternehmensinvestitionen. Frankfurt a. M. 1981, S. 76–77.

[204] Vgl. dazu *Bieg, Hartmut*: Die Verfahren der Investitionsrechnung und ihre Verwendung in der Praxis. In: Der Steuerberater 1985, S. 66; *Blohm, Hans/Lüder, Klaus/Schaefer, Christina*: Investition. 10. Aufl., München 2012, S. 80; *Buchner, Robert*: Kapitalwert, interner Zinsfuß und Annuität

Der interne Zinsfuß eines Investitionsobjekts lässt sich deshalb ermitteln, indem die Kapitalwertformel, in der der gesuchte Zinssatz mit r bezeichnet ist, in einem ersten Schritt gleich null gesetzt wird:

$$C_0 = \sum_{t=0}^{n} Z_t \cdot (1+r)^{-t} = 0$$

Anschließend ist diese Bestimmungsgleichung nach r aufzulösen.

Der Kapitalwert des Investitionsobjekts nimmt allerdings nur dann einen Betrag von null an, wenn die Summe der Barwerte aller mit der Investition verbundenen Auszahlungen gleich der Summe der Barwerte aller durch sie hervorgerufenen Einzahlungen ist, wenn also gilt:

$$A_0 + \sum_{t=1}^{n} A_t \cdot (1+r)^{-t} = \sum_{t=1}^{n} E_t \cdot (1+r)^{-t} + L_n \cdot (1+r)^{-n}$$

Als **Entscheidungskriterium** der Methode des internen Zinsfußes gilt Folgendes:

Der interne Zinssatz r muss am Kalkulationszinssatz i, der als Vergleichsalternative dient, gemessen werden. Eine einzelne Investition erweist sich dann als vorteilhaft, wenn sie einen über dem Kalkulationszinssatz i liegenden internen Zinsfuß r aufweist. Von mehreren alternativ realisierbaren Investitionsobjekten sollte dasjenige mit dem höchsten Wert für r durchgeführt werden, wenn dieser interne Zinsfuß gleichzeitig größer als der Kalkulationszinssatz i ist.[205]

2. Die Bestimmung des internen Zinsfußes

Da bei der Auflösung der Bestimmungsgleichung für den internen Zinsfuß

$$C_0 = \sum_{t=0}^{n} Z_t \cdot (1+r)^{-t} = 0$$

---

als investitionsrechnerische Auswahlkriterien. In: Wirtschaftswissenschaftliches Studium 1993, S. 220; *Büschgen, Hans E.*: Betriebliche Finanzwirtschaft – Unternehmensinvestitionen. Frankfurt a. M. 1981, S. 78–79; *Däumler, Klaus-Dieter/Grabe, Jürgen*: Grundlagen der Investitions- und Wirtschaftlichkeitsrechnung. 13. Aufl., Herne 2014, S. 88; *Götze, Uwe*: Investitionsrechnung. 7. Aufl., Berlin/Heidelberg 2014, S. 103–114; *Mellwig, Winfried*: Kompendium für das Examen zum vBP/WP. Band 2: Betriebswirtschaft, 2. Aufl., Hamburg 1994, S. 189; *Rolfes, Bernd*: Dynamische Verfahren der Wirtschaftlichkeitsrechnung. In: Das Wirtschaftsstudium 1986, S. 484; *Walz, Hartmut/Gramlich, Dieter*: Investitions- und Finanzplanung. 8. Aufl., Frankfurt a. M. 2011, S. 66–67.

[205] Vgl. dazu u.a. *Bieg, Hartmut*: Betriebswirtschaftslehre 1: Investition und Unternehmungsbewertung. 2. Aufl., Freiburg i. Br. 1997, S. 77; *Blohm, Hans/Lüder, Klaus/Schaefer, Christina*: Investition. 10. Aufl., München 2012, S. 80–92; *Büschgen, Hans E.*: Betriebliche Finanzwirtschaft – Unternehmensinvestitionen. Frankfurt a. M. 1981, S. 78–83; *Götze, Uwe*: Investitionsrechnung. 7. Aufl., Berlin/Heidelberg 2014, S. 106–107; *Walz, Hartmut/Gramlich, Dieter*: Investitions- und Finanzplanung. 8. Aufl., Frankfurt a. M. 2011, S. 74–79.

B. Ausgewählte Verfahren

in der Mehrzahl der Fälle – sofern es sich nicht um ein- oder höchstens zweiperiodige Investitionen handelt – Probleme auftreten, behilft man sich in der Praxis zumeist damit, die Höhe des internen Zinsfußes näherungsweise festzulegen, um eine etwaige Vorstellung über die Wirtschaftlichkeit des Investitionsobjekts zu erhalten.

Es wird dabei oftmals auf die **Methode der linearen Interpolation** zurückgegriffen, um eine approximative Lösung der obigen Gleichung zu bestimmen. Bei diesem Näherungsverfahren berechnet man in einem ersten Schritt den Kapitalwert C_{01} für einen Kalkulationszinssatz i_1, in dessen Nähe man den internen Zinsfuß vermutet. Ist dieser positiv (negativ), so wird im zweiten Schritt ein höherer (niedrigerer) Kalkulationszinssatz i_2 gewählt, und für diesen ebenfalls der nun negative (positive) Kapitalwert C_{02} berechnet. Unter Verwendung der beiden auf diese Weise ermittelten Kapitalwerte lässt sich dann eine erste Näherungslösung $\hat{r}$ für den internen Zinsfuß mit Hilfe der **linearen Interpolation** bestimmen:

$$\hat{r} = i_1 - C_{01} \cdot \frac{i_2 - i_1}{C_{02} - C_{01}}$$

Die dargestellte Gleichung beruht auf den mathematischen Strahlensätzen (vgl. dazu auch **Abbildung 33**; S. 110); es gilt:

$$\frac{\hat{r} - i_1}{i_2 - i_1} = \frac{C_{01}}{C_{01} - C_{02}}$$

$$\hat{r} - i_1 = \frac{C_{01}}{C_{01} - C_{02}} \cdot (i_2 - i_1)$$

$$\rightarrow \hat{r} = i_1 + C_{01} \cdot \frac{i_2 - i_1}{C_{01} - C_{02}} \quad \text{bzw.} \quad \hat{r} = i_1 - C_{01} \cdot \frac{i_2 - i_1}{C_{02} - C_{01}}$$

Der mittels der linearen Interpolation berechnete Wert $\hat{r}$ entspricht zwar nicht genau dem internen Zinsfuß r, stellt jedoch meist eine erste akzeptable Näherungslösung dar und kann gleichzeitig als Ausgangsbasis zu einer exakten Berechnung des internen Zinsfußes verwendet werden. Sollte der Zinssatz $\hat{r}$ nicht den gewünschten Genauigkeitsgrad erreichen, so kann die Berechnung mit dem ermittelten Ergebnis weitergeführt werden. Die Berechnungen verlaufen analog zu den Verfahrensschritten bzgl. der ersten approximativen Lösung hinsichtlich des internen Zinsfußes. Durch mehrmalige Wiederholung der Interpolation kann der interne Zinsfuß auf diese Weise beliebig genau ermittelt werden.

Anhand **Abbildung 33** (S. 110) lässt sich nochmals deutlich erkennen, dass sich der tatsächliche **interne Zinsfuß als Nullstelle der Kapitalwertfunktion** ergibt und dass die Kapitalwertfunktion als solche einen nicht-linearen Verlauf aufweist. Dies ist auch der Grund, warum es bei einer linearen Interpolation zwischen zwei relativ weit vom internen Zinsfuß entfernten Zinssätzen zu einer nicht unerheblichen Abweichung des errechneten Näherungswertes vom internen Zinsfuß kommt. Der mit der Berechnung verbundene Fehler wird umso kleiner, je näher die beiden Kapitalwerte zusammenrücken.

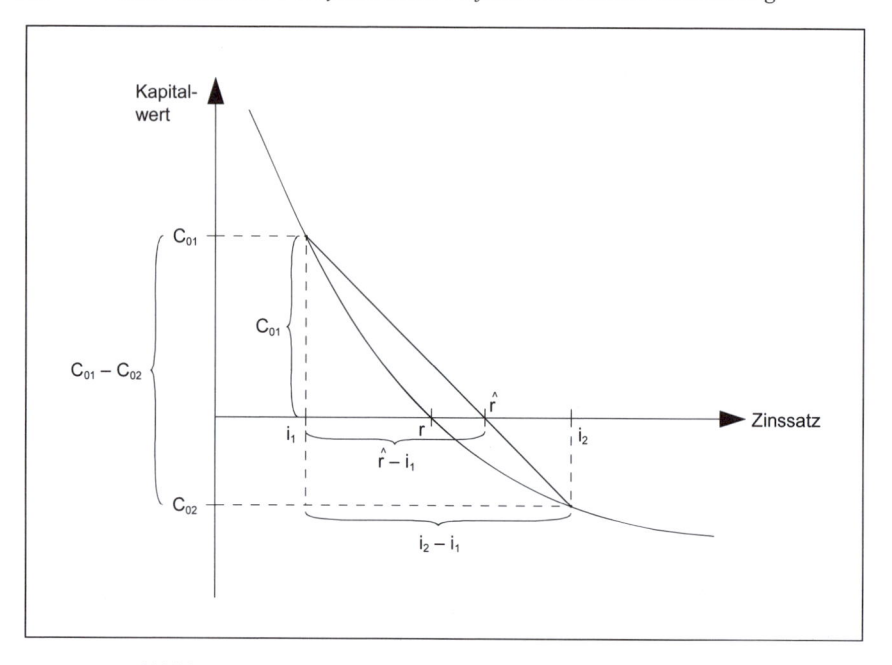

110 *Vierter Abschnitt: Die dynamischen Verfahren der Investitionsrechnung*

Abbildung 33: Interpolation zur Bestimmung des internen Zinsfußes

Ein alternatives Näherungsverfahren zur Bestimmung des internen Zinsfußes einer Investition stellt die **Newton-Iteration** dar. Dabei berechnet man für einen bestimmten Kalkulationszinssatz i_1, in dessen Nähe der interne Zinsfuß vermutet wird, zum einen den Kapitalwert C_{01} und zum anderen die Ableitung dieses Kapitalwerts nach dem Zinssatz (dC_{01}/di), und ermittelt anschließend mit Hilfe der berechneten Werte eine Näherungslösung für den internen Zinsfuß eines Investitionsobjekts $\hat{r}$:

$$\hat{r} = i_1 - \frac{C_{01}}{dC_{01} / di}$$

wobei:

$$C_0 = \sum_{t=0}^{n} Z_t \cdot (1+i)^{-t} \quad \text{und} \quad \frac{dC_0}{di} = \sum_{t=0}^{n} -t \cdot Z_t \cdot (1+i)^{-t-1}$$

Abhängig davon, wie genau eine Annäherung an den tatsächlichen internen Zinsfuß erfolgen soll, können beliebig viele Iterationsschritte durchgeführt werden. Meist wird aber ein bestimmter Wert ε als Schranke vorgegeben, so dass die Genauigkeit des Ergebnisses innerhalb der Bandbreite dieses Schrankenwerts liegen muss, d.h., die Berechnung ist erst dann genau genug und kann deshalb an dieser Stelle abgebrochen werden, wenn die Abweichung der approximierten internen Zinsfüße des n-ten und des (n–1)-ten Iterationsschrittes kleiner als ε ist:

$$|\hat{r}_n - \hat{r}_{n-1}| < \varepsilon$$

3. Die Bedeutung des internen Zinsfußes und Prämissen

Der interne Zinsfuß einer Investition spiegelt die Effektivverzinsung des jeweils gebundenen Kapitals wider. Er lässt sich daher auch als **kritischer Zinssatz** interpretieren. Im Falle der Fremdfinanzierung eines Investitionsobjekts lohnt sich diese nur, wenn die Kreditzinsen niedriger sind als der interne Zinsfuß. Bei Eigenfinanzierung ist ein Investitionsobjekt nur dann vorteilhaft, wenn mindestens die Eigenkapitalkosten gedeckt werden.

Es wird bisweilen auch versucht, den internen Zinsfuß als **Gesamtkapitalrentabilität** zu interpretieren. Diese gibt Aufschluss darüber, wieviel Prozent des in einer Periode gebundenen Kapitals der Investor am Ende der Periode aus dem Objekt entnehmen könnte, ohne die Rückgewinnung der Anschaffungsauszahlung zu gefährden.[206]

Diese verschiedenen Interpretationsversuche übersehen allerdings die bzgl. der Anwendung der Methode des internen Zinsfußes zu berücksichtigende **Wiederanlageprämisse**. Es wird nämlich davon ausgegangen, dass jederzeit sowohl Kapitalanlagen als auch Kapitalaufnahmen in beliebiger Höhe zum internen Zinssatz r getätigt werden können. Unter dieser gesetzten Prämisse ist es vollständig ohne Bedeutung, ob Einzahlungsüberschüsse zur Kredittilgung verwendet werden (Konsequenz: Zinsersparnisse i. H. d. internen Zinses multipliziert mit dem Betrag der Kreditrückzahlung) oder zum gleichen Zinssatz r angelegt werden.

Die weitere Vorgehensweise bei der Methode des internen Zinsfußes sieht einen Vergleich des internen Zinsfußes mit dem Kalkulationszinssatz i vor, wobei Letzterer durch die dem Investor zur Verfügung stehenden Kapitalbeschaffungsmöglichkeiten bzw. Kapitalanlagealternativen bestimmt wird. Die Methode des internen Zinsfußes geht also von **widersprüchlichen Voraussetzungen** aus, da finanzielle Mittel gleichzeitig zum internen Zinssatz und zum Kalkulationszinssatz beschafft bzw. angelegt werden können.[207]

Bei **Wahlentscheidungen** kommt diese **Inkonsistenz** sogar noch deutlicher zum Ausdruck. Hier werden – sofern die verschiedenen zur Auswahl stehenden Investitionsobjekte voneinander differierende interne Zinsfüße und damit auch differierende Kapitalanlage- und Kapitalbeschaffungszinssätze aufweisen – für die einzelnen Investitionsobjekte unterschiedliche Wiederanlageprämissen unterstellt. *Büschgen* bezeichnet diese Inkonsistenz als einen „Verstoß gegen das elementare Prinzip der Vergleichbarkeit"[208].

Es lässt sich feststellen, dass bei Vorliegen eines Wahlproblems **unterschiedliche Kapitalbindungen** – aufgrund unterschiedlich hoher Anschaffungsauszahlungen bzw. eines unter-

---

[206] Vgl. zu den diversen Interpretationsversuchen u.a. *Bieg, Hartmut*: Die Verfahren der Investitionsrechnung und ihre Verwendung in der Praxis. In: Der Steuerberater 1985, S. 67; *Schmidt, Reinhard H./Terberger, Eva*: Grundzüge der Investitions- und Finanzierungstheorie. 4. Aufl., Wiesbaden 1997, S. 141–142; *Walz, Hartmut/Gramlich, Dieter*: Investitions- und Finanzplanung. 8. Aufl., Frankfurt a. M. 2011, S. 71.

[207] Vgl. dazu insb. *Bieg, Hartmut*: Betriebswirtschaftslehre 1: Investition und Unternehmensbewertung. 2. Aufl., Freiburg i. Br. 1997, S. 79.

[208] *Büschgen, Hans E.*: Betriebliche Finanzwirtschaft – Unternehmensinvestitionen. Frankfurt a. M. 1981, S. 81.

112 *Vierter Abschnitt: Die dynamischen Verfahren der Investitionsrechnung*

schiedlichen Verlaufs der Kapitalfreisetzung bzw. unterschiedlicher Nutzungsdauern – wegen der **unterschiedlichen Wiederanlageprämissen zu unterschiedlichen Objektrangfolgen** bei der Kapitalwertmethode und der Methode des internen Zinsfußes führen können; allerdings müssen sich nicht zwingenderweise unterschiedliche Rangfolgen ergeben.[209]

4. Endliche und unendliche Renten

Ebenso wie bei den bereits vorgestellten dynamischen Verfahren der Investitionsrechnung ergibt sich auch bei der Berechnung des internen Zinsfußes von Investitionen eine Vereinfachung, sofern in den Perioden 1, 2, ..., n mit jeweils gleich hohen Einzahlungsüberschüssen Z gerechnet wird (Vorliegen einer endlichen Rente). Unter Vernachlässigung des Liquidationserlöses in t = n gilt für die Berechnung des Kapitalwerts dieser **endlichen Rente**:

$$C_0 = -A_0 + Z \cdot \frac{(1+r)^n - 1}{r \cdot (1+r)^n}$$

Da für den internen Zinssatz definitionsgemäß $C_0 = 0$ ist, gilt auch:

$$\frac{A_0}{Z} = \frac{(1+r)^n - 1}{r \cdot (1+r)^n}$$

Die rechte Seite der Gleichung verkörpert den Rentenbarwertfaktor (vgl. **Abschnitt 4, Kap. A.I.4.**). Anders ausgedrückt bedeutet dies, dass man bei Vorliegen einer endlichen Rente den internen Zinssatz erhält, indem die Anschaffungsauszahlung A_0 durch den jährlich erwirtschafteten Zahlungsüberschuss Z dividiert und der auf diese Weise errechnete Wert in der finanzmathematischen Tabelle für den Rentenbarwertfaktor in der durch die Dauer dieser endlichen Rente(n) bestimmten Zeile gesucht wird. Da der Wert aber i. Allg. zwischen zwei Zinssätzen liegen wird, ist zur Bestimmung des internen Zinssatzes wiederum eine lineare Interpolation erforderlich.

Wird mit einer jeweils am Periodenende gezahlten **unendlichen Rente**[210] gerechnet, so ergibt sich der – für den internen Zinsfuß r gleich null zu setzende – Kapitalwert nach der Formel:

$$C_0 = -A_0 + \frac{Z}{r}$$

Der interne Zinsfuß lässt sich dann folgendermaßen berechnen:

$$r = \frac{Z}{A_0}$$

---

[209] Vgl. *Bieg, Hartmut*: Betriebswirtschaftslehre 1: Investition und Unternehmungsbewertung. 2. Aufl., Freiburg i. Br. 1997, S. 80.

[210] Vgl. dazu **Abschnitt 4, Kap. A.I.5.**

5. Kritik

Obwohl sich die Methode des internen Zinsfußes wegen des in der betrieblichen Praxis weit verbreiteten Denkens in Renditen großer Beliebtheit erfreut und sie deshalb v.a. in Deutschland der Kapitalwertmethode vorgezogen wird,[211] besitzt die Methode des internen Zinsfußes – insb. wegen der unrealistischen und **widersprüchlichen Wiederanlageprämisse** – eine bisweilen unlogisch erscheinende Struktur und kann daher zu Fehlentscheidungen führen.

Kilger hat auf anschauliche Weise gezeigt, dass die Bestimmungsgleichung des internen Zinsfußes **nicht immer zu einem eindeutigen Ergebnis** führt.[212] Da diese Gleichung ein von der Anzahl der zugrunde gelegten Planungsperioden n abhängiges Polynom n-ten Grades ist, dessen Nullstellen bestimmt werden müssen, existieren auch Zahlungsreihen, für die **mehr als ein interner Zinsfuß oder gar kein interner Zinsfuß** existiert.

Eine eindeutige Lösung für r kann nur dann ermittelt werden, wenn die in Abhängigkeit vom Zinssatz dargestellte Kapitalwertfunktion die Abszisse nur einmal schneidet (Vorhandensein einer Nullstelle; vgl. dazu **Abbildung 34**[213]; S. 114).

Wird die Abszisse dagegen mehrmals von der Kapitalwertfunktion geschnitten, so lassen sich für eine Alternative auch mehrere – bis zu n – verschiedene interne Zinssätze bestimmen, die sich alle als gleichermaßen brauchbar bzw. unbrauchbar erweisen.

Da dies aber konsequenterweise bedeutet, dass die Verzinsung des eingesetzten Kapitals gleichermaßen unterschiedlich sein kann, wird dieser Sachverhalt von *Kruschwitz* zu Recht als „ökonomischer Unsinn" bezeichnet.[214]

Des Weiteren kann auch noch der Fall eintreten, dass überhaupt kein Zinssatz existiert, für den der Kapitalwert einer Zahlungsreihe null ist, bei dem also die Kapitalwertfunktion die Abszisse nicht schneidet. Die Methode des internen Zinsfußes ist hier nicht anwendbar, kann daher auch nicht zu Fehlentscheidungen führen.[215]

---

[211] Vgl. diesbzgl. u.a. *Bieg, Hartmut*: Betriebswirtschaftslehre 1: Investition und Unternehmungsbewertung. 2. Aufl., Freiburg i. Br. 1997, S. 81; *Büschgen, Hans E.*: Betriebliche Finanzwirtschaft – Unternehmensinvestitionen. Frankfurt a. M. 1981, S. 83.

[212] Vgl. dazu *Kilger, Wolfgang*: Zur Kritik am internen Zinsfuß. In: Zeitschrift für Betriebswirtschaft 1965, S. 765–798.

[213] Modifiziert entnommen aus *Kruschwitz, Lutz*: Investitionsrechnung. 14. Aufl., München 2014, S. 97.

[214] Vgl. dazu *Kruschwitz, Lutz*: Investitionsrechnung. 14. Aufl., München 2014, S. 95.

[215] Vgl. *Bieg, Hartmut*: Betriebswirtschaftslehre 1: Investition und Unternehmungsbewertung. 2. Aufl., Freiburg i. Br. 1997, S. 82.

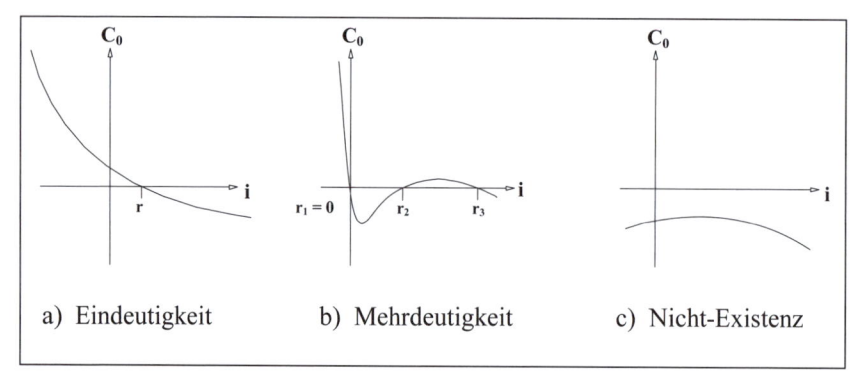

114 Vierter Abschnitt: Die dynamischen Verfahren der Investitionsrechnung

a) Eindeutigkeit   b) Mehrdeutigkeit   c) Nicht-Existenz

Abbildung 34: Kapitalwertfunktionen von drei Investitionen (Eindeutigkeit, Mehrdeutigkeit, Nicht-Existenz)

Liegen bzgl. einer Entscheidung über Investitionen Zahlungsreihen vor, bei denen auf eine oder mehrere Perioden mit Auszahlungsüberschüssen nur noch Perioden mit Einzahlungsüberschüssen folgen, so kann nachgewiesen werden, dass hier genau ein interner Zinsfuß existiert.[216]

Eindeutige **Nachteile** der Methode des internen Zinsfußes sind

- die mangelnde Interpretierbarkeit,
- die zweifelhafte und unverständliche Wiederanlageprämisse und
- die in einigen Fällen vorhandene Problematik der schwierigen nicht eindeutigen oder sogar fehlenden Bestimmbarkeit des internen Zinsfußes.

Der interne Zinsfuß kann auch nicht – obwohl dies des Öfteren als Vorteil dieser Methode angeführt wird – als Risikomaßstab angesehen werden, mit dessen Hilfe die in der Realität bestehenden Probleme bei der Ermittlung des Kalkulationszinssatzes i umgangen werden können, denn ein Vergleich des internen Zinsfußes hat immer – implizit oder explizit – mit den Kapitalbeschaffungskosten bzw. Kapitalanlagemöglichkeiten des Investors (und damit mit dem Kalkulationszinssatz i) zu erfolgen.[217]

IV. Die dynamische Amortisationsrechnung

1. Allgemeine Bemerkungen und Detaildarstellung

In Analogie zur statischen Amortisationsrechnung (vgl. **Abschnitt 3, Kap. E.**) ist auch bei der dynamischen Amortisationsrechnung der Zeitraum gesucht, innerhalb dessen sich die im Rahmen einer Investition getätigte Anschaffungsauszahlung durch die späteren Einzahlungsüberschüsse zurückerwirtschaften lässt. Da hier aber – im Vergleich zur statischen Amortisationsrechnung – auch die zeitliche Dimension eine wichtige Rolle spielt und des-

---

[216] Vgl. dazu ausführlich *Hax, Herbert*: Investitionstheorie. 5. Aufl., Würzburg/Wien 1993, S. 19.
[217] Vgl. *Bieg, Hartmut*: Betriebswirtschaftslehre 1: Investition und Unternehmungsbewertung. 2. Aufl., Freiburg i. Br. 1997, S. 83.

halb die temporäre Verteilung der innerhalb dieser Amortisationsdauer anfallenden Einzahlungsüberschüsse von wesentlicher Bedeutung ist, was durch die Abzinsung der jeweils anfallenden Zahlungen mit dem Kalkulationszinssatz zum Ausdruck kommt, soll durch die erzielten Einzahlungsüberschüsse auch die Verzinsung des gebundenen Kapitals zum Kalkulationszinssatz wiedergewonnen werden.

Da die Berechnung der Amortisationsdauer (pay off period) in diesem Fall also unter Berücksichtigung von Zins und Zinseszins erfolgt, wird nach dem Zeitraum gesucht, in dem der Barwert der Einzahlungsüberschüsse die Anschaffungsauszahlung deckt. Für diesen mit der Periode w endenden Zeitraum gilt folgende Gleichung:

$$A_0 = \sum_{t=1}^{w} Z_t \cdot (1+i)^{-t}$$

Lässt sich ein bestimmtes Investitionsobjekt nicht durch eine einmalige Anschaffungsauszahlung realisieren, sondern entstehen im weiteren Verlauf der Investition immer wieder Auszahlungen in größerer Höhe, so dass in einzelnen Perioden Auszahlungsüberschüsse auftreten können, kann die dynamische Amortisationsdauer allgemeiner formuliert werden als derjenige Zeitraum, in dem die diskontierten Einzahlungsüberschüsse genau so groß sind wie die diskontierten Auszahlungsüberschüsse.

Gleichermaßen wie bei der statischen Amortisationsrechnung kann das **Vorteilhaftigkeitskriterium für ein einzelnes Investitionsobjekt** festgelegt werden:

Ein Investitionsobjekt ist – verglichen mit dem Verzicht auf seine Durchführung – dann vorteilhaft, wenn seine dynamische Amortisationsdauer die vom Investor vorgegebene und von seiner Risikobereitschaft abhängige Höchstamortisationsdauer nicht überschreitet; die Höchstamortisationsdauer darf dabei die erwartete Lebensdauer nicht überschreiten.

Bei **mehreren sich gegenseitig ausschließenden Investitionsalternativen** sollte diejenige mit der kürzesten Amortisationsdauer ausgewählt werden, sofern diese kleiner ist als die Höchstamortisationsdauer.[218]

2. Die Bedeutung der Amortisationsdauer und Prämissen

Hinsichtlich der Anwendung der dynamischen Amortisationsrechnung gelten die gleichen Prämissen, die auch bei der Kapitalwertmethode zugrunde gelegt werden (vgl. **Abschnitt 4, Kap. B.I.2.**). Entgegen der bislang dargestellten dynamischen Verfahren der Investitionsrechnung orientiert sich der Investor jedoch nicht an ökonomischen Zielgrößen (Vermö-

---

[218] Vgl. dazu u.a. *Bieg, Hartmut*: Betriebswirtschaftslehre 1: Investition und Unternehmungsbewertung. 2. Aufl., Freiburg i. Br. 1997, S. 84; *Blohm, Hans/Lüder, Klaus/Schaefer, Christina*: Investition. 10. Aufl., München 2012, S. 68–72; *Büschgen, Hans E.*: Betriebliche Finanzwirtschaft – Unternehmensinvestitionen. Frankfurt a. M. 1981, S. 83–86; *Däumler, Klaus-Dieter/Grabe, Jürgen*: Grundlagen der Investitions- und Wirtschaftlichkeitsrechnung. 13. Aufl., Herne 2014, S. 226; *Götze, Uwe*: Investitionsrechnung. 7. Aufl., Berlin/Heidelberg 2014, S. 114–117; *Walz, Hartmut/Gramlich, Dieter*: Investitions- und Finanzplanung. 8. Aufl., Frankfurt a. M. 2011, S. 85–91.

gensstreben, Einkommensstreben), sondern berücksichtigt **ausschließlich Risikogesichtspunkte**. Die Kritik daran weicht – abgesehen von der Berücksichtigung des Zeitfaktors im Wege der Diskontierung von Einzahlungsüberschüssen – nicht von der Kritik an der statischen Amortisationsrechnung ab (vgl. **Abschnitt 3, Kap. E.II.**).

Zahlungen, die nach dem Ende der Amortisationsdauer anfallen, finden bei der dynamischen Amortisationsrechnung keine Berücksichtigung. Dass die Beurteilung eines einzelnen Investitionsobjekts anders ausfällt als bei Heranziehung der Kapitalwertmethode, kann an zwei Fakten liegen:

- Die vorgegebene Sollamortisationszeit ist kürzer als die berechnete tatsächliche Amortisationsdauer.

- Die zwischen dem Zeitpunkt der Amortisation und dem Ende des Planungszeitraums ($t = n$) liegenden Zahlungen weisen eine andere Struktur auf als diejenigen, die sich zwischen dem Zeitpunkt der Realisierung des Investitionsobjekts ($t = 0$) und dem Amortisationszeitpunkt ergeben.

Wenn eine Investition allerdings jenseits des Amortisationszeitpunkts nur noch Einzahlungsüberschüsse aufweist, kann die Entscheidung über ein einzelnes Investitionsobjekt unter Heranziehung der dynamischen Amortisationsrechnung nicht von der Entscheidung aufgrund der Kapitalwertmethode abweichen, denn das Ergebnis ist hier immer ein positiver Kapitalwert.[219] Zutreffend ist diese Aussage jedoch nur dann, wenn die Sollamortisationszeit über der tatsächlichen Amortisationsdauer liegt.

Bei Vorliegen einer Wahlentscheidung zwischen mehreren alternativ realisierbaren Objekten ist eine Abweichung der mittels der dynamischen Amortisationsrechnung erzielten Ergebnisse von denen der Kapitalwertmethode möglich, wenn die Zahlungsüberschüsse bei den einzelnen Objekten – insb. in der Anfangsphase – unterschiedlich strukturiert sind.[220]

3. Endliche und unendliche Renten

Auch bei Anwendung der dynamischen Amortisationsrechnung lässt sich die Berechnung wesentlich vereinfachen, wenn in den Perioden 1, 2, ..., n jeweils mit gleich hohen Einzahlungsüberschüssen Z gerechnet wird, d.h., wenn eine **endliche Rente**[221] vorliegt.

Vernachlässigt man den Liquidationserlös – was in der überwiegenden Mehrzahl der Fälle für das Rechenergebnis ohnehin bedeutungslos ist –, so gilt wiederum die Kapitalwertformel:

$$\boxed{C_0 = -A_0 + Z \cdot \frac{(1+i)^n - 1}{i \cdot (1+i)^n}}$$

---

[219] Vgl. dazu ausführlich *Blohm, Hans/Lüder, Klaus/Schaefer, Christina*: Investition. 10. Aufl., München 2012, S. 70–71.

[220] Vgl. *Bieg, Hartmut*: Betriebswirtschaftslehre 1: Investition und Unternehmensbewertung. 2. Aufl., Freiburg i. Br. 1997, S. 86.

[221] Vgl. **Abschnitt 4, Kap. A.I.4.**

Analog zur Methode des internen Zinsfußes erfolgt hier eine Umformung, so dass sich folgende Formel ergibt:

$$\frac{A_0}{Z} = \frac{(1+i)^n - 1}{i \cdot (1+i)^n}$$

Die rechte Seite der Gleichung stellt den Rentenbarwertfaktor dar. Da sich dieser entsprechend der Formel ermitteln lässt, indem die Anschaffungsauszahlung durch den Rentenbetrag dividiert wird, kann die Amortisationsdauer aus der Tabelle für den Rentenbarwertfaktor bei gegebenem Kalkulationszinssatz entnommen werden, wobei i. Allg. eine **lineare Interpolation** durchgeführt werden muss, wenn dem Investor für seine Entscheidung volle Jahreswerte nicht genügen.

Aber auch die dynamische Amortisationsdauer einer **unendlichen Rente**[222] kann mittels dieser Formel berechnet werden. Dabei wird eine Entscheidung allerdings lediglich aufgrund des Vergleichs von dynamischer Amortisationsdauer und vorgegebener Höchstamortisationsdauer getroffen, während bei der Rechnung mit einer endlichen Rente zusätzlich zu überprüfen ist, ob nicht die vorgegebene Höchstamortisationsdauer die erwartete Nutzungsdauer der Investition überschreitet.[223]

4. Kritik

Die bzgl. der statischen Amortisationsrechnung vorgebrachten Kritikpunkte gelten im Wesentlichen auch hier (vgl. **Abschnitt 3, Kap. E.II.**).

Von ihrer Ausprägung her kann die dynamische Amortisationsrechnung als die finanzmathematische **Variante der statischen mehrperiodigen Kumulationsmethode** interpretiert werden. Es wird dabei v.a. der Versuch unternommen, die mit einer Investition unabdingbar verbundenen Risiken zu kontrollieren bzw. zu minimieren, was allerdings unter monetären Gesichtspunkten allenfalls als bedingt sinnvoll angesehen werden kann, in erster Linie da die Höchstamortisationsdauer als Risikomaßstab vom Investor nur nach persönlicher Einschätzung, aber nicht unter nachweislich zweckmäßigen Kriterien festgelegt werden kann. Die dynamische Amortisationsrechnung sollte aus diesem Grund nicht als selbstständige Methode der Investitionsrechnung eingesetzt, sondern vielmehr als **Ergänzung zu einer anderen Methode** herangezogen werden.[224]

---

[222] Vgl. **Abschnitt 4, Kap. A.I.5.**

[223] Vgl. *Bieg, Hartmut*: Die Verfahren der Investitionsrechnung und ihre Verwendung in der Praxis. In: Der Steuerberater 1985, S. 70–71.

[224] Vgl. *Bieg, Hartmut*: Betriebswirtschaftslehre 1: Investition und Unternehmungsbewertung. 2. Aufl., Freiburg i. Br. 1997, S. 87.

V. Die zusammenfassende Beurteilung der klassischen dynamischen Verfahren der Investitionsrechnung

1. Der vollständige und begrenzte Vorteilsvergleich

Investitionen, die im Hinblick auf die Vergleichbarkeit von Alternativen bzgl. Lebensdauer, Struktur der Rückflüsse und Kapitaleinsatz zu tätigen sind, werden als Differenz-, Supplement-, Komplementär- oder Zusatzinvestitionen bezeichnet. Mit Hilfe von Komplementärinvestitionen gelingt es, die Zahlungsüberschüsse von zwei zu vergleichenden Investitionsobjekten in allen Zeitpunkten außer dem Endzeitpunkt des längerlebigen Investitionsobjekts einander anzugleichen.

Die Ermittlung aller real existierenden Komplementärinvestitionen ist aber immer mit größeren Schwierigkeiten verbunden, so dass stattdessen der vereinfachte begrenzte Vorteilsvergleich durchgeführt wird, welcher unterstellt, dass sich die notwendigen Komplementärinvestitionen zum Kalkulationszinsfuß verzinsen. Die Folge ist ein Kapitalwert i. H. v. null für die jeweiligen Komplementärinvestitionen, was letztendlich eine Vernachlässigung bei der Ermittlung erlaubt. Der begrenzte Vorteilsvergleich wird also mittels Berechnung des Kapitalwerts durchgeführt. Unterschiede in Lebensdauer, Struktur der Rückflüsse und Kapitaleinsatz können aufgrund der unterstellten Verzinsung der Komplementärinvestitionen zum Kalkulationszinssatz vernachlässigt werden.

Zu falschen Ergebnissen und damit zu **Fehlentscheidungen** kann der begrenzte Vorteilsvergleich dann führen, wenn die **Rendite der realen Komplementärinvestitionen und der Kalkulationszinssatz voneinander abweichen**, was aufgrund der Problematik des Kalkulationszinssatzes (realitätsferne Prämissen) nicht ausgeschlossen ist. Die Erkenntnisse hinsichtlich des begrenzten Vorteilsvergleichs lassen sich analog auf die Methode des internen Zinsfußes übertragen; eine Verzinsung der Komplementärinvestitionen erfolgt dann zum internen Zinsfuß. Der Annuitätenmethode liegen die Prämissen der Kapitalwertmethode zugrunde.

Der begrenzte Vorteilsvergleich mit Hilfe der dynamischen Verfahren der Investitionsrechnung unterstellt bzgl. der Differenzinvestitionen

- die Anlage der Differenz der Anschaffungsauszahlungen bis zum Ende der Nutzungsdauer des längerlebigen Investitionsobjekts zum Kalkulationszinssatz bzw. internen Zinsfuß und

- die Reinvestition aller Rückflüsse sofort zum Kalkulationszinssatz bzw. internen Zinsfuß mit Ausnahme der letzten Periode; es erfolgt also keine Kassenhaltung.[225]

---

[225] Vgl. dazu insb. *Perridon, Louis/Steiner, Manfred/Rathgeber, Andreas W.*: Finanzwirtschaft der Unternehmung. 16. Aufl., München 2012, S. 63–67.

2. Der Einfluss der Rechenverfahren auf die Investitionsentscheidung beim Alternativenvergleich

Wie bereits dargestellt wurde, führen die verschiedenen Verfahren der dynamischen Investitionsrechnung bei Einzelentscheidungen aufgrund der mathematischen Struktur prinzipiell zum gleichen Ergebnis. Bei **Vorliegen eines** technischen **Auswahlproblems** hängt die Entscheidung für eine der realisierbaren Investitionsalternativen aber von der Wahl der Methode ab.

Bei der Darstellung des vollständigen Vorteilsvergleichs hat sich gezeigt, dass Alternativen, die in Lebensdauer, Kapitaleinsatz und Rückflussstruktur differieren, nur unter Berücksichtigung von Komplementärinvestitionen verglichen werden können. Während die Komplementärinvestitionen in den vollständigen Vorteilsvergleich detailliert eingehen, werden sie im beschränkten Vorteilsvergleich durch **Pauschalannahmen** berücksichtigt. Diese Annahmen sind bei den einzelnen Rechenmethoden unterschiedlicher Art, so dass konsequenterweise die Vorteilsentscheidung von dem gewählten Rechenverfahren abhängen muss.

Bei einem Alternativenvergleich mittels der Kapitalwertmethode wird eine Verzinsung der Komplementärinvestitionen zum Kalkulationszinssatz, bei der Methode des internen Zinsfußes dagegen zum internen Zinsfuß unterstellt. Da beide Zinssätze i.d.R. voneinander abweichen, können die beiden Methoden zu unterschiedlichen Vorteilsentscheidungen führen.

Im ersten Augenblick überraschend erscheinen differierende Ergebnisse bei Anwendung von Kapitalwert- und Annuitätenmethode, da Letztere nur eine Variante der Kapitalwertmethode darstellt. Die sich ergebende Abweichung bei unterschiedlichen Laufzeiten lässt sich aber dadurch erklären, dass bei gleichem Kapitalwert auf unterschiedliche Lebensdauern verteilt, also mit unterschiedlichen Wiedergewinnungsfaktoren multipliziert wird und somit unterschiedliche Annuitäten berechnet werden. Es erfolgt für die Lebensdauerdifferenz die Unterstellung einer Reinvestition mit gleicher Annuität (identische Reinvestition). Wird aber bei der Annuitätenermittlung grds. die längste Nutzungsdauer der Vergleichsobjekte zugrunde gelegt, so führen Kapitalwertmethode und Annuitätenmethode zum gleichen Ergebnis (Annahme der Reinvestition zum Kalkulationszinssatz).

Des Weiteren stellt sich die Frage, warum die Methode des internen Zinsfußes genau zum umgekehrten Ergebnis wie die Kapitalwert- bzw. Annuitätenmethode kommen kann. Dies liegt daran, dass bei einem Vorteilhaftigkeitsvergleich zwischen zwei alternativ realisierbaren Investitionsobjekten die zeitliche Verteilung der Ein- und Auszahlungen eine entscheidende Rolle spielt. Damit hängt die Entscheidung zugunsten einer bestimmten Investition vom zugrunde gelegten Kalkulationszinssatz ab, denn zum einen werden mit zunehmendem Kalkulationszinsfuß weiter in der Zukunft liegende Rückflüsse stärker abgewertet und gehen deshalb mit immer weniger Gewicht in das Ergebnis ein, und zum anderen ändert sich mit steigendem Kalkulationszinssatz die Reinvestitionsmöglichkeit der Rückflussdifferenz.[226]

VI. Die Varianten der „klassischen" dynamischen Verfahren der Investitionsrechnung

1. Modellannahmen und Wirklichkeit

Die voranstehend aufgezeigten sog. **„klassischen" dynamischen Verfahren** der Investitionsrechnung gehen von einer Reihe von Prämissen aus, die in der Realität nicht vorzufinden sind. Bevor nun auf die real existente Situation eingegangen wird, sollen im Folgenden noch einmal kurz diese **Prämissen** aufgezeigt werden:

- Die vorgegebene Zielfunktion lässt sich durch das Streben nach Einkommens- bzw. Vermögensmaximierung treffend erfassen und sei auch richtig dargestellt.
- Ein Liquiditätsproblem existiert nicht, d. h., es ist jederzeit möglich, Kapital zum Kalkulationszinsfuß i aufzunehmen.
- Die hinsichtlich der Investitionsrechnung benötigten Größen sind eindeutig bestimmbar; dazu muss folgende Situation vorliegen:
  - Ausgehen von sicheren Entwicklungen, Berücksichtigung der tatsächlich bestehenden Mehrdeutigkeiten außerhalb der Rechnung.
  - Die von einem Investitionsobjekt in der Zukunft verursachten Ein- und Auszahlungen sind sicher zu ermitteln und dieser Investition zuzurechnen.
  - Der Investor besitzt zum Zeitpunkt der Entscheidung Kenntnis über die wirtschaftliche Nutzungsdauer des Investitionsobjekts.
  - Der Kalkulationssatz ist in seiner Höhe eindeutig festgelegt.
  - Es liegt eine zutreffende Beschreibung der Reinvestitionsmöglichkeiten bei einem Auswahlproblem durch Kalkulationszinsfuß, internen Zinsfuß oder Annuität vor, soweit sie nicht explizit berücksichtigt werden.

Inwieweit diese Prämissen nun Gültigkeit für die in der Wirklichkeit vorliegende Situation besitzen, soll nachfolgend analysiert werden.

Die Unterstellung eines vollkommenen und für den Investor unbeschränkten Kapitalmarkts und damit eines einheitlichen Kalkulationszinssatzes für angelegtes und aufgenommenes Kapital wird in der Wirklichkeit grds. nicht bestätigt. Vielmehr werden folgende Gegebenheiten vorliegen:

- Den Anbietern und Nachfragern von Kapital wird der Zugang nicht zu allen Bereichen des Kapitalmarkts möglich sein; des Weiteren kann eine Kapitalaufnahme bzw. -anlage zumeist nicht in unbeschränkter Höhe erfolgen.

---

[226] Vgl. dazu – mit erläuterndem Beispiel – ausführlich *Perridon, Louis/Steiner, Manfred/Rathgeber, Andreas W.*: Finanzwirtschaft der Unternehmung. 16. Aufl., München 2012, S. 63–67.

- Es existiert keine vollständige Markttransparenz und damit auch kein einheitlicher konstant bleibender Zinssatz, der als Kostenfaktor die „Beschränkung" des unterstellten vollkommenen Kapitalmarkts darstellt.
- Die einzelnen Kunden am Kapitalmarkt erfahren eine Behandlung entsprechend ihrer Bonität.
- Die Art der Finanzierung (teilweise Eigen- oder vollständige Fremdfinanzierung) nimmt Einfluss auf die Kapitalkosten und muss deshalb hinsichtlich der vorliegenden Entscheidungssituation berücksichtigt werden.[227]

Im Gegensatz zur Unterstellung eines vollkommenen Kapitalmarkts kann bei einzelnen Investoren hinsichtlich der Durchführung einer bestimmten Investition also durchaus ein Liquiditätsproblem auftreten. Bzgl. der Aufrechterhaltung der jederzeitigen Zahlungsfähigkeit muss eine **Einbeziehung aller Finanzierungsmöglichkeiten** in das Entscheidungsfeld erfolgen.

Des Weiteren als problematisch anzusehen ist die sichere Ermittlung und eindeutige **Zurechenbarkeit** der in der Zukunft verursachten Ein- und Auszahlungen zu einem bestimmten Investitionsobjekt. Diese Prämisse erfährt v. a. bzgl. der Einzahlungsgrößen Kritik; z.T. wird sogar die Zurechnung der Einzahlungen auf ein einzelnes Investitionsobjekt für unmöglich erklärt.[228] Als Begründung wird zum einen die auf der Komplexität der Materie beruhende Unsicherheit der Zahlungsreihen angeführt, und zum anderen die Schwierigkeit, beim ganzheitlichen Charakter eines Unternehmens einzelnen Objekten bestimmte Einzahlungen zuzurechnen. Die Zurechnung von Einzahlungen kann nur dann als unproblematisch angesehen werden, wenn Finanzinvestitionen vorliegen oder aber in sich geschlossene Objekte, sofern diese keine Veränderung in der Belastung der Verwaltung und keinen Einfluss auf den Produktionsapparat i. S. der Komplementarität oder partiellen Substitutionalität ausüben. Lösen lässt sich ein vorhandenes Zurechnungsproblem aber dadurch, dass nicht die Zahlungsreihe eines Investitionsobjekts als Basis für die Beurteilung dient, sondern nur die Veränderung der Gesamtsituation des Unternehmens, d.h. die Differenz der Zahlungsströme des Unternehmens ohne Durchführung der Investition und derjenigen nach Realisierung des Objekts, als Entscheidungsgrundlage dient. Die Schwierigkeit hierbei ist jedoch die Prognose einer Änderung derartiger Zahlungsreihen.

Eine weitere Problemsituation hinsichtlich der dynamischen Verfahren der Investitionsrechnung ergibt sich dadurch, dass diese den unterschiedlichen zeitlichen Anfall von Zahlungen durch die **Verzinsung zum Kalkulationszinssatz** berücksichtigen. Die Voraussetzung dafür ist aber eine Zugrundelegung von Zahlungsströmen oder Zahlungsreihen. Hier bestehen einerseits Schwierigkeiten hinsichtlich der Prognostizierung von Zahlungsreihen, da nur konkrete Zahlungen zu Zinsleistungen führen, und andererseits bzgl. der Festlegung des zeitlichen Anfalls der mit der Investition in Zusammenhang stehenden Zahlungen, da sowohl das eigene Verhalten bzgl. der Zahlungsziele als auch das der Kunden im Voraus

---

[227] Vgl. dazu auch *Perridon, Louis/Steiner, Manfred/Rathgeber, Andreas W.*: Finanzwirtschaft der Unternehmung. 16. Aufl., München 2012, S. 81–89.

[228] Vgl. u.a. *Klinger, Karl*: Das Schwächebild der Investitionsrechnungen. In: Der Betrieb 1964, S. 1821–1824.

nahezu unmöglich ermittelt werden können. Aufgrund dieser Tatsache gelangt man zu der Einsicht, dass es – obwohl die Rechnung eigentlich an Zahlungsgrößen orientiert werden soll – zweckmäßiger wäre, als Basis für die Berechnung periodisierte Größen, z.B. Aufwendungen und Erträge oder Kosten und Leistungen, zugrunde zu legen, die relativ einfach über das betriebliche Rechnungswesen beschafft werden könnten. Allerdings müsste dabei – entgegen den Grundsätzen der Kostenrechnung – nicht die Periodisierung und Normalisierung, sondern die möglichst gute Anpassung an Ein- und Auszahlungen angestrebt werden.[229]

Darüber hinaus ist die Verzinsung sowohl der Kapitalanlage- als auch der Kapitalaufnahmebeträge zu einem einheitlichen im Zeitablauf als konstant unterstellten Kalkulationszinssatz als kritisch anzusehen. Es herrscht nämlich aufgrund der unvollkommenen Informationsbeschaffungsmöglichkeiten am Kapitalmarkt keine genaue Kenntnis über die Höhe des richtigen Zinssatzes; außerdem ergeben sich aufgrund des Informationsgefälles zwischen den Kapitalgebern und den kapitalnachfragenden Investoren einerseits und der Unkenntnis der kapitalanlagewilligen Investoren über die Wiederanlagemöglichkeiten der überschüssigen Kapitalbeträge durch die Kapitalgeber andererseits **Abweichungen zwischen Soll- und Habenzinssatz**. Aus diesen Gründen besteht also absolute Unklarheit bzw. Unkenntnis über den für die Investitionsrechnung zugrunde zu legenden Kalkulationszinssatz.[230]

2. Die dynamischen Endwertverfahren

a) Einordnung

Bei den dynamischen Endwertverfahren wird versucht, einige der einschränkenden Prämissen der „klassischen" dynamischen Verfahren aufzuheben. So ermöglichen Endwertverfahren z.B. die **Berücksichtigung eines gespaltenen Kalkulationszinssatzes** in Form von abweichenden Soll- und Habenzinssätzen für Kreditaufnahme bzw. Kapitalanlage. Des Weiteren kann die **Aufhebung der Prämisse der Reinvestition freigesetzter Mittel** erfolgen, sofern die konkreten Investitionsalternativen des gesamten Planungszeitraums berücksichtigt werden; die Voraussetzung dafür ist allerdings eine Prognostizierbarkeit aller Zahlungen bis zum Planungshorizont bzgl. Höhe und zeitlichem Anfall sowie der anzusetzenden Verzinsung.

Statt einer Abzinsung sämtlicher sich aus der Durchführung einer Investition ergebenden Zahlungen auf den Bezugszeitpunkt t = 0 und somit der Ermittlung eines Barwerts des Investitionsobjekts erfolgt bei der Anwendung eines dynamischen Endwertverfahrens die Aufzinsung aller Zahlungen auf das Ende des Planungszeitraums t = n und damit die Berechnung eines Vermögensendwerts des Investitionsobjekts. Der Kapitalwertmethode entspricht im Bereich der aufzinsenden Verfahren die Vermögensendwertmethode und der Methode des internen Zinsfußes die Sollzinssatzmethode.

---

[229] Vgl. dazu insb. *Perridon, Louis/Steiner, Manfred/Rathgeber, Andreas W.*: Finanzwirtschaft der Unternehmung. 16. Aufl., München 2012, S. 81–89.

[230] Bzgl. der unterschiedlichen Literaturmeinungen des in diesem Fall zu wählenden Zinssatzes vgl. die detaillierten Ausführungen bei *Perridon, Louis/Steiner, Manfred/Rathgeber, Andreas W.*: Finanzwirtschaft der Unternehmung. 16. Aufl., München 2012, S. 85–89.

b) Die Vermögensendwertmethode

Dieses Investitionsrechenverfahren dient zur Ermittlung des Vermögensendwerts einer Investition durch Aufzinsung aller Zahlungen auf das Ende des Planungszeitraums. Dabei wird die real existierende Situation auf dem Kapitalmarkt (unvollkommene Information) durch die **Verwendung divergierender Soll- und Habenzinssätze** berücksichtigt. Trifft man die realistische Annahme, dass der Sollzinssatz über dem Habenzinssatz liegt, so gilt eine Einzelinvestition als vorteilhaft und damit realisierungswürdig, wenn sie einen positiven Vermögensendwert aufweist, da in diesem Fall eine über dem Sollzinssatz, d.h. eine über dem Kalkulationszinssatz für die Kapitalaufnahme liegende Investitionsrendite erzielt wird. Besteht ein Wahlproblem zwischen mehreren alternativ durchführbaren Investitionsobjekten, so sollte das Objekt mit dem höchsten positiven Vermögensendwert realisiert werden.

Es werden zwei **Varianten der Vermögensendwertmethode** unterschieden, nämlich die Vermögensendwertmethode mit Kontenausgleichsverbot und die Vermögensendwertmethode mit Kontenausgleichsgebot.

1. Variante: Vermögensendwertmethode mit Kontenausgleichsverbot

Wird unterstellt, dass für die Einzahlungs- bzw. Auszahlungsüberschüsse der einzelnen Perioden des Planungszeitraums jeweils eine getrennte Vermögensbestandsführung ohne einen Ausgleich über die Perioden erfolgt und erst am Ende der Planungsdauer eine Verrechnung beider Konten zum Zweck der Ermittlung des Vermögensendwerts C_n erfolgt, so handelt es sich um die **Vermögensendwertmethode mit Kontenausgleichsverbot**. Dabei wird angenommen, dass die Verzinsung des negativen Vermögenskontos C^- während des gesamten Planungszeitraums zum Kreditzinssatz i_{soll} und die des positiven Vermögenskontos C^+ zum Habenzinssatz i_{haben} erfolgt. Bei der folgenden formalen Darstellung der Vermögensendwertmethode mit Kontenausgleichsverbot werden die folgenden Symbole verwendet:

C_n	:	Vermögensendwert der Investition am Ende der Periode $t=n$;
Z_t^+	:	Einzahlungsüberschüsse der Periode t;
Z_t^-	:	Auszahlungsüberschüsse der Periode t;
i_{haben}	:	Zinssatz für Kapitalanlage (Habenzinssatz);
i_{soll}	:	Zinssatz für Kreditaufnahme (Sollzinssatz);
n	:	Nutzungsdauer des Investitionsobjekts;
t	:	Zeitindex ($t = 0, 1, 2, ..., n$).

Positives Vermögenskonto am Ende des Planungszeitraums:

$$C_n^+ = \sum_{t=1}^{n} Z_t^+ \cdot (1 + i_{haben})^{n-t}$$

Negatives Vermögenskonto am Ende des Planungszeitraums:

$$C_n^- = \sum_{t=0}^{n} Z_t^- \cdot (1 + i_{soll})^{n-t}$$

Vermögensendwert der Investition:

$$C_n = C_n^+ - C_n^- = \sum_{t=1}^{n} Z_t^+ \cdot (1 + i_{haben})^{n-t} - \sum_{t=0}^{n} Z_t^- \cdot (1 + i_{soll})^{n-t}$$

Beachtet werden muss hierbei aber, dass eine Vergleichbarkeit zwischen zwei oder mehreren realisierbaren Alternativen nur dann gegeben ist, wenn die Vermögensendwerte für den gleichen Endzeitpunkt ermittelt werden. Unterschiedliche Investitionslaufzeiten können durch Berücksichtigung von Ergänzungsinvestitionen (Ergänzung der kürzeren Laufzeit) oder Restnutzungswerten (Verkürzung der längeren Laufzeit) auf einen **einheitlichen Vergleichszeitpunkt** bezogen werden.

Zu berücksichtigen ist dabei allerdings, dass reine Finanzinvestitionen bei einem über dem Habenzinssatz i_{haben} liegenden Zinssatz für Kreditaufnahme i_{soll} zu einem negativen Vermögensendwert führen. Finanzergänzungsinvestitionen sind daher in diesem Fall nicht zweckmäßig; bereits planbare Sachinvestitionen können dagegen als Ergänzung in die Entscheidung miteinbezogen werden.

2. Variante: Vermögensendwertmethode mit Kontenausgleichsgebot

Eine Vereinfachung des allgemeinen Ansatzes der Vermögensendwertmethode lässt sich auch erreichen durch das **Kontenausgleichsgebot**. Dabei sind die Einzahlungsüberschüsse der jeweiligen Periode in voller Höhe zunächst zum Abbau eines evtl. bestehenden negativen Vermögens zu verwenden und erst nach dessen Tilgung ist eine Anlage der darüber hinaus erwirtschafteten finanziellen Mittel zum Habenzinssatz i_{haben} möglich. Daher ergibt sich:

$$C_t = (E_t - A_t) + C_{t-1} \cdot (1 + z) = Z_t + C_{t-1} \cdot (1 + z)$$

mit:

$z = i_{soll}$, wenn $C_{t-1} < 0$

$z = i_{haben}$, wenn $C_{t-1} > 0$

Dabei gilt:

C_t : Vermögenswert der Investition am Ende der Periode t;

C_{t-1} : Vermögenswert der Investition am Ende der Periode t–1;

E_t : Einzahlungen der Periode t;

A_t : Auszahlungen der Periode t;

Z_t : Zahlungsüberschuss der Periode t (Differenz zwischen Einzahlungen und Auszahlungen der Periode t) mit $Z_t > 0$ oder $Z_t < 0$;

t : Zeitindex (t = 1, 2, ..., n).

Unter Zugrundelegung desselben Zahlenmaterials für eine Investition führen die Vermögensendwertmethode mit Kontenausgleichsverbot bzw. -gebot i. Allg. zu unterschiedlichen Ergebnissen. Der Grund dafür beruht auf den divergierenden Zinssätzen für Kapitalanlage und Kapitalaufnahme: je schneller nämlich die Investitionsauszahlungen getilgt werden, d.h., je weniger Sollzinsen zu bezahlen sind, desto höher ist der Vermögensendwert im Falle der Vermögensendwertmethode mit Kontenausgleichsgebot.[231]

Als **Prämissen der Vermögensendwertmethode** können angeführt werden:

- Streben nach Gewinn- bzw. Vermögensmaximierung;
- Bestimmbarkeit und Möglichkeit der eindeutigen Zuordnung der Rechengrößen zu einem einzelnen Investitionsobjekt;
- Beachtung der vorgegebenen Finanzierungsregeln (Kontenausgleichsverbots- bzw. -gebotsregel);
- Prognostizierbarkeit von Soll- und Habenzinssatz;
- Vorhandensein eines unbeschränkten, aber unvollkommenen Kapitalmarkts (kein Vorliegen eines Kreditlimits; Divergenz zwischen Soll- und Habenzinssatz);
- Möglichkeit der Kapitalaufnahme zum Sollzinssatz und der Kapitalanlage zum Habenzinssatz.[232]

c) Die Sollzinssatzmethoden

Bei diesen Methoden der dynamischen Investitionsrechnung erfolgt die Berechnung eines **kritischen Sollzinssatzes**, bei dem der **Vermögensendwert einer Investition gleich null** ist.

Bei gegebenem Habenzinssatz drückt der kritische Sollzinssatz die Verzinsung aus, die auf das während des Planungszeitraums zu jedem Zahlungszeitpunkt noch gebundene Kapital erzielt werden kann. Der Sollzinssatz lässt sich deshalb als **kritischer Beschaffungszinssatz** für das durch eine Investition gebundene Kapital interpretieren. Die Ermittlung des kritischen Sollzinssatzes erfolgt analog zur Bestimmung des internen Zinsfußes im Rahmen der Methode des internen Zinsfußes (vgl. **Abschnitt 4, Kap. B.III.2.**).

Das **Vorteilhaftigkeitskriterium der Sollzinssatzmethode** ergibt sich unter der Annahme, dass zu einem gegebenen Sollzinssatz jederzeit finanzielle Mittel in unbeschränkter Höhe aufgenommen werden können:[233]

---

[231] Vgl. dazu u.a. *Blohm, Hans/Lüder, Klaus/Schaefer, Christina*: Investition. 10. Aufl., München 2012, S. 72–80; *Perridon, Louis/Steiner, Manfred/Rathgeber, Andreas W.*: Finanzwirtschaft der Unternehmung. 16. Aufl., München 2012, S. 89–92.

[232] Vgl. v.a. *Blohm, Hans/Lüder, Klaus/Schaefer, Christina*: Investition. 10. Aufl., München 2012, S. 78–80.

[233] Vgl. *Blohm, Hans/Lüder, Klaus/Schaefer, Christina*: Investition. 10. Aufl., München 2012, S. 76–77.

- Bei Vorhandensein eines vollkommenen und für den Investor unbeschränkten Kapitalmarkts, also bei Vorliegen eines einheitlichen Kalkulationszinssatzes für angelegtes und aufgenommenes Kapital, ist eine Investition als vorteilhaft anzusehen, wenn ihr kritischer Sollzinssatz nicht kleiner als der Kalkulationszinssatz ist.

- Ist der Sollzinssatz über dem Habenzinssatz angesiedelt, so ist eine Investition dann vorteilhaft, wenn ihr kritischer Sollzinssatz nicht kleiner als der tatsächliche (exogene) Sollzinssatz ist, da in diesem Fall kein negativer Vermögensendwert erzielt wird.

- Im Falle mehrerer sich gegenseitig ausschließender Alternativen wird sich der Investor für dasjenige Investitionsobjekt entscheiden, welches den größten kritischen Sollzinssatz liefert, wobei gleichzeitig der tatsächliche (exogene) Sollzinssatz kleiner oder gleich dem größten kritischen Sollzinssatz sein muss.

- Liegt der Habenzinssatz (trotz der Unwahrscheinlichkeit des Eintretens einer derartigen Fallkonstellation) über dem Sollzinssatz, so gilt eine Investition dann als vorteilhaft, wenn ihr kritischer Sollzinssatz nicht kleiner als der Habenzinssatz ist.[234] Im Rahmen der Berechnungen erlangt nur der Habenzinssatz eine Bedeutung; das Vorteilhaftigkeitskriterium folgt demjenigen der Methode des internen Zinsfußes.

Ähnlich wie im Falle der Vermögensendwertmethode lässt sich der allgemeine Ansatz auch hier durch spezielle Finanzierungsannahmen variieren und evtl. auch vereinfachen. Bekannte **Varianten der Sollzinssatzmethode** sind:

- Die TRM (*Teichroew, Robichek, Montalbano*)-Methode;
- die VR (Vermögensrentabilitäts)-Methode;
- die *Baldwin*-Methode.

Bei der **TRM-Methode** handelt es sich um eine Sollzinssatzmethode mit Kontenausgleichsgebot, d.h. die Einzahlungsüberschüsse der jeweiligen Periode finden zunächst in voller Höhe Verwendung zum Abbau eines evtl. bestehenden negativen Vermögens und erst nach dessen Tilgung erfolgt eine Anlage dieser erwirtschafteten finanziellen Mittel zum Habenzinssatz i_{haben}; Auszahlungsüberschüsse werden primär über eigengebildete Objektmittel finanziert.[235]

Formal dargestellt werden kann die TRM-Methode folgendermaßen:

$$C_t = Z_t + C_{t-1} \cdot (1 + z) = 0$$

mit:

$z = r_s$, wenn $C_{t-1} < 0$

$z = i_{haben}$, wenn $C_{t-1} > 0$

---

[234] Vgl. dazu v.a. *Blohm, Hans/Lüder, Klaus/Schaefer, Christina*: Investition. 10. Aufl., München 2012, S. 98.

[235] Vgl. dazu *Teichroew, Daniel/Robichek, Alexander A./Montalbano, Michael*: An Analysis of Criteria for Investment and Financing Decisions under Certainty. In: Management Science 1965/66, S. 155–179.

Dabei gilt:

r_s : Kritischer Sollzinssatz.

Mit Hilfe eines mathematischen Näherungsverfahrens (z.B. lineare Interpolation, *Newton*-Iteration) lässt sich ein Näherungswert für den kritischen Sollzinssatz bestimmen.

Bei einer weiteren Ausprägungsform der Sollzinssatzmethode nach *Henke*, der **VR (Vermögensrentabilitäts)-Methode**, wird ein Kontenausgleichsverbot unterstellt. Eine Verzinsung der Einzahlungsüberschüsse der jeweiligen Perioden erfolgt also bis zum Ende des Planungszeitraums zum Habenzinssatz i_{haben}; Auszahlungsüberschüsse müssen durch Zuführung von Kapital finanziert werden, für das eine Verzinsung i. H. d. Sollzinssatzes i_{soll} angenommen wird und das außerdem erst am Ende des Planungszeitraums zurückgezahlt wird.[236] Die Berechnung des kritischen Sollzinssatzes kann mittels folgender Gleichung erfolgen:

$$\boxed{C_n = C_n^+ - C_n^- = 0}$$

Setzt man für das **positive Vermögenskonto** am Ende des Planungszeitraums

$$\boxed{C_n^+ = \sum_{t=1}^{n} Z_t^+ \cdot (1 + i_{haben})^{n-t}}$$

und für das **negative Vermögenskonto** am Ende des Planungszeitraums

$$\boxed{C_n^- = \sum_{t=0}^{n} Z_t^- \cdot (1 + i_{soll})^{n-t}}$$

so lässt sich die Bestimmungsgleichung für die Ermittlung des kritischen Sollzinssatzes ausdrücken als

$$\boxed{C_n = \sum_{t=1}^{n} Z_t^+ \cdot (1 + i_{haben})^{n-t} - \sum_{t=0}^{n} Z_t^- \cdot (1 + r_s)^{n-t} = 0}$$

Auch bei dieser Methode kann durch Anwendung eines mathematischen Näherungsverfahrens ein Näherungswert für den kritischen Sollzinssatz r_s berechnet werden.

Die *Baldwin*-**Methode** repräsentiert ebenfalls eine Sollzinssatzmethode mit Kontenausgleichsverbot und somit sowohl eine vollständige Fremdfinanzierung des Kapitalbedarfs als auch eine endfällige Tilgung desselben. Allerdings enthält die *Baldwin*-Methode spezielle Ausprägungen:

---

[236] Vgl. dazu ausführlich *Henke, Manfred*: Vermögensrentabilität – ein einfaches dynamisches Investitionskalkül. In: Zeitschrift für Betriebswirtschaft 1973, S. 177–198.

- Verrechnung aller Einzahlungsüberschüsse ohne Berücksichtigung evtl. Investitionsauszahlungen über das positive Kapitalkonto und aller Auszahlungsüberschüsse, ebenfalls ohne Berücksichtigung etwaiger Investitionsauszahlungen, über das negative Kapitalkonto;
- Abtrennung der anfänglichen Investitionsauszahlung(en) sowie des erzielbaren Liquidationserlöses von den übrigen Zahlungen (sog. partielles Saldierungsverbot).

Anfallende Investitionsauszahlungen und der **Liquidationserlös** werden **mittels eines Habenzinssatzes** i_{haben} **auf den Beginn** des Planungszeitraums **abgezinst, Rückflüsse** hingegen – unabhängig davon, ob positiver oder negativer Art – **mit dem Habenzinssatz auf das Ende** des Planungszeitraums **aufgezinst**.

Der mittels der *Baldwin*-Methode endogen berechenbare kritische Sollzinssatz, der auch als kritischer Beschaffungszinssatz verstanden wird, drückt denjenigen Zinssatz aus, mit dem der Barwert der Summe aus Investitionsauszahlungen und Liquidationserlös auf das Ende des Planungszeitraums aufgezinst werden muss, damit er dem Endwert der positiven wie negativen Rückflüsse entspricht.[237]

Formal kann die von *Baldwin* begründete Methode in folgender Weise dargestellt werden:

$$\sum_{t=1}^{n} E_t \cdot (1 + i_{haben})^{n-t} - \sum_{t=1}^{n} A_t \cdot (1 + i_{haben})^{n-t} \stackrel{!}{=}$$

$$\left[\sum_{t=0}^{n} I_t \cdot (1 + i_{haben})^{-t} - L_n \cdot (1 + i_{haben})^{-n} \right] \cdot (1 + r_b)^n$$

Dabei gilt:

E_t : Positiver Rückfluss in der Periode t (Einzahlungsüberschuss ohne Berücksichtigung evtl. Investitionsauszahlungen in der Periode t);

A_t : Negativer Rückfluss in der Periode t (Auszahlungsüberschuss ohne Berücksichtigung evtl. Investitionsauszahlungen in der Periode t);

I_t : Investitionsauszahlungen der Periode t;

L_n : Liquidationserlös im Zeitpunkt $t = n$;

i_{haben} : Habenzinssatz;

r_b : Kritischer Sollzinssatz nach der *Baldwin*-Methode;

n : Planungszeitraum bzw. Nutzungsdauer des Investitionsobjekts;

t : Zeitindex (t = 0, 1, 2, ..., n).

---

[237] Vgl. dazu *Baldwin, Robert H.*: How to Assess Investment Proposals. In: Harvard Business Review 1959, N° 3, S. 98–104.

Den Sollzinssatz nach *Baldwin* ermittelt man durch Auflösung obiger Gleichung nach r_b wie folgt:

$$r_b = \sqrt[n]{\frac{\sum_{t=1}^{n} E_t \cdot (1 + i_{haben})^{n-t} - \sum_{t=1}^{n} A_t \cdot (1 + i_{haben})^{n-t}}{\sum_{t=0}^{n} I_t \cdot (1 + i_{haben})^{-t} - L_n \cdot (1 + i_{haben})^{-n}}} - 1$$

Zwischen der *Baldwin*-Methode und der VR-Methode bestehen materielle Zusammenhänge, die von *Blohm/Lüder/Schaefer* aufgezeigt werden. Somit ist eine Übereinstimmung in folgenden Situationen gegeben:

- Der Liquidationserlös des zu betrachtenden Objekts beträgt null bzw. wird vernachlässigt.
- Die Investitionsauszahlungen finden ausschließlich in t = 0 statt.
- Es darf maximal ein negativer Rückfluss entstehen und zwar in t = n.[238]

Aus diesen Ausführungen lässt sich folgern, dass die *Baldwin*-Methode einen Spezialfall der VR-Methode darstellt. Die Funktionsweise der *Baldwin*-Methode soll an folgendem Zahlenbeispiel näher aufgezeigt werden.

Beispiel:

Ein Investor, dem zwei sich gegenseitig ausschließende Investitionsobjekte zur Auswahl stehen, möchte diese anhand der *Baldwin*-Methode beurteilen. Hierzu sind folgende Daten gegeben:[239]

Die Investitionsauszahlungen, die vollständig fremdfinanziert werden, betragen für Investitionsobjekt A in t = 0 45.000 EUR und in t = 1 10.000 EUR. Für Investitionsobjekt B belaufen sie sich in t = 0 auf 40.000 EUR und in t = 1 auf 10.000 EUR.

Das Investitionsobjekt A weist innerhalb seiner wirtschaftlichen Nutzungsdauer folgende direkt zurechenbare Einzahlungs- bzw. Auszahlungsüberschüsse aus der operativen Geschäftstätigkeit auf:

t	1	2	3	4	5
Einzahlungsüberschuss (EUR)	30.000	20.000		20.000	25.000
Auszahlungsüberschuss (EUR)			15.000		

Das Investitionsobjekt B ruft während seiner wirtschaftlichen Nutzungsdauer folgende direkt zurechenbare Einzahlungsüberschüsse aus der operationalen Geschäftstätigkeit hervor:

t	1	2	3	4
Einzahlungsüberschuss (EUR)	20.000	20.000	15.000	20.000

Der Liquidationserlös beläuft sich bei Investitionsobjekt A am Ende des fünften Jahres auf 5.000 EUR, bei Investitionsobjekt B am Ende des vierten Jahres auf 7.000 EUR.

Der Habenzinssatz liegt bei 5 % p. a. Der Sollzins, mit dem das aufgenommene Fremdkapital pro Jahr zu verzinsen ist, beträgt 11,5 %.

---

[238] Vgl. *Blohm, Hans/Lüder, Klaus/Schaefer, Christina*: Investition. 10. Aufl., München 2012, S. 97–98.

[239] Entnommen aus *Kußmaul, Heinz/Richter, Lutz*: Die Baldwin-Methode. In: Finanz Betrieb 2000, S. 689–690.

Investitionsobjekt A

Zunächst ist der Barwert der effektiven Investitionsauszahlung mit Hilfe des Habenzinssatzes zu ermitteln. Im Rahmen der Berechnungen gilt es im Folgenden, das partielle Saldierungsverbot zu beachten: Die Investitionsauszahlungen in t = 1 sowie der sich in t = 5 ergebende Liquidationserlös dürfen nicht mit dem Einzahlungsüberschuss derselben Periode verrechnet werden.

$$45.000 + 10.000 \cdot 1{,}05^{-1} - 5.000 \cdot 1{,}05^{-5} = 50.606{,}18 \text{ EUR}$$

In einem nächsten Schritt ist der Endwert der positiven und negativen Kapitalkonten – bezogen auf t = 5 – zu berechnen.

$$30.000 \cdot 1{,}05^4 + 20.000 \cdot 1{,}05^3 - 15.000 \cdot 1{,}05^2 + 20.000 \cdot 1{,}05 + 25.000 = 89.080{,}19 \text{ EUR}$$

Somit beträgt der kritische Sollzinssatz nach *Baldwin*

$$r_{b_A} = \sqrt[5]{\frac{89.080{,}19}{50.606{,}18}} - 1 = 0{,}1197 = 11{,}97 \%$$

Investitionsobjekt B

Die Vorgehensweise zur Ermittlung des *Baldwin*-Zinssatzes bei Investitionsobjekt B entspricht grds. der von Objekt A. Somit gilt für den Barwert der Anschaffungsauszahlung und des Liquidationserlöses:

$$40.000 + 10.000 \cdot 1{,}05^{-1} - 7.000 \cdot 1{,}05^{-4} = 43.764{,}89 \text{ EUR}$$

Der Endwert der Kapitalkonten lautet:

$$20.000 \cdot 1{,}05^3 + 20.000 \cdot 1{,}05^2 + 15.000 \cdot 1{,}05 + 20.000 = 80.952{,}50 \text{ EUR}$$

Der kritische Sollzinssatz nach *Baldwin* beträgt demnach

$$r_{b_A} = \sqrt[4]{\frac{80.952{,}50}{43.764{,}89}} - 1 = 0{,}1662 = 16{,}62 \%$$

Investitionsobjekt B weist einen höheren kritischen Sollzinssatz als Investitionsobjekt A auf, der zudem über dem tatsächlichen Sollzinssatz i. H. v. 11,50 % liegt. Daher sollte Investitionsobjekt B der Vorzug gegeben werden.

Es ist allerdings zu beachten, dass der Vergleich der beiden zur Auswahl stehenden Investitionsobjekte nicht vollständig ist, da sie über unterschiedliche Laufzeiten sowie unterschiedliche Zahlungsströme verfügen.

Bzgl. der VR-Methode sowie der *Baldwin*-Methode lässt sich kritisieren, dass ein Kontenausgleichsverbot ökonomisch unsinnig ist, wenn der Sollzinssatz über dem Habenzinssatz angesiedelt ist.[240, 241] Stattdessen böte sich – unter der Bedingung, dass die eingegangene Kreditvereinbarung ein solches zulässt – die sofortige Tilgung des jeweils noch gebundenen

---

[240] Vgl. *Blohm, Hans/Lüder, Klaus/Schaefer, Christina*: Investition. 10. Aufl., München 2012, S. 100–101.

[241] Vgl. zur modifizierten *Baldwin*-Methode *Kußmaul, Heinz/Richter, Lutz*: Die Baldwin-Methode. In: Finanz Betrieb 2000, S. 683–692.

Fremdkapitals der Investitionsauszahlungen mit den aus dem Investitionsobjekt resultierenden Einzahlungsüberschüssen an.[242]

Die *Baldwin*-Methode stellt – wie voranstehend dargestellt wurde – einen Spezialfall der historisch gesehen später entwickelten VR-Methode dar. Im Gegensatz zur VR-Methode bietet die *Baldwin*-Methode ein unkompliziertes Verfahren, welches ohne großen mathematischen Aufwand eine exakte Lösung – ohne die Hinzunahme von Näherungsverfahren – erzielt. Dieses Argument ist jedoch angesichts des heutzutage selbstverständlichen Einsatzes von EDV-Lösungen unbedeutender geworden. Die *Baldwin*-Methode als Spezialfall der VR-Methode kommt in dem oben beschriebenen praxisrelevanten Fall zum gleichen Ergebnis wie die VR-Methode; in anderen Fällen scheint die VR-Methode der *Baldwin*-Methode jedoch überlegen, denn eine innerhalb dieser Methode unterstellte Verzinsung der Auszahlungsüberschüsse zum Sollzinssatz – anstelle des Habenzinssatzes bei der *Baldwin*-Methode – ist regelmäßig realitätsnäher.

Im Rahmen einer Modifikation kann die *Baldwin*-Methode an realistischere Annahmen angepasst werden, indem nun ein im Rahmen der Verhältnisse zwischen Soll- und Habenzinssatz gebotenes Kontenausgleichsgebot zugrunde gelegt wird. Nichtsdestotrotz bleibt die Grundidee der *Baldwin*-Methode erhalten, wonach Investitionsauszahlungen (sowie der Liquidationserlös) und Ein- und Auszahlungsüberschüsse voneinander getrennt werden. Folgende Formel kommt dabei zum Einsatz:

$$\boxed{C_t = Z_t + C_{t-1} \cdot (1 + z) = 0}$$

mit:

$z = i_{haben}$, wenn $C_{t-1} > 0$

$z = r_b$, wenn $C_{t-1} < 0$

$$\boxed{C_0 = Z_0 = I_0^{eff} = \sum_{t=0}^{n} I_t \cdot (1 + r_b)^{-t} - L_n \cdot (1 + i_{haben})^{-n}}$$

Dabei gilt:

I_0^{eff} : Effektive Investitionsauszahlungen zum Zeitpunkt $t = 0$.

Den Anfangsbestand des Kapitalkontos C_0 bilden nach wie vor die effektiven Investitionsauszahlungen. Es erfolgt demnach eine Abzinsung eines möglicherweise entstehenden Liquidationserlöses mit dem Habenzinssatz. Weitere Investitionsauszahlungen, die nicht in $t = 0$ entstanden sind, werden mittels des kritischen – noch zu ermittelnden – Sollzinssatzes auf $t = 0$ diskontiert. Den gesuchten kritischen Sollzinssatz bestimmt man als denjenigen Zinssatz, bei dem der Endwert der Investition gleich null ist. Das sich in diesem Zusammen-

---

[242] Vgl. *Kußmaul, Heinz/Richter, Lutz*: Die Baldwin-Methode. In: Finanz Betrieb 2000, S. 687, die ausführen, dass von diesem Standpunkt aus gesehen die TRM-Methode von realistischeren Annahmen ausgeht.

hang ergebende Interdependenzproblem (zur Ermittlung des kritischen Sollzinssatzes nach *Baldwin* muss der Anfangsbestand C_0 bekannt sein, dessen Höhe aber durch diesen Sollzinssatz determiniert wird) lässt sich mittels moderner Tabellenkalkulationsprogramme, die Nullstellenberechnungen unterstützen (bspw. Microsoft Excel), problemlos lösen.

> **Beispiel:**
>
> Die Lösung des vorangehenden Beispiels ändert sich, sofern die modifizierte *Baldwin*-Methode zur Anwendung kommt. Aufgrund des Interdependenzproblems kann der kritische Sollzinssatz nicht „von Hand" bestimmt werden, sondern es muss auf ein Tabellenkalkulationsprogramm mit Nullstellenfunktion (bspw. Microsoft Excel) zurückgegriffen werden (vgl. **Abbildung 35**[243]). Für Investitionsobjekt A ergibt sich danach ein kritischer Sollzinssatz i. H. v. 20,55 % und für Investitionsobjekt B i. H. v. 28,59 %. Auch in diesem Fall ergibt sich für beide Investitionsobjekte eine absolute Vorteilhaftigkeit, da der kritische Sollzinssatz in allen Fällen über dem tatsächlichen Sollzinssatz i. H. v. 11,5 % liegt. Da Investitionsobjekt B einen höheren kritischen Sollzinssatz aufweist, ist diesem der Vorzug zu geben.

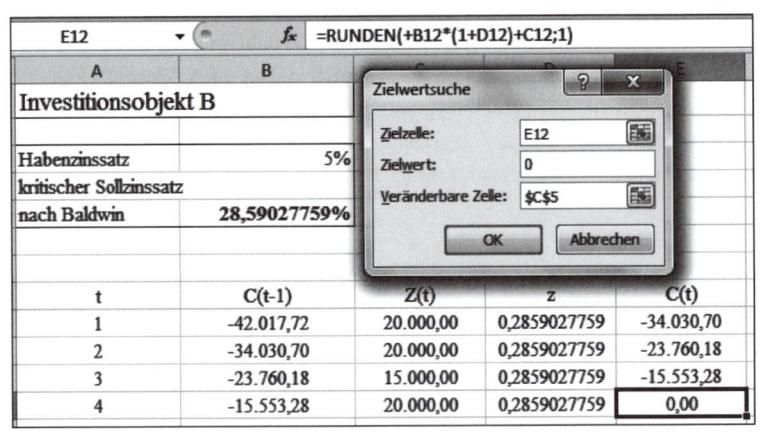

Abbildung 35: Zielwertsuche mit Microsoft Excel bei Investitionsobjekt B innerhalb des Zahlenbeispiels

3. Zusammenfassende Beurteilung der dynamischen Endwertverfahren

Bzgl. der Anwendung der endwertorientierten Verfahren der Investitionsrechnung muss **Kenntnis über das zukünftige objektbezogene Finanzierungsverhalten des Unternehmens** vorliegen, was zumeist aufgrund der in der Realität auftretenden, auf das gesamte Unternehmen bezogenen Finanzierungspolitik nicht gegeben ist. Alternativ dazu ist das Treffen von Annahmen über Finanzierungsregeln (z.B. Kontenausgleichsgebot oder -verbot) im Voraus notwendig, wobei aber die Gefahr besteht, dass sich die unterstellten Finanzierungsregeln mit den im Zeitablauf tatsächlich realisierten u.U. nicht decken. Oftmals können die für die endwertorientierten Verfahren herangezogenen Finanzierungsregeln auch aus

---

[243] Vgl. auch *Kußmaul, Heinz/Richter, Lutz*: Die Baldwin-Methode. In: Finanz Betrieb 2000, S. 691.

ökonomischer Sicht als nicht zweckmäßig eingestuft werden, so z.B. die Kontenausgleichsverbotsregel bei einem über dem Habenzinssatz liegenden Sollzinssatz.

Darüber hinaus bestehen bei diesen Rechenverfahren große Schwierigkeiten hinsichtlich der **Bestimmung der entscheidungsrelevanten Rechengrößen**. So wird insb. eine strenge Trennung zwischen angelegtem Kapital und aufgenommenen Krediten nicht immer eindeutig möglich sein, da i.d.R. ein Teil der erwirtschafteten Einzahlungsüberschüsse zur Tilgung des aufgenommenen Fremdkapitals verwendet wird. Auch entstehen Probleme bzgl. der Prognostizierbarkeit von Soll- und Habenzinssatz.

Die größte Problematik der endwertorientierten Verfahren liegt aber wohl in der **Zugrundelegung einer einheitlichen Laufzeit** beim Vergleich von Investitionsalternativen mit unterschiedlicher Objektlebensdauer.

Wegen der speziellen gegenüber den dynamischen Barwertverfahren zusätzlich vorhandenen Unsicherheitsfaktoren, die in den Entscheidungsbildungsprozess eingehen, ist **den endwertorientierten Verfahren** gegenüber den Barwertverfahren nur dann **der Vorzug zu geben**, wenn eine **große Divergenz zwischen Soll- und Habenzins** berücksichtigt werden muss, eine **objektbezogene Finanzierung** vorliegt und/oder die Reinvestitionsprämisse zum Kalkulationszinsfuß durch Berücksichtigung des geplanten Investitionsprogramms bis zum Planungshorizont aufgehoben werden kann. In diesem Fall bieten sich dann allerdings auch Modelle für Programmentscheidungen an.[244]

VII. Beispiel zur praktischen Anwendung der dynamischen Verfahren der Investitionsrechnung

Das Fallbeispiel[245] zur Anwendung der dynamischen Verfahren der Investitionsrechnung knüpft an die Ausgangsdaten des Beispiels zu den statischen Verfahren an (vgl. **Abschnitt 3, Kap. F.**).

(5) Die Marketingabteilung der Riesling GmbH ist in der Lage, die Einzahlungsüberschüsse der beiden Anlagen für die nächsten 6 Jahre zu bestimmen. Die Daten ergeben folgendes Bild (Beträge in EUR):

	A_0	Z_1	Z_2	Z_3	Z_4	Z_5	Z_6
Anlage I	– 66.000	15.500	15.500	15.500	15.500	15.500	15.500
Anlage II	– 75.000	17.500	20.000	20.000	16.000	16.000	14.000

---

[244] Vgl. dazu insb. *Blohm, Hans/Lüder, Klaus/Schaefer, Christina*: Investition. 10. Aufl., München 2012, S. 90–92; *Perridon, Louis/Steiner, Manfred/Rathgeber, Andreas W.*: Finanzwirtschaft der Unternehmung. 16. Aufl., München 2012, S. 92.

[245] Entnommen aus *Kußmaul, Heinz*: Dynamische Verfahren der Investitionsrechnung. In: Der Steuerberater 1995, S. 387–389. Ein weiteres Zahlenbeispiel zur Kapitalwertmethode und zur Methode des internen Zinsfußes findet sich bei *Kußmaul, Heinz/Leiderer, Bernd*: Die Fallstudie aus der Betriebswirtschaftslehre: Investitionsrechnung. In: Das Wirtschaftsstudium 1996, S. 236–240.

a) Treffen Sie eine Investitionsentscheidung nach der Kapitalwertmethode bzw. nach der Annuitätenmethode!
b) Ermitteln Sie auch den internen Zinsfuß der Investitionen!
c) Kurzfristig wird der Riesling GmbH noch eine dritte Anlage angeboten, die folgende Einzahlungsüberschüsse erwirtschaften könnte (Beträge in EUR):

	A_0	Z_1	Z_2	Z_3	Z_4	Z_5	Z_6
Anlage III	– 66.000	40.000	40.000	20.000	– 5.000	– 10.000	– 20.000

Welche Anlage ist nach der dynamischen Amortisationsrechnung am vorteilhaftesten? Welche Probleme treten dabei auf?

d) Für welches der drei Investitionsobjekte wird sich das Unternehmen entscheiden, wenn es eine Vermögensendwertmaximierung anstrebt?

Lösung:

(5)

a) Bei der Kapitalwertmethode als klassischem dynamischen Verfahren der Investitionsrechnung dient der **Kapitalwert** zu Beginn der Nutzungsdauer von Investitionsobjekten als Maßstab zur Beurteilung der Vorteilhaftigkeit. Allgemein gilt:

$$\boxed{\text{Kapitalwert } C_0 = -A_0 + \sum_{t=1}^{n} Z_t \cdot (1+i)^{-t} + L_n \cdot (1+i)^{-n}}$$

$$C_0^I = -66.000 + 15.500 \cdot \frac{1,05^6 - 1}{0,05 \cdot 1,05^6} = \mathbf{12.673{,}23 \text{ EUR}}$$

$$C_0^{II} = -75.000 + \frac{17.500}{1,05^1} + \frac{20.000}{1,05^2} + \frac{20.000}{1,05^3} + \frac{16.000}{1,05^4} + \frac{16.000}{1,05^5} + \frac{14.000}{1,05^6}$$
$$= \mathbf{13.230{,}68 \text{ EUR}}$$

Der Kapitalwert beider Anlagen ist größer als null, wodurch jede Anlage für sich gesehen vorteilhaft ist. Im direkten Vergleich beider Anlagen erweist sich die Anlage II aufgrund des höheren Kapitalwerts vorteilhafter als die Anlage I.

Die **Annuität** einer Investition lässt sich bestimmen durch Transformation des Kapitalwerts C_0 in eine Reihe gleich hoher Zahlungen zu den einzelnen Zahlungszeitpunkten der Investition. Diese Maßnahme erfolgt mit Hilfe des Kapitalwiedergewinnungsfaktors KWF(i;n) bei gegebenem Kalkulationszinssatz i und festliegendem Planungshorizont n.

Es gilt:

$$\boxed{G_n = C_0 \cdot \text{KWF}(i;n)}$$

$$G_{nI} = 12.637{,}23 \cdot 0{,}197018 = \mathbf{2.496{,}85 \text{ EUR}}$$

$$G_{nII} = 13.230{,}68 \cdot 0{,}197018 = \mathbf{2.606{,}68 \text{ EUR}}$$

Es lässt sich erkennen, dass unter Zugrundelegung der Annuität als entscheidungsrelevante Größe eine Vorteilhaftigkeit beider Anlagen gegeben ist, die allerdings bei Anlage II höher ist als bei Anlage I, denn $G_{nII} > G_{nI}$. Daher ist – wie bei Anwendung der Kapitalwertmethode – Anlage II gegenüber Anlage I der Vorzug zu geben.

b) Der **interne Zinsfuß** einer Investition gibt an, wie hoch die Verzinsung ist, die in jedem Zahlungszeitpunkt auf das jeweils noch gebundene Kapital erzielt werden kann. Die Formel für die Berechnung des internen Zinssatzes bei diskreten, äquidistanten Zahlungszeitpunkten lässt sich unmittelbar aus der Kapitalwertformel ableiten:

$$\text{Kapitalwert } C_0 = -A_0 + \sum_{t=1}^{n} Z_t \cdot (1+i)^{-t} + L_n \cdot (1+i)^{-n} \overset{!}{=} 0$$

Kapitalwert des Investitionsobjekts I bei verschiedenen Zinssätzen:

- $i_1 = 0{,}10$:

$$C_{01}^I = -66.000 + 15.500 \cdot \frac{1{,}1^6 - 1}{0{,}1 \cdot 1{,}1^6} = +1.506{,}54 \text{ EUR}$$

- $i_2 = 0{,}11$:

$$C_{02}^I = -66.000 + 15.500 \cdot \frac{1{,}11^6 - 1}{0{,}11 \cdot 1{,}11^6} = -426{,}66 \text{ EUR}$$

Kapitalwert des Investitionsobjekts II bei verschiedenen Zinssätzen:

- $i_1 = 0{,}10$:

$$C_{01}^{II} = -75.000 + \frac{17.500}{1{,}1^1} + \frac{20.000}{1{,}1^2} + \frac{20.000}{1{,}1^3} + \frac{16.000}{1{,}1^4} + \frac{16.000}{1{,}1^5} + \frac{14.000}{1{,}1^6}$$
$$= +1.229{,}90 \text{ EUR}$$

- $i_2 = 0{,}11$:

$$C_{02}^{II} = -75.000 + \frac{17.500}{1{,}11^1} + \frac{20.000}{1{,}11^2} + \frac{20.000}{1{,}11^3} + \frac{16.000}{1{,}11^4} + \frac{16.000}{1{,}11^5} + \frac{14.000}{1{,}11^6}$$
$$= -858{,}07 \text{ EUR}$$

Mittels linearer Interpolation ergibt sich folgender approximierter interner Zinsfuß:

$$\hat{r} = i_1 - C_{01} \cdot \frac{i_2 - i_1}{C_{02} - C_{01}}$$

$$\hat{r}_I = 0{,}1 - 1.506{,}54 \cdot \frac{0{,}11 - 0{,}1}{(-426{,}66) - 1.506{,}54} = 0{,}10779 \approx \mathbf{10{,}78\ \%}$$

$$\hat{r}_{II} = 0{,}1 - 1.229{,}90 \cdot \frac{0{,}11 - 0{,}1}{(-858{,}07) - 1.229{,}90} = 0{,}10589 \approx \mathbf{10{,}59\ \%}$$

Jede Investition für sich betrachtet ist vorteilhaft, denn der jeweilige interne Zinsfuß liegt über dem Kalkulationszinssatz. Anlage I ist der Anlage II vorzuziehen, da sie eine höhere interne Verzinsung aufweist.

c) **Ermittlung der dynamischen Amortisationsdauer:**

Anlage I

Zahlungszeitpunkt t	Nettozahlungen (Zeitwert) Z_t	Abzinsungsfaktoren $(1+i)^{-t}$ für i=0,05	Nettozahlungen (Barwert)	Kumulierte Barwerte der Nettozahlungen = Kapitalwerte $C_0(t)$
0	– 66.000	1	– 66.000,00	– 66.000,00
1	15.500	$1{,}05^{-1}$	14.761,91	– 51.238,09
2	15.500	$1{,}05^{-2}$	14.058,96	– 37.179,13
3	15.500	$1{,}05^{-3}$	13.389,48	– 23.789,65
4	15.500	$1{,}05^{-4}$	12.751,89	– 11.037,76
5	15.500	$1{,}05^{-5}$	12.144,66	+ 1.106,90
6	15.500	$1{,}05^{-6}$	11.566,34	+ 12.673,24

Anlage II

Zahlungszeitpunkt t	Nettozahlungen (Zeitwert) Z_t	Abzinsungsfaktoren $(1+i)^{-t}$ für i=0,05	Nettozahlungen (Barwert)	Kumulierte Barwerte der Nettozahlungen = Kapitalwerte $C_0(t)$
0	– 75.000	1	– 75.000,00	– 75.000,00
1	17.500	$1{,}05^{-1}$	16.666,67	– 58.333,33
2	20.000	$1{,}05^{-2}$	18.140,59	– 40.192,74
3	20.000	$1{,}05^{-3}$	17.276,75	– 22.915,99
4	16.000	$1{,}05^{-4}$	13.163,24	– 9.752,75
5	16.000	$1{,}05^{-5}$	12.536,42	+ 2.783,67
6	14.000	$1{,}05^{-6}$	10.447,02	+ 13.230,69

Anlage III

Zahlungs-zeitpunkt t	Netto-zahlungen (Zeitwert) Z_t	Abzinsungs-faktoren $(1+i)^{-t}$ für i=0,05	Netto-zahlungen (Barwert)	Kumulierte Barwerte der Netto-zahlungen = Kapitalwerte $C_0(t)$
0	− 66.000	1	− 66.000,00	− 66.000,00
1	40.000	$1,05^{-1}$	38.095,24	− 27.904,76
2	40.000	$1,05^{-2}$	36.281,18	+ 8.376,42
3	20.000	$1,05^{-3}$	17.276,75	+ 25.653,17
4	− 5.000	$1,05^{-4}$	− 4.113,51	+ 21.539,66
5	− 10.000	$1,05^{-5}$	− 7.835,26	+ 13.704,40
6	− 20.000	$1,05^{-6}$	− 14.924,31	− 1.219,91

Die Anlage I amortisiert sich im fünften, die Anlage II ebenfalls im fünften und die Anlage III im zweiten Jahr. Somit ist die Anlage III nach der Amortisationsrechnung am vorteilhaftesten, da sie die kürzeste Amortisationszeit aufweist. Jedoch bleiben dabei die Zahlungsströme nach dem Amortisationszeitpunkt unberücksichtigt, welche bei der Anlage III zu einem negativen Kapitalwert von − 1.219,91 EUR führen. Deshalb sollte auf das Kriterium der dynamischen Amortisationsdauer nur i. V. m. anderen Verfahren der Investitionsrechnung zurückgegriffen werden.

d) Die **Vermögensendwertmethode** ist ein Verfahren der Investitionsrechnung, bei dem sämtliche Zahlungen einer Investition auf das Ende des Planungszeitraumes bezogen werden. Der **Vermögensendwert** entspricht dem aufgezinsten Kapitalwert, wenn Soll- und Habenzinssatz gleich sind. Aus diesem Grund gilt hier:

$$C_n = C_0 \cdot (1+i)^n = -A_0 \cdot (1+i)^n + \sum_{t=1}^{n} Z_t \cdot (1+i)^{n-t} + L_n$$

$C_{nI} = 12.673,23 \cdot 1,05^6 =$ **16.983,34 EUR**

$C_{nII} = 13.230,68 \cdot 1,05^6 =$ **17.730,38 EUR**

$C_{nIII} = -1.219,91 \cdot 1,05^6 =$ **− 1.634,80 EUR**

Die Investitionsobjekte I und II sind absolut gesehen vorteilhaft, denn sie erwirtschaften bei einer 5 %-igen Verzinsung des eingesetzten Kapitals den jeweils errechneten Endwert. Da $C_{nII} > C_{nI}$ gilt, ist Anlage II die vorteilhafteste Anlage für das Unternehmen.

C. Ausgewählte dynamische Rechenverfahren zur Ermittlung der optimalen Nutzungsdauer und des optimalen Ersatzzeitpunkts von Investitionen

I. Allgemeine Bemerkungen

Während bisher Entscheidungen über realisierbare Investitionsobjekte im Hinblick auf das Ziel der Gewinnmaximierung bei gegebenen Ausgangsgrößen, insb. feststehender Nutzungsdauer, angestrebt wurden, soll im Weiteren die Nutzungsdauer an sich ein Entscheidungsproblem der Investitionsrechnung darstellen.

Die Nutzungsdauer eines bestimmten Investitionsobjekts spiegelt dabei den Zeitraum wider, in dem das Investitionsobjekt zweckentsprechend verwendbar ist. Die Bestimmungsfaktoren der Nutzungsdauer einer Investition können rechtlicher, technischer oder wirtschaftlicher Art sein:

- Die **rechtliche Nutzungsdauer** umfasst den Zeitraum, in dem ein Investitionsobjekt durch gesetzliche Vorschriften oder vertragliche Vereinbarungen auf zivilrechtlicher Basis für den Investor nutzbar ist, selbst wenn es vom wirtschaftlichen oder technischen Standpunkt aus noch länger genutzt werden könnte. Rechtliche Beschränkungen sind v. a. im Bereich der Anlagen zu finden; hier geben z.B. Lizenzen, Patente, Mietverträge, Leasingverträge oder gewährte Darlehen durch die festgelegten Fristen den Zeitraum der Nutzung vor, der nicht ohne Weiteres überschritten werden darf. Eine Feststellung der rechtlichen Nutzungsdauer erweist sich aufgrund der vertraglichen Fixierung i. Allg. als unproblematisch.

- Durch die **technische Nutzungsdauer** kommt der Zeitraum zum Ausdruck, in dem das Investitionsobjekt technisch dazu in der Lage ist, Leistungen abzugeben. Da sie abhängig ist von der Bereitschaft, Kosten für Instandhaltung, Wartung und Reparaturen in Kauf zu nehmen, lässt sich der Zeitpunkt des endgültigen Verschleißes einer Anlage nur schwer bestimmen.

- Die **wirtschaftliche Nutzungsdauer** verkörpert den Zeitraum, in dem ein Investitionsobjekt unter finanzwirtschaftlichen Gesichtspunkten vorteilhaft genutzt werden kann. Dieser Zeitraum ist kleiner oder gleich der technischen Nutzungsdauer, denn technischer Fortschritt bzw. wirtschaftliche Veränderungen (Angebots- und Nachfrageverschiebungen) können die Nutzung einer Anlage, die technisch gesehen noch weiter genutzt werden könnte, unrentabel machen.[246]

Bei der Beurteilung der Vorteilhaftigkeit einer Investition ist eine **Orientierung an der wirtschaftlichen Nutzungsdauer** zweckmäßig, da diese den Zeitraum ausdrückt, der zu einer optimalen Erfüllung der monetären Unternehmensziele führt. In der Realität dürfte

---

[246] Vgl. dazu u.a. *Busse von Colbe, Walther/Laßmann, Gert*: Betriebswirtschaftstheorie. Band 3, 3. Aufl., Berlin 1990, S. 131; *Däumler, Klaus-Dieter/Grabe, Jürgen*: Anwendung von Investitionsrechnungsverfahren in der Praxis. 5. Aufl., Herne 2010, S. 133; *Götze, Uwe*: Investitionsrechnung. 7. Aufl., Berlin/Heidelberg 2014, S. 251–252; *Perridon, Louis/Steiner, Manfred/Rathgeber, Andreas W.*: Finanzwirtschaft der Unternehmung. 16. Aufl., München 2012, S. 68.

sich aber ohne Gesetzes- bzw. Vertragsänderungen im Falle einer rechtlichen Nutzungsdauer diese durchsetzen.

Entscheidungen über die Nutzungsdauer von Investitionen können in zweierlei Hinsicht getroffen werden. Zum einen ist **vor** der Realisation eines Investitionsobjekts eine Entscheidung dahingehend zu treffen, wie lange dieses – unter Zugrundelegung ökonomischer Kriterien – genutzt werden soll (**Ex-ante-Entscheidung**); zum anderen stellt sich **nach** dem Beginn der Nutzungsdauer einer Investition die Frage, wie lange die Nutzung noch weitergeführt werden soll (**Ex-post-Entscheidung**).

Daraus lassen sich zwei Fragestellungen ableiten:[247]

(1) **Nutzungsdauerproblem** (Ex-ante-Entscheidung)**:**

Ist die Frage nach der optimalen Nutzungsdauer eines Investitionsobjekts vor dessen Durchführung (ex ante) zu klären, so lautet sie:

Soll ein noch nicht realisiertes Investitionsobjekt 1, 2, ... oder n Perioden lang genutzt werden, oder ist es vorteilhafter, ganz auf die Investition zu verzichten?

(2) **Ersatzproblem** (Ex-post-Entscheidung)**:**

Ist eine Investition bereits realisiert, so stellt sich für den Investor in jeder der folgenden Perioden (ex post) die Frage nach der Weiterführung oder der Stilllegung der Investition. In diesem Fall lautet die Fragestellung:

Soll eine bereits vorhandene Investition noch 1, 2, ... oder n Perioden lang genutzt werden, oder ist es vorteilhafter, die Nutzung sofort zu beenden?

Beide Arten von Entscheidungen haben damit im Wesentlichen die gleiche Problematik zum Gegenstand, es erfolgt aber eine Betrachtung aus zeitlich voneinander abweichenden Positionen. Im Falle einer Ex-ante-Entscheidung möchte der Investor Kenntnis über die optimale Nutzungsdauer einer in Frage stehenden Investition und damit also auch über die verbundenen Handlungskonsequenzen hinsichtlich Durchführung oder Unterlassung der Anschaffung erhalten, während bei einer Ex-post-Entscheidung der optimale Ersatzzeitpunkt und als Konsequenz daraus die Weiternutzung oder Stilllegung einer bereits realisierten Investition im Mittelpunkt des Interesses steht.

Erfolgt aufgrund einer Ex-post-Berechnung der Entschluss für ein anderes als das ex ante geplante Liquidationsdatum, so bedeutet dies nicht notwendigerweise, dass sich die zuvor angestellte Planung als falsch herausstellt. Eine Korrektur kann u.U. auch dadurch notwendig geworden sein, dass in der Zwischenzeit

- vorher nicht absehbare Entwicklungen eingetreten sind, z.B. Kostenverschiebungen auf den Rohstoff- und Arbeitsmärkten, Schwierigkeiten bei der Ersatzteilbesorgung durch

---

[247] Vgl. dazu insb. *Busse von Colbe, Walther/Laßmann, Gert*: Betriebswirtschaftstheorie. Band 3, 3. Aufl., Berlin 1990, S. 132; *Däumler, Klaus-Dieter/Grabe, Jürgen*: Anwendung von Investitionsrechnungsverfahren in der Praxis. 5. Aufl., Herne 2010, S. 133–134; *Drexl, Andreas*: Nutzungsdauerentscheidungen bei Sicherheit und Risiko. In: Zeitschrift für betriebswirtschaftliche Forschung 1990, S. 50; *Götze, Uwe*: Investitionsrechnung. 7. Aufl., Berlin/Heidelberg 2014, S. 253–255; *Kruschwitz, Lutz*: Investitionsrechnung. 14. Aufl., München 2014, S. 183–184.

140 *Vierter Abschnitt: Die dynamischen Verfahren der Investitionsrechnung*

Ausfall des Herstellers, geänderte gesetzliche Bestimmungen (Umwelt, Steuern), technische Neuerungen oder

- der Entscheidungsträger seine monetäre Zielfunktion geändert hat.

Ex-ante- und Ex-post-Entscheidungen ergänzen sich derart, dass die unerlässliche Vorausbestimmung der wirtschaftlichen Nutzungsdauer nach Realisierung des Objekts in periodischen Abständen auf Grundlage der neuesten Datenkonstellation kontrolliert und ggf. revidiert werden muss.[248]

Die zur Bestimmung der entscheidungsrelevanten Größen „optimale Nutzungsdauer" bzw. „optimaler Ersatzzeitpunkt" eingesetzten Verfahren bzw. Modelle sind vielfältig und unterscheiden sich hinsichtlich ihrer Zielgrößen.[249] Bei den verschiedenen Varianten der MAPI-Methode erfolgt die Berechnung einer Rentabilitätsgröße, die dann der Vorteilhaftigkeitsentscheidung zugrunde gelegt wird.[250] Weitere in Frage kommende Zielgrößen sind der Kapitalwert oder die investitionsbedingt anfallenden Kosten. Im Folgenden wird als Zielgröße der Kapitalwert des Investitionsobjekts herangezogen. Es werden deshalb die Prämissen des Kapitalwertmodells als allgemein gültig zugrunde gelegt; insb. wird vorausgesetzt, dass der Investor am vollkommenen und für ihn unbeschränkten Kapitalmarkt operiert.

Darüber hinaus erfolgt die Unterstellung, dass die Nutzungsdauer eines Investitionsobjekts eine Periode oder ein ganzzahliges Vielfaches davon beträgt. Würde man die Zeit als kontinuierliche Variable betrachten, so wäre die Anzahl der alternativen Nutzungsdauern unendlich groß. Da in der Praxis aber zumeist eine grobe Zeiteinteilung als ausreichend erachtet wird, kann man die Zeit ohne hohe informative Einbußen als diskrete Variable betrachten. Diese Voraussetzung ist besonders bei längerfristigen Prognosen sinnvoll, da bei einer sehr feinen Zeiteinteilung die Entwicklung der Zahlungsströme i. Allg. nur sehr schwer vorherzusehen ist.

II. Die Bestimmung der optimalen Nutzungsdauer

1. Einmalige Investitionen

Bei Entscheidungen über die optimale Nutzungsdauer ist die Frage zu beantworten, ob ein noch nicht realisiertes Investitionsobjekt 1, 2, ... oder n Perioden lang genutzt oder gar ganz auf die Investition verzichtet werden soll. Da die optimale Nutzungsdauer eines Investitionsobjekts davon abhängig ist, welche Chancen und Anlagemöglichkeiten sich nach dem

---

[248] Vgl. *Bieg, Hartmut*: Betriebswirtschaftslehre 1: Investition und Unternehmungsbewertung. 2. Aufl., Freiburg i. Br. 1997, S. 108.

[249] Bzgl. eines Überblicks über die Modelle zur Nutzungsdauer- bzw. Ersatzzeitpunktermittlung siehe *Seelbach, Horst*: Ersatztheorie. In: Zeitschrift für Betriebswirtschaft 1984, S. 106–127.

[250] Vgl. dazu ausführlich *Perridon, Louis/Steiner, Manfred/Rathgeber, Andreas W.*: Finanzwirtschaft der Unternehmung. 16. Aufl., München 2012, S. 76–78.

C. Ermittlung der optimalen Nutzungsdauer und des optimalen Ersatzzeitpunkts 141

Nutzungsende der Investition bieten, wird zwischen einmaligen und mehrmaligen Investitionen unterschieden.[251]

Bei einer einmaligen Investition wird unterstellt, dass am Ende der Nutzungsdauer des Objekts kein Ersatz durch eine neue Sachanlageinvestition erfolgt. Für die Nutzungsdauerbestimmung ist in diesem Fall vielmehr charakteristisch, dass jenseits der optimalen Nutzungsdauer nur noch Anschlussinvestitionen in Form von Finanzanlagen zum Kalkulationszinsfuß stattfinden, die aber den Kapitalwert der zu beurteilenden Investition nicht verändern.[252] Diese Fragestellung kann z.B. auftreten, wenn die auf einer Anlage hergestellten Produkte nach dem Ende der Nutzungsdauer nicht mehr abgesetzt werden können oder sollen.

Werden – wie in der Mehrzahl der in der Realität eintretenden Fälle – auf längere Sicht tendenziell fallende Einzahlungen (durch zunehmende Marktsättigung) und tendenziell wachsende Auszahlungen (durch steigenden Verschleiß und somit zunehmende Instandhaltungs- und Reparaturkosten) unterstellt und wird darüber hinaus die Annahme getroffen, dass der Restverkaufserlös einer Anlage im Zeitverlauf fällt, so ergibt sich bei der Berechnung der Kapitalwerte in Abhängigkeit von den im Einzelnen zugrunde gelegten Nutzungsdauern eine Kapitalwertfunktion, die bisweilen ein ausgeprägtes Maximum aufweist.[253] Vorteilhaft ist demnach diejenige Nutzungsdauer, bei der der Kapitalwert der Investition am größten ist, m.a.W., die optimale Nutzungsdauer liegt an der Stelle, an der die erste Ableitung der Kapitalwertfunktion nach der Zeit einen Wert von null hat. Im Fall einer einmaligen Investition ohne Nachfolger lautet das Entscheidungskriterium bei Anwendung der Kapitalwertmethode demnach:

Realisiere diejenige Nutzungsdauer n, bei der der (positive) Kapitalwert der Investition maximal wird!

Bestimmt werden kann die optimale Nutzungsdauer auf zwei verschiedene Arten. Zum einen kann eine explizite Berechnung der Kapitalwerte für alle Nutzungsdaueralternativen und somit eine Identifizierung des Maximums erfolgen. Zum anderen kann eine Betrachtung der Grenzgewinne erfolgen. Dieses Verfahren lässt sich aus der Kapitalwertmethode ableiten und führt unter Herausarbeitung der bestimmenden Faktoren zur Lösung des Problems.[254]

---

[251] Vgl. *Drexl, Andreas*: Nutzungsdauerentscheidungen bei Sicherheit und Risiko. In: Zeitschrift für betriebswirtschaftliche Forschung 1990, S. 51; *Kruschwitz, Lutz*: Investitionsrechnung. 14. Aufl., München 2014, S. 186.

[252] Vgl. *Bieg, Hartmut*: Betriebswirtschaftslehre 1: Investition und Unternehmungsbewertung. 2. Aufl., Freiburg i. Br. 1997, S. 110.

[253] Vgl. dazu *Perridon, Louis/Steiner, Manfred/Rathgeber, Andreas W.*: Finanzwirtschaft der Unternehmung. 16. Aufl., München 2012, S. 68–71.

[254] Vgl. dazu und zum Folgenden u.a. *Adam, Dietrich*: Investitionscontrolling. 3. Aufl., München/Wien 2000, S. 201–217; *Bieg, Hartmut*: Betriebswirtschaftslehre 1: Investition und Unternehmungsbewertung. 2. Aufl., Freiburg i. Br. 1997, S. 111–116; *Busse von Colbe, Walther/Laßmann, Gert*: Betriebswirtschaftstheorie. Band 3, 3. Aufl., Berlin 1990, S. 132–137; *Götze, Uwe*: Investitionsrechnung. 7. Aufl., Berlin/Heidelberg 2014, S. 255–260; *Kruschwitz,*

1. Lösungsweg: Kapitalwertberechnung

Bei der Bestimmung der optimalen Nutzungsdauer einer Investition mit Hilfe der Kapitalwerte muss im ersten Schritt für jede denkbare Nutzungsdaueralternative die jeweils zugehörige Zahlungsreihe aufgestellt werden. Dabei sind im letzten Jahr der Nutzung der Investition sowohl laufende Einzahlungsüberschüsse als auch der zu diesem Zeitpunkt noch erzielbare Liquidationserlös zu berücksichtigen. Anschließend ist für jede Zahlungsreihe der Kapitalwert der entsprechenden Nutzungsdaueralternativen zu berechnen. Die sich bei den verschiedenen Nutzungsdauern ergebenden Zahlungsreihen und die dazugehörigen Kapitalwerte lassen sich – sofern der Umfang der Zahlungsreihen nicht ein sehr umfassendes Ausmaß annimmt – zweckmäßigerweise in einer Tabelle gegenüberstellen und somit relativ leicht vergleichen. Realisiert werden sollte diejenige Nutzungsdaueralternative, bei der sich ein maximaler positiver Kapitalwert ergibt.

2. Lösungsweg: Grenzwertkalkül

Die zweite Art der Bestimmung der optimalen Nutzungsdauer einer Investition basiert auf einer Analyse der Grenzgewinne und zwar insoweit, als hier eine Betrachtung der Kapitalwertveränderungen erfolgt, die sich aus der Verlängerung der Nutzungsdauer um jeweils ein Jahr ergeben. Dabei wird die Gegebenheit ausgenutzt, dass sich die Zahlungsreihen zweier benachbarter Nutzungsdaueralternativen nur im vorletzten und letzten Element voneinander unterscheiden. Bei der Verlängerung der Nutzungsdauer um eine weitere Periode kommt es also nur auf die Veränderung des nutzungszeitabhängigen Kapitalwerts an.

Die Veränderung des Kapitalwerts zwischen zwei benachbarten Nutzungsdaueralternativen wird als zeitlicher Grenzgewinn ΔC_0 bezeichnet. Trifft der Investor eine Entscheidung zwischen einer m-jährigen und einer (m-1)-jährigen Nutzung der Investition, so ergibt sich der zeitliche Grenzgewinn $\Delta C_0^{(m)}$ aus der folgenden Formel:[255]

$$\Delta C_0^{(m)} = C_0^{(m)} - C_0^{(m-1)}$$

Werden die Formeln für $C_0^{(m)}$ und $C_0^{(m-1)}$ in die obige Gleichung zur Berechnung des zeitlichen Grenzgewinns $\Delta C_0^{(m)}$ eingesetzt, so ergibt sich:

$$\Delta C_0^{(m)} = \sum_{t=0}^{m} Z_t \cdot (1+i)^{-t} + L_m \cdot (1+i)^{-m}$$
$$- \left[\sum_{t=0}^{m-1} Z_t \cdot (1+i)^{-t} + L_m \cdot (1+i)^{-(m-1)} \right]$$

Lutz: Investitionsrechnung. 14. Aufl., München 2014, S. 186–192; *Schneider, Dieter*: Investition, Finanzierung und Besteuerung. 7. Aufl., Wiesbaden 1992, S. 103–104.

[255] Vgl. dazu insb. *Bieg, Hartmut*: Betriebswirtschaftslehre 1: Investition und Unternehmensbewertung. 2. Aufl., Freiburg i. Br. 1997, S. 113.

C. Ermittlung der optimalen Nutzungsdauer und des optimalen Ersatzzeitpunkts

Da $\sum_{t=0}^{m} Z_t \cdot (1+i)^{-t} - \sum_{t=0}^{m-1} Z_t \cdot (1+i)^{-t} = Z_m \cdot (1+i)^{-m}$ ist, gilt Folgendes:

$$\Delta C_0^{(m)} = Z_m \cdot (1+i)^{-m} + L_m \cdot (1+i)^{-m} - L_{m-1} \cdot (1+i)^{-(m-1)}$$

Dies lässt sich weiter umformen:

$$\Delta C_0^{(m)} = (Z_m + L_m) \cdot (1+i)^{-m} - L_{m-1} \cdot (1+i)^{-(m-1)}$$

In Worten ausgedrückt ergibt sich der zeitliche Grenzgewinn als Differenz zwischen der abgezinsten Nettozahlung (Einzahlungsüberschuss zzgl. erzielbarer Liquidationserlös) der Periode m und dem abgezinsten Liquidationserlös der Periode (m–1).

Solange der zeitliche Grenzgewinn $\Delta C_0^{(m)}$ positiv ist, erweist sich die Nutzung über m Jahre als vorteilhafter als die Nutzung über einen Zeitraum von (m–1) Jahren.

Damit $\Delta C_0^{(m)} > 0$ ist, muss gelten:

$$(Z_m + L_m) \cdot (1+i)^{-m} > L_{m-1} \cdot (1+i)^{-(m-1)}$$

Zur Vereinfachung der Berechnung des zeitlichen Grenzgewinns ist es allerdings günstiger, mit dem aufgezinsten Grenzgewinn $(1+i)^m \cdot \Delta C_0^{(m)}$ zu arbeiten; dieser ergibt sich durch Multiplikation der oben angeführten Formel mit dem Faktor $(1+i)^m$. Die Formel lautet dann:

$$(1+i)^m \cdot \Delta C_0^{(m)} = (Z_m + L_m) - L_{m-1} \cdot (1+i)$$

Damit lässt sich sagen, dass $(1+i)^m \cdot \Delta C_0^{(m)} > 0$ und somit die Nutzung über einen Zeitraum von m Jahren vorteilhafter ist als Nutzung über m–1 Jahre, falls gilt:

$$(Z_m + L_m) > L_{m-1} \cdot (1+i)$$
$$\text{bzw.}$$
$$Z_m > (L_{m-1} - L_m) + L_{m-1} \cdot i$$

Diese etwas andere Interpretation des zeitlichen Grenzgewinns bringt zum Ausdruck, dass die Verlängerung der Nutzungsdauer des Investitionsobjekts den Kapitalwert der Investition erhöht und deshalb realisiert werden sollte, solange der durch die Investition verursachte Einzahlungsüberschuss der m-ten Periode Z_m (ohne Liquidationserlös) größer ist als die Summe aus der Minderung des Restverkaufserlöses der Anlage in dieser Periode $(L_{m-1} - L_m)$ und den Zinsen auf den Restverkaufserlös am Ende der Vorperiode $(L_{m-1} \cdot i)$.

Ergibt sich für den Grenzgewinn einer Periode ein Wert von null, so wird der Kapitalwert des Investitionsobjekts bei einer Verlängerung der Nutzungsdauer um eine Periode nicht verändert. Zieht man in diesem Fall als Entscheidungskriterium nur den Kapitalwert heran, so besteht Indifferenz zwischen den einzelnen Nutzungsdaueralternativen.

144   Vierter Abschnitt: Die dynamischen Verfahren der Investitionsrechnung

2. Mehrmalige Investitionen

a) Allgemeine Bemerkungen

Während bisher im Falle einer einmaligen Investition im Sachanlagebereich angenommen wurde, dass der Investor nach Ablauf der optimalen Nutzungsdauer bis zum Ende des Planungshorizontes nur noch Ergänzungsinvestitionen zum Kalkulationszinsfuß durchführt, findet nun eine Abkehr von dieser unrealistischen Annahme statt, da im Anschluss an ein abgelaufenes Investitionsobjekt i. Allg. die Durchführung weiterer Investitionen erfolgt. Aus diesem Grund wird im Folgenden der Fall der Planung mehrmaliger Investitionen untersucht.

Bei mehrmaligen Investitionen werden bei der Berechnung der optimalen Nutzungsdauer des zeitlich ersten Objekts alle innerhalb des Planungszeitraums möglichen **Nachfolgeinvestitionen explizit berücksichtigt**. Wie bei der einmaligen Investition bereits gezeigt wurde, beeinflussen Anschlussinvestitionen die Laufzeit der Vorgängerinvestition; eine Investition gilt danach als nicht mehr vorteilhaft, wenn deren Rendite auf Dauer unter dem Kalkulationszinssatz liegt. Bei mehrmaligen Investitionen dient als Vergleichsalternative nicht mehr der Kalkulationszinssatz, sondern die Rendite (bzw. der Kapitalwert) der Nachfolgeinvestition. Ein Investitionsobjekt wird umso früher beendet, je günstiger sich die Anschlussinvestition erweist; Voraussetzung ist allerdings, dass sich diese jederzeit realisieren lässt und nicht an bestimmte Anfangstermine gebunden ist.

Zu beachten ist, dass hier die Länge des Planungszeitraums und auch die zeitliche Reihenfolge der Einzelobjekte unveränderbar ist; variiert werden können lediglich die Nutzungsdauern der einzelnen Investitionsobjekte innerhalb der gegebenen Reihenfolge, wobei natürlich auch ein Verzicht auf die Realisierung bestimmter Einzelobjekte im Bereich des Möglichen liegt.[256]

b) Fallunterscheidungen

Bei der Betrachtung der Ausprägungen solcher mehrmaliger Investitionen, also von Investitionsfolgen bzw. -ketten, muss eine Unterscheidung getroffen werden zwischen **identischen** und **nicht-identischen** Investitionsketten.

„Identisch" bedeutet hier nicht etwa physische Identität, sondern vielmehr „gleiche Ertragsfähigkeit" bei gleichen Anschaffungsauszahlungen bzw. gleichem Kapitalwert;[257] abgezielt wird also auf die **wirtschaftliche Identität**.

Unter einer **identischen Investitionskette** ist demnach eine Folge von Investitionen zu verstehen, die alle **den gleichen Kapitalwert** besitzen. Die Investitionsobjekte müssen dazu aber nicht notwendigerweise auch gleiche Zahlungsreihen aufweisen. Voraussetzung für

---

[256] Vgl. *Bieg, Hartmut*: Betriebswirtschaftslehre 1: Investition und Unternehmungsbewertung. 2. Aufl., Freiburg i. Br. 1997, S. 117.

[257] Vgl. *Schneider, Dieter*: Investition, Finanzierung und Besteuerung. 7. Aufl., Wiesbaden 1992, S. 104.

C. Ermittlung der optimalen Nutzungsdauer und des optimalen Ersatzzeitpunkts 145

diese begriffliche Festlegung ist allerdings, dass ein einheitlicher Kalkulationszinsfuß zugrunde gelegt wird; andernfalls würden sich durch die unterschiedlichen Zinssätze logischerweise unterschiedliche Diskontierungsfaktoren und somit auch unterschiedliche Kapitalwerte in Abhängigkeit vom verwendeten Zinssatz ergeben.

Bei einer **nicht-identischen Investitionskette** weichen die Kapitalwerte der einzelnen Investitionsobjekte innerhalb der Kette dagegen i. Allg. voneinander ab.

Möchte man eine Strukturierung der evtl. eintretenden Situationen vornehmen, so ist noch eine Unterscheidung dahingehend zu treffen, ob der hinsichtlich der Entscheidung unterstellte **Planungszeitraum auf begrenzte oder unbegrenzte Dauer** angelegt ist, d.h., ob ein endlicher oder unendlicher Planungszeitraum vorliegt.[258]

Aus der Kombination der möglichen Unterscheidungsmerkmale von Nutzungsdauerproblemen bei mehrmaligen Investitionen ergeben sich die in **Abbildung 36** dargestellten Planungssituationen.

		Investitionskette	
		identisch	nicht-identisch
Planungs-zeitraum	endlich	**Abschnitt 4, Kap. C.II.2.d.**	**Abschnitt 4, Kap. C.II.2.c.**
	unendlich	**Abschnitt 4, Kap. C.II.2.e.**	–

Abbildung 36: Planungssituationen bei der Bestimmung optimaler Nutzungsdauern mehrmaliger Investitionen

Der **Fall nicht-identischer Investitionsketten bei Vorliegen eines unendlichen Planungszeitraums wird nicht weiter untersucht**, da es wenig zweckmäßig erscheint, mit Bestimmtheit festzulegen, wie die Zahlungsströme in einer zeitlichen Entfernung von 40, 50 oder sogar 100 Jahren aussehen werden; im Falle eines unendlichen Planungszeitraums ist es sinnvoller und unproblematischer, identische Investitionsketten zu unterstellen.[259]

Bei einem endlichen Planungszeitraum, d.h. einem Zeitraum, den der Investor oftmals weitgehend überblicken kann, werden dagegen identische Investitionen nur selten vorkommen,[260] so dass im Falle eines endlichen Planungszeitraums zunächst eine Betrachtung des in der Praxis realistischeren Falls nicht-identischer Investitionsketten erfolgt.

---

[258] Vgl. dazu u.a. *Adam, Dietrich*: Investitionscontrolling. 3. Aufl., München/Wien 2000, S. 200; *Bieg, Hartmut*: Betriebswirtschaftslehre 1: Investition und Unternehmungsbewertung. 2. Aufl., Freiburg i. Br. 1997, S. 117; *Kruschwitz, Lutz*: Investitionsrechnung. 14. Aufl., München 2014, S. 192–194.

[259] Vgl. *Bieg, Hartmut*: Betriebswirtschaftslehre 1: Investition und Unternehmungsbewertung. 2. Aufl., Freiburg i. Br. 1997, S. 118; *Kruschwitz, Lutz*: Investitionsrechnung. 14. Aufl., München 2014, S. 194.

[260] Vgl. *Kruschwitz, Lutz*: Investitionsrechnung. 14. Aufl., München 2014, S. 194.

146 Vierter Abschnitt: Die dynamischen Verfahren der Investitionsrechnung

c) Endlicher Planungszeitraum und nicht-identische Investitionsketten

In diesem Fall kann der Investor innerhalb eines endlichen Planungszeitraums verschiedene zu festliegenden Startterminen realisierbare Investitionsobjekte durchführen, über deren zeitliche Reihenfolge er Kenntnis besitzt. Nicht bekannt sind allerdings die optimalen Nutzungsdauern der Investitionsobjekte, so dass sich das Problem stellt, eine im Zeitablauf bestmögliche Investitionsstrategie zu finden.

Gefunden werden kann die günstigste Folge der Investitionsobjekte bei Vorliegen eines endlichen Planungszeitraums z.B. mit Hilfe einer **vollständigen Enumeration**, also durch eine vollständige Betrachtung aller denkbaren Möglichkeiten. Realisiert werden sollte dabei schließlich diejenige Folge von Objekten und Nutzungsdauern, bei der der größte positive Kapitalwert erreicht wird.[261]

Allerdings wird das Verfahren der vollständigen Enumeration bei steigender Anzahl an Planungsperioden durch den sprunghaften Anstieg der Anzahl der sich bietenden Alternativen extrem unübersichtlich, so dass bei umfangreicheren Problemstellungen besser von einem geeigneten **Verfahren des Operations Research**, z.B. Branch and Bound oder Dynamische Programmierung, Gebrauch gemacht werden sollte.[262]

d) Endlicher Planungszeitraum und identische Investitionsketten

Identische Investitionsketten innerhalb eines endlichen Planungszeitraums haben in der Praxis nur eine geringe Relevanz, da sogar Zahlungsströme gleicher Investitionsobjekte bei Anschaffung in verschiedenen Kalenderjahren wegen inflations- oder konjunkturbedingter Änderungen auf den Märkten der betreffenden Investitionsgüter oder der damit hergestellten Produkte meist nicht oder ggf. nur zufällig übereinstimmen. Außerdem kann davon ausgegangen werden, dass die Kapitalmarktzinsen im Zeitablauf einer ständigen Veränderung unterliegen. Aus diesem Grund erscheint es sinnvoll, sich bei der Planung auf den in **Abschnitt 4, Kap. C.II.2.c.** behandelten Fall zu konzentrieren. In Situationen, die eine längere Planungsdauer erfordern, ist aber die Unterstellung identischer Investitionsketten in Ermangelung besserer Prognosedaten zumeist vertretbar.[263]

Bei Vorliegen der Planungssituation einer einmaligen Reinvestition umfasst die Investitionskette zwei Kettenglieder, nämlich eine Grund- und eine Folgeinvestition. Die Nutzungsdauern der Grund- und Folgeinvestition sind dann optimal, wenn der Kapitalwert der Investitionskette den höchsten positiven Wert annimmt. Der Kapitalwert der gesamten Investitionskette hängt aber von dem Zeitpunkt ab, in dem das erste Investitionsobjekt durch das zweite

---

[261] Vgl. *Kruschwitz, Lutz*: Investitionsrechnung. 14. Aufl., München 2014, S. 194–198.
[262] Vgl. *Kruschwitz, Lutz*: Investitionsrechnung. 14. Aufl., München 2014, S. 198.
[263] Vgl. *Bieg, Hartmut*: Betriebswirtschaftslehre 1: Investition und Unternehmungsbewertung. 2. Aufl., Freiburg i. Br. 1997, S. 122.

ersetzt wird; dieser Zeitpunkt liegt i. Allg. vor dem Ende der wirtschaftlichen Nutzungsdauer bei einer einmaligen Investition.[264]

Dieses Ergebnis lässt sich folgendermaßen erklären: Bei einer einmaligen Investition endet die Nutzungsdauer einer Anlage, wenn ihr zeitlicher Grenzgewinn null ist. Zu diesem Zeitpunkt entspricht die Grenzrendite gerade dem Kalkulationszinsfuß. Die Anlage wird liquidiert und das Geld bis zum Ende des Planungszeitraums zum Kalkulationszinsfuß angelegt. Ist jedoch anstelle der Anlage des Geldes zum Kalkulationszinsfuß die Möglichkeit gegeben, eine zweite Sachinvestition vorzunehmen, so entsteht dem Investor ein Einkommenszuwachs i. H. d. Zinsen auf ihren Kapitalwert.

Der zeitliche Grenzgewinn einer Anlage fällt i.d.R. mit wachsender Jahreszahl und sinkt schließlich auf null. Bei einer wiederholten Investition lohnt sich nur dann die Ausdehnung der Nutzungsdauer um eine Periode, wenn der Grenzgewinn höher ist als die Verzinsung des maximalen Kapitalwerts der Folgeinvestition über eine Periode. Bei einmaliger Investition hingegen lohnt es sich, die Nutzungsdauer um eine Periode zu verlängern, solange der zeitliche Grenzgewinn einen Betrag größer null erreicht. Deshalb ist die **Nutzungsdauer bei einer Anlage, auf die eine Investition in eine identische Anlage folgen soll, kürzer als die einer Anlage ohne Nachfolger**.

Überträgt man diese Überlegungen auf Investitionsketten mit mehr als zwei Kettengliedern, also auf Investitionen mit mindestens zwei identischen Nachfolgeobjekten, so muss die erste Investition neben den Zinsen auf den Kapitalwert des ersten Nachfolgers zusätzlich noch die um die Nutzungsdauer des ersten Nachfolgers diskontierten Zinsen auf den Kapitalwert des zweiten Nachfolgers decken. Das erste Nachfolgeobjekt hat seinerseits die Zinsen auf den Kapitalwert des zweiten Nachfolgers zu tragen.

Übertragen auf den allgemeinen Fall einer endlichen Investitionskette aus identischen Kettengliedern bedeutet dies, dass die optimale Nutzungsdauer eines Investitionsobjekts stets kürzer ist als die des identischen Nachfolgeobjekts und immer länger als die des vorausgegangenen identischen Objekts. Dieses Phänomen wird als **Ketteneffekt** (bzw. „Gesetz der Ersatzinvestition", „general law of replacement") bezeichnet.[265]

e) Unendlicher Planungszeitraum und identische Investitionsketten

Da Unternehmen i. Allg. auf Dauer betrieben werden bzw. auf ein dauerndes Fortbestehen ausgerichtet sind, erweist sich die Unterstellung eines unendlichen Planungszeitraums als durchaus realistisch.

Problematischer zu sehen ist dagegen die Annahme des jeweiligen Ersatzes einer Investition durch identische Objekte, da man damit den technischen Fortschritt und die damit einhergehenden Kostensenkungen bzw. Erlössteigerungen aufgrund der erhöhten Produktionsqualität

---

[264] Vgl. dazu die übersichtliche Darstellung bei *Schneider, Dieter*: Investition, Finanzierung und Besteuerung. 7. Aufl., Wiesbaden 1992, S. 104.

[265] Vgl. dazu insb. *Schneider, Dieter*: Investition, Finanzierung und Besteuerung. 7. Aufl., Wiesbaden 1992, S. 104–105.

vernachlässigt und außerdem unterstellt, dass der Auslastungsgrad der konstant bleibenden Produktionskapazität keinen Schwankungen unterliegt und dass die Lebensdauer des Gesamtsystems unbegrenzt ist.[266]

Da man aber nicht davon ausgehen kann, dass für einen Investor weit in der Zukunft liegende Zahlungsreihen detailliert zu prognostizieren sind, lässt sich die Annahme identischer Investitionsobjekte rechtfertigen.

Das Investitionsproblem besteht nun in der Bestimmung der optimalen Nutzungsdauern aller Einzelinvestitionen in der unendlichen Investitionskette, so dass der maximal mögliche positive Kapitalwert der Folge von identischen Investitionen erzielt wird.

Da bei einer unendlichen Kette identischer Investitionsobjekte jedes Objekt unendlich viele Nachfolger besitzt, sind die im Grenzgewinn zu berücksichtigenden Zinsen auf den Kapitalwert der Nachfolger für alle Objekte der Kette gleich hoch. Daraus lässt sich ableiten, dass die **optimalen Nutzungsdauern aller Anlagen der Investitionskette gleich** sind.[267] Im Gegensatz zum Fall des endlichen Planungszeitraums kommt es hier also nicht zumKetteneffekt, was die Berechnung des Kapitalwerts erheblich vereinfacht.

Bei unendlichem Planungszeitraum sieht die Zahlungsreihe einer identischen Investitionskette, deren Objekte eine Nutzungsdauer von m Perioden besitzen, folgendermaßen aus:

Periode Z_t bei	0	1	2	...	m	m+1	m+2	...	2m	2m+1	...
Objekt 1	Z_0	Z_1	Z_2	...	Z_m $+L_m$						
Objekt 2					Z_0	Z_1	Z_2	...	Z_m $+L_m$		
Objekt 3									Z_0	Z_1	...
⋮											

Für alle Einzelobjekte ergibt sich – bezogen auf ihren jeweiligen Starttermin (t = 0, m, 2m, 3m, ...) – der gleiche Kapitalwert. Bezeichnet man den Kapitalwert des ersten Kettenobjekts mit C_0, so ist der Kapitalwert des zweiten Objekts (bezogen auf t = 0) folglich $C_0 \cdot (1+i)^{-m}$, der des dritten Objekts $C_0 \cdot (1+i)^{-2m}$ usw. Die Summe aller auf den Zeitpunkt t = 0 abgezinsten Kapitalwerte der einzelnen Objekte der unendlichen Investitionskette ergibt den sog. **Kettenkapitalwert**, der im Folgenden mit KC_0 bezeichnet wird.

---

[266] Vgl. *Bieg, Hartmut*: Betriebswirtschaftslehre 1: Investition und Unternehmensbewertung. 2. Aufl., Freiburg i. Br. 1997, S. 122.

[267] Vgl. dazu ausführlich *Schneider, Dieter*: Investition, Finanzierung und Besteuerung. 7. Aufl., Wiesbaden 1992, S. 106.

Die Herleitung einer Formel, mit deren Hilfe der Kettenkapitalwert sehr einfach berechnet werden kann, ist im Folgenden ersichtlich.[268]

(1) $\quad KC_0 = C_0 + C_0 \cdot (1+i)^{-m} + C_0 \cdot (1+i)^{-2m} + \ldots + C_0 \cdot (1+i)^{-\infty m}$

(2) $\quad KC_0 = C_0 \cdot (1 + (1+i)^{-m} + (1+i)^{-2m} + \ldots + (1+i)^{-\infty m})$

Als Summe dieser geometrischen Reihe ergibt sich:

(3) $\quad KC_0 = C_0 \cdot \dfrac{(1+i)^m}{(1+i)^m - 1}$

Da $\quad KWF = \dfrac{1}{RBF} \cdot \dfrac{i \cdot (1+i)^m}{(1+i)^m - 1}$

und $\quad \dfrac{KWF}{i} = \dfrac{(1+i)^m}{(1+i)^m - 1}$

folgt als Formel für die Berechnung von KC_0:

(4) $\quad KC_0 = C_0 \cdot \dfrac{KWF}{i} = \dfrac{C_0 \cdot KWF}{i}$

Dabei gilt:

KC_0 : Kettenkapitalwert;

KWF : Kapitalwiedergewinnungsfaktor (Annuitätenfaktor);

RBF : Rentenbarwertfaktor.

Mit Hilfe von Formel (4) lässt sich der Kapitalwert einer unendlichen identischen Investitionskette in folgenden Schritten bestimmen:[269]

- Ermittlung des Kapitalwerts des ersten Investitionsobjekts bei m-jähriger Nutzung;
- Multiplikation dieses Werts mit dem zugehörigen Kapitalwiedergewinnungsfaktor (Entnahme aus einer mathematischen Tabelle in Abhängigkeit vom Kalkulationszinssatz i und der Zeit m); dieses Zwischenergebnis drückt die nutzungsdauerabhängige Annuität aus;
- Verteilung der Annuität auf den unendlichen Planungszeitraum durch Division durch den Kalkulationszinssatz i.

III. Die Bestimmung des optimalen Ersatzzeitpunkts

1. Allgemeine Bemerkungen

Läge ein Investor mit seinen Planungen immer richtig, d.h., alle angenommenen Daten und Ereignisse würden wie ursprünglich geplant eintreten, so ergäbe sich eine Lösung des optimalen Ersatzzeitpunkts bereits vorhandener Investitionsobjekte schon mittels der Nutzungs-

---

[268] Vgl. dazu insb. *Bieg, Hartmut*: Betriebswirtschaftslehre 1: Investition und Unternehmungsbewertung. 2. Aufl., Freiburg i. Br. 1997, S. 123; *Kruschwitz, Lutz*: Investitionsrechnung. 14. Aufl., München 2014, S. 198–199.

[269] Vgl. dazu *Kruschwitz, Lutz*: Investitionsrechnung. 14. Aufl., München 2014, S. 199.

dauerbestimmung. Es wäre dann nicht notwendig, nach der Realisierung der Investition nochmals über diese Problematik nachzudenken.

Da die Wirklichkeit jedoch regelmäßig von den Planungen des Investors abweicht, muss er sich ständig die Frage stellen, ob eine bereits getätigte Investition nicht zu einem anderen Zeitpunkt als dem geplanten Nutzungsdauerende ersetzt werden soll. Genau genommen entsteht nach jeder Datenänderung die Aufgabe, den optimalen Ersatzzeitpunkt bereits vorhandener Investitionsobjekte neu zu berechnen.

Ein reines Ersatzproblem liegt aber nur vor, wenn die alte mit der neuen Investition konkurriert, d.h., wenn sich beide gegenseitig vollständig ausschließen. Stellt sich hingegen das Problem, dass neben die alte Anlage oder an ihre Stelle eine neue Anlage treten kann, wenn sich also die alte und die neue Anlage gegenseitig nicht mehr ausschließen, so liegt bereits ein Problem der Investitionsprogrammplanung vor. Im Folgenden erfolgt eine Beschränkung auf den Fall des Vorliegens einer reinen Ersatzproblematik.

Der Investor steht dabei vor der Frage, ob das alte Investitionsobjekt sofort ersetzt werden soll oder ob es für eine weitere Periode genutzt werden soll, wobei danach erneut beide Alternativen auf ihre Vorteilhaftigkeit zu überprüfen sind. Es wird also danach gefragt, ob ein altes Objekt heute ($t = 0$) oder später ($t = 1, 2, ..., n$) zu ersetzen ist. Es ergeben sich für den Investor damit n+1 Entscheidungsalternativen, zwischen denen er wählen muss.

Während bei den Nutzungsdauerentscheidungen die Planungssituationen der einmaligen und mehrmaligen Investitionen untersucht wurden, erfolgt hier lediglich eine Betrachtung mehrmaliger Investitionen. Dies liegt daran, dass sich für einmalige Investitionen, d.h. bereits vorhandene Objekte, für die es keine reale Anschlussinvestition gibt, das Ersatzproblem nicht stellt. Als **Gegenstand für Ex-post-Entscheidungen** verbleiben daher **nur mehrmalige Investitionen** (Investitionsketten).

Aus den gleichen Gründen wie im Falle einer Nutzungsdauerentscheidung werden auch bei Vorliegen eines Ersatzproblems nicht-identische Investitionsketten in einem unendlichen Planungszeitraum aus der Betrachtung ausgeschlossen (vgl. dazu nochmals **Abschnitt 4, Kap. C.II.2.b.**).

Die Situation nicht-identischer Investitionsketten in einem endlichen Planungszeitraum führt im Vergleich zur Ex-ante-Betrachtung zu keinen besonderen Problemen. Das Verfahren der vollständigen Enumeration mit anschließender Kapitalwertberechnung für die einzelnen Strategien kann auch hier zur Lösung verwendet werden. Aus der Zahlungsreihe der Investition sind lediglich die Zahlungen der vergangenen Jahre herauszunehmen, da diese keine Entscheidungsrelevanz mehr besitzen. Darüber hinaus wird der Investor jetzt Zahlungsreihen zur Berechnung heranziehen, die auf neueren Schätzungen beruhen. Als **Bezugszeitpunkt** gilt nicht mehr der Startzeitpunkt des Objekts, sondern der **später liegende Planungszeitpunkt**. Die formale Berechnungsmethode findet aber in analoger Weise wie bei Vorliegen eines ex ante bestehenden Nutzungsdauerproblems statt.

Identische Investitionsketten bei Vorhandensein eines endlichen Planungszeitraums besitzen bei Ex-post-Entscheidungen noch weniger Bedeutung als bei Nutzungsdauerentscheidungen,

C. Ermittlung der optimalen Nutzungsdauer und des optimalen Ersatzzeitpunkts

denn ex ante identische Investitionsketten verändern sich durch Reduzierung der Erstinvestition ex post zu nicht-identischen Investitionsketten.[270]

Im Folgenden erfolgt daher ebenfalls nur eine **Betrachtung identischer Investitionsketten bei Vorliegen eines unendlichen Planungszeitraums**.

2. Unendlicher Planungszeitraum und identische Investitionsketten

In diesem Fall möchte der Investor Kenntnis darüber erlangen, wann ein bereits vorhandenes Investitionsobjekt durch eine Reihe identischer Nachfolgeobjekte ersetzt werden soll. Der optimale Ersatzzeitpunkt lässt sich nach der folgenden Regel bestimmen:

Es ist derjenige **Ersatzzeitpunkt** als optimal anzusehen, bei dem der **größte positive Kapitalwert aus dem bereits vorhandenen Investitionsobjekt und der unendlichen Kette identischer Nachfolgeobjekte** erzielt wird.[271]

Die Bestimmung dieses Ersatztermins kann wiederum sowohl mit Hilfe der Kapitalwertberechnung als auch durch eine Grenzgewinnbetrachtung erfolgen.

1. Lösungsweg: Kapitalwertberechnung

Im Hinblick auf die Ableitung einer Formel für den ersatzzeitpunktabhängigen Gesamtkapitalwert bei Vorliegen eines Ersatzproblems mit unendlich vielen identischen Nachfolgeinvestitionen ist es sinnvoll, die Bedeutung einiger Symbole vorab zu erläutern:

$EC_0^{(m)}$: Kapitalwert der Ersetzung im Zeitpunkt $t = m$;

$C_{0A}^{(m)}$: Kapitalwert des alten Investitionsobjekts bei einem Ersatz im Zeitpunkt $t = m$;

$KC_{0N}^{(m)}$: Kapitalwert der unendlich langen Kette identischer Nachfolgeinvestitionen bei einem Ersatz im Zeitpunkt $t = m$;

L_t : Liquidationserlös des alten Investitionsobjekts bei Veräußerung im Zeitpunkt t;

$\overline{m}_k$: Optimale Nutzungsdauer der Nachfolgeinvestition.

Bei diesem Ersatzproblem liegen zwei Zeitgrößen als Variablen vor, nämlich zum einen die wirtschaftliche Nutzungsdauer der Nachfolgeobjekte (Ermittlung muss in einem vorgeschalteten Rechenschritt entsprechend dem Ex-ante-Verfahren erfolgen) und zum anderen der optimale Ersatzzeitpunkt des alten Investitionsobjekts.

Bei gegebener optimaler Nutzungsdauer der Nachfolgeinvestition $\overline{m}_k$ ist derjenige Zeitpunkt m für den Ersatz des Altobjekts durch ein neues optimal, bei dem sich der größte

---

[270] Vgl. insb. *Bieg, Hartmut*: Betriebswirtschaftslehre 1: Investition und Unternehmungsbewertung. 2. Aufl., Freiburg i. Br. 1997, S. 127; *Kruschwitz, Lutz*: Investitionsrechnung. 14. Aufl., München 2014, S. 202.

[271] Vgl. *Kruschwitz, Lutz*: Investitionsrechnung. 14. Aufl., München 2014, S. 202–203.

positive Kapitalwert der gesamten Investitionskette ergibt. Diesen Kapitalwert bezeichnet man als **Ersetzungskapitalwert**; er ist abhängig von m und setzt sich zusammen aus

- dem Kapitalwert des Altobjekts bei einem Ersatz im Zeitpunkt t = m ($C_{0A}^{(m)}$) und

- dem auf den Zeitpunkt t = 0 bezogenen Kettenkapitalwert der Nachfolgeobjekte bei einem Start des Nachfolgers zum Zeitpunkt t = m ($KC_{0N}^{(m)}$)

Die Formeln zur Berechnung des Ersetzungskapitalwerts $EC_0^{(m)}$ sind im Folgenden ersichtlich.[272]

(1) $EC_0^{(m)} = C_{0A}^{(m)} + KC_{0N}^{(m)}$

(2) $C_{0A}^{(m)} = \sum_{t=0}^{m} Z_{t(A)} \cdot (1 + i)^{-t} + L_m \cdot (1 + i)^{-m}$

(3) $KC_{0N} = C_{0N}^{(\overline{m}_k)} + \frac{KWF_{(\overline{m}_k)}}{i}$

(4) $KC_{0N}^{(m)} = C_{0N}^{(\overline{m}_k)} \cdot \frac{KWF_{(\overline{m}_k)}}{i} \cdot (1 + i)^{-m} = C_{0N}^{(\overline{m}_k)} \cdot \frac{KWF_{(\overline{m}_k)}}{i \cdot (1 + i)^m}$

Aus den Formeln (2) und (4) folgt:

(5) $EC_0^{(m)} = \sum_{t=0}^{m} Z_{t(A)} \cdot (1 + i)^{-t} + L_m \cdot (1 + i)^{-m} + C_{0N}^{(\overline{m}_k)} \cdot \frac{KWF_{(\overline{m}_k)}}{i \cdot (1 + i)^m}$

Während Formel (3) zum Ausdruck bringt, dass bei sofortigem Ersatz des alten Investitionsobjekts (zum Zeitpunkt t = 0) die unendliche Investitionskette der Nachfolgeobjekte im Zeitpunkt t = 0 gestartet wird, berücksichtigt Formel (4) den allgemeineren Fall, dass der Ersatz der alten Anlage auch zu einem späteren Zeitpunkt erfolgen kann. Wird der Ersatz bis zum Zeitpunkt m hinausgezögert, so bezieht sich der Kapitalwert der Kette $KC_{0N}^{(m)}$ nicht auf den Zeitpunkt t = 0, sondern auf t = m; deshalb ergibt sich die Notwendigkeit einer Abzinsung um m Perioden zum Kalkulationszinssatz.[273]

2. Lösungsweg: Grenzwertkalkül

Der alternativ anwendbare Lösungsweg legt eine Betrachtung der zeitlichen Grenzgewinne zugrunde. Hier gilt als Entscheidungskriterium: Solange die aus einer Verschiebung des Ersatzzeitpunkts um eine Periode resultierende Gesamtkapitalwertveränderung nicht positiv ist, lohnt sich eine Weiternutzung des bereits vorhandenen Investitionsobjekts. Positiv ist die Gesamtkapitalwertänderung aber immer nur dann, wenn der zeitliche Grenzgewinn des alten Objekts größer ist als der Durchschnittsgewinn – die Annuität – der Nachfolgeinvestition.[274]

---

[272] In Anlehnung an *Bieg, Hartmut*: Betriebswirtschaftslehre 1: Investition und Unternehmungsbewertung. 2. Aufl., Freiburg i. Br. 1997, S. 128.

[273] Vgl. *Bieg, Hartmut*: Betriebswirtschaftslehre 1: Investition und Unternehmungsbewertung. 2. Aufl., Freiburg i. Br. 1997, S. 128.

[274] Vgl. *Büschgen, Hans E.*: Betriebliche Finanzwirtschaft – Unternehmensinvestitionen. Frankfurt a. M. 1981, S. 109.

Abschließend soll noch eine Quantifizierung dieses Ergebnisses mittels mathematischer Formeln erfolgen.[275] Dabei wird die Differenz zwischen den Ersetzungskapitalwerten der Zeitpunkte m und m−1 mit $\Delta EC_0^{(m)}$ bezeichnet. $\Delta EC_0^{(m)}$ beläuft sich auf:

$$\Delta EC_0^{(m)} = EC_0^{(m)} - EC_0^{(m-1)}$$
$$= \sum_{t=0}^{m} Z_{t(A)} \cdot (1+i)^{-t} + L_m \cdot (1+i)^{-m} + C_{0N}^{(\overline{m}_k)} \cdot \frac{KWF_{(\overline{m}_k)}}{i \cdot (1+i)^m}$$
$$- \left(\sum_{t=0}^{m-1} Z_{t(A)} \cdot (1+i)^{-t} + L_{m-1} \cdot (1+i)^{-(m-1)} + C_{0N}^{(\overline{m}_k)} \cdot \frac{KWF_{(\overline{m}_k)}}{i \cdot (1+i)^{m-1}} \right)$$

Formt man diese Gleichung weiter um, so ergibt sich nach einigen Schritten:

$$\Delta EC_0^{(m)} = (1+i)^{-m} \cdot \left(Z_{m(A)} + L_m - L_{m-1} \cdot (1+i) - KWF_{(\overline{m}_k)} \cdot C_{0N}^{(\overline{m}_k)} \right)$$

Bei dem Ausdruck $Z_{m(A)} + L_m - L_{m-1} \cdot (1+i)$ handelt es sich nun gerade um den (aufgezinsten) zeitlichen Grenzgewinn der alten Anlage (vgl. dazu nochmals **Abschnitt 4, Kap. C.II.1.**). Von diesem Wert wird die Annuität der Nachfolgeinvestition subtrahiert.

Daher kann man auch schreiben:

$$\Delta EC_0^{(m)} = (1+i)^{-m} \cdot \left((1+i)^m \cdot \Delta C_{0A}^{(m)} - KWF_{(\overline{m}_k)} \cdot C_{0N}^{(\overline{m}_k)} \right)$$

---

[275] Vgl. dazu insb. auch *Kruschwitz, Lutz*: Investitionsrechnung. 14. Aufl., München 2014, S. 203–205.

Fünfter Abschnitt

Die Berücksichtigung der Steuern und der Geldentwertung in der Investitionsrechnung

A. Die Begründung für die Berücksichtigung von Steuern

Bei der allgemeinen Darstellung der oftmals stark vereinfachten Investitionsrechenverfahren wird zumeist davon ausgegangen, dass der Investor in einer Welt lebt, in der keine Steuern zu zahlen sind, bzw. dass die Steuern für die Entscheidung über Investitionen keine Rolle spielen. In der Realität wirkt aber das Vorhandensein der Steuern auf die Vorteilhaftigkeit von Investitionsobjekten sowohl hinsichtlich der absoluten Höhe als auch der zeitlichen Struktur der durch eine Investition bedingten Zahlungsströme.[276] Um eine einigermaßen realitätsnahe Investitionsrechnung durchführen zu können, ist es daher erforderlich, die steuerlichen Handlungsmöglichkeiten des Investors sowie die steuerlichen Folgen seines Handelns im Investitionsrechnungsmodell explizit zu berücksichtigen.[277]

Andere Ansätze in der Literatur gehen dahin, sog. **„steuersensitive"** von sog. **„nicht steuersensitiven" Entscheidungssituationen** abzugrenzen, um zu überprüfen, ob bestimmte Investitionstypen oder bei Investitionsentscheidungen generell bestimmte Bereiche existieren, bei denen es durch die Berücksichtigung der Steuerbelastungen nicht zu einer Umkehrung der Vorteilhaftigkeit im Vergleich zum Nichtsteuerfall kommt.[278]

---

[276] Vgl. *Bieg, Hartmut*: Betriebswirtschaftslehre 1: Investition und Unternehmungsbewertung. 2. Aufl., Freiburg i. Br. 1997, S. 101.

[277] Vgl. dazu u.a. *Georgi, Andreas A.*: Analyse der Notwendigkeit einer Berücksichtigung von Steuern in der Investitionsplanung, In: Zeitschrift für betriebswirtschaftliche Forschung 1985, S. 891–911; *Heurung, Rainer*: Zum Einfluß marginaler Steuersatzänderungen auf Investitionsentscheidungen. In: Der Betrieb 1985, S. 661–670; *Mellwig, Winfried*: Besteuerung und Investitionsentscheidung – Steuerlast und Vorteilhaftigkeit von Investitionen. In: Das Wirtschaftsstudium 1989, S. 231–232; *Mellwig, Winfried*: Kompendium für das Examen zum vBP/WP. Band 2: Betriebswirtschaft, 2. Aufl., Hamburg 1994, S. 206; *Neus, Werner/Hinten, Peter von*: Besteuerung und Investitionsvolumen bei unsicheren Erwartungen. In: Die Betriebswirtschaft 1992, S. 235–248; *Schneeloch, Dieter*: Besteuerung und betriebliche Steuerpolitik. Band 2: Betriebliche Steuerpolitik, 3. Aufl., München 2009, S. 206; *Schneider, Dieter*: Investition, Finanzierung und Besteuerung. 7. Aufl., Wiesbaden 1992, S. 321; *Schult, Eberhard*: Betriebswirtschaftliche Steuerlehre. 4. Aufl., München/Wien 2002, S. 307–316; *Wagner, Franz W.*: Der Steuereinfluß in der Investitionsplanung – Eine Quantité négligeable? In: Zeitschrift für betriebswirtschaftliche Forschung 1981, S. 47–52; *Wagner, Franz W.*: Die Integration der Besteuerung in die unternehmerische Planung. In: Der Betrieb 1980, S. 553; *Wagner, Franz W./Dirrigl, Hans*: Die Steuerplanung der Unternehmung. Stuttgart/New York 1980, S. 5.

[278] Vgl. dazu ausführlich *Georgi, Andreas A.*: Analyse der Notwendigkeit einer Berücksichtigung von Steuern in der Investitionsplanung, In: Zeitschrift für betriebswirtschaftliche Forschung 1985, S. 891–911; *Georgi, Andreas A.*: Steuern in der Investitionsplanung – Eine Analyse der Entscheidungsrelevanz von Ertrag- und Substanzsteuern –. 2. Aufl., Hamburg 1994; *Mellwig, Winfried*: Besteuerung und Investitionsentscheidung – Steuerlast und Vorteilhaftigkeit von Investitionen. In:

Bzgl. der Größe und Bedeutung derartiger steuersensitiver Bereiche bei Investitionsentscheidungen besteht in der Literatur Unstimmigkeit, die einerseits auf den unterschiedlichen Prämissen der verwendeten Modelle beruht und andererseits auf differenzierten Meinungen dahingehend, welche Fallkonstellationen noch als typische Investitionen anzusehen sind oder inwieweit bereits Sonderfälle vorliegen.[279]

Da bei der Beurteilung über die Einstufung der Investition als „typisch" oder „außergewöhnlich" ebenso wie bei der Beurteilung eines Fehlers infolge der Nichtberücksichtigung der Steuern auf dessen Bedeutungsgrad immer subjektive Werturteile einfließen und da hinsichtlich der konkreten Bedeutung von Steuerwirkungen i. Allg. nur tendenzielle Aussagen getroffen werden können, empfiehlt sich die Einbeziehung von Steuern in die Entscheidungsmodelle der Investitionsrechnung.[280] Allerdings ist das deutsche Steuerrecht komplex; dies führt zu einem erheblichen Planungsaufwand, wenn man – auch unter Einbeziehung steuerlicher Gesichtspunkte – möglichst optimale Entscheidungen treffen möchte.

Beeinflusst wird durch Steuern in erster Linie die Auszahlungsseite einer Investition. Ist der Investor allerdings imstande, die anfallenden Steuern gänzlich oder zumindest teilweise über die Absatzpreise der durch den betrieblichen Prozess erstellten Leistungen auf die Abnehmer zu überwälzen, so wird auch die **Einzahlungsseite** berührt; es hat also eine Korrektur der prognostizierten Umsatzerlöse zu erfolgen. Aus diesem Grunde müssen die überwälzten Steuern nicht mehr gesondert als Komponente bei den Einzahlungen berücksichtigt werden.

Auf jeden Fall zu erfassen sind Steuerzahlungen dagegen im Rahmen der **Auszahlungen**, die sich bei Realisierung eines bestimmten Investitionsobjekts ergeben. Hier spielen v. a.

- die im Anschaffungspreis für ein konkretes investitionsbezogenes Wirtschaftsgut auf das erwerbende Unternehmen überwälzten Steuern,
- die durch den Anschaffungsvorgang ausgelösten Steuern (z. B. Grunderwerbsteuer),
- Grund- und Kfz-Steuer auf das Investitionsobjekt sowie

Das Wirtschaftsstudium 1989, S. 231–235; *Mellwig, Winfried*: Investition und Besteuerung. Wiesbaden 1985, S. 109–131; *Mellwig, Winfried*: Sensitivitätsanalyse des Steuereinflusses in der Investitionsplanung – Überlegungen zur praktischen Relevanz einer Berücksichtigung der Steuern bei der Investitionsentscheidung. In: Zeitschrift für betriebswirtschaftliche Forschung 1980, S. 16–39; *Steiner, Jürgen*: Ertragsteuern in der Investitionsplanung. Zur Frage der Entscheidungsstabilität bei der Vorteilhaftigkeitsanalyse von Einzelobjekten. In: Zeitschrift für betriebswirtschaftliche Forschung 1983, S. 280–291; *Wagner, Franz W.*: Der Steuereinfluß in der Investitionsplanung – Eine Quantité négligeable? In: Zeitschrift für betriebswirtschaftliche Forschung 1981, S. 47–52; *Wöhe, Günter/Bieg, Hartmut*: Grundzüge der Betriebswirtschaftlichen Steuerlehre. 4. Aufl., München 1995, S. 353.

[279] Vgl. dazu z.B. *Georgi, Andreas A.*: Analyse der Notwendigkeit einer Berücksichtigung von Steuern in der Investitionsplanung. In: Zeitschrift für betriebswirtschaftliche Forschung 1985, S. 907–910; *Georgi, Andreas A.*: Steuern in der Investitionsplanung – Eine Analyse der Entscheidungsrelevanz von Ertrag- und Substanzsteuern –. 2. Aufl., Hamburg 1994, S. 159–163, S. 184–185 und S. 240–243; *Mellwig, Winfried*: Besteuerung und Investitionsentscheidung – Steuerlast und Vorteilhaftigkeit von Investitionen. In: Das Wirtschaftsstudium 1989, S. 235; *Mellwig, Winfried*: Investition und Besteuerung. Wiesbaden 1985, S. 109–116.

[280] Vgl. *Wöhe, Günter/Bieg, Hartmut*: Grundzüge der Betriebswirtschaftlichen Steuerlehre. 4. Aufl., München 1995, S. 354.

- die vom jeweiligen Periodengewinn, der infolge des Investitionsobjekts entsteht, abhängigen Ertragsteuern (Einkommen-, Körperschaft- und Gewerbesteuer) sowie der auf Einkommen- bzw. Körperschaftsteuer anfallende Solidaritätszuschlag

eine wesentliche das Investitionsobjekt u.U. stark beeinflussende Rolle und dürfen daher bei der Vorteilhaftigkeitsbetrachtung nicht vernachlässigt werden.[281]

Zu berücksichtigen ist aber, dass eine Erfassung des Steuereinflusses in Investitionsrechnungsmodellen nicht nur im Rahmen der Zahlungsgrößen zum Ausdruck kommt, sondern auch über den Ansatzpunkt Kalkulationszinssatz; es muss konsequenterweise eine **Korrektur des Kalkulationszinssatzes** erfolgen.[282]

B. Der Einfluss verschiedener Steuerarten auf die Investitionsentscheidung

I. Die Ertragsteuern

Eine **Berücksichtigung der** vom Periodengewinn abhängigen **Ertragsteuern in der Investitionsrechnung** ist besonders **problematisch**, da

- die durch ein einzelnes Investitionsbjekt ausgelöste Gewinnänderung zugrunde gelegt werden muss,
- die der Steuer unterliegenden Periodengewinne i. Allg. nicht mit den Einzahlungsüberschüssen der einzelnen Perioden übereinstimmen,
- der einkommen- bzw. körperschaftsteuerpflichtige Gewinn aufgrund der gewerbesteuerlichen Hinzurechnungs- und Kürzungsvorschriften nicht mit dem gewerbesteuerpflichtigen Gewinn übereinstimmt,
- bei der Einkommensteuer zum einen wegen des progressiven Tarifs eine Abhängigkeit der Steuerbelastung nicht nur vom Gewinn des untersuchten Investitionsobjekts gegeben ist, sondern auch vom Gesamtgewinn des Unternehmens, von dessen Aufteilung auf die Kapitaleigner sowie von deren sonstigen Einkünften und von deren persönlichen Verhältnissen, und zum anderen nicht entnommene Gewinne auf Antrag einem ermäßigten Steuersatz unterliegen,
- die Höhe der Gewerbesteuer entscheidend vom Hebesatz bestimmt wird[283] sowie

---

[281] Vgl. dazu u.a. *Adam, Dietrich*: Investitionscontrolling. 3. Aufl., München/Wien 2000, S. 163; *Bieg, Hartmut*: Betriebswirtschaftslehre 1: Investition und Unternehmungsbewertung. 2. Aufl., Freiburg i. Br. 1997, S. 101; *Busse von Colbe, Walther/Laßmann, Gert*: Betriebswirtschaftstheorie. Band 3, 3. Aufl., Berlin 1990, S. 65–66; *Mellwig, Winfried*: Die Erfassung der Steuern in der Investitionsrechnung – Grundprobleme und Modellvarianten. In: Das Wirtschaftsstudium 1989, S. 35; *Perridon, Louis/Steiner, Manfred/Rathgeber, Andreas W.*: Finanzwirtschaft der Unternehmung. 16. Aufl., München 2012, S. 78.

[282] Vgl. *Bieg, Hartmut*: Die Verfahren der Investitionsrechnung und ihre Verwendung in der Praxis. In: Der Steuerberater 1985, S. 75.

[283] Vgl. dazu u.a. *Bieg, Hartmut*: Die Verfahren der Investitionsrechnung und ihre Verwendung in der Praxis. In: Der Steuerberater 1985, S. 75; *Blohm, Hans/Lüder, Klaus/Schaefer, Christina*: Investition. 10. Aufl., München 2012, S. 101–104; *Büschgen, Hans E.*: Betriebliche Finanzwirtschaft –

- die Gewerbesteuer bei Personengesellschaften dergestalt berücksichtigt wird, dass sich die tarifliche Einkommensteuer des Gesellschafters gem. § 35 EStG um das 3,8-fache des anteiligen Gewerbesteuermessbetrages vermindert (Gewerbesteueranrechnung).

Auch ist aus diesen Aspekten ersichtlich, dass die üblicherweise getroffene Unterstellung eines einheitlichen Ertragsteuersatzes, der noch dazu meist als über die Laufzeit des Investitionsobjekts konstant angenommen wird, grds. problematisch ist.

Der bei der Investitionsrechnung zu berücksichtigende Körperschaftsteuersatz beträgt seit der Umsetzung der Unternehmenssteuerreform 2008 einheitlich 15 % zzgl. Solidaritätszuschlag. Hinsichtlich des Gewerbesteuersatzes ist der Hebesatz zu berücksichtigen, dessen mögliche Bandbreite durch § 16 Abs. 4 Satz 2 GewStG nach unten auf 200 % begrenzt ist.

Selbst wenn fiktiv davon ausgegangen wird, dass ein **Einzelunternehmer** ausschließlich Einkünfte aus Gewerbebetrieb erzielt, erfolgt eine Festlegung des Einkommensteuersatzes und des auf die Einkommensteuer erhobenen Solidaritätszuschlags nicht nur durch die mit einem Investitionsobjekt erwirtschafteten Periodengewinne, sondern auch durch die ohne Realisierung dieses Objekts erzielten Periodenergebnisse. Da Letztere aber wiederum maßgeblich durch die gesamte Unternehmenspolitik beeinflusst werden, liegt der jeweils von der Höhe des in einem bestimmten Jahr erwirtschafteten Periodenergebnisses abhängige Einkommensteuersatz und damit auch die Belastung mit Solidaritätszuschlag erst fest, wenn Entscheidungen über die zukünftige Unternehmenstätigkeit getroffen wurden. Da hierüber aber erst in sinnvoller Weise entschieden werden kann, wenn Kenntnis über die Einkommensteuersätze der zukünftigen Perioden besteht, kann eine zufriedenstellende Lösung eigentlich nur mittels einer die steuerliche Seite berücksichtigenden Simultanplanung erzielt werden. Nichtsdestoweniger wird in der betrieblichen Praxis i. Allg. der Versuch unternommen, eine Erleichterung dadurch zu erreichen, dass der zukünftige Unternehmenserfolg der einzelnen Perioden ohne Berücksichtigung von Einzelheiten der Investitionspolitik prognostiziert und der aus der zur Diskussion stehenden Investition resultierende Grenzeinkommensteuersatz in dem als Entscheidungsbasis dienenden Investitionsrechnungsmodell verwendet wird.

Bei **Personengesellschaften** zeigen sich über die sowieso schon komplexe Entscheidungs- und Problemsituation bei Einzelunternehmen hinaus zusätzliche Probleme, da sich für die einzelnen Gesellschafter wegen unterschiedlicher Gewinnanteile, unterschiedlicher anderer Einkünfte und unterschiedlicher persönlicher Verhältnisse u.U. stark differierende persönliche Grenzeinkommensteuersätze ergeben können. Wird mit dem höchsten der für die einzelnen Gesellschafter maßgebenden Grenzsteuersätze gerechnet, so orientiert man die Investitionsentscheidung an der individuellen Steuerbelastung des höchstbesteuerten Gesellschafters. Legt man der Rechnung den durchschnittlichen Grenzeinkommensteuersatz aller Gesellschafter zugrunde, so erfolgt eine Orientierung an der Steuerbelastung eines fiktiven

---

Unternehmensinvestitionen. Frankfurt a. M. 1981, S. 87–88; *Perridon, Louis/Steiner, Manfred/Rathgeber, Andreas W.*: Finanzwirtschaft der Unternehmung. 16. Aufl., München 2012, S. 78–79; *Weigel, Winfried*: Steuern bei Investitionsentscheidungen. Wiesbaden 1989, S. 18–26; *Wöhe, Günter/Bieg, Hartmut*: Grundzüge der Betriebswirtschaftlichen Steuerlehre. 4. Aufl., München 1995, S. 355.

„Durchschnittsgesellschafters". Festzustellen bleibt aber, dass die Verwendung eines noch so grob geschätzten Ertragsteuersatzes in der Investitionsrechnung in jedem Fall einer Vernachlässigung der Steuerbelastung bei Investitionsentscheidungen vorzuziehen ist.

Darüber hinaus haben **Einzelunternehmer und Gesellschafter einer Personengesellschaft** die Möglichkeit gem. § 34a EStG, nicht entnommene Gewinne auf Antrag und unter bestimmten Voraussetzungen statt mit ihrem persönlichen progressiven Einkommensteuersatz mit einem ermäßigten Steuersatz i. H. v. 28,25 % zu besteuern. Somit müsste bereits zum Investitionszeitpunkt über die Verwendung der erwirtschafteten Gewinne entschieden werden. Zusätzlich ist zu beachten, dass bei einer Entnahme in späteren Jahren eine Nachversteuerung erfolgt.[284]

Das Problem des Anfalls von Ertragsteuern und damit der Pflicht zur Berücksichtigung in der Investitionsrechnung stellt sich allerdings nur dann, wenn in einer Periode ein zu versteuernder Gewinn erwirtschaftet wurde. Die Ein- bzw. Auszahlungen der einzelnen Planungsperioden entsprechen aber nicht den Betriebseinnahmen bzw. den abzugsfähigen Betriebsausgaben derselben Perioden, aus denen sich die steuerpflichtigen Gewinne dieser Perioden errechnen. Der Grund für diese Abweichung liegt v. a. – wenn auch nicht ausschließlich – in den steuerlich relevanten Größen **Abschreibungen** (Absetzungen für Abnutzung, aber auch Sonderabschreibungen) und **(langfristige) Rückstellungen**. Während bei den Abschreibungen die bilanztechnische Aufwandsverrechnung nach der Auszahlung vonstatten geht, erfolgt im Falle der Rückstellungen die Aufwandsverrechnung vor dem Auszahlungsvorgang.[285] Da die Finanzierungswirkung der Bildung von Rückstellungen unabhängig von der Realisierung einzelner Investitionsmaßnahmen ist,[286] finden Rückstellungen im Gegensatz zu den Abschreibungen i. Allg. keine Berücksichtigung in der modelltheoretischen Darstellung von Investitionsobjekten.

II. Die gewinnunabhängigen Steuern

Da Betriebsgrundstücke einen Tatbestand zur Erhebung von **Grundsteuer** verkörpern (§ 2 GrStG), ist diese Steuerart ebenfalls in die Investitionsrechnung mit einzubeziehen.

Bezieht ein Unternehmen Wirtschaftsgüter von einem Umsatzsteuerpflichtigen gegen Entgelt, so sind diese mit **Umsatzsteuer** belastet. Die dabei zu zahlende sog. „Vorsteuer" ist auf der Rechnung gesondert auszuweisen und kann bei umsatzsteuerpflichtigen Unternehmen

---

[284] Sofern Gewinne im Einzelunternehmen bzw. in der Mitunternehmerschaft einbehalten werden, können sie auf Antrag mit 28,25 % zzgl. Solidaritätszuschlag besteuert werden. Eine spätere Entnahme dieser Gewinne führt zu einer Nachversteuerung i. H. v. 25 % zzgl. Solidaritätszuschlag; vgl. *Kußmaul, Heinz*: Betriebswirtschaftliche Steuerlehre. 7. Aufl., München 2014, S. 339–342.

[285] Vgl. dazu insb. *Bieg, Hartmut*: Die Verfahren der Investitionsrechnung und ihre Verwendung in der Praxis. In: Der Steuerberater 1985, S. 75–76; *Blohm, Hans/Lüder, Klaus/Schaefer, Christina*: Investition. 10. Aufl., München 2012, S. 101–104; *Perridon, Louis/Steiner, Manfred/Rathgeber, Andreas W.*: Finanzwirtschaft der Unternehmung. 16. Aufl., München 2012, S. 78–79; *Wöhe, Günter/Bieg, Hartmut*: Grundzüge der Betriebswirtschaftlichen Steuerlehre. 4. Aufl., München 1995, S. 355.

[286] Vgl. u.a. *Wöhe, Günter/Bieg, Hartmut*: Grundzüge der Betriebswirtschaftlichen Steuerlehre. 4. Aufl., München 1995, S. 355.

von der eigenen Umsatzsteuerschuld abgesetzt werden. Da die jeweils in Rechnung gestellten Vorsteuern bzw. die Umsatzsteuerschuld im Rahmen der Rechnungsbeträge zu Aus- bzw. Einzahlungen geführt haben und der Saldo dieser beiden Größen im Voranmeldezeitraum zu einer Umsatzsteuerzahllast bzw. -erstattung führt, beeinflusst die Umsatzsteuer – abgesehen von geringen zeitlichen Verzögerungen – die für die Investitionsrechnung entscheidenden Aus- und Einzahlungen nicht. Bei Unternehmen, die nicht zum Vorsteuerabzug berechtigt sind, erhöhen sich durch die in Rechnung gestellte Umsatzsteuer die Anschaffungskosten, so dass dort mit einer entsprechend höheren Anschaffungsauszahlung und im Falle abnutzbarer Investitionsobjekte in den Folgeperioden mit niedrigeren Ertragsteuerzahlungen infolge erhöhter Abschreibungsbeträge zu rechnen ist.

In der Investitionsrechnung umsatzsteuerpflichtiger Unternehmen können **Nettorechnungsbeträge** (nach Abzug der Vorsteuer bzw. nach Abzug der den Kunden in Rechnung gestellten Mehrwertsteuer) als Aus- bzw. Einzahlungen angesetzt werden, da dadurch dem Charakter des umsatzsteuerlichen Voranmeldungsverfahrens entsprochen wird.

Steuern, die die Beschaffung eines Investitionsobjekts belasten (z.B. **Grunderwerbsteuer**), gehen als Auszahlungen in die Investitionsrechnung ein. Gem. ihrer buchungstechnischen Behandlung wirken sich diese Steuern auch auf die Gewinnsteuerzahlungen aus. Sowohl in der Handels- als auch in der Steuerbilanz müssen sie als Bestandteil der Anschaffungskosten (sog. Anschaffungsnebenkosten) aktiviert werden. Eine Veränderung der Gewinnsteuerzahlungen kann damit grds. erst während der Nutzungszeit erfolgen; dabei sind folgende Fälle zu unterscheiden:

- Können für das beschaffte Investitionsobjekt Abschreibungen verrechnet werden, so erfolgt eine Verteilung der Anschaffungsnebenkosten und der Abschreibungen auf die Jahre der Nutzung des Investitionsobjekts. Letztere mindern entsprechend dem Abschreibungsverlauf den steuerpflichtigen Gewinn.

- Besteht keine steuerliche Abschreibungsmöglichkeit auf das Investitionsobjekt, so wirken sich die aktivierten Anschaffungsnebenkosten erst in der Periode des Verkaufs des Wirtschaftsgutes auf den steuerpflichtigen Gewinn aus.

Lassen sich die auf das Unternehmen im Preis des Investitionsobjekts (sowie in den späteren Auszahlungen) überwälzten Steuern nicht ermitteln, so stellt sich das Problem der Zweckmäßigkeit der Berücksichtigung dieser Steuern in der Investitionsrechnung nicht; sie stellen einen Bestandteil des Angebotspreises dar und gehen als Auszahlungen von selbst in die Rechnung ein.[287]

---

[287] Vgl. dazu insb. *Wöhe, Günter/Bieg, Hartmut*: Grundzüge der Betriebswirtschaftlichen Steuerlehre. 4. Aufl., München 1995, S. 359–360.

C. Die Erfassung der Steuern in der Investitionsrechnung

I. Die Modifizierung des Kalkulationszinssatzes

Eine Erfassung des Steuereinflusses erfolgt in den diversen geeigneten Modellen der Investitionsrechnung u. a. im Kalkulationszinssatz; eine **Korrektur des Kalkulationszinssatzes**, der einer Investitionsentscheidung im Fall der Nichtberücksichtigung von Steuern zugrunde liegt, um die Steuerwirkung ist deshalb erforderlich.

Bei der Verwendung der Kapitalwertmethode wird ein vollkommener und für den Investor unbeschränkter Kapitalmarkt unterstellt, d.h., es besteht die Möglichkeit, Kapital in beliebiger Höhe zu einem bestimmten einheitlichen Zinssatz (Kalkulationszinssatz) sowohl anzulegen als auch aufzunehmen. Dieser Zinssatz ist bestimmt entweder durch die Verzinsung der bestmöglichen Anlagealternative oder aber durch die vorteilhafteste Kapitalbeschaffungsmöglichkeit (vgl. dazu nochmals **Abschnitt 4, Kap. A.II.1.d.**).

Die im Falle der **Finanzierung über Eigenkapital** als Referenzzinssatz angesetzte Verzinsung der bestmöglichen Anlagealternative unterliegt aber der Belastung mit Ertragsteuern. Der Kalkulationszinssatz vor Steuern i ist im Falle der **Einbeziehung von Ertragsteuern** in die Investitionsrechnung also um die durch den Ertragsteuersatz s_{er} bewirkte Renditeminderung ($i \cdot s_{er}$) zu kürzen. Dem liegt die Annahme zugrunde, dass die Alternativinvestition innerhalb des Gewerbebetriebs erfolgt und ebenfalls dem Ertragsteuersatz s_{er} unterliegt. Sofern sie im Privatvermögen erfolgt, ist bei der Kürzung die Gewerbesteuer nicht zu berücksichtigen.[288] Wenn es sich in diesem Fall um eine Finanzinvestition handelt, so kommt grds. nicht der persönliche Einkommensteuersatz s_{ek}, sondern der Abgeltungsteuersatz i. H. v. 25 % (zzgl. SolZ) zur Anwendung.[289] Auf die angesprochene Kürzung kann lediglich in solchen Fällen verzichtet werden, in denen die Alternativanlage steuerbefreit ist oder die Besteuerung keinen Einfluss auf die Entscheidungsfindung hat (vgl. **Abschnitt 5, Kap. A.**).

Bei einer **Finanzierung über Fremdkapital**, bei der sich der Kalkulationszinssatz am tatsächlich zu zahlenden effektiven Sollzinssatz orientiert, ist zu beachten, dass die gezahlten Fremdkapitalzinsen in voller Höhe (i. d. R. Einkommensteuer bzw. Körperschaftsteuer) oder zumindest teilweise (Gewerbesteuer; Einkommen- und Körperschaftsteuer bei Greifen der Zinsschranke[290]) bei der steuerlichen Bemessungsgrundlage als Betriebsausgaben abzugsfähig sind.

---

[288] Vgl. *Perridon, Louis/Steiner, Manfred/Rathgeber, Andreas W.*: Finanzwirtschaft der Unternehmung. 16. Aufl., München 2012, S. 80–81.

[289] Erträge aus Kapitalanlagen – wie bspw. Zinserträge – unterliegen einem Abgeltungsteuersatz i. H. v. 25 % und können auf Antrag mit dem persönlichen Einkommensteuersatz besteuert werden; vgl. *Kußmaul, Heinz*: Betriebswirtschaftliche Steuerlehre. 7. Aufl., München 2014, S. 286–291.

[290] Nach der in § 4h EStG und § 8a KStG geregelten Zinsschranke kann der Betriebsausgabenabzug von Zinsaufwendungen unter bestimmten Umständen teilweise eingeschränkt werden; vgl. dazu *Kußmaul, Heinz/Ruiner, Christoph/Schappe, Christian*: Die Einführung einer Zinsschranke im

162 Fünfter Abschnitt: Die Berücksichtigung der Steuern und der Geldentwertung

Ausgehend von einem Ertragsteuersatz s_{er} ist also im Investitionsrechnungsmodell mit folgendem – gegenüber der Investitionsrechnung ohne Berücksichtigung von Steuereinflüssen – veränderten Kalkulationszinsfuß zu rechnen:[291]

$$i_s = i \cdot (1 - s_{er})$$

Bis zur Unternehmenssteuerreform 2008 musste unterschieden werden, ob im Falle einer Fremdkapitalfinanzierung eine Beziehung zu Dauerschulden i.S. des Gewerbesteuergesetzes a. F. vorhanden war oder nicht. Diese Differenzierung war notwendig, da sich je nach vorliegender Situation ein anderer Kalkulationszinssatz ergab. Seit der Reform erfolgt bei den gewerbesteuerlichen Hinzurechnungen gem. § 8 GewStG keine Unterscheidung mehr zwischen Dauerschulden und sonstigem Fremdkapital, sondern grds. sind 25 % aller angefallenen Schuldzinsen bei der Gewerbesteuer nicht als Betriebsausgaben abziehbar und müssen dem Gewinn aus Gewerbebetrieb wieder hinzuaddiert werden.

Sofern eine Finanzierung über Fremdkapital vorgenommen wird, lässt sich der Kalkulationszinssatz nach Steuern darstellen als:

$$i_s = (i + 0{,}25 \cdot h_{ge} \cdot i \cdot m_{ge}) \cdot (1 - s_{er})$$

Dabei gilt:

i_s : Kalkulationszinssatz nach Steuern;

i : Kalkulationszinssatz vor Steuern;

h_{ge} : Gewerbesteuerlicher Hebesatz;

m_{ge} : Messzahl der Gewerbeertragsteuer;

s_{er} : Ertragsteuersatz.

Wird nicht die bei der Kapitalwertmethode grds. gültige Prämisse eines vollkommenen und für den Investor unbeschränkten Kapitalmarktes zugrunde gelegt, sondern statt dessen die Gültigkeit mehrerer Zinssätze bzw. Alternativrenditen unterstellt, so muss im Falle der Finanzierung über Fremdkapital eine Berücksichtigung objektbedingter Zins- und Tilgungszahlungen in der Zahlungsreihe der Investition erfolgen; die Wahl des richtigen Kalkulationszinssatzes wird dann zu einem zentralen Problem bei der Investitionsentscheidung, denn von ihr hängt die Vorteilhaftigkeit und damit die Annahme oder Ablehnung einer Investition in entscheidender Weise ab.[292]

Rahmen der Unternehmenssteuerreform 2008. In: Arbeitspapiere zur Existenzgründung, hrsg. von *Heinz Kußmaul*, Band 25, Saarbrücken 2008.

[291] Vgl. dazu insb. *Bieg, Hartmut*: Betriebswirtschaftslehre 1: Investition und Unternehmensbewertung. 2. Aufl., Freiburg i. Br. 1997, S. 101–102; *Schneider, Dieter*: Investition, Finanzierung und Besteuerung. 7. Aufl., Wiesbaden 1992, S. 218–219; *Wöhe, Günter/Bieg, Hartmut*: Grundzüge der Betriebswirtschaftlichen Steuerlehre. 4. Aufl., München 1995, S. 360–361.

[292] Vgl. *Wöhe, Günter/Bieg, Hartmut*: Grundzüge der Betriebswirtschaftlichen Steuerlehre. 4. Aufl., München 1995, S. 361.

II. Der Überblick über die grundlegenden Modelle der Investitionsrechnung zur Berücksichtigung des Steuereinflusses

1. Einordnung

In der Literatur werden im Wesentlichen folgende grundlegende Ansätze zur Berücksichtigung von Steuern bei der Ermittlung der Vorteilhaftigkeit von Investitionen diskutiert, wobei alle dargelegten Modelle auf der Kapitalwertmethode basieren:[293]

- **Standardmodell:**

  Zur Berücksichtigung von Ertragsteuern, bei dem die um die Absetzungen für Abnutzung (AfA) gekürzten Rückflüsse die steuerliche Bemessungsgrundlage bilden; Berücksichtigung des Entlastungseffekts durch die steuerliche Abzugsfähigkeit von Fremdkapitalzinsen im Kalkulationszinssatz.

- **Modifikationen des Standardmodells:**
  - für den Fall einer objektbezogenen Finanzierung und
  - bei Gewährung staatlicher Investitionshilfen.

- **Bruttomethode:**

  Pauschale Berücksichtigung der gesamten Ertragsteuerwirkungen über die Festlegung des Kalkulationszinssatzes; es erscheinen auch in der Rechnung nach Steuern keine Ertragsteuerzahlungen in der Zahlungsreihe der Investition.

2. Standardmodell zur Berücksichtigung von Ertragsteuern

Für den Kapitalwert C_{0s} einer Investition nach Steuern sieht der Ansatz bei Anwendung des Standardmodells (auch **Nettomethode II** genannt) folgendermaßen aus:[294]

---

[293] Vgl. dazu u.a. *Adam, Dietrich*: Investitionscontrolling. 3. Aufl., München/Wien 2000, S. 173–175; *Blohm, Hans/Lüder, Klaus/Schaefer, Christina*: Investition. 10. Aufl., München 2012, S. 103–104; *Büschgen, Hans E.*: Betriebliche Finanzwirtschaft – Unternehmensinvestitionen. Frankfurt a. M. 1981, S. 88–89; *Kruschwitz, Lutz*: Investitionsrechnung. 14. Aufl., München 2014, S. 137–148.

[294] Vgl. dazu u.a. *Bieg, Hartmut*: Betriebswirtschaftslehre 1: Investition und Unternehmungsbewertung. 2. Aufl., Freiburg i. Br. 1997, S. 105; *Blohm, Hans/Lüder, Klaus/Schaefer, Christina*: Investition. 10. Aufl., München 2012, S. 104; *Busse von Colbe, Walther/Laßmann, Gert*: Betriebswirtschaftstheorie. Band 3, 3. Aufl., Berlin 1990, S. 68; *Eilenberger, Guido/Ernst, Dietmar/Toebe, Marc*: Betriebliche Finanzwirtschaft. 8. Aufl., München 2013, S. 188–189; *Götze, Uwe*: Investitionsrechnung. 7. Aufl., Berlin/Heidelberg 2014, S. 139–141; *Kußmaul, Heinz*: Betriebswirtschaftliche Steuerlehre. 7. Aufl., München 2014, S. 177–181; *Perridon, Louis/Steiner, Manfred/Rathgeber, Andreas W.*: Finanzwirtschaft der Unternehmung. 16. Aufl., München 2012, S. 79–80; *Rose, Gerd*: Betriebswirtschaftliche Steuerlehre. 3. Aufl., Wiesbaden 1992, S. 239–240; *Schneeloch, Dieter*: Besteuerung und betriebliche Steuerpolitik. Band 2: Betriebliche Steuerpolitik, 3. Aufl., München 2009, S. 217–220; *Schneider, Dieter*: Investition, Finanzierung und Besteuerung. 7. Aufl., Wiesbaden 1992, S. 224–229.

164 *Fünfter Abschnitt: Die Berücksichtigung der Steuern und der Geldentwertung*

$$C_{0s} = \sum_{t=0}^{n} [E_t - A_t - s_{er} \cdot (E_t - A_t - AfA_t)] \cdot (1 + i_s)^{-t}$$
$$+ [L_n - s_{er} \cdot (L_n - RB_n)] \cdot (1 + i_s)^{-n}$$

Dabei gilt:

C_{0s}	:	Kapitalwert der Investition nach Steuern;
E_t	:	Einzahlungen der Periode t;
A_t	:	Auszahlungen der Periode t;
AfA_t	:	Abschreibungen der Periode t;
s_{er}	:	Ertragsteuersatz;
i_s	:	Kalkulationszinssatz nach Ertragsteuern;
L_n	:	Liquidationserlös, falls $L_n > 0$ bzw. Liquidationsauszahlung, falls $L_n < 0$;
RB_n	:	Restbuchwert im Zeitpunkt $t = n$;
n	:	Nutzungsdauer des Investitionsobjekts;
t	:	Zeitindex (t = 0, 1, 2, ..., n).

Durch diese Bestimmungsgleichung wird u.a. zum Ausdruck gebracht, dass im Falle einer Abweichung zwischen Restbuchwert des Investitionsobjekts und des am Ende des Planungszeitraumes dafür erzielbaren Liquidationserlöses ein erfolgswirksamer Vorgang mit ertragsteuerlichen Wirkungen gegeben ist, und dass außerdem die auf den Erfolg (Zahlungsüberschuss abzgl. Absetzungen für Abnutzung) einer Periode zu zahlenden Ertragsteuern den Einzahlungsüberschuss der entsprechenden Periode schmälern.

Geht man davon aus, dass zum Zeitpunkt $t = 0$ bei Realisierung der Investition keine Einzahlungen vorliegen und wird außerdem eine Zusammenfassung der in einer Periode anfallenden Ein- und Auszahlungen zu einer einzigen Größe Zahlungsüberschuss Z_t vorgenommen, so lässt sich die o.g. Formel folgendermaßen darstellen:

$$C_{0s} = -A_0 + \sum_{t=1}^{n} [Z_t - s_{er} \cdot (Z_t - AfA_t)] \cdot (1 + i_s)^{-t}$$
$$+ [L_n - s_{er} \cdot (L_n - RB_n)] \cdot (1 + i_s)^{-n}$$

Dabei gilt:

A_0	:	Anschaffungsauszahlung im Zeitpunkt $t = 0$;
Z_t	:	Differenz zwischen den Ein- und Auszahlungen der Periode t mit folgender Wirkung:
		→ Einzahlungsüberschuss der Periode t, wenn $Z_t > 0$ bzw.
		→ Auszahlungsüberschuss der Periode t, wenn $Z_t < 0$.

C. Die Erfassung der Steuern in der Investitionsrechnung

In den **Ertragsteuersatz** s_{er} muss neben dem zugrunde gelegten Einkommensteuersatz – evtl. zzgl. des landesüblichen Kirchensteuersatzes – (bei personenbezogenen Unternehmen) bzw. dem Körperschaftsteuersatz (bei firmenbezogenen Unternehmen) der Gewerbesteuersatz s_{ge} und auch der Solidaritätszuschlag mit einbezogen werden.[295] Des Weiteren ist zu berücksichtigen, dass bei Einzelunternehmen und Personengesellschaften nach § 35 EStG eine pauschale Anrechnung der Gewerbesteuer i. H. d. 3,8-fachen Gewerbesteuermessbetrags erfolgt; insofern ist das Modell dort entsprechend zu modifizieren:

- Für den Ertragsteuerfaktor bei Kapitalgesellschaften ergibt sich ohne Berücksichtigung des Solidaritätszuschlags:

$$s_{er} = s_{e/k} + s_{ge}$$

- bzw. mit Berücksichtigung des Solidaritätszuschlags:

$$s_{er} = s_{e/k} \cdot (1 + s_{SolZ}) + s_{ge}$$

- Für den Ertragsteuerfaktor bei Einzelunternehmen und Personengesellschaften ergibt sich dann ohne Berücksichtigung des Solidaritätszuschlags:

$$s_{er} = s_{e/k} - \frac{1}{h_{ge}} \cdot s_{ge} \cdot 3{,}8 + s_{ge}$$

- bzw. mit Solidaritätszuschlagswirkung:

$$s_{er} = \left(s_{e/k} - \frac{1}{h_{ge}} \cdot s_{ge} \cdot 3{,}8 \right) \cdot (1 + s_{SolZ}) + s_{ge}$$

Dabei gilt:

s_{er}	:	Ertragsteuersatz;
$s_{e/k}$	:	Einkommen- bzw. kombinierter Einkommen-/Kirchensteuersatz oder Körperschaftsteuersatz;
s_{ge}	:	Gewerbeertragsteuersatz;
s_{SolZ}	:	Solidaritätszuschlagssatz;
h_{ge}	:	Gewerbesteuerhebesatz.

Aus Vereinfachungsgründen wird im Standardmodell angenommen, dass $s_{e/k}$ dem **Spitzengrenzsteuersatz** (45 % bei der Einkommensteuer seit VAZ 2008; 15 % bei der Körperschaftsteuer seit VAZ 2008) entspricht. Dadurch ist es möglich, auf einen Periodenindex für

---

[295] Im Folgenden wird für Einzelunternehmen und Personengesellschaften jeweils davon ausgegangen, dass die Thesaurierungsbegünstigung mit Nachversteuerung gem. § 34a EStG keine Anwendung findet.

den Einkommensteuersatz und die schwierige Abschätzung zukünftiger Einkommensverhältnisse, die den Steuersatz beeinflussen, zu verzichten.[296]

Der **Gewerbesteuersatz** s_{ge} ist abhängig von der Höhe des Hebesatzes h_{ge}, der von den Gemeinden unterschiedlich festgelegt wird, und von der Höhe der Steuermesszahl m_{ge}, die gem. § 11 Abs. 2 GewStG einheitlich 3,5 % beträgt. Bei Annahme eines Hebesatzes von 400 % auf eine Steuermesszahl von 3,5 % ergibt sich ein Steuersatz von 14 %, den man nach folgender Formel ermittelt:

$$s_{ge} = m_{ge} \cdot h_{ge}$$

Unter diesen Voraussetzungen beträgt der Ertragsteuerfaktor s_{er} ohne Berücksichtigung des Solidaritätszuschlags

- bei einem Körperschaftsteuersatz von 15 %:

  $s_{er} = 0{,}15 + 0{,}14 = 0{,}29$

- bei einem Einkommensteuersatz von 45 %:

  $s_{er} = 0{,}45 - (0{,}14 \cdot 0{,}25) \cdot 3{,}8 + 0{,}14 = 0{,}457$

Mit Berücksichtigung der Solidaritätszuschlagswirkung

- bei einem Körperschaftsteuersatz von 15 %:

  $s_{er} = 0{,}15 \cdot (1 + 0{,}055) + 0{,}14 = 0{,}29825$

- bei einem Einkommensteuersatz von 45 %:

  $s_{er} = (0{,}45 - (0{,}14 \cdot 0{,}25) \cdot 3{,}8) \cdot (1 + 0{,}55) + 0{,}14 = 0{,}47444$

U. U. kann der Ertragsteuersatz auf den bei Liquidation des Investitionsobjekts evtl. anfallenden Veräußerungsgewinn ($L_n - RB_n$) von dem für die Versteuerung der sonstigen Rückflüsse anzuwendenden Ertragsteuersatz s_{er} abweichen, wenn ein ermäßigter Steuersatz zum Tragen kommt oder die Übertragung von stillen Reserven auf andere Wirtschaftsgüter möglich ist. Im Standardmodell wird von den vereinfachenden Annahmen ausgegangen, dass Freibeträge überschritten und dass die Bemessungsgrundlagen der verschiedenen zu berücksichtigenden Steuerarten gleich hoch sind, also insb. die gewerbesteuerlichen Hinzurechnungen und Kürzungen gem. §§ 8 und 9 GewStG nicht zu beachten sind.

Der dabei zugrunde liegende **Kalkulationszinsfuß nach Steuern** i_s wird i. Allg. durch Reduzierung des Kalkulationszinsfußes vor Steuern i um die durch den Ertragsteuersatz s_{er} bewirkte Renditeminderung bestimmt (vgl. dazu auch **Abschnitt 5, Kap. C.I.**):

$$i_s = i \cdot (1 - s_{er})$$

---

[296] Vgl. dazu v.a. *Perridon, Louis/Steiner, Manfred/Rathgeber, Andreas W.*: Finanzwirtschaft der Unternehmung. 16. Aufl., München 2012, S. 80.

Der Kalkulationszinsfuß soll bei unvollkommenem Kapitalmarkt neben dem Zinssatz der verdrängten optimalen Alternative ggf. auch noch den Zinssatz für Fremdkapital und für Supplementinvestitionen zum Ausdruck bringen. Durch die Einbeziehung der Steuern werden die Möglichkeiten der Deckungsgleichheit dieser Zinssätze weiter verringert, da steuerlich zu unterscheiden ist, ob Zinsen im Gewerbebetrieb – steuerliche Abzugsfähigkeit der Kreditzinsen zu drei Viertel; Habenzinsen sind der Gewerbesteuer unterworfen – oder im Privatvermögen anfallen.

Durch die Einbeziehung von Verlustsituationen sowie von Substanzsteuern kann das Standardmodell zur Berücksichtigung von Steuern im Investitionskalkül erweitert werden. Des Weiteren ist der Übergang vom Kapitalwertkriterium zum Endwertkriterium und damit die Berücksichtigung eines gespaltenen Soll- und Habenzinsfußes möglich.[297]

Folgende **Prämissen** liegen dem **Standardmodell** zugrunde:[298]

- **Existenz einer Einheitsertragsteuer, der alle Gewinne unterliegen:**

  Charakteristisch für diese ist eine allgemein und einheitlich definierte Bemessungsgrundlage sowie ein von der Höhe der Bemessungsgrundlage unabhängiger Steuersatz (proportionaler Tarif ohne Freibeträge: Grenzsteuersatz entspricht dem Durchschnittssteuersatz); unberücksichtigt bleiben also insb. die Unterschiede in der Bemessungsgrundlage von Einkommensteuer bzw. Körperschaftsteuer und Gewerbesteuer und die Abhängigkeit des Einkommensteuersatzes von der Höhe des Einkommens.

- **Heranziehung des Periodenerfolgs G_t und des Veräußerungserfolgs ($L_n - RB_n$) als Bemessungsgrundlagen für die Ermittlung der Ertragsteuerzahlungen:**

  Bestimmt werden kann der Periodenerfolg als Differenz zwischen dem Einzahlungsüberschuss einer Periode ($E_t - A_t$) und der steuerlichen Abschreibungen dieser Periode AfA_t. Keine Berücksichtigung finden steuerliche Auswirkungen der Abzugsfähigkeit aller nicht zahlungswirksamen Aufwendungen, soweit sie nicht Abschreibungen sind; auch erfolgt eine Abstrahierung von der Tatsache, dass die Zeitpunkte der Erfolgsrealisierung und der Zahlung auseinander fallen können.

  Der Veräußerungserfolg lässt sich ermitteln aus dem Liquidationserlös abzgl. des Restbuchwertes des Investitionsobjekts zum Zeitpunkt der Veräußerung; eine teilweise oder vollständige Befreiung des Veräußerungserfolges von der Ertragsbesteuerung – z.B. aufgrund der Bestimmungen des § 6b EStG – bleibt außer Acht.

- **Auslösung einer Steuerzahlung durch Perioden- bzw. Veräußerungsgewinn, Erlangen einer Steuerersparnis durch Perioden- bzw. Veräußerungsverlust:**

  Eine Zurechnung der Steuerwirkungen erfolgt stets zur Periode der Erfolgsentstehung (sofortige Besteuerung bzw. sofortiger Verlustausgleich); im Falle des Auftretens eines

---

[297] Vgl. zu den letzten beiden Absätzen *Perridon, Louis/Steiner, Manfred/Rathgeber, Andreas W.*: Finanzwirtschaft der Unternehmung. 16. Aufl., München 2012, S. 81 sowie in etwas modifizierter Form *Perridon, Louis/Steiner, Manfred*: Finanzwirtschaft der Unternehmung. 13. Aufl., München 2004, S. 97.

[298] Vgl. dazu insb. *Blohm, Hans/Lüder, Klaus/Schaefer, Christina*: Investition. 10. Aufl., München 2012, S. 105–107; *Götze, Uwe*: Investitionsrechnung. 7. Aufl., Berlin/Heidelberg 2014, S. 138–139; *Kruschwitz, Lutz*: Investitionsrechnung. 14. Aufl., München 2014, S. 139–141.

Periodenverlusts bei einem Investitionsobjekt wird also unterstellt, dass der Gesamterfolg des Unternehmens in dieser Periode nicht negativ ist bzw. eine unmittelbare Verlustrücktragsmöglichkeit besteht.

- **Unabhängigkeit des Steuersatzes von der Höhe des Erfolgs und Konstanz im Zeitablauf, gleichermaßen Gültigkeit für Periodenerfolg und Veräußerungserfolg:**

    Ansatz findet i. Allg. der maximale Grenzsteuersatz der Einkommensteuer (keine Berücksichtigung der Thesaurierungsbegünstigung gem. § 34a EStG) bzw. der Körperschaftsteuersatz, wobei regelmäßig die Wirkungen der Gewerbesteuer und des Solidaritätszuschlags zusätzlich berücksichtigt werden.

- **Gleichheit des Sollzinssatzes vor Steuern und des Habenzinssatzes vor Steuern:**

    Es wird ein vollkommener und für den Investor unbeschränkter Kapitalmarkt unterstellt.

3. Die Erweiterung des Standardmodells zur Berücksichtigung einer objektbezogenen Finanzierung

Zur **Berücksichtigung einer objektbezogenen Finanzierung** muss die Zahlungsreihe des Standardmodells um Finanzierungszahlungen und um die Steuerwirkungen der Abzugsfähigkeit von Fremdkapitalzinsen als Betriebsausgaben erweitert werden. Diese Aufgabe erfüllt das Modell der sog. **Nettomethode I**.[299]

Der Kapitalwert einer Investition nach Steuern C_{0s} lässt sich dabei als Summe der für Eigenkapital und Fremdkapital getrennt errechneten Kapitalwerte der Investition darstellen.

Es ist grds. möglich, dass der Eigenkapitalkostensatz nach Steuern b_e^s und der Fremdkapitalkostensatz nach Steuern b_f^s voneinander abweichen. Es ergibt sich deshalb folgender Kapitalwert nach Steuern C_{0s}:

$$C_{0s} = \sum_{t=0}^{n} [E_t - A_t - s_{er} \cdot (E_t - A_t - AfA_t - ZZ_t)] \cdot (1 + b_e^s)^{-t}$$
$$+ [L_n - s_{er} \cdot (L_n - RB_n)] \cdot (1 + b_e^s)^{-n}$$
$$- \sum_{t=0}^{n} (Y_t + ZZ_t) \cdot (1 + b_e^s)^{-t} + \sum_{t=0}^{n} (Y_t + ZZ_t) \cdot (1 + b_f)^{-t}$$

Dabei gilt neben den im Standardmodell verwendeten Symbolen:

ZZ_t : Zinszahlungen in der Periode t;

b_e^s : Eigenkapitalkostensatz nach Steuern;

---

[299] Vgl. dazu und zum Folgenden insb. *Blohm, Hans/Lüder, Klaus/Schaefer, Christina*: Investition. 10. Aufl., München 2012, S. 107–110 sowie *Kußmaul, Heinz*: Betriebswirtschaftliche Steuerlehre. 7. Aufl., München 2014, S. 181–182 und in Ansätzen auch *Adam, Dietrich*: Investitionscontrolling. 3. Aufl., München/Wien 2000, S. 169–174.

C. Die Erfassung der Steuern in der Investitionsrechnung 169

b_f : Fremdkapitalkostensatz vor Steuern;
Y_t : Kreditaufnahme ($Y_t < 0$) bzw. Kredittilgung ($Y_t > 0$) in der Periode t.

Wird unterstellt, dass zum Zeitpunkt $t = 0$ bei Realisierung der Investition keine Einzahlungen vorliegen und erfolgt darüber hinaus eine Zusammenfassung der in einer Periode anfallenden Ein- und Auszahlungen zu einer einzigen Größe Zahlungsüberschuss Z_t, so kann die o.g. Formel folgendermaßen dargestellt werden:

$$C_{0s} = -A_0 + \sum_{t=1}^{n} [Z_t - s_{er} \cdot (Z_t - AfA_t - ZZ_t)] \cdot (1 + b_e^s)^{-t}$$
$$+ [L_n - s_{er} \cdot (L_n - RB_n)] \cdot (1 + b_e^s)^{-n}$$
$$- \sum_{t=0}^{n} (Y_t + ZZ_t) \cdot (1 + b_e^s)^{-t} + \sum_{t=0}^{n} (Y_t + ZZ_t) \cdot (1 + b_f)^{-t}$$

Erfolgt eine Kreditaufnahme ohne Disagio, so beträgt der Kapitalwert der Investition der Fremdkapitalgeber $\sum_{t=0}^{n}(Y_t + ZZ_t) \cdot (1 + b_f)^{-t}$ gleich null; die erstgenannte Formel vereinfacht sich dann zu:

$$C_{0s} = \sum_{t=0}^{n} \left[E_t - A_t - s_{er} \cdot (E_t - A_t - AfA_t - ZZ_t)\right] \cdot (1 + b_e^s)^{-t}$$
$$+ [L_n - s_{er} \cdot (L_n - RB_n)] \cdot (1 + b_e^s)^{-n}$$
$$- \sum_{t=0}^{n} (Y_t + ZZ_t) \cdot (1 + b_e^s)^{-t}$$

Durch anderweitige Zusammenfassung der unter dem zuletzt stehenden Summenzeichen subsumierten Werte ergibt sich schließlich folgende formale Gestalt:

$$C_{0s} = \sum_{t=0}^{n} \left[E_t - A_t - s_{er} \cdot (E_t - A_t - AfA_t - ZZ_t) - Y_t - ZZ_t\right] \cdot (1 + b_e^s)^{-t}$$
$$+ [L_n - s_{er} \cdot (L_n - RB_n)] \cdot (1 + b_e^s)^{-n}$$

Lassen sich die Einzahlungen und Auszahlungen der jeweiligen Perioden zu einer Größe Zahlungsüberschuss Z_t zusammenfassen und wird des Weiteren unterstellt, dass nur vor Beginn der Laufzeit des Investitionsobjekts zum Zeitpunkt $t = 0$ eine Fremdkapitalaufnahme stattfindet und in der Folgezeit lediglich Zins- und Tilgungszahlungen geleistet werden, so kann man schreiben:

$$C_{0s} = -A_0 - Y_0 + \sum_{t=1}^{n} [Z_t - s_{er} \cdot (Z_t - AfA_t - ZZ_t) - Y_t - ZZ_t] \cdot (1 + b_e^s)^{-t}$$
$$+ [L_n - s_{er} \cdot (L_n - RB_n)] \cdot (1 + b_e^s)^{-n}$$

Liegt eine Situation vor, in der keine reine Fremdfinanzierung, sondern eine Mischfinanzierung erfolgt, gibt es verschiedene Möglichkeiten einer Berücksichtigung dieses Zustandes.[300]

Hinsichtlich einer Anwendung der Nettomethode I ist es generell erforderlich, die mit der Investition verbundenen Fremdkapitaleinzahlungen und -rückzahlungen Y_t sowie die Fremdkapitalzinszahlungen ZZ_t objektindividuell zu bestimmen. Liegt keine objektbezogene Finanzierung vor, so ist diese Methode nur anwendbar, wenn man sich mit der Annahme einer für alle Investitionen geltenden Finanzierungsregel behilft.[301]

4. Die Erweiterung des Standardmodells zur Berücksichtigung staatlicher Investitionshilfen

Unter den Begriff der staatlichen Investitionshilfen fallen

- Steuervergünstigungen (Sonderabschreibungen, erhöhte Absetzungen, Investitionszulagen) und
- Finanzhilfen (Zuschüsse, insb. Investitionszuschüsse, Darlehen).

Da sich **Sonderabschreibungen** und erhöhte Absetzungen unmittelbar im Standardmodell berücksichtigen lassen und objektbezogene Darlehenshilfen im Rahmen der Nettomethode I mit in die Investitionsentscheidung einbezogen werden können, besteht keine Notwendigkeit, diese Formen staatlicher Investitionshilfen bzgl. ihrer modellmäßigen Erfassung zu erörtern.

Einer speziellen Betrachtung bedarf es dagegen hinsichtlich der Investitionszulagen und Investitionszuschüsse.[302]

Unter dem Begriff „**Investitionszulagen**" werden nicht-rückzahlbare staatliche Geldmittel zur Durchführung von Investitionen erfasst, die derzeit bei Vorliegen der Fördervorausset-

---

[300] Bzgl. der verschiedenen Ansätze dazu vgl. u.a. *Blohm, Hans/Lüder, Klaus/Schaefer, Christina*: Investition. 10. Aufl., München 2012, S. 107–108; *Mertens, Peter*: Ertragsteuerwirkungen auf die Investitionsfinanzierung – ihre Berücksichtigung in der Investitionsrechnung. In: Zeitschrift für betriebswirtschaftliche Forschung 1962, S. 576; *Swoboda, Peter*: Investition und Finanzierung. In: Betriebswirtschaftslehre im Grundstudium der Wirtschaftswissenschaft. Band 3, 5. Aufl., Göttingen 1996, S. 58–60.

[301] Vgl. dazu ausführlich *Blohm, Hans/Lüder, Klaus/Schaefer, Christina*: Investition. 10. Aufl., München 2012, S. 108–109.

[302] Vgl. dazu insb. *Blohm, Hans/Lüder, Klaus/Schaefer, Christina*: Investition. 10. Aufl., München 2012, S. 110–112 und *Kußmaul, Heinz*: Betriebswirtschaftliche Steuerlehre. 7. Aufl., München 2014, S. 182–183.

C. Die Erfassung der Steuern in der Investitionsrechnung

zungen des Investitionszulagengesetzes gewährt werden. Sie zählen nicht zu den Einkünften i.S. des Einkommensteuergesetzes.[303]

Der Ausdruck „**Investitionszuschüsse**" verkörpert ebenfalls nicht-rückzahlbare staatliche Geldmittel zur Durchführung von Investitonen, jedoch im Vergleich zu Investitionszulagen mit dem Unterschied, dass auf Investitionszuschüsse – auch bei Erfüllung der Fördervoraussetzungen – kein Rechtsanspruch besteht und sie des Weiteren zu den Einkünften i.S. des EStG gehören und deshalb zu versteuern sind.

Gem. R 6.5 Abs. 2 EStR steht dem Steuerpflichtigen bei der Versteuerung der Investitionszuschüsse grds. ein **Wahlrecht** zu. Er kann sie entweder als **Betriebseinnahmen** ansetzen und damit in der Zahlungsperiode erfolgswirksam berücksichtigen oder sie **erfolgsneutral** behandeln.

Während im ersten Fall die Anschaffungs- oder Herstellungskosten der betreffenden Wirtschaftsgüter nicht berührt werden, dürfen die Anlagegüter, für die die Zuschüsse gewährt worden sind, im zweiten Fall „nur mit den Anschaffungs- oder Herstellungskosten bewertet werden, die der Steuerpflichtige selbst [...] aufgewendet hat"[304]; damit sind die Zuschüsse im Ergebnis bei den Anschaffungs- oder Herstellungskosten abzuziehen. Bei abnutzbaren Wirtschaftsgütern bedeutet das eine Verteilung der Besteuerung der Zuschüsse auf die betriebsgewöhnliche Nutzungsdauer durch Verringerung der Absetzung für Abnutzung.

Soll eine Berücksichtigung von Investitionszulagen und Investitionszuschüssen bei der Ermittlung des Kapitalwerts nach Steuern anhand des Standardmodells erfolgen, so muss die Zahlungsreihe entsprechend modifiziert werden.

Im Falle der erfolgswirksamen Verrechnung von Investitionszuschüssen ergibt sich für den Kapitalwert nach Ertragsteuern und staatlichen Investitionsfördermaßnahmen C_{0s}^{IF}:[305]

$$C_{0s}^{IF} = \sum_{t=0}^{n} [Z_t + IZL_t + IZS_t - s_{er} \cdot (Z_t + IZS_t - AfA_t)] \cdot (1 + i_s)^{-t}$$
$$+ [L_n - s_{er} \cdot (L_n - RB_n)] \cdot (1 + i_s)^{-n}$$

Bei erfolgsneutraler Verrechnung von Investitionszuschüssen gilt für den Kapitalwert nach Ertragsteuern und staatlichen Investitionsfördermaßnahmen:[306]

---

[303] Vgl. § 13 InvZulG 2010. Das Investitionszulagengesetz 2010 gilt für Investitionen in den Jahren 2010 bis 2013 und sieht ein Ende der Investitionsförderung durch Investitionszulagen für Geschäftsjahre nach 2013 vor; vgl. Stellung nehmend *Haupt, Heiko*: Das Investitionszulagengesetz 2010 – der Anfang vom Ende der Investitionszulage. In: Deutsches Steuerrecht 2009, S. 1070–1076.

[304] R 6.5 Abs. 2 Satz 3 EStR.

[305] Vgl. dazu auch *Blohm, Hans/Lüder, Klaus/Schaefer, Christina*: Investition. 10. Aufl., München 2012, S. 111.

[306] Vgl. auch *Blohm, Hans/Lüder, Klaus/Schaefer, Christina*: Investition. 10. Aufl., München 2012, S. 111.

$$C_{0s}^{IF} = \sum_{t=0}^{n} [Z_t + IZL_t + IZS_t - s_{er} \cdot (Z_t (-AfA_t - \Delta IZS_t))] \cdot (1 + i_s)^{-t}$$
$$+ [L_n - s_{er} \cdot (L_n - RB_n)] \cdot (1 + i_s)^{-n}$$

Dabei gilt:

IF : Investitionsförderung;

IZL_t : Investitionszulage in der Periode t;

IZS_t : Investitionszuschuss in der Periode t;

ΔIZS_t : Minderung der planmäßigen steuerlichen Abschreibung der Periode t als Folge der Minderung der Anschaffungs- bzw. Herstellungskosten um den Investitionszuschuss.

Im Falle konstanter Steuersätze ist der **Kapitalwert bei erfolgsneutraler Verrechnung** des Investitionszuschusses aufgrund des Steuerstundungseffektes und des daraus resultierenden Zinsvorteils stets **höher als bei erfolgswirksamer Verrechnung**.

Hinsichtlich des Kalkulationszinssatzes erfolgt hier in Analogie zum Standardmodell die Unterstellung, dass es sich um den internen Zinsfuß nach Ertragsteuern einer alternativen Finanzinvestition handelt, für die keine Steuervergünstigungen oder staatliche Finanzhilfen gewährt werden.[307]

Insb. bei Anfangsverlusten infolge hoher Abschreibungen kann bei Investitionsvorhaben das sog. „**Steuerparadoxon**" beobachtet werden. Dabei wächst der Kapitalwert der Investition durch Einführung einer Steuer oder mit steigenden Steuersätzen. Zwar verringern die Gewinnsteuererhöhungen das Nettoeinkommen des Unternehmers bzw. des Unternehmens; es kann sich aber mit wachsenden Steuersätzen lohnen, andere Investitionsvorhaben zu wählen, welche die Steuererhöhung kompensieren oder zumindest mildern.[308] Eine eigenkapitalfinanzierte Sachinvestition bspw. wird mit steigenden Gewinnsteuersätzen vorteilhaft, wenn der Periodenüberschuss des Investitionsobjekts nach Abschreibungen negativ ist und das Unternehmen insgesamt noch Gewinn ausweist.[309]

5. Die Bruttomethode

Der Berechnung des Kapitalwerts einer Investition nach Ertragsteuern bei Anwendung der Bruttomethode C_{0s}^B liegt folgende Formel zugrunde:[310]

---

[307] Vgl. *Blohm, Hans/Lüder, Klaus/Schaefer, Christina*: Investition. 10. Aufl., München 2012, S. 112.

[308] Vgl. *Schneider, Dieter*: Investition, Finanzierung und Besteuerung. 7. Aufl., Wiesbaden 1992, S. 246–250.

[309] Vgl. *Wacker, Wilhelm H./Seibold, Sabine/Oblau, Markus*: Lexikon der Steuern. 2. Aufl., München 2005, S. 348–349.

[310] Vgl. dazu u.a. *Blohm, Hans/Lüder, Klaus/Schaefer, Christina*: Investition. 10. Aufl., München 2012, S. 112; *Kußmaul, Heinz*: Betriebswirtschaftliche Steuerlehre. 7. Aufl., München 2014,

$$C_{0s}^B = \sum_{t=0}^{n} (E_t - A_t) \cdot (1 + i^B)^{-t}$$

Im Rahmen dieses Verfahrens erfolgt eine indirekte Berücksichtigung der Ertragsteuern durch entsprechende Festlegung des Kalkulationszinssatzes i^B in der Investitionsrechnung.[311] Der dargelegte Berechnungsansatz gleicht lediglich formelmäßig der Grundrechnung der Kapitalwertmethode (vgl. **Abschnitt 4, Kap. B.I.1.**).

Die Grundform der Bruttomethode vernachlässigt die steuermindernde Wirkung von Abschreibungen bei der Festlegung des Kalkulationszinssatzes i^B; sie kann daher streng gesehen lediglich für nicht abschreibbare Investitionsvorhaben herangezogen werden.[312]

Unter der Prämisse eines einheitlichen Ertragsteuersatzes s_{er} ergibt sich der Kalkulationszinssatz bei Eigenfinanzierung $i^B = i_e^B$ als Produkt aus gewünschtem Nettozinssatz, der in der Literatur unterschiedlich entweder als Eigenkapitalkostensatz vor Steuern b_e oder als Eigenkapitalkostensatz nach Steuern b_e^s interpretiert wird, und Korrekturfaktor

$$\frac{1}{1-s}$$

Demgemäß beträgt der Kalkulationszinssatz für die Grundform der Bruttomethode bei **Eigenkapitalfinanzierung** im ersten Fall

$$i^B = i_e^B = \frac{b_e}{1-s}$$

und im zweiten Fall

$$i^B = i_e^B = \frac{b_e^s}{1-s} = \frac{b_e \cdot (1-s)}{1-s} = b_e$$

Der erste Ansatz sagt aus, dass der Kalkulationszinssatz i^B höher ist als der Kalkulationszinssatz bei Ermittlung des Kapitalwerts ohne Berücksichtigung von Steuern. Plausibel erscheint dies in Situationen, in denen dem Eigenkapitalgeber eine steuerbefreite Alternativanlagemöglichkeit zur Verfügung steht.

Bei steuerpflichtigen Alternativanlagemöglichkeiten muss dagegen bei der Festlegung des gewünschten Nettozinssatzes berücksichtigt werden, dass auch die Erträge aus Alternativanlagen der Besteuerung unterliegen. Diese Überlegung kommt im zweiten Ansatz zur Gel-

---

S. 183–184; *Mozer, Klaus*: Der Kalkulationszinsfuß unter Berücksichtigung der Erfolgsteuern bei Publikumskapitalgesellschaften, insbesondere im deutschen und amerikanischen Steuersystem. Berlin 1972, S. 58.

[311] Vgl. *Blohm, Hans/Lüder, Klaus/Schaefer, Christina*: Investition. 10. Aufl., München 2012, S. 112.

[312] Vgl. *Mozer, Klaus*: Der Kalkulationszinsfuß unter Berücksichtigung der Erfolgsteuern bei Publikumskapitalgesellschaften, insbesondere im deutschen und amerikanischen Steuersystem. Berlin 1972, S. 58.

tung. In diesem Fall entspricht der Kalkulationszinssatz i^B dem Kalkulationszinssatz bei der Ermittlung des Kapitalwerts ohne Berücksichtigung von Steuern; dies bedeutet, dass die Grundform der Bruttomethode und die Kapitalwertrechnung vor Steuern nicht nur formal, sondern auch materiell identisch sind.

Der Kalkulationszinssatz bei **Fremdfinanzierung** $i^B = i_f^B$ wird gleich dem Fremdkapitalkostensatz b_f gesetzt. Da Fremdkapitalzinsen als Betriebsausgaben steuerlich abzugsfähig sind, muss für deren Abgeltung nur ein Verdienst i. H. d. Zinsen erfolgen.[313]

Bei Vorliegen einer **Mischfinanzierung** wird in der Literatur verschiedentlich die Festlegung eines Mischzinssatzes

$$i^B = (1-\alpha) \cdot i_e^B + \alpha \cdot i_f^B = (1-\alpha) \cdot \frac{b_e^s}{1-s} + \alpha \cdot b_f$$

vorgeschlagen (α verkörpert dabei den Anteil des Fremdkapitals am insgesamt benötigten Kapital). Es besteht allerdings nur dann das Erfordernis der Bildung eines Mischzinssatzes, wenn $i_e^B \neq i_f^B$ ist, d.h. wenn sich der Eigen- und der Fremdkapitalkostensatz vor Steuern nicht entsprechen.[314]

Einigkeit besteht in der Literatur darüber, dass das **Standardmodell** und ggf. auch die Nettomethode I grds. **der Bruttomethode vorzuziehen sind**. Da die Steuerwirkungen unterschiedlicher Abschreibungsverläufe und unterschiedlicher Finanzierungsregeln bei Fremd- und Mischfinanzierung zumindest bei der Grundform der Bruttomethode unberücksichtigt bleiben, wird sie allenfalls als **Näherungsverfahren** akzeptiert.[315]

D. Der Einfluss der Geldentwertung auf Investitionsentscheidungen und Berücksichtigung in der Investitionsrechnung

Da die reale Kaufkraft des Geldes – wenn derzeit auch auf einem relativ niedrigen Niveau – jährlich fortschreitend sinkt, stellt sich zwangsweise die Frage, ob und ggf. wie die Geldentwertung unter anhaltender Steigerung des Preisniveaus in der Investitionsrechnungen berücksichtigt werden muss.

---

[313] Vgl. dazu v.a. *Blohm, Hans/Lüder, Klaus/Schaefer, Christina*: Investition. 10. Aufl., München 2012, S. 113–114; *Buchner, Robert*: Der Einfluß erfolgsabhängiger Steuern auf investitions- und finanzierungstheoretische Planungsmodelle. In: Zeitschrift für Betriebswirtschaft 1971, S. 672; *Mertens, Peter*: Ertragsteuerwirkungen auf die Investitionsfinanzierung – ihre Berücksichtigung in der Investitionsrechnung. In: Zeitschrift für betriebswirtschaftliche Forschung 1962, S. 573–588; *Mozer, Klaus*: Der Kalkulationszinsfuß unter Berücksichtigung der Erfolgsteuern bei Publikumskapitalgesellschaften, insbesondere im deutschen und amerikanischen Steuersystem. Berlin 1972, S. 58–61.

[314] Vgl. *Blohm, Hans/Lüder, Klaus/Schaefer, Christina*: Investition. 10. Aufl., München 2012, S. 113.

[315] Vgl. dazu u.a. *Blohm, Hans/Lüder, Klaus/Schaefer, Christina*: Investition. 10. Aufl., München 2012, S. 114; *Mertens, Peter*: Ertragsteuerwirkungen auf die Investitionsfinanzierung – ihre Berücksichtigung in der Investitionsrechnung. In: Zeitschrift für betriebswirtschaftliche Forschung 1962, S. 580–588.

D. Der Einfluss der Geldentwertung auf Investitionsentscheidungen

Auf jeden Fall werden **die für die Investitionsrechnung relevanten Daten** in folgender Weise **beeinflusst**:

Zum einen verändern sich durch die Geldentwertung die Einstandspreise der benötigten Produktionsfaktoren (z.B. Rohstoffe, Löhne, Mieten etc.) und damit i.d.R. auch die Verkaufspreise der erstellten Produkte. Diese Veränderungen wirken sich im Rahmen der Investitionsrechnung bei den jährlichen Ein- und Auszahlungen aus. Die Höhe der als Differenz zwischen den jährlichen Einzahlungen E_t und Auszahlungen A_t ermittelten jährlichen Zahlungsüberschüsse Z_t hängt also vom Ausmaß der Geldentwertung ab. I. Allg. ergibt sich keine proportionale Änderung der einzelnen Faktorpreise und Verkaufspreise der gefertigten Erzeugnisse im Vergleich zur Inflation als mittlerer Preisveränderung aller Produkte des Warenkorbs, der zur Messung der derzeitigen Kaufkraft verwendet wird.

Zum anderen ergibt sich als Konsequenz der Geldentwertung regelmäßig eine Änderung der Zinssätze für Kapitalaufnahme bzw. -anlage, wobei auch hier i. Allg. keine proportionale Entwicklung zwischen den Zinssätzen und der Geldentwertungsrate stattfindet.[316]

Es lässt sich also erkennen, dass eine Berücksichtigung der Geldentwertungseffekte im Rahmen der Investitionsrechnung mit erheblichen Schwierigkeiten verbunden ist.

Obwohl es zwar unbestritten ist, dass die Geldentwertung u.U. großen Einfluss auf die – für die Beurteilung der Vorteilhaftigkeit von Investitionen – relevanten Daten haben kann, gibt es aus den geschilderten Gründen in der zahlreichen Literatur zur Investitionsrechnung nur einige wenige Ansätze zur Erfassung dieses Problems. Die vorgeschlagenen Methoden zur Berücksichtigung der Preissteigerung in der Investitionsrechnung weichen allerdings meist voneinander ab und sind z.T. widersprüchlich.[317] Die diskutierten Ansätze bzgl. der entscheidungsrelevanten Größe „Kalkulationszinssatz" lassen sich grds. in der in **Abbildung 37**[318] angedeuteten Weise polarisieren.

```
        ┌─────────────────────────────────────┐
        │  Ansätze zur Berücksichtigung der   │
        │ Geldentwertung in der Investitions- │
        │              rechnung               │
        └─────────────────────────────────────┘
           │              │              │
    ┌──────┴─────┐ ┌──────┴─────┐ ┌──────┴─────┐
    │ Erhöhung   │ │Beibehaltung│ │  Senkung   │
    │    des     │ │    des     │ │    des     │
    │Kalkulations│ │Kalkulations│ │Kalkulations│
    │ zinssatzes │ │ zinssatzes │ │ zinssatzes │
    └────────────┘ └────────────┘ └────────────┘
```

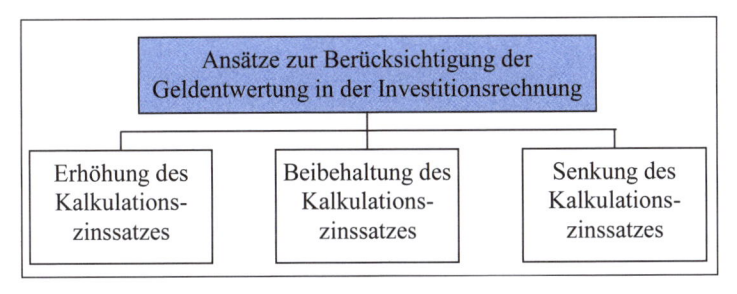

Abbildung 37: Ansätze zur Berücksichtigung der Geldentwertung in der Investitionsrechnung im Rahmen des Kalkulationszinssatzes

---

[316] Vgl. dazu insb. *Adam, Dietrich*: Investitionscontrolling. 3. Aufl., München/Wien 2000, S. 191.

[317] Vgl. *Däumler, Klaus-Dieter/Grabe, Jürgen*: Anwendung von Investitionsrechnungsverfahren in der Praxis. 5. Aufl., Herne 2010, S. 78–80.

[318] Modifiziert entnommen aus *Däumler, Klaus-Dieter/Grabe, Jürgen*: Anwendung von Investitionsrechnungsverfahren in der Praxis. 5. Aufl., Herne 2010, S. 79.

Eine erste Gruppe von Autoren, die sich mit dem Problem der Modifizierung des Kalkulationszinssatzes zur Erfassung der Geldentwertung in der Investitionsrechnung auseinandersetzen, vertritt die Ansicht, dass der **Kalkulationszinssatz** zur Berücksichtigung der Preissteigerung um einen bestimmten Betrag **zu erhöhen** sei.[319] Bei Unterstellung einer im Zeitablauf konstanten Geldentwertung und damit einer gleich bleibenden Preissteigerung wäre dann den Entscheidungen über Investitionen folgender Kalkulationszinssatz zugrunde zu legen:[320]

$$i_g = i + g$$

Dabei gilt:

i_g : Kalkulationszinssatz unter Berücksichtigung der Geldentwertung;

i : Kalkulationszinssatz ohne Berücksichtigung der Geldentwertung;

g : Jährliche, konstante Geldentwertungsrate.

Eine ähnliche Bestrebung kommt in einem anderen Vorschlag hinsichtlich einer Erhöhung des Kalkulationszinssatzes zum Ausdruck. Allerdings wird dabei eine doppelte Diskontierung der Glieder einer Zahlungsreihe in Erwägung gezogen, und zwar zum Ersten mit dem Kalkulationszinssatz ohne Berücksichtigung der Geldentwertung i und zum Zweiten mit der Geldentwertungsrate g, so dass letztendlich mit folgendem Kalkulationszinssatz gerechnet werden müsste:[321]

$$i_g = (1 + i) \cdot (1 + g) - 1 = i + g + i \cdot g$$

Im Falle der doppelten Diskontierung ergibt sich also hinsichtlich der Berücksichtigung der Geldentwertungsrate eine zusätzliche Erhöhung des Kalkulationszinssatzes um den Betrag $i \cdot g$ im Vergleich zur einfachen Erfassung der Geldentwertung.

Eine zweite Gruppe von Autoren vertritt demgegenüber die Meinung, dass der **Kalkulationszinssatz** um die Geldentwertungsrate **zu kürzen** sei.[322] Der Kalkulationszinssatz unter Einbeziehung der Geldentwertung würde dann in folgender Weise ermittelt werden:

$$i_g = i - g$$

---

[319] Vgl. dazu u.a. *Biergans, Enno*: Investitionsrechnung. Verfahren der Investitionsrechnung und ihre Anwendung in der Praxis. Nürnberg 1973, S. 252; *Seicht, Gerhard*: Investition und Finanzierung. 9. Aufl., Wien 1997, S. 145–146; *Süchting, Joachim*: Finanzmanagement – Theorie und Politik der Unternehmensfinanzierung. 6. Aufl., Wiesbaden 1995, S. 437.

[320] Vgl. dazu auch *Däumler, Klaus-Dieter/Grabe, Jürgen*: Anwendung von Investitionsrechnungsverfahren in der Praxis. 5. Aufl., Herne 2010, S. 79.

[321] Vgl. dazu *Busse von Colbe, Walther/Laßmann, Gert*: Betriebswirtschaftstheorie. Band 3, 3. Aufl., Berlin 1990, S. 84; *Merret, A. J./Sykes, Allen*: The Finance and Analysis of Capital Projects. 2. Aufl., London 1973, S. 166–170.

[322] Vgl. *Moxter, Adolf*: Grundsätze ordnungsmäßiger Unternehmensbewertung. 2. Aufl., Wiesbaden 1983, S. 185–192.

D. Der Einfluss der Geldentwertung auf Investitionsentscheidungen

Der Grundgedanke dieses Vorschlags ist darin zu sehen, dass aufgrund der Kürzung des Kalkulationszinssatzes eine Höherbewertung von künftigen Nettoeinzahlungen aus Realinvestitionen gegenüber Nettoeinzahlungen aus Nominalinvestitionen erfolgt. Mit einem niedrigeren Kalkulationszinssatz einher geht nämlich ein größerer Bar- bzw. Gegenwartswert einer Zahlungsreihe und damit auch ein höherer Wert der Sachgüterkombinationen gegenüber einer Geldanlage in Kapitalmarktpapieren.[323]

Eine dritte Literaturmeinung hat sich dahingehend gebildet, dass eine besondere Erfassung der Geldentwertung hinfällig ist, wenn bei der Festlegung des Kalkulationszinssatzes vom Kapitalmarktzins ausgegangen wird; der **Kalkulationszinssatz** würde dann **unverändert** bleiben:

$$i_g = i$$

Diese Auffassung wird damit begründet, dass beim Kapitalmarktzins Geldwertänderungen ohnehin bereits dadurch berücksichtigt werden, dass bei der Bildung der Marktzinssätze die zu erwartenden Kaufkraftverluste antizipiert werden. Die Kapitalmarktzinsen würden somit ohnehin ein Äquivalent für die erwarteten Preissteigerungen enthalten. Eine Erhöhung des Kalkulationszinsfußes über diesen Satz käme dann einer unzulässigen Doppelverrechnung der Geldentwertung gleich.[324]

Der Grund, warum die Literaturansätze zwar prinzipiell die gleiche Zielsetzung hinsichtlich einer Erfassung der Geldentwertung in der Investitionsrechnung verfolgen, aber doch teilweise extrem unterschiedliche Lösungen präsentieren, ist darin zu sehen, dass im einen Fall eine Rechnung mit den nominalen Werten durchgeführt wird und im anderen Fall die realen Werte als Basis für die Investitionsrechnung dienen.

Wird mit den nominalen, inflationär aufgeblähten Werten der Ein- und Auszahlungsströme gerechnet, so wird unter Heranziehung des nominalen Kalkulationszinssatzes der Kapitalwert einer Investition in folgender Weise berechnet:

$$C_{0g}^N = \sum_{t=0}^{n} (E_t - A_t) \cdot (1 + i)^{-t}$$

In dieser Gleichung drückt C_{0g}^N den Kapitalwert einer Investition unter Berücksichtigung der Geldentwertung bei Nominalwertrechnung aus.

---

[323] Vgl. *Däumler, Klaus-Dieter/Grabe, Jürgen*: Anwendung von Investitionsrechnungsverfahren in der Praxis. 5. Aufl., Herne 2010, S. 79–80.

[324] Vgl. dazu insb. *Däumler, Klaus-Dieter/Grabe, Jürgen*: Anwendung von Investitionsrechnungsverfahren in der Praxis. 5. Aufl., Herne 2010, S. 79–80; *Frischmuth, Gunter*: Daten als Grundlage für Investitionsentscheidungen. Berlin 1969, S. 105; *Schwarz, Horst*: Optimale Investitionsentscheidungen. München 1967, S. 48–49.

Soll neben der Geldentwertung auch die Wirkung der Ertragsteuern im Rahmen der Investitionsentscheidung zur Geltung kommen, so ist der Kapitalwert einer Investition folgendermaßen zu bestimmen:

$$C_{0gs}^N = \sum_{t=0}^{n} [E_t - A_t - s_{er} \cdot (E_t - A_t - AfA_t)] \cdot (1 + i_s)^{-t}$$
$$+ [L_n - s_{er} \cdot (L_n - RB_n)] \cdot (1 + i_s)^{-n}$$

Dabei kennzeichnet C_{0gs}^N den Kapitalwert einer Investition unter Berücksichtigung der Geldentwertung und der Ertragsteuern bei Nominalwertrechnung.

Erfolgt eine Kapitalwertermittlung unter Einbeziehung der Geldentwertung nicht mittels nominaler Größen, sondern soll eine Berechnung des Kapitalwerts bei konstanter Kaufkraft, d.h. eine Bestimmung des „realen Kapitalwerts" bzw. „Kaufkraftkapitalwerts", erfolgen, so sind einige Besonderheiten zu beachten.

Zum einen müssen die realen kaufkraftbereinigten Werte der Ein- und Auszahlungen prognostiziert oder berechnet und außerdem die Geldentwertungsrate g festgelegt werden. Zum anderen hat eine Festsetzung des realen Kalkulationszinssatzes i^R zu erfolgen.

Denkbar sind zweierlei Vorgehensweisen bei der Errechnung des realen Kapitalwerts:[325]

(1) Es erfolgt zunächst eine Deflationierung der nominalen Werte der Zahlungsreihe mit der als konstant angenommenen Geldentwertungsrate g, also eine Diskontierung mit dem Faktor $(1+g)^{-t}$, und anschließend eine Diskontierung der realen Werte der Zahlungsreihe mit dem realen Diskontierungsfaktor $(1+i^R)^{-t}$.

(2) Es wird von den nominalen Werten der Zahlungsreihe ausgegangen und ein inflationsadjustierter (nominaler) Zinssatz zur Diskontierung verwendet, der folgendes Aussehen hat:

$$i = (1 + g) \cdot (1 + i^R) - 1$$

Mittels dieser Gleichung kann aber auch eine Transformation eines nominalen in einen realen Kalkulationszinssatz durchgeführt werden:

$$i = (1 + g) \cdot (1 + i^R) - 1 \rightarrow 1 + i = (1 + g) \cdot (1 + i^R) \rightarrow \frac{1+i}{1+g} = 1 + i^R$$
$$\rightarrow i^R = \frac{1+i}{1+g} - 1$$

---

[325] Vgl. dazu insb. *Blohm, Hans/Lüder, Klaus/Schaefer, Christina*: Investition. 10. Aufl., München 2012, S. 115–117; *Busse von Colbe, Walther/Laßmann, Gert*: Betriebswirtschaftstheorie. Band 3, 3. Aufl., Berlin 1990, S. 84.

D. *Der Einfluss der Geldentwertung auf Investitionsentscheidungen* 179

Dabei gilt:

i : Nominaler Kalkulationszinssatz;

i^R : Realer Kalkulationszinssatz;

g : Geldentwertungsrate.

Voraussetzung für die Richtigkeit dieser Transformation ist aber, dass eine über alle Perioden gleich bleibende Geldentwertungsrate vorliegt. Falls sich die Geldentwertungsrate voraussichtlich über die Perioden verändert, würde eine pauschale Korrektur des Kalkulationszinssatzes zu Verzerrungen führen.[326]

In beiden der oben angeführten Verfahrensarten bei Realwertrechnung kann der Kapitalwert einer Investition – unter der Annahme einer jährlich konstanten Geldentwertungsrate – mittels folgender Gleichung bestimmt werden:

$$C_{0g}^R = \sum_{t=0}^{n} (E_t - A_t) \cdot (1+g)^{-t} \cdot (1+i^R)^{-t}$$

Das Symbol C_{0g}^R bringt hier den Kapitalwert einer Investition unter Berücksichtigung der Geldentwertung bei Realwertrechnung zum Ausdruck.

Sollen zusätzlich zur Geldentwertung auch die Ertragsteuern in das Investitionskalkül miteinbezogen werden, so bietet sich eine Rechnung nach folgender Weise an:

$$C_{0gs}^R = \sum_{t=0}^{n} [E_t - A_t - s_{er} \cdot (E_t - A_t - AfA_t)] \cdot (1+g)^{-t} \cdot (1+(1-s_{er}) \cdot i^R)^{-t}$$
$$+ [L_n - s_{er} \cdot (L_n - RB_n)] \cdot (1+g)^{-n} \cdot (1+(1-s_{er}) \cdot i^R)^{-n}$$

Dabei wird durch C_{0gs}^R der Kapitalwert einer Investition unter Berücksichtigung der Geldentwertung und der Ertragsteuern bei Realwertrechnung charakterisiert.

Im Falle der Prognose einer starken Schwankung der jährlichen Geldentwertungsrate über die einzelnen Perioden des Planungszeitraumes führt die Annahme einer jährlich gleich bleibenden Geldentwertung i. Allg. zu unbefriedigenden Ergebnissen. Hier sollte eine Rechnung unter expliziter Berücksichtigung der Geldentwertungsraten der einzelnen Perioden erfolgen:

$$C_{0g}^R = -A_0 + \sum_{t=1}^{n} \frac{E_t \cdot \prod_{\tau=1}^{t}(1+g_{E\tau}) - A_t \cdot \prod_{\tau=1}^{t}(1+g_{A\tau})}{(1+i^R)^t \cdot \prod_{\tau=1}^{t}(1+g_\tau)}$$

---

[326] Vgl. *Busse von Colbe, Walther/Laßmann, Gert*: Betriebswirtschaftstheorie. Band 3, 3. Aufl., Berlin 1990, S. 84.

180 *Fünfter Abschnitt: Die Berücksichtigung der Steuern und der Geldentwertung*

Dabei gilt:

$g_{E\tau}$: Preisänderungsrate der Einzahlungen;

$g_{A\tau}$: Preisänderungsrate der Auszahlungen;

g_τ : Jährliche Geldentwertungsrate.

Möchte man bei der Prognose veränderlicher Geldentwertungsraten auch die Ertragsteuern mit in die Investitionsrechnung einbeziehen, so ist analog zu verfahren. Dabei muss zunächst bei den Ein- und Auszahlungen die Preisänderungsrate berücksichtigt werden, ehe anschließend eine Berechnung des Diskontierungszinssatzes (realer Kalkulationszinssatz unter Berücksichtigung der Ertragsteuerwirkung) zu erfolgen hat. Danach kann eine Ermittlung des Kapitalwerts der Investition unter Einbeziehung von Geldentwertung und Ertragsteuern bei Realwertrechnung erfolgen.[327]

E. Beispiel zur Wirkung der Steuern und der Geldentwertung auf die Investitionsrechnung

Die Ausgangsdaten des Fallbeispiels[328] zur Wirkung der Steuern und der Geldentwertung auf die Investitionsrechnung entsprechen denen des Beispiels zu den statischen und dynamischen Verfahren der Investitionsrechnung (vgl. dazu **Abschnitt 3, Kap. F.** und **Abschnitt 4, Kap. B.VII.**).

Zur besseren Anschaulichkeit der nachfolgenden Berechnungen erfolgt nochmals eine kurze Darstellung der entscheidungsrelevanten Daten:

- Einzahlungsüberschüsse der alternativ zur Verfügung stehenden Anlagen (Beträge in EUR):

	A_0	Z_1	Z_2	Z_3	Z_4	Z_5	Z_6
Anlage I	– 66.000	15.500	15.500	15.500	15.500	15.500	15.500
Anlage II	– 75.000	17.500	20.000	20.000	16.000	16.000	14.000

- Kalkulationszinssatz vor Steuern: $i = 5\%$;
- Nutzungsdauer: $n = 6$ Jahre.

(6) Wie hoch ist der Kapitalwert der beiden Anlagen nach Ertragsteuern, wenn die nachfolgenden Daten zugrunde gelegt werden?

– Liquidationserlös der Anlage I bzw. der Anlage II: $L_{nI} = 0$ und $L_{nII} = 0$;

– Restbuchwert der beiden Anlagen am Ende der Nutzungsdauer: $RB_{nI} = 0$ und $RB_{nII} = 0$;

---

[327] Vgl. dazu mit ausführlichem Beispiel *Busse von Colbe, Walther/Laßmann, Gert*: Betriebswirtschaftstheorie. Band 3, 3. Aufl., Berlin 1990, S. 84–85.

[328] Modifiziert entnommen aus *Kußmaul, Heinz*: Berücksichtigung der Steuern und Geldentwertung in der Investitionsrechnung. In: Der Steuerberater 1996, S. 18–21.

- lineare Verteilung der Abschreibungsbeträge über einen Zeitraum von 6 Jahren;
- Körperschaftsteuersatz: 15 %;
- gewerbesteuerlicher Hebesatz: 400 %;
- der Solidaritätszuschlag wird nicht berücksichtigt.

(7) Wie hoch ist der Kapitalwert der Anlage I unter Berücksichtigung der Geldentwertung bei Realwertrechnung, wenn eine jährliche Geldentwertungsrate von 3 % prognostiziert wird?

Lösung:

(6) Da hier der Habenzinssatz (Eigenkapitalkostensatz) vor Steuern und der Sollzinssatz (Fremdkapitalkostensatz) vor Steuern nicht voneinander abweichen und auch keine objektbezogene Finanzierung über die Aufnahme einer bestimmten Fremdkapitalmenge unter Abzug eines Disagio erfolgt, kann zur Berechnung des Kapitalwerts der beiden Anlagen nach Ertragsteuern das Standardmodell verwendet werden:

$$C_{0s} = -A_0 + \sum_{t=1}^{n} [Z_t - s_{er} \cdot (Z_t - AfA_t)] \cdot (1 + i_s)^{-t} + [L_n - s_{er} \cdot (L_n - RB_n)] \cdot (1 + i_s)^{-n}$$

Wie aus dieser Gleichung ersichtlich ist, besteht zunächst das Erfordernis, den entscheidungsrelevanten Kalkulationszinssatz nach Ertragsteuern i_s festzulegen:

$$i_s = i \cdot (1 - s_{er})$$

mit $s_{er} = s_{kst} + s_{ge}$

und $s_{ge} = m_{ge} \cdot h_{ge}$

Dabei gilt:

s_{kst} : Körperschaftsteuersatz.

Bei Zugrundelegung eines gewerbesteuerlichen Hebesatzes von 400 % ergibt sich ein maßgeblicher Gewerbeertragsteuersatz s_{ge} i. H. v. 14 %.

Für den Ertragsteuersatz s_{er} gilt dann Folgendes:

$s_{er} = 0{,}15 + 0{,}14 = 0{,}29$

Als **Kalkulationszinssatz nach Steuern i_s** erhält man also folgenden Wert:

$i_s = 0{,}05 \cdot (1 - 0{,}29) = 0{,}0355$

Der Kalkulationszinssatz nach Steuern i_s i. H. v. 3,55 % ist als maßgeblicher Diskontierungsfaktor für die weitere Berechnung unter Steuereinfluss zugrunde zu legen.

Im Folgenden wird die Bestimmung der **Kapitalwerte nach Ertragsteuern** aus Gründen der Übersichtlichkeit jeweils anhand einer Tabelle dargestellt (Beträge in EUR).

Anlage I

Zahlungs-zeitpunkt t	Anschaf-fungsaus-zahlung A_0	Zahlungs-überschüsse (Zeitwert) Z_t	Abschrei-bungen AfA_t	Steuer-zahlungen $s_{er} \cdot (Z_t - AfA_t)$	Zahlungs-überschüsse nach Steuern Z_{ts}	Barwert der Zahlungs-überschüsse nach Steuern
0	– 66.000					– 66.000,00
1		15.500	11.000	1.305	14.195	13.708,35
2		15.500	11.000	1.305	14.195	13.238,39
3		15.500	11.000	1.305	14.195	12.784,54
4		15.500	11.000	1.305	14.195	12.346,25
5		15.500	11.000	1.305	14.195	11.922,98
6		15.500	11.000	1.305	14.195	11.514,23
Kapitalwert nach Ertragsteuern C_{0S}						+ 9.514,74

Anlage II

Zahlungs-zeitpunkt t	Anschaf-fungsaus-zahlung A_0	Zahlungs-überschüsse (Zeitwert) Z_t	Abschrei-bungen AfA_t	Steuer-zahlungen $s_{er} \cdot (Z_t - AfA_t)$	Zahlungs-überschüsse nach Steuern Z_{ts}	Barwert der Zahlungs-überschüsse nach Steuern
0	– 75.000					– 75.000,00
1		17.500	12.500	1.450	16.050	15.499,76
2		20.000	12.500	2.175	17.825	16.623,76
3		20.000	12.500	2.175	17.825	16.053,85
4		16.000	12.500	1.015	14.985	13.033,36
5		16.000	12.500	1.015	14.985	12.586,54
6		14.000	12.500	435	13.565	11.003,20
Kapitalwert nach Ertragsteuern C_{0S}						+ 9.800,47

Der Kapitalwert beider Anlagen unter Berücksichtigung der Ertragsteuern ist größer als null, wodurch jede Anlage für sich gesehen vorteilhaft ist. Im direkten Vergleich beider Anlagen erweist sich die Anlage II aufgrund des höheren Kapitalwerts vorteilhafter als die Anlage I.

(7) Die Ermittlung des Kapitalwerts eines Investitionsobjekts unter Berücksichtigung der Geldentwertung vollzieht sich im Falle der Realwertrechnung nach folgender Formel:

$$C_{0g}^R = \sum_{t=0}^{n} Z_t \cdot (1 + g)^{-t} \cdot (1 + i^R)^{-t}$$

Dazu ist die Bestimmung des realen Kalkulationszinssatzes i^R notwendig:

$$i^R = \frac{1+i}{1+g} - 1$$

Dabei gilt:

i : Nominaler Kalkulationszinssatz;

i^R : Realer Kalkulationszinssatz;

g : Konstante jährliche Geldentwertungsrate.

Es ergibt sich also als realer Kalkulationszinssatz

$i^R = \frac{1,05}{1,03} - 1 = 0,01942$

Der Kapitalwert der Anlage I unter Berücksichtigung der Geldentwertung kann demnach folgendermaßen bestimmt werden (Beträge in EUR):

Zahlungs-zeitpunkt t	Anschaf-fungsaus-zahlung A_0	Zahlungs-überschüsse (Zeitwert) Z_t	Deflations-faktoren $(1+g)^{-t}$ für $g = 0,03$	Zahlungs-überschüsse (deflationiert)	Barwert der Zahlungs-überschüsse
0	– 66.000		1		– 66.000,00
1		15.500	$1,03^{-1}$	15.048,54	14.761,86
2		15.500	$1,03^{-2}$	14.610,24	14.058,89
3		15.500	$1,03^{-3}$	14.184,70	13.389,39
4		15.500	$1,03^{-4}$	13.771,55	12.751,76
5		15.500	$1,03^{-5}$	13.370,44	12.144,51
6		15.500	$1,03^{-6}$	12.981,01	11.566,17
Kapitalwert unter Berücksichtigung der Geldentwertung C_{0g}^R					+ 12.672,58

Sechster Abschnitt

Die Berücksichtigung der Unsicherheit bei Investitionsentscheidungen

A. Die Formen der Unsicherheit

Investitionsentscheidungen werden in der Praxis regelmäßig in Unkenntnis der genauen Zukunftsentwicklung getroffen. Jede im Investitionsproblem zu berücksichtigende Variable kann abhängig von den später tatsächlich eintretenden Umweltkonstellationen mehrere verschiedene Werte annehmen; man spricht dann von einer Zufallsvariablen. Diese **Zufallsvariablen** sind entweder unabhängig voneinander oder sie beeinflussen sich gegenseitig, was u. a. mathematisch-statistisch unterschiedliche Auswirkungen hat. Ist mindestens eine Variable des Investitionsproblems zufallsabhängig, so findet die Entscheidung unter **Unsicherheit** statt. Dabei sind zwei verschiedene Typen von Unsicherheitssituationen zu unterscheiden: **Risikosituationen** sind dadurch gekennzeichnet, dass der Entscheidungsträger dazu in der Lage ist, den möglichen Datenkonstellationen Eintrittswahrscheinlichkeiten zuzuordnen. Beruhen diese Wahrscheinlichkeiten auf statistischen Untersuchungen, so dass man sie aus empirischen Häufigkeitsverteilungen der Ergebnisse gleichartiger Entscheidungssituationen ableiten kann, so sind die Wahrscheinlichkeiten **objektiv**. **Subjektive** Wahrscheinlichkeiten werden dagegen auf der Basis subjektiver Erfahrungen und Überlegungen des Entscheidungsträgers gebildet.

Da in den Unternehmen bei Investitionsentscheidungen aufgrund fehlender Erfahrungswerte die Ableitung objektiver Wahrscheinlichkeiten problematisch ist, wird in der Praxis – wenn überhaupt – meist mit subjektiven Wahrscheinlichkeiten gerechnet. Ist der Entscheidungsträger nicht dazu imstande, für das Eintreten der möglichen Datenkonstellationen objektive oder auch nur subjektive Wahrscheinlichkeiten anzugeben, so liegt eine **Ungewissheitssituation** vor.[329]

Die Begriffe Unsicherheit und Ungewissheit werden in der Literatur nicht einheitlich verwendet. So gliedern z.B. *Busse von Colbe/Laßmann* den Oberbegriff „Ungewissheit" in Risiko und Unsicherheit i. e. S., wobei für Unsicherheit i. e. S. unterstellt wird, „der Investor

---

[329] Zu den Begriffsdefinitionen und der Systematisierung der Unsicherheit vgl. insb. *Bamberg, Günter/Coenenberg, Adolf G./Krapp, Michael*: Betriebswirtschaftliche Entscheidungslehre. 15. Aufl., München 2012, S. 19; *Bieg, Hartmut*: Betriebswirtschaftslehre 1: Investition und Unternehmungsbewertung. 2. Aufl., Freiburg i. Br. 1997, S. 149; *Kruschwitz, Lutz*: Investitionsrechnung. 14. Aufl., München 2014, S. 287–288; *Perridon, Louis/Steiner, Manfred/Rathgeber, Andreas W.*: Finanzwirtschaft der Unternehmung. 16. Aufl., München 2012, S. 108–151.

habe keinerlei Kenntnisse über die Eintrittswahrscheinlichkeiten der verschiedenen Datenkonstellationen"[330].

Abbildung 38 gibt einen Überblick über die verschiedenen Formen der Unsicherheit in dem hier verstandenen Sinn. In den folgenden Kapiteln werden verschiedene Ansätze zur Unsicherheitsbewältigung bei Investitionsentscheidungen untersucht.

Sicherheit	↔	Unsicherheit
		- Risiko i. w. S. - Möglichkeit des Abweichens vom erwarteten Wert; positiv: Chance; negativ: Gefahr.

Ungewissheit	Risiko i. e. S.
Dem Entscheidungsträger sind keine Wahrscheinlichkeiten für das Eintreten der möglichen Umweltzustände bekannt.	Der Entscheidungsträger kennt die Wahrscheinlichkeiten für das Eintreten der möglichen Umweltzustände.

Objektive Wahrscheinlichkeiten	Subjektive Wahrscheinlichkeiten
Aus empirischen Häufigkeitsverteilungen der Ergebnisse gleichartiger Entscheidungssituationen gewonnen.	Auf der Basis subjektiver Erfahrungen und Überlegungen gewonnen.

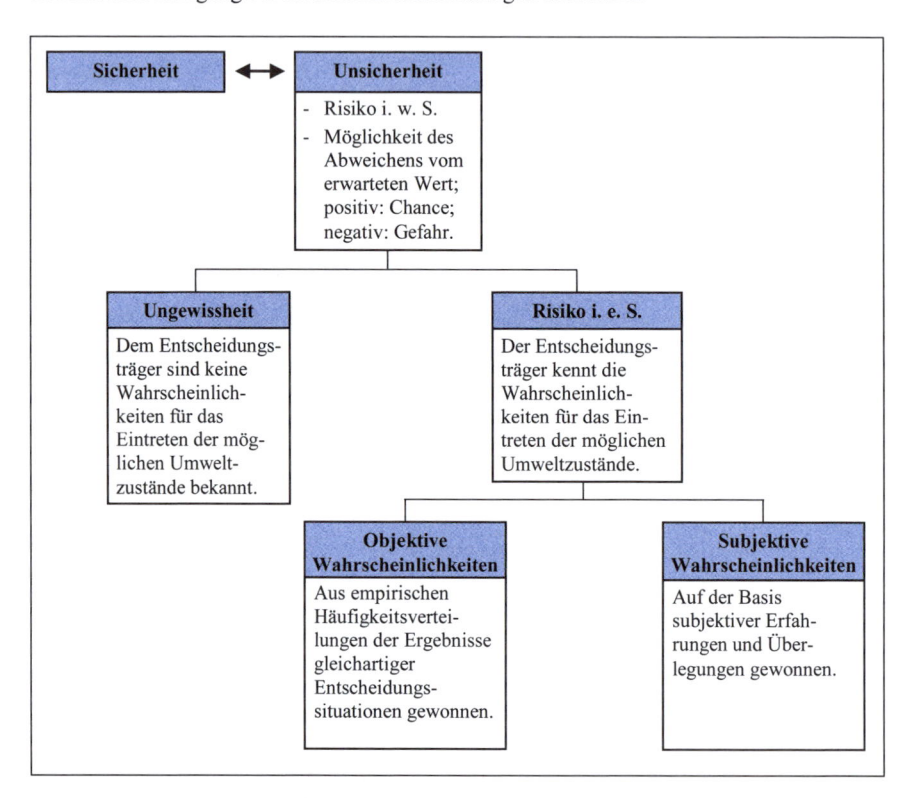

Abbildung 38: Die Formen der Unsicherheit

B. Die Entscheidungen bei Risiko

I. Überblick

Voraussetzung bei Entscheidungen unter Risiko ist die Kenntnis von zumindest subjektiven Wahrscheinlichkeiten. Im Folgenden wird allgemein von Wahrscheinlichkeiten gesprochen, ohne zwischen den Begriffen subjektiv und objektiv zu differenzieren. Allerdings sollte man sich im Klaren darüber sein, dass bei Investitionsentscheidungen aufgrund der meist fehlenden Wiederholbarkeit der Investition Wahrscheinlichkeiten i.d.R. nur subjektiv ermittelt werden können. Als Entscheidungsregeln in dieser Situation dienen zum einen die klassi-

---

[330] *Busse von Colbe, Walther/Laßmann, Gert*: Betriebswirtschaftstheorie. Band 3, 3. Aufl., Berlin 1990, S. 156; eine ähnliche Begriffsunterscheidung findet sich bei *Schneeweiß, Hans*: Entscheidungskriterien bei Risiko. Berlin/Heidelberg/New York 1967, S. 12.

schen Entscheidungsprinzipien, bei denen eine begrenzte Anzahl von Kennzahlen berechnet wird, die die zugrunde liegende Wahrscheinlichkeitsverteilung hinreichend beschreiben.[331] Dazu bietet sich in erster Linie der Erwartungswert an, der jedoch die Verteilung nur unzureichend beschreibt und deshalb durch Größen, die die Abweichung vom Erwartungswert charakterisieren, ergänzt wird. Diese Kennzahlen werden als Risikomaße bezeichnet. Zum anderen steht als Entscheidungsprinzip das *Bernoulli*-Prinzip zur Verfügung, das sich von den klassischen Entscheidungsprinzipien durch die Verwendung einer Nutzenfunktion unterscheidet.

II. Statistische Kennzahlen

1. Vorbemerkungen

Die Berechnungsmethoden zur Analyse von Investitionen insb. in Wertpapiere verwenden i. Allg. mathematisch-statistische Verfahren, zu deren Verständnis vorab einige statistische Begriffe erläutert werden sollen.

In **Abschnitt 6, Kap. A.** wurde der Begriff „**Zufallsvariable**" als unbekanntes Datum eingeführt, dessen Wert vom Zufall abhängt, z.B. im Rahmen einer Investitionsentscheidung. Werden Zufallsvariablen mathematisch als Symbol dargestellt, so erfolgt die Beschreibung i. Allg. als Großbuchstaben (z.B. X oder Y). Der einzelne Wert, den eine Zufallsvariable Y annehmen kann, heißt **Realisation** oder Ausprägung der Zufallsvariablen und wird im Normalfall mit einem kleinen Buchstaben (z. B. y) gekennzeichnet.

Zufallsvariablen können endlich oder unendlich viele Realisationen besitzen und sind damit entweder von diskreter oder stetiger Natur.

Eine **Zufallsvariable** wird dann als **diskret** bezeichnet, wenn sie endlich oder abzählbar unendlich viele Realisationen besitzt. Ein Beispiel für eine diskrete endliche Zufallsvariable ist das Ergebnis des Wurfs eines Würfels, das genau sechs mögliche Realisationen zählt. Für eine diskrete Zufallsvariable mit abzählbar unendlich vielen Realisationen kann z.B. die Anzahl der Personen, die in einem Monat an einen Bankschalter kommen, genannt werden, da die maximale Anzahl dieser Personen nicht eingeschränkt ist.

Eine **stetige Zufallsvariable** hingegen kann in einem Bereich der reellen Zahlen jeden beliebigen Wert annehmen und hat damit unendlich viele Realisationen. Bspw. sei hier die Rendite einer Aktie über einen bestimmten Zeitraum genannt, da sich die Rendite im Rahmen einer nicht mehr abzählbaren Anzahl von möglichen Ergebnissen realisieren kann.

Aus Gründen der Messgenauigkeit von stetigen Zufallsvariablen und häufig fehlenden Informationen zur exakten Beschreibung der Zufallsvariablen werden diese bzw. ihre statistischen Kennzahlen i Allg. mit Hilfe von Vergangenheitsdaten geschätzt. Dies erfolgt durch Ziehung einer **Stichprobe**. Hierbei werden endlich viele Daten aus der Datengesamtheit ausgewählt. Jeder (zufallsabhängige) Beobachtungswert x_i kann als Realisation einer Zu-

---

[331] Vgl. dazu und zum Folgenden *Franke, Günter/Hax, Herbert*: Finanzwirtschaft des Unternehmens und Kapitalmarkt. 6. Aufl., Dordrecht u.a. 2009, S. 262–273.

fallsvariablen, der sog. Stichprobenvariablen X_i (i = 1, 2, ..., n) interpretiert werden, wobei n den Stichprobenumfang kennzeichnet.[332] Bspw. können zur Schätzung der eintägigen Rendite einer Aktie die Renditerealisationen der Aktie im letzten Jahr herangezogen werden. Da diese Form der Stichprobe zur Analyse der im weiteren Verlauf interessierenden Portfoliobewertung herangezogen wird, beziehen sich die folgenden Ausführungen auf diskrete Zufallsvariablen.[333]

2. Der Erwartungswert

Jede diskrete Zufallsvariable Y besitzt eine **Wahrscheinlichkeitsverteilung** p_i (kurz: Verteilung), die den jeweiligen Realisationen y_i der Zufallsvariablen Y Wahrscheinlichkeiten p_i zuordnet. Jede Verteilung einer Zufallsvariablen lässt sich wiederum durch statistische Kennzahlen charakterisieren, wie z.B. durch den **Erwartungswert** der Zufallsvariablen Y, kurz: E(Y). Dieser wird häufig mit dem griechischen Buchstaben µ symbolisch dargestellt. Der Erwartungswert hat die Aufgabe, das Zentrum einer Verteilung zu kennzeichnen; er wird ermittelt als arithmetisches Mittel aller Realisationen y_i einer Zufallsvariablen Y, die mit ihren Eintrittswahrscheinlichkeiten p_i gewichtet werden:

$$E(Y) = \mu = \sum_{i=1}^{n} y_i \cdot p_i$$

Für eine empirisch erhobene Stichprobe X zur Zufallsvariablen Y im Umfang n treten i. Allg. die beobachteten Realisationen x_i mit derselben Häufigkeit auf, so dass die Eintrittswahrscheinlichkeit einer Stichprobenrealisation x_i für alle Stichprobenrealisationen i. H. v. $p_i = \frac{1}{n}$ für i = 1 bis n als gleich wahrscheinlich angenommen wird. Der **Erwartungswert der Stichprobe** X entspricht dann dem Mittelwert $\bar{x}$ der Stichprobenrealisationen und dient als Schätzer $\hat{\mu}$ für den unbekannten Erwartungswert der Zufallsvariablen Y:

$$E(X) = \hat{\mu} = \bar{x} = \frac{1}{n} \cdot \sum_{i=1}^{n} x_i$$

3. Die Varianz bzw. Standardabweichung

Da der Erwartungswert zwar das Zentrum der Verteilung beschreibt, jedoch nichts darüber aussagt, wie hoch die Abweichungen der Realisationen von diesem Erwartungswert sind, d.h. ob sie eng oder weit um das Zentrum der Verteilung streuen, ist eine weitere wichtige statistische Kennzahl die **Varianz** der Zufallsvariablen Y, kurz: Var(Y). Diese wird i. Allg. mit dem griechischen Buchstaben σ^2 symbolisch dargestellt. Die Varianz hat demnach als

---

[332] Vgl. *Bamberg, Günter/Baur, Franz/Krapp, Michael*: Statistik. 17. Aufl., München 2012, S. 127–128.

[333] Vgl. zur Portfoliobewertung und zur dort erfolgenden Anwendung der hier beschriebenen Methoden *Bieg, Hartmut/Kußmaul, Heinz*: Investitions- und Finanzierungsmanagement. Band III: Finanzwirtschaftliche Entscheidungen, München 2000, S. 108–123.

Streuungsmaß die Aufgabe, den Umfang der Streuung der Realisationen einer Zufallsvariablen um ihren Erwartungswert zu beschreiben. Man berechnet sie aus dem arithmetischen Mittel der quadrierten Abstände aller Realisationen y_i einer Zufallsvariablen Y von ihrem Erwartungswert μ, wobei die quadrierten Abstände mit der jeweiligen Eintrittswahrscheinlichkeit p_i der Realisation y_i gewichtet werden:

$$\boxed{Var(Y) = \sigma^2 = \sum_{i=1}^{n} (y_i - \mu)^2 \cdot p_i}$$

Die positive Quadratwurzel aus der Varianz σ^2 einer Zufallsvariablen Y wird als **Standardabweichung** σ bezeichnet und hat gegenüber der Varianz den Vorteil, dass sie die gleiche Dimension wie die Realisationen der Zufallsvariablen Y besitzt. Die Standardabweichung wird häufig auch als **Risikomaß** eingesetzt und wie folgt berechnet:

$$\boxed{\sqrt{Var(Y)} = \sigma = \sqrt{\sum_{i=1}^{n} (y_i - \mu)^2 \cdot p_i}}$$

Wird bspw. die eintägige Rendite einer Aktie herangezogen und die Dimension der Rendite wie üblich in Prozent gemessen, so gibt die Standardabweichung die prozentuale mittlere Abweichung der Renditerealisation von der erwarteten Rendite an. Dieser Betrag verdeutlicht die Höhe des Risikos, mit der die tatsächliche Realisation von der erwarteten Realisation abweicht.

Die Varianz einer empirisch erhobenen Stichprobe X zur Zufallsvariablen Y bezeichnet man häufig kurz als „**Stichprobenvarianz**"; sie wird als geschätzte Varianz $\hat{\sigma}^2$ der zugrunde liegenden Zufallsvariablen Y herangezogen. Die Stichprobenvarianz wird i. Allg. symbolisch mit dem Buchstaben s^2 gekennzeichnet; man ermittelt sie aus den Stichprobenrealisationen wie folgt:

$$\boxed{Var(X) = \hat{\sigma}^2 = s^2 = \frac{1}{n} \cdot \sum_{i=1}^{n} (x_i - \bar{x})^2}$$

Die „**Stichprobenstandardabweichung**" s als Schätzer $\hat{\sigma}$ für die unbekannte Standardabweichung der Zufallsvariablen Y berechnet man schließlich analog wie oben gezeigt:

$$\boxed{\sqrt{Var(X)} = \hat{\sigma} = s = \sqrt{\frac{1}{n} \cdot \sum_{i=1}^{n} (x_i - \bar{x})^2}}$$

Aufgrund der aufwendigen und ggf. verwirrenden korrekten Notationen der statistischen Kennzahlen sollen im Folgenden vereinfachend für den Erwartungswert einer Zufallsvariablen – ob geschätzt oder nicht – das Symbol μ und entsprechend für die Varianz σ^2 bzw. für die Standardabweichung σ verwendet werden.

III. Klassische Entscheidungsprinzipien bei Risiko

1. Erwartungswert (µ-Prinzip, *Bayes*-Regel)

Zieht der Entscheidungsträger das Erwartungswertprinzip für seine Entscheidung heran, so benötigt er eine Wahrscheinlichkeitsverteilung der zukünftig möglichen Umweltzustände. Die Entscheidungsregel fordert die Optimierung des Erwartungswerts µ aus der Wahrscheinlichkeitsverteilung, wobei sich der Erwartungswert einer Investitionsalternative als Summe der Zielwerte, die jeweils mit den Wahrscheinlichkeiten der entsprechenden Zustände gewichtet werden, errechnet:

$$\mu_i = \sum_{j=1}^{n} p_j \cdot y_{ij}$$

Dabei gilt:

μ_i : Erwartungswert der Alternative i;

p_j : Wahrscheinlichkeit des Eintritts von Zustand j;

y_{ij} : Zielbeitrag der Alternative i bei Eintritt des Zustandes j.

Der Entscheidungsträger wählt diejenige Alternative aus den möglichen Investitionen, bei der der Erwartungswert der Zielgröße ein Optimum (je nach Zielgröße Maximum oder Minimum) aufweist.

Beispiel:

Die Marketingabteilung der Riesling GmbH war dazu in der Lage, die Einzahlungsüberschüsse der Investitionsalternativen bzgl. der geplanten Abfüllanlage für die nächsten 6 Jahre zu bestimmen (vgl. dazu **Abschnitt 4, Kap. B.VII.**). Die Daten ergeben folgendes Bild (Beträge in EUR):

	A_0	Z_1	Z_2	Z_3	Z_4	Z_5	Z_6
Anlage I	– 66.000	15.500	15.500	15.500	15.500	15.500	15.500
Anlage II	– 75.000	17.500	20.000	20.000	16.000	16.000	14.000

Für Anlage I wird nun weiterhin angenommen, dass die Einzahlungsüberschüsse ($Z_t = Z$ = const.) anstatt 15.500 EUR auch 14.500 EUR betragen können. Die Marketingabteilung hat darüber hinaus die Wahrscheinlichkeiten für das Eintreten der beiden Situationen geschätzt. Sie geht davon aus, dass das Ereignis Z = 15.500 EUR mit einer Wahrscheinlichkeit p = 0,55 und das Ereignis Z = 14.500 EUR mit einer Wahrscheinlichkeit von p = 0,45 eintritt.

Für die Anlage II wird unterstellt, dass die Nutzungsdauer n möglicherweise nur 5 Jahre beträgt. Dieses Ereignis kann mit einer Wahrscheinlichkeit von 25 % eintreffen; damit kann die Anlage mit einer Wahrscheinlichkeit von 75 % 6 Jahre lang genutzt werden.

Aufgrund der wirtschaftlich angespannten Lage ist von einem Kalkulationszinssatz von 5 % auszugehen.

Für die Kapitalwerte der beiden Anlagen gilt nun unter Berücksichtigung der verschiedenen Fälle:

Anlage I

$$C_{0\,(Z=15.500)}^{I} = -66.000 + 15.500 \cdot \frac{1,05^6 - 1}{0,05 \cdot 1,05^6} = 12.673,23 \text{ EUR}$$

$$C_{0\,(Z=14.500)}^{I} = -66.000 + 14.500 \cdot \frac{1,05^6 - 1}{0,05 \cdot 1,05^6} = 7.597,53 \text{ EUR}$$

Anlage II

$$C_{0\,(n=6)}^{II} = -75.000 + \frac{17.500}{1,05^1} + \frac{20.000}{1,05^2} + \frac{20.000}{1,05^3} + \frac{16.000}{1,05^4} + \frac{16.000}{1,05^5} + \frac{14.000}{1,05^6}$$
$$= 13.230,68 \text{ EUR}$$

$$C_{0\,(n=5)}^{II} = -75.000 + \frac{17.500}{1,05^1} + \frac{20.000}{1,05^2} + \frac{20.000}{1,05^3} + \frac{16.000}{1,05^4} + \frac{16.000}{1,05^5}$$
$$= 2.783,67 \text{ EUR}$$

Aus den errechneten Werten können nun die Erwartungswerte der Kapitalwerte der beiden Anlagen ermittelt werden:

$\mu_I = 12.673,23 \cdot 0,55 + 7.597,53 \cdot 0,45 = $ **10.389,17 EUR**

$\mu_{II} = 13.230,68 \cdot 0,75 + 2.783,67 \cdot 0,25 = $ **10.618,93 EUR**

Nach dem Erwartungswertprinzip würde sich der Investor für Anlage II entscheiden. Die Vorteilhaftigkeit dieser Anlage ist jedoch nicht mehr so deutlich wie bei der Betrachtung der ursprünglichen Kapitalwerte (Anlage I: 12.673,23 EUR; Anlage II: 13.230,68 EUR).

Kritisch am Erwartungswertprinzip ist die Unterstellung, der Investor könnte die Wahrscheinlichkeiten für das Eintreten der Umweltzustände exakt quantifizieren, da meist schon die Abschätzung der tendenziellen Entwicklung der relevanten Daten den Investor vor ein nicht-triviales Problem stellt. Außerdem wird bei einer Entscheidung anhand der Erwartungswerte nicht berücksichtigt, wie stark die tatsächlich eintretenden Werte von den Erwartungswerten abweichen können, so dass man bei Anwendung des Erwartungswertprinzips beim Investor Risikoneutralität (Risikoindifferenz) unterstellen muss.[334]

2. Erwartungswert und Standardabweichung (μ, σ-Prinzip)

Soll das mit der Investition verbundene Risiko bei der Entscheidung über ihre Vorteilhaftigkeit berücksichtigt werden, so ist die Verwendung eines Risikomaßes notwendig. Als klassische Risikomaße bieten sich die Varianz σ^2 bzw. die Standardabweichung (Streuung) σ an. Die **Varianz** lässt sich mittels folgender Formel bestimmen:

$$\boxed{\sigma_i^2 = \sum_{j=1}^{n} p_j \cdot (y_{ij} - \mu_i)^2}$$

Die **Standardabweichung** ergibt sich durch Ziehen der Quadratwurzel aus der Varianz. Das mit einer Investition verbundene Risiko ist umso höher, je größer der Wert der Varianz bzw.

---

[334] Vgl. dazu *Perridon, Louis/Steiner, Manfred/Rathgeber, Andreas W.*: Finanzwirtschaft der Unternehmung. 16. Aufl., München 2012, S. 114–116.

der Standardabweichung ist, wobei die Varianz und die Standardabweichung nicht nur das Risiko der Abweichung vom Erwartungswert in die unerwünschte Richtung, die vom Investor als negativ empfunden wird, sondern auch die Chance der Abweichung vom Erwartungswert in die für den Investor günstige Richtung messen.

Wird die Entscheidung aufgrund von Erwartungswert und Standardabweichung getroffen, so ist die Entscheidung für oder gegen eine Handlungsalternative abhängig von der Risikoeinstellung des Entscheidungsträgers. Ein risikoscheuer (risikoaverser) Entscheidungsträger wird ein höheres Risiko nur dann akzeptieren, wenn das Risiko durch einen höheren Ertrag kompensiert wird. Bei gleichem Erwartungswert wird sich der Investor bei risikoscheuer Einstellung für die Investitionsalternative mit der kleinsten Streuung entscheiden.

Beispiel:

Für das obige Zahlenbeispiel können die folgenden Standardabweichungen berechnet werden:[335]

$$\sigma_I = \sqrt{0{,}55 \cdot (12.673{,}23 - 10.389{,}17)^2 + 0{,}45 \cdot (7.597{,}53 - 10.389{,}17)^2} = \mathbf{2.525{,}13 \text{ EUR}}$$

$$\sigma_{II} = \sqrt{0{,}75 \cdot (13.230{,}68 - 10.618{,}93)^2 + 0{,}25 \cdot (2.783{,}67 - 10.618{,}93)^2} = \mathbf{4.523{,}69 \text{ EUR}}$$

Anlage II weist einen etwas höheren Erwartungswert, dafür aber auch eine deutlich höhere Standardabweichung auf, so dass sich ein risikoscheuer Investor auf Grundlage dieser Daten eher für Alternative I entscheiden würde.

Grds. steht der Investor vor dem Problem, zwischen einem größeren Gewinn verbunden mit einem höheren Risiko und einem kleineren Gewinn mit niedrigerem Risiko abzuwägen. Zur Lösung dieses Problems werden Präferenzwerte anhand einer **Präferenzfunktion** berechnet, die die Risikoeinstellung des Investors zum Ausdruck bringt.

Die Präferenzfunktion ist eine Funktion des Erwartungswertes und der Standardabweichung bzw. der Varianz (sog. **µ, σ-Prinzip**):

$$\Phi = \Phi(\mu, \sigma)$$

Durch Festlegung der Funktion Φ erhält man verschiedene (µ, σ)-Regeln. In der Literatur werden z. B.

$$\Phi(\mu, \sigma) = \mu + \alpha \cdot \sigma$$
$$\Phi(\mu, \sigma) = \mu + \alpha \cdot \sigma^2$$

als besonders einfache Konzepte zur Bestimmung von Präferenzwerten genannt.[336]

---

[335] Entnommen aus *Kußmaul, Heinz*: Berücksichtigung der Unsicherheit bei Investitionsentscheidungen. In: Der Steuerberater 1996, S. 65.

Die Wahl des Gewichtungsfaktors α bringt den Grad der Risikofreude bzw. Risikoscheu zum Ausdruck. Ist α < 0, so gibt die Präferenzfunktion eine risikoscheue Einstellung wieder, bei α = 0 ist der Investor risikoindifferent und bei α > 0 risikofreudig.

Beispiel:

Um die Wirkung der Wahl des Gewichtungsfaktors α auf die zu errechnenden Präferenzwerte zu verdeutlichen, soll im obigen Beispiel α = –0,5, α = 0 bzw. α = 0,5 gewählt werden. Als Präferenzfunktion wird ein besonders einfaches Konzept herangezogen: $\Phi(\mu, \sigma) = \mu + \alpha \cdot \sigma$.[337]

	$\Phi_I(\mu, \sigma)$	$\Phi_{II}(\mu, \sigma)$	Entscheidung für Alternative
α = –0,5	9.126,61	8.357,09	I
α = 0	10.389,17	10.618,93	II
α = 0,5	11.651,74	12.880,78	II

Bei risikoscheuer Einstellung wird der Investor Alternative I realisieren. Bei Risikoneutralität entscheidet er sich anhand der Erwartungswerte eher für Alternative II. Auch bei risikofreudigem Verhalten ist Alternative II vorteilhafter.

Die klassischen Entscheidungsregeln sind dadurch gekennzeichnet, dass der Wert von Φ nicht von der gesamten Wahrscheinlichkeitsverteilung der betrachteten Zufallsgröße abhängt, sondern nur von einigen Verteilungsparametern (beim (μ, σ)-Prinzip von Erwartungswert und Streuung).

IV. *Bernoulli*-Prinzip

1. Darstellung

Das *Bernoulli*-Prinzip bietet ein Konzept zur Beschreibung und Erfassung subjektiver Präferenzen. Das Prinzip besagt, dass es eine für den Entscheidungsträger charakteristische Funktion gibt, mit deren Hilfe er seine Ergebnisse gem. dem Erwartungswert der Nutzen der wahrscheinlichkeitsverteilten Ergebnisse ordnen kann. Diese Funktion wird als **Nutzenfunktion** bezeichnet.

Die Nutzenfunktion ordnet jedem Zielwert Y einen bestimmten Nutzen U zu. Der Entscheidungsträger entscheidet sich für die Alternative mit dem größten Erwartungswert der zugeordneten Nutzenwerte. Die Entscheidungsregel lautet:

$$\sum_{j=1}^{n} p_j \cdot U(y_{ij}) \rightarrow \max!$$

---

[336] Vgl. *Busse von Colbe, Walther/Laßmann, Gert*: Betriebswirtschaftstheorie. Band 3, 3. Aufl., Berlin 1990, S. 170; *Kruschwitz, Lutz*: Investitionsrechnung. 14. Aufl., München 2014, S. 293–294.

[337] Entnommen aus *Kußmaul, Heinz*: Berücksichtigung der Unsicherheit bei Investitionsentscheidungen. In: Der Steuerberater 1996, S. 65–66.

Der Erwartungswert der Nutzenwerte stellt also den entscheidungsrelevanten Präferenzwert beim *Bernoulli*-Prinzip dar.

Die Verwendung einer Nutzenfunktion, bei der der Zielbeitrag jeder Alternative ausgewertet wird, ist somit der wesentliche Unterschied zwischen den klassischen Entscheidungskriterien und dem *Bernoulli*-Prinzip.

Beispiel:

In Weiterführung des obigen Beispiels wird zunächst die folgende Wahrscheinlichkeitsmatrix betrachtet:[338]

C_0	2.783,67	7.597,53	12.673,23	13.230,68
p_I	0	0,45	0,55	0
p_{II}	0,25	0	0	0,75

Der Investor könnte als Nutzenfunktion eine einfache Treppenfunktion verwenden, z.B.:

$$U(C_0) = \begin{cases} 2, & \text{für } 13.000 \leq C_0, \\ 1, & \text{für } 3.000 \leq C_0 < 13.000, \\ 0, & \text{für } 0 \leq C_0 < 3.000. \end{cases}$$

Somit ist der Investor auf alle Fälle an einem Kapitalwert von 3.000 EUR oder mehr interessiert. Alle niedrigeren Werte erbringen ihm keinen Nutzen; er gewichtet sie mit null. Den größten Nutzen misst er einem Kapitalwert von 13.000 EUR oder mehr zu (Gewichtung mit dem Faktor 2). Die ursprüngliche Wahrscheinlichkeitsmatrix lässt sich mit Hilfe der Nutzenfunktion transformieren zu:

$U(C_0)$	0	1	1	2	Erwartungswert des Nutzens
p_I	0	0,45	0,55	0	1
p_{II}	0,25	0	0	0,75	1,5

Anhand der Erwartungswerte der Nutzenwerte würde sich der Investor für Anlage II entscheiden.

2. Kritik am *Bernoulli*-Prinzip

In der Literatur haben sich die Befürworter und Kritiker des *Bernoulli*-Prinzips seit 1975 intensiv mit dessen Bedeutung auseinandergesetzt. Heftig umstritten war v. a. die Allgemeingültigkeit des Entscheidungsprinzips, wobei Kritiker teilweise die Meinung vertraten, das *Bernoulli*-Prinzip sei nur für eine Klasse von risikoneutralen Entscheidungsträgern repräsentativ.[339] Die Befürworter des *Bernoulli*-Prinzips[340] versuchten dagegen, die Allge-

---

[338] Entnommen aus *Kußmaul, Heinz*: Berücksichtigung der Unsicherheit bei Investitionsentscheidungen. In: Der Steuerberater 1996, S. 66.

[339] Vgl. z.B. die Beiträge von *Jacob, Herbert/Leber, Wilhelm*: Bernoulli-Prinzip und rationale Entscheidung bei Unsicherheit. In: Zeitschrift für Betriebswirtschaft 1976, S. 177–204; *Schildbach,*

meingültigkeit zu belegen. 1985 schien die Diskussion beendet;[341] die Auseinandersetzung mit dem *Bernoulli*-Prinzip wurde jedoch 1989 von *Schildbach* wieder aufgenommen,[342] der die zentralen Ergebnisse der neueren ausländischen Literatur darstellte. Prinzipiell ging es weiterhin um die Fähigkeit des *Bernoulli*-Prinzips, der Risikoeinstellung eines Entscheidungsträgers Rechnung zu tragen. Die Diskussion um das *Bernoulli*-Prinzip ist auch in der neueren Literatur noch nicht zum Abschluss gekommen.

Die Kritik am *Bernoulli*-Prinzip bezieht sich neben den Zweifeln an der Allgemeingültigkeit hauptsächlich auf die Quantifizierung des Nutzens, die in der Praxis oftmals nicht möglich ist. Die Risikopräferenz hängt in starkem Maße von der jeweiligen Umweltsituation des Unternehmens und von der Art der Investition ab, kann also niemals allgemeingültig festgelegt werden. Neben der absoluten Größe der Investition sind das Verhältnis der Investitionsgröße zum gesamten Investitionsbudget und die möglichen Konsequenzen einer Fehlinvestition für den Fortbestand des Unternehmens bedeutsam für die Risikoeinstellung des Investors in der anstehenden Entscheidungssituation.

Die Methoden zur Nutzenquantifizierung (Befragung, Introspektion, Entscheidungsspiele) sind nur bedingt tauglich; der Investor behält seine für einen hypothetischen Fall erfragte Risikoneigung für eine reale Investitionsentscheidung nicht unbedingt bei. Als weiterer Kritikpunkt wird dem *Bernoulli*-Prinzip angelastet, dass bei sehr schnell zu treffenden Entscheidungen eine Nutzenmessung zu lange dauert. Da nicht alle Aktionen und zukünftigen Umweltzustände exakt bestimmt werden können, ist die Festlegung der Wahrscheinlichkeiten für das Eintreten der künftigen Umweltzustände problematisch.[343]

C. Die Entscheidungen bei Ungewissheit

Ungewissheitssituationen sind durch die völlige Unkenntnis der Wahrscheinlichkeiten für das Eintreten der möglichen Umweltzustände gekennzeichnet. Der Investor kennt nur die möglichen zukünftigen Entwicklungen und besitzt vollständige Information über seine Handlungsalternativen.[344] Zur Lösung des Entscheidungsproblems in dieser Situation wur-

---

Thomas/Ewert, Ralf: Einige Bemerkungen zur Kritik der Kritik am Bernoulli-Prinzip. In: Zeitschrift für Betriebswirtschaft 1983, S. 583–590.

[340] Vgl. z.B. *Bitz, Michael/Rogusch, Michael*: Risiko-Nutzen, Geldnutzen und Risikoeinstellung. In: Zeitschrift für Betriebswirtschaft 1976, S. 853–868; *Coenenberg, Adolf G./Kleine-Doepke, Rainer*: Zur Abbildung der Risikopräferenz durch Nutzenfunktionen. In: Zeitschrift für Betriebswirtschaft 1975, S. 663–665.

[341] Vgl. *o. V.*: Thema: Das Bernoulli-Prinzip in der Betriebswirtschaftslehre. In: Zeitschrift für Betriebswirtschaft 1985, S. 632–634.

[342] Vgl. *Schildbach, Thomas*: Zur Diskussion über das Bernoulli-Prinzip in Deutschland und im Ausland. In: Zeitschrift für Betriebswirtschaft 1989, S. 766–778.

[343] Zur Kritik am *Bernoulli*-Prinzip vgl. insb. *Büschgen, Hans E.*: Betriebliche Finanzwirtschaft – Unternehmensinvestitionen. Frankfurt a. M. 1981, S. 116–117; *Perridon, Louis/Steiner, Manfred/Rathgeber, Andreas W.*: Finanzwirtschaft der Unternehmung. 16. Aufl., München 2012, S. 122–125.

[344] Vgl. das Beispiel bei *Kußmaul, Heinz*: Berücksichtigung der Unsicherheit bei Investitionsentscheidungen. In: Der Steuerberater 1996, S. 66-67. Vgl. weiterhin *Dinkelbach, Werner/Kleine, Andreas*: Elemente einer betriebswirtschaftlichen Entscheidungslehre. Berlin u. a. 1996, S. 125-127.

den in der Literatur verschiedene Entscheidungsregeln vorgeschlagen, von denen einige kurz dargestellt werden sollen.[345] Ausgangspunkt aller weiteren Betrachtungen ist die sich aus dem Entscheidungsproblem ergebende Entscheidungsmatrix, die im Beispiel die folgende Gestalt hat:[346]

Zukunftsentwicklung	Negativ	Positiv
Anlage I	7.597,53	12.673,23
Anlage II	2.783,67	13.230,68

Im Rahmen der **Maximin-Regel** (Minimax-Regel, *Wald*-Regel) entscheidet sich der Investor für diejenige Alternative, die bei Eintritt des ungünstigsten Umweltzustandes noch am besten ist. Um diese allgemeine Handlungsempfehlung auf konkrete Entscheidungsprobleme anwenden zu können, muss differenziert werden, ob sich in der Entscheidungsmatrix zu maximierende Werte (z.B. Gewinn, Umsatz) oder zu minimierende Werte (z.B. Kosten) befinden. Im Falle von z. B. Gewinn oder Umsatz wird sich der Investor für das Spaltenmaximum der jeweiligen Zeilenminima entscheiden, während im Falle von Kosten das Spaltenminimum der jeweiligen Zeilenmaxima gewählt wird. Da eine Beurteilung der Alternativen nur nach den schlechtestmöglichen Ergebnissen erfolgt, verhält sich der Investor im Rahmen der Maximin-Regel **risikoavers**.[347]

Im obigen Fall würde er sich für Alternative I entscheiden:

Anlage I	7.597,53
Anlage II	2.783,67

Die **Maximax-Regel** (Minimin-Regel) hingegen setzt eine **risikofreudige Einstellung** des Investors voraus. Allgemein formuliert wird diejenige Alternative realisiert, die bei Eintreten des günstigsten Umweltzustandes auch am besten ist. Bei zu maximierenden Werten wird somit das Spaltenmaximum der jeweiligen Zeilenmaxima, bei zu minimierenden Werten das Spaltenminimum der jeweiligen Zeilenminima gewählt. Im zugrunde liegenden Beispiel wird sich der Investor für Alternative II entscheiden:

---

[345] Vgl. *Bamberg, Günter/Coenenberg, Adolf G./Krapp, Michael*: Betriebswirtschaftliche Entscheidungslehre. 15. Aufl., München 2012, S. 109–120; *Bieg, Hartmut*: Betriebswirtschaftslehre 1: Investition und Unternehmungsbewertung. 2. Aufl., Freiburg i. Br. 1997, S. 156–160; *Büschgen, Hans E.*: Betriebliche Finanzwirtschaft – Unternehmensinvestitionen. Frankfurt a. M. 1981, S. 129–132; *Schneeweiß, Hans*: Entscheidungskriterien bei Risiko. Berlin/Heidelberg/New York 1967, S. 20–26; *Wöhe, Günter/Döring, Ulrich*: Einführung in die Allgemeine Betriebswirtschaftslehre. 25. Aufl., München 2013, S. 94–96.

[346] Es wird im Folgenden davon ausgegangen, dass in der Entscheidungsmatrix Gewinngrößen enthalten sind.

[347] Vgl. *Wöhe, Günter/Döring, Ulrich*: Einführung in die Allgemeine Betriebswirtschaftslehre. 25. Aufl., München 2013, S. 95.

C. Die Entscheidungen bei Ungewissheit

Anlage I	12.673,23
Anlage II	**13.230,68**

Bei der *Hurwicz*-Regel (Pessimismus-Optimismus-Regel), die einen Kompromiss zwischen der pessimistischen Maximin-Regel und der optimistischen Maximax-Regel darstellt, werden das jeweils beste und das schlechteste Ergebnis zur Beurteilung einer Alternative herangezogen. Dabei wird ein sog. Optimismusparameter λ ($0 \leq \lambda \leq 1$) eingeführt, der die Risikoeinstellung des Investors widerspiegeln soll. Allgemein wird der jeweils „beste" Wert einer Alternative mit λ und der jeweils „schlechteste" Wert mit $1-\lambda$ multipliziert. Anschließend werden die beiden Werte addiert. Bei zu maximierenden Werten stellt in diesem Zusammenhang der größte Wert auch den „besten" Wert dar, während der kleinste Wert den „schlechtesten" Wert verkörpert. Im Rahmen von zu minimierenden Werten sind die getroffenen Aussagen umzukehren. Über den Optimismusparameter λ lässt sich feststellen, dass dieser umso größer zu wählen ist, je optimistischer der Investor ist. **Abbildung 39** stellt λ in Abhängigkeit von der Risikoeinstellung des Investors dar.

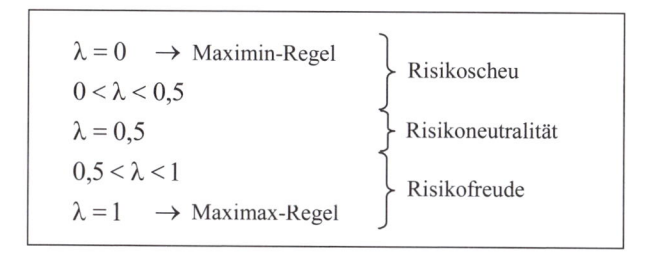

$\lambda = 0 \rightarrow$ Maximin-Regel
$0 < \lambda < 0,5$ } Risikoscheu
$\lambda = 0,5$ } Risikoneutralität
$0,5 < \lambda < 1$ } Risikofreude
$\lambda = 1 \rightarrow$ Maximax-Regel

Abbildung 39: Risikoeinstellung des Investors in Abhängigkeit vom Optimismusparameter λ

Die Funktionsweise der *Hurwicz*-Regel wird im nachfolgenden Beispiel aufgezeigt, wobei der Investor von einem Optimismusparameter von $\lambda=0,7$ ausgeht. Der Investor entscheidet sich für Alternative I:

$\lambda = 0,7$	Zeilenmaximum $\cdot \lambda$	Zeilenminimum $\cdot (1-\lambda)$	Summe
Anlage I	8.871,26	2.279,26	**11.150,52**
Anlage II	9.261,48	835,10	10.096,58

Der Grundgedanke der *Laplace*-Regel (Regel des unzureichenden Grundes) besteht darin, dass der Investor in einer Ungewissheitssituation keine Aussagen bzgl. der Eintrittswahrscheinlichkeiten der verschiedenen Umweltzustände machen kann. Somit gibt es nach der *Laplace*-Regel keinen Grund dafür, dass die Umweltzustände mit unterschiedlichen Wahrscheinlichkeiten eintreten. Es erfolgt eine Gleichgewichtung aller möglichen Umweltzustände. Die jeweilige Eintrittswahrscheinlichkeit eines Zustandes berechnet sich wie folgt:

$$p_j = \frac{1}{n}$$

Dabei gilt:

p_j : Wahrscheinlichkeit des Eintritts von Zustand j;

n : Anzahl der möglichen eintretenden Zustände.

Nachdem allen Umweltzuständen Wahrscheinlichkeiten zugeordnet wurden, erfolgt eine Anwendung des Erwartungswertprinzips (vgl. nochmals **Abschnitt 6, Kap. B.III.1.**). Daher impliziert die *Laplace*-Regel eine **risikoneutrale Einstellung** des Investors. Als optimale Entscheidungsalternative ist diejenige auszuwählen, die den größten (zu maximierende Werte) bzw. kleinsten (zu minimierende Werte) Entscheidungswert liefert. Angewendet auf obiges Beispiel ergibt sich eine Entscheidung für Alternative I:

	Negative Entwicklung $\cdot \frac{1}{2}$	Positive Entwicklung $\cdot \frac{1}{2}$	Summe
Anlage I	3.798,77	6.336,62	**10.135,39**
Anlage II	1.391,84	6.615,34	8.007,18

Als Kritikpunkt der *Laplace*-Regel ist u. E. der „Umweg" über das Erwartungswertprinzip anzuführen. Würde eine bloße Addition der Zielbeiträge einer bestimmten Alternative stattfinden, so ergäbe sich zwar ein anderer Entscheidungswert, die Entscheidung für oder gegen eine Alternative hingegen würde unverändert bleiben. Weiterhin ist auf die Unterstellung von Wahrscheinlichkeiten in einer Ungewissheitssituation aufmerksam zu machen.[348]

Die **Savage-Niehans-Regel** (Regel des kleinsten Bedauerns, Minimax-Regret-Regel) orientiert sich nicht an den absoluten Werten, sondern an der Minimierung des Nachteils, der sich durch eine Fehlentscheidung ergeben würde. Zunächst wird die Entscheidungsmatrix in eine „Matrix des Bedauerns" transformiert,[349] indem für jede Zukunftsentwicklung der bestmögliche Zielbeitrag (bei zu maximierenden Werten das Spaltenmaximum, bei zu minimierenden Werten das Spaltenminimum) ausgesucht und von allen Werten der betreffenden Ausprägungsspalte subtrahiert wird. Die Werte in der Opportunitätskostenmatrix stellen die Beträge (bezogen auf einen Umweltzustand) dar, die dem Investor bei der Wahl der dazugehörigen Alternative entgehen (verglichen mit dem jeweiligen „besten" Spaltenwert). Anschließend wird der größtmögliche Nachteil einer Entscheidungsalternative minimiert. Wie ersichtlich, geht diese Regel von einer **risikoscheuen Einstellung** des Investors aus, der sich für Alternative I entscheidet:

---

[348] Vgl. *Bieg, Hartmut*: Betriebswirtschaftslehre 1: Investition und Unternehmungsbewertung. 2. Aufl., Freiburg i. Br. 1997, S. 158.

[349] In der Literatur auch Opportunitätskostenmatrix genannt; vgl. *Bamberg, Günter/Coenenberg, Adolf G./Krapp, Michael*: Betriebswirtschaftliche Entscheidungslehre. 15. Aufl., München 2012, S. 115.

Zukunfts-entwicklung	Negativ	Positiv	Minimum
Anlage I	7.597,53 – 7.597,53 = 0	12.673,23 – 13.230,68 = – 557,45	**– 557,45**
Anlage II	2.783,67 – 7.597,53 = – 4.813,86	13.230,68 – 13.230,68 = 0	– 4.813,86

Die bisher vorgestellten Verfahren verlangen vom Investor einen hohen Grad an Abstraktion. Er muss die zukünftig für möglich gehaltenen Umweltzustände festlegen und ihnen nach Möglichkeit Wahrscheinlichkeiten zuordnen. Zudem muss er sich über seine persönliche Risikoeinstellung im Klaren sein. Außerdem ist zu berücksichtigen, dass gerade Investitionsentscheidungen, deren Größe und Bedeutung den nicht unerheblichen Aufwand des Herausarbeitens von Wahrscheinlichkeiten und Risikoeinstellung rechtfertigen würden, in der Praxis häufig nicht von einer einzelnen Person, sondern von einer Gruppe von Personen getroffen werden, deren Einstellungen zum Risiko erheblich differieren können. Daher haben sich in der Praxis Verfahren durchgesetzt, die einfacher zu handhaben sind.

D. Spezielle Methoden zur Erfassung der Unsicherheit

I. Korrekturverfahren

Die Unsicherheit bei der Datenermittlung wird durch Variation der Ausgangsdaten der Investitionsrechnung **nach dem Vorsichtsprinzip** um **globale (allgemeine) Risikozuschläge oder Risikoabschläge** erfasst. Bei Anwendung des Kapitalwertmodells könnte dies durch eine Erhöhung des Kalkulationszinssatzes oder der laufenden Auszahlungen sowie eine Reduzierung der laufenden Einzahlungen, der Nutzungsdauer oder des Liquidationserlöses realisiert werden.

Die Investitionsrechnung wird mit diesen „quasi-sicheren" Ausgangsgrößen durchgeführt. Somit werden Werte der Zielgröße (bspw. Kapitalwerte) errechnet, die mit großer Sicherheit erreicht oder übertroffen werden. Realisiert werden anschließend die Investitionsobjekte, die sämtliche Vorsichtshürden überwinden und trotzdem noch zufriedenstellende Rechenergebnisse aufweisen.

Trotz der Beliebtheit in der Praxis sind Korrekturverfahren aufgrund methodischer Mängel bedenklich:[350]

- Die Unsicherheit wird rein summarisch erfasst und verrechnet.
- Es erfolgt eine Korrektur bei Größen, die selbst gar nicht unsicher sind (z.B. Zinssatz, Nutzungsdauer).
- Es werden ausschließlich negative Abweichungen berücksichtigt, so dass die Entscheidung auf dem Prinzip der Vorsicht beruht und dem Investor im Prinzip völlige Risikoscheu unterstellt wird.

---

[350] Vgl. *Blohm, Hans/Lüder, Klaus/Schaefer, Christina*: Investition. 10. Aufl., München 2012, S. 229–230.

- Durch die Anwendung von Korrekturverfahren besteht somit die Möglichkeit, jede Investitionsalternative negativ erscheinen zu lassen. Ein Kumulationseffekt kann dazu führen, dass jedes Objekt „totgerechnet" wird.
- Das Korrekturverfahren dient auf keinen Fall dazu, die Unsicherheit transparent zu machen.

Aufgrund dieser Mängel sollten Korrekturverfahren lediglich als Faustregel verwendet werden, um besonders risikoreiche Investitionen auszusondern.[351]

II. Sensitivitätsanalyse

1. Allgemeine Bemerkungen

Sensitivitätsanalysen werden ergänzend zur Investitionsrechnung angewandt. Ausgehend vom jeweiligen Verfahren zur Beurteilung einer Investition untersuchen Sensitivitätsanalysen die Stabilität der Ergebnisse bei **Variation der Inputgrößen**. Sie können Antworten auf zwei verschiedene Fragestellungen liefern:[352]

(1) Wie ändert sich eine Outputgröße bei Variation einer oder mehrerer Inputgrößen?

(2) Wie weit darf der Wert einer oder mehrerer Inputgrößen vom ursprünglichen Wertansatz abweichen, ohne dass ein vorgegebener Zielfunktionswert über- oder unterschritten wird?

Zur Beantwortung der ersten Frage werden in der Praxis zwei verschiedene Formen der Sensitivitätsanalyse herangezogen. Bei den sog. **Zielgrößen-Änderungsrechnungen** werden Eingangsgrößen der Investitionsrechnung von ihrem ursprünglichen Wertansatz aus schrittweise verändert. **Dreifach-Rechnungen** legen dagegen der Berechnung einen optimistischen, einen wahrscheinlichen und einen pessimistischen Inputwert zugrunde. Die zweite Frage führt zur Ermittlung sog. **kritischer Werte** oder Wertkombinationen.

Bei der Durchführung einer Sensitivitätsanalyse ergeben sich verschiedene Wahlmöglichkeiten. Zunächst müssen die als unsicher anzusehenden Inputgrößen festgelegt werden. Die Analyse kann dann bzgl. einer isolierten Inputgröße oder bzgl. mehrerer Größen gleichzeitig erfolgen und sich dabei auf eine einzige oder auf mehrere Planungsperioden beziehen.

2. Dreifach-Rechnung

Die Dreifach-Rechnung ermittelt die zu berechnende Zielgröße – bspw. den Kapitalwert – unter Zugrundelegung einer optimistischen, einer wahrscheinlichen und einer pessimistischen Zukunftseinschätzung.[353] Entscheidend ist, dass alle Inputgrößen, die als unsicher

---

[351] Ein Zahlenbeispiel zum Korrekturverfahren findet sich bei *Kußmaul, Heinz/Leiderer, Bernd*: Die Fallstudie aus der Betriebswirtschaftslehre: Investitionsrechnung. In: Das Wirtschaftsstudium 1996, S. 236–240.

[352] Vgl. dazu und zum Folgenden *Götze, Uwe*: Investitionsrechnung. 7. Aufl., Berlin/Heidelberg 2014, S. 388–400.

[353] Vgl. *Däumler, Klaus-Dieter/Grabe, Jürgen*: Anwendung von Investitionsrechnungsverfahren in der Praxis. 5. Aufl., Herne 2010, S. 113–115.

D. Spezielle Methoden zur Erfassung der Unsicherheit   201

gelten, gleichzeitig variiert werden. Als Ergebnis einer Dreifach-Rechnung können sich die in **Abbildung 40**[354] dargestellten Situationen ergeben.

	Datenkonstellation			Entscheidungsregel
	optimistisch	wahrscheinlich	pessimistisch	
Vorzeichen des Kapitalwerts	+	+	+	Investition durchführen
	+	+	−	Entscheidung nach subjektivem Ermessen des Investors
	+	−	−	
	−	−	−	Investition unterlassen

Abbildung 40: Mögliche Ergebnisse einer Dreifach-Rechnung

Ist der Kapitalwert selbst im schlechtesten zu erwartenden Fall noch positiv, so lohnt es sich, die Investition durchzuführen.

Bei einem negativen Kapitalwert selbst im günstigsten Fall ist von der Durchführung der Investition abzuraten. Die beiden anderen Situationen lassen keine eindeutige Aussage bzgl. der Durchführung der Investition zu. Die Entscheidung unterliegt in diesen Fällen dem subjektiven Ermessen des Investors.

Vorteilhaft an der Dreifach-Rechnung ist neben der einfachen Durchführung der Rechnung und der guten Interpretierbarkeit der Ergebnisse v. a. die Tatsache, dass sich das Ausmaß von Chance und Risiko gleichermaßen quantifizieren lässt.[355]

3. Zielgrößen-Änderungsrechnung

Die Zielgrößen-Änderungsrechnung gibt Antwort auf die Frage der Änderung einer Outputgröße (z. B. des Kapitalwerts) bei einer schrittweisen Variation des ursprünglichen Wertansatzes einer Inputgröße.

Die Auswirkungen der Variation **einer** Inputgröße können differenziert ermittelt werden, indem man – bei Konstanthaltung der übrigen Inputwerte – eine einzelne Inputgröße systematisch verändert und die sich daraus ergebenden Zielfunktionswerte (z. B. Kapitalwerte) berechnet.[356]

---

[354] Modifiziert entnommen aus *Däumler, Klaus-Dieter/Grabe, Jürgen*: Anwendung von Investitionsrechnungsverfahren in der Praxis. 5. Aufl., Herne 2010, S. 114.
[355] Vgl. *Däumler, Klaus-Dieter/Grabe, Jürgen*: Anwendung von Investitionsrechnungsverfahren in der Praxis. 5. Aufl., Herne 2010, S. 115.
[356] Vgl. dazu *Götze, Uwe*: Investitionsrechnung. 7. Aufl., Berlin/Heidelberg 2014, S. 391–392.

Beispiel:

Betrachtet wird eine Investition, die durch die folgenden Ausgangsdaten gekennzeichnet ist (vgl. hinsichtlich der Datenkonstellation nochmals **Abschnitt 3, Kap. F.**):[357]

Inputgrößen	Index	Inputwerte
Anschaffungskosten (EUR)	A_0	66.000
Nutzungsdauer (Jahre)	n	6
Kapazität (Flaschen/Jahr)	x	9.500
Absatzpreis (EUR/Flasche)	p	5,70
Fixe Kosten (EUR/Jahr)	A_f	9.250
Materialkosten (EUR/Flasche)	M	0,72
Löhne und Lohnnebenkosten (EUR/Flasche)	L	1,2221
Energiekosten (EUR/Flasche)	e	0,10
Sonstige variable Kosten (EUR/Flasche)	k_{vs}	1,0526
Kalkulationszinssatz (%)	i	5

Für die angegebenen Daten ergibt sich der Kapitalwert für die Anlage nach der folgenden Formel:

$$C_0 = -A_0 + \sum_{t=1}^{n} [(p - M - L - e - k_{vs}) \cdot x - A_f] \cdot (1+i)^{-t}$$

$$= A_0 + [(p - M - L - e - k_{vs}) \cdot x - A_f] \cdot \frac{(1+i)^n - 1}{i \cdot (1+i)^n}$$

$$= -66.000 + [(5,7 - 0,72 - 1,2221 - 0,1 - 1,0526) \cdot 9.500 - 9.250] \cdot \frac{1,05^6 - 1}{0,05 \cdot 1,05^6}$$

$$= \mathbf{12.675,00 \text{ EUR}}$$

Abbildung 41 (S. 203) stellt die Reagibilität des Kapitalwerts bei Variation der einzelnen Inputwerte des obigen Fallbeispiels dar. Dabei wird unterstellt, dass sich die Werte der Inputgrößen prozentual in allen Perioden in gleicher Höhe verändern. Aus Gründen der Übersichtlichkeit wurden in **Abbildung 41** (S. 203) nur die Veränderungen der Größen Absatzpreis p, Kapazität x, Nutzungsdauer n, Anschaffungsauszahlung A_0 sowie Löhne und Lohnnebenkosten L erfasst.

Diese Inputgrößen üben einen nachhaltigen Einfluss auf den Kapitalwert aus. Dabei ist die Auswirkung der Veränderung der Inputgröße auf den Wert der Zielgröße umso größer, je steiler der Kapitalwertverlauf ist. Der Einfluss der nicht dargestellten Inputgrößen auf den Kapitalwert ist nur gering.

Mit Hilfe der dargestellten Analyse lassen sich die eigentlich entscheidungsrelevanten Inputgrößen bestimmen. Eine Inputgröße, die auch bei großer prozentualer Veränderung kaum eine Änderung des Kapitalwerts bewirkt, kann vom Investor bei der zu treffenden Entscheidung als nicht entscheidungsrelevant angesehen werden. Sensitivitätsanalysen dieser Art

---

[357] Entnommen aus *Kußmaul, Heinz*: Berücksichtigung der Unsicherheit bei Investitionsentscheidungen. In: Der Steuerberater 1996, S. 106.

dienen somit dazu, die Bedeutung der Unsicherheit einzelner Inputgrößen für das Entscheidungsproblem transparent zu machen.

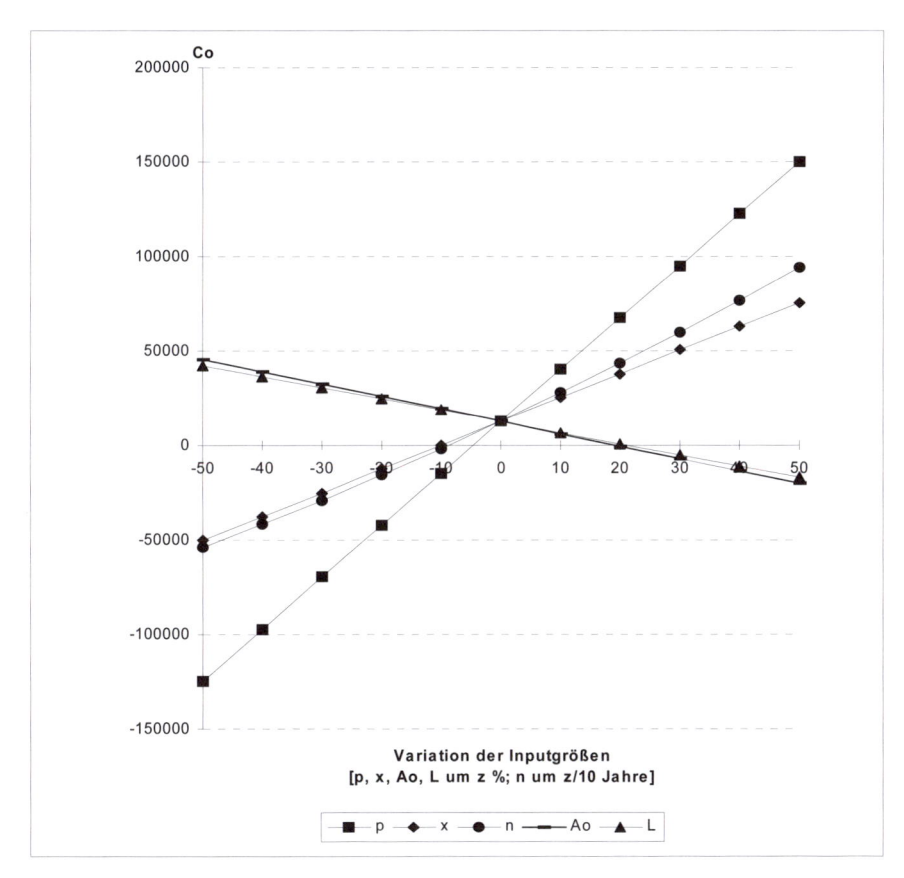

Abbildung 41: Reagibilität des Kapitalwerts bei Variation einzelner Inputgrößen

4. Kritische-Werte-Rechnung

Kritische-Werte-Rechnungen geben Antwort auf die Frage, wie weit eine Inputgröße von ihrem ursprünglichen Wert abweichen kann, ohne dass die Vorteilhaftigkeitsentscheidung revidiert werden muss. Bei Anwendung der Kapitalwertmethode wird durch eine Kritische-Werte-Rechnung geprüft, welche Werte der Inputgrößen einen Kapitalwert von gerade noch null ergeben. Einerseits können kritische Werte für jede relevante unsichere Inputgröße einzeln berechnet werden, so dass man für jede variierte Inputgröße einen kritischen Punkt erhält. Andererseits besteht die Möglichkeit, mehrere Inputgrößen simultan zu untersuchen. Als Ergebnis erhält man sog. kritische Punktmengen. Dabei ergibt sich bei gleichzeitiger

Variation von n (n > 1) Inputgrößen eine (n −1)-dimensionale kritische Punktmenge (bspw. bei n = 2 eine kritische Kurve, bei n = 3 eine kritische Fläche).[358]

Kritische Werte sind bspw. der interne Zinsfuß, der eine Vorteilhaftigkeitsgrenze für den Kalkulationszinsfuß liefert, oder auch die dynamische Amortisationsdauer als kritischer Wert für die Nutzungsdauer eines Investitionsobjekts.

Bei der Berechnung kritischer Werte geht man in vier Schritten vor:[359]

(1) Auswahl der als unsicher anzusehenden Inputgrößen;

(2) Formulierung eines Investitionsmodells zur Berechnung des Zielwertes in Abhängigkeit von den ausgewählten Inputgrößen;

(3) Vorgabe eines Schwankungsintervalls für die Zielgröße durch Festlegung von Grenzen, die der Zielwert nicht über- oder unterschreiten soll;

(4) Bestimmung des sich daraus ergebenden Schwankungsintervalls für die Inputgrößen.

Beispiel:

Die nachfolgende Tabelle enthält die für einen Kapitalwert von null ermittelten kritischen Werte sowie die prozentualen Abweichungen der kritischen Werte von den ursprünglichen Werten für die Inputgrößen des Fallbeispiels. Auf die Berechnung der kritischen Nutzungsdauer und des kritischen Kalkulationszinssatzes wird in diesem Beispiel verzichtet. Die Berechnung dieser Größen wird im Rahmen der Methode des internen Zinsfußes bzw. der dynamischen Amortisationsrechnung durchgeführt (vgl. nochmals **Abschnitt 4, Kap. B.III.** und **Kap. B.IV.**).[360]

Inputgröße	Index	Kritischer Wert	Abweichung des kritischen Werts vom ursprünglichen Wert (in %)
Anschaffungskosten (EUR)	A_0	78.673,23	19,20
Kapazität (Flaschen/Jahr)	x	8.541,50	− 10,09
Absatzpreis (EUR/Flasche)	p	5,44	− 4,56
Fixe Kosten (EUR/Jahr)	A_f	11.747,19	27,00
Materialkosten (EUR/Flasche)	M	0,9829	36,51
Löhne und Lohnnebenkosten (EUR/Flasche)	L	1,4850	21,51
Energiekosten (EUR/Flasche)	e	0,3629	262,90
Sonstige variable Kosten (EUR/Flasche)	k_{vs}	1,3155	24,98

---

[358] Vgl. dazu insb. *Blohm, Hans/Lüder, Klaus/Schaefer, Christina*: Investition. 10. Aufl., München 2012, S. 231.

[359] Vgl. *Blohm, Hans/Lüder, Klaus/Schaefer, Christina*: Investition. 10. Aufl., München 2012, S. 232 sowie *Kruschwitz, Lutz*: Investitionsrechnung. 14. Aufl., München 2014, S. 313–314.

[360] Entnommen aus *Kußmaul, Heinz*: Berücksichtigung der Unsicherheit bei Investitionsentscheidungen. In: Der Steuerberater 1996, S. 107. Ein weiteres Zahlenbeispiel findet sich bei *Kußmaul, Heinz/Leiderer, Bernd*: Die Fallstudie aus der Betriebswirtschaftslehre: Investitionsrechnung. In: Das Wirtschaftsstudium 1996, S. 236–240.

Als Beispiel für eine simultane Untersuchung sollen Kapazität und Absatzpreis gleichzeitig betrachtet werden. Aus der Bestimmung kritischer Wertkombinationen erhält man eine kritische Kurve. Setzt man den Kapitalwert gleich null und stellt man die Absatzmenge x in Abhängigkeit vom Absatzpreis p dar, so erhält man folgende Funktion:

$$x = \left(A_0 \cdot \frac{i \cdot (1+i)^n}{(1+i)^n - 1} + A_f \right) \cdot \left(\frac{1}{p - (L + M + e + k_{vs})} \right)$$

Diese Funktion ist in **Abbildung 42** dargestellt.

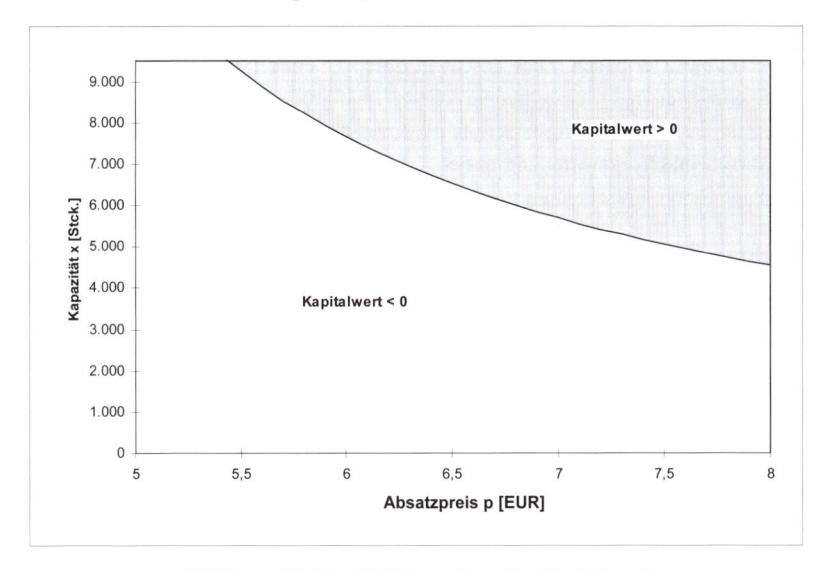

Abbildung 42: Sensitivitätsanalyse des Kapitalwerts in Bezug auf Kapazität und Absatzpreis

5. Beurteilung der Sensitivitätsanalyse

Sensitivitätsanalysen können das Problem der Entscheidung unter Unsicherheit nicht lösen, da sie keine Entscheidungsregel beinhalten. Allerdings liefern sie Informationen darüber, ob die Unsicherheit einer Inputgröße für die Lösung des Entscheidungsproblems von Bedeutung ist oder nicht. Bei schwacher Reaktion der Outputgröße auf die Variation der Inputgrößen kann man bei der Lösung des Entscheidungsproblems die Unsicherheit vernachlässigen und Investitionsverfahren verwenden, die von sicheren Erwartungen ausgehen. Wirkt sich die Variation einer oder mehrerer Inputgrößen erheblich auf die Vorteilhaftigkeitsentscheidung aus, so hat man mit Hilfe der Sensitivitätsanalyse zumindest die für die Entscheidung relevanten Inputgrößen herausgefiltert.

Ein weiterer Vorteil der Sensitivitätsanalysen ist der relativ geringe Aufwand, zumal die Durchführung mit Hilfe der EDV erfolgen kann, was besonders bei Variation einer Vielzahl von Werten erforderlich ist.

Nachteilig an den Sensitivitätsanalysen ist neben dem Fehlen einer Entscheidungsregel v. a. die Unterstellung, die einzelnen Größen seien stochastisch unabhängig voneinander. Bei Variation einer Größe geht man bei der Durchführung der Analyse davon aus, dass die nicht betrachteten Größen konstant bleiben. Diese Annahme ist unrealistisch, da sich die Inputwerte in der Praxis nur selten unabhängig voneinander verändern.

Ebenso kann bei Sensitivitätsanalysen keine Aussage über die Wahrscheinlichkeiten von Abweichungen gemacht werden.[361]

III. Risikoanalyse

1. Darstellung

Unter dem Begriff Risikoanalyse werden die Verfahren zusammengefasst, die die Gewinnung einer Wahrscheinlichkeitsverteilung für die interessierende Zielgröße (z.B. für den Kapitalwert) zum Ziel haben. Dies geschieht durch Überlagerung von geschätzten Wahrscheinlichkeitsverteilungen einzelner unsicherer Inputgrößen, so dass daraus eine einzige Verteilung für das Entscheidungskriterium der Investitionsrechnung abgeleitet werden kann. Diese Wahrscheinlichkeitsverteilung basiert i.d.R. auf subjektiven Vorstellungen und dient als Grundlage für die Entscheidungsfindung unter Berücksichtigung der Unsicherheit.

Die **Durchführung einer Risikoanalyse** gliedert sich in die folgenden Schritte:[362]

(1) Auswahl der als unsicher anzusehenden Inputgrößen;

(2) Schätzung subjektiver Wahrscheinlichkeitsverteilungen für die in (1) festgelegten Inputgrößen;

(3) Berücksichtigung stochastischer Abhängigkeiten zwischen den als unsicher erachteten Inputgrößen;

(4) Ermittlung einer Wahrscheinlichkeitsverteilung für die Outputgröße aus den Wahrscheinlichkeitsverteilungen der Inputgrößen;

(5) Ergebnisinterpretation.

Zu (1): Im ersten Schritt ist abzuwägen zwischen einer möglichst detaillierten Darstellung der Unsicherheit und einem noch vertretbaren Datenbeschaffungs- und Rechenaufwand. Je nach Prognosegenauigkeit und Empfindlichkeit des Zielwerts gegenüber Prognosefehlern sollte die Zahl der als unsicher anzusehenden Inputgrößen reduziert werden.

Zu (2): Bei Schätzung der Wahrscheinlichkeitsverteilungen für die unsicheren Inputgrößen kann von vornherein ein bestimmter Verteilungstyp, z.B. die Normalverteilung oder die Beta-Verteilung, für eine Inputgröße vorausgesetzt werden (a-priori-Verteilung). In diesem Fall beschränkt sich die Schätzung der Wahrscheinlichkeitsverteilung auf die Schätzung der Verteilungsparameter. Bei einer Normalverteilung wären dann nur noch der Erwartungswert und die Varianz zu schätzen; bei einer Beta-Verteilung würde es genügen, den häufigsten Wert sowie einen oberen und unteren Grenzwert zu bestimmen. Ist der Verteilungstyp nicht

---

[361] Zur Beurteilung der Sensitivitätsanalyse vgl. insb. *Blohm, Hans/Lüder, Klaus/Schaefer, Christina*: Investition. 10. Aufl., München 2012, S. 234–235; *Götze, Uwe*: Investitionsrechnung. 7. Aufl., Berlin/Heidelberg 2014, S. 399–400.

[362] Vgl. *Blohm, Hans/Lüder, Klaus/Schaefer, Christina*: Investition. 10. Aufl., München 2012, S. 243–251 sowie mit ähnlichen Schrittfolgen *Busse von Colbe, Walther/Laßmann, Gert*: Betriebswirtschaftstheorie. Band 3, 3. Aufl., Berlin 1990, S. 179–180; *Kruschwitz, Lutz*: Investitionsrechnung. 14. Aufl., München 2014, S. 322–324; *Perridon, Louis/Steiner, Manfred/Rathgeber, Andreas W.*: Finanzwirtschaft der Unternehmung. 16. Aufl., München 2012, S. 135–136.

vorgegeben, so kann bspw. bei einer diskreten Verteilung die Ermittlung der Verteilungsfunktion durch Angabe der erwarteten Werte der Inputgröße und direkte Zuordnung von Wahrscheinlichkeiten zu diesen Werten erfolgen. In jedem Fall ist die Bestimmung von Wahrscheinlichkeitsverteilungen ein problematischer Schritt, der v. a. aufgrund der Einmaligkeit der meisten Investitionen i.d.R. nur anhand subjektiver Schätzungen vorgenommen werden kann.[363]

Zu (3): Die Berücksichtigung stochastischer Abhängigkeiten zwischen den unsicheren Inputgrößen kann zum einen über die Schätzung von Korrelationskoeffizienten für jeweils zwei Inputgrößen erfolgen. Zum anderen können sog. bedingte Wahrscheinlichkeitsverteilungen für Inputgrößen eingeführt werden, deren Werteverlauf von dem einer anderen Inputgröße abhängig ist.

Zu (4): Die Zusammenfassung der Wahrscheinlichkeitsverteilungen der Inputgrößen zur Verteilung der Zielgröße kann auf zwei verschiedenen Wegen erfolgen:

Das **analytische Verfahren** fasst die Einzelverteilungen rechnerisch zusammen (Faltung der Wahrscheinlichkeitsverteilungen). Bei dieser Methode ergeben sich in komplexeren Fällen – bspw. bei unterschiedlichen Verteilungstypen der Inputgrößen oder auch bei einer Vielzahl von Inputgrößen – rechentechnische Schwierigkeiten, so dass restriktive Annahmen bzgl. der Verteilung der Zielgröße getroffen werden müssen. Setzt man voraus, dass die Zielgröße einer Normalverteilung genügt, so kann man diese Verteilung eindeutig aus den Erwartungswerten und den Varianzen der Inputgrößen bestimmen.

Beim **simulativen Verfahren**[364] wird in jedem Simulationsdurchlauf für jede Einflussgröße ein Wert durch Zufallsauswahl realisiert. Im Mittelpunkt steht dabei ein Zufallszahlengenerator, mit dessen Hilfe Zufallszahlen erzeugt werden, deren Verteilung der Wahrscheinlichkeitsverteilung der jeweils betrachteten Inputgröße entspricht. Der Zielfunktionswert wird aus den Realisationen aller Einflussgrößen errechnet. Nach einer genügend großen Zahl von Simulationsdurchläufen erhält man eine ausreichend stabile Häufigkeitsverteilung des Zielwertes. An dieser Stelle kann das Verfahren beendet werden.

Zu (5): Als Ergebnis der Risikoanalyse für ein Investitionsobjekt erhält man die Wahrscheinlichkeitsverteilung des Objektergebnisses, z.B. des Kapitalwerts, indem man die durch Simulation ermittelten Zielwerte auf der Abszisse eines Koordinatensystems und die kumulierte relative Häufigkeit der aufgetretenen Zielwerte auf der Ordinate abträgt. Aus der Wahrscheinlichkeitsverteilung kann man den Erwartungswert der Zielgröße unmittelbar ablesen. Außerdem kann man angeben, welcher Zielgrößenwert mit welcher Wahrscheinlichkeit erreicht, überschritten oder unterschritten wird.

Interessant ist dabei die Frage, mit welcher Wahrscheinlichkeit ein negatives Objektergebnis erzielt wird (Verlustwahrscheinlichkeit). Aussagen über die Streuung lassen sich anhand der

---

[363] Vgl. *Götze, Uwe*: Investitionsrechnung. 7. Aufl., Berlin/Heidelberg 2014, S. 401.
[364] Vgl. dazu *Blohm, Hans/Lüder, Klaus/Schaefer, Christina*: Investition. 10. Aufl., München 2012, S. 249–250 sowie *Busse von Colbe, Walther/Laßmann, Gert*: Betriebswirtschaftstheorie. Band 3, 3. Aufl., Berlin 1990, S. 179.

Steilheit des Risikoprofils treffen. Je steiler die Kurve verläuft, desto geringer ist die Streuung und somit das mit der Durchführung der Investition verbundene Risiko.

Das folgende Beispiel soll die mit einer Risikoanalyse verbundenen Schritte verdeutlichen.

Beispiel:

Für das Fallbeispiel aus **Abschnitt 6, Kap. D.II.3.** soll eine simulative Risikoanalyse durchgeführt werden.[365, 366] Im ersten Schritt müssen die als unsicher anzusehenden Inputgrößen ausgewählt werden. Im Folgenden wird davon ausgegangen, dass der Investor die Anschaffungsauszahlung A_0, die Nutzungsdauer n, die Kapazität x, die Periodenfixkosten A_f, die variablen Stückkosten k_V (zur Vereinfachung werden die Materialkosten pro Stück, die Löhne und Lohnnebenkosten pro Stück, die Energiekosten pro Stück sowie die sonstigen variablen Stückkosten zusammengefasst) und den Absatzpreis p als relevante ungewisse Einflussgrößen für den Kapitalwert der Anlage I erachtet. Der Kalkulationszinssatz i wird mit 5 % als sichere Größe vorausgesetzt.

Für die unsicheren Inputgrößen müssen Wahrscheinlichkeitsverteilungen geschätzt werden. Der Investor nimmt an, dass A_0 im Intervall [60.000; 72.000] gleichverteilt ist; der Absatzpreis wird als im Intervall [5; 7] und die variablen Kosten als im Intervall [2,5; 4,2] gleichverteilt vorausgesetzt. Den übrigen unsicheren Größen ordnet der Investor diskrete Wahrscheinlichkeitsverteilungen zu. In allen Perioden sollen für die unsicheren Inputgrößen die gleichen Wahrscheinlichkeitsverteilungen gelten. Stochastische Abhängigkeiten zwischen den einzelnen Inputgrößen bleiben unberücksichtigt. Die Daten sind zusammen mit den geschätzten Wahrscheinlichkeiten in der folgenden Tabelle enthalten.

n p (n)	x p (x)	A_f p (A_f)
5 0,25	[7.000; 8.000[0,2	[6.000; 8.000[0,1
6 0,5	[8.000; 9.000[0,2	[8.000; 10.000[0,7
7 0,25	[9.000; 10.000[0,2	[10.000; 12.000[0,2
	[10.000; 11.000[0,2	
	[11.000; 12.000[0,2	

Da die unsicheren Inputgrößen als stochastisch unabhängig voneinander angenommen wurden, folgt als nächster Schritt die Generierung von Zufallszahlen entsprechend der in der Tabelle angegebenen Wahrscheinlichkeitsverteilungen, mit deren Hilfe Realisationen der Inputgrößen simuliert

---

[365] Entnommen aus *Kußmaul, Heinz*: Berücksichtigung der Unsicherheit bei Investitionsentscheidungen. In: Der Steuerberater 1996, S. 109–110.

[366] Hinsichtlich der Vorgehensweise und der Darstellung der Ergebnisse vgl. insb. *Adam, Dietrich*: Investitionscontrolling. 3. Aufl., München/Wien 2000, S. 363–369 sowie *Blohm, Hans/Lüder, Klaus/Schaefer, Christina*: Investition. 10. Aufl., München 2012, S. 254–259; *Busse von Colbe, Walther/Laßmann, Gert*: Betriebswirtschaftstheorie. Band 3, 3. Aufl., Berlin 1990, S. 181–183; *Perridon, Louis/Steiner, Manfred/Rathgeber, Andreas W.*: Finanzwirtschaft der Unternehmung. 16. Aufl., München 2012, S. 137–140.

D. Spezielle Methoden zur Erfassung der Unsicherheit

werden. Aus den Realisationen der Inputgrößen wird in jedem Simulationsdurchlauf ein Kapitalwert für das Investitionsobjekt berechnet. Im Beispiel wurde das Simulationsverfahren nach 1.000 Durchläufen abgebrochen.

Für die Auswertung werden die Ergebnisse aus den Simulationsdurchläufen zunächst verschiedenen Häufigkeitsklassen zugeordnet. Diese Zuordnung liefert das in **Abbildung 43** dargestellte Histogramm.

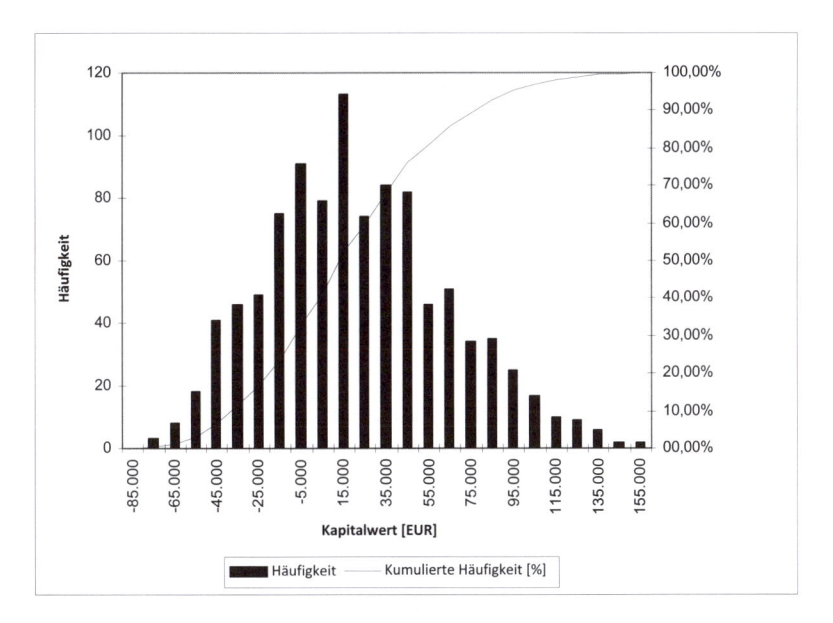

Abbildung 43: Histogramm der simulativen Risikoanalyse

Aus den absoluten Häufigkeiten, die sich für die einzelnen Häufigkeitsklassen ergeben, werden relative Wahrscheinlichkeiten errechnet, die die Grundlage für die Bestimmung einer Dichtefunktion für den Kapitalwert bilden (vgl. **Abbildung 44**).

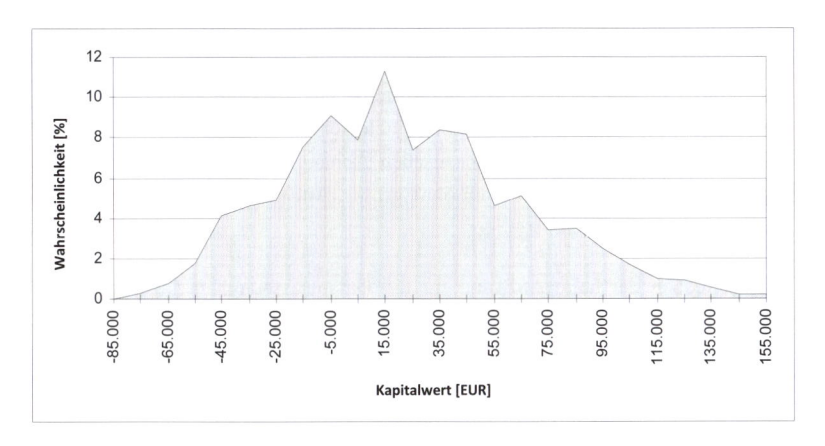

Abbildung 44: Dichtefunktion des Kapitalwerts

Das Risikoprofil ergibt sich, wenn die Verteilungsfunktion gebildet und entsprechend den prozentualen Werten bis auf 100 % aufsummiert wird.[367] Im Fallbeispiel hat das Risikoprofil das in **Abbildung 45** zum Ausdruck kommende Aussehen.

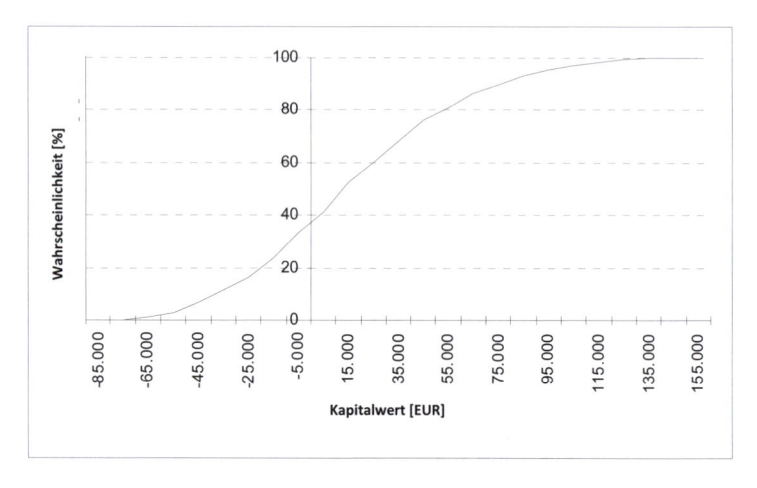

Abbildung 45: Risikoprofil des Fallbeispiels

Das Risikoprofil lässt Aussagen darüber zu, mit welchem Maß an Risiko die Investition verbunden ist. Je steiler der Verlauf des Risikoprofils ist, desto geringer ist die Streuung der Kapitalwerte und somit das mit der Investition verbundene Risiko. Das Risikoprofil des Fallbeispiels ist recht flach und lässt ein relativ hohes Risiko vermuten, was durch die explizite Berechnung der Standardabweichung, die im Beispiel 42.952 EUR beträgt, belegt werden kann. Außerdem können aus den Ergebnissen der Simulation weitere signifikante Kennzahlen wie z.B. der Erwartungswert und die Verlustwahrscheinlichkeit berechnet werden. Der Erwartungswert des Kapitalwerts beträgt 16.838 EUR, die Verlustwahrscheinlichkeit ist mit ca. 37 % relativ groß.

2. Beurteilung der Risikoanalyse

Die Risikoanalyse ermöglicht dem Investor die Behandlung komplexer Situationen, so dass er mit möglichst realitätsnahen Modellen arbeiten kann. Die Ermittlung der Wahrscheinlichkeitsverteilung für die Zielgröße der Investitionsrechnung kann unter Berücksichtigung einer relativ großen Zahl von Einflussfaktoren, unterschiedlichen Datenkonstellationen und deren Wahrscheinlichkeiten sowie stochastischen Abhängigkeiten zwischen den Inputgrößen erfolgen. Das Modell kann weiterhin ohne großen Aufwand an Änderungen der Datenkonstellation angepasst werden.

Nachteilig ist jedoch der hohe Aufwand für die Datenerfassung, insb. für die subjektive Schätzung der Wahrscheinlichkeitsverteilungen. Die Akzeptanz der Risikoanalyse wird durch eine zumeist ablehnende Haltung der Praxis gegenüber Wahrscheinlichkeitsschätzungen beeinträchtigt.

---

[367] Vgl. diesbzgl. auch *Adam, Dietrich*: Investitionscontrolling. 3. Aufl., München/Wien 2000, S. 366.

Ein weiterer Nachteil ist das Fehlen einer Entscheidungsregel: Die Risikoanalyse liefert lediglich zusätzliche Daten über das Investitionsobjekt. Die Entscheidung muss der Investor selbst treffen.[368]

IV. Entscheidungsbaumverfahren

1. Darstellung

Das Entscheidungsbaumverfahren dient der Lösung komplexer Probleme unter Unsicherheit. Es berücksichtigt, dass wichtige Entscheidungen in mehreren Stufen getroffen werden. Dabei kann zwischen der ursprünglichen Investitionsentscheidung und den Folgeentscheidungen, die die Vorteilhaftigkeit der ursprünglichen Alternative beeinflussen, differenziert werden. Der Unterschied im Vergleich zu den bisher behandelten Verfahren liegt in der möglichen Einbeziehung zustandsabhängiger Folgeentscheidungen, die im Falle des Eintritts bestimmter Umweltzustände zu treffen sind. Der Graph, mit dessen Hilfe ein derartiges komplexes Entscheidungsfolgeproblem beschrieben werden kann, heißt **Entscheidungsbaum**. Mit Hilfe des Entscheidungsbaums wird das Problem durch den Einsatz verschiedener Methoden optimiert. Im Ergebnis kann die optimale der in Betracht gezogenen Alternativen ausgewählt werden.

Jeder Pfad im Entscheidungsbaum vom ersten Entscheidungsknoten, dem Ursprung des Entscheidungsbaums, über verschiedene Zufallsereignisknoten zu den Endpunkten (Ergebnisknoten) stellt eine vollständige Entscheidung dar. Ziel des Verfahrens ist es, den optimalen Weg durch den Entscheidungsbaum zu finden. Die Formalstruktur eines Entscheidungsbaums ist in **Abbildung 46**[369] (S. 212) dargestellt.

Das Entscheidungsbaumverfahren gliedert sich in die folgenden Schritte:[370]

(1) Festlegung der Struktur des Entscheidungsbaums durch die Bestimmung des Planungszeitraums und der Entscheidungsalternativen sowie der möglichen Zustände in den einzelnen Zeitpunkten.

(2) Ermittlung der weiteren entscheidungsrelevanten Daten: Bei einem Kapitalwertmodell sind für alle Entscheidungsalternativen und die jeweils möglichen Zustände die Anschaffungsauszahlungen, Nutzungsdauern, Liquidationserlöse, Absatzmengen und -preise sowie absatzmengenabhängige und -unabhängige Auszahlungen sowie der Kalkulationszinssatz zu bestimmen. Zusätzlich müssen den einzelnen Umweltzuständen Wahrscheinlichkeiten zugeordnet werden.

---

[368] Vgl. zur Kritik hinsichtlich der Risikoanalyse insb. *Adam, Dietrich*: Investitionscontrolling. 3. Aufl., München/Wien 2000, S. 368; *Blohm, Hans/Lüder, Klaus/Schaefer, Christina*: Investition. 10. Aufl., München 2012, S. 260–261; *Busse von Colbe, Walther/Laßmann, Gert*: Betriebswirtschaftstheorie. Band 3, 3. Aufl., Berlin 1990, S. 183–184; *Perridon, Louis/Steiner, Manfred/Rathgeber, Andreas W.*: Finanzwirtschaft der Unternehmung. 16. Aufl., München 2012, S. 140–141.

[369] Vgl. *Blohm, Hans/Lüder, Klaus/Schaefer, Christina*: Investition. 10. Aufl., München 2012, S. 262 und *Götze, Uwe*: Investitionsrechnung. 7. Aufl., Berlin/Heidelberg 2014, S. 408.

[370] Vgl. dazu und zum Folgenden *Blohm, Hans/Lüder, Klaus/Schaefer, Christina*: Investition. 10. Aufl., München 2012, S. 262–263.

(3) Bestimmung der optimalen Entscheidungsalternative zu Beginn des Planungszeitraums, wobei als Entscheidungskriterium i.d.R. der Erwartungswert des Kapitalwerts verwendet wird. Optimal ist diejenige Entscheidungsfolge, die den maximalen Erwartungswert des Kapitalwerts aufweist.

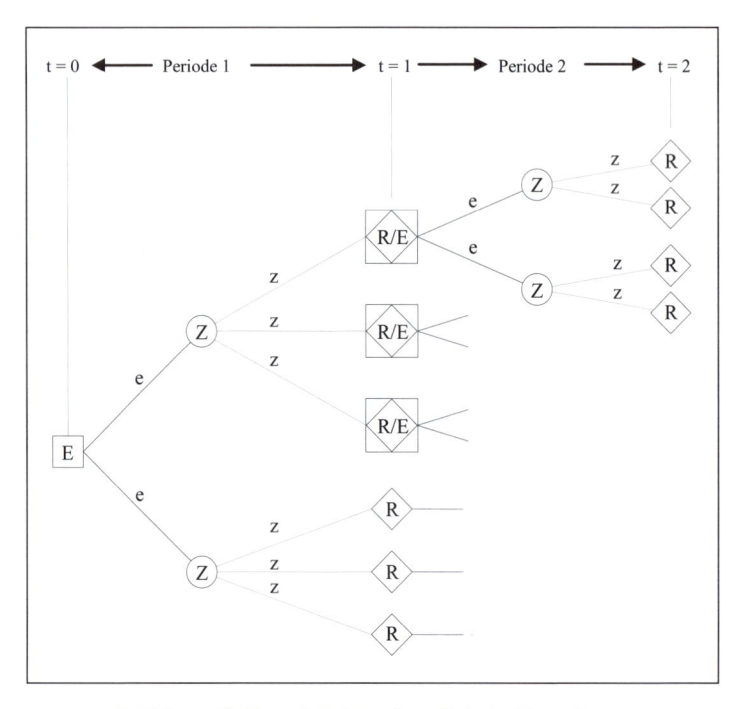

Abbildung 46: Formalstruktur eines Entscheidungsbaums

Dabei haben Kanten und Knoten die folgende Bedeutung:

E : Entscheidungsknoten, d.h. Knoten, der ein Entscheidungsereignis charakterisiert;

e : Kante, die eine Entscheidungsalternative repräsentiert;

Z : Zufallsereignisknoten;

z : Kante, die einen Umweltzustand repräsentiert, der aus dem Eintritt eines Zufallsereignisses resultiert;

R : Ergebnisknoten;

R/E : Knoten, der darstellt, dass ein Ereignis vorliegt und eine Entscheidung getroffen werden muss.

Zur Bestimmung der erwartungswertmaximalen Alternative kann das von *Magee* entwickelte **Rollback-Verfahren** verwendet werden.[371] Das Rollback-Verfahren nimmt ebenso wie

---

[371] Vgl. *Magee, John F.*: Decision Trees for Decision Making. In: Harvard Business Review 1964, N° 4, S. 126–138; *Magee, John F.*: How To Use Decision Trees in Capital Investment. In: Harvard Business Review 1964, N° 5, S. 79–96.

die dynamische Programmierung eine **Optimierung vom Prozessende her** vor (Rekursion). Für die zeitlich am weitesten in der Zukunft liegenden Entscheidungsalternativen werden die Erwartungswerte berechnet und für jeden Teilknoten die erwartungswertmaximale Alternative ermittelt. Nur diese Alternativen – die Rollback-Methode unterstellt einen risikoneutralen Investor – werden dann für die vorletzte Entscheidungsstufe in die Berechnung einbezogen. Diese Vorgehensweise wird so lange fortgeführt, bis der Beginn des Planungszeitraums erreicht und die zugehörige erwartungswertmaximale Entscheidungsalternative bestimmt ist.

Neben dem Rollback-Verfahren können auch die vollständige Enumeration, die dynamische Programmierung sowie die gemischt-ganzzahlige lineare Programmierung als Lösungsverfahren herangezogen werden.[372]

2. Beurteilung des Entscheidungsbaumverfahrens

Der Vorteil des Entscheidungsbaumverfahrens liegt in der klaren Formulierung des Entscheidungsproblems und der übersichtlichen Darstellung. Mit wachsender Anzahl zufallsabhängiger Inputgrößen wird der Entscheidungsbaum jedoch sehr schnell recht umfangreich, wodurch einerseits die Analyse des Entscheidungsbaums, also die Ermittlung der Optimallösung erschwert wird; andererseits kann dadurch auch die Datenermittlung sehr aufwendig werden.

Außerdem müssen zur Anwendung des Verfahrens vereinfachende Voraussetzungen getroffen werden, über die der Investor, der anhand von Entscheidungsbäumen seine Entscheidung optimieren will, Kenntnis haben muss:[373]

- Das Entscheidungsbaumverfahren ermöglicht nur die Betrachtung gleichartiger Entscheidungen, d.h., sowohl das eigentliche Entscheidungsproblem als auch die Folgeentscheidungen müssen Investitionsentscheidungen sein.
- Die Ergebnisverteilungen sind unabhängig von der getroffenen Entscheidung, d.h., die Entscheidungen beeinflussen den Zufallsmechanismus der Ergebnisse nicht.
- Die Wahrscheinlichkeitsverteilungen sind diskret.
- Bei Anwendung des Rollback-Verfahrens wird Risikoneutralität unterstellt.
- Die relevanten Daten zur Kapitalwertbestimmung und die zugehörigen Wahrscheinlichkeiten müssen bis zum Ende des Planungszeitraums quantifiziert werden können.

Blohm/Lüder/Schaefer empfehlen die Entscheidungsbaumanalyse insb. für Großobjekte, „die starke zeitliche Interdependenzen zu anderen Objekten aufweisen (oder die in zeitlich interdependente kleinere Objekte aufgespalten werden können wie z.B. Forschungs- und Ent-

---

[372] Vgl. *Kruschwitz, Lutz*: Investitionsrechnung. 14. Aufl., München 2014, S. 336–339.
[373] Vgl. *Perridon, Louis/Steiner, Manfred/Rathgeber, Andreas W.*: Finanzwirtschaft der Unternehmung. 16. Aufl., München 2012, S. 146.

214 Sechster Abschnitt: Die Berücksichtigung der Unsicherheit

wicklungsobjekte) und deren Erfolg im wesentlichen von einem Zufallsereignis oder von einigen wenigen Zufallsereignissen abhängig ist"[374].

E. Zusammenfassende Beurteilung

Die Praxis misst dem Problem der Unsicherheitsberücksichtigung große Bedeutung bei.[375] Eine Befragung bundesdeutscher Großunternehmen aus dem Jahr 1985 ergab, dass fast alle der befragten Unternehmen (99 %) die Unsicherheit in irgendeiner Weise berücksichtigen. Nicht alle Verfahren, die vorgestellt wurden, stoßen jedoch in der Praxis auf Akzeptanz (vgl. **Abbildung 47**[376]).

```
                    Verfahren zur Berücksichtigung der
                         Unischerheit bei bei
                      Investitionsentscheidungen
                    ┌──────────────┴──────────────┐
               In der Praxis                 In der Praxis
               akzeptiert                    nicht akzeptiert
        ┌──────────┼──────────┐           ┌──────────┴──────────┐
   Erwartungs-  Korrektur-  Sensitivi-   Entscheidungs-      Risikoanalyse
      wert      verfahren   tätsanalsyse  baumverfahren
```

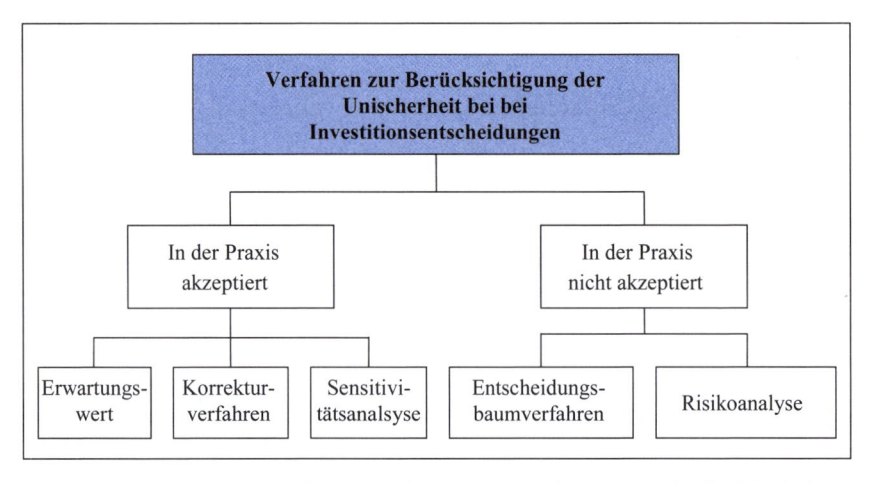

Abbildung 47: Praxis- und Theorieverfahren zur Berücksichtigung der Unsicherheit

Die Verbreitung der von der Praxis akzeptierten Methoden lässt sich einer weiteren Umfrage, deren Ergebnisse im Jahr 1997 von *Heidtmann/Däumler* publiziert wurden, entnehmen (vgl. dazu **Abbildung 48**[377]; S. 215).[378] Die Angaben erfolgen in Prozent, wobei die Summe über 100 % liegt, da einige Unternehmen mehrere Verfahren verwenden.

Das Treffen einer Investitionsentscheidung auf der Grundlage von **Erwartungswerten** empfiehlt sich nur bei kleineren Investitionen, insb. wenn über mehrere Investitionen entschieden werden muss, deren Risiken und Chancen sich ganz oder teilweise kompen-

---

[374] *Blohm, Hans/Lüder, Klaus/Schaefer, Christina*: Investition. 10. Aufl., München 2012, S. 268.

[375] Vgl. dazu und zum Folgenden *Däumler, Klaus-Dieter/Grabe, Jürgen*: Anwendung von Investitionsrechnungsverfahren in der Praxis. 5. Aufl., Herne 2010, S. 104–105 und S. 128.

[376] Modifiziert entnommen aus *Däumler, Klaus-Dieter/Grabe, Jürgen*: Anwendung von Investitionsrechnungsverfahren in der Praxis. 5. Aufl., Herne 2010, S. 104.

[377] Modifiziert entnommen aus *Heidtmann, Dietmar/Däumler, Klaus-Dieter*: Anwendung von Investitionsrechnungsverfahren bei mittelständischen Unternehmen – eine empirische Untersuchung. In: Buchführung, Bilanz, Kostenrechnung, Beilage 2/1997, S. 19.

[378] Vgl. *Heidtmann, Dietmar/Däumler, Klaus-Dieter*: Anwendung von Investitionsrechnungsverfahren bei mittelständischen Unternehmen – eine empirische Untersuchung. In: Buchführung, Bilanz, Kostenrechnung, Beilage 2/1997.

sieren werden. Bei Großinvestitionen sollte zur Risikoberücksichtigung eine Methode herangezogen werden, die das mit der Investition verbundene Risiko explizit berücksichtigt.

Korrekturverfahren, die ausschließlich die Risiken beachten und die mit der Investition verbundenen Chancen vernachlässigen, bieten sich bei größeren Investitionsobjekten an, um die möglichen Folgen eines Fehlschlags transparent zu machen. Der Investor kann erkennen, ob bei Eintreten der ungünstigsten Situation die Existenz des Unternehmens bedroht wäre. Allerdings kann sich die im Verfahren begründete Einseitigkeit nachteilig auswirken, da die ausschließlich negative Sichtweise zur Ablehnung jeder Investition führen kann.

Die **Sensitivitätsanalyse** ist als Kritische-Werte-Rechnung – aber auch als Dreifach-Rechnung und als Zielgrößen-Änderungsrechnung – sinnvoll bei größeren Objekten. Sie bietet sehr gute Beurteilungsmöglichkeiten der mit der Investition verbundenen Risiken und Chancen, v. a. wenn man kritische Werte mit wahrscheinlichen Werten vergleicht. Ein weiterer Vorteil der Kritische-Werte-Rechnung ist die leichte Interpretierbarkeit. Obwohl sie evtl. einen etwas größeren Rechenaufwand verursacht, ist die Kritische-Werte-Rechnung insgesamt empfehlenswert.

Verfahren zur Berücksichtigung der Unsicherheit	Anwendende Unternehmen (in %)
Sensitivitätsanalyse	68,10
Amortisationsrechnung	49,14
Korrekturverfahren	42,24
Erwartungswert	39,66
Sonstige Verfahren	1,72

Abbildung 48: Verfahren zur Berücksichtigung der Unsicherheit in mittelständischen Unternehmen

Die **Risikoanalyse** basiert auf Wahrscheinlichkeitsverteilungen der Inputgrößen und liefert wahrscheinlichkeitsverteilte Zielgrößen. Aufgrund des mit dem Verfahren verbundenen Rechenaufwands, aber auch wegen der Problematik der Schätzung der Wahrscheinlichkeiten, ist das Verfahren für die Praxis nur in Fällen bedeutender Investitionen empfehlenswert.

Das **Entscheidungsbaumverfahren** eignet sich für die Beurteilung von größeren Objekten. Es bietet einerseits eine optisch übersichtliche Darstellung des Entscheidungsproblems, verursacht andererseits aber auch einen gewissen Darstellungsaufwand. Der Investor muss viele unterschiedliche Situationen quantitativ bewerten. Das Verfahren ist nur bedingt empfehlenswert und aufgrund seiner Nachteile in der Praxis auch nicht verbreitet.

Siebenter Abschnitt

Die Investitionsprogrammentscheidungen

A. Die Grundlagen: Sukzessive und simultane Investitionsplanung

Unter der Voraussetzung vollständiger, sich gegenseitig ausschließender Investitionsalternativen kann der Investor eine optimale Entscheidung treffen, indem er jedes Einzelinvestitionsobjekt isoliert mit Hilfe der dynamischen Verfahren der Investitionsrechnung beurteilt. In der Realität bestehen allerdings zahlreiche Interdependenzen zwischen den Investitionsobjekten, die bewirken, dass sich die Zahlungswirkungen der Investitionsobjekte gegenseitig beeinflussen. Hinsichtlich der Interdependenzen kann unterschieden werden zwischen[379]

- **indirekten Interdependenzen**, bei denen die Einzelobjekte über mindestens eine gemeinsame Restriktion miteinander verbunden sind (z.B. über ein beschränktes Finanzierungsvolumen oder über beschränkte Absatzmöglichkeiten), sowie

- **direkten Interdependenzen**, bei denen der Nutzen einer Einzelmaßnahme von der gleichzeitigen oder späteren Realisierung einer oder mehrerer anderer Investitionsmaßnahmen abhängt (bspw. in mehrstufigen Produktionsprozessen, bei denen die Wirksamkeit der Durchführung einer Erweiterungsinvestition zur Beseitigung eines Engpasses davon abhängig ist, dass durch diese Maßnahme nicht eine vor- oder nachgelagerte Produktionsstufe zum neuen Engpass wird).

Investitionsprogrammentscheidungen berücksichtigen diese Interdependenzen und liefern eine Antwort auf die Frage, welche Kombination von Investitionsobjekten aus einer Menge sich nicht gegenseitig ausschließender Alternativen das finanzielle Optimum des Investors liefert. Prinzipiell könnte man Investitionsprogrammentscheidungen lösen, indem man die Zahlungsreihen sämtlicher möglicher Programmalternativen durch vollständige Enumeration ermittelt und anschließend mit den bekannten Verfahren der dynamischen Investitionsrechnung bewertet. Somit könnte jedes Problem der Investitionsprogrammplanung zur Einzelentscheidung in Gestalt einer Wahlentscheidung reduziert werden. Die vollständige Enumeration führt jedoch mit steigender Anzahl der Programmalternativen sehr schnell zu einem nicht mehr vertretbaren Rechen- und Zeitaufwand, so dass diese Vorgehensweise in der Praxis nicht durchführbar ist. Muss der Investor bspw. eine Entscheidung bzgl. verschiedener Investitionsobjekte treffen, die er einzeln oder gleichzeitig anschaffen kann, so ergeben sich bei drei Investitionsobjekten $2^3 = 8$, bei zehn Investitionsobjekten schon

---

[379] Vgl. dazu *Bieg, Hartmut*: Betriebswirtschaftslehre 1: Investition und Unternehmungsbewertung. 2. Aufl., Freiburg i. Br. 1997, S. 131.

$2^{10} = 1.024$ Programmalternativen.[380] Zur Lösung des Investitionsprogrammproblems müssen daher andere Wege beschritten werden.

Die Vielzahl der entwickelten Lösungsansätze lässt sich in zwei Klassen unterteilen:

- **Sukzessive Investitionsplanung**: Die sukzessive Investitionsplanung stellt den einfachsten Fall der Investitionsprogrammplanung dar. In einem ersten Planungsschritt wird die Menge der zur Verfügung stehenden Finanzmittel bestimmt, die im nachfolgenden Planungsschritt auf eine darum konkurrierende Menge sich nicht gegenseitig ausschließender Investitionsobjekte aufgeteilt wird. Die Ergebnisse der Finanzplanung können dabei nicht mehr revidiert werden.

- **Simultane Investitionsplanung**: Unter simultaner Investitionsplanung versteht man die harmonische Abstimmung der einzelnen Teilpläne des Investors (z.B. Finanzplan, Produktionsplan, Absatzplan, Beschaffungsplan) mit dem Investitionsplan durch explizite Einbeziehung der zwischen den betrieblichen Teilbereichen bestehenden Interdependenzen. Aus Gründen der Modellvereinfachung und der engen Verknüpfung mit dem Investitionsbereich beschränken sich die in der Literatur entwickelten Modelle hauptsächlich auf Finanzierungs- und/oder Produktionspläne. Dabei werden die folgenden Modellgruppen unterschieden:

  – Simultane Investitions- und Finanzplanung;

  – simultane Investitions- und Produktionsplanung;

  – simultane Investitions-, Finanz- und Produktionsplanung.

Die folgenden Ausführungen beschränken sich auf die Darstellung der simultanen Investitions- und Finanzplanung. Durch die Einbeziehung weiterer Teilpläne wächst die Komplexität der Modelle. Trotzdem soll noch darauf hingewiesen werden, dass eine Vielzahl weiterer Simultanplanungsmodelle existiert, die die Absatzplanung,[381] Personalplanung,[382] Standortplanung[383] oder die Steuerpolitik[384] berücksichtigen. Außerdem wurden Modelle entwickelt,

---

[380] Vgl. dazu *Bieg, Hartmut*: Betriebswirtschaftslehre 1: Investition und Unternehmungsbewertung. 2. Aufl., Freiburg i. Br. 1997, S. 131–132 sowie *Kruschwitz, Lutz*: Investitionsrechnung. 14. Aufl., München 2014, S. 213.

[381] Vgl. *Jacob, Herbert*: Neuere Entwicklungen der Investitionsrechnung. In: Zeitschrift für Betriebswirtschaft 1964, S. 487–507 und S. 551–594.

[382] Vgl. *Domsch, Michel*: Simultane Personal- und Investitionsplanung im Produktionsbereich. Bielefeld 1970.

[383] Vgl. *Bloech, Jürgen*: Industrieller Standort. In: Industriebetriebslehre, hrsg. von *Marcell Schweitzer*, 2. Aufl., München 1994, S. 108–129; *Hansmann, Karl-Werner*: Entscheidungsmodelle zur Standortplanung der Industrieunternehmen. Wiesbaden 1974.

[384] Vgl. insb. *Haberstock, Lothar*: Zur Integrierung der Ertragsbesteuerung in die simultane Produktions-, Investitions- und Finanzierungsplanung mit Hilfe der linearen Programmierung. Köln u.a. 1971; *Haberstock, Lothar*: Quo vadis Steuerbilanzpolitik. In: Zeitschrift für betriebswirtschaftliche Forschung 1984, S. 464–482 sowie *Jääskeläinen, Veikko*: Optimal Financing and Tax Policy of the Corporation. Helsinki 1966.

die einem Totalmodell des Unternehmens angenähert sind und nahezu sämtliche betrieblichen Teilbereiche berücksichtigen.[385]

In den folgenden Abschnitten werden die klassischen kapitaltheoretischen Ansätze sowie kombinatorische Ansätze zur simultanen Investitions- und Finanzplanung vorgestellt und diskutiert. Grds. Kritik an den Modellen zur simultanen Planung verschiedener Investitionsbereiche wird in **Abschnitt 7, Kap. D.** geübt; dabei wird insb. der Anspruch der verschiedenen Ansätze, Entscheidungsmodelle für die Praxis zu sein, in Frage gestellt. Tatsächlich haben die Modelle der simultanen Investitions- und Finanzplanung bis heute kaum Eingang in die Praxis gefunden. Die Bedeutung der verschiedenen Ansätze liegt vielmehr in den theoretischen Erkenntnissen, die sie vermitteln. In erster Linie handelt es sich also um Erklärungsmodelle.

B. Die klassischen kapitaltheoretischen Modelle zur simultanen Investitions- und Finanzplanung

I. Prämissen und Arten der Simultanplanungsmodelle

Ziel der Modelle zur simultanen (integrierten) Investitions- und Finanzplanung – auch kapitaltheoretische Modelle genannt – ist die gleichzeitige Bestimmung der optimalen Investitions- und Finanzierungsprogramme. Andere betriebliche Teilpläne, insb. die Produktions- und Absatzpläne, werden vorab festgelegt und können nicht mehr revidiert werden. Da zwischen Investitions- und Finanzierungsbereich entscheidungsrelevante Zusammenhänge bestehen, ist die Analyse kapitaltheoretischer Modelle sinnvoll. Eine sukzessive Planung führt häufig nur zu suboptimalen Entscheidungen, da sich bei isolierter Ermittlung des Investitionsplans bei gegebenem Finanzmittelbestand die Investitionsmöglichkeiten als so günstig erweisen können, dass es sich gelohnt hätte, einen größeren Betrag zu investieren. Andererseits können die Investitionsobjekte so wenig lohnend sein, dass man im ersten Schritt besser einen geringeren Betrag an Finanzmitteln zur Verfügung gestellt hätte. Eine simultane Planung des Investitions- und Finanzierungsvolumens vermeidet diese Nachteile durch explizite Berücksichtigung der Zusammenhänge.

Die Modelle der integrierten Investitions- und Finanzplanung basieren auf den folgenden grundlegenden Prämissen:[386]

- Der Investor erstrebt entweder die Maximierung seiner jährlichen Entnahmen bei gegebenem Endvermögen (**Einkommensstreben**) oder die Maximierung seines Vermögens am Ende des Planungszeitraums (**Vermögensstreben**).

- Die Investitions- und Finanzierungsobjekte können durch individuelle Zahlungsreihen eindeutig beschrieben werden. Zwischen den einzelnen Investitions- und Finanzierungsobjekten bestehen keine direkten Interdependenzen.

---

[385] Vgl. z.B. *Rosenberg, Otto*: Investitionsplanung im Rahmen einer simultanen Gesamtplanung. Köln u.a. 1975.

[386] Vgl. dazu *Kruschwitz, Lutz*: Investitionsrechnung. 14. Aufl., München 2014, S. 220–221.

- Die Investitions- und Finanzierungsmaßnahmen sind **beliebig teilbar**, d.h., wird nur ein Bruchteil eines Objektes durchgeführt, so entsteht auch nur ein Bruchteil seines Zahlungsstromes.
- Der Investor will zu jedem Zeitpunkt des Planungszeitraums **liquide** bleiben; die Einzahlungen dürfen somit – unter Berücksichtigung des anfänglichen Zahlungsmittelbestands – zu keinem Zeitpunkt hinter den Auszahlungen zurückbleiben.

Blohm/Lüder/Schaefer unterscheiden die Simultanplanungsmodelle nach dem zeitlichen Umfang des Entscheidungsfeldes in Einperiodenmodelle (statische Modelle), die nur die Alternativen der ersten Planungsperiode einbeziehen, und Mehrperiodenmodelle (dynamische Modelle), die auch Alternativen außerhalb der ersten Teilperiode berücksichtigen.[387]

Nach dieser Aufteilung werden in den folgenden beiden Abschnitten für die kapitaltheoretischen Modelle der simultanen Investitions- und Finanzplanung sowohl der Einperiodenfall als auch der Mehrperiodenfall betrachtet.

II. Der Einperiodenfall

1. Die Modelldarstellung

Grundlegende Annahme im Einperiodenfall ist, dass der Investor einen Planungszeitraum von genau einem Jahr besitzt. Sämtliche Investitions- und Finanzierungsobjekte verursachen ausschließlich in den Zeitpunkten $t=0$ und $t=1$ Zahlungen Z, wobei die Investitionsobjekte im Zeitpunkt $t=0$ zu Auszahlungen und im Zeitpunkt $t=1$ zu Einzahlungen führen; bei den Finanzierungsobjekten ist es umgekehrt. Weiterhin wird angenommen, dass jedes Objekt höchstens einmal in das Programm aufgenommen werden kann. Ziel des Investors ist die Maximierung seines Vermögens im Zeitpunkt $t=1$ ohne zwischenzeitliche Entnahmen. Diese Annahmen sind außerordentlich realitätsfern; gerade deshalb liefert das Modell jedoch einige sehr interessante Ergebnisse, die auch praktisch genutzt werden können.[388]

Die Bestimmung des optimalen Investitions- und Finanzierungsprogramms unter den genannten Voraussetzungen kann mit einem **einfachen Rangordnungsverfahren auf Basis der internen Zinsfüße** erfolgen. Das Verfahren läuft **in fünf Schritten** ab:

(1) **Berechnung des internen Zinsfußes r_I für jedes Investitionsobjekt**. Im Einperiodenfall errechnet sich der interne Zinsfuß nach der folgenden Formel:

$$r_I = -\frac{Z_1^I}{Z_0^I} - 1$$

Unter den genannten Prämissen ist der interne Zinsfuß stets existent, eindeutig und größer als -1.

---

[387] Vgl. *Blohm, Hans/Lüder, Klaus/Schaefer, Christina*: Investition. 10. Aufl., München 2012, S. 271.
[388] Vgl. dazu *Kruschwitz, Lutz*: Investitionsrechnung. 14. Aufl., München 2014, S. 222–223.

(2) Ordnung der Investitionsobjekte nach der Höhe der internen Zinsfüße, wobei das Investitionsobjekt mit dem größten internen Zinsfuß an die erste Stelle gesetzt wird. Grafisch erhält man somit die **Kapitalnachfragefunktion**.

(3) **Berechnung des internen Zinsfußes r_F für jedes Finanzierungsobjekt.** Der interne Zinsfuß kann analog zu Schritt (1) nach der folgenden Formel berechnet werden:

$$r_F = -\frac{Z_1^F}{Z_0^F} - 1$$

Auch der interne Zinsfuß ist unter den genannten Prämissen immer existent, eindeutig und größer als −1.

(4) Ordnung der Finanzierungsobjekte nach der Höhe der internen Zinsfüße, wobei das Finanzierungsobjekt mit dem kleinsten internen Zinsfuß an die erste Stelle gesetzt wird. Grafisch erhält man somit die **Kapitalangebotsfunktion**.

(5) **Ermittlung des optimalen Investitions- und Finanzierungsprogramms aus den beiden Prioritätenlisten.** Schritt für Schritt werden so lange Objekte in das Programm aufgenommen, bis der interne Zinsfuß des nächsten aufzunehmenden Investitionsobjekts kleiner ist als die Kapitalkosten des nächsten Finanzierungsobjekts. Unmittelbar vor diesem Schritt wird die Programmbildung beendet.

Grafisch kann man die optimale Lösung am Schnittpunkt der Kapitalangebots- und der Kapitalnachfragekurve ablesen. Dieser Schnittpunkt wird als **endogener Kalkulationszinssatz** oder auch als **cut-off-rate** bezeichnet. Alle Investitions- und Finanzierungsvorhaben, die links des Schnittpunkts liegen, sind in das Programm aufzunehmen. Bei Objekten, die rechts des Schnittpunkts liegen, sind die Finanzierungskosten höher als die Renditen der Investitionsobjekte; auf die Durchführung der Objekte wird daher verzichtet. Aus dieser Eigenschaft des endogenen Kalkulationszinssatzes ergibt sich, dass man das optimale Investitions- und Finanzierungsprogramm auch mit Hilfe der Kapitalwertmethode bestimmen könnte, wenn der endogene Kalkulationszinssatz bereits vor der Lösung des Entscheidungsproblems bekannt wäre. Somit könnte die Kapitalwertmethode auch in einer Situation, für die sie nicht entworfen wurde – nämlich bei Vorliegen eines unvollkommenen Kapitalmarktes – sinnvoll verwendet werden. Das Dilemma ist nun, dass der richtige (d.h. der endogene) Kalkulationszinssatz erst bekannt ist, wenn das Entscheidungsproblem bereits gelöst wurde. Wenn man jedoch den endogenen Kalkulationszinssatz wenigstens näherungsweise bestimmen könnte, so könnte man in der Praxis das optimale Investitions- und Finanzierungsprogramm sehr einfach mit der Kapitalwertmethode lösen.[389]

---

[389] Vgl. dazu *Büschgen, Hans E.*: Betriebliche Finanzwirtschaft – Unternehmensinvestitionen. Frankfurt a. M. 1981, S. 140–144 sowie *Kruschwitz, Lutz*: Investitionsrechnung. 14. Aufl., München 2014, S. 228–230.

Beispiel:

Der Riesling GmbH bieten sich die im Folgenden dargestellten Investitions- und Finanzierungsobjekte (Beträge in EUR):[390]

Investitionsobjekt	A	B	C	D
Z_0^I	−30.000	−12.000	−80.000	−60.000
Z_1^I	+36.000	+15.000	+89.000	+69.000

Finanzierungsobjekt	a	b	c	d	e
Z_0^F	+40.000	+36.000	+52.000	+20.000	+50.000
Z_1^F	−43.000	−41.000	−55.000	−22.000	−53.000

Nach dem beschriebenen Rangfolgeverfahren ergeben sich folgende zum Ausdruck kommenden Prioritäten:

Rangstufe	Investitionsobjekte	r_I	Finanzierungsobjekte	r_F
1	B	0,2500	c	0,0577
2	A	0,2000	e	0,0600
3	D	0,1500	a	0,0750
4	C	0,1125	d	0,1000
5	−	−	b	0,1389

Das optimale Investitionsprogramm kann bei grafischer Darstellung der Kapitalnachfrage- und Kapitalangebotsfunktion abgelesen werden (vgl. **Abbildung 49**; S. 223).

Ein rational handelnder Investor wird die Kredite c, e, a und d in Anspruch nehmen und mit ihnen die Investitionen B, A und D realisieren. In Objekt C investiert er dagegen nur 60.000 EUR (Realisation von 3/4 von C), also den Betrag, über den er ohne zusätzliche Aufnahme des Kredites b verfügen kann. An dieser Stelle wird die Prämisse der beliebigen Teilbarkeit der Objekte deutlich.

---

[390] Entnommen aus *Kußmaul, Heinz*: Investitionsprogrammentscheidungen. In: Der Steuerberater 1996, S. 153–154.

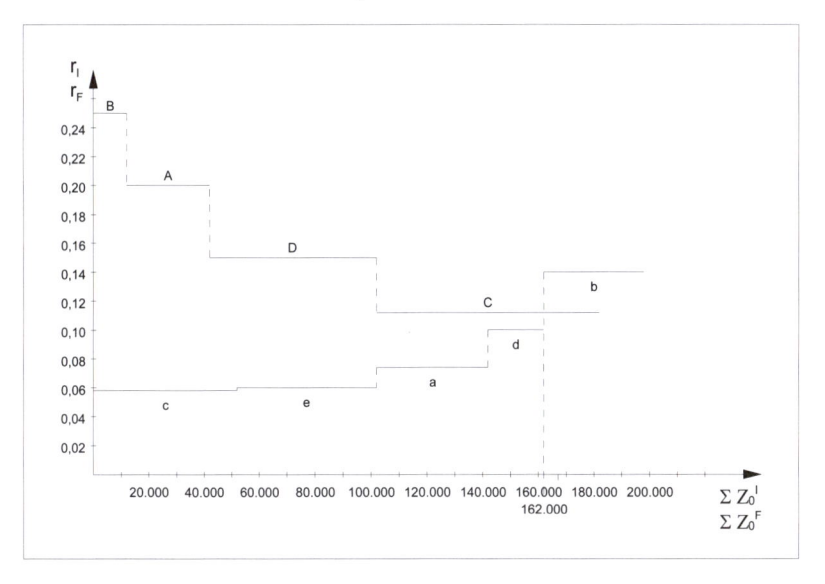

Abbildung 49: Bestimmung des optimalen Investitions- und Finanzierungsprogramms anhand der Kapitalnachfrage- und Kapitalangebotskurve

2. Die Modellbeurteilung

Bei den bisherigen Betrachtungen wurde unterstellt, dass alle Investitions- und Finanzierungsobjekte beliebig teilbar sind. Für Finanzierungsobjekte und Finanzinvestitionen mag dies zutreffen, bei Realinvestitionen ist diese Annahme jedoch völlig unrealistisch (man kann bspw. eine Maschine nur ganz oder gar nicht kaufen). Bei der Bestimmung des optimalen Kapitalbudgets kann die Ganzzahligkeitsbedingung zufällig erfüllt sein, wenn nämlich der letzte aufzunehmende Kredit exakt ausreicht, um das letzte zu realisierende Investitionsobjekt zu finanzieren (im obigen Beispiel ist das nicht der Fall). Dieser „Glücksfall" ist allerdings nicht die Regel, so dass es bei Anwendung des Modells zu Fehlentscheidungen kommen muss. Ist jedoch das Volumen des einzelnen Investitions- oder Finanzierungsobjekts sehr klein im Vergleich zum Gesamtbudget, so verliert der Fehler an Bedeutung.[391] Weiterhin wurde vorausgesetzt, dass zwischen den einzelnen Investitions- und Finanzierungsmöglichkeiten keinerlei Abhängigkeiten bestehen. Tatsächlich sind jedoch Finanzierungsmöglichkeiten von den geplanten Investitionsobjekten abhängig, weil die Kreditgeber i.d.R. bestimmte Investitionsobjekte als Sicherheiten präferieren oder ihre Kreditentscheidung ganz allgemein von dem geplanten Investitionsobjekt abhängt. Daher kann man die Finanzierungsobjekte den Investitionsobjekten nicht beliebig gegenüberstellen.

---

[391] Vgl. dazu und zum Folgenden *Büschgen, Hans E.*: Betriebliche Finanzwirtschaft – Unternehmensinvestitionen. Frankfurt a. M. 1981, S. 142–144.

III. Der Mehrperiodenfall (*Dean*-Modell)

1. Die Modelldarstellung

Dean hat vorgeschlagen, das Problem im Mehrperiodenfall analog zum Einperiodenfall zu lösen.[392] Die Prämissen des *Dean*-Modells sind daher auch weitgehend mit den im Einperiodenfall getroffenen Annahmen identisch. Der Planungszeitraum ist jedoch länger als eine Periode; am Ende des Planungszeitraums wird der Betrieb liquidiert.

Bei Anwendung des *Dean*-Modells werden die Investitionsobjekte wieder nach den internen Zinsfüßen in fallender Reihenfolge und die Finanzierungsobjekte nach internen Zinsfüßen in steigender Reihenfolge geordnet. Der Schnittpunkt der entstehenden Kapitalnachfrage- und -angebotskurve bestimmt das optimale Investitions- und Finanzierungsprogramm simultan.

2. Die Modellbeurteilung

Das von *Dean* empfohlene Verfahren besitzt zwar den Vorteil der einfachen Durchführbarkeit, weist jedoch neben den schon im Einperiodenfall dargestellten Nachteilen drei gravierende Mängel auf:[393]

- Erstens ist der **interne Zinsfuß als Rangordnungskriterium nicht geeignet**. Er kann im Mehrperiodenfall mehrdeutig oder nicht-existent sein. Eindeutigkeit und Existenz sind bei einem Investitions- bzw. Finanzierungsobjekt nur dann gewährleistet, wenn die zugehörige Zahlungsreihe nur einen einzigen Vorzeichenwechsel aufweist.

- Zweitens wird durch das *Dean*sche Verfahren bzgl. der **Liquidität** nur sichergestellt, dass die Zahlungsbereitschaft im Zeitpunkt $t=0$ gewahrt wird. Für den Rest des Planungszeitraums kann hinsichtlich der Liquidität keine Aussage getroffen werden.

- Drittens – und damit der größte Mangel des Modells von *Dean* – besteht jedoch die Gefahr einer möglichen **Fehlentscheidung**, und zwar auch dann, wenn für die Objekte eindeutige interne Zinsfüße existieren und Zahlungsfähigkeit über den gesamten Planungszeitraum gewährleistet ist. Der Grund liegt in der realitätsfremden Wiederanlageprämisse, wobei davon ausgegangen wird, dass zwischenzeitlich freiwerdende Mittel wieder zum internen Zinsfuß angelegt werden.

C. Die Ansätze der linearen Programmierung zur simultanen Investitions- und Finanzplanung

I. Die lineare Programmierung

Die bisher vorgestellten Modelle sind schon im Einperiodenfall nur begrenzt anwendbar. Durch die einfache Darstellungsweise dienen sie in erster Linie als Erklärungsmodelle für die Aufstellung eines gewinnoptimalen Kapitalbudgets. Für den Mehrperiodenfall und auch zur Berücksichtigung anderer Interdependenzen als nur zwischen dem Investitions- und

---

[392] Vgl. *Dean, Joel*: Capital Budgeting. 9th. printing, New York 1978.
[393] Vgl. insb. *Kruschwitz, Lutz*: Investitionsrechnung. 14. Aufl., München 2014, S. 230–231.

Finanzierungsprogramm sind die klassischen kapitaltheoretischen Modelle völlig ungeeignet. Mit Hilfe der linearen Programmierung lässt sich immer eine optimale Lösung für das Problem der simultanen Investitions- und Finanzplanung bestimmen; darüber hinaus ist es möglich, weitere Restriktionen, bspw. aus dem Produktions- und Absatzbereich, explizit zu berücksichtigen.

Kruschwitz erklärt den Begriff der linearen Programmierung wie folgt: „Unter linearer Programmierung [versteht man; d. Verf.] eine Reihe von mathematischen Algorithmen, mit denen eine lineare Zielfunktion unter Beachtung von endlich vielen linearen Nebenbedingungen maximiert (oder minimiert) werden kann."[394] Aus dieser Beschreibung lässt sich erkennen, dass **ein Modell der linearen Programmierung (LP-Modell) generell aus drei Elementen besteht**:

(1) Einer Zielfunktion, die den Beitrag der einzelnen Variablen zur Zielerreichung angibt und mit deren Hilfe aus der Menge der zulässigen Lösungen die optimale bestimmt werden kann;

(2) einer Menge von endlich vielen linearen Nebenbedingungen (Restriktionen), die die Menge aller zulässigen Lösungen beschreiben;

(3) einem Satz von Bedingungen, die das Niveau der Variablen auf positive – und somit ökonomisch zulässige – Werte beschränken.

Zur Lösung dieses Problems ist eine Reihe von Algorithmen entwickelt worden; der bekannteste Lösungsweg ist der **Simplex-Algorithmus**, ein iteratives Lösungsverfahren. Als Beispiele für Modelle der linearen Programmierung sollen das Modell von *Albach* (Einperiodenmodell) sowie das Modell von *Hax* und *Weingartner* (Mehrperiodenmodell) vorgestellt werden.

II. Das Einperiodenmodell (Modell von *Albach*)

1. Die Modelldarstellung

Das Einperiodenmodell von *Albach* ist ein simultaner Planungsansatz, der die optimalen Investitions- und Finanzierungsentscheidungen für die erste Planungsperiode ermittelt und die Auswirkungen dieser Entscheidungen bis zum Planungshorizont betrachtet.

Ziel ist die Maximierung der Kapitalwerte der alternativen Investitions- und Finanzierungsprogramme für die Periode $t = 1$. Dabei muss eine Reihe von Nebenbedingungen beachtet werden. Im Unterschied zu den klassischen kapitaltheoretischen Modellen werden im Modell von *Albach* Liquiditätsnebenbedingungen explizit berücksichtigt. Mit Hilfe dieser Liquiditätsnebenbedingungen wird das finanzielle Gleichgewicht für alle Planungsperioden gewährleistet. Diese Nebenbedingungen besitzen eine besondere Relevanz, da „unabhängig von der Rechtsform der Unternehmung Illiquidität einen Konkursgrund [seit 1999: Insolvenzgrund; d. Verf.] darstellt"[395]. Bzgl. des Produktionsprogramms – das bei Modellen der

---

[394] *Kruschwitz, Lutz*: Investitionsrechnung. 14. Aufl., München 2014, S. 234.

[395] *Büschgen, Hans E.*: Betriebliche Finanzwirtschaft – Unternehmensinvestitionen. Frankfurt a. M. 1981, S. 146. Vgl. ebenso *Albach, Horst*: Investition und Liquidität. Wiesbaden 1962, S. 92–93.

simultanen Investitions- und Finanzplanung für die einzelnen Investitionsobjekte vorgegeben ist – wird die Einhaltung gewisser Produktions- bzw. Absatzgrenzen gefordert.

Für das Modell wird angenommen, dass alle Investitions- und Finanzierungsobjekte beliebig teilbar und bis zu einer bestimmten Obergrenze mehrmals durchgeführt werden können. Ferner wird vorausgesetzt, dass die Zahlungsreihe einer Einheit bei allen Investitions- und Finanzierungsobjekten nicht von der Anzahl der realisierten Einheiten abhängt.[396]

In mathematischer Darstellung lautet das Modell:[397]

(1) Zielfunktion:

$$\sum_{j=1}^{J} c_j \cdot x_j + \sum_{i=1}^{I} v_i \cdot y_i \rightarrow \max!$$

Dies bedeutet, dass das angestrebte Ziel die Maximierung des Kapitalwerts des Investitions- und Finanzierungsprogramms ist. Der Wert der Zielfunktion setzt sich zusammen aus den Kapitalwerten der Investitionsobjekte ($\sum_{j=1}^{J} c_j \cdot x_j$) und den Kapitalwerten der Finanzierungsobjekte ($\sum_{i=1}^{I} v_i \cdot y_i$).

(2) Nebenbedingungen:

Liquiditätsbedingungen (finanzielles Gleichgewicht):

$$\sum_{j=1}^{J} \sum_{\tau=0}^{t} a_{j\tau} \cdot x_j + \sum_{i=1}^{I} \sum_{\tau=0}^{t} b_{i\tau} \cdot y_i \leq \sum_{\tau=0}^{t} e_\tau, \text{ für alle } \tau$$

Damit wird für jeden Zeitpunkt t (t = 0, 1, 2, ..., T) gewährleistet, dass die kumulierten Auszahlungsüberschüsse aus den Investitions- und Finanzierungsobjekten geringer sind als die bis zum Zeitpunkt t angesammelten liquiden Mittel (einschließlich des anfänglichen Kassenbestandes).

Produktions- bzw. Absatzbeschränkungen:

$$\sum_{j=1}^{J} z_{jkt} \leq z_{kt}$$

---

[396] Vgl. dazu *Götze, Uwe*: Investitionsrechnung. 7. Aufl., Berlin/Heidelberg 2014, S. 323–330; zu den Prämissen und zum Anwendungsbereich vgl. auch *Blohm, Hans/Lüder, Klaus/Schaefer, Christina*: Investition. 10. Aufl., München 2012, S. 287–288.

[397] Modifiziert entnommen aus *Götze, Uwe*: Investitionsrechnung. 7. Aufl., Berlin/Heidelberg 2014, S. 323–326. Vgl. hierzu ebenfalls *Albach, Horst*: Investition und Liquidität. Wiesbaden 1962, S. 84–107.

Die Anzahl der produzierten Einheiten jeder Produktart k (k = 1, 2, ..., K) darf zu jedem Zeitpunkt t (t = 0, 1, 2, ..., T) höchstens so hoch sein wie die maximale Absatzmenge.

Objektbedingungen:

$$x_j \leq X_j, \text{ für } j = 1, ..., J;$$
$$y_i \leq Y_i, \text{ für } i = 1, ..., I.$$

Durch diese Gleichungen wird die Anzahl der Objekteinheiten für die Investitions- und Finanzierungsobjekte nach oben beschränkt. Diese Einschränkungen sind notwendig, da es bspw. für ein Investitionsobjekt nicht sinnvoll ist, eine beliebige Anzahl von Einheiten zu realisieren. Eine zweckmäßige Nutzung der Investitionsobjekte wäre dann wohl nicht mehr gewährleistet.

(3) Nichtnegativitätsbedingungen:

Das Modell von *Albach* wird durch Nichtnegativitätsbedingungen abgerundet, die festlegen, dass die ins Programm aufzunehmenden Investitions- und Finanzierungsvariablen größer oder zumindest gleich null sein müssen:

$$x_j \geq 0, \text{ für } j = 1, ..., J;$$
$$y_i \geq 0, \text{ für } i = 1, ..., I.$$

Dabei gilt:

x_j : Anzahl der Einheiten des Investitionsobjekts j (j = 1, 2, ..., J);

y_i : Umfang der Inanspruchnahme (in Geldeinheiten) des Finanzierungsobjekts i (i = 1, 2, ..., I);

c_j : Kapitalwert je Einheit des Investitionsobjekts j;

v_i : Kapitalwert je EUR aufgenommener Finanzmittel der Art i;

$a_{j\tau}$: Auszahlungsüberschuss je Einheit des Investitionsobjekts j im Zeitpunkt τ;

$b_{i\tau}$: Auszahlungsüberschuss je Einheit des Finanzierungsobjekts i im Zeitpunkt τ;

e_τ : Menge der bis zum Zeitpunkt τ aufgelaufenen liquiden Mittel;

X_j : Anzahl der maximal realisierbaren Einheiten des Investitionsobjekts j;

Y_i : Anzahl der maximal realisierbaren Einheiten des Finanzierungsobjekts i;

Z_{ikt} : Menge des Produktes k (k = 1, 2, ..., K), das mit dem Investitionsobjekt j zum Zeitpunkt t hergestellt wird;

Z_{kt} : Maximale Absatzmenge des Produktes k zum Zeitpunkt t.

Das Programm ist mit Hilfe der Simplex-Methode lösbar.

Beispiel:

Die Riesling GmbH möchte für ihre beiden Sektionen „Rotwein" und „Weißwein" das Investitions- und Finanzierungsprogramm mit Hilfe des Modells von *Albach* simultan planen. Es stehen 5 Investitionsalternativen und 2 Finanzierungsalternativen zur Verfügung. Der Planungszeitraum beläuft sich auf 3 Jahre. Der Kalkulationszinssatz beträgt 10 %. Folgende Daten wurden ermittelt (Beträge in EUR; vgl. dazu nochmals **Abschnitt 4, Kap. B.VII.**):[398]

Investitionsobjekte

	A_0	Z_1	Z_2	Z_3	C_0
Anlage I	– 90.000	45.000	40.000	40.000	14.019,53
Anlage II	– 45.000	24.000	23.000	24.000	13.858,00
Anlage III	– 80.000	35.000	35.000	40.000	10.796,39
Anlage IV	– 170.000	75.000	80.000	85.000	28.159,28
Anlage V	– 100.000	40.000	50.000	50.000	15.251,69

Finanzierungsobjekte

	Höchstgrenze	Zinssatz (in %)
Kredit A	500.000	14
Kredit B	600.000	12

Bei den Finanzierungsobjekten erfolgt die Einzahlung in t = 0; die Tilgung der Kredite sowie Zins- und Zinseszinszahlungen sind erst im Zeitpunkt t = 3 fällig.

Mit den Anlagen I und II wird in der Sektion „Rotwein" der Prädikatswein „Dornfelder" abgefüllt; die Anlagen III, IV und V sollen zur Abfüllung des Prädikatsweins „Kerner" in der Sektion „Weißwein" eingesetzt werden. Dabei sind die folgenden Restriktionen zu berücksichtigen:

---

[398] Modifiziert entnommen aus *Götze, Uwe*: Investitionsrechnung. 7. Aufl., Berlin/Heidelberg 2014, S. 326–330.

C. Die Ansätze der linearen Programmierung

	Anzahl der Realisierungsmöglichkeiten	Abfüllmenge (Flaschen/Jahr)	Produkt	Absatzgrenze für das jeweilige Produkt (Flaschen/Jahr)
Anlage I	5	15.000	Dornfelder (Rotwein)	70.000
Anlage II	4	3.250		
Anlage III	-	17.500	Kerner (Weißwein)	90.000
Anlage IV	2	20.000		
Anlage V	3	20.000		

Als weitere Restriktion ist zu beachten, dass nur ganze Einheiten von Investitionsobjekten realisiert werden können. Außerdem stehen in t = 0 Eigenmittel i. H. v. 50.000 EUR zur Verfügung, die in der Kasse gehalten werden.

Mit diesen Daten kann nun ein lineares Programm in Anlehnung an das Modell von *Albach* formuliert werden. Zur Aufstellung der Zielfunktion werden die Kapitalwerte der Investitions- und Finanzierungsobjekte benötigt. Dazu müssen zunächst die Kapitalwerte der Finanzierungsobjekte berechnet werden. Die Kapitalwerte werden für jedes Finanzierungsobjekt auf einen in Anspruch genommenen EUR bezogen. Erfolgt im Zeitpunkt t = 0 eine Einzahlung von 1 EUR, so beträgt die Auszahlung im Zeitpunkt t = 3 bspw. für Kredit A $-1,14^3$ EUR bzw. $-1,48154$ EUR. Somit kann der auf 1 EUR bezogene Kapitalwert für Kredit A C_{0A} wie folgt berechnet werden:

$C_{0A} = 1 - 1,48154 \cdot 1,1^{-3} = -0,11310$

Analog ergibt sich für Kredit B:

$C_{0B} = 1 - 1,40493 \cdot 1,1^{-3} = -0,05554$

Mit diesen Werten kann die Zielfunktion formuliert werden:

$14.019,53 \cdot x_1 + 13.858,00 \cdot x_2 + 10.796,39 \cdot x_3 + 28.159,28 \cdot x_4 + 15.251,69 \cdot x_5 - 0,11310 \cdot y_1 - 0,05554 \cdot y_2 \rightarrow max!$

Die folgenden Liquiditätsbedingungen (Auszahlungen – Einzahlungen ≤ Kasse) sind zu beachten:

t = 0: $90.000 \cdot x_1 + 45.000 \cdot x_2 + 80.000 \cdot x_3 + 170.000 \cdot x_4 + 100.000 \cdot x_5 - y_1 - y_2 \leq 50.000$

t = 1: $45.000 \cdot x_1 + 21.000 \cdot x_2 + 45.000 \cdot x_3 + 95.000 \cdot x_4 + 60.000 \cdot x_5 - y_1 - y_2 \leq 50.000$

t = 2: $5.000 \cdot x_1 - 2.000 \cdot x_2 + 10.000 \cdot x_3 + 15.000 \cdot x_4 + 10.000 \cdot x_5 - y_1 - y_2 \leq 50.000$

t = 3: $-35.000 \cdot x_1 - 26.000 \cdot x_2 - 30.000 \cdot x_3 - 70.000 \cdot x_4 - 40.000 \cdot x_5 + 0,48154 \cdot y_1 + 0,40493 \cdot y_2 \leq 50.000$

Darüber hinaus sind die Produktions- und Absatzgrenzen als Nebenbedingungen zu beachten:

$15.000 \cdot x_1 + 3.250 \cdot x_2 \leq 70.000$

$17.500 \cdot x_3 + 20.000 \cdot x_4 + 20.000 \cdot x_5 \leq 90.000$

Durch die Beschränkung der Investitionsobjekte und der Finanzierungssummen ergeben sich die folgenden Objektbedingungen:

$x_1 \leq 5; x_2 \leq 4; x_4 \leq 2; x_5 \leq 3$

$y_1 \leq 500.000; y_2 \leq 600.000$

Des Weiteren müssen die Nichtnegativitätsbedingungen beachtet werden:

$x_j \geq 0$, für $j = 1, 2, 3, 4, 5$

$y_i \geq 0$, für $i = 1, 2$

Wird das Modell mit Hilfe der Simplex-Methode gelöst, so ergibt sich die folgende Optimallösung:

$x_1 = 3,8$	$x_2 = 4$	$x_3 = 0$	$x_4 = 2$	$x_5 = 2,5$
	$y_1 = 462.000$		$y_2 = 600.000$	

Entscheidet sich die Riesling GmbH anhand des Modells von *Albach*, so würde sie **3,8** Einheiten der Anlage I, **4** Einheiten der Anlage II, **2** Einheiten der Anlage IV und **2,5** Einheiten der Anlage V realisieren.[399] Anlage III würde nicht in das Investitionsprogramm aufgenommen. Zur Finanzierung würden Kredit A in Höhe von 462.000 EUR und Kredit B in Höhe von 600.000 EUR in Anspruch genommen werden. Mit diesem Investitions- und Finanzierungsprogramm würde ein optimaler Kapitalwert (Zielfunktionswert) von 117.573,18 EUR erzielt werden.

2. Die Modellbeurteilung

Gegenüber den klassischen Verfahren der simultanen Investitions- und Finanzplanung weist das Modell von *Albach* den Vorteil der Einbeziehung der Bedingung des finanziellen Gleichgewichts für alle Planperioden auf. Durch die Berücksichtigung von Absatzgrenzen wird außerdem eine **höhere Realitätsnähe** erreicht. Der Aufwand für die Bestimmung der Optimallösung steigt jedoch beträchtlich; schon bei einer geringen Anzahl von Investitions- und Finanzierungsalternativen ist der Einsatz von EDV für die Lösung des linearen Programms notwendig.

Weiterhin wird – wie schon bei den klassischen kapitaltheoretischen Modellen – unterstellt, dass die Investitions- und Finanzierungsalternativen unabhängig voneinander sind. Diese Unabhängigkeit ist in der Realität meist nicht gegeben (vgl. dazu auch **Abschnitt 7, Kap. B.II.2.**). Kritisch am Modell von *Albach* ist außerdem das **Fehlen der Ganzzahligkeitsbedingung**, da man Realinvestitionen i.d.R. nur ganz oder gar nicht realisieren kann. Abschließend muss dem Modell von *Albach* Inkonsistenz bzgl. der Annahme über die Anlage frei werdender Mittel während des Planungszeitraums angelastet werden. Die Berücksichtigung von Kapitalwerten in der Zielfunktion impliziert nämlich die Gültigkeit der Prämissen des Kapitalwertmodells, d.h., Einzahlungsüberschüsse werden zum Kalkulationszinssatz wieder angelegt. In den Liquiditätsnebenbedingungen wird dagegen unterstellt, dass die **frei werdenden Mittel unverzinslich in der Kasse** gehalten werden (Zahlungen, die zu unterschiedlichen Zeitpunkten anfallen, werden bei der Summenbildung gleich bewertet). Dieser modellimmanente Widerspruch zwischen den Annahmen, die bzgl. Zielfunktion und Liquiditätsnebenbedingungen getroffen werden, wird beim Modell von *Hax* und *Weingartner*, das im nächsten Abschnitt vorgestellt wird, vermieden.[400]

---

[399] Ganzzahligkeitsbedingungen für die Investitionsobjekte bleiben vernachlässigt.
[400] Zur Modellbeurteilung vgl. *Büschgen, Hans E.*: Betriebliche Finanzwirtschaft – Unternehmensinvestitionen. Frankfurt a. M. 1981, S. 146–147 sowie *Götze, Uwe*: Investitionsrechnung. 7. Aufl., Berlin/Heidelberg 2014, S. 330.

III. Das Mehrperiodenmodell (Modell von *Hax* und *Weingartner*)

1. Die Modelldarstellung

Kennzeichnend für ein Mehrperiodenmodell ist die mögliche Realisierung von Investitions- und Finanzierungsmöglichkeiten zu unterschiedlichen Zeitpunkten des Planungszeitraums.[401] Für die Rückflüsse wird also keine Verzinsung zum Kalkulationszinssatz mehr unterstellt, vielmehr werden sie **explizit reinvestiert**. Finanzielle Mittel, die vor dem Ende des Planungszeitraums freigesetzt werden, können in unbeschränkter Höhe für jeweils eine Periode zu einem vorgegebenen Zinssatz in Form einer unbeschränkten Finanzinvestition angelegt werden. Der Zinssatz der unbeschränkten Finanzinvestition übernimmt die Aufgabe des Kalkulationszinssatzes als eine Art Mindestverzinsung, da nur Sachinvestitionen mit einer höheren Rentabilität mit dieser Finanzinvestition konkurrieren können. Da jedoch nur Investitions- und Finanzierungsobjekte, die zu Beginn des Planungszeitraums bekannt sind, explizit berücksichtigt werden können, muss der Planungszeitraum beschränkt werden. Auswirkungen der Investitions- und Finanzierungsobjekte, die über den Planungshorizont hinausgehen, müssen auf das Ende des Planungshorizontes diskontiert werden. Somit kann auch in diesem Modell auf eine Diskontierung mit dem Kalkulationszinssatz nicht ganz verzichtet werden.

Im Unterschied zum Modell von *Albach* werden die **Investitions- und Finanzierungsprogramme für alle Teilperioden simultan geplant**. Außerdem wird wieder unterstellt, dass die Investitions- und Finanzierungsobjekte mehrfach durchgeführt werden können; die Zahl der möglichen Realisationen wird nach oben beschränkt. Ebenso wie im Modell von *Albach* wird angenommen, dass die Zahlungsreihen der Investitions- und Finanzierungsobjekte nicht vom Ausmaß der Realisierung abhängen. Gesucht wird die Kombination von Investitions- und Finanzierungsmöglichkeiten, die den Vermögensendwert am Ende des Planungszeitraums unter Berücksichtigung der Nebenbedingungen maximiert. Zusätzlich wird in der Zielfunktion eine gewisse über alle Perioden des Planungszeitraums konstante Entnahme berücksichtigt.

Die Nebenbedingungen des finanziellen Gleichgewichts sind durch die unterschiedliche Gestaltung für die Anfangsperiode, die laufenden Perioden und die letzte Periode komplexer als im Modell von *Albach*. Die übrigen Nebenbedingungen entsprechen den in den kapitaltheoretischen Modellen formulierten Bedingungen. Bei der Modellformulierung wird explizit auf die Möglichkeit, Ganzzahligkeitsbedingungen zu berücksichtigen, hingewiesen.

---

[401] Vgl. *Hax, Herbert*: Investitions- und Finanzplanung mit Hilfe der linearen Programmierung. In: Zeitschrift für betriebswirtschaftliche Forschung 1964, S. 435–445 sowie *Weingartner, Hans M.*: Mathematical Programming and the Analysis of Capital Budgeting Problems. 3rd printing, Englewood Cliffs 1965, S. 139–157.

Auf die mathematische Darstellung soll an dieser Stelle verzichtet werden.[402] Die Lösung des Problems ist wieder mit dem Simplex-Algorithmus möglich (evtl. verbunden mit einer Ganzzahligkeitsbedingung).

2. Die Modellbeurteilung

Die Vorteile des Ansatzes von *Hax* und *Weingartner* gegenüber dem Einperiodenfall von *Albach* liegen zum einen im Verzicht auf den problematischen Kalkulationszinssatz, zum anderen in der **Darstellung eines Mehrperiodenmodells**. Unrealistisch ist auch bei diesem Modell die Voraussetzung, die Investitionsobjekte seien isolierbar und unabhängig, sowohl untereinander als auch von den Finanzierungsmöglichkeiten. Durch die Einführung von Ganzzahligkeitsbedingungen können allerdings gewisse Abhängigkeiten zwischen den Investitionsobjekten dargestellt werden. Die weiteren dem Modell zugrunde gelegten Prämissen stimmen mit den Voraussetzungen der bisher betrachteten Modelle weitgehend überein. So wird weiterhin unterstellt, dass das optimale Produktionsprogramm vorgegeben ist; die Berücksichtigung des Absatzes erfolgt auch beim Modell von *Hax* und *Weingartner* nur in Obergrenzen.[403]

D. Zusammenfassende Kritik an den Modellen der simultanen Unternehmensplanung

I. Die grundsätzlichen Kritikpunkte bezüglich der Modelle zur simultanen Unternehmensplanung

1. Die Datenbeschaffungsprobleme

Die praktische Anwendbarkeit der Modelle zur simultanen Investitions- und Finanzplanung wird bei den Mehrperiodenmodellen dadurch erschwert, dass nicht nur die zu Beginn des Planungszeitraums anstehenden Investitions- und Finanzierungsmöglichkeiten und ihre zukünftigen Auswirkungen erfasst werden müssen, sondern auch sämtliche Daten der während des gesamten Planungszeitraums zu treffenden Investitions- und Finanzierungsentscheidungen mit ihren entsprechenden Auswirkungen. Die Schwierigkeiten liegen dabei in der Vielzahl der Daten, die gerade bei sehr komplexen Modellen (v. a. bei Einbeziehung des Produktionsplans) zu erheblichen Datenbeschaffungsproblemen führt. Erschwerend kommt hinzu, dass die Daten nicht von einer zentralen Quelle im Unternehmen bezogen werden können, sondern aus den einzelnen Abteilungen mühsam zusammengetragen werden müssen.[404] Die benötigten Daten sind zudem prognoseabhängig und mit zunehmender Länge des Planungszeitraums durch ein immer höheres Maß an Unsicherheit charakterisiert.

---

[402] Das zum Modell gehörende Gleichungssystem findet sich bspw. bei *Blohm, Hans/Lüder, Klaus/Schaefer, Christina*: Investition. 10. Aufl., München 2012, S. 288–291; *Götze, Uwe*: Investitionsrechnung. 7. Aufl., Berlin/Heidelberg 2014, S. 330–333; *Perridon, Louis/Steiner, Manfred/Rathgeber, Andreas W.*: Finanzwirtschaft der Unternehmung. 16. Aufl., München 2012, S. 100–106.

[403] Zur Kritik vgl. insb. *Perridon, Louis/Steiner, Manfred/Rathgeber, Andreas W.*: Finanzwirtschaft der Unternehmung. 16. Aufl., München 2012, S. 106.

[404] Vgl. dazu *Kruschwitz, Lutz*: Investitionsrechnung. 14. Aufl., München 2014, S. 277.

Blohm/Lüder/Schaefer sprechen von einem mit dem Planungshorizont verbundenen Dilemma: „[Um; d. Verf.] Fehlentscheidungen in der Gegenwart zu vermeiden, sollte der Planungshorizont so festgelegt werden, dass die nach diesem Zeitpunkt gegebenen Investitions- und Finanzierungsmöglichkeiten auf die gegenwärtige Entscheidung ohne Einfluss sind. Unter dem Gesichtspunkt der Datenbeschaffung sollte der Planungshorizont hingegen möglichst nahe an der Gegenwart liegen."[405] Das Scheitern der praktischen Umsetzung an der Schwierigkeit, die für eine Optimierung benötigten Informationen bereitzustellen, wird in der Literatur als die entscheidende Restriktion bzgl. der Anwendbarkeit von Simultanmodellen angesehen.[406]

2. Die rechentechnischen Probleme

Bei Modellen, die eine große Zahl von Investitions- und Finanzierungsobjekten berücksichtigen, steigt die Zahl der Variablen und der Nebenbedingungen sehr stark an. Dadurch wird die dem linearen Programm zugrunde liegende Matrix zu groß, so dass noch vor 15 Jahren sowohl bzgl. des Speicherplatzes als auch bei der Rechenzeit die zur Verfügung stehende Hardware und Software überfordert war. Insb. bei gemischt-ganzzahligen oder ganzzahligen LP-Modellen konnten auch bei sehr leistungsfähigen Rechenanlagen die Grenzen der rechentechnischen Durchführbarkeit sehr rasch erreicht sein. Mittlerweile hat sich dies durch den technischen Fortschritt der Hard- und Software jedoch geändert. *Blohm/Lüder/Schaefer* sehen rechentechnische Schwierigkeiten allenfalls „noch bei großen ganzzahligen und gemischt-ganzzahligen Programmen mit Blick auf die Laufzeit"[407]. Aufgrund des technischen Fortschritts stoße die praktische Anwendung des Mehrperiodenmodells kaum noch auf Schwierigkeiten.[408]

II. Die weitergehenden Kritikpunkte bezüglich der Modelle zur simultanen Unternehmensplanung

1. Die grundsätzliche Kritik

Die bisherigen Kritikpunkte spiegeln die gängige Kritik des Schrifttums an den Modellen der simultanen Unternehmensplanung wider. Sie stellen die Modelle nicht grds. in Frage und lassen „den Eindruck entstehen, als ob einer praktischen Anwendung solcher Modelle nichts mehr im Wege stünde, wenn nur diese [...] besprochenen Engpässe beseitigt werden könnten"[409]. *Heinhold* übt an den Modellen eine sehr viel schärfere Kritik; er versucht, die Legitimation für die Forschungsarbeit bzgl. der Simultanplanungsmodelle grds. in Frage zu stellen und schlägt vor, „die Modelle aus der aktuellen betriebswirtschaftlichen Diskussion

---

[405] *Blohm, Hans/Lüder, Klaus/Schaefer, Christina*: Investition. 10. Aufl., München 2012, S. 293.
[406] So z.B. *Blohm, Hans/Lüder, Klaus/Schaefer, Christina*: Investition. 10. Aufl., München 2012, S. 302–303; *Kern, Werner*: Investitionsrechnung. Stuttgart 1974, S. 231–232; *Kühn, Richard*: Grundzüge eines heuristischen Verfahrens zur Erarbeitung von Planungskonzeptionen. In: Die Betriebswirtschaft 1985, S. 533.
[407] *Blohm, Hans/Lüder, Klaus/Schaefer, Christina*: Investition. 10. Aufl., München 2012, S. 293.
[408] Vgl. *Blohm, Hans/Lüder, Klaus/Schaefer, Christina*: Investition. 10. Aufl., München 2012, S. 293.
[409] *Heinhold, Michael*: Simultane Unternehmensplanungsmodelle – ein Irrweg? In: Die Betriebswirtschaft 1989, S. 694.

herauszunehmen und ihnen einen Platz im Kapitel ‚Geschichte der Betriebswirtschaftslehre' zuzuweisen"[410]. Angesichts der Akzeptanzprobleme, auf die die Planungsmodelle in der Praxis stoßen,[411] ist eine tiefergehende kritische Betrachtung der Modelle tatsächlich auch notwendig.

2. Das entscheidungslogische Konzept der Modelle

Schon bei der Definition eines Simultanmodells soll der Anspruch erfüllt werden, dass die Menge der Handlungsalternativen, deren Interdependenzen und ihre Auswirkungen auf das Entscheidungskriterium sowie alle möglichen Umweltzustände bekannt sind. Die dazu notwendige **Informationsbeschaffung** ist jedoch nicht nur unter dem Gesichtspunkt der Quantität, sondern auch aus qualitativer Sicht nicht realisierbar, so dass dieser Modellanspruch nicht einlösbar ist.[412]

Als weiterer fundamentaler Kritikpunkt ist die **zeitliche Begrenzung des Planungszeitraums** zu nennen. Während in der Realität ein Unternehmen normalerweise auf Dauer geführt wird, ist in den Modellen zur simultanen Unternehmensplanung eine Begrenzung des Planungszeitraums aus Gründen der Datenbeschaffung und der Prognosemöglichkeiten unabdingbar. Somit begehen alle Simultanmodelle den Fehler, über den Planungszeitraum hinausgehende Auswirkungen der Handlungsalternativen zu vernachlässigen.

3. Der Ablauf des Entscheidungsprozesses

Bzgl. der Vorgehensweise bei der Entscheidungsfindung lässt sich feststellen, dass die zeitliche Struktur der Entscheidungsfindung nicht dem in der Realität zu findenden Ablauf von Entscheidungsprozessen entspricht.[413] Die Tatsache, dass in der Praxis die Sukzessivansätze dominieren, ist ein Zeichen dafür, dass die sukzessive Vorgehensweise (d.h. die schrittweise Abstimmung der betrieblichen Teilpläne) dem in der Praxis üblichen System der Unternehmensplanung eher entspricht.[414]

4. Die Zielfunktion der Modelle versus Zielbildung in der Realität

Bzgl. der Zielfunktion der Simultanmodelle wird von *Heinhold* die Vernachlässigung theoretischer Erkenntnisse und empirischer Untersuchungen, die die **Mehrdimensionalität des Zielsystems** in der Realität nachweisen, beanstandet. Stattdessen wird bei den Modellen zur

---

[410] *Heinhold, Michael*: Simultane Unternehmensplanungsmodelle – ein Irrweg? In: Die Betriebswirtschaft 1989, S. 689–690.

[411] Vgl. *Bäuerle, Paul*: Zur Problematik der Konstruktion praktikabler Entscheidungsmodelle. In: Zeitschrift für Betriebswirtschaft 1989, S. 176–177; *Little, John D. C.*: Models and Managers: The Concept of a Decision Calculus. In: Management Science 1970, S. B 466–B 485.

[412] Vgl. auch *Bretzke, Wolf-Rüdiger*: Der Problembezug von Entscheidungsmodellen. Tübingen 1980, S. 131.

[413] Vgl. z.B. *Witte, Eberhard*: Phasen-Theorem und Organisation komplexer Entscheidungsverläufe. In: Zeitschrift für betriebswirtschaftliche Forschung 1968, S. 628.

[414] Vgl. dazu auch *Schierenbeck, Henner/Wöhle, Claudia B.*: Grundzüge der Betriebswirtschaftslehre. 18. Aufl., München 2012, S. 389.

simultanen Unternehmensplanung eine einheitliche Zielfunktion vorausgesetzt. Nach empirischen Untersuchungen[415] setzt sich das Zielsystem eines Unternehmens mindestens aus Marktzielen (z.B. Marktanteil, Umsatz), Leistungszielen (z.B. Qualität der Produkte, Prestige) und Ertragszielen (z.B. Gewinn) zusammen. Die klassischen Modellziele der Vermögens- bzw. Einkommensmaximierung können höchstens mit dem Gewinnziel verglichen werden, es ist jedoch keine Zielidentität zwischen dem Ziel der Gewinnmaximierung und den beiden klassischen Modellzielen gegeben.[416]

Auch bei der **Formulierung der Zielfunktion** vernachlässigen die Modelle der Unternehmensplanung die realen Gegebenheiten. *Hauschildt* hat in einer empirischen Untersuchung nachgewiesen, dass „das Streben nach dem Optimum als ausschließliche Form der Zielfunktion"[417] nicht auftritt. Anstelle des Erzielens eines Optimalwerts wird in der Praxis vielmehr versucht, ein bestimmtes Mindestniveau zu erreichen. Häufig wird auch einfach nur die Verbesserung der Situation angestrebt, ohne dass dabei ein Zielerreichungsgrad spezifiziert wird. Eine Übereinstimmung mit der Zielfunktion simultaner Planungsmodelle liegt in der Praxis nicht vor.

Voraussetzung der Optimierungsmodelle ist das Vorliegen einer Zielfunktion, anhand derer die Entscheidungsalternativen bewertet und ausgewählt werden. In der Realität besteht jedoch ein wechselseitiges Abhängigkeitsverhältnis bzgl. Zielbildung, Problemdefinition und der Suche nach Handlungsmöglichkeiten, so dass Zielklarheit nicht gegeben ist.[418] Damit sind auch die Annahmen, die bzgl. der **Zielbildung** getroffen werden, empirisch nicht haltbar.

Die Modelle der simultanen Planung berücksichtigen keine **Konflikte zwischen den individuellen Zielvorstellungen der Entscheidungsträger und den vorgegebenen Unternehmenszielen**. Individuelle Ziele können eine wesentliche Rolle im Entscheidungsprozess spielen. Wenn das vorgegebene Unternehmensziel nicht mit den Individualzielen der Mitarbeiter übereinstimmt, kann es zu einer bewussten oder unbewussten Ablehnung kommen. Daraus können sich Leistungsveränderungen ergeben, die dazu führen, dass die ursprünglich als optimal anzusehende Lösung unter den neuen Gegebenheiten nicht mehr optimal ist.[419] Bei sukzessiver Vorgehensweise kann i. Allg. eine bessere Beteiligung der einzelnen Organisationsmitglieder am Entscheidungsprozess erreicht werden, wodurch die Identifikation mit den Planwerten i.d.R. erhöht wird.

---

[415] Vgl. dazu und zum Folgenden *Fritz, Wolfgang* u. a.: Unternehmensziele und strategische Unternehmensführung. In: Die Betriebswirtschaft 1988, S. 573–586.

[416] Vgl. dazu *Heinhold, Michael*: Simultane Unternehmensplanungsmodelle – ein Irrweg? In: Die Betriebswirtschaft 1989, S. 704.

[417] *Hauschildt, Jürgen*: Entscheidungsziele. Tübingen 1977, S. 67.

[418] Vgl. *Heinhold, Michael*: Simultane Unternehmensplanungsmodelle – ein Irrweg? In: Die Betriebswirtschaft 1989, S. 698–708; *Witte, Eberhard*: Entscheidungsprozesse. In: Handwörterbuch der Organisation, hrsg. von *Erich Frese*, 3. Aufl., Stuttgart 1992, Sp. 551–565.

[419] Vgl. dazu und zum Folgenden *Perridon, Louis/Steiner, Manfred/Rathgeber, Andreas W.*: Finanzwirtschaft der Unternehmung. 16. Aufl., München 2012, S. 107.

III. Zusammenfassende Beurteilung

Die Modelle zur simultanen Unternehmensplanung werden in den Lehrbüchern ausführlich behandelt.[420] Schon allein deshalb ist eine Auseinandersetzung mit den Simultanmodellen im Bereich der Investitions- und Finanzplanung notwendig. Angesichts der realitätsfremden Prämissen ist jedoch eine kritische Betrachtung erforderlich. Die Kritik der Lehrbücher geht dabei oft nicht weit genug. Gerade bzgl. jener Modelle, die durch die Einbeziehung möglichst vieler Teilbereiche des Unternehmens ein möglichst realitätsnahes Entscheidungsmodell darzustellen versuchen, ist Vorsicht angebracht. *Wöhe* wertet die Modelle der Simultanplanung als Versuche, „der komplexen Investitionsentscheidung gerecht zu werden", und sieht ihre Bedeutung „in den theoretischen Einsichten, die man mit ihrer Hilfe über die Beziehungen von Investition, Finanzierung, Produktion und Absatz gewinnen kann"[421]. Somit liegt die Bedeutung der Simultanmodelle in erster Linie in ihrer Funktion als Erklärungsmodelle. Als Entscheidungsmodelle sollten sie nicht herangezogen werden.

---

[420] Vgl. z.B. *Blohm, Hans/Lüder, Klaus/Schaefer, Christina*: Investition. 10. Aufl., München 2012, S. 269–303; *Götze, Uwe*: Investitionsrechnung. 7. Aufl., Berlin/Heidelberg 2014, S. 309–363; *Kruschwitz, Lutz*: Investitionsrechnung. 14. Aufl., München 2014, S. 219–279.

[421] *Wöhe, Günter*: Einführung in die Allgemeine Betriebswirtschaftslehre. 18. Aufl., München 1993, S. 812, in der aktuellen Aufl. nicht mehr enthalten.

Achter Abschnitt

Die Beurteilung der Investitionsrechnungsverfahren

A. Die Investitionsrechnungsverfahren in der Theorie

Bei der Frage, welches Investitionsrechnungsverfahren in welchen Entscheidungssituationen zur Anwendung kommen sollte, kann man nicht zu einer allgemein gültigen Antwort kommen. In der Folge wird anhand von **Abbildung 50** zuerst ein zusammenfassender Überblick über die verschiedenen statischen und dynamischen Verfahren der Investitionsrechnung gegeben.

```
                    Verfahren der Investitionsrechnung
                    ┌──────────────┴──────────────┐
        Statische Verfahren                 Dynamische Verfahren

        ─ Kostenvergleichsrechnung          ─ Kapitalwertmethode ──────┐
                    ↓                                  ↓               │
        ─ Gewinnvergleichsrechnung   ◄──►   ─ Annuitätenmethode        │
                                                                       │
        ─ Rentabilitätsvergleichsrechnung ◄──► ─ Methode des internen Zinsfußes ─┤
                                                                       │
        ─ Amortisationsrechnung      ◄──►   ─ Amortisationsrechnung    │
                                                                       │
                                            ─ Vermögensendwertmethode ◄┤
                                                                       │
                                            ─ Sollzinssatzmethoden ◄───┤
                                                                       │
                                            ─ Kapitalwertrate ◄────────┘
```

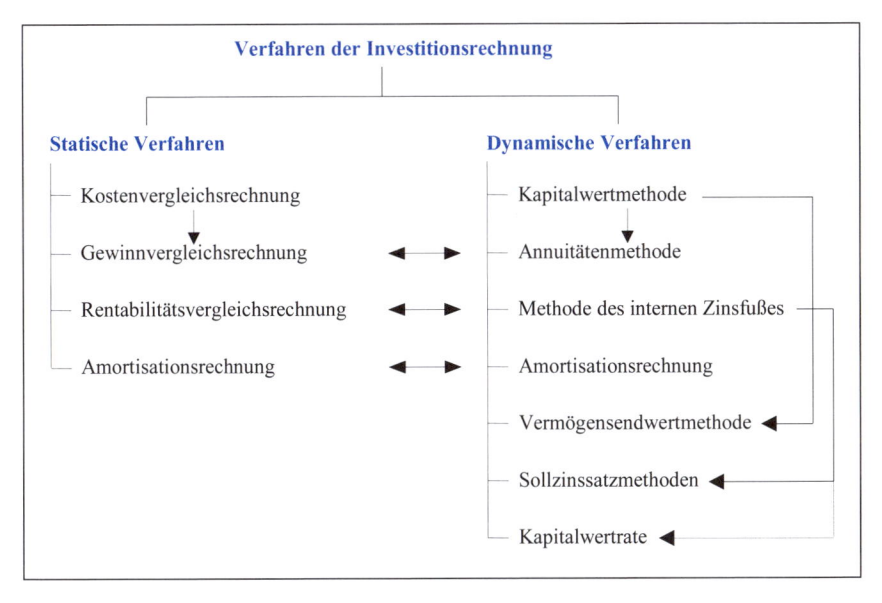

Abbildung 50: Statische und dynamische Verfahren der Investitionsrechnung

Aus **Abbildung 50** wird ersichtlich, dass sich im Grundsatz die Gewinnvergleichsrechnung und die Annuitätenmethode entsprechen, wobei im einen Fall mit statischen Berechnungsweisen und im anderen Fall mit finanzmathematischen Techniken gearbeitet wird. Die Annuitätenmethode wiederum stellt nichts anderes als eine Variation der Kapitalwertmethode dar, während die Gewinnvergleichsrechnung einen Ausbau der Kostenvergleichsrechnung beinhaltet. Als Renditemaße haben sich in den klassischen Verfahren die Rentabilitätsvergleichsrechnung im statischen Bereich bzw. die Methode des internen Zinsfußes im dynamischen Bereich durchgesetzt. Zur Beurteilung der Rücklaufzeit i. S. eines Risikomaßes wird in beiden Bereichen jeweils die Methode der Amortisationsrechnung herangezogen. Für den Fall abweichender Soll- und Haben-Zinssätze ergibt sich als Alternative und Weiterentwicklung zur Kapitalwertmethode die Vermögensendwertmethode. Als Alternative zur Methode des internen Zinsfußes stellen sich die Sollzinssatzmethode und die bisher noch nicht behandelte Kapitalwertrate dar. Bei der **Kapitalwertrate** wird der Kapitalwert in Beziehung gesetzt zur Investitionsauszahlung, so dass sich ein relatives Vorteilsmaß ergibt:

$$\text{Kapitalwertrate} = \frac{\text{Kapitalwert}}{\text{Investitionssumme}} = \frac{C_0}{A_0}$$

Aufbauend auf den dargestellten Verfahren erfolgt die Berücksichtigung von Steuern und der Geldentwertung; die Ermittlung der optimalen Nutzungsdauer ist Bestandteil des jeweiligen Verfahrens (hier in diesem Buch dargestellt anhand der Kapitalwertmethode[422]). In Erweiterung der Vermögensendwertmethode ergibt sich die Möglichkeit zur Darstellung vollständiger Finanzpläne. Vollständige Finanzpläne können die jeweiligen Kapitalkosten und Wiederanlagen exakt berücksichtigen, wenn man davon absieht, dass man die Grundlage für die exakte Berechnung, nämlich die entsprechenden Anlagemodalitäten, nicht zur Verfügung hat. In der einfachsten Form der vollständigen Finanzpläne entspricht sie einer unter bestimmten Prämissen ausgestalteten Vermögensendwertmethode. Führt man derartige Modelle weiter, kommt man zu den Methoden der Investitionsprogrammplanung, die allerdings wegen ihrer umfassenden Datenerfordernisse im Bereich der Investitionsrechnung nicht zur praktischen Anwendung kommen (können).

Versucht man auf der Grundlage dieser Überlegungen zu einer Sortierung der Verfahren zu gelangen, dann ist zunächst eine Einteilung zwischen Erfolgskriterium und „Risikokriterium" vorzunehmen. Als klassisches Risikokriterium im Rahmen der statischen und dynamischen Verfahren hat sich die Amortisationsrechnung auch in der Praxis durchgesetzt. Neben der Amortisationsrechnung in ihrer statischen und dynamischen Variante sind hier verschiedene andere Verfahren zur Berücksichtigung der Unsicherheit dargestellt worden. Insb. – dies wird auch aus **Abbildung 51** (S. 239) ersichtlich – finden das Korrekturverfahren, die Sensitivitätsanalyse und die Risikoanalyse Berücksichtigung (zu weiteren Verfahren siehe die Ausführungen in **Abschnitt 6, Kap. D.**).

Wenn man die Risikokriterien aussondert, bleibt die Beurteilung der Erfolgskriterien offen. Während bei der Beurteilung eines Einzelobjekts (Vorteilhaftigkeitsproblem) z. B. ein positiver Kapitalwert die gleiche Aussage liefert wie die Methode des internen Zinsfußes, da in diesem Fall der interne Zinsfuß unweigerlich über dem Kalkulationszinsfuß liegt, kann es beim Vergleich verschiedener Objekte (Wahlproblem) zu unterschiedlichen Reihenfolgen bei Anwendung verschiedener Methoden kommen. Die Einordnung der einzelnen Investitionsrechnungsverfahren ist also insb. dann von Relevanz, wenn zwischen verschiedenen Objekten auszuwählen ist.

Teilt man die Verfahren der Investitionsrechnung dahingehend ein, wann sie jeweils zur Anwendung kommen sollen, dann ist an erster Stelle danach zu urteilen, ob im konkreten Beurteilungsfall **Finanzgrenzen** vorliegen oder nicht. Für den Fall, dass die **Beschaffung von Finanzmitteln einen Engpass** darstellt, sind Methoden heranzuziehen, bei denen die **relative Vorteilhaftigkeit** als Beurteilungsmethode herangezogen wird.

---

[422] Vgl. **Abschnitt 4, Kap. C.**

A. Die Investitionsrechnungsverfahren in der Theorie

In **Abbildung 51** sind diese als Relativmethoden bezeichnet worden, weil dort immer ein relatives Vorteilsmaß zur Anwendung kommt. Im statischen Bereich ist dies die Rentabilitätsvergleichsrechnung, im dynamischen Bereich die Methode des internen Zinsfußes und alternativ dazu die Sollzinssatzmethode in ihren verschiedenen Varianten sowie die Kapitalwertrate.

```
                 Anwendung von Verfahren der Investitionsrechnung
                                      |
                ┌─────────────────────┴─────────────────────┐
         Erfolgskriterium                              „Risikokriterium"
                |                                           ├── Amortisationsrechnung
        ┌───────┴───────┐                                   │    (statisch/dynamisch)
 Keine Finanzgrenzen  Finanzgrenzen                         ├── Korrekturverfahren
        |                                                   ├── Sensitivitätsanalyse
   ┌────┴────┐                                              │    ├── Variationen und Verläufe
Marktgrenzen  Keine Marktgrenzen                            │    └── Kritische Werte
Absolutmethode   Relativmethode                             └── Risikoanalyse
├ Kostenvergleichsrechnung      ├ Rentabilitätsvergleichsrechnung
├ Gewinnvergleichsrechnung      ├ Methode des internen Zinsfußes
├ Kapitalwertmethode            ├ Sollzinssatzmethoden
├ Annuitätenmethode             └ Kapitalwertrate
└ Vermögensendwertmethode
```

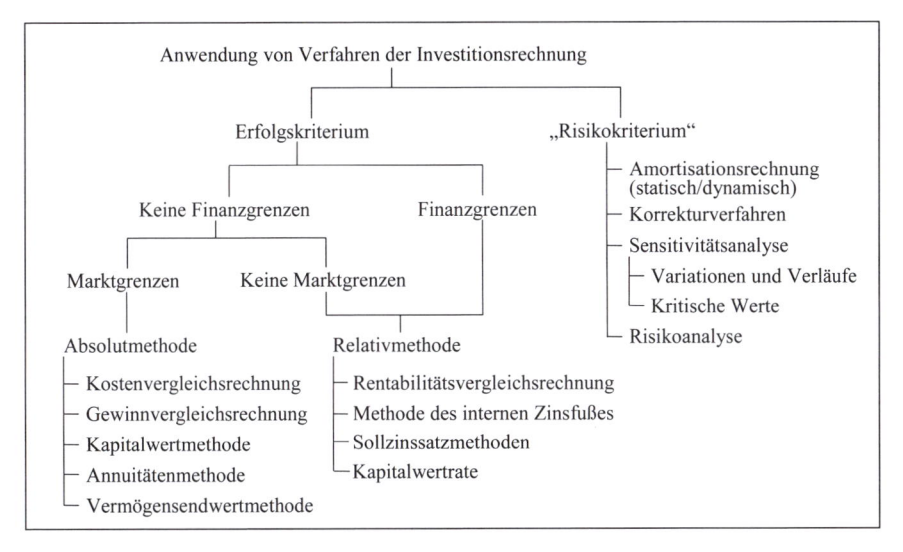

Abbildung 51: Anwendung von Verfahren der Investitionsrechnung

Für den Fall, dass im konkreten Einzelfall die **Finanzgrenzen nicht maßgebend** sind, spricht zunächst für den normalen Fall einer Investitionsrechnung alles dafür, ein hier als **Absolutmethode** bezeichnetes Verfahren heranzuziehen, also aus dem statischen Bereich die Kostenvergleichsrechnung bzw. besser die Gewinnvergleichsrechnung und aus dem dynamischen Bereich die Kapitalwertmethode bzw. alternativ die Annuitätenmethode und erweiternd die Vermögensendwertmethode. Deren Anwendung ist dann geboten, wenn im Einzelfall die Finanzressourcen keinen Engpass darstellen und wenn eine bestimmte Anzahl von Investitionsobjekten benötigt wird, was in **Abbildung 51** unter dem Stichwort „**Marktgrenzen**" ausgedrückt wird; vereinfacht ausgedrückt geht es darum, dass z. B. eine bestimmte Anzahl an Maschinen benötigt wird. In diesen Fällen bietet es sich an, jenes Investitionsobjekt auszuwählen, das absolut die höchste Vorteilhaftigkeit aufweist.

Sollte allerdings eine Situation auftreten, die in **Abbildung 51** unter dem Stichwort „**Keine Marktgrenzen**" zum Ausdruck gebracht worden ist, bietet sich die Anwendung einer Relativmethode an. Wenn es also z. B. möglich wäre, eine unbegrenzte Zahl von Investitionsobjekten (z. B. Finanzanlagen) im Fall nicht vorhandener Finanzgrenzen zu erwerben, dann wäre es am besten, die größtmögliche Zahl der Objekte zu realisieren, die die relativ beste Vorteilhaftigkeit aufweisen. Wenn es z. B. möglich ist, ein Objekt zum Anschaffungswert von 2 Mio. EUR zu erwerben oder ein Objekt zum Anschaffungswert von 1 Mio. EUR (bei jeweils gleicher Laufzeit), dann würde man für diesen Fall immer die jeweils doppelte Zahl des Objekts mit 1 Mio. EUR Anschaffungskosten erwerben, falls dieses Objekt die relativ bessere Vorteilhaftigkeit aufweist. Diese Art der Beurteilung kommt allerdings dann an ihre

Grenzen, wenn man die zugrunde gelegte Einteilung i. e. S. versteht. Sollten keine Finanzgrenzen vorhanden sein und keine Marktgrenzen, dann wäre es am besten, immer die gleiche Zahl des jeweils absolut überlegenen Objekts heranzuziehen, das im Beispielsfall mit Anschaffungskosten von 2 Mio. EUR zugrunde liegt.

Insofern kann diese Einteilung nur einen gedanklichen Hinweis für die Beurteilung von Investitionsrechnungsverfahren liefern, weil genau dieser zuletzt besprochene Fall sich sozusagen selbst ad absurdum führt. Im Ergebnis – sollte man diesen Extremfall als nicht gegeben ansehen – spricht vieles dafür, den konkreten Betrachtungsfall des Vorliegens von Finanzgrenzen als Hauptkriterium heranzuziehen, der dann entweder die Anwendung einer Absolutmethode oder einer Relativmethode indiziert. Welche Methode in den beiden Bereichen jeweils herangezogen wird bzw. werden soll, ist bereits im Vorfeld hinreichend diskutiert worden. Neben der Kapitalwertmethode spricht im Bereich der Absolutmethoden in bestimmten Fällen vieles für die Anwendung einer Vermögensendwertmethode; bei den Relativmethoden sollte als Ersatz der Methode des internen Zinsfußes ernsthaft die Anwendung von Sollzinssatzmethoden (*Baldwin-* oder TRM-Methode) in Erwägung gezogen werden.

B. Die Investitionsrechnungsverfahren in der Praxis

Von den diversen in der Vergangenheit durchgeführten Umfragen zur Thematik des Einsatzes von Investitionsrechnungsverfahren in der Praxis wird häufig die bereits 1997 veröffentlichte Untersuchung von *Heidtmann/Däumler* herangezogen.[423] Die Studie, die sich auf mittelständische Unternehmen bezog, welche im Jahr 1994 einen Jahresumsatz zwischen 20 und 399 Mio. DM aufwiesen, ist unter den Studien mit ausschließlichem Deutschland-Bezug nach wie vor die aktuellste.[424] Aus der Untersuchung lässt sich entnehmen, dass an der Befragung Unternehmen der verschiedensten Wirtschaftszweige – Maschinen- und Schiffbau, Bauindustrie, Auto- und Autozubehörindustrie, Eisen- und Stahlerzeugung, Mineralölindustrie und Bergbau, Energieversorgung, Dienstleistungsbetriebe, Nahrungs- und Genussmittelindustrie, Verlage und Papier, Handel, Elektrotechnik, Chemisch-Pharmazeutische Industrie sowie bestimmte andere Unternehmen – teilnahmen.[425]

Eine Auswertung der Fragebögen der befragten Unternehmen sowie telefonische Interviews ergaben, dass ca. 81,8% der Unternehmen Investitionsrechnungsverfahren einsetzen. Die

---

[423] Vgl. z. B. *Blohm, Hans/Lüder, Klaus/Schaefer, Christina*: Investition. 10. Aufl., München 2012, S. 39–43.

[424] Die von *Brounen, De Jong* und *Koedijk* im Jahr 2004 vorgelegte Studie ist aktueller, bezieht sich jedoch nicht ausschließlich auf Deutschland, sondern auch auf Großbritannien, die Niederlande und Frankreich; vgl. *Brounen, Dirk/De Jong, Abe/Koedijk, Kees C. G.*: Corporate Finance in Europe – Confronting Theory with Practice. In: Financial Management 2004, S. 71–102.

[425] Vgl. dazu und zu den folgenden Ausführungen *Heidtmann, Dietmar/Däumler, Klaus-Dieter*: Anwendung von Investitionsrechnungsverfahren bei mittelständischen Unternehmen – eine empirische Untersuchung. In: Buchführung, Bilanz, Kostenrechnung, Beilage 2/1997.

B. Die Investitionsrechnungsverfahren in der Praxis 241

Verbreitung der Verwendung der verschiedenen Verfahren in den Unternehmen kann aus **Abbildung 52**[426] entnommen werden.

Investitionsrechnungsverfahren	Anteil an den befragten Unternehmen, die Investitionsrechnungsverfahren einsetzen (in %)
Rentabilitätsvergleichsrechnung	47,06
Methode des internen Zinsfußes	44,44
Kapitalwertmethode	35,95
Kostenvergleichsrechnung	34,64
Dynamische Amortisationsrechnung	28,76
Statische Amortisationsrechnung	20,92
Annuitätenmethode	11,76
Gewinnvergleichsrechnung	11,76
Sonstige Verfahren	3,27
Lineare Planungsrechnung	2,61
MAPI-Methode	0,00

Abbildung 52: Anwendung von Investitionsrechnungsverfahren in der Praxis

Erkennen lässt sich anhand dieser Auswertung, dass die Rentabilitätsvergleichsrechnung mit 47,06% das am häufigsten eingesetzte Verfahren der Investitionsrechnung darstellt, allerdings dicht gefolgt von der Methode des internen Zinsfußes mit 44,44%. Weitaus weniger bzw. gar keine Anwendung bei den befragten Unternehmen finden die lineare Planungsrechnung (2,61%) bzw. die MAPI-Methode (0,00%).

Fasst man die statische und die dynamische Amortisationsrechnung zusammen, so ergibt sich bei den befragten Unternehmen, die investitionsrechnerische Methoden anwenden, eine Quote von 49,68% für den Einsatz dieses Rechenverfahrens, m.a.W., fast die Hälfte dieser Unternehmen bringt die Amortisationsrechnung in irgendeiner Weise zum Einsatz.

Bei einem Vergleich dieser Umfrageauswertung mit einigen in früheren Jahren angestellten Analysen[427] lässt sich feststellen, dass insb. die Amortisationsrechnung im Vergleich zu den 1970er und 1980er Jahren etwas an Verbreitung in den Unternehmen eingebüßt hat und außerdem eine eindeutige Tendenz weg von der statischen hin zur dynamischen Amortisationsrechnung zu erkennen ist. Dagegen nimmt die Anwendungshäufigkeit der Kapitalwertmethode, der Annuitätenmethode und der Methode des internen Zinsfußes ständig zu, nicht nur in mittelständischen Unternehmen, sondern insb. auch in Großunternehmen, wobei diese Verfahren bei Letzteren noch weitaus größere Bedeutung haben als in den mittelständischen Betrieben.

---

[426] Vgl. *Heidtmann, Dietmar/Däumler, Klaus-Dieter*: Anwendung von Investitionsrechnungsverfahren bei mittelständischen Unternehmen – eine empirische Untersuchung. In: Buchführung, Bilanz, Kostenrechnung, Beilage 2/1997, S. 4.

[427] Vgl. *Grabbe, Hans-Wilhelm*: Investitionsrechnung in der Praxis – Ergebnisse einer Unternehmensbefragung. Köln 1976 und *Wehrle-Streif, Uwe*: Empirische Untersuchung zur Investitionsrechnung. Köln 1989.

Die gleiche Entwicklung wie obige drei Methoden zeigen im Wesentlichen auch die Kosten- und die Gewinnvergleichsrechnung; auch ihr Anteil ist im Laufe der Zeit angestiegen, wobei die prozentuale Anwendung wiederum in Großunternehmen höher ist als die in mittelständischen Betrieben. Ebenfalls ein deutlicher Anstieg lässt sich bei der Rentabilitätsvergleichsrechnung erkennen, die jedoch anstatt der Methode des internen Zinsfußes vermehrt in mittelständischen Unternehmen zum Einsatz gelangt. Obwohl die lineare Planungsrechnung in der Praxis eher ein Schattendasein fristet, hat sich ihr Einsatz in den letzten Jahrzehnten – allerdings auf extrem niedrigem Niveau – in etwa verdreifacht, wobei ihr Einsatzbereich aber fast ausschließlich in Großunternehmen erfolgt.

Gem. obiger Ausführungen kann ein Trend zur verstärkten Anwendung dynamischer Verfahren festgestellt werden, der jedoch keineswegs zur Ablösung der statischen Verfahren führt; neuere Untersuchungen, wie die von *Brounen, De Jong* und *Koedijk,* bestätigen die oben skizzierte Tendenz zur Methodenvielfalt.[428]

---

[428] Vgl. *Brounen, Dirk/De Jong, Abe/Koedijk, Kees C. G.*: Corporate Finance in Europe – Confronting Theory with Practice. In: Financial Management 2004, S. 71–102. Vgl. erläuternd *Blohm, Hans/Lüder, Klaus/Schaefer, Christina*: Investition. 10. Aufl., München 2012, S. 41–42.

Neunter Abschnitt

Die Gesamtbewertung von Unternehmen als spezieller Anwendungsfall der Investitionsrechnung

A. Die Unternehmensbewertung als Spezialfall der (dynamischen) Investitionsrechnung

I. Die Grundlagen: Theoretische Einordnung

Im Laufe der Zeit wurden sowohl auf theoretischer als auch auf praxisrelevanter Ebene eine Vielzahl unterschiedlicher Modelle hinsichtlich der Investitionsrechnung konzipiert bzw. weiterentwickelt. Dabei blieb der Begriff „Investitionsrechnung" allerdings längere Zeit auf Verfahren zur Beurteilung der Wirtschaftlichkeit von Finanz- und Realinvestitionen, d.h. auf Wirtschaftlichkeitsrechnungen, beschränkt. Mit dem sukzessiven Vordringen investitionstheoretischer Erkenntnisse in den Bereich der Unternehmensbewertung hat sich jedoch allmählich die Erkenntnis durchgesetzt, dass auch die Verfahren der Unternehmensbewertung ihrem Kern nach Investitionsrechnungen verkörpern.

Einen grundlegenden Überblick über die Kategorien von Modellen und Verfahren der Investitionsrechnung unter Einbeziehung der Wirtschaftlichkeitsrechnung und Unternehmensbewertung in diesen Bereich vermittelt **Abbildung 53**[429] (S. 244).

Differenzen zwischen den Verfahren der Wirtschaftlichkeitsrechnung und denen der Unternehmensbewertung bestehen v. a. in der als Basis zugrunde liegenden Fragestellung:

Während die Verfahren der Wirtschaftlichkeitsrechnung die Vorteilhaftigkeit von Investitionen – insb. von einzelnen Produktionseinheiten, Aggregaten etc. – bei gegebenen Anschaffungskosten analysieren, ist die investitionsrechnungsbezogene Funktion im Falle der Unternehmensbewertung eine andere. Es wird dabei nämlich nach dem Wert eines Unternehmens, einer Beteiligung oder eines Unternehmensteils gefragt, der bspw. zur Ableitung einer Preisforderung herangezogen werden kann.[430] Die Dimension der Betrachtung richtet sich also nicht mehr auf eine einzelne Einheit in der Menge der betrieblichen Geschehnisse, sondern vielmehr auf ein komplexes Gebilde vieler Einflussfaktoren.

---

[429] Modifiziert entnommen aus *Schierenbeck, Henner/Wöhle, Claudia B.*: Grundzüge der Betriebswirtschaftslehre. 18. Aufl., München 2012, S. 388.

[430] Vgl. dazu u.a. *Schierenbeck, Henner/Wöhle, Claudia B.*: Grundzüge der Betriebswirtschaftslehre. 18. Aufl., München 2012, S. 387.

Investitionsentscheidungen

Verfahren der Wirtschaftlichkeitsrechnung

Simultanansätze
- Investitions-/Finanzierungsmodelle
- Investitions-/Produktionsmodelle
- Investitions-/Finanzierungs-/Produktionsmodelle

Sukzessivansätze

Partialmodelle

Totalmodelle
- Planbilanz
- Vollständiger Finanzplan

Statische Kalküle
- Kostenvergleichsrechnung
- Gewinnvergleichsrechnung
- Rentabilitätsrechnung
- Amortisationsrechnung

Dynamische Kalküle

Klassische Kalküle
- Kapitalwertmethode
- Annuitätenmethode
- Methode des internen Zinsfußes
- Dynamische Amortisationsrechnung

Neuere Ansätze
- Sollzinssatzmethoden
- Vermögensendwertmethode
- Marktzinsmodell
- Discounted Cashflow-Verfahren

Verfahren der Unternehmensbewertung

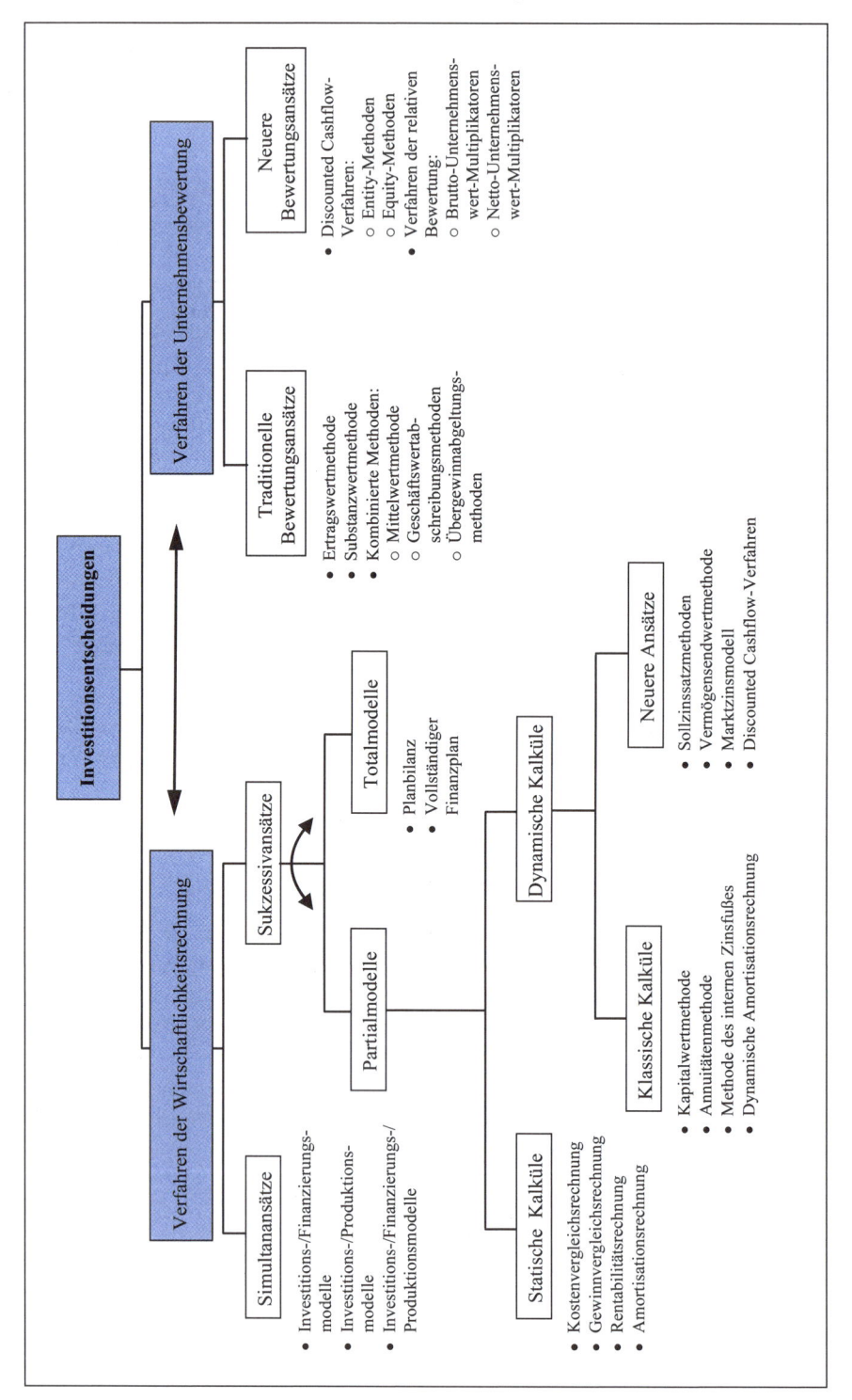

Traditionelle Bewertungsansätze
- Ertragswertmethode
- Substanzwertmethode
- Kombinierte Methoden:
  - Mittelwertmethode
  - Geschäftswertabschreibungsmethoden
  - Übergewinnabgeltungsmethoden

Neuere Bewertungsansätze
- Discounted Cashflow-Verfahren:
  - Entity-Methoden
  - Equity-Methoden
- Verfahren der relativen Bewertung:
  - Brutto-Unternehmenswert-Multiplikatoren
  - Netto-Unternehmenswert-Multiplikatoren

Abbildung 53: Kategorien von Investitionsrechnungen

A. Die Unternehmensbewertung als Spezialfall der Investitionsrechnung

Als Basis für die Unternehmensbewertung können entweder **objektive** oder **subjektive Bewertungsmaßstäbe** dienen. Während die objektiven Bewertungsansätze eher als traditionelle Methoden angesehen werden können, zielen die neueren Ansätze vornehmlich auf subjektive Einschätzungen des Bewerters ab.

Hinter den früher üblichen traditionellen Verfahren der Unternehmensbewertung verbirgt sich die Auffassung von der Existenz eines „**objektiven Unternehmenswerts**", der unabhängig von der spezifischen Interessenlage des Bewerters zu bestimmen ist. Es liegt dabei also die Perspektive eines neutralen unparteiischen Gutachters zugrunde, der die Aufgabe hat, einen angemessenen Preis für das betreffende Unternehmen bzw. für eine Beteiligung an diesem oder für einen Unternehmensteil auf der Grundlage objektiver Werte zu ermitteln.

Kennzeichnend für diese Verfahren ist, dass sie i.d.R. die vorhandene Unternehmenssubstanz bei der Wertermittlung miteinbeziehen bzw. dass sie die Erträge des Unternehmens – wenn überhaupt – nur insoweit berücksichtigen, als sie bei normaler Leistung des Unternehmers bzw. der zuständigen Führungspersonen in Zukunft erzielbar sind.

Die neueren Verfahren der Unternehmensbewertung sind dagegen durch die Hervorhebung des subjektiven Charakters des Unternehmenswerts geprägt, d.h., es wird ganz bewusst auf die Interessenlage und die Entscheidungssituation der Beteiligten bzw. Betroffenen abgezielt. Aufgabe der Unternehmensbewertung ist in diesem Fall die Ermittlung von Entscheidungswerten, die den jeweiligen Beteiligten eine Grundlage dafür bieten sollen, eine möglichst richtige Entscheidung zu treffen. Hier ist die Konzeption der **Unternehmensbewertung als investitionsrechnerische Maßnahme** also sehr deutlich zu erkennen, da bei der Bestimmung des Werts eines Unternehmens Erfolgs- bzw. Cashflow-Größen zugrunde gelegt werden, die sich als unmittelbare Wirkung aus dem Besitz des Unternehmens ergeben.[431]

Die in der Betriebswirtschaftslehre vorherrschende Meinung stellt deshalb auf eine Unternehmensbewertung durch Ermittlung eines (subjektiven) Zukunftserfolgswerts ab, der sich aus den diskontierten prognostizierten finanziellen Überschüssen ergibt, welche bei Fortführung des Unternehmens zu erzielen sind; diese Einsicht wird auch von der Bewertungspraxis sowie der Rechtsprechung geteilt.[432]

Die gefestigte Meinung bzgl. der Anwendung der neueren Verfahren der Unternehmensbewertung ist wohl auf die grds. Überlegung zurückzuführen, dass der Gesamtwert eines Unternehmens, der letztendlich Ausdruck eines betrieblich funktionsfähigen Systems zur

---

[431] Vgl. dazu insb. *Schierenbeck, Henner/Wöhle, Claudia B.*: Grundzüge der Betriebswirtschaftslehre. 18. Aufl., München 2012, S. 392.

[432] Vgl. diesbzgl. insb. *Castadello, Marc*: Die Unternehmensbewertung. In: WP-Handbuch. Band II, hrsg. vom *Institut der Wirtschaftsprüfer*, 14. Aufl., Düsseldorf 2014, Rn. 5; *Matschke, Manfred J./Brösel, Gerrit*: Unternehmensbewertung. 4. Aufl., Wiesbaden 2013, S. 18–21; *Mellwig, Winfried*: Kompendium für das Examen zum vBP/WP. Band 2: Betriebswirtschaft, 2. Aufl., Hamburg 1994, S. 269; Das IDW sieht es als unmöglich an, einen Unternehmenswert als Substanzwert oder als Kombination von Substanzwert und Zukunftserfolgswert zu ermitteln; vgl. *Castadello, Marc*: Die Unternehmensbewertung. In: WP-Handbuch. Band II, hrsg. vom *Institut der Wirtschaftsprüfer*, 14. Aufl., Düsseldorf 2014, Rn. 6.

Erreichung eines bestimmten Unternehmenszwecks ist, i. Allg. nicht der Summe der Werte der einzelnen in ihm vorhandenen Vermögensgegenstände (bzw. Wirtschaftsgüter)[433] entspricht; erst durch die Art und Weise der Kombination dieser Vermögensgegenstände entwickelt sich im Rahmen des Zusammenwirkens mit allen anderen betrieblichen Vermögensgegenständen aus den Elementen ein System, dessen Wert je nach Effizienz der Kombination größer oder auch kleiner sein kann als die Summe der Einzelwerte.[434]

Deshalb sind im Rahmen einer Gesamtbewertung stets auch die besonderen Umstände der Bewertung zu berücksichtigen, denn es existiert kein absolut „korrekter" Unternehmenswert, der unabhängig von Anlass und Funktion der Bewertung, unabhängig von der Person des Bewerters und der des Entscheidungsträgers sowie von dessen Zukunftserwartungen und Handlungsabsichten Gültigkeit besitzt. Ein **Gesamtwert** kann also lediglich **in Bezug auf eine ganz bestimmte Bewertungssituation zweckmäßig** sein.[435]

Moxter spricht in diesem Zusammenhang auch vom Zweckadäquanzprinzip, d.h., dass sich ein Bewerter zu Beginn der Unternehmensbewertung darüber im Klaren sein muss, zu welchem Anlass und in welcher Funktion er die Bewertung durchführt, um tatsächlich den konzeptionell korrekten Unternehmenswert ermitteln zu können.[436]

II. Die Anlässe und Funktionen der Unternehmensbewertung

1. Die Anlässe der Unternehmensbewertung

Da eine Vielzahl von Anlässen für eine Bewertung von Unternehmen, Beteiligungen an Unternehmen oder unternehmerischen Teileinheiten in der Praxis eine mehr oder weniger bedeutende Rolle spielt, besteht die Schwierigkeit, klare Kriterien hinsichtlich einer systematischen Einordnung bzw. einer zweckadäquaten Einteilung dieser zahlreichen Anlässe zu finden.

Grds. gilt, dass der konkrete Anlass einer Unternehmensbewertung maßgebend für den Zweck und damit für das letztendlich zur Anwendung kommende Verfahren der Unternehmensbewertung ist.[437] Deswegen liegt es nahe, eine Gliederung der Anlässe in Bezug zu möglichen Auswirkungen auf die anzuwendenden Verfahren vorzunehmen.

---

[433] Zu den Begriffen Vermögensgegenstand und Wirtschaftsgut vgl. *Kußmaul, Heinz*: Wirtschaftsgut/Vermögensgegenstand/Vermögenswert (asset)/Schuld (liability). In: Handbuch der Bilanzierung, hrsg. von *Rudolf Federmann, Heinz Kußmaul* und *Stefan Müller*, Freiburg i.Br. 1960 (Loseblatt), 2015, S. 1–39. Im Folgenden wird nur der Begriff des Vermögensgegenstands verwendet.

[434] Vgl. dazu u.a. *Bieg, Hartmut*: Betriebswirtschaftslehre 1: Investition und Unternehmungsbewertung. 2. Aufl., Freiburg i.Br. 1997, S. 178; *Wöhe, Günter/Döring, Ulrich*: Einführung in die Allgemeine Betriebswirtschaftslehre. 25. Aufl., München 2013, S. 518.

[435] Vgl. *Bieg, Hartmut*: Betriebswirtschaftslehre 1: Investition und Unternehmungsbewertung. 2. Aufl., Freiburg i.Br. 1997, S. 178.

[436] Vgl. dazu *Moxter, Adolf*: Grundsätze ordnungsmäßiger Unternehmensbewertung. 2. Aufl., Wiesbaden 1983, S. 6.

[437] Vgl. *Peemöller, Volker H.*: Anlässe der Unternehmensbewertung. In: Praxishandbuch der Unternehmensbewertung, hrsg. von *Volker H. Peemöller*, 6. Aufl., Herne 2015, S. 28.

A. Die Unternehmensbewertung als Spezialfall der Investitionsrechnung

Folgt man der Systematisierung des WP-Handbuches, so lassen sich Unternehmensbewertungen danach unterscheiden, ob sie aufgrund unternehmerischer Initiativen, für Zwecke der externen Rechnungslegung, aufgrund gesetzlicher Vorschriften bzw. vertraglicher Vereinbarungen oder aus sonstigen Gründen erfolgen.[438]

In prinzipieller Anlehnung an diese Systematik ergeben sich die in **Abbildung 54** dargestellten Anlässe[439] für eine Bewertung ganzer Unternehmen.

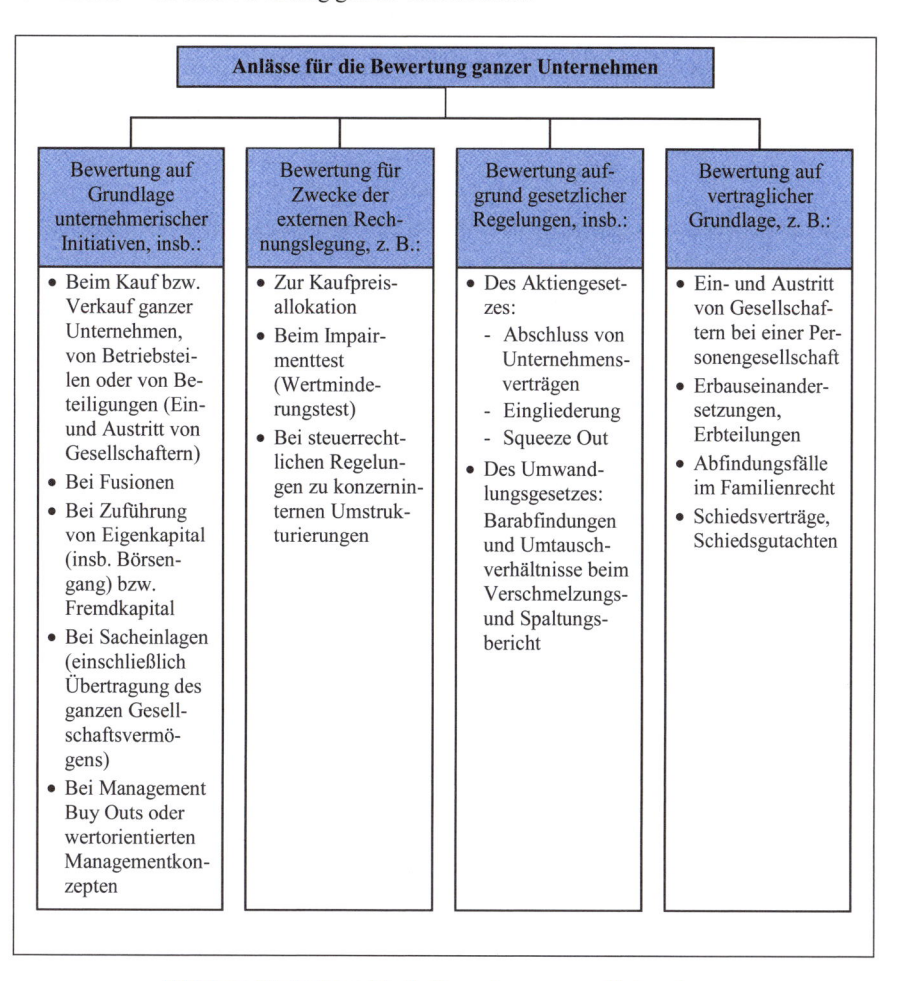

Anlässe für die Bewertung ganzer Unternehmen			
Bewertung auf Grundlage unternehmerischer Initiativen, insb.:	Bewertung für Zwecke der externen Rechnungslegung, z. B.:	Bewertung aufgrund gesetzlicher Regelungen, insb.:	Bewertung auf vertraglicher Grundlage, z. B.:
• Beim Kauf bzw. Verkauf ganzer Unternehmen, von Betriebsteilen oder von Beteiligungen (Ein- und Austritt von Gesellschaftern) • Bei Fusionen • Bei Zuführung von Eigenkapital (insb. Börsengang) bzw. Fremdkapital • Bei Sacheinlagen (einschließlich Übertragung des ganzen Gesellschaftsvermögens) • Bei Management Buy Outs oder wertorientierten Managementkonzepten	• Zur Kaufpreisallokation • Beim Impairmenttest (Wertminderungstest) • Bei steuerrechtlichen Regelungen zu konzerninternen Umstrukturierungen	• Des Aktiengesetzes: - Abschluss von Unternehmensverträgen - Eingliederung - Squeeze Out • Des Umwandlungsgesetzes: Barabfindungen und Umtauschverhältnisse beim Verschmelzungs- und Spaltungsbericht	• Ein- und Austritt von Gesellschaftern bei einer Personengesellschaft • Erbauseinandersetzungen, Erbteilungen • Abfindungsfälle im Familienrecht • Schiedsverträge, Schiedsgutachten

Abbildung 54: Anlässe für die Bewertung ganzer Unternehmen

---

[438] Vgl. *Castadello, Marc*: Die Unternehmensbewertung. In: WP-Handbuch. Band II, hrsg. vom *Institut der Wirtschaftsprüfer*, 14. Aufl., Düsseldorf 2014, Rn. 9–13.

[439] Vgl. zum Unternehmenswert als Entscheidungsgrundlage bei der Unternehmensnachfolge durch Unternehmensverkauf grundlegend und umfassend *Olbrich, Michael*: Unternehmungsnachfolge durch Unternehmungsverkauf. 2. Aufl., Wiesbaden 2014, S. 141–170.

2. Die Funktionen der Unternehmensbewertung

a) Die funktionale Unternehmensbewertung

Die funktionale Unternehmensbewertung (bzw. Werttheorie) versucht, den **Meinungsstreit zwischen objektiver und subjektiver Bewertung eines Unternehmens zu überwinden**;[440] sie stellt seit Mitte der 1970er Jahre des vergangenen Jahrhunderts die herrschende Lehre dar. Es muss danach eine Aufgabenanalyse erfolgen, die die Abhängigkeit des jeweils zu ermittelnden Unternehmensgesamtwerts von der zugrunde liegenden Aufgabenstellung berücksichtigt. Dies ist deshalb erforderlich, weil das Unternehmen nicht nur für jeden einzelnen Bewertungsinteressenten einen ganz bestimmten spezifischen Wert hat, sondern je nach Bewertungszweck einen völlig anderen Unternehmenswert aufweisen kann.[441]

Da „der" Wert eines Unternehmens konsequenterweise nicht existiert, muss eine das Unternehmen bewertende Person sich vor dem Beginn der Bewertung, z.B. durch Rücksprache mit dem Auftraggeber, vergewissern, zu welchem Anlass und mit welcher Intention die Bewertung durchgeführt wird. Erst wenn der Bewerter Kenntnis über die Funktion der Bewertung besitzt, ist er in der Lage, den für diese Funktion „zutreffenden" Unternehmenswert zu bestimmen. Erwähnt werden muss allerdings noch, dass die Abgrenzung einer Funktion von einer anderen bisweilen schwer möglich ist, da die Übergänge oft fließend sind.[442]

Unterschieden werden kann grds. zwischen **Haupt- und Nebenfunktionen** (vgl. **Abbildung 55**[443]; S. 249). Anknüpfungspunkt für die Hauptfunktionen der Unternehmensbewertung sind Bewertungsanlässe, die mit bevorstehenden oder vollzogenen Eigentumsübertragungen einhergehen.[444] Demgegenüber fallen unter den Bereich der Nebenfunktionen alle Fälle, in denen Gesamtbewertungen ohne den besonderen Anlass eines möglichen oder tatsächlichen Eigentümerwechsels durchgeführt werden.

Die Gemeinsamkeit der **Hauptfunktionen** einer Unternehmensgesamtbewertung liegt darin, dass sich immer mindestens zwei bestimmte Personen oder Personengruppen mit konkreten Erwartungen und Interessen gegenüberstehen, was in einer subjektorientierten Bewertung i.S. eines **gerundiven Werts**, d.h. eines auf subjektiver Wertung basierenden, aber nachprüfbaren und wissenschaftlich verwertbaren Werts, zum Ausdruck kommt. Den **Neben-**

---

[440] Vgl. dazu *Matschke, Manfred J./Brösel, Gerrit*: Unternehmensbewertung. 4. Aufl., Wiesbaden 2013, S. 22.

[441] Vgl. insb. *Matschke, Manfred J./Brösel, Gerrit*: Unternehmensbewertung. 4. Aufl., Wiesbaden 2013, S. 23–24.

[442] Vgl. *Bieg, Hartmut*: Betriebswirtschaftslehre 1: Investition und Unternehmungsbewertung. 2. Aufl., Freiburg i.Br. 1997, S. 192.

[443] In Anlehnung an *Sieben, Günter*: Funktionen der Bewertung ganzer Unternehmen und von Unternehmensanteilen. In: Das Wirtschaftsstudium 1983, S. 540.

[444] Vgl. dazu *Sieben, Günter*: Funktionen der Bewertung ganzer Unternehmen und von Unternehmensanteilen. In: Das Wirtschaftsstudium 1983, S. 539.

A. Die Unternehmensbewertung als Spezialfall der Investitionsrechnung 249

funktionen ist dagegen gemeinsam, dass durch die Masse der Vorgänge und durch die Zielsetzungen der Bewertung die subjektiven Momente zurückgedrängt werden.[445]

```
                    Funktionen der Unternehmensbewertung und deren Zielgrößen
                                    /                               \
                          Hauptfunktionen                       Nebenfunktionen
                    /           |           \                   /              \
         Beratungsfunktion  Argumentations- Vermittlungs-  Steuerbemessungs-  Bilanz-
                            funktion        funktion       funktion           funktion
                ↓               ↓               ↓               ↓                ↓
         Entscheidungswert  Argumentations- Schiedswert    Steuerbemessungs-  Bilanzwert
                            wert            (Arbitriumwert) grundlage
```

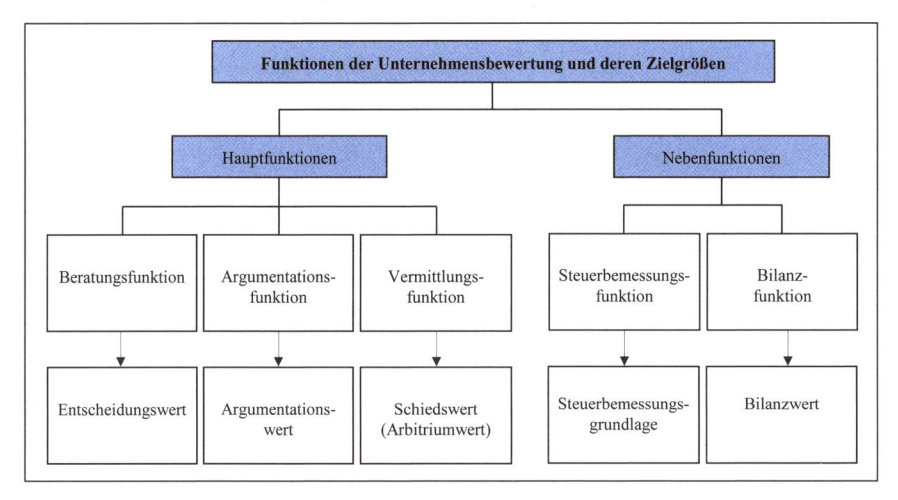

Abbildung 55: Die Funktionen der Unternehmensbewertung und deren Zielgrößen

Eine Erläuterung der in **Abbildung 55** zusammengefassten Haupt- und Nebenfunktionen der Unternehmensbewertung enthält **Abschnitt 9, Kap. A.II.2.b.** und **Kap. A.II.2.c.**

b) Die Hauptfunktionen

(1) Die Beratungsfunktion

Muss eine mit der Bewertung eines Unternehmens beauftragte Person einem bestimmten Entscheidungssubjekt bzw. Bewertungsinteressenten (z.B. Käufer, Verkäufer) in einer speziellen Entscheidungs- oder Konfliktsituation einen Wert zur Verfügung stellen, der diesem Zweck entsprechend zu ermitteln ist, so handelt es sich um eine **Beratungsfunktion**. Der zur Verfügung gestellte Wert wird als **Entscheidungswert** bezeichnet. Aufgabe ist es demnach, das Entscheidungssubjekt in dieser bestimmten Situation zu beraten und ihm Unterlagen für eine rationale Entscheidung in dieser Lage bzw. hinsichtlich des angestrebten Vorhabens zu liefern. Der Entscheidungswert zeigt dem Entscheidungssubjekt bei gegebenem Zielsystem und bei gegebenem Entscheidungsfeld an, unter welchen Bedingungen die Realisierung eines konkreten geplanten Vorhabens das ohne Durchführung dieser Aktion erreichbare Niveau der Zielerfüllung gerade noch nicht mindert, d.h., unter welchen Bedingungen das geplante Vorhaben gerade noch mit rationalem Handeln vereinbar ist.[446]

---

[445] Vgl. dazu insb. *Bieg, Hartmut*: Betriebswirtschaftslehre 1: Investition und Unternehmungsbewertung. 2. Aufl., Freiburg i.Br. 1997, S. 193.

[446] Vgl. zu dieser Thematik u.a. *Bieg, Hartmut*: Betriebswirtschaftslehre 1: Investition und Unternehmungsbewertung. 2. Aufl., Freiburg i.Br. 1997, S. 193; *Matschke, Manfred J.*: Gesamtwert der Unternehmung. In: Lexikon des Rechnungswesens, hrsg. von *Walther Busse von Colbe* und *Bernhard Pellens*, 4. Aufl., München/Wien 1998, S. 280, in der aktuellen Aufl. nicht mehr enthalten; *Peemöller, Volker H.*: Stand und Entwicklung der Unternehmensbewertung. In: Deutsches Steuer-

Charakteristisch für den Entscheidungswert sind folgende Merkmale:[447]

- Verkörperung eines Grenzwerts oder der Konzessionsgrenze, d. h. einer kritischen Größe;
- die Ermittlung erfolgt im Hinblick auf ein konkret beabsichtigtes Vorhaben;
- unmittelbarer Bezug auf ein bestimmtes Entscheidungssubjekt und dessen Zielsystem;
- Gültigkeit nur hinsichtlich der zur geplanten Handlung als Alternativen anzusehenden Entscheidungsmöglichkeiten (Entscheidungsfeld).

Herangezogen wird der Entscheidungswert als maßgeblicher Unternehmensgesamtwert in Situationen, deren Durchführung die Lösung eines interpersonalen Konflikts voraussetzt. Der Entscheidungswert wird deshalb auf solche Sachverhalte ausgerichtet sein, die für eine Konfliktlösung zwischen diesen an der Entscheidung beteiligten Parteien (z.B. Käufer, Verkäufer) bedeutsam sind; er gibt dementsprechend an, welche Ausprägungen dieser konfliktlösungsrelevanten Sachverhalte das betreffende Entscheidungssubjekt äußerstenfalls gerade noch zu akzeptieren bereit sein könnte.

Da der Gesamtwert des Unternehmens in der Ausprägung eines Entscheidungswerts also die Grenze der Konzessionsbereitschaft des betreffenden Entscheidungssubjekts angibt, sollte der anderen Partei dieser Wert nicht bekannt werden, da sonst u.U. eine Schwächung der eigenen Verhandlungsposition die Folge sein könnte.

Im Falle einer möglichen Konfliktsituation beim Kauf bzw. Verkauf eines Unternehmens kommt der Höhe des denkbaren Preises für das Unternehmen eine große Bedeutung insoweit zu, als bei der Ermittlung des Unternehmensgesamtwerts als Entscheidungswert größtenteils auf die Bestimmung einer mit rationalem Handeln vereinbarten Preisgrenze abgestellt wird. Infolge dieser weit gehenden Vereinfachung der tatsächlichen Konfliktsituation stellt der Gesamtwert des Unternehmens als Entscheidungswert dann eine Preisobergrenze (aus der Sicht des potenziellen Käufers) bzw. eine Preisuntergrenze (aus der Sicht des potenziellen Verkäufers) dar.[448] Zu beachten ist aber, dass diese Grenzpreise bei Verhandlungen über einen evtl. Eigentumsübergang keine absoluten Größen, sondern nur Näherungswerte darstellen, da sowohl der potenzielle Käufer als auch der mögliche Verkäufer eigene – u.U. stark differierende und z.T. auch realitätsferne – Vorstellungen über die zukünftige Ertragslage, die wirtschaftliche Substanz und die erwartete Fortbestehensdauer des Unternehmens sowie den einflussnehmenden Kalkulationszinssatz haben.

Erwähnt werden muss in diesem Zusammenhang weiterhin, dass die Gesamtbewertung eines Unternehmens hier nicht die Aufgabe hat, einen von beiden Verhandlungsparteien akzeptierten Preis zu ermitteln; vielmehr muss für das jeweilige Entscheidungssubjekt ein

---

recht 1993, S. 409; *Wöhe, Günter/Döring, Ulrich*: Einführung in die Allgemeine Betriebswirtschaftslehre. 25. Aufl., München 2013, S. 518–519.

[447] Vgl. zum Folgenden *Matschke, Manfred J./Brösel, Gerrit*: Unternehmensbewertung. 4. Aufl., Wiesbaden 2013, S. 135.

[448] Vgl. dazu und zum Folgenden *Matschke, Manfred J./Brösel, Gerrit*: Unternehmensbewertung. 4. Aufl., Wiesbaden 2013, S. 135.

Verhandlungslimit abgesteckt werden. Die **berechneten Grenzpreise** sind deshalb für die betroffenen Parteien als **Ausgangsbasis für die Verhandlungen** anzusehen. Auf welchen Preis man sich letztlich einigt, kann im Vorhinein nicht explizit festgelegt werden, sondern ist Gegenstand der Verhandlungen. Der tatsächlich zustande kommende Preis ergibt sich in Abhängigkeit von mehreren Einflussfaktoren, v.a. aber durch die Verhandlungsmacht und das Verhandlungsgeschick der Beteiligten. Der mögliche Verkäufer kennt aufgrund der für seine Belange durchgeführten Bewertung seine Preisuntergrenze und wird in den Verhandlungen versuchen, einen Preis durchzusetzen, der relativ weit über seiner Preisuntergrenze liegt. Demgegenüber hat der potenzielle Käufer Kenntnis über seine Preisobergrenze und wird demnach bestrebt sein, einen Preis zu erreichen, der nach Möglichkeit weit unter seiner Preisobergrenze liegt. Das Problem dabei ist aber, dass die – von den individuell zugrunde gelegten Daten über die zukünftige Ertragsentwicklung, die wirtschaftliche Substanz und die angenommene Fortbestehensdauer des Unternehmens sowie von dem maßgeblichen Kalkulationszinssatz abhängigen – Preislimits seitens des Verkäufers bzw. des Käufers evtl. ein für beide Parteien vorteilhaftes Geschäft verhindern können, nämlich dann, wenn die Verhandlungsgrenze entgegen den realen Verhältnissen beim Verkäufer zu hoch bzw. beim Käufer zu niedrig angesetzt ist. Umgekehrt wird eine der beiden Parteien u.U. eine unwirtschaftliche Transaktion tätigen, wenn das Verhandlungslimit beim Verkäufer zu niedrig bzw. beim Käufer zu hoch angesetzt ist und der vereinbarte Verkaufspreis genau diesem Betrag entspricht.[449]

(2) Die Vermittlungsfunktion

Im Rahmen der Vermittlungsfunktion einer Unternehmensbewertung soll ein **Schiedswert** (**Arbitriumwert**) ermittelt werden, dessen Aufgabe es ist, in einer Konfliktsituation bei einer bevorstehenden Änderung von Eigentumsverhältnissen zwischen Parteien mit divergierenden Interessen zu vermitteln und einen Interessenausgleich herbeizuführen. Die Aufgabe der Festlegung des Schiedswertes fällt dabei einem **unparteiischen Dritten** (unparteiischer Gutachter, Vermittler, Schiedsgutachter) zu.[450] Definieren lässt sich der Gesamtwert eines Unternehmens i. S. des Arbitriumwerts daher als ein von einem unparteiischen Dritten vorgeschlagener potenzieller Einigungswert.

Von seiner Wirkung her kann der Arbitriumwert für die betroffenen Parteien unterschiedlich verpflichtend bzw. verbindlich sein, je nachdem, ob er eine für die Parteien unverbindliche Konfliktlösungsmöglichkeit darstellt, ob er als Vorschlag für ein angerufenes Gericht eine wichtige Urteilsbasis verkörpert oder ob er aufgrund eines zwischen den Parteien vereinbarten schiedsgerichtlichen Verfahrens einem rechtskräftigen Gerichtsurteil ähnlich ist. In Abhängigkeit von der jeweils zugrunde liegenden Situation gibt der Gesamtwert eines Unternehmens als potenzieller Einigungswert die Rahmenbedingungen vor, auf deren Basis der mit der Unternehmensbewertung beauftragte Gutachter eine Konfliktlösung zwischen den Parteien für möglich erachtet. Der potenzielle Einigungswert i. S. des Arbitriumwerts muss

---

[449] Vgl. zu den vorangegangenen Ausführungen insb. auch *Bieg, Hartmut*: Betriebswirtschaftslehre 1: Investition und Unternehmungsbewertung. 2. Aufl., Freiburg i.Br. 1997, S. 194.

[450] Vgl. dazu und zum Folgenden u.a. *Matschke, Manfred J./Brösel, Gerrit*: Unternehmensbewertung. 4. Aufl., Wiesbaden 2013, S. 136–138.

deshalb grds. als ein Kompromiss angesehen werden, der den betroffenen Parteien zugemutet werden kann und eine angemessene Wahrung ihrer Interessen gewährleistet.

Besonders relevant bei der Durchführung einer vermittlungsorientierten Unternehmensbewertung ist die Lage, in der sich die beteiligten Parteien zu diesem Zeitpunkt befinden; es muss daher eine Unterscheidung dahingehend getroffen werden, ob eine nicht beherrschte (bzw. nicht dominierte) oder aber eine beherrschte (bzw. dominierte) Konfliktsituation vorliegt.

Eine **nicht beherrschte Konfliktsituation** liegt vor, wenn keine der konträren Parteien von sich aus, d.h. ohne Mitwirkung und vielleicht sogar gegen den erklärten Willen der anderen Parteien, eine Veränderung der Eigentumsverhältnisse des zu bewertenden Unternehmens herbeiführen kann. In der überwiegenden Mehrzahl der Bewertungssituationen handelt es sich um eine nicht beherrschte Konfliktsituation.

Von einer **beherrschten Konfliktsituation** wird dagegen gesprochen, wenn eine Situation besteht, in der eine der konträren Parteien von sich aus – gegen den erklärten Willen der anderen Parteien – eine Änderung der Eigentumsverhältnisse des zu bewertenden Unternehmens durchsetzen kann. In einem Rechtsstaat ist eine derartige einseitig erzwingbare Änderung der Eigentumsverhältnisse des relevanten Unternehmens aber nur aufgrund gesetzlicher Legitimation möglich, so z.B. im Rahmen des zwangsweisen Ausscheidens von Minderheitsgesellschaftern einer Kapitalgesellschaft bei Eingliederungen und Umwandlungen oder beim Ausschluss eines sog. „lästigen Gesellschafters" aus dem Unternehmen. Hier ergibt sich für den unparteiischen Dritten im Vergleich zu einer nicht beherrschten Konfliktsituation insoweit ein anderer Sachverhalt, als von der Änderung der Eigentumsverhältnisse des Unternehmens als einer vollzogenen oder gegen den Willen der anderen Parteien durchsetzbaren Tatsache ausgegangen werden muss. Dabei ergibt sich für den unparteiischen Gutachter das Problem der Interessenabwägung; eine Lösung dieses Problems sollte auf der Basis der jeweiligen rechtlichen Bedingungen und der darin vom Gesetzgeber zum Ausdruck gebrachten Interessenabwägung herbeigeführt werden. Dies bedingt, dass der Unternehmenswert als Arbitriumwert zumutbar und angemessen festzulegen ist. Dabei bedeutet der Begriff „zumutbar" hier die prinzipielle Vereinbarkeit des Arbitriumwerts mit dem rationalen Verhalten der betroffenen Parteien.

Liegt eine nicht beherrschte Konfliktsituation in der Ausprägung eines Kaufs bzw. Verkaufs eines Unternehmens vor, bei der ausschließlich die Höhe des Preises für eine Einigung zwischen Käufer und Verkäufer von Interesse ist, so hat der Unternehmensgesamtwert als Arbitriumwert zwischen dem vom Verkäufer minimal zu fordernden Preis (Grenzwert des Verkäufers) und dem vom Käufer maximal zahlbaren Preis (Grenzwert des Käufers) zu liegen. Auf der Basis der rationalen Handlungen kann der Bereich der für den Arbitriumwert in Frage kommenden Einigungswerte eingegrenzt werden.

Existieren mehrere zumutbare Einigungswerte, weil der vom Käufer vorab festgelegte Entscheidungswert denjenigen des Verkäufers übersteigt, so besteht die Notwendigkeit, unter Heranziehung des Grundsatzes der parteienbezogenen Angemessenheit denjenigen Wert als

A. Die Unternehmensbewertung als Spezialfall der Investitionsrechnung 253

Arbitriumwert auszuwählen, der den Vorstellungen der Parteien hinsichtlich eines fairen Vertragsabschlusses am nächsten kommt.[451] Dabei müssen sog. **Gerechtigkeitspostulate** in die Bewertung und damit in die Festlegung des endgültigen Einigungswerts einfließen, die folgendermaßen ausgestaltet sein können:[452]

- Es erfolgt eine Aufteilung des Unterschiedsbetrags zwischen den Grenzwerten der beiden Parteien im Verhältnis dieser beiden Werte.
- Die Festlegung des Arbitriumwerts zwischen den beiden Grenzwerten ist so vorzunehmen, dass die Summe der Gewinne, die beide Parteien deswegen erzielen, weil der Arbitriumwert von ihren Vorstellungen abweicht und weil die Differenz anderweitig investiert werden kann, maximal wird.
- Die Bestimmung des Arbitriumwerts ergibt sich durch arithmetische Mittelung der beiden Grenzwerte.
- Ausgewählt wird ein stark objektorientierter Arbitriumwert.

(3) Die Argumentationsfunktion

Die Aufgabe eines Bewerters bei einer Unternehmensbewertung unter der Maßgabe der Argumentationsfunktion besteht darin, eine in einer Verhandlung befindliche Partei so zu unterstützen, dass das von ihr angestrebte Verhandlungsergebnis zum großen Teil erreicht wird. Als Ergebnis der Unternehmensbewertung i. S. der Argumentationsfunktion ergibt sich dabei der sog. **Argumentationswert**, der als **Instrument der Kommunikation in der Verhandlung** dient. Der Zweck des Argumentationswerts liegt in der Beeinflussung der anderen Verhandlungspartei(en) bzw. des Verhandlungspartners, um das angestrebte positive Verhandlungsresultat durchzusetzen. Dabei ist zu beachten, dass eine sinnvolle Ableitung eines Argumentationswerts ohne Kenntnis des Entscheidungswerts der ihn verwendenden Partei nicht möglich ist. Während der individuell beeinflusste Entscheidungswert aus Gründen der Verhandlungstaktik der anderen Verhandlungspartei prinzipiell verborgen bleiben sollte, erfolgt eine Unterbreitung der Argumentationswerte, um auf diese Weise eine Beeinflussung des weiteren Verhandlungsverlaufs und des Verhandlungsergebnisses bewirken zu können. Oftmals werden im Verlauf des Verhandlungsprozesses mehrere Argumentationswerte präsentiert, die als potenzielle Entscheidungswerte oder aber in Form eines Arbitriumwerts ausgestaltet sind.

---

[451] Vgl. hinsichtlich dieser Thematik v. a. *Bieg, Hartmut*: Betriebswirtschaftslehre 1: Investition und Unternehmungsbewertung. 2. Aufl., Freiburg i.Br. 1997, S. 195; *Matschke, Manfred J./Brösel, Gerrit*: Unternehmensbewertung. 4. Aufl., Wiesbaden 2013, S. 480–481.; *Peemöller, Volker H.*: Stand und Entwicklung der Unternehmensbewertung. In: Deutsches Steuerrecht 1993, S. 409–410; *Wöhe, Günter/Döring, Ulrich*: Einführung in die Allgemeine Betriebswirtschaftslehre. 25. Aufl., München 2013, S. 519.

[452] Vgl. dahingehend ausführlich *König, Wolfgang*: Die Vermittlungsfunktion der Unternehmensbewertung. In: Moderne Unternehmensbewertung und Grundsätze ihrer ordnungsmäßigen Durchführung, hrsg. von *Wolfgang Goetzke* und *Günter Sieben*, Köln 1977, S. 73–89; *Matschke, Manfred J.*: Funktionale Unternehmungsbewertung. Band II: Der Arbitriumwert der Unternehmung, Wiesbaden 1979, S. 19.

Voraussetzungen für die Ermittlung eines für die zu beratende Person möglichst günstigen bzw. optimalen Argumentationswerts sind einerseits die Kenntnis des eigenen Entscheidungswerts sowie eine ungefähre Abschätzung des gegnerischen Entscheidungswerts und andererseits die genaue Vorstellung über das angestrebte Ergebnis der Verhandlung über den Wert des Unternehmens.[453]

c) Die Nebenfunktionen

(1) Die Steuerbemessungsfunktion

Die Steuerbemessungsfunktion basiert auf der Ermittlung von Steuerbemessungsgrundlagen zu fiskalischen Zwecken. In diesem Zusammenhang enthalten v. a. das Einkommensteuerrecht sowie das Erbschaftsteuerrecht Anknüpfungspunkte an die Unternehmensbewertung.

Bspw. setzt die Bestimmung eines in der Steuerbilanz evtl. anzusetzenden **Teilwerts** (§ 6 Abs. 1 Nr. 1 Satz 3 EStG) prinzipiell eine Bewertung des gesamten Unternehmens voraus. Da im Falle eines möglichen Unternehmensverkaufs ein fiktiver Erwerber in den Entscheidungsbereich einbezogen wird, muss bei der Bewertung des Unternehmens konsequenterweise das Entscheidungsfeld eines Durchschnittssubjekts berücksichtigt bzw. zugrunde gelegt werden. Ein durchschnittlicher Nutzen wird aber treffenderweise am ehesten durch Marktpreise repräsentiert; dies bedeutet aber, dass eine derartige Bewertung damit zwangsläufig eine starke Objektorientierung aufweist.[454] Dass diese Konzeption des Teilwerts keine allzu hohe Praktikabilität aufweist, wird durch die Existenz der Teilwertvermutungen deutlich, die auf objektive bzw. objektivierbare Sachverhalte zurückgreifen.[455]

Für erbschaftsteuerrechtliche Zwecke ist eine Beurteilung v. a. der Ertragssituation und des daraus resultierenden Unternehmenswerts erforderlich; diese erfolgt – seit Verabschiedung der Erbschaftsteuerreform 2009 – regelmäßig im Wege des sog. **vereinfachten Ertragswertverfahrens**. Jenes Verfahren kann – sofern bestimmte Voraussetzungen erfüllt sind – bei der Wertermittlung von (Anteilen am) Betriebsvermögen sowie von Anteilen an Kapitalgesellschaften zur Anwendung kommen und stellt dabei – in vereinfachter Form – auf den diskontierten Zukunftserfolg des gesamten Unternehmens ab. Unter besonderen Umständen finden dabei aber auch Substanzwertaspekte Berücksichtigung. Seit Inkrafttreten der Erbschaftsteuerreform 2009 findet das bis dahin zur Bewertung nicht verbriefter Anteile (z.B. GmbH-Anteile) und nicht notierter Anteile verwendete sog. **Stuttgarter Verfahren** (vgl. dazu ausführlich **Abschnitt 9, Kap. B.II.5.**) keine Anwendung mehr.

Das vereinfachte Ertragswertverfahren stellt auf einen nachhaltig erzielbaren Jahresertrag ab, für dessen Berechnung der in der Vergangenheit erzielte Durchschnittsertrag herangezo-

---

[453] Vgl. dazu u.a. *Bieg, Hartmut*: Betriebswirtschaftslehre 1: Investition und Unternehmungsbewertung. 2. Aufl., Freiburg i.Br. 1997, S. 196; *Matschke, Manfred J./Brösel, Gerrit*: Unternehmensbewertung. 4. Aufl., Wiesbaden 2013, S. 53–54.; *Peemöller, Volker H.*: Stand und Entwicklung der Unternehmensbewertung. In: Deutsches Steuerrecht 1993, S. 410.

[454] Vgl. *Bieg, Hartmut*: Betriebswirtschaftslehre 1: Investition und Unternehmungsbewertung. 2. Aufl., Freiburg i.Br. 1997, S. 197.

[455] Vgl. dazu *Wöhe, Günter*: Bilanzierung und Bilanzpolitik. 9. Aufl., München 1997, S. 412–414.

gen wird. Damit wird ersichtlich, dass der Bewertung weitgehend objektive Sachverhalte als Grundlage dienen sollen. Die Aufgabe der Objektivierung der steuerlichen Unternehmensbewertung liegt darin, Rechtssicherheit und die grds. Möglichkeit der Steuergerechtigkeit zu gewährleisten.[456]

(2) Die Bilanzfunktion

Ziel einer Unternehmensbewertung im Rahmen der Bilanzfunktion ist es, den Wert von Unternehmen, Beteiligungen oder Unternehmensteilen aufgrund handels- oder steuerrechtlicher Normen in einer Bilanz abzubilden.

Damit ist also auch die Abbildung eines Unternehmens in der Handels- und der Steuerbilanz möglich. Allerdings ergibt sich der Unternehmenswert infolge des grds. Prinzips der Einzelbewertung aller Vermögensgegenstände bzw. Wirtschaftsgüter sowie der sonstigen Positionen in Handels- und Steuerbilanz aus der Summe der einzelnen bilanzierungsfähigen und bilanzierten bewerteten Aktiva, vermindert um die in der Bilanz ausgewiesenen Schulden. Es erfolgt keine Bestimmung des Gesamtwerts des Unternehmens, sondern die eines von den Gewinnermittlungsvorschriften beeinflussten Werts, der insb. den Zweck der Abgrenzung von Gewinnverwendungskompetenzen hat.

In den Kreis der Nebenfunktionen ließen sich noch andere Funktionen der Unternehmensbewertung einreihen, worauf hier jedoch aus Praktikabilitätsgründen verzichtet wird.

B. Die Verfahren der Unternehmensbewertung

I. Einordnung

Eine Systematisierung der Verfahren der Unternehmensbewertung wird i. Allg. so vorgenommen, dass man zwischen Gesamtbewertungsverfahren, Einzelbewertungsverfahren, Mischverfahren und Überschlagsrechnungen unterscheidet (vgl. dazu **Abbildung 56**[457]; S. 257).

Den **Gesamtbewertungsverfahren** ist gemein, dass sie das zu bewertende Unternehmen als eine Bewertungseinheit betrachten,[458] und sich im Unterschied zu den Einzelbewertungsverfahren nicht an der Unternehmenssubstanz, sondern an dem zukünftig aus der Bewertungseinheit erwarteten Nutzen orientieren.[459] Dazu wird auf die zukünftig erwarteten finanziellen

---

[456] Vgl. dazu auch *Bieg, Hartmut*: Betriebswirtschaftslehre 1: Investition und Unternehmungsbewertung. 2. Aufl., Freiburg i.Br. 1997, S. 197.

[457] In Anlehnung an *Ballwieser, Wolfgang/Hachmeister, Dirk*: Unternehmensbewertung: Prozess, Methoden und Probleme. 4. Aufl., Stuttgart 2013, S. 8.

[458] Vgl. *Mandl, Gerwald/Rabel, Klaus*: Methoden der Unternehmensbewertung (Überblick). In: Praxishandbuch der Unternehmensbewertung, hrsg. von *Volker H. Peemöller*, 6. Aufl., Herne 2015, S. 56.

[459] Vgl. *Peemöller, Volker H./Kunowski, Stefan*: Ertragswertverfahren nach IDW. In: Praxishandbuch der Unternehmensbewertung, hrsg. von *Volker H. Peemöller*, 6. Aufl., Herne 2015, S. 285.

Überschüsse abgestellt,[460] die auf den Bewertungsstichtag abzuzinsen sind. Je nachdem, ob diese Überschüsse in Form von periodisierten Größen (Aufwendungen und Erträge) oder in Form von Zahlungsgrößen (Ein- und Auszahlungen) in die Berechnung eingehen, kommen dabei das **Ertragswertverfahren** (vgl. **Abschnitt 9, Kap. C.IV.**) oder die **Discounted Cashflow (DCF)-Verfahren** (vgl. **Abschnitt 9, Kap. C.VI.** bis **Kap. C.IX.**) zur Anwendung.

Einzelbewertungsverfahren gehören – genauso wie das gerade erwähnte Ertragswertverfahren in seiner Basisvariante – zu den traditionellen Verfahren der Unternehmensbewertung.[461] Wie bereits in **Abschnitt 9, Kap. A.I.** aufgezeigt wurde, orientieren sich diese an einem objektiven Unternehmenswert, der unabhängig von der spezifischen Interessenlage des Bewerters bzw. des oder der Bewertungsinteressenten zu ermitteln ist. Die Einzelbewertungsverfahren weisen eine starke Substanzwertorientierung auf,[462] da der Unternehmenswert aus der Summe der Werte der Einzelbestandteile des zu bewertenden Unternehmens ermittelt wird.[463] Hierher rührt auch der im Folgenden gebrauchte Begriff der „**Substanzwertverfahren**". Die Ermittlung des Gesamtwerts eines Unternehmens erfordert die vorherige Bestimmung der individuellen Werte der einzelnen Vermögensgegenstände und Schulden,[464] aus denen er dann synthetisch zusammengesetzt wird. Die Substanzwertverfahren werden vom IDW abgelehnt, das wiederum den Barwert der – oftmals subjektiv festgelegten – zukünftigen **Überschüsse der Einnahmen über die Ausgaben** als den theoretisch richtigen Wert eines Unternehmens bezeichnet.[465]

Die **Mischverfahren** vereinigen sowohl Elemente der Gesamt- als auch der Einzelbewertungsverfahren.[466] Ein Beispiel dieser Verfahren ist das sog. Mittelwertverfahren, bei dem man den Unternehmenswert als arithmetisches Mittel aus Ertrags- und Substanzwert ermit-

---

[460] Vgl. *Sieben, Günter*: Schmalenbachs Auffassung von der Unternehmensbewertung. In: Betriebswirtschaftliche Forschung und Praxis 1998, S. 191.

[461] Vgl. *Schierenbeck, Henner/Wöhle, Claudia B.*: Grundzüge der Betriebswirtschaftslehre. 18. Aufl., München 2012, S. 392.

[462] Vgl. u.a. *Schierenbeck, Henner/Wöhle, Claudia B.*: Grundzüge der Betriebswirtschaftslehre. 18. Aufl., München 2012, S. 394.

[463] Vgl. *Mandl, Gerwald/Rabel, Klaus*: Methoden der Unternehmensbewertung (Überblick). In: Praxishandbuch der Unternehmensbewertung, hrsg. von *Volker H. Peemöller*, 6. Aufl., Herne 2015, S. 57.

[464] Vgl. *Mandl, Gerwald/Rabel, Klaus*: Methoden der Unternehmensbewertung (Überblick). In: Praxishandbuch der Unternehmensbewertung, hrsg. von *Volker H. Peemöller*, 6. Aufl., Herne 2015, S. 57.

[465] Vgl. diesbzgl. *IDW:* IDW Standard: Grundsätze zur Durchführung von Unternehmensbewertungen (IDW S1 i. d. F. 2008). In: IDW-Fachnachrichten 2008, Rn. 6; *Castadello, Marc*: Die Unternehmensbewertung. In: WP-Handbuch. Band II, hrsg. vom *Institut der Wirtschaftsprüfer*, 14. Aufl., Düsseldorf 2014, Rn. 6. Siehe dazu auch *Maul, Karl-Heinz*: Offene Probleme der Bewertung von Unternehmen durch Wirtschaftsprüfer. In: Der Betrieb 1992, S. 1253–1254.

[466] Vgl. *Ballwieser, Wolfgang/Hachmeister, Dirk*: Unternehmensbewertung: Prozess, Methoden und Probleme. 4. Aufl., Stuttgart 2013, S. 10.

telt.[467] Eine weitere Variante der Mischverfahren stellen die Übergewinnverfahren dar, deren bekanntester Vertreter das Stuttgarter Verfahren ist.

Zu den **Überschlagsrechnungen** zählt das Multiplikatorverfahren, bei dem der gesuchte Marktpreis eines zu bewertenden Unternehmens aus feststellbaren Marktpreisen vergleichbarer Unternehmen abgeleitet wird; die Ableitung kann auch aus den Marktpreisen, die sich aus Transaktionen mit Beteiligungen am betrachteten Unternehmen in der Vergangenheit ergeben haben, erfolgen.[468]

Welcher der verschiedenen denkbaren Wertansätze im konkreten Einzelfall allerdings entscheidungsrelevant ist, hängt zum einen vom Anlass der Unternehmensbewertung und zum anderen von dem zugrunde liegenden Bewertungszweck ab. Es kann also nur für die jeweilige spezielle Anwendungssituation entschieden werden, welcher Wert denn nun in diesem Fall einen für den konkreten Anlass brauchbaren Unternehmenswert darstellt.

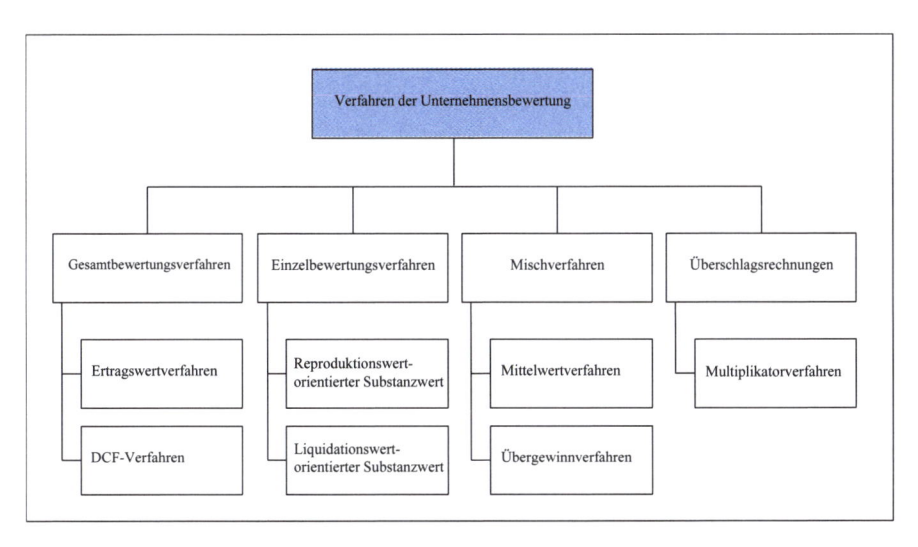

Abbildung 56: Die Verfahren der Unternehmensbewertung

---

[467] Vgl. *Schierenbeck, Henner/Wöhle, Claudia B.*: Grundzüge der Betriebswirtschaftslehre. 18. Aufl., München 2012, S. 486.

[468] Auf diese Verfahren wird im Rahmen dieses Buches nicht näher eingegangen. Vgl. dazu bspw. ausführlich *Olbrich, Michael/Frey, Niko*: Multiplikatorverfahren. In: Handbuch Unternehmensbewertung, hrsg. von *Karl Petersen, Christian Zwirner* und *Gerrit Brösel*, Köln 2013, S. 313–327; *Schierenbeck, Henner/Wöhle, Claudia B.*: Grundzüge der Betriebswirtschaftslehre. 18. Aufl., München 2012, S. 495–498; *Schüler, Andreas*: Zur Unternehmensbewertung mit Multiplikatoren. In: Die Wirtschaftsprüfung 2014, S. 1146–1158.

II. Die traditionellen Verfahren

1. Die Substanzwertverfahren

Bei den Substanzwertverfahren wird der Unternehmenswert aus der Summe der Werte aller Vermögensgegenstände berechnet.[469] Den Unternehmenswert ermittelt man nicht aus zukünftig zufließenden Zahlungsströmen, sondern ausschließlich aus der vorhandenen Unternehmenssubstanz. Den Einzelbewertungsverfahren fällt – trotz der zahlreichen Kritik an der lediglich auf die objektive Bewertung einzelner Vermögensgegenstände ausgerichteten Bewertung – insofern eine erhebliche Bedeutung zu, als mit ihrer Hilfe eine weitgehend objektive Grundlage bzgl. einer grundlegenden Bewertungsbasis für ein gesamtes Unternehmen geschaffen wird. Allerdings darf dabei nicht übersehen werden, dass diese Konzeption der Einzelbewertung der einzelnen im Unternehmen vorhandenen Vermögenspositionen mit einer Reihe von Mängeln behaftet ist.

Um nämlich aus der Summe der einzelnen zum Unternehmenserfolg beitragenden Vermögensgegenstände als „Substanz des Unternehmens" für jeden einzelnen Vermögensgegenstand einen Wertansatz im Hinblick auf dessen Bedeutung für das Gesamtsystem ableiten zu können, müsste der Ermittlung solcher Einzelwerte eigentlich eine Unternehmensgesamtbewertung vorausgehen.

Des Weiteren treten Probleme dahingehend auf, dass einerseits nicht alle am Unternehmenserfolg beteiligten Faktoren bewertbar bzw. überhaupt bekannt sind, und andererseits eine kausale Aufteilung des Unternehmensgesamtwerts auf die einzelnen Vermögensgegenstände undurchführbar ist.

Obwohl die aufgezeigte Problematik einer als Einzelbewertung angelegten Substanzbewertung nicht übersehen werden darf, bietet sich doch in bestimmten Fällen eine Bewertung des Unternehmens auf der Basis der Einzelwerte der betrieblichen Substanz i. S. einer Gesamtbewertung an, so bspw. bei:

- Stilllegung des Unternehmens, wobei sein Gesamtwert der Summe der Einzelverkaufspreise der veräußerbaren Vermögensgegenstände, vermindert um die Schulden, entspricht;
- Stilllegung von Teilen des Unternehmens bei grds. Bereitschaft zur Fortführung der unternehmerischen Aktivitäten;
- Verkauf von nicht betriebsnotwendigem Vermögen und grds. Bereitschaft zur Fortführung des Unternehmens, mit Ausnahme des Verkaufs von Teilbetrieben sowie Anteilen an anderen Unternehmen u.Ä., bei denen das Erfordernis einer separaten Gesamtbewertung besteht.[470]

---

[469] Vgl. *Mandl, Gerwald/Rabel, Klaus*: Methoden der Unternehmensbewertung (Überblick). In: Praxishandbuch der Unternehmensbewertung, hrsg. von *Volker H. Peemöller*, 6. Aufl., Herne 2015, S. 57.

[470] Vgl. zu diesen sowie zu den nachfolgenden Ausführungen *Bieg, Hartmut*: Betriebswirtschaftslehre 1: Investition und Unternehmungsbewertung. 2. Aufl., Freiburg i.Br. 1997, S. 182–187.

Es lässt sich erkennen, dass **in bestimmten Situationen der Gesamtwert** eines Unternehmens also **durch die Unternehmenssubstanz** in entscheidender Weise **beeinflusst** bzw. z.T. auch weitgehend festgelegt wird. Unklarheit besteht aber oftmals dahingehend, welcher Substanzwert des Unternehmens denn nun für die Berechnung maßgeblich ist, da der Begriff „Substanzwert" nur einen Obergriff für mehrere signifikante Spezialausdrücke hinsichtlich des Substanzwerts eines Unternehmens darstellt. Deshalb kann auch nicht für jede Anwendungssituation in gleicher Weise gesagt werden, welche Bedeutung dem Substanzwert bei einer Unternehmensgesamtbewertung zukommt und welche Bestandteile im entsprechenden Einzelfall für die Bestimmung der Unternehmenssubstanz zu berücksichtigen sind. Zwar lässt sich der jeweilige Gesamtwert der Unternehmenssubstanz als Summe der Produkte aus Substanzmenge und Wertansatz der einzelnen Vermögensgegenstände festlegen, jedoch ergeben sich Unterschiede aufgrund des unterschiedlichen Umfangs der in die Substanz einzubeziehenden Vermögensgegenstände und außerdem aufgrund der unterschiedlichen Wertansätze.

Differenziert werden muss dabei generell zwischen zwei grds. Ausrichtungen des Substanzwerts eines Unternehmens (vgl. diesbzgl. auch **Abbildung 57**[471]; S. 260).

Der Substanzwert kann auf eine mögliche Liquidation des Unternehmens ausgerichtet sein; dann erfolgt eine Orientierung am **Liquidationswert**. In diesem Fall soll bestimmt werden, welcher Betrag bei einer Unternehmensauflösung erzielt werden kann. Beim Verkauf der veräußerbaren Vermögensgegenstände müssen dabei i. Allg. – zumeist in Abhängigkeit von der Dringlichkeit der Liquidation bzw. vom angestrebten Liquidationszeitpunkt – Abschläge vom realen Wert (Anschaffungskosten abzgl. der zeitbedingten Wertminderung) der Vermögensgegenstände hingenommen werden. Darüber hinaus werden die Verkaufserlöse durch die Kosten der Abwicklung und der Verwertung gemindert. Aus den danach noch verbliebenen Verkaufserlösen müssen außerdem noch die Schulden und die sonstigen Verpflichtungen (z.B. aufgrund eines Sozialplans) abgedeckt werden. Die schließlich noch übrig bleibenden Nettoeinnahmen repräsentieren den **liquidationswertorientierten Substanzwert** des Unternehmens.[472]

Die häufigere Ausprägung des Substanzwerts eines Unternehmens zielt dagegen auf eine **Reproduktionswertorientierung** ab. Dabei wird mit Hilfe des Substanzwerts versucht, eine Antwort auf die Frage zu finden, wie viel Kapital aufgewendet werden müsste, um das zu bewertende Unternehmen so nachzubauen, wie es derzeit real existiert, d.h. wie es steht und liegt. Es wird also diejenige Kapitalsumme ermittelt, die notwendig ist, um ein Unternehmem der gleichen technischen Leistungsfähigkeit und der gleichen wirtschaftlichen Ausstattung zu errichten, wie sie das zu bewertende Unternehmen aufweist.[473]

---

[471] Modifiziert entnommen aus *Kußmaul, Heinz*: Gesamtbewertung von Unternehmen als spezieller Anwendungsfall der Investitionsrechnung. In: Der Steuerberater 1996, S. 306.
[472] Vgl. dazu u.a. *Bieg, Hartmut*: Betriebswirtschaftslehre 1: Investition und Unternehmungsbewertung. 2. Aufl., Freiburg i.Br. 1997, S. 183.
[473] Vgl. dazu *Wöhe, Günter/Döring, Ulrich*: Einführung in die Allgemeine Betriebswirtschaftslehre. 25. Aufl., München 2013, S. 529–530.

Hierbei wird zunächst von den Vermögensgegenständen ausgegangen, die zum einen als betriebsnotwendig gelten und zum anderen einzeln bewertbar sind; es tritt an dieser Stelle das Problem der Bestimmung der betriebsnotwendigen Vermögensgegenstände auf. Die Abgrenzung zwischen betriebsnotwendigem und nicht betriebsnotwendigem Vermögen hängt letztendlich von der Art der beabsichtigten Unternehmensfortführung ab und kann deshalb nicht pauschal beantwortet werden. Deutlich zu erkennen ist aber, dass hier große Ermessensspielräume bei der Unternehmensbewertung existieren.[474]

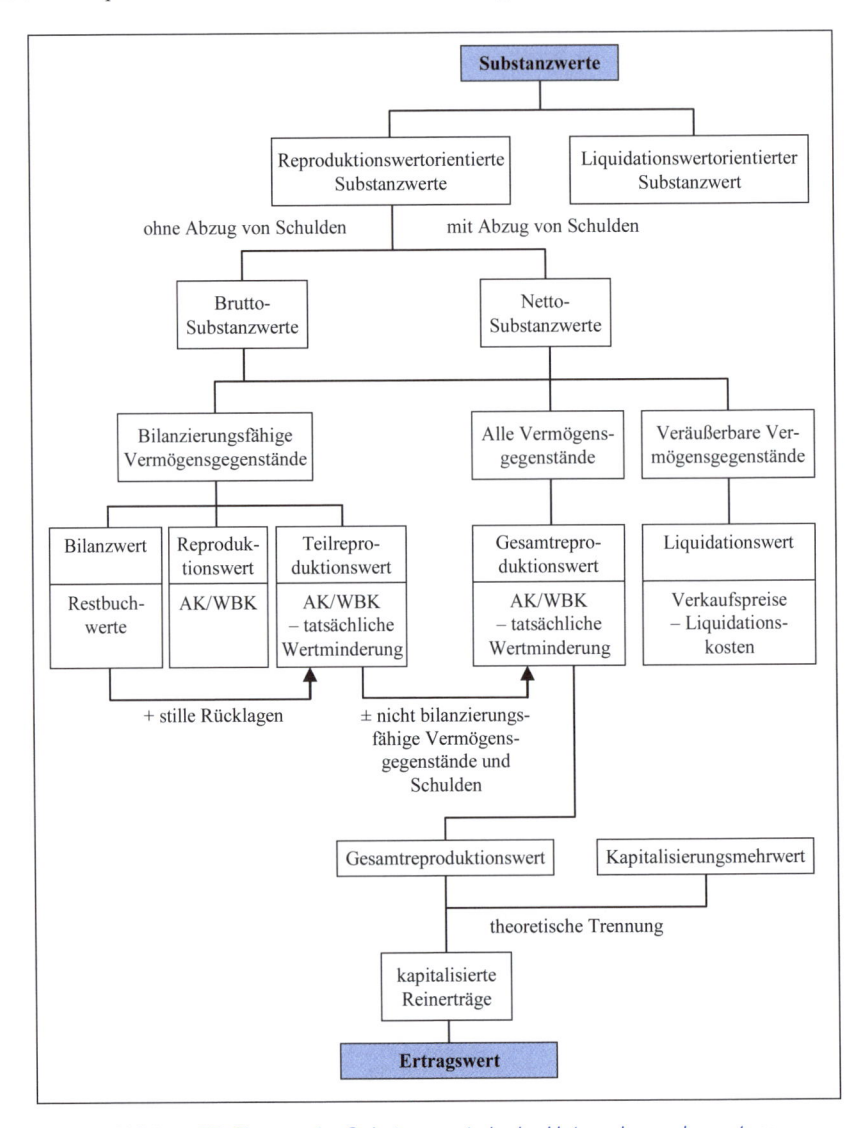

Abbildung 57: Formen der Substanzwerte in der Unternehmensbewertung und deren Abgrenzung zum Ertragswert

---

[474] Vgl. dazu und zum Folgenden insb. *Bieg, Hartmut*: Betriebswirtschaftslehre 1: Investition und Unternehmungsbewertung. 2. Aufl., Freiburg i.Br. 1997, S. 184–186.

Erwähnt werden muss in diesem Zusammenhang, dass die Voraussetzung der Einzelbewertbarkeit auf eine deutliche Schwäche der Ermittlung eines Unternehmenswerts auf der Grundlage der Substanzbewertung hinweist. Durch die Einzelbewertung und damit durch die isolierte Betrachtung eines jeden Vermögensgegenstandes erfolgt nämlich eine Nichtberücksichtigung der Auswirkungen der einzelnen Vermögensgegenstände im Verbund und somit eine Vernachlässigung von deren Ertragspotenzial.

Ein Ansatz der nicht betriebsnotwendigen Vermögensgegenstände geschieht i. H. d. Liquidationswerts. Im Falle des Vorhandenseins sowohl betriebsnotwendiger als auch nicht betriebsnotwendiger Vermögensgegenstände kommt es bei der Ermittlung des Unternehmenswerts darauf an, auf welchen reproduktionswertorientierten Substanzwert abgezielt wird.

Differenziert werden kann zwischen folgenden Größen (vgl. dazu auch **Abbildung 57**; S. 260):

Eine Berechnung der verschiedenen reproduktionswertorientierten Substanzwerte kann primär auf der Basis von Brutto- oder Nettosubstanzwerten durchgeführt werden. Möchte man **Bruttosubstanzwerte** ermitteln, findet kein Abzug der Schulden des Unternehmens statt. Erfolgt dagegen ein Abzug der – tatsächlichen (entsprechend der herrschenden Literaturmeinung) oder aber der bei einer als normal erachteten Eigen-/Fremdkapitalrelation vertretbaren – Schulden, so handelt es sich um **Nettosubstanzwerte**.

Unter dem **Bilanzwert** ist die Summe der Restbuchwerte (fortgeführte Anschaffungs- oder Herstellungskosten) der bilanzierten Vermögensgegenstände zu verstehen. Schwierigkeiten können in diesem Fall allerdings bei unterschiedlichen Wertansätzen in Handels- und Steuerbilanz auftreten. Als nachteilig hinsichtlich der Aussagefähigkeit dieses Werts ist in erster Linie anzumerken, dass keine Aufdeckung der stillen Rücklagen aufgrund der preisabhängigen Bewertung (gemildertes Niederstwertprinzip im Anlagevermögen und strenges Niederstwertprinzip im Umlaufvermögen) erfolgt. Des Weiteren werden von diesem Wert nur bilanzierte Vermögensgegenstände erfasst (Problem: Bilanzierungswahlrechte bzw. -verbote).

Durch Addition der Anschaffungs- bzw. Wiederbeschaffungskosten sämtlicher bilanzierter materieller und immaterieller Vermögenswerte am Bewertungsstichtag ergibt sich der **Reproduktionswert**. Schwierigkeiten können hier u.U. bei der Ermittlung der Wiederbeschaffungskosten auftreten, wenn der Vermögensgegenstand in der Art und Weise seines derzeitigen Vorhandenseins im Unternehmen nicht mehr auf dem Markt beschafft werden kann bzw. wenn der Vermögensgegenstand so nicht mehr beschafft werden würde (bei einem fiktiven Nachbau des Unternehmens), da eine technische Überalterung eingetreten ist.[475]

Werden vom Reproduktionswert die entsprechend dem Lebensalter der real vorhandenen Vermögensgegenstände bisher eingetretenen tatsächlichen Wertminderungen abgesetzt, so erhält man den **Teilreproduktionswert**. Der Vorteil dieses Werts gegenüber dem Bilanz-

---

[475] Vgl. dazu und zum Folgenden *Bieg, Hartmut*: Betriebswirtschaftslehre 1: Investition und Unternehmungsbewertung. 2. Aufl., Freiburg i.Br. 1997, S. 184.

wert des Unternehmens ist darin zu sehen, dass hier alle stillen Rücklagen aufgelöst sind. Allerdings weist diese auch als **Reproduktionsaltwert** bezeichnete Kennzahl den Nachteil auf, dass sich einerseits die Ermittlung der Wiederbeschaffungskosten und die Schätzung des Abnutzungsgrades der Vermögensgegenstände als schwierig erweisen kann und dass andererseits der Wert der nicht bilanzierungsfähigen immateriellen Vermögensgegenstände (wie z.B. Mitarbeiterpotenzial, Standortvorteile, technisches Knowhow, Image, Patente, Organisation, Kundenstamm, Marktposition, Produktionsgeheimnisse, Betriebsklima) keine Berücksichtigung findet. Ohne eine Erfassung auch dieser Faktoren hätte aber eine Unternehmensbewertung auf der Basis von Substanzwerten keinen Sinn.

Deshalb wird – um zu einem brauchbaren und aussagefähigen Wert zu gelangen – eine Erhöhung des Teilreproduktionswerts um die prognostizierten Wiederbeschaffungskosten der nicht bilanzierten bzw. nicht bilanzierungsfähigen Vermögensgegenstände vorgenommen; man gelangt so zum **Gesamtreproduktionswert**. Dieser Wert weist im Vergleich zu den vorherigen drei Werten den Vorteil auf, dass auch nicht bilanzierte bzw. nicht bilanzierungsfähige Vermögensgegenstände erfasst sind; extreme Bewertungsschwierigkeiten werden sich hier allerdings bei der Feststellung der Wiederbeschaffungskosten für das Mitarbeiterpotenzial, die Standortvorteile, das technische Know-how, das Image usw. ergeben.

Zwischen einer Wertermittlung unter Heranziehung des Teilreproduktionswerts und dem Ertragswert eines Unternehmens liegt als Differenz der sog. **originäre Firmen- bzw. Geschäftswert**. Er umfasst zum einen den Wert der Vermögensgegenstände, die nicht bilanzierungsfähig sind, und zum anderen die Summe der Mehrwerte der Vermögensgegenstände, die zwar bilanziell erfasst sind, die aber wegen der bei der Bestimmung des Reproduktionswerts erfolgten preisabhängigen Bewertung unter dem Wert angesetzt wurden, der sich bei einer ertragsabhängigen Bewertung ergeben hätte.

Anders ausgedrückt resultiert der originäre Firmenwert aus der Summe der nicht bilanzierungsfähigen immateriellen Vermögensgegenstände, der die Differenz zwischen Gesamt- und Teilreproduktionswert widerspiegelt, und dem **Kapitalisierungsmehrwert**, der sich als Differenz zwischen Ertragswert und Teilreproduktionswert ergibt, und der für den Fall, dass der Gesamtreproduktionswert den Ertragswert übersteigt, zu einem Kapitalisierungsminderwert werden kann.

Über alle diese Wertfestlegungen hinaus ist zusätzlich die Situation zu berücksichtigen, dass nicht betriebsnotwendige Vermögensgegenstände veräußert werden, so dass auch im Rahmen des reproduktionswertorientierten Substanzwertes ein **Liquidationswert** (Verkaufspreis abzgl. der Liquidationskosten) entsteht. Dieser ist jedoch nicht zu verwechseln mit dem liquidationswertorientierten Substanzwert, von dem er sich grundlegend unterscheidet.[476]

Durch den Unterschied zwischen reproduktionswertorientiertem und liquidationswertorientiertem Substanzwert kommt klar zum Ausdruck, dass eine Bestimmung des Substanzwerts

---

[476] Vgl. dazu sowie hinsichtlich der nachfolgenden Ausführungen v.a. *Bieg, Hartmut*: Betriebswirtschaftslehre 1: Investition und Unternehmungsbewertung. 2. Aufl., Freiburg i.Br. 1997, S. 184–186.

unmöglich getrennt von den zukünftigen – beabsichtigten oder unterstellten – Aktivitäten des zu bewertenden Unternehmens durchgeführt werden kann. Der jeweilige Entscheidungsträger legt nicht nur fest, auf welche Teile des Unternehmens er in Zukunft verzichten will oder kann, sondern er entscheidet auch über eine evtl. – teilweise – Stilllegung bzw. Liquidation. Es besteht daher eine Abhängigkeit des Substanzwerts von den mit den Vermögenspositionen verfolgten Absichten und Möglichkeiten.

Trotz des Vorteils leichterer Bestimmbarkeit des Substanzwerts im Vergleich zu einer Ermittlung des Ertragswerts ist der oftmals sehr entscheidende Nachteil der Vernachlässigung des zukünftigen Nutzens bzw. der zukünftigen Erträge gegeben. Der Wert eines jeden Vermögensgegenstandes wie auch einer jeden Unternehmensgesamtheit ist i. Allg. stark von dem Zukunftserfolg abhängig, der daraus resultieren soll. Da aber eine Festlegung des Unternehmenswerts auf der Grundlage eines Substanzwerts das zukünftige Ertragspotenzial der Vermögensgegenstände nicht berücksichtigt, ist ein derartiger Wert als alleinige Basis einer Unternehmensbewertung ungeeignet.

Den vehementen Gegnern der Substanzbewertung kann aber entgegengehalten werden, dass die vorhandene Substanz eines Unternehmens nicht völlig bedeutungslos ist. Denn je brauchbarer sich diese im Hinblick auf die zukünftigen Vorhaben des Unternehmens erweist, desto vorteilhafter sind die Einflüsse auf die zukünftig zu erwartenden Zahlungsströme; bspw. können bereits vorhandene Vermögensgegenstände (z.B. ein bislang nicht genutztes Grundstück) eine Ersparnis bei den künftigen Auszahlungen bewirken oder aber den zeitlichen Anfall von Auszahlungen verzögern (Neuwertigkeit vorhandener Anlagen und Maschinen).

In der Bewertungspraxis wird die Unternehmenswertermittlung auf ausschließlicher Basis des Substanzwertverfahrens weitgehend abgelehnt. Gem. IDW „kommt dem Substanzwert bei der Ermittlung des Unternehmenswerts keine eigenständige Bedeutung zu"[477]. In Gestalt des Teilreproduktionswerts erlangt der Substanzwert jedoch trotz allem praktische Bedeutung, wobei an die handels- und steuerbilanzielle Behandlung des Erwerbs von Unternehmen zu denken ist; als Folge des Einzelbewertungsgrundsatzes ist die Gegenleistung (z. B. der Kaufpreis) auf die einzelnen Vermögensgegenstände und Schulden aufzuteilen.[478] Zudem dient der Substanzwert als Hilfsgröße im Zusammenhang mit anderen Wertermittlungsmaßstäben. So bildet nach IDW S1 der Liquidationswert des Unternehmens die Untergrenze für den Unternehmenswert.[479]

---

[477] *IDW*: IDW Standard: Grundsätze zur Durchführung von Unternehmensbewertungen (IDW S1 i. d. F. 2008). In: IDW-Fachnachrichten 2008, Rn. 6.

[478] Vgl. *Mandl, Gerwald/Rabel, Klaus*: Methoden der Unternehmensbewertung (Überblick). In: Praxishandbuch der Unternehmensbewertung, hrsg. von *Volker H. Peemöller*, 6. Aufl., Herne 2015, S. 88.

[479] Vgl. *IDW*: IDW Standard: Grundsätze zur Durchführung von Unternehmensbewertungen (IDW S1 i. d. F. 2008). In: IDW-Fachnachrichten 2008, Rn. 5; vgl. auch *Mandl, Gerwald/Rabel, Klaus*: Methoden der Unternehmensbewertung (Überblick). In: Praxishandbuch der Unternehmensbewertung, hrsg. von *Volker H. Peemöller*, 6. Aufl., Herne 2015, S. 89.

2. Die Mittelwertverfahren

Das durch *Schmalenbach* initiierte **Mittelwertverfahren**, in der Literatur auch als „Berliner Verfahren" bezeichnet, stützt sich auf die weit verbreitete Vorstellung, dass eine Unternehmensbewertung nach dem Ertragswertverfahren (vgl. dazu **Abschnitt 9, Kap. C.IV.**) i.d.R. ein zu hohes, nach der Substanzwertmethode dagegen häufig ein zu niedriges, den „richtigen" Wert des Unternehmens nicht widerspiegelndes Ergebnis zur Folge hat. Dabei liegt der Gedanke eines vollkommenen Marktes zugrunde, in dem ein über dem Reproduktionswert liegender Ertragswert langfristig als überhöht angesehen wird, weil jederzeit damit gerechnet werden muss, dass hohe Branchengewinne i. Allg. Konkurrenten anlocken und die erzielbaren Gewinne durch den ausbrechenden Konkurrenzkampf auf ein „normales Niveau" gedrückt werden.[480]

In Anbetracht dieser Situation wurde von *Schmalenbach* vorgeschlagen, bei Vorliegen einer derartigen Sachverhaltsgestaltung den Unternehmenswert als **arithmetisches Mittel aus Teilreproduktionswert und Ertragswert** zu berechnen. Die Konsequenz daraus ist eine lediglich hälftige Berücksichtigung des Firmen- bzw. Geschäftswerts.

$$UW = \frac{EW + TRW}{2}$$

Dabei gilt:

UW : Gesamtwert des Unternehmens;

EW : Ertragswert des Unternehmens;

TRW : Teilreproduktionswert des Unternehmens.

Hinter dieser Formel steckt der Grundgedanke, dass der Gesamtreproduktionswert zwar als maßgeblicher Unternehmensgesamtwert anzusehen ist, dieser aber aufgrund der Schwierigkeiten einer zahlenmäßigen Festlegung des Firmen- bzw. Geschäftswerts, d.h. des sog. „Goodwill", nicht exakt ermittelt werden kann. Da sich aber Ertragswert und Teilreproduktionswert einigermaßen richtig berechnen lassen – wobei angenommen wird, dass der Teilreproduktionswert unter dem Gesamtreproduktionswert und der Ertragswert (ohne Berücksichtigung der Konkurrenzgefahr) über diesem liegt –, liefert das Mittelwertverfahren einen einfachen, allerdings rein schematischen Ausweg zur Bestimmung des unbekannten Gesamtreproduktionswerts.[481]

Obwohl in der Realität keine vollkommene Konkurrenz auf den Märkten herrscht, war das Mittelwertverfahren „lange Zeit wahrscheinlich das in der Praxis gebräuchlichste Bewer-

---

[480] Vgl. dazu und zum Folgenden insb. *Wöhe, Günter/Döring, Ulrich*: Einführung in die Allgemeine Betriebswirtschaftslehre. 25. Aufl., München 2013, S. 530–531.

[481] Vgl. dazu ausführlich *Moxter, Adolf*: Grundsätze ordnungsmäßiger Unternehmensbewertung. 2. Aufl., Wiesbaden 1983, S. 56–60.

tungsverfahren und wird deshalb auch häufig als Praktikerverfahren bezeichnet"[482]. Das IDW hingegen lehnt das Mittelwertverfahren ab.[483]

Bei der Anwendung dieses Bewertungsverfahrens ergeben sich trotz der auf den ersten Blick leicht erscheinenden Durchführbarkeit gewisse Nachteile, die einerseits der Ertragswertmethode und anderseits der Substanzwertmethode anhaften. Hier besteht nämlich ebenfalls die Schwierigkeit der Bestimmung eines ertragsabhängigen Werts; außerdem treten die theoretischen Mängel des Ertragswert- und des Substanzwertverfahrens zum Vorschein.

Neben dem Mittelwertverfahren existiert in der Schweiz eine abgewandelte Variante, das durch *Busch* begründete „Schweizer Verfahren". Dieses dient dort zur steuerlichen Bewertung von nicht notierten Anteilen, wobei der Ertragswert als der wichtigere der beiden Werte angesehen wird und daher eine prozentuale Gewichtung des Ertragswerts im Vergleich zum Substanzwert im Verhältnis zwei Drittel zu einem Drittel erfolgt.[484]

3. Die Methoden der befristeten und unbefristeten Geschäftswertabschreibung

Den Methoden der Geschäftswertabschreibung liegt im Prinzip der gleiche Gedanke zugrunde wie der Mittelwertmethode; allerdings wird hier das Konkurrenzrisiko nicht in gleicher Weise schematisch berücksichtigt.[485] Ausgangsbasis der Methoden der Geschäftswertabschreibung stellen die Gewinne dar, die ohne Berücksichtigung der Konkurrenzgefahr zu erwarten sind. Um das Konkurrenzrisiko zu quantifizieren, erfolgt eine Kürzung dieser Gewinne um sog. „Abschreibungen auf den Geschäftswert". Als Geschäftswert gilt dabei die Differenz zwischen dem gesuchten (noch unbekannten) Gesamtwert des Unternehmens und dem Substanzwert i. S. des Reproduktionswerts, wobei sich der gesuchte Unternehmenswert selbst aus der Kapitalisierung der um die Abschreibungen auf den Geschäftswert gekürzten Gewinne ergibt.

Für den Fall der **unbefristeten Geschäftswertabschreibung** und als konstant unterstellter jährlicher Gewinne ergibt sich der Gesamtwert des Unternehmens aus der folgenden Gleichung:

$$\boxed{\begin{aligned} UW &= \frac{G - a \cdot (UW - RW)}{i} \\ UW &= \frac{EW + \frac{a}{i} \cdot RW}{1 + \frac{a}{i}} \end{aligned}}$$

---

[482] *Schierenbeck, Henner/Wöhle, Claudia B.*: Grundzüge der Betriebswirtschaftslehre. 18. Aufl., München 2012, S. 486, im Original teilweise fett.

[483] Vgl. *Castadello, Marc*: Die Unternehmensbewertung. In: WP-Handbuch. Band II, hrsg. vom *Institut der Wirtschaftsprüfer*, 14. Aufl., Düsseldorf 2014, Rn. 6.

[484] Vgl. dazu u.a. *Redley, Rémi*: Unternehmensbewertung: Kurzcharakteristika und Bewertung verschiedener Verfahren. In: bilanz & buchhaltung 1994, S. 475–476.

[485] Vgl. dazu und zum Folgenden insb. *Schierenbeck, Henner/Wöhle, Claudia B.*: Grundzüge der Betriebswirtschaftslehre. 18. Aufl., München 2012, S. 487–489.

mit $a = \frac{1}{n}$

Dabei gilt:

UW : Gesamtwert des Unternehmens;
EW : Ertragswert des Unternehmens;
RW : Reproduktionswert des Unternehmens;
G : Konstanter jährlicher Gewinn;
a : Abschreibungsfaktor;
n : Abschreibungsdauer;
i : Zugrunde liegender Kalkulationszinssatz.

Im Rahmen einer **befristeten Geschäftswertabschreibung** erfolgt i. Allg. zunächst eine Ermittlung des „vollen" Ertragswerts und daran anschließend eine Absetzung des Barwerts der Geschäftswertabschreibung von dieser Größe:

$$UW = \frac{G}{i} - RBF_i^n \cdot a \cdot (UW - RW)$$

$$UW = \frac{EW + a \cdot RBF_i^n \cdot RW}{1 + a \cdot RBF_i^n}$$

Obwohl bei der Berechnung des Unternehmenswerts nach einer der beiden Methoden der Geschäftswertabschreibung ein hoher formaler Aufwand betrieben werden muss, lastet diesen Verfahren eine unpassende Konzeption an. Im Falle der unbefristeten Geschäftswertabschreibung erfolgt eine Kürzung des Ertragswerts auch dann noch um die Abschreibung auf den Geschäftswert, wenn Letzterer bereits vollständig abgeschrieben ist. Bei der befristeten Geschäftswertabschreibung wird nach Ablauf der Abschreibungsdauer mit den ungekürzten Gewinnen weitergerechnet, also keine Konkurrenzgefahr mehr unterstellt.[486]

4. Die Methoden der Übergewinnabgeltung

Eine Gemeinsamkeit zwischen den verschiedenen Methoden der Übergewinnabgeltung besteht dahingehend, dass der Unternehmenswert als Summe von Reproduktionswert und Geschäftswert, welcher hier den Wert der „Übergewinne" verkörpert, bestimmt wird. Als Übergewinn ist der Teil der jährlichen Gewinne eines Unternehmens anzusehen, der über eine normale Verzinsung des im Reproduktionswert verkörperten Kapitaleinsatzes hinaus erwirtschaftet wird.[487]

---

[486] Vgl. *Schierenbeck, Henner/Wöhle, Claudia B.*: Grundzüge der Betriebswirtschaftslehre. 18. Aufl., München 2012, S. 487.

[487] Vgl. dazu und zum Folgenden u.a. *Moxter, Adolf*: Grundsätze ordnungsmäßiger Unternehmensbewertung. 2. Aufl., Wiesbaden 1983, S. 56–60; *Schierenbeck, Henner/Wöhle, Claudia B.*: Grundzüge der Betriebswirtschaftslehre. 18. Aufl., München 2012, S. 487–488.

Übergewinne gelten im Rahmen dieser Bewertungsverfahren als nicht dauerhaft; es wird vielmehr nur der Normalgewinn als nachhaltig und dauerhaft in seinem zeitlichen Anfall angesehen. Deshalb werden die Übergewinne nur für eine bestimmte Zeitspanne, die sog. **Übergewinndauer**, im Rahmen des Unternehmensgesamtwerts berücksichtigt.

Bzgl. der Ermittlung des „Übergewinns" wird ausgegangen vom Reproduktionswert des Unternehmens RW und dem landesüblichen Zinssatz, d.h. einem „Normalzinssatz" i. Darauf basierend kann der sog. „Normalgewinn" G_N ermittelt werden, indem eine Verzinsung des Reproduktionswerts mit dem Zinssatz i erfolgt:

$$\boxed{G_N = i \cdot RW}$$

Der sog. „Übergewinn" $G_Ü$ ergibt sich aus der Differenz zwischen dem erwarteten Gewinn G und dem Normalgewinn G_N:

$$\boxed{G_Ü = G - G_N = G - i \cdot RW}$$

Bei der **Methode der einfachen undiskontierten Übergewinnabgeltung** erfolgt eine Multiplikation des Übergewinns mit der angenommenen Zahl der Jahre seines Anfallens und daran anschließend eine Hinzurechnung zum Reproduktionswert, wobei n in diesem Fall der Übergewinndauer entspricht:

$$\boxed{UW = RW + n \cdot (G - i \cdot RW)}$$

Die **Methoden der diskontierten Übergewinnabgeltung** rechnen exakter, denn korrekterweise müssen die Übergewinne auf den Bewertungsstichtag abgezinst und dann dem Substanzwert hinzugerechnet werden. Dementsprechend ergeben sich die Varianten einer befristeten oder aber einer unbefristeten Übergewinnabgeltung.

Bei der **befristeten diskontierten Übergewinnabgeltung** gilt für den Unternehmensgesamtwert UW:

$$\boxed{UW = RW + RBF_i^n \cdot (G - i \cdot RW)}$$

Dabei gilt:

n : Übergewinndauer.

Geht man von einer **unbefristeten diskontierten Übergewinnabgeltung** aus, so lässt sich der Unternehmensgesamtwert folgendermaßen berechnen:

$$\boxed{UW = RW + \frac{(G - i \cdot RW)}{i_Ü}}$$

Dabei gilt:

i : Normalzinssatz;
$i_Ü$: Zinssatz für den Übergewinn.

Mitunter existieren auch moderne Varianten dieser Methoden, die als **sog. Residualgewinn-Modelle** bezeichnet werden; danach ergibt sich der Unternehmenswert aus der Differenz aus dem Barwert der zukünftigen ökonomischen Gewinne (diese entsprechen den Gewinnen nach Abzug von Kapitalkosten) und dem Buchwert des investierten Kapitals.[488]

Verbreitete Anwendung finden die diversen Methoden der Übergewinnabgeltung v. a. in den angelsächsischen Ländern. In Deutschland war eine spezielle Variante der einfachen undiskontierten Übergewinnabgeltung für erbschaftsteuerliche Zwecke von Bedeutung, das sog. **Stuttgarter Verfahren**. Dieses zur erbschaftsteuerlichen Bewertung nicht notierter Unternehmensanteile verwendete Verfahren kommt seit Inkrafttreten der Erbschaftsteuerreform 2009 nicht mehr zur Anwendung.[489] Aufgrund seiner in der Vergangenheit sehr erheblichen praktischen Bedeutung und seiner Fixierung in vielen Gesellschaftsverträgen von GmbH sei es daher im nachfolgenden Kapitel erläutert.

5. Das Stuttgarter Verfahren als spezielle Variante der einfachen undiskontierten Übergewinnabgeltung

Im Rahmen des **Stuttgarter Verfahrens** als spezieller Variante der einfachen undiskontierten Übergewinnabgeltung erfolgte – bis zur Reformierung des Erbschaftsteuerrechts in den Jahren 2008/2009 – eine **Bewertung nicht notierter Anteile an Kapitalgesellschaften für Zwecke der Erbschaft- und Schenkungsteuer**. Die gesetzliche Grundlage für eine Anwendung des Stuttgarter Verfahrens bildeten § 11 Abs. 2 BewG a. F., wonach der gemeine Wert derartiger Anteile „unter Berücksichtigung des Vermögens und der Ertragsaussichten der Kapitalgesellschaft zu schätzen" war, und § 113a BewG a. F., wonach dieser Wert gesondert festzustellen war. Detaillierte Regelungen zu diesem Verfahren fanden sich in R 96 bis H 108 ErbStR vom 17.03.2003.

Dabei wurde der Berechung des gemeinen Werts (vgl. zum Begriff des gemeinen Werts § 9 BewG) eines Kapitalanteils der Vermögenswert zugrunde gelegt und durch eine zeitlich begrenzte Berücksichtigung der Ertragsaussichten korrigiert.

Als Basis für die Ermittlung des Vermögenswerts diente der Wert des Betriebsvermögens, an dem Korrekturen vorgenommen wurden. Infolge dieser Wertkorrekturen erhielt man dann als näherungsweise Schätzung den gemeinen Wert der nicht notierten Kapitalgesellschaftsanteile. Die Vorgehensweise bei der Schätzung erfolgte in drei Schritten:[490]

---

[488] Vgl. *Schierenbeck, Henner/Wöhle, Claudia B.*: Grundzüge der Betriebswirtschaftslehre. 18. Aufl., München 2012, S. 489.

[489] Vgl. *Schierenbeck, Henner/Wöhle, Claudia B.*: Grundzüge der Betriebswirtschaftslehre. 18. Aufl., München 2012, S. 488–489.

[490] Vgl. dazu u.a. *Christoffel, Hans Günter*: Neue Anteilsbewertung nach den Vermögensteuer-Richtlinien 1993. In: GmbH-Rundschau 1993, S. 715–717; *Haberstock, Lothar*: Steuerbilanz und Vermögensaufstellung. 3. Aufl., Hamburg 1991, S. 220; *Hübner, Heinrich*: Die Neuregelung der Anteilsbewertung nach den Vermögensteuer-Richtlinien 1993. In: Deutsches Steuerrecht 1993, S. 1656–1661 und mit Neuerungen *Eisele, Dirk*: Bewertung nichtnotierter Anteile an Kapitalgesellschaften nach dem Stuttgarter Verfahren ab 1995. In: Steuer und Studium 1995, S. 409–412; *Glier, Josef*: Die Vermögensteuer-Änderungsrichtlinien 1995. In: Deutsches Steuerrecht 1994, S. 1836–1840; *Kußmaul, Heinz*: Betriebswirtschaftliche Steuerlehre. 7. Aufl., München 2014,

(1) Berechnung des **Vermögenswerts** als Prozentsatz vom Nennkapital, abgeleitet aus dem Betriebsvermögen der Kapitalgesellschaft.

(2) Berechnung des Ertragswerts als Prozentsatz vom Nennkapital, abgeleitet aus den Jahreserträgen der letzten 3 Jahre (sog. **Ertragshundertsatz**).

(3) Berechnung des **gemeinen Werts** als Prozentsatz vom Nennkapital, als Kombination aus Vermögens- und Ertragswert.

Bzgl. der Berechnung des gemeinen Wertes musste eine Unterscheidung dahingehend vorgenommen werden, ob die jeweiligen Anteilseigner Einfluss auf die Geschäftsführung der Kapitalgesellschaft nehmen können oder nicht (wann ein Einfluss auf die Geschäftsführung angenommen wird, war aus R 101 Abs. 1 Satz 3 ErbStR ersichtlich). Der im Stuttgarter Verfahren ermittelte Wert für einflussreiche Gesellschafter wich von dem für einflussarme Gesellschafter ab. Bei fehlendem Einfluss auf die Geschäftsführung war der im Rahmen der Regelbewertung ermittelte gemeine Wert gem. R 101 Abs. 8 ErbStR pauschal um 10 % zu kürzen.[491] Waren beide Gruppen von Gesellschaftern an einem Unternehmen beteiligt, mussten zwei gemeine Werte berechnet werden.[492]

Für die Ermittlung des **Vermögenswerts** war gem. R 98 Abs. 1 ErbStR „das Vermögen der Kapitalgesellschaft mit dem Wert im Besteuerungszeitpunkt ... zugrunde zu legen, der sich bei Anwendung des § 12 Abs. 2, 5 und 6 ErbStG [a. F.; d. Verf.] ergibt". Mit dem Verweis auf die genannten Regelungen des Erbschaftsteuerrechts wurde erreicht, dass bei Ermittlung des Vermögens der Kapitalgesellschaft, welches die Ausgangsgröße bei der Berechnung des Vermögenswertes bildet, die bewertungsrechtlichen Vorschriften für das Betriebsvermögen Anwendung fanden. Zur Ermittlung des Vermögenswertes wurde grds. von der Bilanz zum Besteuerungszeitpunkt ausgegangen. Wich der Bewertungszeitpunkt vom Bilanzstichtag ab und lag kein Zwischenabschluss vor, so war eine Ableitung des Vermögenswertes von der letzten Bilanz vor dem Besteuerungszeitpunkt vorzunehmen, indem entsprechende Korrekturen durchgeführt wurden.[493]

Die Abgrenzung des Betriebsvermögens wurde nach § 95 BewG a. F. – und somit in grds. Übereinstimmung mit der Abgrenzung des Betriebsvermögens bei der steuerlichen Gewinnermittlung – vorgenommen. Eine Ausnahme galt für den Geschäfts- oder Firmenwert und die Werte von firmenwertähnlichen Wirtschaftsgütern, die gem. § 12 Abs. 2 Satz 2 ErbStG a. F. und R 98 Abs. 1 Satz 3 ErbStR nicht in die Ermittlung des Vermögenswertes einzubeziehen waren. Die Bewertung der einzelnen Wirtschaftsgüter erfolgte gem. § 109 Abs. 1 BewG a. F. grds. mit den Steuerbilanzwerten. Wertpapiere, Anteile und Genussscheine von Kapitalgesellschaften, die zum Betriebsvermögen gehören, waren jedoch nach

---

S. 141–143 sowie noch ausführlich *Kußmaul, Heinz*: Betriebswirtschaftliche Steuerlehre. 4. Aufl., München 2006, S. 117–121.

[491] Vgl. diesbzgl. u.a. *Eisele, Dirk*: Bewertung nichtnotierter Anteile an Kapitalgesellschaften nach dem Stuttgarter Verfahren ab 1995. In: Steuer und Studium 1995, S. 411; *Glier, Josef*: Die Vermögensteuer-Änderungsrichtlinien 1995. In: Deutsches Steuerrecht 1994, S. 1837.

[492] Vgl. dazu u.a. *Rose, Gerd*: Betrieb und Steuer. 3. Buch: Die Substanzsteuern, 10. Aufl., Wiesbaden 1997, S. 81.

[493] Vgl. *Haar, Horst*: Änderungen des Stuttgarter Verfahrens durch die Erbschaftsteuer-Richtlinien und -Hinweise. In: Steuer und Studium 1999, S. 413–414.

§ 12 Abs. 5 Satz 3 ErbStG a. F. mit dem Stichtagswert bzw. dem gemeinen Wert anzusetzen. Eine weitere Ausnahme stellten die Betriebsgrundstücke dar. Für diese durften ebenfalls nicht die Bilanzansätze übernommen werden, sondern es musste eine Bewertung mit den Grundbesitzwerten erfolgen, die anhand der Vorschriften des Vierten Abschnitts des Zweiten Teils des Bewertungsgesetzes zu ermitteln waren.

Durch Division des ermittelten Vermögenswertes der Kapitalgesellschaft durch das Nennkapital des Unternehmens ergab sich nach R 98 Abs. 4 ErbStR der Vermögenswert V:

$$V = \frac{\text{Korrigiertes Vermögen} \cdot 100}{\text{Nennkapital}}$$

Ein negativer Vermögenswert war dabei nicht – wie im Falle des Ertragswerts (siehe unten) – auf 0% zu begrenzen, sondern im Rahmen der Ermittlung des gemeinen Werts mit dem entsprechenden Ertragswert zu saldieren. Im Falle eines negativen gemeinen Werts war dieser allerdings auf 0% zu begrenzen.

Für die **Ermittlung des Ertragshundertsatzes** war der voraussichtliche künftige (ausschüttungsfähige) Jahresertrag maßgeblich. Dieser basierte i.d.R. auf dem tatsächlich erzielten gewichteten Durchschnittsertrag (R 99 Abs. 1 Satz 2 ErbStR). Dabei wurden die Betriebsergebnisse der letzten 3 vor dem Besteuerungszeitpunkt abgelaufenen Wirtschaftsjahre zugrunde gelegt. Nach R 99 Abs. 3 ErbStR waren die ermittelten Betriebsergebnisse der letzten 3 Jahre zu gewichten. Das Betriebsergebnis des am weitesten zurückliegenden Jahres wurde mit dem Faktor 1, das des mittleren Jahres mit dem Faktor 2 und das des unmittelbar vorhergehenden Jahres mit dem Faktor 3 multipliziert. Die Summe der somit errechneten Betriebsergebnisse wurde durch 6 dividiert und ergab den Durchschnittsertrag bzw. Jahresertrag.

Gem. R 99 Abs. 1 Satz 4 ErbStR war dabei vom jeweiligen zu versteuernden Einkommen nach §§ 7 und 8 KStG auszugehen, das dann noch um die in R 99 Abs. 1 Satz 5 ErbStR angegebenen Positionen zu korrigieren war (vgl. dazu das Schema in **Abbildung 58**. Die Korrekturen dienten dazu, das steuerliche Ergebnis in das „tatsächliche Betriebsergebnis" umzuformen, das regelmäßig erzielt werden kann. Das zu versteuernde Einkommen wurde also um die Beträge korrigiert, die das Einkommen erhöht oder gemindert haben, für die Ausschüttung jedoch nicht zur Verfügung stehen.

	Betriebsergebnis
+	Im Betriebsergebnis berücksichtigtes Gehalt des Gesellschafter-Geschäftsführers
=	**Bemessungsgrundlage der Höchstgrenze**
	Höchstgrenze für die persönliche Tätigkeit im Betrieb (30 % der Summe aus Betriebsergebnis und Geschäftsführergehalt)
–	Tatsächliches Geschäftsführergehalt
=	**Abschlag**

Abbildung 58: Ermittlung des Sonderabschlags bei persönlichem Einsatz eines Gesellschafter-Geschäftsführers

Ein besonderer Abschlag bis zu 30% konnte nach R 99 Abs. 2 ErbStR bei Kapitalgesellschaften gemacht werden, „... bei denen ohne Einsatz eines größeren Betriebskapitals der Ertrag ausschließlich und unmittelbar von der persönlichen Tätigkeit des Gesellschafter-Geschäftsführers abhängig [war; d. Verf.], ohne dass dies bereits durch ein entsprechendes Entgelt abgegolten wird". Begründet wurde dies damit, dass ein Wechsel in der Geschäftsführung den Unternehmenswert wesentlich beeinträchtigen könnte. Als Indiz für diesen Tatbestand wurde eine ungewöhnlich hohe Rendite auf das eingesetzte Kapital angesehen. Diese Rendite wurde aus dem Verhältnis zwischen dem Ertragshundertsatz (ohne die Abschläge nach R 99 Abs. 2 ErbStR; vgl. dazu den Jahresertrag im Schema) und dem Vermögenswert berechnet. Zur jeweiligen Höhe des Abschlags gab es keine detaillierten Vorschriften der Finanzverwaltung. Für den Fall eines Sonderabschlags wegen des persönlichen Einsatzes eines Gesellschafter-Geschäftsführers wurde die in **Abbildung 58** (S. 270) dargestellte Berechnung vorgeschlagen.[494]

Demnach kam ein Sonderabschlag nur in Betracht, wenn das berücksichtigte Geschäftsführergehalt die Obergrenze von 30% bezogen auf das Betriebsergebnis plus Geschäftsführergehalt nicht überstieg. Unter Berücksichtigung weiterer Korrekturen ließ sich das in **Abbildung 59** (S. 272) folgende Berechnungsschema zur Ermittlung des Ertragshundertsatzes nach R 99 und R 103 Abs. 4 ErbStR aufstellen.

Teilte man den Jahresertrag durch das Nennkapital des Unternehmens, erhielt man den Ertragshundertsatz E:

$$E = \frac{\text{Jahresertrag} \cdot 100}{\text{Nennkapital}}$$

Nach R 99 Abs. 4 Satz 3 ErbStR war bei einem negativen ausschüttungsfähigen Jahresertrag von einem Ertragshundertsatz von null auszugehen.

Der **gemeine Wert** wurde als Kombination aus Vermögens- und Ertragswert errechnet. Dabei wurde unterstellt, dass ein Interessent für Unternehmensanteile die Wahl hat, zum gemeinen Wert Anteile zu kaufen oder den gleichen Betrag in einer mit 9 % verzinsten Alternativanlage zu investieren. Als überschaubarer Zeitraum für seine Überlegungen wurden 5 Jahre angenommen. Die Ertragsaussichten beim Anteilserwerb (enthalten im Ertragswert) waren somit für diesen Zeitraum den Ertragsaussichten der Alternativanlage gegenüberzustellen. Die Differenz wurde dem Vermögenswert hinzugerechnet bzw. davon abgezogen.

---

[494] Vgl. *Christoffel, Hans Günter*: Bewertung nichtnotierter Anteile an Kapitalgesellschaften nach dem Stuttgarter Verfahren ab 1993. In: Neue Wirtschafts-Briefe vom 12.12.1994, Fach 9, S. 2651.

	Körperschaftsteuerliches Einkommen
+	Einkommensminderungen aus Beteiligungen an anderen Kapitalgesellschaften von mehr als 50% (R 103 Abs. 4 Nr. 2 ErbStR)
+	Sonderabschreibungen oder erhöhte Abschreibungen, Bewertungsabschläge, Zuführungen zu steuerfreien Rücklagen, Teilwertabschreibungen (nur lineare und degressive AfA waren zu berücksichtigen)
+	Absetzungen auf den Geschäfts- oder Firmenwert oder auf firmenwertähnliche Wirtschaftsgüter
+	Verlustabzug gem. § 10d EStG
+	Einmalige Veräußerungsverluste
+	Steuerfreie Vermögensmehrungen
+	Investitionszulagen, soweit in Zukunft mit weiteren zulagebegünstigten Investitionen in gleichem Umfang gerechnet werden konnte
−	Einkommenserhöhungen aus Beteiligungen an anderen Kapitalgesellschaften von mehr als 50 % (R 103 Abs. 4 Nr. 2 ErbStR)
−	Einmalige Veräußerungsgewinne und gewinnerhöhende Auflösungsbeträge steuerfreier Rücklagen
−	Übrige nicht abziehbare Aufwendungen (z. B. Hälfte der Aufsichtsratsvergütungen, Solidaritätszuschlag, nicht jedoch Körperschaftsteuer)
−	KSt-Tarifbelastung auf die nicht abziehbaren Aufwendungen $\left(\frac{\text{Steuersatz in \%}}{100 - \text{Steuersatz in \%}} \cdot \text{nicht abziehbare Ausgaben}\right)$ [495]
−	Abschlag für persönliche Tätigkeit des Gesellschafter-Geschäftsführers (R 99 Abs. 2 ErbStR)
=	**Betriebsergebnis**
→	Summe der gewichteten Betriebsergebnisse der letzten drei Jahre (R 99 Abs. 3 ErbStR):
	(3 · Betriebsergebnis der letzten Periode vor dem Besteuerungszeitpunkt
	+ 2 · Betriebsergebnis der vorletzten Periode vor dem Besteuerungszeitpunkt
	+ 1 · Betriebsergebnis der vorvorletzten Periode vor dem Besteuerungszeitpunkt)
÷	6
=	**Durchschnittsertrag = Jahresertrag**

Abbildung 59: Berechnungsschema zur Ermittlung des Jahresertrags

Formal kann diese Berechnung folgendermaßen dargestellt werden (vgl. dazu R 100 Abs. 2 Satz 3 ErbStR):

$$\text{Gemeiner Wert} = V + 5 \cdot (E - \text{gemeiner Wert} \cdot 0{,}09)$$

Nach Umformung und Abrundung erhält man als Formel zur Berechnung des gemeinen Werts:

$$\text{Gemeiner Wert} = 0{,}68 \cdot (V + 5 \cdot E)$$

---

[495] Die Höhe der auf die nicht abziehbaren Ausgaben entfallenden Körperschaftsteuer war für jedes Jahr des dreijährigen Ermittlungszeitraumes gesondert nach obiger Gleichung zu berechnen.

Gem. R 100 Abs. 3 Satz 2 ErbStR konnten besondere Umstände, die in den bisherigen Berechnungen nicht hinreichend beachtet wurden, durch Zu- oder Abschläge Berücksichtigung finden. Dazu gehörten insb. Abschläge wegen unverhältnismäßig geringer Erträge, schwerer Verkäuflichkeit, Verfügungsbeschränkungen u.a.

Hinsichtlich der Anwendung des Stuttgarter Verfahrens in besonderen Fällen, z.B. bei Neugründungen, Holdinggesellschaften oder gemeinnützigen Unternehmen, soll hier der Hinweis auf R 102, 103 und 108 ErbStR genügen.[496]

C. Die Gesamtbewertungsverfahren

I. Einordnung

Zu den Gesamtbewertungsverfahren zählen das **Ertragswertverfahren** (vgl. **Abschnitt 9, Kap. C.IV.**) sowie die verschiedenen **Discounted Cashflow (DCF)-Verfahren**.[497] Das Ertragswertverfahren gilt als traditionelles Verfahren der Unternehmensbewertung. Die aus den USA stammenden Discounted Cashflow-Verfahren gewinnen in den letzten Jahren zunehmend an Bedeutung. Diese Verfahren der Unternehmensbewertung, welche auf Unternehmensberater wie *Rappaport* und *Copeland/Koller/Murrin* zurückgehen, haben sich heute weitgehend durchgesetzt, wie auch der IDW Standard „Grundsätze zur Durchführung von Unternehmensbewertungen (IDW S1 i. d. F. 2008)" erkennen lässt (vgl. dazu auch **Abschnitt 9, Kap. D.**). Die Gründe dafür sind:

- Es wird nicht der Ertragswert berechnet, sondern ein Discounted Cashflow (DCF); die beiden Werte können sich im Detail trotz gleicher Kapitalbasis unterscheiden,[498] was u.E. auf unterschiedliche Cashflow-Definitionen zurückzuführen ist.

- Gesucht wird nicht der objektivierte Unternehmenswert, sondern der Unternehmenswert, der die Strategie des Managements optimiert. In strategischen Anwendungssituationen, wie z.B. Unternehmensakquisitionen, zeigt das Ertragswertverfahren Grenzen in der Aussagefähigkeit, da gezahlte Akquisitionspreise oftmals durch das Bewertungsverfahren nicht mehr nachvollzogen werden können.[499]

---

[496] Vgl. u.a. *Christoffel, Hans Günter*: Neue Anteilsbewertung nach den Vermögensteuer-Richtlinien 1993. In: GmbH-Rundschau 1993, S. 717; *Glier, Josef*: Die Vermögensteuer-Änderungsrichtlinien 1995. In: Deutsches Steuerrecht 1994, S. 1836–1840; *Haberstock, Lothar*: Steuerbilanz und Vermögensaufstellung. 3. Aufl., Hamburg 1991, S. 226 und *Hübner, Heinrich*: Die Neuregelung der Anteilsbewertung nach den Vermögensteuer-Richtlinien 1993. In: Deutsches Steuerrecht 1993, S. 1660.

[497] Vgl. *Ballwieser, Wolfgang/Hachmeister, Dirk*: Unternehmensbewertung: Prozess, Methoden und Probleme. 4. Aufl., Stuttgart 2013, S. 8–9.

[498] Vgl. *Ballwieser, Wolfgang*: Aktuelle Aspekte der Unternehmensbewertung. In: Die Wirtschaftsprüfung 1995, S. 120.

[499] Vgl. *Serfling, Klaus/Pape, Ulrich*: Strategische Unternehmensbewertung und Discounted Cash-Flow-Methode. In: Das Wirtschaftsstudium 1996, S. 57.

- Der Bewertungsprozess wird marktgestützt vorgenommen, insb. durch die Berechnung eines risikoangepassten Kalkulationszinsfußes mittels des sog. Capital Asset Pricing Model (CAPM).[500]

Bei den **DCF-Verfahren** werden vier Varianten unterschieden, die gleichwertig nebeneinander stehen, rechentechnisch unterschiedliche Wege gehen, aber grds. einer methodischen Grundlage folgen.[501] Dies sind:

- Das Flow to Equity (FTE)-Verfahren,
- das Free Cashflow (FCF)-Verfahren,
- das Total Cashflow (TCF)-Verfahren und
- das Adjusted Present Value (APV)-Verfahren.[502]

Die Gesamtbewertungsverfahren basieren auf dem Kapitalwertkalkül der Investitionstheorie.[503] Wie schon in **Abschnitt 9, Kap. B.** dargelegt, erfolgt die Ermittlung des Unternehmenswerts durch Diskontierung der dem Anteilseigner zukünftig zufließenden Zahlungs- bzw. Erfolgsgrößen auf einen einheitlichen Bezugszeitpunkt. Der mit Hilfe der Gesamtbewertungsverfahren ermittelte Unternehmenswert ist demnach ein Kapitalwert.[504] Der dabei verwendete Zinssatz stellt die Rendite der besten risikoäquivalenten Alternativanlage dar.[505] Ein Unterschied zwischen den Verfahren besteht neben einer unterschiedlichen rechnerischen Vorgehensweise insb. in der Verwendung unterschiedlicher Erfolgsgrößen.[506]

Das **Ertragswertverfahren** verwendet zukünftige handelsrechtliche Erfolge (inkl. Modifikationen dieser Größen), während die Varianten der **DCF-Verfahren** zukünftige Cashflows zugrunde legen. Herangezogen wird jedoch nicht der „traditionelle" Cashflow eines Unternehmens, der sich zusammensetzt aus Gewinn, Abschreibungen sowie Rückstellungsveränderungen und damit von der Anlageintensität bzw. der Altersstruktur der Sachanlagen des Unternehmens abhängt und der nur die im Unternehmen erzielten Einzahlungsüberschüsse

---

[500] Vgl. **Abschnitt 9, Kap. C.III.**, v. a. aber *Bieg, Hartmut/Kußmaul, Heinz*: Investitions- und Finanzierungsmanagement. Band III: Finanzwirtschaftliche Entscheidungen, München 2000, S. 123–152.

[501] Vgl. *Baetge, Jörg* u. a.: Darstellung der Discounted Cashflow-Verfahren (DCF-Verfahren) mit Beispiel. In: Praxishandbuch der Unternehmensbewertung, hrsg. von *Volker H. Peemöller*, 6. Aufl., Herne 2015, S. 358.

[502] Vgl. *Ballwieser, Wolfgang/Hachmeister, Dirk*: Unternehmensbewertung: Prozess, Methoden und Probleme. 4. Aufl., Stuttgart 2013, S. 140–142.

[503] Vgl. *Kaden, Jens* u. a.: Kritische Überlegungen zur Discounted Cash Flow-Methode: Methodenharmonisierung von Ertragswert und Discounted Cash Flow. In: Zeitschrift für Betriebswirtschaft 1997, S. 499–500.

[504] Vgl. *Ballwieser, Wolfgang*: Unternehmensbewertung mit Discounted Cash Flow-Verfahren. In: Die Wirtschaftsprüfung 1998, S. 81.

[505] Vgl. *Mandl, Gerwald/Rabel, Klaus*: Methoden der Unternehmensbewertung (Überblick). In: Praxishandbuch der Unternehmensbewertung, hrsg. von *Volker H. Peemöller*, 6. Aufl., Herne 2015, S. 63.

[506] Vgl. hierzu *Ballwieser, Wolfgang*: Verbindungen von Ertragswert- und Discounted-Cashflow-Verfahren. In: Praxishandbuch der Unternehmensbewertung, hrsg. von *Volker H. Peemöller*, 6. Aufl., Herne 2015, S. 511.

berücksichtigt, sondern vielmehr der sog. Free Cashflow bzw. der Total Cashflow, bei denen im Vergleich zum traditionellen Cashflow zusätzlich Investitionen, Desinvestitionen bzw. Veränderungen des Working Capitals (nicht durch kurzfristiges Fremdkapital finanziertes Umlaufvermögen) verrechnet werden.

Die **Stärken der DCF-Verfahren** können v. a. darin gesehen werden, dass sie aus der Investitions- und Kapitalmarkttheorie abgeleitet werden und künftige Unternehmensweiterentwicklungen Berücksichtigung finden. Die international anerkannten Verfahren diskontieren zukünftige Cashflows, die sich gegenüber Bilanzmanipulationen relativ robust verhalten. Der Kapitalisierungszinssatz orientiert sich am Kapitalmarkt[507] im Gegensatz zur Ertragswertmethode, nach der als Basiszins der landesübliche Zinssatz zugrunde gelegt wird, der sich aus der langfristigen Rendite öffentlicher Anleihen ergibt.[508]

Die DCF-Methoden liefern insoweit einen zutreffenderen Unternehmenswert als das traditionelle Ertragswertverfahren, als hier die Wechselwirkungen zwischen Unternehmen und Umwelt besser erfasst werden. Dies äußert sich u.a. darin, dass die Finanzierungswirkung der Abschreibungen und der Veränderung langfristiger Rückstellungen ebenso in die Bewertung eingeht wie der Finanzbedarf für Ersatz- und Erweiterungsinvestitionen im Anlage- und Umlaufvermögen. Der Vorteil liegt darin, dass sich der für den Unternehmenswert maßgebliche Nutzen für den oder die Unternehmenseigner in dem zukünftigen Überschuss aus dem Zahlungsstrom zwischen dem Unternehmen und Dritten äußert, soweit er/sie darüber z.B. in Ausübung der Konzernleitung verfügen kann/können. Im Rahmen der DCF-Methoden wird i.d.R. zunächst der Wert des Unternehmens unabhängig von der Finanzierung, d.h. unter Annahme der vollständigen Eigenfinanzierung des Unternehmens, ermittelt (sog. Bruttoverfahren):

- Als Ausgangsbasis dient das **Ergebnis vor Zinsen und Steuern**.

- Durch Subtraktion der Ertragsteuern vom und durch Addition der Abschreibungen und anderer zahlungsunwirksamer Aufwendungen zum Ergebnis vor Zinsen und Steuern sowie der Veränderung der langfristigen Rückstellungen lässt sich der **Brutto-Cashflow** ermitteln.

- Die Differenz, die sich aus dem Brutto-Cashflow abzgl. der Investitionen in Anlagevermögen und Working Capital (= Umlaufvermögen abzgl. kurzfristiges Kapital (Umlaufkapital)) sowie abzgl. der Unternehmenssteuerersparnis durch anteilige Fremdfinanzierung ergibt (sog. Tax Shield), verkörpert den **Free Cashflow**. Erfolgt kein Abzug des Tax Shield, so ergibt sich der sog. **Total Cashflow**.

Der **Free Cashflow** umfasst denjenigen Finanzmittelüberschuss, der zur Zahlung von Fremdkapitalzinsen, von Dividenden sowie zur Tilgung von Finanzverbindlichkeiten zur Verfügung steht. Beim Free Cashflow handelt es sich um eine Größe **nach Steuern**; er ist maßgeblich für die Ermittlung des Unternehmenswerts. Aufgrund der unterstellten reinen

---

[507] Vgl. *Peemöller, Volker H./Bömelburg, Peter/Denkmann, Andreas*: Unternehmensbewertung in Deutschland – Eine empirische Erhebung. In: Die Wirtschaftsprüfung 1994, S. 746.

[508] Vgl. *IDW*: IDW Standard: Grundsätze zur Durchführung von Unternehmensbewertungen (IDW S1 i. d. F. 2008). In: IDW-Fachnachrichten 2008, Rn. 116 und Rn. 134.

Eigenfinanzierung der zu bewertenden Unternehmen ist eine Korrektur um die Unternehmenssteuerersparnis vorzunehmen, die sich aus der steuerlichen Abzugsfähigkeit der Zinszahlungen ergibt.[509] Eine solche Korrektur unterbleibt bei Zugrundelegung des Total Cashflows. Die Summe aller Free Cashflows bzw. Total Cashflows der Zukunft, abgezinst mit dem Gesamtkapitalkostensatz nach Steuern, repräsentiert den Unternehmensgesamtwert. Den für einen Investor relevanten Wert des Eigenkapitals erhält man aus der Differenz von Unternehmenswert und dem i.d.R. im Unternehmen eingesetzten Fremdkapital.[510]

Die Varianten der DCF-Verfahren ermitteln den Unternehmenswert, indem der Barwert der zukünftigen Zahlungsströme, unter Einbeziehung eines vom Kapitalmarkt abgeleiteten Diskontierungsfaktors, ermittelt wird,[511] d.h., Investitionstheorie und moderne Kapitalmarkttheorie werden integriert.[512]

Die Shareholdervalue-Analyse, die vorwiegend der strategischen Unternehmensführung dient, wird durch die DCF-Verfahren operationalisiert.[513] Damit wird der Wert des Unternehmens zur Zielgröße der Unternehmensführung.

Zur Ermittlung des Unternehmenswerts sind grds. zwei unterschiedliche Wege denkbar, ein direkter und ein indirekter.[514] Bei der direkten Ermittlung werden nur die dem Anteilseigner zuzurechnenden erwarteten Erfolgs- bzw. Zahlungsgrößen diskontiert,[515] wodurch sich der Wert des Eigenkapitals, also der Unternehmenswert, ergibt. Man spricht in diesem Zusammenhang auch von den sog. Nettoverfahren (Equity Approach). Zu diesen zählen das Ertragswertverfahren sowie das FTE-Verfahren. Dagegen erfolgt bei indirekter Ermittlung des Unternehmenswerts zunächst die Bestimmung des Unternehmensgesamtwerts (Eigenkapital und Fremdkapital), von dem anschließend der Marktwert des Fremdkapitals zum Abzug gebracht wird. In diesem zweiten Fall spricht man von den sog. Bruttoverfahren (Entity Approach), zu denen das FCF-, das TCF- sowie das APV-Verfahren zählen.[516] Der Unterschied zwischen diesen drei genannten Bruttoverfahren besteht dabei darin, „wie die

---

[509] Vgl. dazu *Baetge, Jörg* u. a.: Darstellung der Discounted Cashflow-Verfahren (DCF-Verfahren) mit Beispiel. In: Praxishandbuch der Unternehmensbewertung, hrsg. von *Volker H. Peemöller*, 6. Aufl., Herne 2015, S. 361–362.

[510] Vgl. zu diesen Ausführungen insb. *Börsig, Clemens*: Unternehmenswert und Unternehmensbewertung. In: Zeitschrift für betriebswirtschaftliche Forschung 1993, S. 85–86.

[511] Vgl. *Ballwieser, Wolfgang*: Unternehmensbewertung mit Discounted Cash-Flow-Verfahren. In: Die Wirtschaftsprüfung 1998, S. 81.

[512] Vgl. *Serfling, Klaus/Pape, Ulrich*: Strategische Unternehmensbewertung und Discounted Cash-Flow-Methode. In: Das Wirtschaftsstudium 1996, S. 58.

[513] Vgl. *Böcking, Hans-Joachim/Nowak, Karsten*: Der Beitrag der Discounted Cash-flow-Verfahren zur Lösung der Typisierungsproblematik bei Unternehmensbewertungen. In: Der Betrieb 1998, S. 685.

[514] Vgl. *Schierenbeck, Henner/Wöhle, Claudia B.*: Grundzüge der Betriebswirtschaftslehre. 18. Aufl., München 2012, S. 490–491.

[515] Vgl. *Meyering, Stephan*: Existenzgründung durch Einzelunternehmenskauf – Bewertung, Kaufpreiszahlung, Ertragsteuern. Berlin 2007, S. 103.

[516] Vgl. hierzu *Ballwieser, Wolfgang*: Verbindungen von Ertragswert- und Discounted-Cashflow-Verfahren. In: Praxishandbuch der Unternehmensbewertung, hrsg. von *Volker H. Peemöller*, 6. Aufl., Herne 2015, S. 511.

C. Die Gesamtbewertungsverfahren 277

aus der Fremdfinanzierung resultierende Unternehmensteuerersparnis bei der Ermittlung des Marktwerts des Gesamtkapitals berücksichtigt wird"[517]. Der Zusammenhang zwischen den Verfahren wird in **Abbildung 60**[518] verdeutlicht. Eine überblickartige Darstellung der einzelnen DCF-Verfahren erfolgt in **Abbildung 61**[519].

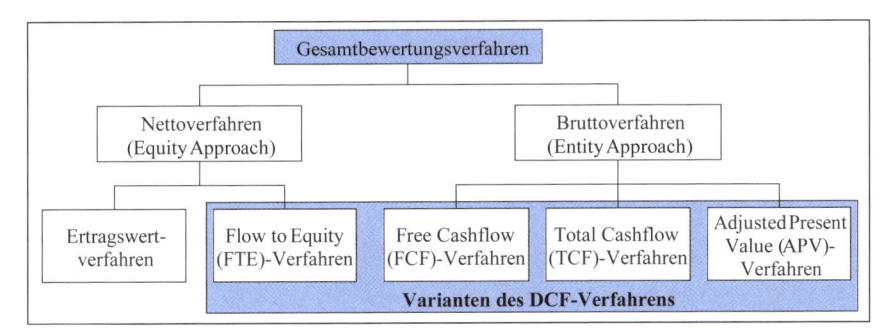

Abbildung 60: Die Gesamtbewertungsverfahren

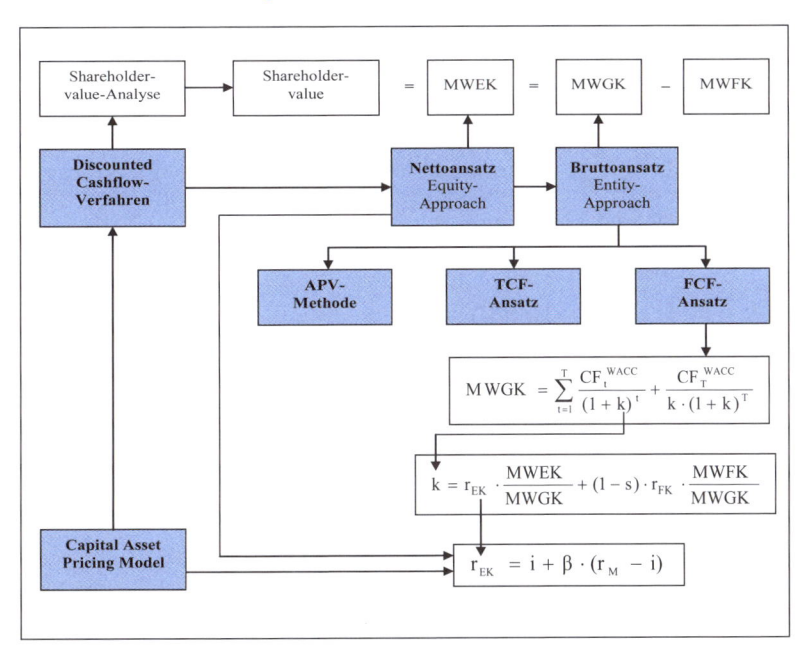

Abbildung 61: Systematisierung der einzelnen DCF-Verfahren

---

[517] *Baetge, Jörg* u. a.: Darstellung der Discounted Cashflow-Verfahren (DCF-Verfahren) mit Beispiel. In: Praxishandbuch der Unternehmensbewertung, hrsg. von *Volker H. Peemöller*, 6. Aufl., Herne 2015, S. 361 sowie *Hachmeister, Dirk*: Die Abbildung der Finanzierung im Rahmen verschiedener Discounted Cash-Flow-Verfahren. In: Zeitschrift für betriebswirtschaftliche Forschung 1996, S. 256.

[518] Modifiziert entnommen aus *Ballwieser, Wolfgang/Hachmeister, Dirk*: Unternehmensbewertung: Prozess, Methoden und Probleme. 4. Aufl., Stuttgart 2013, S. 140.

[519] Modifiziert entnommen aus *Böcking, Hans-Joachim/Nowak, Karsten*: Der Beitrag der Discounted Cash-flow-Verfahren zur Lösung der Typisierungsproblematik bei Unternehmensbewertungen. In: Der Betrieb 1998, S. 686.

Erläuterung der Symbole:

MWEK	:	Marktwert des Eigenkapitals;
MWGK	:	Marktwert des Gesamtkapitals;
MWFK	:	Marktwert des Fremdkapitals;
APV	:	Adjusted Present Value-Ansatz (Methode des angepassten Barwerts);
TCF	:	Total Cashflow-Ansatz;
FCF	:	Free Cashflow-Ansatz;
CF_t^{WACC}	:	Erwartungswert der Cashflows für Eigen- und Fremdkapitalgeber in der Periode t;
CF_T^{WACC}	:	Erwartungswert der Cashflows für Eigen- und Fremdkapitalgeber am Ende des Planungshorizonts;
k	:	Gewogener durchschnittlicher Kapitalkostensatz;
r_{EK}	:	Erwartungswert der Rendite der Eigentümer;
r_{FK}	:	Erwartungswert der Rendite der Fremdkapitalgeber;
s	:	Steuersatz für Ertragsteuern auf Unternehmerebene;
i	:	Risikoloser, landesüblicher Zins;
r_M	:	Erwartungswert der Rendite aus der Anlage des Geldes im „Marktportfolio";
β	:	Maß für die Risikoklasse des Unternehmens.[520]

II. Die Cashflow-Ermittlung

1. Die Cashflow-Begriffe

Im Gegensatz zur Ertragswertmethode, die eine modifizierte Ertragsüberschussrechnung ist, werden bei den zahlungsorientierten Bewertungsverfahren die zukünftigen Zahlungsströme prognostiziert und die zukünftigen Einzahlungsüberschüsse (Cashflows) diskontiert.[521]

Der Cashflow-Begriff ist nicht im konventionellen Sinne zu verstehen, d.h., er setzt sich nicht nur aus Gewinn, Abschreibungen und Rückstellungsveränderungen zusammen, sondern berücksichtigt darüber hinaus Investitionen im Anlage- und Umlaufvermögen.

---

[520] Das CAPM wird in *Bieg, Hartmut/Kußmaul, Heinz*: Investitions- und Finanzierungsmanagement. Band III: Finanzwirtschaftliche Entscheidungen, München 2000, S. 123–152 detailliert dargestellt.

[521] Vgl. *Serfling, Klaus/Pape, Ulrich*: Strategische Unternehmensbewertung und Discounted Cash-Flow-Methode. In: Das Wirtschaftsstudium 1996, S. 58.

Die Ermittlung der Erwartungswerte der zu kapitalisierenden Cashflows kann nach der indirekten oder nach der direkten Methode erfolgen, wie **Abbildung 62**[522] verdeutlicht.

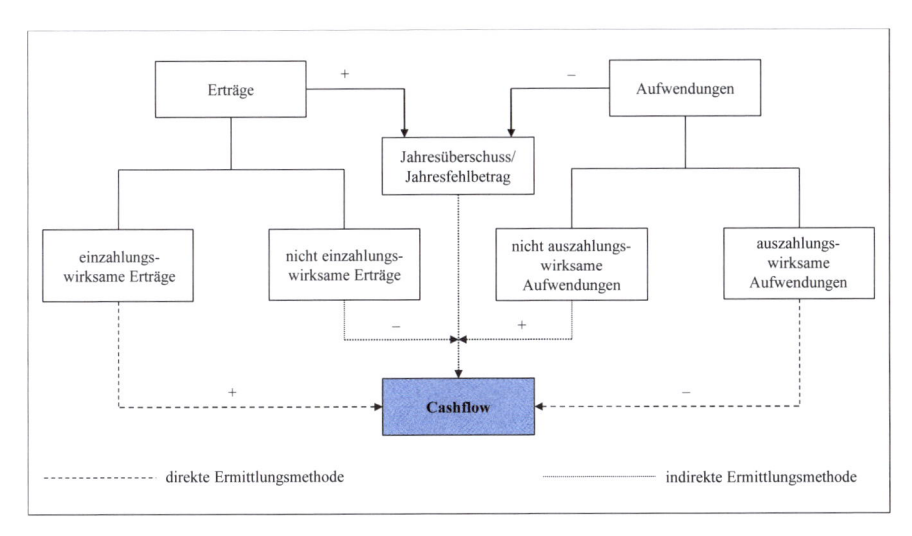

Abbildung 62: Die direkte und die indirekte Ermittlung des Cashflows

2. Die indirekte Methode der Cashflow-Ermittlung

Bei Anwendung der indirekten Methode, die insb. durch *Copeland/Koller/Murrin* vertreten wird, werden Plan-Bilanzen, Plan-GuV und andere Prognoserechnungen aufgestellt. Auf Basis der Plan-GuV wird indirekt der zu diskontierende Cashflow ermittelt.[523] Grds. wird dabei das Jahresergebnis nach Steuern um die nicht einzahlungswirksamen Erträge vermindert und um die nicht auszahlungswirksamen Aufwendungen erhöht.

Die verschiedenen Verfahren der Unternehmensbewertung basieren allerdings auf unterschiedlich definierten Cashflow-Größen. Somit sind je nach Cashflow-Definition unterschiedliche Berechnungskomponenten zu berücksichtigen. Alle Cashflow-Größen gehen vom **Total Cashflow** aus, den man auch als operativen Einzahlungsüberschuss verstehen kann. Seine Ermittlung zeigt das Schema in **Abbildung 63**[524] (S. 280).

Geht man bei der Berechnung des Total Cashflow vom (handelsrechtlichen) Gewinn vor Steuern aus und vermindert man diesen um die von dem Unternehmen zu zahlenden Steuern, so erhält man das (handelsrechtliche) Jahresergebnis nach Steuern; dies entspricht dem Jahresüberschuss bzw. Jahresfehlbetrag nach § 275 Abs. 2 Nr. 17 HGB bzw. § 275 Abs. 3 Nr. 16 HGB.

---

[522] Modifiziert entnommen aus *Bieg, Hartmut*: Die Cash-Flow-Analyse als stromgrößenorientierte Finanzanalyse. In: Der Steuerberater 1998, S. 437.

[523] Vgl. *Ballwieser, Wolfgang*: Unternehmensbewertung mit Discounted Cash-Flow-Verfahren. In: Die Wirtschaftsprüfung 1998, S. 86.

[524] Modifiziert entnommen aus *Baetge, Jörg* u. a.: Darstellung der Discounted Cashflow-Verfahren (DCF-Verfahren) mit Beispiel. In: Praxishandbuch der Unternehmensbewertung, hrsg. von *Volker H. Peemöller*, 6. Aufl., Herne 2015, S. 375.

	Gewinn vor Steuern
–	Unternehmenssteuern
=	Jahresergebnis
+	Zinsen und ähnliche Aufwendungen
+/–	Abschreibungen/Zuschreibungen
+/–	Erhöhung/Verringerung der Rückstellungen
–/+	Erhöhung/Verringerung aktiver Rechnungsabgrenzungsposten
+/–	Erhöhung/Verringerung passiver Rechnungsabgrenzungsposten
–	Weitere nicht zahlungswirksame Erträge (z.B. im Finanzbereich)
+	Weitere nicht zahlungswirksame Aufwendungen
–/+	Erhöhung/Verringerung des Zahlungsmittelbestands im Unternehmen
–/+	Saldo der Zahlungen aus Investitionstätigkeit (Investitionsauszahlungen und Investitionseinzahlungen)
–/+	Erhöhung/Verringerung des Working Capital
=	**Total Cashflow**

Abbildung 63: Definition des TCF

Soll – wie beim FCF- und beim TCF-Verfahren – ein Cashflow verwendet werden, der unabhängig von der Kapitalstruktur des zu bewertenden Unternehmens ist (Fiktion eines rein eigenfinanzierten Unternehmens), müssen die Zinsaufwendungen zum Jahresüberschuss hinzugerechnet werden. Die Abschreibungen werden hinzugerechnet, da sie auszahlungslosen Aufwand darstellen; die Zuschreibungen sind (als einzahlungsloser Ertrag) abzuziehen. Entsprechendes gilt für die Veränderungen bei Rückstellungen und Rechnungsabgrenzungsposten sowie für weitere nicht einzahlungswirksame Erträge (z. B. im Finanzbereich) und weitere nicht auszahlungswirksame Aufwendungen. Eine Veränderung des Zahlungsmittelbestands verändert den Cashflow, wobei eine Erhöhung/Verminderung des Zahlungsmittelbestands den Cashflow vermindert/erhöht. Für Zwecke der Unternehmensbewertung werden auch Investitionsauszahlungen in voller Höhe Cashflow-mindernd, Einzahlungen aus Desinvestitionen entsprechend Cashflow-erhöhend berücksichtigt. Das Working Capital ist definiert als Differenz zwischen den Posten Vorräte, Forderungen und Wertpapiere einerseits und den Lieferantenverbindlichkeiten andererseits. Die Veränderung dieser Größe pro Geschäftsjahr wird bei der Cashflow-Berechnung berücksichtigt, wobei eine Zunahme des Working Capital einen Mittelabfluss und eine Abnahme des Working Capital ein Mittelzufluss bedeutet.[525] Der in der dargestellten Weise ermittelte Total Cashflow gelangt im Rahmen des TCF-Verfahrens, einem Bruttoverfahren, zur Anwendung (vgl. dazu **Abschnitt 9, Kap. C.VIII.**).

Beim FCF-Verfahren, ebenfalls ein Bruttoverfahren (vgl. dazu **Abschnitt 9, Kap. C.VII.**), wird wie beim TCF-Verfahren von einem Cashflow ausgegangen, der von der Kapitalstruktur des zu bewertenden Unternehmens unabhängig ist. Wegen dieser Unterstellung kann im

---

[525] Vgl. zu diesem Absatz *Baetge, Jörg* u. a.: Darstellung der Discounted Cashflow-Verfahren (DCF-Verfahren) mit Beispiel. In: Praxishandbuch der Unternehmensbewertung, hrsg. von *Volker H. Peemöller*, 6. Aufl., Herne 2015, S. 362–364.

C. Die Gesamtbewertungsverfahren

Total Cashflow die steuerliche Wirkung der Abzugsfähigkeit der Fremdkapitalzinsen (Unternehmenssteuerersparnis) nicht berücksichtigt werden. Deswegen ist der Total Cashflow bei der Ermittlung des **Free Cashflow** um die tatsächlich erreichte Unternehmenssteuerersparnis („Tax Shield") zu kürzen.[526] Die Definition des Free Cashflow zeigt das Schema in **Abbildung 64**[527].

	Total Cashflow
−	Unternehmenssteuerersparnis wegen anteiliger Fremdfinanzierung
=	**Free Cashflow**

Abbildung 64: Definition des FCF

Das APV-Verfahren zählt ebenso zu den Bruttoverfahren. Dabei ermittelt man – in einem ersten Schritt – den Marktwert eines vollständig eigenfinanzierten Unternehmens[528] und bedient sich ebenfalls des **Free Cashflows**, welcher – im Unterschied zu dem FCF-Verfahren – mit dem Eigenkapitalkostensatz eines **unverschuldeten Unternehmens** abgezinst wird (vgl. **Abschnitt 9, Kap. C.IX.1.**).

Sofern die Unternehmensbewertung mit Hilfe eines **Nettoverfahrens** vollzogen wird, legt man einen Cashflow zugrunde, der ausschließlich den Eigentümern zufließt. Zur Berechnung des Cashflows an die Eigentümer (sog. Flow to Equity) sind deswegen die erwarteten Zahlungen an die Fremdkapitalgeber abzuziehen. Die erwarteten Zahlungen an die Fremdkapitalgeber sind zum einen die Auszahlungen für fest vereinbarte Zins- und Tilgungsleistungen und zum anderen Einzahlungen aus der geplanten Aufnahme neuer Kredite; dies verdeutlicht **Abbildung 65**[529].

	Total Cashflow
−	Zinsen und ähnliche Aufwendungen
+	Fremdkapitalaufnahmen
−	Fremdkapitaltilgungen
=	**Flow to Equity**

Abbildung 65: Definition des FTE

---

[526] Vgl. zu diesem Absatz *Baetge, Jörg* u. a.: Darstellung der Discounted Cashflow-Verfahren (DCF-Verfahren) mit Beispiel. In: Praxishandbuch der Unternehmensbewertung, hrsg. von *Volker H. Peemöller*, 6. Aufl., Herne 2015, S. 362.

[527] Modifiziert entnommen aus *Baetge, Jörg* u. a.: Darstellung der Discounted Cashflow-Verfahren (DCF-Verfahren) mit Beispiel. In: Praxishandbuch der Unternehmensbewertung, hrsg. von *Volker H. Peemöller*, 6. Aufl., Herne 2015, S. 373.

[528] Vgl. *Baetge, Jörg* u. a.: Darstellung der Discounted Cashflow-Verfahren (DCF-Verfahren) mit Beispiel. In: Praxishandbuch der Unternehmensbewertung, hrsg. von *Volker H. Peemöller*, 6. Aufl., Herne 2015, S. 375.

[529] Modifiziert entnommen aus *Baetge, Jörg* u. a.: Darstellung der Discounted Cashflow-Verfahren (DCF-Verfahren) mit Beispiel. In: Praxishandbuch der Unternehmensbewertung, hrsg. von *Volker H. Peemöller*, 6. Aufl., Herne 2015, S. 376.

Abbildung 66[530] stellt den Zusammenhang der unterschiedlichen Cashflows bei indirekter Ermittlung dar.

	Handelsrechtlicher Jahresüberschuss (nach Steuern)				
+	Abschreibungen und andere zahlungsunwirksame Aufwendungen				
−	Zahlungsunwirksame Erträge				
−/+	Saldo der Zahlungen aus Investitionstätigkeit				
−/+	Erhöhung/Verminderung des Working Capital (inkl. ZMB)				
=	**Vorläufiger Cashflow**				
+	FK-Zinsen	+	FK-Zinsen	+	FK-Aufnahme
−	Tax Shield			−	FK-Tilgung
=	**Free Cashflow**	=	**Total Cashflow**	=	**Flow to Equity**

Abbildung 66: Vergleich der indirekten Ermittlung von FCF, TCF und FTE

Bei der FCF-Ermittlung bleiben die Zinsen unberücksichtigt, da absolute Eigenfinanzierung des künftigen Finanzbedarfs angenommen wird; auch bei der Ertragsteuerermittlung bleiben die Fremdkapitalzinsen zunächst außer Betracht. Die Zinsbelastung fließt über die Anwendung des Konzepts der gewogenen durchschnittlichen Kapitalkosten (WACC-Ansatz), auf das später noch näher eingegangen wird, ein.

3. Die direkte Methode der Cashflow-Ermittlung

Die direkte Methode der Cashflow-Ermittlung im Rahmen der Shareholdervalue-Analyse nach *Rappaport* spielt in der Praxis der Unternehmensbewertung eine eher untergeordnete Rolle, was sich in einer Umfrage durch *Peemöller/Bömelburg/Denkmann* im Jahre 1993 zeigte; danach ermittelten lediglich 2 % der Unternehmen den Cashflow nach der direkten Methode.[531]

Bei der direkten Methode ergibt sich der Cashflow aus der Saldierung aller einzahlungsgleichen Erträge mit allen einzahlungsgleichen Aufwendungen, wobei kein Bezug zum Jahresabschluss besteht.[532] Dies verdeutlicht **Abbildung 67**[533] (S. 283).

---

[530] Modifiziert entnommen aus *Meyering, Stephan*: Existenzgründung durch Einzelunternehmenskauf – Bewertung, Kaufpreiszahlung, Ertragsteuern. Berlin 2007, S. 106.

[531] Vgl. *Peemöller, Volker H./Bömelburg, Peter/Denkmann, Andreas*: Unternehmensbewertung in Deutschland – Eine empirische Erhebung. In: Die Wirtschaftsprüfung 1994, S. 744.

[532] Vgl. *Bieg, Hartmut/Kußmaul, Heinz*: Investitions- und Finanzierungsmanagement. Band III: Finanzwirtschaftliche Entscheidungen, München 2000, S. 264; *Kußmaul, Heinz*: Ermittlung der künftigen Vorteilsströme im Barwertkonzept zur Fundamentalanalyse. Der Steuerberater 1999, S. 145.

[533] Modifiziert entnommen aus *Ballwieser, Wolfgang/Hachmeister, Dirk*: Unternehmensbewertung: Prozess, Methoden und Probleme. 4. Aufl., Stuttgart 2013, S. 141.

C. Die Gesamtbewertungsverfahren

	Einzahlungen aus dem Betriebsbereich
–	Auszahlungen aus dem Betriebsbereich
–	(Ggf. fiktive) Steuern bei reiner Eigenfinanzierung
–/+	Saldo der Zahlungen aus Investitionstätigkeit
=	**Free Cashflow**
+	Tax Shield
=	**Total Cashflow**
–	Fremdkapitalzinsen
+/–	Fremdkapitalaufnahme/-tilgung
=	**Flow to Equity**

Abbildung 67: Vergleich der direkten Ermittlung von FCF, TCF und FTE

Die geringe praktische Bedeutung dieser Methode wird üblicherweise damit begründet, dass dem Bewertenden Informationen über die Zahlungswirksamkeit aller Geschäftsvorfälle vorliegen müssen, was aufgrund des hohen Aufwands i. d. R. nicht der Fall ist. Diese Begründung ist aus Gründen der Logik unzutreffend. Bei der direkten wie der indirekten Methode der Cashflow-Ermittlung ist eine Trennung der zahlungswirksamen von den zahlungsunwirksamen Erfolgskomponenten vorzunehmen; die weiteren Cashflow-Berechnungskomponenten spielen in diesem Zusammenhang keine Rolle. Wer aber diese Trennung im Rahmen der indirekten Methode eindeutig vornehmen kann, muss dazu auch im Rahmen der direkten Methode imstande sein. Ist man als unternehmensexterne Person zu dieser eindeutigen Trennung jedoch – was unterstellt werden darf – nicht in der Lage, wird man bei beiden Methoden der Cashflow-Ermittlung Annahmen machen müssen, die sich auf beide Berechnungsmethoden auswirken.

Rappaport prognostiziert den Free Cashflow mittels **Werttreibern** (sog. value driver). Er ergibt sich als:

= Einzahlungen – Auszahlungen

= [(Umsatz des Vorjahres) · (1 + Wachstumsrate des Umsatzes) · (betriebliche Gewinnmarge) · (1 – Cash-Gewinnsteuersatz)] – (Zusatzinvestitionen ins Anlagevermögen und ins Netto-Umlaufvermögen)[534]

Die Zusatzinvestitionen ins Anlagevermögen sind definiert als diejenigen Investitionsausgaben, die den Abschreibungsaufwand übersteigen (Investitionsausgaben abzgl. Abschreibungen).[535] Die Zusatzinvestitionen ins Umlaufvermögen sind Nettoinvestitionen in Debitoren-,

---

[534] Vgl. *Rappaport, Alfred*: Shareholder Value: Ein Handbuch für Manager und Investoren. 2. Aufl., Stuttgart 1999, S. 41.

[535] Vgl. *Rappaport, Alfred*: Shareholder Value: Ein Handbuch für Manager und Investoren. 2. Aufl., Stuttgart 1999, S. 42.

III. Die Eigenkapitalkosten und das Capital Asset Pricing Model (CAPM)

1. Allgemeine Anmerkungen

Die Eigenkapitalgeber erwarten eine Verzinsung, die sie alternativ am Kapitalmarkt erreichen könnten. Die risikoangepasste Renditeforderung berechnet sich sowohl bei Anwendung des Brutto- als auch des Nettoansatzes nach dem Capital Asset Pricing Model (CAPM), nach welchem im Kapitalmarktgleichgewicht zwischen dem Risiko eines Wertpapiers und seiner Rendite ein linearer Zusammenhang besteht:[537]

$$r_{EK} = i + \beta \cdot (r_M - i)$$

Dabei gilt:

r_{EK} : Erwartete risikoangepasste Renditeforderung der Eigentümer;

r_M : Erwartungswert der Rendite aus der Anlage des Geldes im „Marktportfolio";

i : Risikoloser landesüblicher Zins;

β : Maß für die Risikoklasse des Unternehmens;

$(r_M - i)$: Erwartete Risikoprämie.

Bei Einbeziehung von persönlichen Einkommensteuern in das Modell ergibt sich folgende Formel, wenn der Dividendenteil der Rendite vernachlässigt wird, da er ebenfalls einer Korrektur um die persönliche Einkommensteuer zu unterwerfen wäre (sog. **Tax-CAPM**):[538]

$$r_{EK}^{ESt} = i \cdot \left(1 - s^{ESt}\right) + \beta \cdot (r_M - i \cdot (1 - s^{ESt}))$$

Dabei gilt:

r_{EK}^{ESt} : Erwartete risikoangepasste Renditeforderung der Eigentümer unter Berücksichtigung der Einkommensbesteuerung der Anteilseigner;

s^{ESt} : Persönlicher Einkommensteuersatz.

---

[536] Vgl. *Rappaport, Alfred*: Shareholder Value: Ein Handbuch für Manager und Investoren. 2. Aufl., Stuttgart 1999, S. 43.

[537] Vgl. zu diesem Absatz *Ballwieser, Wolfgang*: Unternehmensbewertung mit Discounted Cash-Flow-Verfahren. In: Die Wirtschaftsprüfung 1998, S. 82; vgl. hierzu ausführlich *Bieg, Hartmut/Kußmaul, Heinz*: Investitions- und Finanzierungsmanagement. Band III: Finanzwirtschaftliche Entscheidungen, München 2000, S. 123–152.

[538] Vgl. *Richter, Frank*: Die Finanzierungsprämissen des Entity-Ansatzes vor dem Hintergrund des APV-Ansatzes zur Bestimmung von Unternehmenswerten. In: Zeitschrift für betriebswirtschaftliche Forschung 1996, S. 1081.

2. Die Risikoprämie und der Betafaktor

Die erwartete **Risikoprämie** ($r_M - i$), die sich aus der Investition in das riskante Marktportfolio anstatt in risikolose Wertpapiere ergibt, stellt die Vergütung für das individuelle Risiko eines Wertpapiers dar. Der Erwartungswert der Rendite des Marktportfolios r_M und der risikolose landesübliche Zinssatz werden als Durchschnitt vergangener Perioden berechnet.[539] Der Durchschnitt kann dabei sowohl in Form des arithmetischen Mittels als auch des geometrischen Mittels berechnet werden, was zu unterschiedlichen Renditen führen kann.[540] Zur Berechnung der durchschnittlichen Rendite des Portfolios wird bspw. auf Aktienindizes (z. B. DAX, MDAX) zurückgegriffen, welche eine Näherung des Marktportfolios bilden.[541] In der Bewertungspraxis kommt meist eine Marktrisikoprämie von 5 bis 6 % zum Ansatz.[542]

β ist das Maß für die Risikoklasse des Unternehmens und wird ermittelt, indem die Kovarianz der Rendite der Wertpapiere der betrachteten Gesellschaft mit der Rendite des Marktportfolios durch die Varianz der Rendite des Marktportfolios dividiert wird.[543] Beispielhaft wird der **β-Faktor** anhand der BMW-Aktie dargestellt:[544]

$$\beta_{BMW} = \frac{Cov_{BMW, DAX}}{\sigma_{DAX}^2}$$

$$= \frac{\sigma_{BMW} \cdot \sigma_{DAX} \cdot \rho_{BMW, DAX}}{\sigma_{DAX}^2}$$

$$= \frac{\sigma_{BMW} \cdot \rho_{BMW, DAX}}{\sigma_{DAX}}$$

Dabei gilt:

β	:	Maß für die Risikoklasse des Unternehmens;
Cov	:	Kovarianz;
σ^2	:	Varianz;
σ	:	Standardabweichung (Volatilität);
ρ	:	Korrelationskoeffizient.

---

[539] Vgl. *Baetge, Jörg* u. a.: Darstellung der Discounted Cashflow-Verfahren (DCF-Verfahren) mit Beispiel. In: Praxishandbuch der Unternehmensbewertung, hrsg. von *Volker H. Peemöller*, 6. Aufl., Herne 2015, S. 394–397.

[540] Vgl. *Baetge, Jörg* u. a.: Darstellung der Discounted Cashflow-Verfahren (DCF-Verfahren) mit Beispiel. In: Praxishandbuch der Unternehmensbewertung, hrsg. von *Volker H. Peemöller*, 6. Aufl., Herne 2015, S. 394; *Loderer, Claudio* u. a.: Handbuch der Bewertung. 4. Aufl., Zürich 2007, S. 375–377.

[541] Vgl. *Ernst, Dietmar/Schneider, Sonja/Thielen, Bjoern*: Unternehmensbewertungen erstellen und verstehen. 5. Aufl., München 2012, S. 58–60.

[542] Vgl. *Ballwieser, Wolfgang*: Unternehmensbewertung mit Discounted Cash-Flow-Verfahren. In: Die Wirtschaftsprüfung 1998, S. 82; *Ernst, Dietmar/Schneider, Sonja/Thielen, Bjoern*: Unternehmensbewertungen erstellen und verstehen. 5. Aufl., München 2012, S. 59.

[543] Vgl. *Ballwieser, Wolfgang*: Unternehmensbewertung mit Discounted Cash-Flow-Verfahren. In: Die Wirtschaftsprüfung 1998, S. 82.

[544] Vgl. *Ballwieser, Wolfgang*: Unternehmensbewertung mit Discounted Cash-Flow-Verfahren. In: Die Wirtschaftsprüfung 1998, S. 123.

Die Standardabweichungen und Korrelationskoeffizienten werden i. Allg. auf 1 Jahr bezogen (Ermittlung eines sog. „Jahres-β")[545] Die Standardabweichung drückt die durchschnittliche Renditeschwankung aus, der Korrelationskoeffizient gibt sowohl die Stärke des Zusammenhangs zwischen Renditeänderung der betrachteten Aktie und des zugrunde liegenden Indexes als auch die Richtung der Renditeänderung an (vgl. **Abbildung 68**[546]).[547]

Nach Erfassung der Renditepaare der zurückliegenden 250 Börsentage wird eine Regressionsgerade ermittelt, deren Steigung gleich β ist. **Abbildung 68** veranschaulicht die Bestimmung von β grafisch.

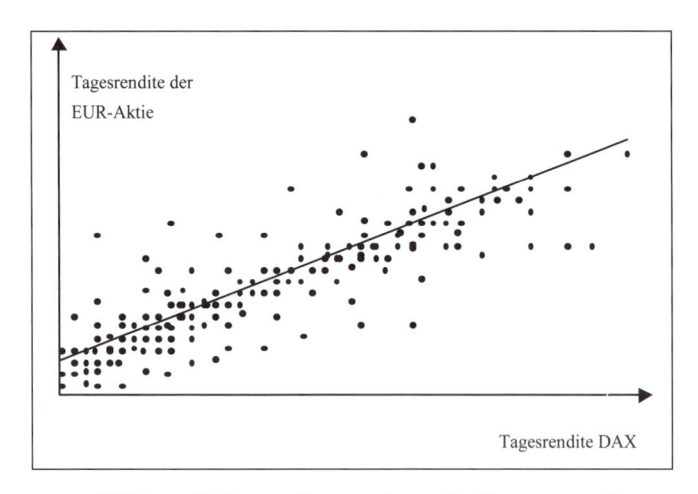

Abbildung 68: Regressionsgerade zur Bestimmung von β

β-Faktoren börsennotierter Aktien werden regelmäßig berechnet und veröffentlicht, so bspw. für die DAX-Unternehmen im Handelsblatt sowie zusätzlich die β-Faktoren für die MDAX-, SDAX- und TecDAX-Unternehmen in der Börsenzeitung.[548]

β gibt an, inwieweit sich die Tagesrenditen der betrachteten Aktie im Verhältnis zu den DAX-Tagesrenditen in der Vergangenheit entwickelt haben.[549] Schwankt die Rendite eines Wertpapiers stärker als die des Marktportfolios, ist β > 1, bei geringerer Schwankung ist

---

[545] Vgl. *Ernst, Dietmar/Schneider, Sonja/Thielen, Bjoern*: Unternehmensbewertungen erstellen und verstehen. 5. Aufl., München 2012, S. 65.

[546] Modifiziert entnommen aus *Beike, Rolf/Schlütz, Johannes*: Finanznachrichten lesen – verstehen – nutzen. Ein Wegweiser durch Kursnotierungen und Marktberichte. 5. Aufl., Stuttgart 2010, S. 192.

[547] Vgl. zu diesem Absatz *Beike, Rolf/Schlütz, Johannes*: Finanznachrichten lesen – verstehen – nutzen. Ein Wegweiser durch Kursnotierungen und Marktberichte. 5. Aufl., Stuttgart 2010, S. 191–193.

[548] Vgl. dazu *Ernst, Dietmar/Schneider, Sonja/Thielen, Bjoern*: Unternehmensbewertungen erstellen und verstehen. 5. Aufl., München 2012, S. 66.

[549] Vgl. *Beike, Rolf/Schlütz, Johannes*: Finanznachrichten lesen – verstehen – nutzen. Ein Wegweiser durch Kursnotierungen und Marktberichte. 5. Aufl., Stuttgart 2010, S. 193.

$\beta < 1$; $\beta = 1$ besagt, dass sich die Renditen des Wertpapiers im Durchschnitt wie die des Marktes entwickeln.[550]

> **Beispiel:**
>
> Die durchschnittliche Umlaufrendite öffentlicher Anleihen mit einer Laufzeit von 15 bis 30 Jahren beträgt 1,29% (Stand: 27.07.2015); es wird eine Risikoprämie ($r_M - i$) von 5,5% angenommen; $\sigma_{DAX} = 20,28\%$ (250-Tageswert, Stand: 27.07.2015); $\sigma_{BMW} = 26,58\%$ (250-Tageswert, Stand: 27.07.2015); $\rho_{BMW, DAX} = 0,94$.
>
> $$\beta_{BMW} = \frac{0,2658 \cdot 0,94}{0,2028} = 1,2320$$
>
> $r_{EK,BMW} = 0,0129 + (1,2320 \cdot 0,055) = 0,0807$
>
> Die risikoangepasste Rendite der Eigentümer der BMW-Aktie beträgt demnach 8,07%.

3. Die Vor- und Nachteile des Capital Asset Pricing Model (CAPM)

Die Ableitung der Eigenkapitalkosten vom Kapitalmarkt kann grds. als vorteilhaft betrachtet werden, da die Kapitalmarktrendite auf diese Weise wenig willkürbehaftet gewonnen wird. Kritisch stellt sich jedoch die Gewinnung der β-Faktoren dar, die auf Werten der Vergangenheit beruhen und auf die Zukunft bezogen werden. Das CAPM ist darüber hinaus in der hier aufgeführten Form einperiodig, unterstellt homogene Erwartungen der Marktteilnehmer, wird aber bei der DCF-Methode über mehrere Perioden eingesetzt. Zudem stellt sich die Frage, ob einzelne Indizes aufgrund ihrer mangelnden Größe zur Repräsentation eines ganzen Marktportfolios geeignet sind.[551] Bei Finanzdienstleistungsunternehmen, die weitere Betawerte anbieten, ist zu beachten, dass Ergebnisse stark von den Bewertungsverfahren und Beobachtungszeitpunkten abhängen. Alternativ können auch β-Faktoren von Vergleichsgesellschaften, die eine ähnliche Struktur wie das zu bewertende Unternehmen aufweisen, oder etwa Branchen-β herangezogen werden; inwieweit ausländische β-Werte verwendet werden können, ist fraglich.[552]

IV. Das Ertragswertverfahren

Das **Ertragswertverfahren** ermittelt den Unternehmenswert als Barwert der in der Zukunft erwarteten Erträge.[553] Es handelt sich dabei um eine **Nettomethode**, da der Unternehmenswert direkt ermittelt wird. Kennzeichnend für dieses Verfahren ist die Verwendung von Gewinngrößen als Determinanten des Ertragswerts, die Orientierung der Gewinnschätzungen am nachhaltig erzielbaren Kapitalerfolg, der bei normaler Unternehmerleistung erzielbar

---

[550] Vgl. *Ballwieser, Wolfgang*: Aktuelle Aspekte der Unternehmensbewertung. In: Die Wirtschaftsprüfung 1995, S. 123.

[551] Vgl. das Beispiel bei *Ernst, Dietmar/Schneider, Sonja/Thielen, Bjoern*: Unternehmensbewertungen erstellen und verstehen. 5. Aufl., München 2012, S. 65.

[552] Vgl. zu diesem Absatz *Ballwieser, Wolfgang*: Unternehmensbewertung mit Discounted Cash-Flow-Verfahren. In: Die Wirtschaftsprüfung 1998, S. 83.

[553] Vgl. *Mandl, Gerwald/Rabel, Klaus*: Methoden der Unternehmensbewertung (Überblick). In: Praxishandbuch der Unternehmensbewertung, hrsg. von *Volker H. Peemöller*, 6. Aufl., Herne 2015, S. 57.

ist, und die Verwendung eines landesüblichen Zinssatzes zzgl. etwaiger Zuschläge für Kapitalrisiko, Nichtmobilisierung der Anteile u. Ä. Bisweilen erfolgt anstatt der Zugrundelegung des landesüblichen Zinssatzes die eines „branchenspezifischen Zinssatzes" i. S. der durchschnittlichen Gesamtkapitalrentabilität aller Unternehmen einer Branche oder aber die der Aktienrendite für branchengleiche Unternehmen als Basiszinssatz.[554]

Der Ertragswert eines Unternehmens lässt sich unter Heranziehung dieser Größen ausdrücken als Summe der mit einem Kalkulationszinssatz auf einen einheitlichen Bewertungsstichtag abgezinsten zukünftigen Nutzenzugänge bei impliziter Unterstellung eines durchschnittlichen Arbeitseinsatzes und einer durchschnittlichen Leistungsbereitschaft des Unternehmers.[555] Als synonym für diesen in der Zukunft erwarteten „Nutzen" stehen i. d. R. die erwarteten finanziellen Zukunftserträge.[556] Diese können unterschiedlich definiert werden, weswegen sich in der Bewertungspraxis auch unterschiedliche Ausprägungen des Ertragswertverfahrens herausgebildet haben. So werden u. a. die folgenden Ertragsbegriffe unterschieden:[557]

(1) **Netto-Cashflows** beim (potenziellen) Eigentümer,

(2) **Netto-Ausschüttungen** aus dem Unternehmen,

(3) **Einzahlungsüberschüsse** des Unternehmens,

(4) **Periodenerfolge** des Unternehmens.

Zu (1): Sofern der Berechnung des Ertragswerts **Netto-Cashflows** zugrunde liegen, erfolgt eine Betrachtung der dem Unternehmenseigentümer zuteil werdenden finanziellen Zu- und Abflüsse, wobei auch persönliche Steuern und Synergieeffekte bei anderen Unternehmen (sog. externe Synergien) des Eigentümers Mitberücksichtigung finden. Notwendig zur Ermittlung ist eine Erfolgs- und Finanzplanung des Unternehmens; es sind Annahmen über die zukünftige Kapitalstruktur sowie – hieraus abgeleitet – über die zukünftigen Ausschüttungen, Kapitalrückzahlungen sowie Kapitalzuführungen durch den Unternehmenseigentümer zu treffen.

Zu (2): Wenn dagegen **Netto-Ausschüttungen** zugrunde gelegt werden, so wird ebenfalls auf den Saldo zwischen Ausschüttungen, Kapitalrückzahlungen und Kapitaleinzahlungen abgestellt. Im Unterschied zu Netto-Cashflows bleiben externe Synergien und häufig auch persönliche Steuerwirkungen außer Betrachtung.

---

[554] Vgl. dazu u.a. *Schierenbeck, Henner/Wöhle, Claudia B.*: Grundzüge der Betriebswirtschaftslehre. 18. Aufl., München 2012, S. 484.

[555] Vgl. u.a. *Bieg, Hartmut*: Betriebswirtschaftslehre 1: Investition und Unternehmungsbewertung. 2. Aufl., Freiburg i.Br. 1997, S. 187; *Wöhe, Günter/Döring, Ulrich*: Einführung in die Allgemeine Betriebswirtschaftslehre. 25. Aufl., München 2013, S. 528.

[556] Vgl. *Mandl, Gerwald/Rabel, Klaus*: Methoden der Unternehmensbewertung (Überblick). In: Praxishandbuch der Unternehmensbewertung, hrsg. von *Volker H. Peemöller*, 6. Aufl., Herne 2015, S. 58.

[557] Vgl. zu den folgenden Punkten *Mandl, Gerwald/Rabel, Klaus*: Methoden der Unternehmensbewertung (Überblick). In: Praxishandbuch der Unternehmensbewertung, hrsg. von *Volker H. Peemöller*, 6. Aufl., Herne 2015, S. 58–62.

Zu (3): Vereinfachend kann ausschließlich auf die **Einzahlungsüberschüsse** des Unternehmens abgestellt werden. Es wird dann davon ausgegangen, dass der gesamte Einzahlungsüberschuss in jeder Periode an den Eigentümer „vollausgeschüttet" wird. Der Bewertung wird damit der dem „Eigner potenziell verfügbare Cashflow zugrunde gelegt".[558]

Zu (4): Die Ermittlung von zukünftig erwarteten Periodengewinnen erfordert eine Analyse und Fortschreibung vergangenheitsbezogener Erträge und Aufwendungen, die sich aus den Jahresabschlussinformationen ermitteln lassen. Die ausschließliche Zugrundelegung von Periodenerfolgen zur Bestimmung des Unternehmenswerts bringt insofern eine Vereinfachung mit sich, als auf eine parallele Finanzplanung sowie eine Planung der zukünftigen Ausschüttungspolitik verzichtet werden kann. Es existiert die Fiktion einer kompletten Ausschüttung der jeweiligen Periodenerfolge. Die reine Erfolgsprognose kann jedoch aufgrund der vereinfachten Annahmen zu wesentlichen Verzerrungen des Bewertungsergebnisses führen; hervorzuheben ist auch die sog. **Doppelzählungsproblematik**: Da die Prämisse der Vollausschüttung sämtlicher erwirtschafteter Periodenerfolge existiert, dürfen bei der Prognose der zukünftigen Erfolge nicht diejenigen Erträge mitberücksichtigt werden, die auf der Einbehaltung vergangener Erfolge im Unternehmen (Thesaurierung) beruhen. Ohne eine entsprechende Korrektur jener Folgewirkungen – bspw. im Wege **ergänzender Finanzbedarfsrechnungen** – muss prinzipiell von einer Doppelzählung von Gewinnbestandteilen ausgegangen werden. Es wird deutlich, dass eine gewünschte Vermeidung jeglicher ergänzender Berechnungen aufgrund jener Problematik doch nicht vollständig erreicht werden kann.

Zu beachten ist aber, dass lediglich Zahlungen bzw. in Zahlungsströmen quantifizierte sonstige Vorteile nach finanzmathematischen Regeln zu einem Barwert verdichtet werden können. Des Weiteren lässt sich der Nutzen des Investors nur aufgrund der tatsächlichen Entnahmen und eines möglichen Liquidationserlöses in Abhängigkeit von der von ihm verfolgten Zielsetzung bestimmen.

Strebt der Investor eine Maximierung des Vermögens zum Ende der Nutzungsdauer an – was aber nur bei Unterstellung einer begrenzten Lebensdauer des zu bewertenden Unternehmens sinnvoll ist, da bei einem auf unbegrenztes Fortbestehen ausgerichtetem Unternehmen ein Ende nicht abzusehen ist –, so ergibt sich der Ertragswert als Barwert des zukünftig zu erwartenden Nutzens zzgl. eines evtl. entstehenden ebenfalls abgezinsten Liquidationserlöses.

Besteht das angestrebte Ziel dagegen in einer Einkommensmaximierung im Falle eines auf unbeschränkte Dauer angelegten Unternehmens, so ist die Unterstellung einer Substanzerhaltung erforderlich; der Barwert des in der Zukunft erzielten Erfolges entspricht dann den

---

[558] *Mandl, Gerwald/Rabel, Klaus*: Methoden der Unternehmensbewertung (Überblick). In: Praxishandbuch der Unternehmensbewertung, hrsg. von *Volker H. Peemöller*, 6. Aufl., Herne 2015, S. 60.

abgezinsten, nach dem Prinzip der Substanzerhaltung berechneten, ausschüttungsfähigen Periodenüberschüssen.[559]

Formal gelten nach der Maßgabe der obigen Ausführungen – bis auf die zugrunde liegenden Unterstellungen hinsichtlich der entscheidungsrelevanten Größen – die folgenden Überlegungen:

- Bei Annahme einer begrenzten Lebensdauer des Unternehmens und jährlich schwankenden Gewinnen:

$$EW = \sum_{t=1}^{n} G_t \cdot (1+i)^{-t} + L_n \cdot (1+i)^{-n}$$

- Bei Annahme einer begrenzten Lebensdauer des Unternehmens und konstanten jährlichen Gewinnen:

$$EW = G \cdot \frac{(1+i)^n - 1}{i \cdot (1+i)^n} + L_n \cdot (1+i)^{-n}$$

- Bei Annahme einer unbegrenzten Lebensdauer des Unternehmens und konstanten jährlichen Gewinnen:

$$EW = \frac{G}{i}$$

Dabei gilt:

EW : Ertragswert des Unternehmens;
G_t : Gewinn der Periode t;
i : Kalkulationszinssatz;
L_n : Liquidationserlös des Unternehmens, falls $L_n > 0$, bzw. Liquidationsauszahlung, falls $L_n < 0$;
n : Erwartete Lebensdauer des Unternehmens;
t : Zeitindex (t = 0, 1, 2, ..., n).

V. Das vereinfachte Ertragswertverfahren als besondere Form des Ertragswertverfahrens

1. Die Bewertung des Betriebsvermögens nach dem BewG

Für Zwecke der Erbschaft- und Schenkungsteuer kann die Bewertung von übergehendem Betriebsvermögen und Anteilen an Kapitalgesellschaften anhand des sog. **vereinfachten Ertragswertverfahrens** erfolgen.

---

[559] Vgl. dazu insb. *Bieg, Hartmut*: Betriebswirtschaftslehre 1: Investition und Unternehmungsbewertung. 2. Aufl., Freiburg i.Br. 1997, S. 187.

C. Die Gesamtbewertungsverfahren

Gem. § 109 BewG ist das **Betriebsvermögen** von Gewerbebetrieben i. S. des § 95 BewG und das von freiberuflich Tätigen i. S. des § 96 BewG **mit dem gemeinen Wert anzusetzen** (vgl. zum Begriff des gemeinen Werts § 9 BewG); die Wertermittlung richtet sich dabei nach § 11 Abs. 2 BewG, welcher die Regelungen zur Bewertung von nicht börsennotierten Anteilen an Kapitalgesellschaften enthält.

Nach § 11 Abs. 2 BewG erfolgt die Ermittlung des gemeinen Werts primär aus einem Börsenkurs oder – sofern dieser nicht vorhanden ist – aus der Ableitung von Verkäufen unter fremden Dritten, die weniger als ein Jahr zurückliegen. Wenn allerdings kein zeitnaher Verkauf vorliegt, so ist der gemeine Wert subsidiär „unter Berücksichtigung der Ertragsaussichten [...] oder einer anderen anerkannten, auch im gewöhnlichen Geschäftsverkehr für nichtsteuerliche Zwecke üblichen Methode zu ermitteln", wobei die Methode anzuwenden ist, „die ein Erwerber der Bemessung des Kaufpreises zu Grunde legen würde".

Sofern man also zu der Erkenntnis gekommen ist, dass kein Börsenkurs vorliegt und im letzten Jahr keine Transaktion stattgefunden hat, ist in einem ersten Schritt zu prüfen, ob es eine „andere Methode" gibt, die regelmäßig zur Bewertung von Unternehmen, die derselben Branche angehören wie das zu bewertende Unternehmen, angewendet wird; bspw. wird der Wert freiberuflicher Praxen häufig aus der Summe aus Substanzwert und Goodwill der Praxis berechnet, wobei sich der Goodwill aus einem gewissen Prozentsatz des Umsatzes ergibt.[560]

Wenn die Anwendung einer „anderen Methode" mangels Branchenüblichkeit nicht in Frage kommt, dann hat der Steuerpflichtige den Unternehmenswert „unter Berücksichtigung der Ertragsaussichten" zu ermitteln. Ein hierbei zwingend anzuwendendes Verfahren hat der Gesetzgeber nicht festgelegt, so dass der Bewertende unter den die Ertragsaussichten berücksichtigenden Verfahren wählen kann; bspw. kann das Ertragswertverfahren (vgl. **Abschnitt 9, Kap. C.IV.**) oder ein DCF-Verfahren (vgl. **Abschnitt 9, Kap. C.VI.** bis **Kap. C.IX.**) herangezogen werden.[561] **Alternativ** kann sich der Steuerpflichtige auch des **vereinfachten Ertragswertverfahrens** bedienen, welches in §§ 199 bis 203 BewG näher bestimmt ist.[562] Allerdings muss in diesem Zusammenhang noch erwähnt werden, dass das vereinfachte Ertragswertverfahren nur dann zur Anwendung kommen kann, sofern es nicht zu offensichtlich unzutreffenden Ergebnissen führt (§ 199 Abs. 1 BewG).[563]

Der nach dem die Ertragsaussichten berücksichtigenden Verfahren oder dem – wie im folgenden Kapitel näher erläuterten – vereinfachten Ertragswertverfahren ermittelte Unterneh-

---

[560] Vgl. *Preißer, Michael/Hegemann, Jürgen/Seltenreich, Stephan*: Erbschaftsteuerreform 2009. Freiburg i. Br./Berlin/München 2009, S. 104; *Suerbaum, Andreas*: Bewertung von Betriebsvermögen. In: Erbschaftsteuerreform 2009, hrsg. von *Rudolf Pauli* und *Michael Maßbaum*, Köln 2009, S. 324.

[561] Vgl. *Hübner, Heinrich*: Erbschaftsteuerreform 2009 – Gesetze, Materialien, Erläuterungen. München 2008, S. 483–485.

[562] Vgl. *Kußmaul, Heinz*: Betriebswirtschaftliche Steuerlehre. 7. Aufl., München 2014, S. 137–138.

[563] Vgl. dazu näher *Preißer, Michael/Hegemann, Jürgen/Seltenreich, Stephan*: Erbschaftsteuerreform 2009. Freiburg i. Br./Berlin/München 2009, S. 106.

menswert ist außerdem nur dann anzusetzen, wenn er höher ist als der Substanzwert des übergehenden Vermögens (§ 11 Abs. 2 Satz 3 BewG).

Ein vereinfachtes Schema zur Ermittlung des Unternehmenswerts für Zwecke der Erbschaft- und Schenkungsteuer enthält **Abbildung 69**.

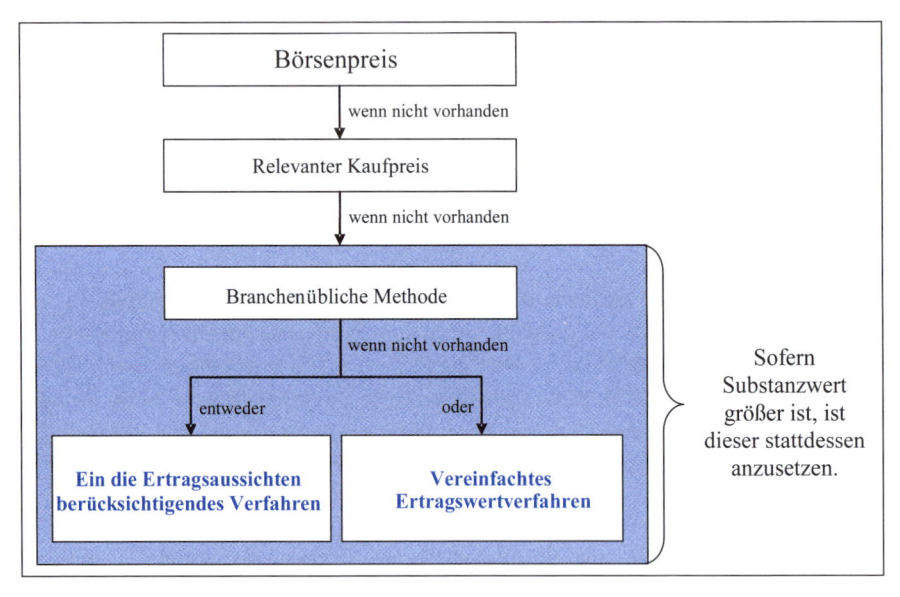

Abbildung 69: Bewertung des Betriebsvermögens nach dem BewG

2. Die Ermittlung des vereinfachten Ertragswerts

Der nach dem vereinfachten Ertragswertverfahren berechnete Unternehmenswert ergibt sich aus der Abzinsung des nachhaltig erzielbaren Jahresertrags mit Hilfe eines vorgegebenen Diskontierungsfaktors. Der Diskontierungsfakor setzt sich aus zwei Komponenten zusammen, einem Basiszinssatz und einem Zuschlag:

(1) Der **Basiszinssatz** ist gem. § 203 Abs. 2 BewG aus der langfristig erzielbaren Rendite öffentlicher Anleihen abzuleiten. Er wird vom Bundesfinanzministerium im Bundessteuerblatt veröffentlicht und gilt dann für das ganze Jahr. Für 2015 liegt der Basiszinssatz bei 0,99 %.[564]

(2) Der **(Risiko-) Zuschlag** beträgt gem. § 203 Abs. 1 BewG einheitlich 4,5 %. Daraus ergibt sich:

$$i = (i_B + i_Z)$$

---

[564] Vgl. *BMF-Schreiben* vom 02.01.2015, IV D 4 – S 3102/07/0001, BStBl. I 2015, S. 6.

Dabei gilt:

i   :   Diskontierungszinssatz;

i_B :   Basiszinssatz;

i_Z :   Risikozuschlag.

Im Jahr 2015 ist der vereinfachte Ertragswert folglich mit einem Diskontierungsfaktor i. H. v. 5,49 % bzw. einem Kapitalisierungsfaktor i. H. v. 18,21 zu berechnen.

Als Grundlage zur Berechnung des nachhaltig erzielbaren Jahresertrags dient der in der Vergangenheit erzielte Durchschnittsertrag. Dieser ergibt sich grds. aus den gem. § 4 Abs. 1 bzw. Abs. 3 EStG ermittelten Betriebsergebnissen der letzten 3 vor dem Bewertungsstichtag abgelaufenen Wirtschaftsjahre. Im Gegensatz zur Verfahrensweise beim Stuttgarter Verfahren (vgl. **Abschnitt 9, Kap. B.II.5.**) erfolgt diese Durchschnittsrechnung nicht mehr gewichtet, sondern linear.[565]

Das Gesetz sieht von dieser 3-Jahres-Durchschnittsbildung Ausnahmen vor. So ist gem. § 201 Abs. 2 Satz 2 BewG das gesamte Betriebsergebnis des am Bewertungsstichtag noch nicht abgelaufenen Wirtschaftsjahres anstelle des drittletzten abgelaufenen Wirtschaftsjahres einzubeziehen, wenn es für die Herleitung des künftig erzielbaren Jahresertrags von Bedeutung ist. Es kann auch nach § 201 Abs. 3 BewG von einem verkürzten Bewertungszeitraum – bspw. nur von den beiden letzten Wirtschaftsjahren – ausgegangen werden, sofern sich „der Charakter des Unternehmens nach dem Gesamtbild der Verhältnisse nachhaltig verändert" hat oder das Unternehmen neu entstanden ist (bspw. auch durch Umwandlung).

Bei der Ermittlung des Betriebsergebnisses sind weitere Ausnahmen zu beachten. Die zugrunde liegende Gewinngröße ist zu korrigieren um die Aufwendungen und Erträge, die

(1) aus dem nicht betriebsnotwendigen Vermögen (§ 200 Abs. 2 BewG) stammen,

(2) im Zusammenhang mit Beteiligungen an anderen Gesellschaften (§ 200 Abs. 3 BewG) stehen oder

(3) mit Wirtschaftsgütern, die innerhalb von 2 Jahren vor dem Bewertungsstichtag in das Betriebsvermögen eingelegt wurden (§ 200 Abs. 4 BewG), zusammenhängen.

Zu (1): § 200 Abs. 2 BewG bestimmt, dass Wirtschaftsgüter und mit diesen im Zusammenhang stehende Schulden, die aus dem zu bewertenden Unternehmen herausgelöst werden können, ohne die Unternehmenstätigkeit zu beeinträchtigen, gesondert mit dem gemeinen Wert zu bewerten sind. Somit dürfen Aufwendungen und Erträge aus dem nicht betriebsnotwendigen Vermögen (bspw. Abschreibungen auf ein nicht betrieblich genutztes Grundstück) nicht in die Größe „Betriebsergebnis" eingehen und müssen aus diesem eliminiert werden.

Zu (2): Eine gesonderte Bewertung mit dem gemeinen Wert erfolgt auch bei Beteiligungen an anderen Gesellschaften, welche in dem zu bewertenden Unternehmen gehalten werden.

---

[565] Vgl. *Preißer, Michael/Hegemann, Jürgen/Seltenreich, Stephan*: Erbschaftsteuerreform 2009. Freiburg i. Br./Berlin/München 2009, S. 106.

Weiterhin ist an dieser Stelle noch auf die Aufwendungen und Erträge einzugehen, welche im Zusammenhang mit dieser Beteiligung entstehen:[566]

- Erträge werden bei der Ermittlung des zukünftigen nachhaltigen Jahresergebnisses neutralisiert; dabei spielt es keine Rolle, ob die Beteiligung zum betriebsnotwendigen Vermögen gehört oder nicht.

- Sofern die Aufwendungen nicht betriebsnotwendigen Beteiligungen zuzurechnen sind, müssen sie bei der Ermittlung des zukünftigen nachhaltigen Jahresergebnisses eliminiert werden. Sofern die korrespondierenden Beteiligungen allerdings betriebsnotwendig sind, findet keine Korrektur um die Aufwendungen statt.

Zu (3): Wirtschaftsgüter, die innerhalb von 2 Jahren vor dem Bewertungsstichtag in das Betriebsvermögen eingelegt wurden, werden ebenfalls gesondert mit dem gemeinen Wert bewertet. Die in diesem Zusammenhang entstandenen Erträge und Aufwendungen sind aus dem Ergebnis zu eliminieren.

Da gem. § 200 Abs. 1 BewG der **nachhaltig erzielbare Jahresertrag** zu verwenden ist, das Jahresergebnis eines Unternehmens aber auch einmalige und nicht repräsentative Ergebnisbeiträge enthält, ist das Jahresergebnis gem. § 202 Abs. 1 Satz 2 BewG noch um bestimmte Zu- und Abrechnungen zu modifizieren, die in **Abbildung 70** (S. 295) tabellarisch dargestellt sind.

Gem. § 202 Abs. 3 BewG ist das in der Berechnung ermittelte Zwischenergebnis um einen Abschlag von 30 % zu kürzen, um zum nachhaltig erzielbaren Jahresertrag zu gelangen. Damit soll die Ertragsteuerlast berücksichtigt werden, die seit der Unternehmenssteuerreform 2008 – wenn auch nur in Ausnahmefällen – rechtsformunabhängig bei etwa 30 % liegt.[567]

Die Unternehmenswertermittlung auf Basis des vereinfachten Ertragswertverfahrens berücksichtigt auch Substanzwertaspekte. Aufgrund der Ausnahmetatbestände des § 200 BewG sind bestimmte Wirtschaftsgüter gesondert mit ihrem Substanzwert zu bewerten und dem Ertragswert hinzuzurechnen. Den Wert eines Unternehmens bei Anwendung des vereinfachten Ertragswertverfahrens berechnet man gem. **Abbildung 71**[568] (S. 295).

---

[566] Vgl. *Preißer, Michael/Hegemann, Jürgen/Seltenreich, Stephan*: Erbschaftsteuerreform 2009. Freiburg i. Br./Berlin/München 2009, S. 107.

[567] Die kombinierte Ertragsteuerlast, bestehend aus Körperschaftsteuer, Gewerbesteuer und Solidaritätszuschlag, beträgt für Kapitalgesellschaften – bei einem gegebenen Gewerbesteuerhebesatz i. H. v. 400 % – 29,83 %. Für Personengesellschaften ergibt sich – sofern der Gewinn gem. § 34a EStG im Unternehmen einbehalten wird – eine kombinierte Ertragsteuerlast (bestehend aus Einkommensteuer, Gewerbesteuer und Solidaritätszuschlag) i. H. v. 29,77 %, was etwa der Steuerbelastung von Kapitalgesellschaften entspricht; vgl. *Kußmaul, Heinz*: Betriebswirtschaftliche Steuerlehre. 7. Aufl., München 2014, S. 339–341. Sofern diese Thesaurierungsbegünstigung gem. § 34a EStG allerdings nicht in Anspruch genommen wird, kann nicht von einer grds. rechtsformunabhängigen Besteuerung gesprochen werden.

[568] Modifiziert entnommen aus *Suerbaum, Andreas*: Bewertung von Betriebsvermögen. In: Erbschaftsteuerreform 2009, hrsg. von *Rudolf Pauli* und *Michael Maßbaum*, Köln 2009, S. 324.

C. Die Gesamtbewertungsverfahren

	Gewinn nach Modifikationen durch § 200 Abs. 2 bis 4 BewG
+	Investitionsabzugsbeträge, Sonderabschreibungen und erhöhte Absetzungen, Bewertungsabschläge, Zuführungen zu steuerfreien Rücklagen, Teilwertabschreibungen
+	Absetzungen auf den Geschäfts- oder Firmenwert oder auf firmenwertähnliche Wirtschaftsgüter
+	Einmalige Veräußerungsverluste sowie außerordentliche Aufwendungen
+	Im Gewinn nicht enthaltene Investitionszulagen, soweit in Zukunft mit weiteren zulagebegünstigten Investitionen in gleichem Umfang gerechnet werden kann
+	Ertragsteueraufwand (Körperschaftsteuer, Zuschlagsteuern und Gewerbesteuer)
+	Aufwendungen, die im Zusammenhang stehen mit Vermögen i. S. des § 200 Abs. 2 und 4 BewG, und übernommene Verluste aus Beteiligungen i. S. des § 200 Abs. 2 bis 4 BewG
=	**Zwischensumme**
–	Gewinnerhöhende Auflösungsbeträge steuerfreier Rücklagen sowie Teilwertzuschreibungen
–	Einmalige Veräußerungsgewinne sowie außerordentliche Erträge
–	Im Gewinn enthaltene Investitionszulagen, soweit in Zukunft nicht mit weiteren zulagebegünstigten Investitionen in gleichem Umfang gerechnet werden kann
–	Angemessener Unternehmerlohn, soweit in bisheriger Ergebnisrechnung nicht berücksichtigt
–	Erträge aus der Erstattung von Ertragsteuern (Körperschaftsteuer, Zuschlagsteuern und Gewerbesteuer) im Gewinnermittlungszeitraum
–	Erträge, die im Zusammenhang stehen mit Vermögen i. S. des § 200 Abs. 2 und 4 BewG
+/–	Sonstige wirtschaftlich nicht begründete Vermögensminderungen oder -erhöhungen mit Einfluss auf den zukünftig nachhaltig erzielbaren Jahresertrag, soweit noch nicht vorab berücksichtigt
=	**Zwischenergebnis**
·	$(1 - 0{,}3)$
=	**Zukünftig nachhaltig erzielbarer Jahresertrag**

Abbildung 70: Berechnung des zukünftig nachhaltig erzielbaren Jahresertrags

	Zukünftig nachhaltig erzielbarer Jahresertrag
·	Kapitalisierungsfaktor
=	Ertragswert
+	Gemeiner Wert des nicht betriebsnotwendigen Vermögens
+	Gemeiner Wert der Anteile an Beteiligungen
+	Gemeiner Wert der Wirtschaftsgüter, die innerhalb von 2 Jahren vor dem Bewertungsstichtag eingelegt wurden
=	**Gemeiner Wert des Unternehmens**

Abbildung 71: Gemeiner Wert des Unternehmens

VI. Das Flow to Equity (FTE)-Verfahren

Ebenso wie beim Ertragswertverfahren handelt es sich beim FTE-Verfahren um ein Nettoverfahren. Die Zahlungsströme an die Eigentümer werden direkt ermittelt und mit einer Diskontierungsrate, die sich mittels des CAPM vom Kapitalmarkt ableitet, diskontiert.[569] Der zugrunde gelegte Cashflow wird als der sog. „Flow to Equity" bezeichnet. Man berechnet ihn aus den um den Saldo der Zahlungen an die Fremdkapitalgeber gekürzten „Total Cashflow";[570] er steht allein den Anteilseignern zur Verfügung.[571]

Dies verdeutlicht **Abbildung 72**[572].

	Handelsrechtlicher Jahresüberschuss (nach Steuern)
+	Abschreibungen und andere zahlungsunwirksame Aufwendungen
–	Zahlungsunwirksame Erträge
–/+	Saldo der Investitionstätigkeit
–/+	Erhöhung/Verminderung des Working Capital (inkl. ZMB)
+/–	Fremdkapitalaufnahme/-tilgung
=	**Flow to Equity**

Abbildung 72: Die indirekte Ermittlung des FTE

Rein verfahrenstechnisch entspricht diese Methode der klassischen Ertragswertmethode; im Unterschied zum Equity Approach wird bei der Ertragswertmethode der landesübliche Zins unter Berücksichtigung eines Risikozuschlags herangezogen.[573] Dagegen verwendet das FTE-Verfahren einen Eigenkapitalkostensatz, welcher die tatsächliche Verschuldung des Unternehmens berücksichtigt.[574] In den verwendeten Zins fließen sowohl das operative Risiko des Unternehmens als auch das aus der Kapitalstruktur abgeleitete Finanzierungsrisiko mit ein.[575]

---

[569] Vgl. *Heurung, Rainer*: Zur Unternehmensbewertung bei Spaltungsprozessen mit Kapitalstrukturproblemen. In: Die Wirtschaftsprüfung 1998, S. 207.

[570] Vgl. *Baetge, Jörg* u. a.: Darstellung der Discounted Cashflow-Verfahren (DCF-Verfahren) mit Beispiel. In: Praxishandbuch der Unternehmensbewertung, hrsg. von *Volker H. Peemöller*, 6. Aufl., Herne 2015, S. 366.

[571] Vgl. *Mandl, Gerwald/Rabel, Klaus*: Methoden der Unternehmensbewertung (Überblick). In: Praxishandbuch der Unternehmensbewertung, hrsg. von *Volker H. Peemöller*, 6. Aufl., Herne 2015, S. 74.

[572] In Anlehnung an *Baetge, Jörg* u. a.: Darstellung der Discounted Cashflow-Verfahren (DCF-Verfahren) mit Beispiel. In: Praxishandbuch der Unternehmensbewertung, hrsg. von *Volker H. Peemöller*, 6. Aufl., Herne 2015, S. 376.

[573] Vgl. *Peemöller, Volker H./Keller, Bernd/Beckmann, Christoph*: Unternehmensbewertung. In: Saarbrücker Handbuch der Betriebswirtschaftlichen Beratung, hrsg. von *Karlheinz Küting*, 4. Aufl., Herne 2008, S. 1273, Rn. 413.

[574] Vgl. *Ballwieser, Wolfgang/Hachmeister, Dirk*: Unternehmensbewertung: Prozess, Methoden und Probleme. 4. Aufl., Stuttgart 2013, S. 195.

[575] Vgl. *IDW*: IDW Standard: Grundsätze zur Durchführung von Unternehmensbewertungen (IDW S1 i. d. F. 2008). In: IDW-Fachnachrichten 2008, Rn. 138.

Formelhaft lässt sich der Unternehmenswert wie folgt darstellen:[576]

$$UW = MWEK = \sum_{t=1}^{T} \frac{FTE_t^{EK}}{(1+r_{EK})^t} + \frac{FTE_T^{EK}}{r_{EK} \cdot (1+r_{EK})^T}$$

Dabei gilt:

UW	:	Unternehmenswert;
MWEK	:	Marktwert der Eigenkapitals;
FTE_t^{EK}	:	Erwartungswert des Cashflows für die Eigentümer in Periode t;
FTE_T^{EK}	:	Erwartungswert des Cashflows für die Eigentümer am Ende des Planungshorizonts;
r_{EK}	:	Erwartete risikoangepasste Renditeforderung der Eigentümer;
t	:	Zeitindex (t = 0, 1, 2, ..., n);
T	:	Planungshorizont.

VII. Das Free Cashflow (FCF)-Verfahren

Das FCF-Verfahren gehört zu den Bruttoverfahren. Wie es charakteristisch für diese Verfahren ist, wird zunächst der Wert des Gesamtkapitals, d.h. des Bruttounternehmenswerts, berechnet. In einem weiteren Schritt wird anschließend der Marktwert des Eigenkapitals (= Nettounternehmenswert) ermittelt, indem der Bruttounternehmenswert um den Wert des Fremdkapitals vermindert wird.[577] Besonderes Merkmal des FCF-Verfahrens ist, dass bei der Berechnung des Unternehmenswerts von einem **fiktiv rein eigenfinanzierten Unternehmen** ausgegangen wird.[578]

Diese Fiktion hat Auswirkungen auf den zugrunde gelegten Cashflow. Zunächst kommt es zu einer Korrektur um die tatsächlich gezahlten Fremdkapitalzinsen; sie werden wieder hinzuaddiert. Außerdem findet nicht die tatsächliche Unternehmenssteuerzahlung Berücksichtigung, sondern es wird eine **fiktive Unternehmenssteuerzahlung** berechnet, welche der zugrunde liegenden Annahme der vollständigen Eigenfinanzierung folgt. Somit kann auch nicht der Steuervorteil berücksichtigt werden, der sich aus der steuerlichen Abziehbarkeit gezahlter Fremdkapitalzinsen (Tax Shield) ergibt; dieser tatsächlich erlangte Steuervorteil ist deswegen bei der Ermittlung des Cashflows zu berücksichtigen.[579]

---

[576] Vgl. *Ballwieser, Wolfgang*: Unternehmensbewertung mit Discounted Cash-Flow-Verfahren. In: Die Wirtschaftsprüfung 1998, S. 84.

[577] Vgl. *Ballwieser, Wolfgang*: Unternehmensbewertung mit Discounted Cash-Flow-Verfahren. In: Die Wirtschaftsprüfung 1998, S. 84.

[578] Vgl. *Ballwieser, Wolfgang/Hachmeister, Dirk*: Unternehmensbewertung: Prozess, Methoden und Probleme. 4. Aufl., Stuttgart 2013, S. 141–142.

[579] Vgl. dazu *Mandl, Gerwald/Rabel, Klaus*: Methoden der Unternehmensbewertung (Überblick). In: Praxishandbuch der Unternehmensbewertung, hrsg. von *Volker H. Peemöller*, 6. Aufl., Herne 2015, S. 69.

Als Ergebnis dieser Modifikationen erhält man denjenigen Überschuss, welcher **allen Kapitalgebern zur Verfügung** steht, den sog. **Free Cashflow**. Dessen Ermittlung ist in **Abbildung 73**[580] veranschaulicht.

	Handelsrechtlicher Jahresüberschuss (nach Steuern)
+	Fremdkapitalzinsen
–	Tax Shield
+	Abschreibungen und andere zahlungsunwirksame Aufwendungen
–	Zahlungsunwirksame Erträge
–/+	Saldo der Investitionstätigkeit
–/+	Erhöhung/Verminderung des Working Capital (inkl. ZMB)
=	**Free Cash Flow**

Abbildung 73: Die indirekte Ermittlung des FCF

Die Diskontierungsrate, die notwendig ist, um im Entity Approach den Barwert der indirekt ermittelten Free Cashflows zu bestimmen, wird über das Konzept der **gewogenen durchschnittlichen Kapitalkosten** berechnet.[581] Nach diesem sog. **WACC-Ansatz** werden Eigen- und Fremdkapitalkosten des Unternehmens im Verhältnis ihrer jeweiligen Marktwerte gewichtet.[582] Gewöhnlich wird der hierzu benötigte Eigenkapitalkostensatz r_{EK} aus dem kapitalmarkttheoretischen CAPM abgeleitet.[583] Der Fremdkapitalkostensatz r_{FK} ist der gewogene durchschnittliche Kostensatz des tatsächlich vorhandenen Fremdkapitals im Unternehmen.[584]

Der **gewogene durchschnittliche Kapitalkostensatz** erfährt jedoch noch eine Modifikation, welche aus der oben erwähnten Fiktion der reinen Eigenfinanzierung herrührt: Er wird um die Steuerersparnis korrigiert, welche aus der steuerlichen Abzugsfähigkeit der Fremdkapitalzinsen (Tax Shield) resultiert und die bei der Ermittlung des Free Cashflows nicht berücksichtigt wurde. Die Korrektur erfolgt, indem der **Fremdkapitalkostensatz nach Steuern** $r_{FK} \cdot (1-s)$ verwendet wird.[585]

---

[580] In Anlehnung an *Baetge, Jörg* u.a.: Darstellung der Discounted Cashflow-Verfahren (DCF-Verfahren) mit Beispiel. In: Praxishandbuch der Unternehmensbewertung, hrsg. von *Volker H. Peemöller*, 6. Aufl., Herne 2015, S. 373.

[581] Vgl. *Copeland, Tom/Koller, Tim/Murrin, Jack*: Unternehmenswert. 3. Aufl., Frankfurt a. M./New York 2002, S. 174 und S. 250.

[582] Vgl. *Serfling, Klaus/Pape, Ulrich*: Strategische Unternehmensbewertung und Discounted Cash-Flow-Methode. In: Das Wirtschaftsstudium 1996, S. 62.

[583] Vgl. *Mandl, Gerwald/Rabel, Klaus*: Methoden der Unternehmensbewertung (Überblick). In: Praxishandbuch der Unternehmensbewertung, hrsg. von *Volker H. Peemöller*, 6. Aufl., Herne 2015, S. 71. Das *IDW* empfiehlt fallweise die Verwendung des sog. Tax-CAPM; vgl. *Castadello, Marc*: Die Unternehmensbewertung. In: WP-Handbuch. Band II, hrsg. vom *Institut der Wirtschaftsprüfer*, 14. Aufl., Düsseldorf 2014, Rn. 342–349 sowie **Abschnitt 9, Kap. C.III.**

[584] Vgl. *Schmidbauer, Rainer*: Marktbewertung mithilfe von Multiplikatoren im Spiegel des Discounted-Cashflow-Ansatzes. In: Betriebs-Berater 2004, S. 149.

[585] Vgl. *Ballwieser, Wolfgang/Hachmeister, Dirk*: Unternehmensbewertung: Prozess, Methoden und Probleme. 4. Aufl., Stuttgart 2013, S. 141–142 und S. 169.

C. Die Gesamtbewertungsverfahren

Die Anpassung der durchschnittlich gewogenen Kapitalkosten ergibt sich folgendermaßen:[586]

$$k_{FCF} = r_{EK} \cdot \frac{MWEK}{MWGK} + (1-s) \cdot r_{FK} \cdot \frac{MWFK}{MWGK}$$

Dabei gilt:

- k_{FCF} : Gewogener durchschnittlicher Kapitalkostensatz;
- MWEK: Marktwert des Eigenkapitals;
- MWGK: Marktwert des Gesamtkapitals;
- MWFK: Marktwert des Fremdkapitals;
- r_{EK} : Erwartete risikoangepasste Renditeforderung der Eigentümer;
- r_{FK} : Erwartete Renditeforderung der Fremdkapitalgeber;
- s : Steuersatz für Ertragsteuern auf Unternehmensebene.

Bei der Berechnung des gewogenen durchschnittlichen Kapitalkostensatzes ergibt sich eine Schwierigkeit: Einer der hierbei benötigten Faktoren ist der Marktwert des Eigenkapitals; der Marktwert des Eigenkapitals ist aber gerade die bei der Unternehmensbewertung zu ermittelnde Größe (sog. Zirkularitätsproblem).[587] Das Zirkularitätsproblem lässt sich praktisch nur durch Iteration lösen oder indem eine Zielkapitalstruktur geplant wird, die in künftigen Perioden bestehen bleibt.[588]

Die empfehlenswertere Lösung des Iterationsverfahrens führt zu guten Ergebnissen bei einer ausreichenden Anzahl von Iterationsschritten. Neben den Iterationsschritten ist außerdem eine Korrektur des Marktwerts des Fremdkapitals am Bewertungsstichtag vorzunehmen, um den Wertbeitrag aus den im Zeitablauf schwankenden Fremdkapitalbeständen erfassen zu können.[589]

Werden die Free Cashflows der jeweiligen Perioden mit Hilfe des gewogenen durchschnittlichen Kapitalkostensatzes diskontiert, so erhält man zunächst den Unternehmensgesamtwert (Marktwert des Gesamtkapitals), der – in einem zweiten Schritt – um den Marktwert des Fremdkapitals zu reduzieren ist, um den gesuchten Unternehmenswert (Marktwert des

---

[586] Vgl. *Schierenbeck, Henner/Wöhle, Claudia B.*: Grundzüge der Betriebswirtschaftslehre. 18. Aufl., München 2012, S. 493.

[587] Vgl. *Böcking, Hans-Joachim/Nowak, Karsten*: Der Beitrag der Discounted Cash-flow-Verfahren zur Lösung der Typisierungsproblematik bei Unternehmensbewertungen. In: Der Betrieb 1998, S. 686.

[588] Vgl. *Ballwieser, Wolfgang*: Unternehmensbewertung mit Discounted Cash-Flow-Verfahren. In: Die Wirtschaftsprüfung 1998, S. 85; ausführlich zum Zirkularitätsproblem vgl. *Schwetzler, Bernhard/Darijtschuk, Niklas*: Unternehmensbewertung mit Hilfe der DCF-Methode – Eine Anmerkung zum „Zirkularitätsproblem". In: Zeitschrift für Betriebswirtschaft 1999, S. 295–318.

[589] Vgl. *Wagner, Wolfgang*: Shareholder-Value als Managementinstrument und Aspekte des Konzeptes für die Unternehmensbewertung, Vortrag vom 14.11.1995. In: Rechnungslegung und Prüfung, hrsg. von *Jörg Baetge*, Düsseldorf 1996, S. 348.

Eigenkapitals) zu erhalten.[590] Diesen Zusammenhang fasst die nachfolgende Formel zusammen:[591]

$$UW = MWEK = \underbrace{\sum_{t=1}^{T} \frac{FCF_t}{(1+k_{FCF})^t} + \frac{FCF_T}{k_{FCF} \cdot (1+k_{FCF})^T}}_{MWGK} - MWFK$$

Dabei gilt:

UW	:	Unternehmenswert;
MWEK:		Marktwert des Eigenkapitals;
MWGK:		Marktwert des Gesamtkapitals;
MWFK:		Marktwert des Fremdkapitals;
FCF_t	:	Erwartungswert der Cashflows für Eigen- und Fremdkapitalgeber der Periode t;
FCF_T	:	Erwartungswert der Cashflows für Eigen- und Fremdkapitalgeber am Ende des Planungshorizonts;
k_{FCF}	:	Gewogener durchschnittlicher Kapitalkostensatz;
t	:	Zeitindex (t = 0, 1, 2, ..., n);
T	:	Planungshorizont.

VIII. Das Total Cashflow (TCF)-Verfahren

Das TCF-Verfahren weist eine große Nähe zu dem oben erwähnten FCF-Verfahren auf. Es handelt sich ebenfalls um ein Bruttoverfahren, welches auf der Anwendung eines gewogenen durchschnittlichen Kapitalkostensatzes beruht. Außerdem wird bei der Berechnung des Unternehmenswerts ebenfalls von einem fiktiv rein eigenfinanzierten Unternehmen ausgegangen.[592]

Die beiden Verfahren unterscheiden sich allerdings darin, dass sich beim TCF-Verfahren die Fiktion der reinen Eigenfinanzierung nicht auf die Berechnung der Unternehmenssteuern bezieht.[593]

---

[590] Vgl. *Mandl, Gerwald/Rabel, Klaus*: Methoden der Unternehmensbewertung (Überblick). In: Praxishandbuch der Unternehmensbewertung, hrsg. von *Volker H. Peemöller*, 6. Aufl., Herne 2015, S. 69.

[591] Vgl. *Ballwieser, Wolfgang*: Unternehmensbewertung mit Discounted Cash-Flow-Verfahren. In: Die Wirtschaftsprüfung 1998, S. 84.

[592] Vgl. dazu *Ballwieser, Wolfgang/Hachmeister, Dirk*: Unternehmensbewertung: Prozess, Methoden und Probleme. 4. Aufl., Stuttgart 2013, S. 142.

[593] Vgl. *Baetge, Jörg* u. a.: Darstellung der Discounted Cashflow-Verfahren (DCF-Verfahren) mit Beispiel. In: Praxishandbuch der Unternehmensbewertung, hrsg. von *Volker H. Peemöller*, 6. Aufl., Herne 2015, S. 362.

Das TCF-Verfahren stellt auf den sog. Total Cashflow ab. Die Berechnung der Unternehmenssteuerlast erfolgt hierbei auf Basis der **tatsächlichen Verschuldung**. Insofern kommt es zu einer unmittelbaren **Berücksichtigung des Steuervorteils**, der sich aus der steuerlichen Abziehbarkeit der Fremdkapitalzinsen (Tax Shield) ergibt, im Cashflow. Die gezahlten Fremdkapitalzinsen selbst bleiben allerdings – analog zum Free Cashflow – unberücksichtigt.[594]

Die Ermittlung des Total Cashflow ist in **Abbildung 74**[595] veranschaulicht.

	Handelsrechtlicher Jahresüberschuss (nach Steuern)
+	Fremdkapitalzinsen
+	Abschreibungen und andere zahlungsunwirksame Aufwendungen
–	Zahlungsunwirksame Erträge
–/+	Saldo der Investitionstätigkeit
–/+	Erhöhung/Verminderung des Working Capital (inkl. ZMB)
=	**Total Cashflow**

Abbildung 74: Die indirekte Ermittlung des TCF

Aufgrund der bereits erfolgten Berücksichtigung der steuerlichen Abzugsfähigkeit der Fremdkapitalzinsen im Zahlungsstrom ist eine Adjustierung des gewogenen durchschnittlichen Kapitalkostensatzes nicht notwendig. Daher wird der **Fremdkapitalkostensatz vor Steuern** verwendet.[596] Die Ermittlung des gewogenen durchschnittlichen Kapitalkostensatzes k_{TCF} vollzieht sich gem. der Formel nach *Modigliani* und *Miller*:[597]

$$k_{TCF} = r_{EK} \cdot \frac{MWEK}{MWGK} + r_{FK} \cdot \frac{MWFK}{MWGK}$$

Dabei gilt:

MWEK: Marktwert des Eigenkapitals;

MWGK: Marktwert des Gesamtkapitals;

MWFK: Marktwert des Fremdkapitals;

---

[594] Vgl. *Baetge, Jörg* u. a.: Darstellung der Discounted Cashflow-Verfahren (DCF-Verfahren) mit Beispiel. In: Praxishandbuch der Unternehmensbewertung, hrsg. von *Volker H. Peemöller*, 6. Aufl., Herne 2015, S. 364; *Hachmeister, Dirk*: Die Abbildung der Finanzierung im Rahmen verschiedener Discounted Cash-Flow-Verfahren. In: Zeitschrift für betriebswirtschaftliche Forschung 1996, S. 255.

[595] Modifiziert entnommen aus *Baetge, Jörg* u. a.: Darstellung der Discounted Cashflow-Verfahren (DCF-Verfahren) mit Beispiel. In: Praxishandbuch der Unternehmensbewertung, hrsg. von *Volker H. Peemöller*, 6. Aufl., Herne 2015, S. 375.

[596] Vgl. dazu *Ballwieser, Wolfgang/Hachmeister, Dirk*: Unternehmensbewertung: Prozess, Methoden und Probleme. 4. Aufl., Stuttgart 2013, S. 142.

[597] Vgl. *Bieg, Hartmut/Kußmaul, Heinz*: Investitions- und Finanzierungsmanagement. Band III: Finanzwirtschaftliche Entscheidungen, München 2000, S. 58–64; *Peemöller, Volker H./Keller, Bernd/Beckmann, Christoph*: Unternehmensbewertung. In: Saarbrücker Handbuch der Betriebswirtschaftlichen Beratung, hrsg. von *Karlheinz Küting*, 4. Aufl., Herne 2008, S. 1283, Rn. 422.

k_{TCF} : Gewogener durchschnittlicher Kapitalkostensatz unter Berücksichtigung der steuerlichen Abzugsfähigkeit der Fremdkapitalkosten im Cashflow;

r_{EK} : Erwartete risikoangepasste Renditeforderung der Eigentümer,

r_{FK} : Erwartete Renditeforderung der Fremdkapitalgeber.

Die Ermittlung des Eigenkapitalkostensatzes r_{EK} erfolgt analog zur Vorgehensweise beim FCF-Verfahren. Das dabei auftretende Zirkularitätsproblem existiert folglich auch beim TCF-Verfahren.[598]

IX. Das Adjusted Present Value (APV)-Verfahren

1. Darstellung des APV-Verfahrens

Das APV-Verfahren ist ein Bruttoverfahren.[599] Dem APV-Verfahren, welches insb. von *Drukarczyk, Richter* und *Schüler* in der Literatur vertreten wird, liegt ebenfalls die Fiktion eines rein eigenfinanzierten Unternehmens zugrunde.[600] Aus diesem Grund erfolgt die Unternehmenswertermittlung auf Basis des Free Cashflows.[601]

Bei der weiteren Herangehensweise unterscheidet sich das APV-Verfahren von den übrigen Bruttoverfahren. Im Gegensatz zu dem FCF- und dem TCF-Verfahren, die einen Eigenkapitalkostensatz eines verschuldeten Unternehmens zugrunde legen (CAPM), verwendet das APV-Verfahren den Eigenkapitalkostensatz eines **unverschuldeten Unternehmens**. Zudem wird kein gewogener durchschnittlicher Kapitalkostensatz (WACC) verwendet.[602]

Der Unternehmenswert wird komponentenweise, i. d. R. unter Zugrundelegung des Rentenmodells bei Heranziehung einer unendlichen Laufzeit, in drei Schritten ermittelt.[603]

In **Schritt 1** wird der Free Cashflow mit dem Eigenkapitalkostensatz **auf Basis des unverschuldeten Unternehmens** abgezinst. Das Ergebnis daraus, welches als Unternehmenswert bei vollständiger Eigenfinanzierung zu interpretieren ist, lässt sich wie folgt ermitteln:

---

[598] Vgl. *Baetge, Jörg* u.a.: Darstellung der Discounted Cashflow-Verfahren (DCF-Verfahren) mit Beispiel. In: Praxishandbuch der Unternehmensbewertung, hrsg. von *Volker H. Peemöller*, 6. Aufl., Herne 2015, S. 365.

[599] Vgl. *Ballwieser, Wolfgang/Hachmeister, Dirk*: Unternehmensbewertung: Prozess, Methoden und Probleme. 4. Aufl., Stuttgart 2013, S. 140.

[600] Vgl. *Drukarczyk, Jochen/Schüler, Andreas*: Unternehmensbewertung. 6. Aufl., München 2009, S. 148–149.

[601] Vgl. *Baetge, Jörg* u. a.: Darstellung der Discounted Cashflow-Verfahren (DCF-Verfahren) mit Beispiel. In: Praxishandbuch der Unternehmensbewertung, hrsg. von *Volker H. Peemöller*, 6. Aufl., Herne 2015, S. 365.

[602] Vgl. *Meyering, Stephan*: Existenzgründung durch Einzelunternehmenskauf – Bewertung, Kaufpreiszahlung, Ertragsteuern. Berlin 2007, S. 124.

[603] Vgl. *Drukarczyk, Jochen/Schüler, Andreas*: Unternehmensbewertung. 6. Aufl., München 2009, S. 148–149. Zu den Ausführungen über den APV-Ansatz vgl. *Drukarczyk, Jochen/Schüler, Andreas*: Unternehmensbewertung. 6. Aufl., München 2009, S. 148–178.

$$V^e = \frac{FCF}{r_{EK}^e}$$

Dabei gilt:

V^e : Unternehmenswert bei vollständiger Eigenfinanzierung;

FCF : Cashflow an die Eigentümer bei fiktiv reiner Eigenfinanzierung;

r_{EK}^e : Renditeforderung der Eigentümer bei reiner Eigenfinanzierung.

Der Steuervorteil aus der steuerlichen Abzugsfähigkeit der Fremdkapitalkosten (Tax Shield) wird allerdings losgelöst von dem Free Cashflow ermittelt und danach gesondert mit dem Fremdkapitalkostensatz diskontiert.[604] Diese in **Schritt 2** vorgenommene Berechnung wird als sog. **Unternehmenssteuereffekt** bezeichnet. Hierbei werden ein Unternehmenssteuereffekt V^{ust} und nach *Drukarczyk/Schüler* auch ein Einkommensteuereffekt V^{est} unterschieden.

Der Wert der steuerlichen Vorteile aus Fremdfinanzierung wird mit V^{ust} bezeichnet und ist Ergebnis des Unternehmenssteuereffektes, da die Unternehmenssteuern diesen Wertbeitrag auslösen.[605] Unter Berücksichtigung des Rentenmodells betragen die steuerlichen Effekte der Fremdfinanzierung $(s \cdot r_{FK} \cdot MWFK)$, wobei $(r_{FK} \cdot MWFK)$ der Zinszahlung der Periode entspricht:[606]

$$V^{ust} = \frac{s \cdot r_{FK} \cdot MWFK}{r_{FK}} = s \cdot MWFK$$

Dabei gilt:

MWFK : Marktwert des Fremdkapitals;

V^{ust} : Unternehmenssteuereffekt;

s : Unternehmenssteuersatz;

r_{FK} : (Erwartete) Renditeforderung der Fremdkapitalgeber.

Werden die Ergebnisse dieser beiden Teilrechnungen addiert, so erhält man den **Unternehmensgesamtwert gem. dem APV-Verfahren**.[607]

---

[604] Vgl. *Ballwieser, Wolfgang/Hachmeister, Dirk*: Unternehmensbewertung: Prozess, Methoden und Probleme. 4. Aufl., Stuttgart 2013, S. 113 und S. 119; *Mandl, Gerwald/Rabel, Klaus*: Methoden der Unternehmensbewertung (Überblick). In: Praxishandbuch der Unternehmensbewertung, hrsg. von *Volker H. Peemöller*, 6. Aufl., Herne 2015, S. 75.

[605] Vgl. *Drukarczyk, Jochen/Schüler, Andreas*: Unternehmensbewertung. 6. Aufl., München 2009, S. 155–156.

[606] Vgl. *Ballwieser, Wolfgang*: Unternehmensbewertung mit Discounted Cash-Flow-Verfahren. In: Die Wirtschaftsprüfung 1998, S. 91; *Richter, Frank*: DCF-Methoden und Unternehmensbewertung: Analyse der systematischen Abweichungen der Bewertungsergebnisse. In: Zeitschrift für Bankrecht und Bankwirtschaft 1997, S. 228.

[607] Vgl. *Drukarczyk, Jochen/Schüler, Andreas*: Unternehmensbewertung. 6. Aufl., München 2009, S. 171.

$$V = V^e + V^{ust} (+ V^{est})$$

Dabei gilt:

V : Unternehmensgesamtwert gem. dem APV-Verfahren;

V^e : Unternehmenswert bei vollständiger Eigenfinanzierung;

V^{ust} : Unternehmenssteuereffekt;

V^{est} : Wert des Einkommensteuereffekts aus der Ausschüttungspolitik.

Die Subtraktion des Marktwerts des Fremdkapitals (einschließlich evtl. Pensionszusagen) von diesem Unternehmensgesamtwert liefert – in **Schritt 3** – den gesuchten Unternehmenswert.[608]

Das APV-Verfahren unterscheidet sich vom FCF-Verfahren dahingehend, dass es die Finanzierungsseite auf eine andere Art berücksichtigt. Im FCF-Verfahren wird die Finanzierung durch die Gewichtung von Eigen- und Fremdkapital mit den jeweiligen Marktwerten berücksichtigt, im APV-Verfahren wird der Einfluss der Finanzierung getrennt ermittelt und zum Marktwert eines unverschuldeten Unternehmens addiert.[609]

Der **Marktwert des Eigenkapitals** wird also ermittelt, indem der Unternehmensgesamtwert V um den Wert des Fremdkapitals (i. S. von Verbindlichkeiten) und evtl. Pensionszusagen reduziert wird. Die Pensionszusagen sind hier zu berücksichtigen, da sie Einfluss auf den Unternehmensgesamtwert haben; es wird unterstellt, dass die durch Pensionsrückstellungen gebundenen Mittel zu verzinsendes Fremdkapital Dritter ersetzen:[610]

$$UW = MWEK = V - MWFK - PR$$

Dabei gilt:

UW : Unternehmenswert;

MWEK : Marktwert des Eigenkapitals;

MWFK : Marktwert des Fremdkapitals;

V : Unternehmensgesamtwert gem. dem APV-Verfahren;

PR : Wert der Ansprüche der Pensionsberechtigten.

---

[608] Vgl. *Drukarczyk, Jochen/Schüler, Andreas*: Unternehmensbewertung. 6. Aufl., München 2009, S. 149; *Mandl, Gerwald/Rabel, Klaus*: Methoden der Unternehmensbewertung (Überblick). In: Praxishandbuch der Unternehmensbewertung, hrsg. von *Volker H. Peemöller*, 6. Aufl., Herne 2015, S. 75–76.

[609] Vgl. zu diesem Absatz *Castadello, Marc*: Die Unternehmensbewertung. In: WP-Handbuch. Band II, hrsg. vom *Institut der Wirtschaftsprüfer*, 14. Aufl., Düsseldorf 2014, Rn. 191.

[610] Vgl. *Drukarczyk, Jochen/Richter, Frank*: Unternehmensgesamtwert, anteilseignerorientierte Finanzentscheidungen und APV-Ansatz. In: Die Betriebswirtschaft 1995, S. 563; *Richter, Frank*: DCF-Methoden und Unternehmensbewertung: Analyse der systematischen Abweichungen der Bewertungsergebnisse. In: Zeitschrift für Bankrecht und Bankwirtschaft 1997, S. 228.

Im Rahmen des APV-Verfahrens ist der Cashflow so zu berechnen, als existiere die Pensionszusage nicht; der Wert des Fremdkapitals setzt sich aus dem explizit zu verzinsenden Fremdkapital und dem Wert der Pensionszahlungen zusammen.[611]

Kommt es im Zeitablauf zu keinerlei Reduktionen des Fremdkapitalvolumens und entsprechen die Zuführungen zu den Pensionsrückstellungen genau den betrieblichen Rentenleistungen, so entspricht in jeder Periode der zusätzlich verteilbare Betrag einem konstanten Vorteil aus verminderten Unternehmenssteuern, verkürzt um die Einkommensteuer auf diesen Betrag; tritt dieses Finanzierungsverhalten auf, so bleibt der Einkommensteuereffekt unberücksichtigt, da Rückwirkungen auf die Ausschüttungspolitik ausbleiben. Demgemäß ergibt sich:[612]

$$UW = MWEK = \frac{V^e + V^{ust}}{V} - MWFK$$
$$= V^e + s \cdot MWFK - MWFK$$
$$= V^e - (1-s) \cdot MWFK$$
$$UW = \frac{FCF}{r_{EK}^e} - (1-s) \cdot MWFK$$

Dabei gilt:

UW : Unternehmenswert;
MWEK: Marktwert des Eigenkapitals;
MWFK: Marktwert des Fremdkapitals;
V : Unternehmensgesamtwert gem. dem APV-Verfahren;
V^e : Unternehmenswert bei vollständiger Eigenfinanzierung;
V^{ust} : Unternehmenssteuereffekt;
s : Unternehmenssteuersatz;
FCF : Cashflow an die Eigentümer bei fiktiv reiner Eigenfinanzierung;
r_{EK}^e : Renditeforderung der Eigentümer bei reiner Eigenfinanzierung.

2. Die Vor- und Nachteile des Adjusted Present Value (APV)-Verfahrens

Die **Vorteile** dieses Ansatzes sind v. a. darin zu sehen, dass wertbeeinflussende Komponenten getrennt zu bewerten sind, was zu einer erhöhten Transparenz des Bewertungsprozesses

---

[611] Vgl. *Drukarczyk, Jochen/Richter, Frank*: Unternehmensgesamtwert, anteilseignerorientierte Finanzentscheidungen und APV-Ansatz. In: Die Betriebswirtschaft 1995, S. 563.
[612] Vgl. *Ballwieser, Wolfgang*: Unternehmensbewertung mit Discounted Cash-Flow-Verfahren. In: Die Wirtschaftsprüfung 1998, S. 91.

führt;[613] Wertsteigerungen des Unternehmens, die auf unterschiedlicher Finanzierung und Änderungen der Kapitalstruktur beruhen, können problemlos erfasst werden.[614] Eine Anpassung des Kalküls ist bei Anwendung des APV-Verfahrens einfacher durchzuführen, als dies beim FCF-Verfahren der Fall ist;[615] weiterhin wird die problematische Aufrechterhaltung der Zielkapitalstruktur des FCF-Verfahrens umgangen; die Wirkungen von geändertem Verschuldungsgrad und den damit verbundenen steuerlichen Konsequenzen werden erfasst,[616] was auch für die persönlichen Einkommensteuern gilt.[617]

Schwierigkeiten ergeben sich v. a. bei der Ermittlung der Eigenkapitalkosten eines rein eigenfinanzierten Unternehmens, da diese Werte wegen fehlender rein eigenfinanzierter Unternehmen nicht beobachtet werden können; eine weitere Hürde stellt die Anpassungsbedürftigkeit der Eigenkapitalkostensätze bei Aufgabe des Rentenmodells dar. Die angestrebte Lösung soll durch den Rückgriff auf Betawerte verschuldeter Unternehmen erreicht werden, die mittels der folgenden Formel errechnet werden:[618]

$$\beta^u = \frac{\beta^v}{1 + (1-s) \cdot \frac{\overline{MWFK}}{\overline{MWEK}}}$$

Dabei gilt:

β^u : β-Wert des unverschuldeten Unternehmens;

β^v : β-Wert des verschuldeten Unternehmens;

s : Unternehmenssteuersatz.

Die Formel basiert auf den Annahmen von *Modigliani* und *Miller*, die u.a. von unendlichen Renten, fehlendem Kursrisiko, identischen Verschuldungsmöglichkeiten und fehlenden Transaktionskosten ausgehen, was jedoch nicht unbedingt als realitätsnah bezeichnet werden kann.[619]

---

[613] Vgl. *Drukarczyk, Jochen/Richter, Frank*: Unternehmensgesamtwert, anteilseignerorientierte Finanzentscheidungen und APV-Ansatz. In: Die Betriebswirtschaft 1995, S. 561.

[614] Vgl *Castadello, Marc*: Die Unternehmensbewertung. In: WP-Handbuch. Band II, hrsg. vom *Institut der Wirtschaftsprüfer*, 14. Aufl., Düsseldorf 2014, Rn. 189–191.

[615] Vgl. *Drukarczyk, Jochen*: DCF-Methoden und Ertragswertmethode – einige klärende Anmerkungen. In: Die Wirtschaftsprüfung 1995, S. 331.

[616] Vgl. *Ballwieser, Wolfgang*: Unternehmensbewertung mit Discounted Cash-Flow-Verfahren. In: Die Wirtschaftsprüfung 1998, S. 91.

[617] Vgl. *Drukarczyk, Jochen/Schüler, Andreas*: Unternehmensbewertung. 6. Aufl., München 2009, S. 149.

[618] Vgl. *Ballwieser, Wolfgang*: Unternehmensbewertung mit Discounted Cash-Flow-Verfahren. In: Die Wirtschaftsprüfung 1998, S. 91.

[619] Vgl. zu diesem Absatz *Ballwieser, Wolfgang*: Unternehmensbewertung mit Discounted Cash-Flow-Verfahren. In: Die Wirtschaftsprüfung 1998, S. 91–92; zum *Modigliani-Miller*-Theorem vgl. *Bieg, Hartmut/Kußmaul, Heinz*: Investitions- und Finanzierungsmanagement. Band III: Finanzwirtschaftliche Entscheidungen, München 2000, S. 58–70.

D. Die Unternehmensbewertung nach IDW S1

I. Allgemeine Bemerkungen

Der IDW Standard: Grundsätze zur Durchführung von Unternehmensbewertungen (IDW S 1 i. d. F. 2008) stellt eine Weiterentwicklung des IDW S 1 vom 18.05.2005 sowie des Entwurfs einer Neufassung des Standards (IDW ES 1 i. d. F. 2007) vom 05.09.2007 dar. Wie auch seine Vorgänger stützt er sich auf die Gedankenlogik der Zukunftserfolgswertmethode, sieht also den Unternehmenswert als Summe diskontierter Zahlungsströme.

Der Standard gilt für Wirtschaftsprüfer bei der Bewertung ganzer Unternehmen als Leitfaden und ist deshalb – von den Grundsätzen und der prinzipiellen Vorgehensweise her – zu beachten. Im Gegensatz zu seinen Vorgängern enthält der Standard Klarstellungen zur Ermittlung objektivierter Unternehmenswerte, wobei insb. auf unterschiedliche Typisierungen bei der Berücksichtigung persönlicher Ertragsteuern eingegangen wird. Nach dem Standard kann der Unternehmenswert sowohl auf Grundlage des Ertragswertverfahrens als auch der DCF-Verfahren ermittelt werden. Die Berücksichtigung des Substanzwerts wird dagegen abgelehnt.

II. Die Bedeutung und Grundsätze des Standards IDW S1

1. Einordnung

Der Standard IDW S 1 bildet nach herrschender Auffassung die Grundlage heutiger praktischer Bewertungen ganzer Unternehmen. Der Standard legt die Grundsätze dar, nach denen Wirtschaftsprüfer Unternehmensbewertungen – unter Berücksichtigung der Theorie, der Praxis und der in der Rechtsprechung entwickelten Standpunkte – durchführen.

Aufgrund des für einen Wirtschaftsprüfer verbindlichen Charakters der Stellungnahmen des IDW hat bei der Durchführung einer Unternehmensbewertung folglich eine Orientierung an den in der Stellungnahme dargelegten Grundsätzen und Verfahren zu erfolgen. Dennoch lässt die Stellungnahme dem Bewertenden noch einen weiten Ermessensspielraum. Von ihrer Ausgestaltung her verkörpert die Stellungnahme damit nicht mehr als einen großzügigen Rahmen, dessen Ausfüllung dem jeweiligen Wirtschaftsprüfer überlassen bleibt, wobei allerdings beachtet werden muss, dass alle im Rahmen der Bewertung getroffenen Feststellungen stichhaltig zu begründen sind.[620]

Der Standard legt Grundsätze zur Ermittlung von Unternehmenswerten dar, die einen festen Rahmen für alle Bewertungsfälle bilden sollen und die im Folgenden kurz skizziert werden.

---

[620] Vgl. dazu u.a. *Bieg, Hartmut*: Betriebswirtschaftslehre 1: Investition und Unternehmungsbewertung. 2. Aufl., Freiburg i.Br. 1997, S. 198–199.

2. Der Grundsatz der Maßgeblichkeit des Bewertungszwecks

Die Unternehmenswertermittlung erfordert eine Prognose und Diskontierung der künftigen finanziellen Überschüsse aus betriebsnotwendigem und nicht betriebsnotwendigem Vermögen. Da es bei der Ermittlung des Unternehmenswerts – objektivierter Unternehmenswert, subjektiver Entscheidungswert oder Einigungswert – zu unterschiedlichen Annahmen bzgl. der Prognose und Diskontierung der künftigen finanziellen Überschüsse, Art und Umfang einzubeziehender Synergien und der persönlichen Verhältnisse der Anteilseigner bzw. einer entsprechenden Typisierung derselben kommen kann, muss zu Beginn der Bewertung festgelegt werden, in welcher Funktion der Bewerter tätig wird, damit die jeweiligen Annahmen und Typisierungen entsprechend hergeleitet werden können.[621]

3. Der Grundsatz der Bewertung der wirtschaftlichen Unternehmenseinheit

Der Wert von Unternehmen wird grds. nicht auf dem Wege der Ermittlung von Einzelwerten für Vermögensgegenstände und Schulden bestimmt, sondern vielmehr durch das Zusammenwirken aller Werte. Das Unternehmen ist als Ganzes zu bewerten, die Gesamtheit aller Bereiche, wie z.B. Beschaffungs- und Absatzbeziehungen bzw. -märkte, Forschung, Entwicklung, Organisation, Finanzierung und Management, ist zu erfassen, da alle Unternehmensbereiche zusammenwirken und zu den künftigen finanziellen Überschüssen des Unternehmens beitragen. Der Unternehmenswert kann somit die Summe der Einzelwerte sowohl über- als auch unterschreiten.

Das Bewertungsobjekt und die rechtliche Abgrenzung des Unternehmens müssen nicht identisch sein, da das nach wirtschaftlichen Kriterien definierte Bewertungsobjekt – wie z.B. Konzern, Betriebsstätte, strategische Geschäftseinheit – zugrunde gelegt werden soll. Somit ist für die Bewertung nicht der Rechtsmantel eines Unternehmens maßgebend, sondern der Wirtschaftsverbund.

Der Unternehmenswert i.w.S. setzt sich aus dem betriebsnotwendigen Vermögen (Unternehmenswert i.e.S.) und dem nicht betriebsnotwendigen Vermögen zusammen.[622]

4. Der Grundsatz des Stichtagsprinzips

Unternehmenswerte sind zeitpunktbezogen auf den Bewertungsstichtag zu ermitteln. Mit der Festlegung des Bewertungsstichtags wird bestimmt, welche finanziellen Überschüsse nicht mehr zu berücksichtigen sind, da sie den bisherigen Eigentümern bereits zugeflossen sind, und ab welchem Zeitpunkt zu erwartende oder bereits realisierte finanzielle Überschüsse

---

[621] Vgl. zu diesem Abschnitt *IDW*: IDW Standard: Grundsätze zur Durchführung von Unternehmensbewertungen (IDW S1 i. d. F. 2008). In: IDW-Fachnachrichten 2008, Rn. 17; *Castadello, Marc*: Die Unternehmensbewertung. In: WP-Handbuch. Band II, hrsg. vom *Institut der Wirtschaftsprüfer*, 14. Aufl., Düsseldorf 2014, Rn. 45.

[622] Vgl. zu diesem Abschnitt *IDW*: IDW Standard: Grundsätze zur Durchführung von Unternehmensbewertungen (IDW S1 i. d. F. 2008). In: IDW-Fachnachrichten 2008, Rn. 18–21; *Castadello, Marc*: Die Unternehmensbewertung. In: WP-Handbuch. Band II, hrsg. vom *Institut der Wirtschaftsprüfer*, 14. Aufl., Düsseldorf 2014, Rn. 46–50.

den künftigen Eigentümern zuzurechnen sind. Fallen Bewertungsstichtag und Zeitpunkt der Bewertungsdurchführung auseinander, ist nur der Informationsstand zu berücksichtigen, den die Parteien bei angemessener Sorgfalt zum Bewertungsstichtag hätten haben können. Das Stichtagsprinzip gilt auch für die zu berücksichtigenden Informationen über die Ertragsteuerbelastung der finanziellen Überschüsse. Demgemäß ist am Bewertungsstichtag das geltende bzw. das mit Wirkung für die Zukunft vom Gesetzgeber beschlossene Steuerrecht maßgeblich.[623]

5. Der Grundsatz der gesonderten Bewertung des nicht betriebsnotwendigen Vermögens

Im Rahmen dieses Grundsatzes wird festgelegt, dass Vermögensgegenstände, die frei veräußert werden könnten, ohne dadurch die Ausführung der eigentlichen Aufgabe des Unternehmens und damit die Ertragskraft zu beeinträchtigen, einer selbstständigen Bewertung unterzogen werden müssen. Diese Maßnahme der gesonderten Bewertung ist notwendig, da nicht betriebsnotwendige Vermögensgegenstände i. d. R. einen von ihrem Ertragswert abweichenden Wert haben und außerdem nicht in einem zwangsläufigen Zusammenhang mit dem Ertragswert des Unternehmens stehen.

Der Wert dieser nicht betriebsnotwendigen Vermögensgegenstände inkl. zugehöriger Schulden ist unter Betrachtung der bestmöglichen Verwertung derselben zu ermitteln. Dabei ist der Barwert der finanziellen Überschüsse bei Liquidation den finanziellen Überschüssen bei Verbleib im Unternehmen gegenüberzustellen, wobei die höhere dieser beiden Größen als relevanter Wert des nicht betriebsnotwendigen Vermögens dem Unternehmenswert hinzuzurechnen ist. Zur Berechnung des Liquidationswerts sind die erzielten Liquidationserlöse um die Kosten der Liquidation zu vermindern, zudem sind auch die steuerlichen Auswirkungen einer Veräußerung auf Unternehmensebene mitzuberücksichtigen. Sofern sich die Liquidation voraussichtlich über mehrere Perioden erstreckt, tritt an die Stelle des Liquidationswerts der Barwert der einzelnen Liquidationserlöse abzgl. Liquidationskosten. Die Berücksichtigung der Steuern auf Eigentümerebene ist von der konkreten Verwendung der Erlöse abhängig.[624]

6. Der Grundsatz der Unbeachtlichkeit des bilanziellen Vorsichtsprinzips

Eine nach handelsrechtlichen Aspekten aufgestellte Bilanz darf nicht für Zwecke der Unternehmensbewertung herangezogen werden, da sie sich stets einseitig für eine der an der Unternehmensbewertung interessierten bzw. beteiligten Parteien auswirkt. Tritt der Wirt-

---

[623] Vgl. zu diesem Abschnitt *IDW*: IDW Standard: Grundsätze zur Durchführung von Unternehmensbewertungen (IDW S1 i. d. F. 2008). In: IDW-Fachnachrichten 2008, Rn. 22–23; *Castadello, Marc*: Die Unternehmensbewertung. In: WP-Handbuch. Band II, hrsg. vom *Institut der Wirtschaftsprüfer*, 14. Aufl., Düsseldorf 2014, Rn. 51–59.

[624] Vgl. zu diesem Abschnitt *IDW*: IDW Standard: Grundsätze zur Durchführung von Unternehmensbewertungen (IDW S1 i. d. F. 2008). In: IDW-Fachnachrichten 2008, Rn. 59–63; *Castadello, Marc*: Die Unternehmensbewertung. In: WP-Handbuch. Band II, hrsg. vom *Institut der Wirtschaftsprüfer*, 14. Aufl., Düsseldorf 2014, Rn. 136–139.

schaftsprüfer als neutraler Gutachter oder als Schiedsgutachter auf, hat er stets das Gebot der Unparteilichkeit zu beachten.[625]

7. Der Grundsatz der Nachvollziehbarkeit der Bewertungsansätze

Dieser Grundsatz fordert die Klarheit und Eindeutigkeit der im Rahmen einer Unternehmensbewertung gewählten Annahmen und Typisierungen. Er stellt die Voraussetzung für die Erkenntnis und Wertung von Ermessensspielräumen des Bewerters dar. Aus der Berichterstattung muss eindeutig hervorgehen, von welcher Personengruppe die Annahmen getroffen wurden (z. B. Gutachter, Management, sachverständiger Dritter).[626]

8. Der Grundsatz zur Bewertung des betriebsnotwendigen Vermögens

a) Der Unternehmenswert als Summe diskontierter Nettoeinnahmen aus dem betriebsnotwendigen Vermögen

Der Grundsatz zur Bewertung des betriebsnotwendigen Vermögens legt die Unternehmensbewertung auf Basis diskontierter Zahlungsströme fest.

Dabei ergeben sich die abzuzinsenden Nettoeinnahmen der Unternehmenseigentümer vorrangig aus dem Anspruch auf Ausschüttung bzw. Entnahme der erwirtschafteten finanziellen Überschüsse, die sich ggf. um zu erbringende Einlagen der Eigentümer mindern. Weitere Zahlungsstromveränderungen, wie z.B. persönliche Steuern, sind ebenfalls zu berücksichtigen. Die Nettoeinnahmen der Unternehmenseigentümer sind v.a. von der Fähigkeit des Unternehmens abhängig, finanzielle Überschüsse zu erwirtschaften. Die Unternehmensbewertung setzt eine Prognose der entziehbaren künftigen finanziellen Überschüsse voraus. Diejenigen finanziellen Überschüsse, die als Nettoeinnahmen in den Verfügungsbereich der Eigentümer gelangen, bestimmen den Unternehmenswert (sog. Zuflussprinzip). Unter den Begriff „Nettoeinnahmen" fallen auch die Thesaurierungen finanzieller Überschüsse und die Verwendung nicht ausgeschütteter Beträge, da diese zur Investition, zur Tilgung von Verbindlichkeiten oder zur Rückführung von Eigenkapital verwendet werden können. Allerdings sind parallel dazu die gesellschaftsrechtliche Ausschüttungsfähigkeit und die Finanzierung der Ausschüttungen zu beachten. Voraussetzung für eine ordnungsgemäße Unternehmensbewertung ist die Verfügbarkeit aufeinander abgestimmter Plan-Bilanzen, Plan-GuV, Finanzplanungen sowie evtl. Rechnungen zur Berücksichtigung steuerlicher Bemessungsgrundlagen.[627]

---

[625] Vgl. zu diesem Abschnitt *IDW*: IDW Standard: Grundsätze zur Durchführung von Unternehmensbewertungen (IDW S1 i. d. F. 2008). In: IDW-Fachnachrichten 2008, Rn. 64–65.

[626] Vgl. zu diesem Abschnitt *IDW*: IDW Standard: Grundsätze zur Durchführung von Unternehmensbewertungen (IDW S1 i. d. F. 2008). In: IDW-Fachnachrichten 2008, Rn. 66–67.

[627] Vgl. *IDW*: IDW Standard: Grundsätze zur Durchführung von Unternehmensbewertungen (IDW S1 i. d. F. 2008). In: IDW-Fachnachrichten 2008, Rn. 24–27; vgl. weiterführend *Castadello, Marc*: Die Unternehmensbewertung. In: WP-Handbuch. Band II, hrsg. vom *Institut der Wirtschaftsprüfer*, 14. Aufl., Düsseldorf 2014, Rn. 60–72.

Relevant sind die Nettoeinnahmen, also diejenigen Zahlungsströme, die der Anteilseigner zur freien Verfügung hat. In dieser Größe sind auch Steuern zu berücksichtigen: Zum einen inländische und ausländische Ertragsteuern auf Ebene des Unternehmens und zum anderen grds. die beim Unternehmenseigentümer aufgrund des Eigentums am Unternehmen selbst entstehenden persönlichen Ertragsteuern.[628]

In Abhängigkeit von der Intention der Unternehmensbewertung und damit einhergehend auch der Funktion des Unternehmensbewerters unterscheidet der IDW S1 den zu ermittelnden Unternehmenswert in einen objektivierten Unternehmenswert und einen subjektiven Entscheidungswert. Die Unterscheidung hat Einfluss auf die einzelnen wertbestimmenden Faktoren einer Unternehmensbewertung.

Während im Falle des Auftretens des Unternehmensbewerters als neutraler Gutachter oder als Schiedsgutachter subjektive Einflussfaktoren nur in begrenztem Maße berücksichtigt werden können, kann der Bewerter als Berater einer bestimmten Partei subjektiv geprägte Wertkomponenten in vollem Umfang einfließen lassen.[629]

Während der **objektivierte Unternehmenswert** den Wert des fortgeführten Unternehmens im Rahmen des vorhandenen Unternehmenskonzepts und unter Berücksichtigung der bisherigen Ertragskraft – bezogen auf eine Alternativinvestition am Kapitalmarkt – verkörpert, drückt der **subjektive Wert** einen Unternehmenswert unter Erfassung eines mehr oder weniger veränderten Fortführungskonzeptes und in Relation zu den im Einzelfall gegebenen Investitionsalternativen aus.

Je nach Funktion des Unternehmensbewerters können sich verschiedene Unternehmenswerte ergeben. Der Bewerter muss sich bei seiner Bewertungsaufgabe darüber im Klaren sein, in welcher Funktion er tätig wird (vgl. dazu **Abschnitt 9, Kap. A.II.2.**):[630]

- Tritt der Wirtschaftsprüfer als **neutraler Gutachter** auf, so hat er einen „objektivierten Wert" als Unternehmenswert zu bestimmen. In der Rolle des neutralen Gutachters ist der Wirtschaftsprüfer z.B. dann, wenn ein Kaufinteressent für die Vertragsverhandlungen eine Datenbasis braucht, jedoch nicht in die Interna des Kaufobjektes Einblick haben soll. Der Kaufinteressent soll aufbauend auf der Analyse des vorhandenen Unternehmens seinen subjektiven Entscheidungswert bestimmen.[631] Der objektivierte Wert ist i.d.R. eine Preisuntergrenze und führt zur Gefahr der Benachteiligung des Verkäufers, soweit auf dem objektivierten Wert die Kaufverhandlungen beruhen.

---

[628] Vgl. *IDW*: IDW Standard: Grundsätze zur Durchführung von Unternehmensbewertungen (IDW S1 i. d. F. 2008). In: IDW-Fachnachrichten 2008, Rn. 28.

[629] Vgl. *Castadello, Marc*: Die Unternehmensbewertung. In: WP-Handbuch. Band II, hrsg. vom *Institut der Wirtschaftsprüfer*, 14. Aufl., Düsseldorf 2014, Rn. 19.

[630] Vgl. *IDW*: IDW Standard: Grundsätze zur Durchführung von Unternehmensbewertungen (IDW S1 i. d. F. 2008). In: IDW-Fachnachrichten 2008, Rn. 12.

[631] Vgl. *Castadello, Marc*: Die Unternehmensbewertung. In: WP-Handbuch. Band II, hrsg. vom *Institut der Wirtschaftsprüfer*, 14. Aufl., Düsseldorf 2014, Rn. 18.

- Ist der Wirtschaftsprüfer als **Berater** des Käufers oder Verkäufers tätig, so erfolgt die Einbeziehung von subjektiven Überlegungen.[632] Es findet somit ein Übergang von einem objektivierten Unternehmenswert zu einem subjektiven Entscheidungswert statt.
- Der Wirtschaftsprüfer als **Schiedsgutachter** hat in einer Konfliktsituation zweier Parteien einen fairen Einigungswert vorzuschlagen, der meist zwischen den subjektiven Werten liegt.[633]

Die Funktionen des Wirtschaftsprüfers werden in **Abbildung 75** zusammenfassend dargestellt.

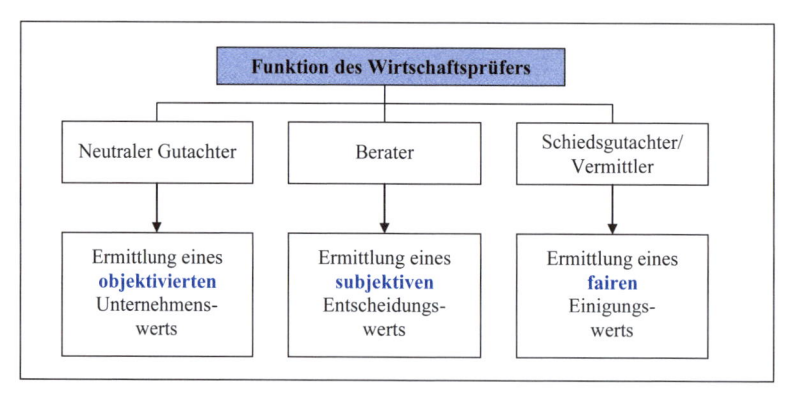

Abbildung 75: Funktionen des Wirtschaftsprüfers bei der Unternehmensbewertung

b) Die Ermittlung des objektivierten Unternehmenswerts

Der **objektivierte Unternehmenswert** stellt einen intersubjektiv nachprüfbaren Zukunftserfolgswert dar, der sich bei unveränderter Unternehmensfortführung mit allen realistischen Zukunftserwartungen im Rahmen der Marktchancen, -risiken, finanziellen Möglichkeiten und sonstigen Einflussfaktoren bestimmen lässt. Die Bewertung des Unternehmens stützt sich dabei auf die vorhandene Ertragskraft. Für den objektivierten Unternehmenswert gilt nach IDW S1 Folgendes:[634]

- Mögliche, jedoch noch **nicht eingeleitete Maßnahmen**, wie z. B. Erweiterungsinvestitionen, und die sich daraus ergebenden finanziellen Überschüsse sind bei der Ermittlung von objektivierten Unternehmenswerten unbeachtlich (sog. Wurzeltheorie). Die bewertbare Ertragskraft umfasst alle Erfolgschancen, die sich aus zum Bewertungsstichtag bereits eingeleiteten Maßnahmen oder am Stichtag hinreichend konkretisierten Maßnahmen im Rahmen des bestehenden Unternehmenskonzepts und der Marktgegebenheiten ergeben.

---

[632] Vgl. *Castadello, Marc*: Die Unternehmensbewertung. In: WP-Handbuch. Band II, hrsg. vom *Institut der Wirtschaftsprüfer*, 14. Aufl., Düsseldorf 2014, Rn. 20.

[633] Vgl. *Castadello, Marc*: Die Unternehmensbewertung. In: WP-Handbuch. Band II, hrsg. vom *Institut der Wirtschaftsprüfer*, 14. Aufl., Düsseldorf 2014, Rn. 27.

[634] Vgl. *IDW*: IDW Standard: Grundsätze zur Durchführung von Unternehmensbewertungen (IDW S1 i. d. F. 2008). In: IDW-Fachnachrichten 2008, Rn. 29–47.

- Bei der Ermittlung von objektivierten Unternehmenswerten sind Überschüsse aus **unechten Synergieeffekten** insoweit zu berücksichtigen, als die synergiestiftende Maßnahme am Stichtag bereits eingeleitet oder im Unternehmenskonzept dokumentiert war. Unter Synergieeffekten (auch als Verbundeffekte bezeichnet) versteht man eine Veränderung der finanziellen Überschüsse, die durch den wirtschaftlichen Verbund (Kooperation) zweier oder mehrerer Unternehmen entstehen. Durch den Verbund von Unternehmen werden regelmäßig positive Synergieeffekte erwartet, es können jedoch auch negative Synergieeffekte entstehen, z.B. aufgrund nicht abgestimmter Managementstile oder von Mehrkosten durch Abstimmungsbedarf. Synergieeffekte können auch danach unterschieden werden, ob die Auswirkungen auf die finanziellen Überschüsse

  – ausschließlich durch Kooperation bestimmter Unternehmen aufgrund spezifischer Eigenschaften – z.B. Knowhow-Transfer – erzielt werden (sog. echte Synergieeffekte) oder

  – bereits realisiert sind oder auf gleiche Art und Weise mit einer Vielzahl von anderen Partnern erzielt werden können (z.B. Ausnutzung von Größeneffekten, verbessertes Cash-Management, Zusammenlegung des Rechnungswesens usw.). Bei dieser Kategorie handelt es sich um unechte Synergieeffekte.

- Die echten Synergieeffekte werden bei der Ermittlung eines objektivierten Unternehmenswerts nicht berücksichtigt, da sie mit einer Fortführung des Unternehmens in der bisherigen Form nicht vereinbar sind und auf subjektiven Faktoren der Investoren beruhen.

- Bei der Ermittlung von objektivierten Unternehmenswerten wird grds. ein Verbleiben des **Managements** unterstellt. Mit dem Management, welches für die bisherige Unternehmensentwicklung verantwortlich ist, wird die Ertragskraft des Unternehmens übertragen. Eine Eliminierung personenbezogener Einflüsse auf die finanziellen Überschüsse unterbleibt deswegen. Handelt es sich um ein personenbezogenes Unternehmen, so sind jedoch die positiven bzw. negativen Erfolgsbeiträge, die zukünftig ggf. nicht mehr erzielt werden können (bei Wechsel des Eigentümers), bei der Prognose der künftigen finanziellen Überschüsse nicht zu berücksichtigen. Da es bei einem Unternehmenserwerb prinzipiell auf die übertragbare Ertragskraft ankommt, werden diese personenbezogenen Wertfaktoren, soweit nicht das Management auch nach dem Eigentümerwechsel im Unternehmen verbleibt, eliminiert. Außerdem können die finanziellen Überschüsse um einen angemessenen Unternehmerlohn korrigiert werden, soweit ein solcher in der bisherigen Ergebnisrechnung für die Mitarbeit der Inhaber noch nicht berücksichtigt worden ist. Des Weiteren werden Einflüsse aus einem Unternehmensverbund oder aus sonstigen Beziehungen personeller oder familiärer Art zwischen Management des zu bewertenden Unternehmens und dritten Unternehmen, die nicht mit übergehen, eliminiert. Wenn der Fall eintritt, dass die bisherige Unternehmensleitung künftig nicht mehr zur Verfügung steht, eine Unternehmensfortführung ohne sie aber nicht möglich ist, so ist regelmäßig davon auszugehen, dass der Unternehmenswert dem Liquidationswert entspricht.

- Grundlage der Unternehmensbewertung sind diejenigen finanziellen **Zahlungsströme, die** unter Berücksichtigung des am Stichtag dokumentierten Unternehmenskonzepts und der rechtlichen Restriktionen (bspw. Bilanzgewinn, ausschüttbares Jahresergebnis)

zur Ausschüttung zur Verfügung stehen. Bei der Planung der erwarteten zukünftigen Zahlungsströme werden gewöhnlich zwei Planungsphasen unterschieden, eine Detailplanungsphase, welche etwa 3 bis 5 Jahre umfasst, und eine fernere zweite Phase, in welcher alle später anfallenden Zahlungsströme berücksichtigt werden.

Es sind Annahmen zu treffen, in welchem Verhältnis zukünftige finanzielle Überschüsse Ausschüttungen und Thesaurierungen darstellen. In der ersten Phase, der sog. Detailplanungsphase, ist dabei auf das individuelle Unternehmenskonzept abzustellen; außerdem sind die bisherige und geplante Ausschüttungspolitik, die Eigenkapitalausstattung und die steuerlichen Rahmenbedingungen einzukalkulieren. Wenn bzgl. der Verwendung thesaurierter Beträge keine Planung existiert, ist eine sachgerechte Prämisse für die Mittelverwendung zu treffen. Zudem sind auch Steuern zu berücksichtigen, sofern die thesaurierungsbedingten Wertzuwächse einer effektiven Veräußerungsgewinnbesteuerung unterliegen.

Bei der Prognose des Ausschüttungsverhaltens in der zweiten Phase geht man grds. davon aus, dass dieses dem Ausschüttungsverhalten der Alternativanlage gleichkommt, außer wenn bestimmte Gründe für eine andere Quote sprechen (bspw. Besonderheiten in der Branche, der Kapitalstruktur oder bei den rechtlichen Rahmenbedingungen). Thesaurierte Beträge sind annahmegemäß kapitalwertneutral.

- Nach dem IDW S1 werden zur Ermittlung des objektivierten Unternehmenswerts anlassbezogene Typisierungen der steuerlichen Verhältnisse der Anteilseigner vorgenommen:

    – Bei einer **mittelbaren Typisierung** wird angenommen, dass die Besteuerung der Nettozuflüsse beim Anteilseigner der Besteuerung der Zuflüsse aus einer Alternativinvestition in ein Aktienportfolio entspricht; eine weitere Berücksichtigung persönlicher Ertragsteuern bei der Ermittlung finanzieller Überschüsse und des Kalkulationszinssatzes erfolgt bei der mittelbaren Typisierung deswegen nicht.[635] Eine mittelbare Typisierung ist bei Unternehmensbewertungen im Rahmen von Unternehmensveräußerungen und anderen unternehmerischen Initiativen, bei denen der Wirtschaftsprüfer als neutraler Gutachter tätig wird (bspw. Kaufpreisverhandlungen, Fairness Opinions, Kreditwürdigkeitsprüfungen), sachgerecht.

    – Bei gesetzlichen und vertraglichen Bewertungsanlässen, die eine Entschädigung bei Verlust von Gesellschafterrechten zum Gegenstand haben (bspw. Squeeze out), erfolgt die Berechnung des objektivierten Unternehmenswerts aus der Perspektive einer inländischen unbeschränkt steuerpflichtigen natürlichen Person als Anteilseigner, wobei eine **unmittelbare Typisierung** der steuerlichen Verhältnisse des Anteilseigners erfolgt. Diese Vorgehensweise entspricht langjähriger Bewertungspraxis und deutscher Rechtsprechung. Durch diese Typisierung wird erreicht, dass der objektivierte Unternehmenswert – bei gegebenen unterschiedlichen Einkommensverhältnissen der abzufindenden Anteilseigner – nicht von individuell unterschiedlichen

---

[635] Vgl. hierzu kritisch *Wegener, Wolfgang*: Auswirkungen der Steuerreform auf den objektivierten Unternehmenswert von Kapitalgesellschaften. In: Deutsches Steuerrecht 2008, S. 942. Dieser hält – mit Verweis auf die Notwendigkeit des Einbezugs persönlicher Ertragsteuern zur Ermittlung eines entscheidungsrelevanten Werts – die Nichtberücksichtigung persönlicher Ertragsteuern bei mittelbarer Typisierung für nicht vollständig überzeugend.

Steuersätzen abhängig gemacht wird. Es werden zum einen die Nettozuflüsse um die persönlichen Ertragsteuern gekürzt, zum anderen wird der Kapitalisierungszinssatz um die persönlichen Ertragsteuern korrigiert. Bei Bewertungen aus Sicht eines unbeschränkt einkommensteuerpflichtigen Inländers wird i. d. R. ein typisierter Steuersatz i. H. v. 35 % als angemessen und vertretbar gesehen. Hierbei erfolgt keine gesonderte Berücksichtigung von Kirchensteuer und Solidaritätszuschlag.[636]

Bei der Bewertung von Kapitalgesellschaften ist bei der typisierten Steuerbelastung einer inländischen unbeschränkt steuerpflichtigen natürlichen Person die Abgeltungsteuer zu berücksichtigen. Diese gilt seit dem Jahr 2009 für Anteile im Privatvermögen, die keine Beteiligung i. S. des § 17 Abs. 1 Satz 1 EStG sind. Folglich ist eine definitive Steuerbelastung i. H. v. 25 % zzgl. Solidaritätszuschlag zu veranschlagen.[637]

Bei der Bewertung von Einzelunternehmen und Personengesellschaften ist stets – gem. der transparenten Besteuerung in Deutschland – eine Berücksichtigung persönlicher Ertragsteuern vorzunehmen, da die persönliche Einkommensteuer an die Stelle der in der Alternativanlage berücksichtigten Unternehmenssteuer tritt. Zur Ermittlung der den Unternehmenseigentümern zufließenden Nettoeinnahmen sind die Unternehmenssteuer (Gewerbesteuer) und die typisierte persönliche Ertragsteuerbelastung i. H. v. 35 % zu berücksichtigen. Aufgrund der Möglichkeit zur Anrechnung der Gewerbesteuer auf die Einkommensteuer ist die typisierte Einkommensteuer um die Gewerbesteuer zu reduzieren.[638]

c) Der subjektive Entscheidungswert

Statt objektivierter Unternehmenswerte steht die Bestimmung **subjektiver Entscheidungswerte** in denjenigen Fällen im Vordergrund, in denen der Wirtschaftsprüfer eine Beratungsfunktion innehat. Anstelle von Typisierungen treten dann individuelle auftraggeberbezogene Konzepte bzw. Annahmen:[639]

- Mögliche, jedoch noch **nicht eingeleitete Maßnahmen**, wie z.B. Erweiterungsinvestitionen, und die sich daraus ergebenden finanziellen Überschüsse sind bei der Ermittlung eines subjektiven Entscheidungswerts zu beachten. Als Beispiel dafür sind vom Erwerber beabsichtigte Erweiterungsinvestitionen oder die Veränderung strategischer

---

[636] Vgl. dazu *Castadello, Marc*: Die Unternehmensbewertung. In: WP-Handbuch. Band II, hrsg. vom *Institut der Wirtschaftsprüfer*, 14. Aufl., Düsseldorf 2014, Rn. 113.

[637] Vgl. *Castadello, Marc*: Die Unternehmensbewertung. In: WP-Handbuch. Band II, hrsg. vom *Institut der Wirtschaftsprüfer*, 14. Aufl., Düsseldorf 2014, Rn. 113. Vgl. zur unmittelbaren Typisierung im Zusammenhang mit Kapitalgesellschaften kritisch *Wegener, Wolfgang*: Auswirkungen der Steuerreform auf den objektivierten Unternehmenswert von Kapitalgesellschaften. In: Deutsches Steuerrecht 2008, S. 942. Dieser weist auf erhebliche dem Bewertenden obliegende Spielräume bei der Ermittlung vermeintlich objektivierter Unternehmenswerte hin.

[638] Vgl. *Castadello, Marc*: Die Unternehmensbewertung. In: WP-Handbuch. Band II, hrsg. vom *Institut der Wirtschaftsprüfer*, 14. Aufl., Düsseldorf 2014, Rn. 116.

[639] Vgl. *IDW*: IDW Standard: Grundsätze zur Durchführung von Unternehmensbewertungen (IDW S1 i. d. F. 2008). In: IDW-Fachnachrichten 2008, Rn. 48–58; *Castadello, Marc*: Die Unternehmensbewertung. In: WP-Handbuch. Band II, hrsg. vom *Institut der Wirtschaftsprüfer*, 14. Aufl., Düsseldorf 2014, Rn. 119–135.

Geschäftsfelder zu nennen. Diese Maßnahmen haben Auswirkungen auf die finanziellen Überschüsse und beeinflussen den Grenzpreis des Erwerbers.

- In den subjektiven Entscheidungswert fließen sowohl echte als auch unechte Synergieeffekte ein.

- Es sind diejenigen finanziellen Überschüsse zu berücksichtigen, die sich unter dem vom Erwerber eingesetzten Management voraussichtlich ergeben werden. Schließlich berücksichtigt der Grenzpreis des potenziellen Erwerbers nicht nur die übertragbare Ertragskraft eines Unternehmens, sondern auch die sich durch die Eigenschaften des Erwerbers ergebenden Erfolgsfaktoren.

- Im Gegensatz zur Wertermittlung des objektivierten Unternehmenswerts können hinsichtlich der Finanzierung des Unternehmens abweichende Annahmen getroffen werden. Denkbar ist, dass der Eigentümer bzw. Käufer in der Lage ist, eine günstigere Fremdfinanzierung zu erreichen, wodurch sich infolge einer niedrigeren Zinsbelastung des Unternehmens ein höherer Unternehmenswert ergibt, oder dass er eine Einbringung des Zielunternehmens in einen Unternehmensverbund anstrebt, wodurch sich eine differierende Kapitalstruktur ergeben könnte. Aufgrund des sich aus der Veränderung des Verschuldungsgrads ergebenden veränderten Finanzierungsrisikos ist dann der Kapitalisierungszinssatz anzupassen.

- Grds. sind bei der Ermittlung des subjektiven Entscheidungswerts die tatsächlichen steuerlichen Gegebenheiten zu berücksichtigen, soweit sie bekannt sind. Trotz allem kann in Einzelfällen eine Typisierung sachgerecht sein.

9. Dokumentation und Berichterstattung

Der Wirtschaftsprüfer hat sicherzustellen, dass die der Unternehmensbewertung zugrunde liegenden Abschlüsse verlässlich und vollständig sind. Prognostizierte Überschüsse basieren auf der Ableitung vergangenheitsbezogener Informationen aus geprüften Jahresabschlüssen. Für den Fall, dass diese Jahresabschlüsse nicht geprüft sind, muss sich der Wirtschaftsprüfer von der Verlässlichkeit des Datenmaterials überzeugen. Hinsichtlich der **Grenzen der Beurteilungsfähigkeit** muss er sich von der Geschäftsleitung bzgl. der von dem zu bewertenden Unternehmen übernommenen Daten eine **Vollständigkeitserklärung** einholen, mit einer Stellungnahme bzw. Aussage dahingehend, dass in den der Bewertung zugrunde gelegten Zahlen alle wirtschaftlichen, technischen und vertraglichen Gegebenheiten des Unternehmens nach bestem Wissen und Gewissen der Geschäftsleitung zutreffend zum Ausdruck gelangt sind. Diese Vollständigkeitserklärung entbindet den Gutachter aber trotzdem nicht von der Verpflichtung zur eigenen Beurteilung. Vorliegende Planungsrechnungen müssen geprüft und beurteilt sowie mit dem daraus gewonnenen Erkenntnisinhalt in die Berechnung einbezogen werden; eine lediglich Übernahme bereits vorliegender Prognoseergebnisse entsprechend den Auskünften der Geschäftsleitung darf nicht erfolgen. Offen gelegt werden muss in jedem Bewertungsfall der Grad der eigenen Beurteilungsmöglichkeit des Gutachters.

Im Rahmen der Ermittlung von Unternehmenswerten sind – wie bei anderen Dokumentationen auch – die berufsüblichen Grundsätze für Wirtschaftsprüfer hinsichtlich der Anlage von

Arbeitspapieren zu beachten, wozu auch die Absicherung durch die oben erwähnte Vollständigkeitserklärung zählt.

Im **Bewertungsgutachten** muss der Wirtschaftsprüfer einen eindeutigen Unternehmenswert bzw. eine -wertspanne nennen und begründen. Aus dem Gutachten muss ersichtlich sein, in welcher Funktion der Wirtschaftsprüfer tätig war und welcher Wert (objektivierter Unternehmenswert, subjektiver Entscheidungswert, Einigungswert) ermittelt wurde. Weiterhin ist eine detaillierte Erläuterung der Vorgehensweise der Unternehmensbewertung notwendig, so dass der Empfänger des Gutachtens die Möglichkeit hat, das angewandte Bewertungsverfahren (Ertragswertverfahren oder DCF-Verfahren) sowie die Prognose und Diskontierung der finanziellen Überschüsse nachzuvollziehen. Die zugrunde gelegten Daten müssen in Umfang und Qualität ersichtlich sein, ebenso wie der Umfang von Schätzungen und Annahmen mit den dahinter stehenden Überlegungen. Nach dem Grundsatz der Klarheit der Berichterstattung ist im Bewertungsgutachten deutlich zu machen, auf welchen wesentlichen Annahmen der ermittelte Unternehmenswert beruht. Anhand des Börsenkurses vollzogene Plausibilisierungen sind entsprechend darzustellen. Es ist in besonderem Maße auf den Börsenkurs einzugehen, sofern er grds. als Mindestwert heranzuziehen ist. Das Gutachten sollte die in **Abbildung 76**[640] (S. 318) aufgeführten Punkte umfassen.[641]

---

[640] Vgl. *IDW*: IDW Standard: Grundsätze zur Durchführung von Unternehmensbewertungen (IDW S1 i. d. F. 2008). In: IDW-Fachnachrichten 2008, Rn. 179.

[641] Vgl. zu diesem Abschnitt *IDW*: IDW Standard: Grundsätze zur Durchführung von Unternehmensbewertungen (IDW S1 i. d. F. 2008). In: IDW-Fachnachrichten 2008, Rn. 173–179.

Darstellung der Bewertungsaufgabe
• Auftraggeber;   • Auftrag (Bewertungsanlass; Funktion, in der die Wertermittlung durchgeführt wird; zugrunde liegender Bewertungsstandard).
Darstellung der angewandten Bewertungsgrundsätze und -methoden
Beschreibung des Bewertungsobjekts
• Rechtliche Grundlagen;   • wirtschaftliche Grundlagen;   • steuerliche Gegebenheiten.
Darstellung von Informationen, die der Bewertung zugrunde liegen
• Vergangenheitsanalyse;   • Planungsrechnungen vor dem Hintergrund der zugrunde liegenden Annahmen;   • Verfügbarkeit und Qualität der Ausgangsdaten (einschließlich Gutachten Dritter);   • Plausibilitätsbeurteilung der Planungen;   • Abgrenzung der Verantwortung für übernommene Auskünfte.
Darstellung der Bewertung des betriebsnotwendigen Vermögens
• Ableitung der erwarteten finanziellen Überschüsse (Überschüsse im Detailplanungszeitraum; nachhaltige Überschüsse der ewigen Rente);   • Ableitung des Kapitalisierungszinssatzes (Basiszinssatz, Risikozuschlag, Wachstumsabschlag);   • Ermittlung des Barwerts der finanziellen Überschüsse.
Darstellung der gesonderten Bewertung des nicht betriebsnotwendigen Vermögens
Unternehmenswert
• Ggf. Plausibilitätsbeurteilungen des Bewertungsergebnisses.
Abschließende Feststellungen

Abbildung 76: Inhalt des Bewertungsgutachtens

III. Die Prognose der künftigen finanziellen Überschüsse und die Bestimmung des Diskontierungszinssatzes

1. Allgemeines

Der IDW S 1 legt sich nicht auf eine bestimmte Bewertungsmethode fest, sondern bestimmt lediglich, dass der Unternehmenswert mittels eines Gesamtbewertungsverfahrens zu erfolgen hat. Die Unternehmensbewertung auf alleiniger Basis von Substanzwerten wird abgelehnt. Relevant sind damit das Ertragswertverfahren sowie die unterschiedlichen DCF-Verfahren.[642] Alle diese genannten Verfahren sind grds. geeignet zur Ermittlung sowohl von

---

[642] Zu den Voraussetzungen an die Bemessung der jeweiligen finanziellen Überschüsse – Einnahmenüberschüsse bei DCF-Verfahren versus Ertragsüberschüsse beim Ertragswertverfahren – vgl. **Ab-**

subjektiven Entscheidungswerten als auch von objektivierten Unternehmenswerten. Sofern konsistente Annahmen zugrunde gelegt werden, führen alle Verfahren zu gleichen Unternehmenswerten. Unterschiedliche Unternehmenswerte, die sich in der Praxis recht häufig beobachten lassen, resultieren regelmäßig aus unterschiedlichen Annahmen, wie bzgl. der Zielkapitalstruktur, des Risikozuschlags und sonstiger Plandaten. Der Standard legt globale Vorschriften zur Bestimmung der finanziellen Überschüsse einerseits und des Diskontierungszinssatzes andererseits fest. Diese Grundsätze werden im Folgenden kurz skizziert, wobei von verfahrensindividuellen Besonderheiten abstrahiert wird.

2. Die Prognose der künftigen finanziellen Überschüsse

Grundlage und Kernproblem jeder Unternehmensbewertung ist – unabhängig vom zugrunde liegenden Bewertungsverfahren – die Prognose der finanziellen Überschüsse aus dem betriebsnotwendigen Vermögen. Zur Bestimmung dieser Überschüsse sind Informationen über das Unternehmen selbst sowie über das Marktumfeld notwendig, die als Basis von darauf aufbauenden vergangenheits-, stichtags- und zukunftsorientierten Unternehmensanalysen dienen. Diese Analysen dienen als Grundlage für die Schätzung zukünftiger Entwicklungen, wobei deren Angemessenheit und Widerspruchsfreiheit stets durch Plausibilitätsüberlegungen zu hinterfragen ist. Als Quellen derartiger unternehmensbezogener Informationen dienen v. a. interne Planungsdaten sowie davon abgeleitete Plan-Bilanzen, Plan-GuV sowie Plan-Kapitalflussrechnungen. Marktbezogene Daten stellen bspw. Informationen über branchenspezifische Märkte und volkswirtschaftliche Zusammenhänge dar. Die Prognose zukünftiger Zahlungsströme bedient sich also der Vergangenheitsanalyse. Die Vergangenheitsrechnungen, wie bspw. die GuV, Kapitalflussrechnungen, Bilanzen und interne Ergebnisrechnungen, sind so zu bereinigen, dass danach die in der Vergangenheit wirksamen Erfolgsursachen erkennbar sind.

Grds. basieren alle **zukunftsbezogenen Bewertungen** auf **unsicheren Erwartungen**. Die Ungenauigkeit der zugrunde liegenden Planfaktoren nimmt zu, je weiter die Planung in der Zukunft liegt. Die Ausschaltung der Unsicherheit einer Prognose liegt zwar nicht im Bereich des Möglichen, jedoch kann durch Charakterisierung und Bewertung der Risiken und Chancen, durch Veranschlagung von Bandbreiten, durch Gewichtung bei Festlegung von Wertansätzen und durch Zerlegung des Planungszeitraums in Phasen unterschiedlicher Schätzgenauigkeit eine Begrenzung der Unsicherheit auf ein bestimmtes Niveau erreicht werden.

Darüber hinaus verringert sich das Prognoseproblem durch die abnehmende Bedeutung fernerer Zukunftsjahre für den Barwert der Erfolge; schließlich ist auch noch eine Abschwächung der Wirkung einzelner Unsicherheiten durch kompensatorische Effekte denkbar.

Hinsichtlich der Durchführung der Prognose und damit der Planung der Zukunftserfolge wird eine **Vorgehensweise in zwei Phasen** praktiziert. Mit Hilfe des Phasenschemas wird der Versuch unternommen, die Komplexität des Prognoseproblems auf ein überschaubares

---

schnitt 9, Kap. D.II.8.a. und weiterführend *Castadello, Marc*: Die Unternehmensbewertung. In: WP-Handbuch. Band II, hrsg. vom *Institut der Wirtschaftsprüfer*, 14. Aufl., Düsseldorf 2014, Rn. 60–72.

Maß zu reduzieren. Auf diese Weise tritt eine Verbesserung der Ergebnisgenauigkeit ein. Nach wie vor problematisch bleibt jedoch die mit zunehmendem Zeitabstand stark ansteigende Unsicherheit.[643] Die Berechnungsformel des Unternehmenswerts beschränkt sich nach IDW S1 auf zwei Planungsphasen, eine nähere erste Phase und eine fernere zweite Phase, wobei die einzelnen Phasen in Abhängigkeit von Größe, Struktur und Branche des zu bewertenden Unternehmens unterschiedlich lang sein können.

Für die erste Phase, die als Detailplanungsphase bezeichnet wird und i. d. R. 3 bis 5 Jahre umfasst, stehen meistens genügend detaillierte Planungsrechnungen zur Verfügung, während die Planung in der zweiten Phase vorwiegend auf der langfristigen Fortschreibung von Trendentwicklungen basiert (ewige Rente) oder durch Annahme eines Restwerts „erledigt" wird. In der zweiten Phase ist dabei zu berücksichtigen, ob sich die Vermögens-, Finanz- und Ertragslage nach der Detailplanungsphase im Beharrungszustand befindet oder ob sie mit einer konstant wachsenden Größe (finanzmathematisch) abgebildet werden kann. Gerade die zweite Phase geht mit einem hohen Gewicht in die Berechnungen mit ein, weswegen die getroffenen Annahmen hier besonders kritisch zu hinterfragen sind. V. a. das Unternehmenskonzept und die erwarteten Rahmenbedingungen des Marktes und des Wettbewerbs sowie deren Veränderungen sind hier genau abzustimmen. Die Fülle der verschiedenen Einflussfaktoren und die damit einhergehende Zunahme der Unsicherheit lassen sich bspw. durch mehrwertige Planungen, Szenarien oder Ergebnisbandbreiten beherrschen.

Der Unternehmenswert lässt sich – unabhängig vom jeweils zugrunde gelegten Gesamtbewertungsverfahren – nach der folgenden Formel berechnen:

$$UW = \underbrace{\sum_{t=1}^{T} \frac{F\ddot{U}_t^{bV}}{(1+i)^t}}_{\substack{\text{nähere 1. Phase} \\ \text{Barwert der künftigen} \\ \text{finanziellen Überschüsse} \\ \text{aus dem betriebsnot-} \\ \text{wendigen Vermögen}}} + \underbrace{\frac{F\ddot{U}_{T+1}^{bV}}{i \cdot (1+i)^T}}_{\text{fernere 2.Phase}} + \underbrace{\sum_{t=1}^{\infty} \frac{F\ddot{U}_t^{nbV}}{(1+i)^t}}_{\substack{\text{Barwert der} \\ \text{künftigen Über-} \\ \text{schüsse aus dem} \\ \text{nicht betriebs-} \\ \text{notwendigen} \\ \text{Vermögen}}}$$

Dabei gilt:

UW : Unternehmenswert;

$F\ddot{U}_t^{bV}$: Finanzielle Überschüsse aus dem betriebsnotwendigen Vermögen der näheren Phase;

$F\ddot{U}_{T+1}^{bV}$: Jährlich gleich bleibender finanzieller Überschuss aus dem betriebsnotwendigen Vermögen der ferneren Phase;

$F\ddot{U}_t^{nbV}$: Finanzielle Überschüsse aus dem nicht betriebsnotwendigen Vermögen;

i : Kapitalisierungszinssatz;

t : Zeitindex (t = 0, 1, 2, ..., n);

T : Dauer der ferneren Phase.

---

[643] Vgl. diesbzgl. u.a. *Wöhe, Günter/Döring, Ulrich*: Einführung in die Allgemeine Betriebswirtschaftslehre. 25. Aufl., München 2013, S. 520–522.

3. Die Kapitalisierung der künftigen finanziellen Überschüsse

a) Grundlagen

Grds. sind zur Ermittlung des Unternehmenswerts die zukünftig erwarteten Nettoeinnahmen mit Hilfe eines geeigneten Diskontierungszinssatzes auf den Zeitpunkt der Bewertung abzuzinsen. I. d. R. wird dabei von einer unbegrenzten Lebensdauer des Unternehmens ausgegangen. In diesem Fall setzt sich der Unternehmenswert aus zwei Komponenten zusammen:

- Den abgezinsten Nettoeinnahmen aus dem betriebsnotwendigen Vermögen und
- den abgezinsten Nettoeinnahmen aus dem nicht betriebsnotwendigen Vermögen.

Dies lässt sich formelhaft wie folgt darstellen:[644]

$$UW = \sum_{t=1}^{\infty} \frac{F\ddot{U}_t^{bV}}{(1+i)^t} + \sum_{t=1}^{\infty} \frac{F\ddot{U}_t^{nbV}}{(1+i)^t}$$

Dabei gilt:

$F\ddot{U}_t^{bV}$: Finanzielle Überschüsse aus dem betriebsnotwendigen Vermögen;

$F\ddot{U}_t^{nbV}$: Finanzielle Überschüsse aus dem nicht betriebsnotwendigen Vermögen;

i : Kapitalisierungszinssatz;

t : Zeitindex (t = 0, 1, 2, ..., n).

Bezogen auf das in **Abschnitt 9, Kap. D.III.2.** erwähnte Phasenmodell errechnet man den Unternehmenswert bei unbegrenzter Lebensdauer des Unternehmens folgendermaßen:[645]

$$UW = \sum_{t=1}^{T} \frac{F\ddot{U}_t^{bV}}{(1+i)^t} + \frac{F\ddot{U}_{T+1}^{bV}}{i} \cdot \frac{1}{(1+i)^T} + \sum_{t=1}^{\infty} \frac{F\ddot{U}_t^{nbV}}{(1+i)^t}$$

Dabei gilt:

$F\ddot{U}_t^{bV}$: Finanzielle Überschüsse aus dem betriebsnotwendigen Vermögen;

$F\ddot{U}_{T+1}^{bV}$: (Jährlich gleich bleibender) finanzieller Überschuss aus dem betriebsnotwendigen Vermögen (ewige Rente);

$F\ddot{U}_t^{nbV}$: Finanzielle Überschüsse aus dem nicht betriebsnotwendigen Vermögen;

i : Kapitalisierungszinssatz;

t : Zeitindex (t = 0, 1, 2, ..., n);

T : Anzahl der Jahre der Detailplanungsphase.

---

[644] Vgl. *Castadello, Marc*: Die Unternehmensbewertung. In: WP-Handbuch. Band II, hrsg. vom *Institut der Wirtschaftsprüfer*, 14. Aufl., Düsseldorf 2014, Rn. 155.

[645] Vgl. *Castadello, Marc*: Die Unternehmensbewertung. In: WP-Handbuch. Band II, hrsg. vom *Institut der Wirtschaftsprüfer*, 14. Aufl., Düsseldorf 2014, Rn. 157.

In der obigen Formel wird für die zweite Phase (implizit) angenommen, dass

- sich die Vermögens-, Finanz- und Ertragslage im Beharrungszustand befindet, so dass sich die jährlichen finanziellen Überschüsse nicht verändern bzw. konstant wachsen, oder

- sich die jährlichen finanziellen Überschüsse zwar noch ändern, dies jedoch durch eine konstante bzw. konstant wachsende Durchschnittsgröße abgebildet wird.[646]

Bei begrenzter Lebensdauer des Unternehmens ermittelt man den Unternehmenswert aus drei Komponenten:

- Dem Barwert der Nettoeinnahmen aus dem betriebsnotwendigen Vermögen,

- dem Barwert der Nettoeinnahmen aus dem nicht betriebsnotwendigen Vermögen und zusätzlich

- dem Barwert der künftigen finanziellen Überschüsse, die sich aus der Liquidation des Unternehmens ergeben.

Der Unternehmenswert bestimmt sich dann formal als:[647]

$$UW = \sum_{t=1}^{T} \frac{F\ddot{U}_t^{bV}}{(1+i)^t} + \sum_{t=1}^{T} \frac{F\ddot{U}_t^{nbV}}{(1+i)^t} + \sum_{n=T}^{N} \frac{F\ddot{U}_n^{Aufgabe}}{(1+i)^n}$$

Dabei gilt:

$F\ddot{U}_t^{bV}$: Finanzielle Überschüsse aus dem betriebsnotwendigen Vermögen;

$F\ddot{U}_t^{nbV}$: Finanzielle Überschüsse aus dem nicht betriebsnotwendigen Vermögen;

$F\ddot{U}_n^{Aufgabe}$: Finanzielle Überschüsse aus der Aufgabe des Unternehmens;

i : Kapitalisierungszinssatz;

t : Zeitindex vor Aufgabe des Unternehmens (t = 0, 1, 2, ..., T);

n : Zeitindex nach Aufgabe des Unternehmens (n = T, T+1, ..., N);

T : Anzahl der Jahre bis zur Aufgabe des Unternehmens;

N : Anzahl der Jahre ab Aufgabe des Unternehmens bis zum Ende der Liquidation.

b) Die Berücksichtigung des Risikos

Die grds. Unsicherheit über die in der Zukunft eintretenden Zahlungen wird durch Berücksichtigung von Risikoprämien berücksichtigt. Dies kann in der Weise geschehen, dass erwartete finanzielle Überschüsse um einen Risikoabschlag vermindert werden (Sicherheits-

---

[646] Vgl. *Castadello, Marc*: Die Unternehmensbewertung. In: WP-Handbuch. Band II, hrsg. vom *Institut der Wirtschaftsprüfer*, 14. Aufl., Düsseldorf 2014, Rn. 158.

[647] Vgl. *Castadello, Marc*: Die Unternehmensbewertung. In: WP-Handbuch. Band II, hrsg. vom *Institut der Wirtschaftsprüfer*, 14. Aufl., Düsseldorf 2014, Rn. 160.

äquivalenzmethode, Ergebnisabschlagsmethode) oder aber der verwendete Zinssatz um einen Risikoaufschlag erhöht wird (sog. Zinszuschlagsmethode). Bei der Zinszuschlagsmethode wird der Vorteil darin gesehen, dass man sich auf ein empirisch beobachtbares Verhalten stützen kann, so dass die Bemessung von Risikozuschlägen marktgestützt erfolgen kann. I. d. R. kann eine marktgestützte Ermittlung des Risikozuschlags mit Hilfe des CAPM erfolgen (vgl. **Abschnitt 9, Kap. C.III.**).

c) Die Berücksichtigung von persönlichen Ertragsteuern

Grds. sind im Kapitalisierungszinssatz auch ertragsteuerliche Einflüsse zu berücksichtigen. Der Wert eines Unternehmens wird durch Diskontierung zukünftig zufließender Nettozuflüsse berechnet. Jene Nettozuflüsse sind unter Berücksichtigung von Unternehmenssteuern sowie persönlichen Ertragsteuern zu ermitteln. Der Diskontierungszinssatz dient dem Vergleich mit finanziellen Überschüssen aus einer gleichartigen alternativen Investition in Unternehmen. Üblicherweise wird zur Ermittlung des Diskontierungszinssatzes auf die Renditen eines Bündels von am Kapitalmarkt notierten Unternehmensanteilen abgestellt. Sofern die finanziellen Überschüsse um persönliche Ertragsteuern gekürzt werden, ist grds. auch der Diskontierungssatz um den Einfluss von Steuern zu modifizieren. Wie zuvor schon erwähnt, wird an dieser Stelle zwischen einer **mittelbaren** und einer **unmittelbaren** Typisierung von Steuern unterschieden:[648]

- Bei **mittelbarer** Typisierung erfolgt die Berechnung des Diskontierungszinssatzes mit Hilfe des CAPM. Grds. wird also der Einfluss persönlicher Steuern ausgeblendet. Allerdings berücksichtigen die so bemessenen Kapitalkosten den Einfluss persönlicher Steuern **mittelbar**: Durch Verwendung von Vorsteuerrenditen als Eingangsgrößen in die CAPM-Renditegleichung kommt es zur Berücksichtigung der persönlichen Ertragsteuern aller Marktteilnehmer.

- Bei **unmittelbarer** Typisierung der steuerlichen Verhältnisse wendet die Bewertungspraxis das sog. Tax-CAPM an, welches einerseits den Einfluss persönlicher Ertragsteuern der Anteilseigner berücksichtigt und andererseits den Zusammenhang zwischen Rendite und Risiko auf der Ebene nach persönlichen Steuern erklärt.

d) Die Berücksichtigung wachsender finanzieller Überschüsse

Sofern eine Berücksichtigung von Preisänderungen bzw. Geldentwertung durchgeführt werden soll, ist grds. ein unterschiedliches Vorgehen in der Detailplanungsphase und in der zweiten Phase zu beachten:

- In der ersten Phase wird das Wachstum direkt in den finanziellen Überschüssen abgebildet, so dass hier eine Modifikation des Diskontierungszinssatzes um eine Wachstumsrate ausbleibt.

---

[648] Vgl. *IDW*: IDW Standard: Grundsätze zur Durchführung von Unternehmensbewertungen (IDW S1 i. d. F. 2008). In: IDW-Fachnachrichten 2008, Rn. 122; *Wegener, Wolfgang*: Auswirkungen der Steuerreform auf den objektivierten Unternehmenswert von Kapitalgesellschaften. In: Deutsches Steuerrecht 2008, S. 938.

- In der zweiten Phase erfolgt – unter der Voraussetzung eines unendlich langen und konstanten Wachstums – eine Berücksichtigung dergestalt, dass der erste finanzielle Überschuss der Zahlungsreihe mit einem um die Wachstumsrate verminderten und ggf. um persönliche Ertragsteuern gekürzten Kapitalisierungszinssatz diskontiert wird.

Formelmäßig lässt sich dies folgendermaßen darstellen:[649]

$$UW = \sum_{t=1}^{T} \frac{FÜ_t^{nSt}}{(1+r_j^{nSt})^t} + \frac{FÜ_{T+1}^{nSt}}{r_j^{nSt} - w} \cdot \frac{1}{(1+r_j^{nSt})^T}$$

Dabei gilt:

$FÜ_t^{nSt}$: Erwartete finanzielle Überschüsse nach persönlichen Ertragsteuern während der Detailplanungsphase;

$FÜ_{T+1}^{nSt}$: Erwarteter finanzieller Überschuss nach persönlichen Ertragsteuern am Ende des ersten Jahres der zweiten Phase, ab dem mit einem gleichmäßigen Wachstum zu rechnen ist;

r_j^{nSt} : Kapitalisierungszinssatz des Unternehmens nach Steuern und vor Wachstumsabschlag;

w : Erwartete konstante Wachstumsrate der finanziellen Überschüsse während der zweiten Phase;

t : Zeitindex (t = 0, 1, 2, ..., n);

T : Anzahl der Jahre der Detailplanungsphase.

Die Zahlungsströme der ersten Phase werden folglich mit einem nur um persönliche Ertragsteuern gekürzten nominalen Diskontierungssatz abgezinst, da das Wachstum in den Nominalgrößen schon berücksichtigt wurde. Die Nettoeinnahmen der zweiten Phase sind dagegen mit einem sowohl um persönliche Ertragsteuern als auch um einen Wachstumsabschlag gekürzten Kapitalisierungszinssatz auf den Beginn der zweiten Phase zu diskontieren, um sie danach in einem zweiten Schritt mit dem nur um persönliche Ertragsteuern modifizierten Zinssatz auf den Zeitpunkt der Bewertung zu beziehen.

e) Die Berücksichtigung des Kapitalstrukturrisikos

Unabhängig von dem verwendeten Bewertungsverfahren ist der Kapitalisierungszinssatz ferner um Besonderheiten und Veränderungen in der Kapitalstruktur anzupassen. Die Überlegung dahinter ist, dass ein hoher Verschuldungsgrad mit einem hohen finanziellen Risiko korreliert. Aus diesem Grund ist der Risikoabschlag entsprechend zu modifizieren und im Zeitablauf entsprechend der Veränderung der Kapitalstruktur anzupassen. Sofern die Ermittlung des Kapitalisierungszinssatzes kapitalmarktorientiert abgeleitet wird (CAPM), wird zur

---

[649] Vgl. dazu auch *Castadello, Marc*: Die Unternehmensbewertung. In: WP-Handbuch. Band II, hrsg. vom *Institut der Wirtschaftsprüfer*, 14. Aufl., Düsseldorf 2014, Rn. 383.

Berücksichtigung der Kapitalstruktur auf Marktmodelle, wie auf dem *Modigliani-Miller*-Theorem basierende Arbitragemodelle, verwiesen.

IV. Zusammenfassung

Nach dem IDW Standard „Grundsätze zur Durchführung von Unternehmensbewertungen (IDW S 1 i. d. F. 2008)" können sowohl das Ertragswertverfahren als auch DCF-Verfahren zur Ermittlung der Unternehmenswerte herangezogen werden (vgl. zur Strukturierung **Abbildung 77**). Der neue IDW S 1 enthält darüber hinaus Angaben zur steuerlichen Typisierung im Rahmen der Ermittlung objektivierter Unternehmenswerte.

In der Vergangenheit wurden zahlreiche Diskussionen ausgetragen, die sich mit den DCF-Verfahren zur Unternehmensbewertung beschäftigten. DCF-Verfahren finden in den letzten Jahren immer mehr Anwendung und verdrängen das Ertragswertverfahren zumindest partiell. Allerdings darf nicht davon ausgegangen werden, dass bei den DCF-Verfahren schlüsselfertige Patentrezepte vorliegen; der Schwierigkeitsgrad einer DCF-basierten Bewertung ist kaum niedriger als jener des Ertragswertverfahrens.[650]

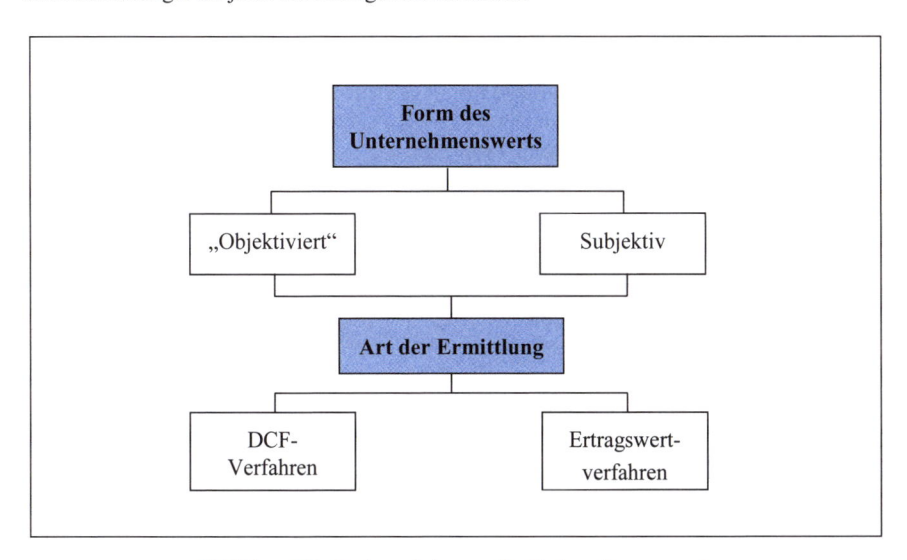

Abbildung 77: Systematisierung der Unternehmenswerte

Abschließend ist festzuhalten, dass die unter dem Stichwort „Shareholdervalue" diskutierten Verfahren sehr häufig auf die DCF-Verfahren zurückgreifen;[651] allerdings existieren auch

---

[650] Vgl. *Bender, Jürgen/Lorson, Peter*: Verfahren der Unternehmensbewertung (IV): Discounted Cash-Flow-Verfahren und Anmerkungen zu Shareholder Value-Konzepten. In: Betrieb und Wirtschaft 1997, S. 1–9.

[651] Vgl. zur Einordnung der wertorientierten Steuerungskonzepte im Kontext des Beteiligungscontrolling *Baumeister, Alexander/Ilg, Markus/Werkmeister, Clemens*: Systeme des Controllings. In: Allgemeine Betriebswirtschaftslehre, hrsg. von *Marcell Schweitzer* und *Alexander Baumeister*, 11. Aufl., Berlin 2015, S. 1013-1023.

andere aufwands- und ertragsorientierte Modelle wie z.B. Marktwert-Buchwert-Verfahren, Verfahren des Economic Value Added oder Cashflow Return On Investment.[652]

E. Der Shareholdervalue

I. Überblick

Die Idee der marktwertorientierten Unternehmensführung – allgemein als Shareholdervalue-Ansatz, „Wertsteigerungsansatz", „Wertmanagement-Ansatz" oder „wertorientierte Unternehmenssteuerung"[653] bezeichnet – hat sowohl in der Praxis als auch in der wissenschaftlichen Diskussion erheblich an Bedeutung gewonnen. Dies wird durch eine Vielzahl von Lippenbekenntnissen in Firmenpublikationen und durch empirische Untersuchungen[654] belegt. Mit den Shareholdervalue-Ansätzen werden umfassende Ansätze präsentiert, deren Ziel es ist, den Wert des Investments der Aktionäre zu maximieren. Mittlerweile existieren mehrere Ausprägungen, von denen wohl die Methode des DCF als die „Königsmethode"[655] anzusehen ist.

Nach *Rappaport* handelt es sich beim Shareholdervalue-Ansatz um ein Unternehmensleitbild, das die Maximierung der Eigentümerrendite über die Dividenden und Kurssteigerung der Anteilswerte zur wichtigsten Aufgabe des Managements erklärt.[656] Demnach beinhaltet die Definition des Shareholdervalue-Ansatzes alle zielgerichteten Maßnahmen, die den Unternehmenswert steigern. Das Management soll sich insb. an den finanziellen Zielen der Aktionäre orientieren, die eine angemessene Rendite des zur Verfügung gestellten Kapitals erwarten.[657]

Im Folgenden sollen die hauptsächlichen Shareholdervalue-Ansätze der Unternehmenspraxis aufgezeigt werden; dazu zählen insb. der von *Stern Stewart & Co.* entwickelte **Economic Value Added** sowie der von der *Boston Consulting Group* vertretene **Cashflow Return On Investment**, wobei nicht auf die einzelnen Maßnahmen und Strategien, die den Unternehmenswert erhöhen, eingegangen wird, sondern die Berechnung des geschaffenen Shareholdervalue – die positive Differenz des Unternehmenswerts nach der Durchführung und vor der Durchführung der Maßnahmen – im Vordergrund steht.

---

[652] Vgl. *Bender, Jürgen/Lorson, Peter*: Verfahren der Unternehmensbewertung (IV): Discounted Cash-Flow-Verfahren und Anmerkungen zu Shareholder Value-Konzepten. In: Betrieb und Wirtschaft 1997, S. 9; vgl. dazu **Abschnitt 9, Kap. E.**

[653] Vgl. *Bohr, Kurt*: Shareholder Value. In: Akademie 1998, S. 89.

[654] Vgl. *C&L Deutsche Revision*: Wertorientierte Unternehmensführung. Die Ergebnisse einer internationalen Studie von C&L bei 300 Unternehmen in 13 Ländern zum Thema Shareholder Value. Frankfurt a. M. 1997; *Oppenheim Finanzanalyse*: Bedeutung und Umsetzung des Shareholder Value-Konzepts in Deutschland – untersucht anhand der Unternehmen des DAX 100, o. O. 1996; *WestLB Research*: Das Thema Shareholder Value. Dax-Werte Deutschland. Basis für Investitionsentscheidungen, o. O. 1997.

[655] So *Lorson, Peter*: Shareholder Value-Ansätze. In: Jahrbuch für Controlling und Rechnungswesen 1999, hrsg. von *Gerhard Seicht*, Wien 1999, S. 48.

[656] Vgl. *Rappaport, Alfred*: Shareholder Value: Ein Handbuch für Manager und Investoren. 2. Aufl., Stuttgart 1999, S. 1.

[657] Vgl. *Bohr, Kurt*: Shareholder Value. In: Akademie 1998, S. 89.

E. Der Shareholdervalue

Das Shareholdervalue-Konzept ist in der Betriebswirtschaftslehre nur z. T. neu, da in der Investitionstheorie die Entscheidungsregel, Investitionen nur dann durchzuführen, wenn ein positiver Kapitalwert resultiert, ein klassisches Gedankengut ist.[658] Der Ertragswert wurde bisher zur Bewertung von Unternehmen und Unternehmensteilen herangezogen. Nach dem **Shareholdervalue-Ansatz** wird der **Ertragswert** nun **zur strategischen Steuerung und Kontrolle ganzer Unternehmen, einzelner Konzerngesellschaften und Geschäftsbereiche** eingesetzt.[659]

Die Shareholdervalue-Konzepte ersetzen nicht eine gründliche und kritische Analyse der Wertentstehung, sie setzen vielmehr eine Fundamentalanalyse[660] voraus.[661]

In der Praxis der Unternehmensberatung und -bewertung haben sich v. a. nachfolgende Shareholdervalue-Konzepte etabliert:

(1) Economic Value Added (EVA);

(2) Cashflow Return On Investment (CFROI);

(3) Discounted Cashflow (DCF).[662]

In **Abbildung 78** (S. 328) werden diese Ansätze systematisiert und die dazu gehörenden Berechnungskomponenten aufgezeigt.

Neben den o. g. Modellen wird auch das sog. Marktwert-Buchwert-Modell als Shareholdervalue-Ansatz propagiert; auf dieses Konzept soll an dieser Stelle nicht weiter eingegangen werden.[663]

Während das EVA-Konzept „primär auf eine (buchhalterische) Periodenerfolgsgröße als Erfolgsmaßstab"[664] abstellt, wird beim CFROI-Konzept und den DCF-Verfahren dem Zeitwert des Geldes Rechnung getragen, da auf Rechentechniken der dynamischen Investitionsrechnung zurückgegriffen wird. Das CFROI-Konzept basiert auf der Methode des internen Zinsfußes, die DCF-Verfahren werden mit Hilfe der Kapitalwertverfahren operationalisiert.[665]

---

[658] Vgl. *Busse von Colbe, Walther*: Was ist und was bedeutet Shareholder Value aus betriebswirtschaftlicher Sicht? In: Zeitschrift für Gesellschaftsrecht 1997, S. 273.

[659] Vgl. *Busse von Colbe, Walther*: Was ist und was bedeutet Shareholder Value aus betriebswirtschaftlicher Sicht? In: Zeitschrift für Gesellschaftsrecht 1997, S. 274.

[660] Vgl. ausführlich zur Fundamentalanalyse *Bieg, Hartmut/Kußmaul, Heinz*: Investitions- und Finanzierungsmanagement. Band III: Finanzwirtschaftliche Entscheidungen, München 2000, S. 176–233.

[661] Vgl. *Klien, Wolfgang*: Die Praxis der Shareholder Value-Ansätze: Irrtümer, Fallstricke und Anwenderhindernisse. In: Deutsches Steuerrecht 1998, S. 1148.

[662] Vgl. hierzu **Abschnitt 9, Kap. C.VI.** bis **Kap. C.IX.**

[663] Zur Darstellung der Marktwertmodelle vgl. *Bischoff, Jörg*: Das Shareholder Value-Konzept, Darstellung – Probleme – Handhabungsmöglichkeiten. Wiesbaden 1994, S. 88–112.

[664] *Lorson, Peter*: Shareholder Value-Ansätze. In: Jahrbuch für Controlling und Rechnungswesen 1999, hrsg. von *Gerhard Seicht*, Wien 1999, S. 48.

[665] Zu den Ansätzen der DCF-Methoden vgl. **Abschnitt 9, Kap. C.VI.** bis **Kap. C.IX.**

Neunter Abschnitt: Die Gesamtbewertung von Unternehmen

```
                    Shareholder-
                       value        =    MWEK    =    MWGK    −    MWFK
                                                        │
                        ┌───────────────────────────────┴───────────────────────────────┐
                        ▼                                                               ▼
        Kapitalwert auf Grundlage von EVA_t                    Kapitalwert auf Grundlage von CVA_t
        (t = 1,...,T) und EVA_ewig = Market Value              (t = 1,...,T) und CVA_ewig
                   Added (MVA)                                 Spanne (Spread) · BIB_t = Cash Value Added_t
                        +                                                               +
              Economic Book Value                              Bruttoinvestitionsbasis (BIB)
                        +                                                               +
        Marktwert des nicht betriebsnotwendigen                Marktwert des nicht betriebsnotwendigen
                     Vermögens                                              Vermögens
```

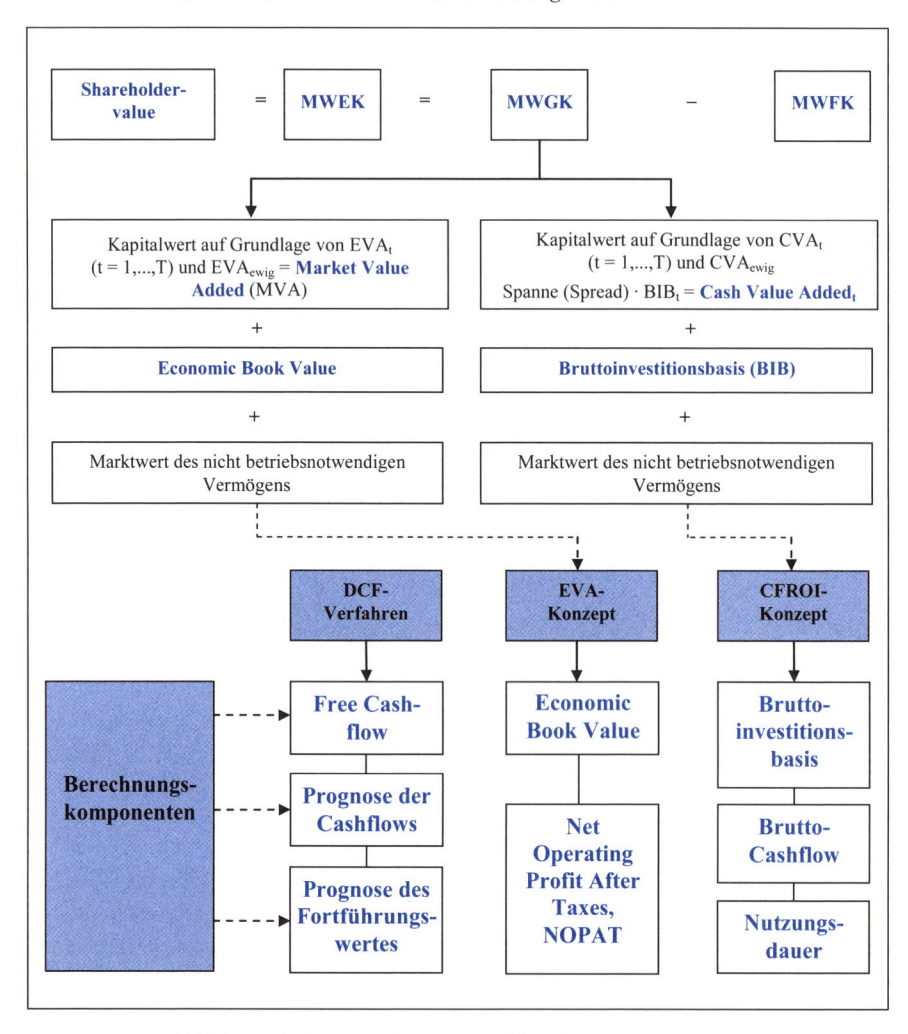

Abbildung 78: Systematisierung der Shareholdervalue-Ansätze

Dabei bedeuten:

BIB : Bruttoinvestitionsbasis;

CVA : Cash Value Added;

MVA : Market Value Added;

MWEK : Marktwert des Eigenkapitals;

MWGK : Marktwert des Gesamtkapitals;

MWFK : Marktwert des Fremdkapitals;

DCF : Discounted Cashflow;

EVA : Economic Value Added;

CFROI : Cashflow Return On Investment.

Das EVA-Konzept und das CFROI-Konzept können sowohl zur Erfolgsmessung als auch zur Ermittlung des Unternehmenswerts bzw. des Marktwerts des Eigenkapitals herangezogen werden.[666]

Den Shareholdervalue errechnet man im **EVA-Konzept** – analog zu den DCF-basierten Verfahren –, indem zunächst die EVA-Werte von $t = 1, 2, ..., T$ und EVA_{ewig} ermittelt und diskontiert werden. Der Kapitalwert ist der Market Value Added (MVA). Zum ermittelten MVA wird der Economic Book Value und der Marktwert des nicht betriebsnotwendigen Vermögens addiert, der Marktwert des verzinslichen Fremdkapitals wird davon subtrahiert.[667]

Ähnlich dem Shareholdervalue nach dem EVA-Konzept errechnet man den Shareholdervalue nach dem **CFROI-Konzept**, indem der Kapitalwert der geschätzten zukünftigen Cash Value Added ermittelt wird und anschließend die modifizierte Bruttoinvestitionsbasis sowie der Marktwert des nicht betriebsnotwendigen Vermögens addiert und der Marktwert des verzinslichen Fremdkapitals subtrahiert wird.[668]

Im Folgenden werden die Berechnungskomponenten des EVA- und des CFROI-Konzeptes näher erläutert.

II. Der Economic Value Added (EVA)

1. Überblick

Ein populärer Ansatz ist das von *Stern Stewart & Co.* entwickelte Economic Value Added (EVA)-Konzept.[669] Das wesentliche Merkmal des EVA ist die vollständige Orientierung an Daten des externen Rechnungswesens.[670]

Der EVA wurde von *Stern Stewart & Co.* markenrechtlich geschützt.[671] Das Konzept dient v. a. der Performance-Messung des Managements. Für eine Periode, i.d.R. 1 Jahr, wird eine Periodenerfolgsgröße ermittelt, die eine Aussage darüber erlauben soll, ob ein Unterneh-

---

666 Vgl. *Lorson, Peter*: Shareholder Value-Ansätze. In: Der Betrieb 1999, S. 1334–1335.
667 Vgl. *Lorson, Peter*: Shareholder Value-Ansätze. In: Der Betrieb 1999, S. 1334.
668 Vgl. *Lorson, Peter*: Shareholder Value-Ansätze. In: Der Betrieb 1999, S. 1334.
669 Neben dem EVA von *Stern Stewart & Co.* gibt es noch weitere Added Value-Konzepte, die inhaltlich im Wesentlichen sehr ähnlich sind.
670 Vgl. *Bühner, Rolf*: Shareholder Value. Eine Analyse von 50 großen Aktiengesellschaften in der Bundesrepublik Deutschland. In: Die Betriebswirtschaft 1993, S. 752 und *Friedlaender, Ernst/Stabernack, Marc G.*: Betriebswirtschaftliche Ansätze zur wertorientierten Unternehmensführung. In: Shareholder Value Reporting, hrsg. von *Michael Müller* und *Franz-Josef Leven*, Wien 1998, S. 43.
671 Vgl. *Rappaport, Alfred*: Shareholder Value: Ein Handbuch für Manager und Investoren. 2. Aufl., Stuttgart 1999, S. 144.

menswert geschaffen wurde oder nicht. Die Maximierung dieser Erfolgsgröße bewirkt tendenziell die Maximierung des Kapitalwertes der Einzahlungsüberschüsse.[672]

Nach *Rappaport* werden die drei folgenden Führungsentscheidungen unterschieden, die Einfluss auf den Shareholdervalue nehmen:[673]

- Entscheidungen des operativen Bereichs;
- Entscheidungen im Investitionsbereich;
- Entscheidungen im Finanzierungsbereich.

Die Periodenerfolgsgröße EVA – als ökonomischer Mehrwert – fügt diese drei Entscheidungsbereiche in einer Kennzahl zusammen. In **Abbildung 79**[674] wird der Zusammenhang zwischen Entscheidungsbereichen und ökonomischem Mehrwert veranschaulicht.

Operative Entscheidungen
beeinflussen primär den
NOPAT
(Net Operating Profit After Taxes)

$$EVA = NOPAT - EBV \cdot WACC$$

Shareholdervalue

Investitionsentscheidungen
beeinflussen primär das
Kapital
(EBV bzw. NOA)

Finanzierungsentscheidungen
beeinflussen primär
die gewogenen Kapitalkosten
(WACC)

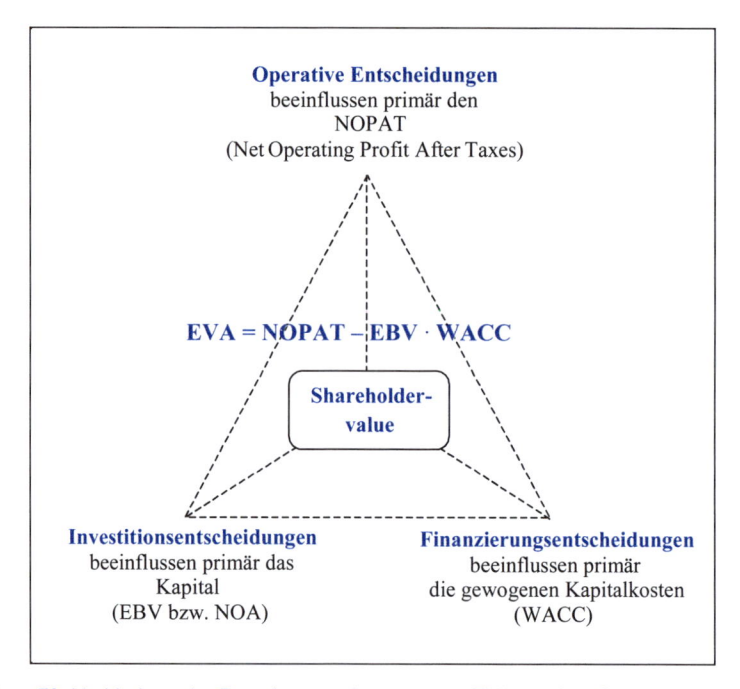

Abbildung 79: Verbindung der Berechnungselemente von EVA mit dem Shareholdervalue

Die Erfolgsgröße EVA ist eine sog. „Residualeinkommensgröße",[675] die durch den Saldo aus dem angepassten Betriebsgewinn (NOPAT) und den Gesamtkapitalkosten (WACC), die für das betriebsnotwendige Gesamtkapital aufzuwenden sind, bestimmt wird.

---

[672] Vgl. *Lorson, Peter*: Shareholder Value-Ansätze. In: Jahrbuch für Controlling und Rechnungswesen 1999, hrsg. von *Gerhard Seicht*, Wien 1999, S. 52.

[673] Vgl. *Rappaport, Alfred*: Shareholder Value: Ein Handbuch für Manager und Investoren. 2. Aufl., Stuttgart 1999, S. 68.

[674] Modifiziert entnommen aus *Hostettler, Stephan*: Economic Value Added (EVA). 3. Aufl., Bern/Stuttgart/Wien 1998, S. 31.

Die drei zentralen Berechnungskomponenten des EVA-Konzepts sind:

(1) Der betriebsnotwendige **Gesamtkapitaleinsatz**, ausgedrückt durch den Economic Book Value (EBV) bzw. durch die Net Operating Assets (NOA);

(2) das modifizierte **Betriebsergebnis**, ausgedrückt durch das Periodenergebnis nach Steuern und vor Zinsen (Net Operating Profits After Taxes; NOPAT);

(3) der gewichtete **Gesamtkapitalkostensatz** (WACC).[676]

Die relevanten Berechnungskomponenten werden durch Anpassungen – sog. conversions – aus dem Jahresabschluss abgeleitet. Nach *Hostettler* lassen sich die Anpassungen in folgende vier Bereiche unterteilen:[677]

(1) **Operating Conversions**: Anpassungen nach dem Kriterium der betrieblichen Zugehörigkeit;

(2) **Funding Conversions**: Anpassungen der Finanzierungsstruktur an die wirtschaftliche Betrachtungsweise;

(3) **Tax Conversions**: Anpassungen zum Zwecke der Konsistenz der Steuerzahlungen mit dem Betriebsgewinn;

(4) **Shareholder Conversions**: Anpassungen an das tatsächliche Eigenkapital durch sog. Eigenkapitaläquivalente (Equity Equivalents); hier können z.B. nicht bilanzierungsfähige Aufwendungen mit Investitionscharakter wie Forschungs- und Entwicklungsaufwendungen berücksichtigt werden.

2. Die Berechnungskomponenten

a) Der Economic Book Value (EBV)

Der Economic Book Value (EBV) wird nach dem in **Abbildung 80** (S. 332) dargestellten Schema berechnet.[678]

---

[675] Vgl. *Bühner, Rolf*: Shareholder Value. Eine Analyse von 50 großen Aktiengesellschaften in der Bundesrepublik Deutschland. In: Die Betriebswirtschaft 1993, S. 752 und *Lorson, Peter*: Shareholder Value-Ansätze. In: Jahrbuch für Controlling und Rechnungswesen 1999, hrsg. von *Gerhard Seicht*, Wien 1999, S. 52.

[676] Vgl. bzgl. des WACC auch die Ausführungen in *Bieg, Hartmut/Kußmaul, Heinz*: Investitions- und Finanzierungsmanagement. Band III: Finanzwirtschaftliche Entscheidungen, München 2000, S. 195–203.

[677] Vgl. *Hostettler, Stephan*: Economic Value Added (EVA). 3. Aufl., Bern/Stuttgart/Wien 1998, S. 97–105.

[678] Vgl. *Lorson, Peter*: Shareholder Value-Ansätze. In: Jahrbuch für Controlling und Rechnungswesen 1999, hrsg. von *Gerhard Seicht*, Wien 1999, S. 55.

	Buchwert des Anlagevermögens
+	Buchwert des Umlaufvermögens
−	Nicht verzinsliche kurzfristige Verbindlichkeiten
−	Marktgängige Wertpapiere
−	Anlagen im Bau
+	Passivische Wertberichtigungen auf Forderungen
+	Differenz aus Vorratsbewertung nach LIFO- und FIFO-Verfahren
+	Kumulierte Abschreibungen vom derivativen Geschäfts- oder Firmenwert
+	Kapitalisierte Miet- und Leasingaufwendungen
+	Kapitalisierte Forschungs- und Entwicklungsaufwendungen (Abschreibungen auf 5 Jahre)
+	Kapitalisierte Vorlaufkosten
=	**Economic Book Value (insgesamt investiertes Kapital)**

Abbildung 80: Schema zur Berechnung des EBV

b) Die Net Operating Assets (NOA)

Alternativ kann anstelle des EBV auch die Berechnung der Net Operating Assets (NOA) nach *Hostettler* durchgeführt werden, bei welcher die einzelnen conversions explizit berechnet werden; im Endergebnis führen beide Methoden zu denselben Werten. Vorteilhaft bei dieser Vorgehensweise ist insb., dass genau analysiert werden kann, wo die Schwerpunkte des investierten Kapitals liegen und ggf. Modifikationen angebracht sind.

Ausgangspunkt zur Bestimmung der NOA ist die Bilanzsumme. Diese wird um aktivierte, jedoch nicht betrieblich genutzte Vermögensgegenstände gekürzt. Nicht aktivierte, jedoch betrieblich genutzte Vermögensgegenstände werden hinzugerechnet. Diese Vorgehensweise zeigt das in **Abbildung 81** (S. 333) dargestellte Schema.[679]

Die Wertberichtigungen auf Forderungen werden in den meisten Fällen pauschal gebildet und nicht aufgrund der Beurteilung einzelner Forderungen vorgenommen. Bei Anwendung des **true and fair view-Prinzips** kann wegen zwingender wirtschaftlicher Betrachtungsweise nicht mehr von einer Pauschalwertberichtigung ausgegangen werden.[680]

---

[679] Vgl. *Hostettler, Stephan*: Economic Value Added (EVA). 3. Aufl., Bern/Stuttgart/Wien 1998, S. 111–149.

[680] Vgl. *Hostettler, Stephan*: Economic Value Added (EVA). 3. Aufl., Bern/Stuttgart/Wien 1998, S. 131–132.

Zur Berechnung des EVA werden grds. die zu Beginn eines Jahres vorhandenen NOA herangezogen. Für stark wachsende Unternehmen kann es jedoch sinnvoll sein, den Durchschnittswert der NOA zu Beginn und zum Ende des Jahres zu wählen.[681]

	Bilanzsumme	
−	Aktiviertes, nicht betrieblich gebundenes Vermögen (Dies sind insb. marktgängige Wertpapiere und Anlagen im Bau, da diese nicht oder noch nicht Teil des betrieblichen Umsatzprozesses sind.)	Operating Conversion
+	Betrieblich gebundenes, nicht aktiviertes Vermögen (Dies betrifft v. a. Miet- und Leasingaufwendungen, die mit dem Kapitalwert der Aufwendungen einzubeziehen sind.)	
−	Nicht zinstragende kurzfristige Verbindlichkeiten (Dies sind v. a. Lieferantenkredite, kurzfristige Rückstellungen, passive Rechnungsabgrenzungen und Anzahlungen von Kunden.)	Funding Conversion
−	Aktive latente Steuern	Tax Conversion
+	Eigenkapitaläquivalente (Dies sind insb.: • Passivische Wertberichtigungen auf Forderungen – wegen ihrer meist pauschalen Bildung kann bei Anwendung des true and fair view-Prinzips von diesen nicht ausgegangen werden, daher ist an dieser Stelle eine entsprechende Korrektur vorzunehmen –; • Differenzen aus der Vorratsbewertung nach der LIFO-Methode – da in Zeiten steigender Preise mit der LIFO-Methode stille Reserven gebildet werden –; • stille Rücklagen im Sach- und Finanzanlagevermögen; Aufwendungen mit Investitionscharakter, z. B. Forschungs- und Entwicklungskosten und hohe Werbekosten sowie die kumulierten Abschreibungen auf den derivativen Geschäfts- oder Firmenwert.)	Shareholder Conversion
=	**Net Operating Assets**	

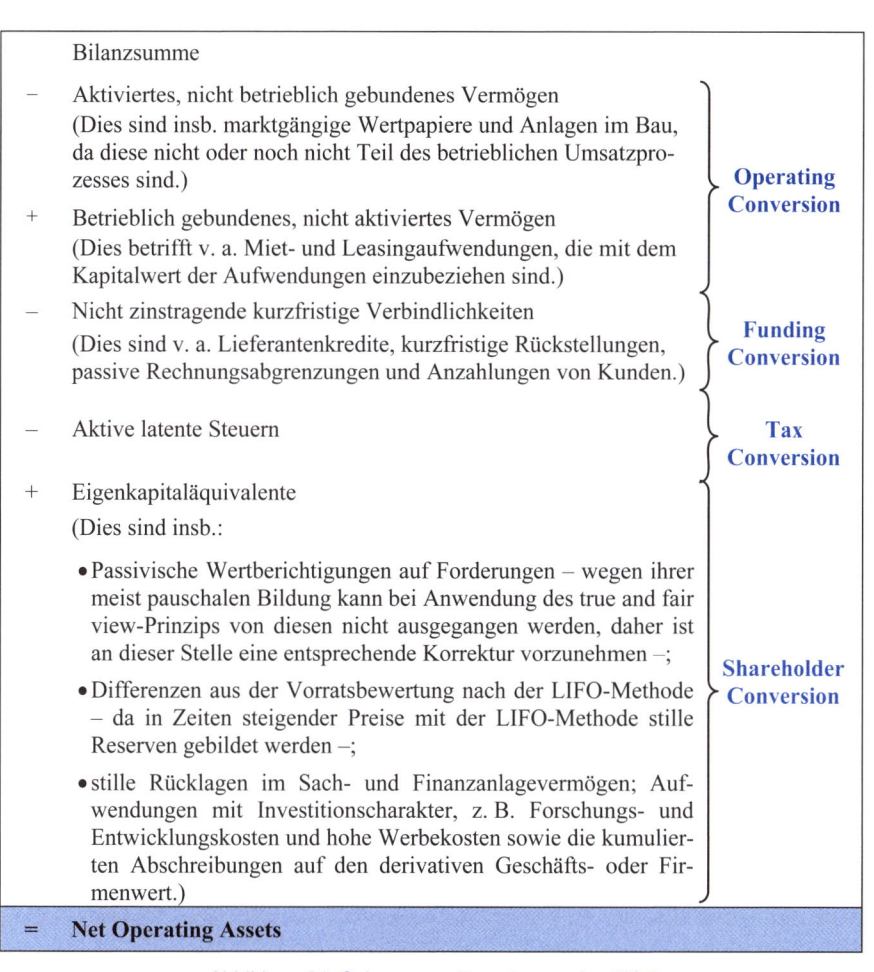

Abbildung 81: Schema zur Berechnung des NOA

c) Der Net Operating Profit After Taxes (NOPAT)

Der Net Operating Profit After Taxes (NOPAT) stellt den betrieblichen Gewinn nach Abzug der Steuern dar.[682] Ausgangspunkt für die Bestimmung des NOPAT ist das ausgewiesene Betriebsergebnis. Im Betriebsergebnis können jedoch Erfolgsgrößen enthalten sein, die nicht

---

[681] Vgl. *Hostettler, Stephan*: Economic Value Added (EVA). 3. Aufl., Bern/Stuttgart/Wien 1998, S. 110. Es wird keine Angabe gemacht, ab welchem jährlichen Vermögenswachstum ein Durchschnittswert zu bilden ist, doch ist davon auszugehen, dass ein Vermögenswachstum von mehr als 10 % p. a. ausreichend ist.

[682] Vgl. *Hostettler, Stephan*: Economic Value Added (EVA). 3. Aufl., Bern/Stuttgart/Wien 1998, S. 49.

mit der Vermögensgröße NOA korrespondieren. Das ausgewiesene Betriebsergebnis ist daher um diese Erfolgsgrößen nach dem in **Abbildung 82** dargestellten Schema zu korrigieren.[683]

	Betriebsergebnis
+/–	Korrekturen aufgrund der Operating Conversion (z. B. Hinzurechnung der Zinsanteile von Leasingraten, die im Finanzergebnis berücksichtigt werden; Abzug der Miet- und Leasingraten auf nicht betriebsnotwendiges Vermögen, die im Betriebsergebnis enthalten sind)
+/–	Korrekturen aufgrund der Funding Conversion (z. B. Veränderungen in den kurzfristigen Rückstellungen)
+/–	Korrekturen aufgrund der Shareholder Conversion (z. B. Hinzurechnung der Erhöhung der Wertberichtigungen auf Forderungen, der Abschreibung des derivativen Geschäfts- oder Firmenwerts und Erhöhung des Barwertes der Forschungs- und Entwicklungsaufwendungen)
–	Cash Operating Taxes (COT)[684]
=	**Net Operating Profit After Taxes**

Abbildung 82: Schema zur Berechnung des NOPAT

d) Die Ermittlung der Gewinngröße Economic Value Added (EVA)

Die Gewinngröße Economic Value Added (EVA) gibt den absoluten Betrag der periodenbezogenen Unternehmenswertänderung an. Diese Größe lässt sich einerseits wie folgt bestimmen:[685]

	NOPAT
–	Kosten des Gesamtkapitals (WACC · EBV bzw. NOA)
=	**Economic Value Added**

Andererseits lässt sich eine buchhalterische Rentabilität ermitteln (sog. *Stewart's Ratio*), deren Auswertung in Form einer Überrendite (**Spread**) erfolgt.[686] Diese Variante hat den Vorteil, dass ein Vergleich zwischen Unternehmen unterschiedlicher Größe, Kapitalintensi-

---

[683] Vgl. *Hostettler, Stephan*: Economic Value Added (EVA). 3. Aufl., Bern/Stuttgart/Wien 1998, S. 150–155.

[684] Die Cash Operating Taxes stellen theoretische Steuern auf das Betriebsergebnis dar. Dabei wird (in Abweichung von den tatsächlichen Verhältnissen) unterstellt, dass sich das Unternehmen vollständig mit Eigenkapital finanziert und dass es nur betriebliche Tätigkeiten wahrnimmt.

[685] Vgl. *Lorson, Peter*: Shareholder Value-Ansätze. In: Jahrbuch für Controlling und Rechnungswesen 1999, hrsg. von *Gerhard Seicht*, Wien 1999, S. 56. Zur Ermittlung der Gewinngröße EVA mit ausführlichen Beispielen vgl. *Stewart, Benett G.*: The Quest For Value. New York 1991, S. 118–178.

[686] Vgl. *Lorson, Peter*: Shareholder Value-Ansätze. In: Jahrbuch für Controlling und Rechnungswesen 1999, hrsg. von *Gerhard Seicht*, Wien 1999, S. 56 und *Stewart, Benett G.*: The Quest For Value. New York 1991, S. 192.

tät, Finanzierungsstruktur, Länderzugehörigkeit und unterschiedlichem Risikoprofil möglich ist.[687] Die Ermittlung lässt sich so darstellen:

$$EVA_t = \underbrace{\left(\frac{NOPAT_t}{EBV_t} - WACC_t\right)}_{\text{Überrendite}_t} \cdot EBV_t$$

Die Kapitalrendite wird durch den Quotienten von NOPAT und EBV wiedergegeben;[688] durch Subtraktion des WACC erhält man die Überrendite. Ein positiver (negativer) EVA bzw. positiver (negativer) Spread bedeutet, dass ein Unternehmenswert geschaffen (vernichtet) worden ist.

Das EVA-Konzept impliziert für das Management, dass ein Unternehmenswert nur dann geschaffen wird, wenn in jeder Periode ein positiver EVA erzielt wird.[689] Das Ziel der Unternehmenswertmaximierung wird vom Management durch die Maximierung der Kenngröße EVA erreicht, da drei für die Steigerung des Shareholdervalue wichtige Bereiche in einer Kennzahl verdichtet werden.[690]

Der Kapitalwert, der sich auf der Grundlage EVA_t (t = 1, 2, ...,T) und EVA_{ewig} ergibt, wird als Market Value Added (MVA) bezeichnet und stellt den Geschäfts- oder Firmenwert dar.[691] Der Shareholdervalue als Marktwert des Eigenkapitals kann danach berechnet werden als MVA zzgl. EBV und nicht betriebsnotwendiges Vermögen, abzgl. dem Marktwert des Fremdkapitals.[692]

3. Kritische Beurteilung

Für eine bevorzugte Verwendung des EVA-Ansatzes sprechen folgende Argumente:[693]

- Technische Gleichwertigkeit mit Ansätzen, die auf Basis von Cashflows ermittelt werden;

---

[687] Vgl. *Hostettler, Stephan*: Economic Value Added (EVA). 3. Aufl., Bern/Stuttgart/Wien 1998, S. 253–254. Die Gleichung zur Ermittlung des EVA wurde unter Zuhilfenahme der *Stewart*'s Ratio in der sog. Spread-Form dargestellt. Mittels Ausmultiplikation des Klammerausdrucks erhält man die sog. Normalform. Vgl. hierzu *Küting, Karlheinz/Heiden, Matthias/Lorson, Peter*: Neuere Ansätze der Bilanzanalyse. In: Buchführung, Bilanz, Kostenrechnung, Beilage 1/2000, S. 32.
[688] Vgl. *Friedlaender, Ernst/Stabernack, Marc G.*: Betriebswirtschaftliche Ansätze zur wertorientierten Unternehmensführung. In: Shareholder Value Reporting, hrsg. von *Michael Müller* und *Franz-Josef Leven*, Wien 1998, S. 41.
[689] Vgl. *Lorson, Peter*: Shareholder Value-Ansätze. In: Jahrbuch für Controlling und Rechnungswesen 1999, hrsg. von *Gerhard Seicht*, Wien 1999, S. 56.
[690] Vgl. *Hostettler, Stephan*: Economic Value Added (EVA). 3. Aufl., Bern/Stuttgart/Wien 1998, S. 319.
[691] Vgl. *Hostettler, Stephan*: Economic Value Added (EVA). 3. Aufl., Bern/Stuttgart/Wien 1998, S. 183 und *Lorson, Peter*: Shareholder Value-Ansätze. In: Der Betrieb 1999, S. 1334.
[692] Vgl. **Abbildung 78** (S. 328).
[693] Vgl. *Hostettler, Stephan*: Economic Value Added (EVA). 3. Aufl., Bern/Stuttgart/Wien 1998, S. 197–198.

- innerhalb des Unternehmens bestehen einheitliche Regeln für Jahresabschluss und Performancemessung;
- bessere Kommunizierbarkeit durch Benutzung von Elementen aus der „traditionellen" Buchführung; folglich ist die Spitzenkennzahl EVA für externe Investoren plausibel und nachvollziehbar.

Kritisch zu beurteilen sind jedoch:[694]

- Die Reduktion auf eine einperiodige Zielvorgabe, die immer dann zu Problemen führt, wenn das (langfristige) Ziel der Unternehmenswertmaximierung mit zwischenzeitlichen negativen EVA-Werten verbunden ist. Bei negativen Werten gibt es keine Entscheidungsregel im Vergleich zu positiven EVA-Werten, im Rahmen derer von der Fortführung des Unternehmens auszugehen ist.
- Die Ausgangsgröße zur Ermittlung von EBV, NOA und NOPAT wird um die „wichtigsten" fünf bis zehn Anpassungen korrigiert; dadurch wird allerdings dem Management nicht die Möglichkeit genommen, durch geeignete Bilanzpolitik das Ergebnis zu beeinflussen.
- EVA-Vergleiche sind nicht durchführbar bei Branchenvergleichen.

III. Der Cashflow Return On Investment (CFROI)

1. Überblick

Ein anderer Shareholdervalue-Ansatz ist der von der *Boston Consulting Group* entwickelte Cashflow Return On Investment (CFROI).[695]

Mit dem Konzept des CFROI werden die bekannten und akzeptierten Methoden der Investitionsrechnung auf die Leistungsmessung (performance) von Unternehmen übertragen.[696] Der CFROI ist definiert als der Brutto-Cashflow, den ein Unternehmen relativ zu dem darin investierten Kapital innerhalb eines Jahres erwirtschaftet. Somit wird die Rendite des Unternehmens als deren interner Zinsfuß ausgedrückt.[697]

Zur Beurteilung eines Unternehmens sollen die Struktur der Aktiva, das am Kapitalmarkt zu beschaffende Kapital, die Struktur der Cashflows und die Nutzungsdauer der Aktiva berück-

---

[694] Vgl. *Lorson, Peter*: Shareholder Value-Ansätze. In: Jahrbuch für Controlling und Rechnungswesen 1999, hrsg. von *Gerhard Seicht*, Wien 1999, S. 57.

[695] Vgl. *Busse von Colbe, Walther*: Was ist und was bedeutet Shareholder Value aus betriebswirtschaftlicher Sicht? In: Zeitschrift für Gesellschaftsrecht 1997, S. 287 und *Lewis, Thomas G./Lehmann, Steffen*: Überlegene Investitionsentscheidungen durch CFROI. In: Betriebswirtschaftliche Forschung und Praxis 1992, S. 1.

[696] Vgl. *Lewis, Thomas G.*: Steigerung des Unternehmenswertes – Total Value Management. Landsberg a. L. 1994, S. 40.

[697] Vgl. *Lewis, Thomas G.*: Steigerung des Unternehmenswertes – Total Value Management. Landsberg a. L. 1994, S. 40.

sichtigt werden.[698] Die Profitabilität wird durch Gegenüberstellung von CFROI und Gesamtkapitalkosten ermittelt.[699]

Lewis führt folgende Vorteile auf, die eine Betrachtung der Gesamtkapitalrendite anstelle der Eigenkapitalrendite rechtfertigen:[700]

- Ziel ist es, eine typische Rendite des Unternehmens oder des Geschäftsbereichs zu ermitteln und nicht die des Eigenkapitals.
- Der Zusammenhang zwischen Rendite und Einzelentscheidung lässt sich einfacher herstellen.
- Die Aufteilung der Aktiva auf einzelne Geschäftsbereiche ist einfacher als die des Eigenkapitals.
- Die Finanzierungsstruktur der einzelnen Geschäftsbereiche ist vom jeweiligen Management i.d.R. nicht zu beeinflussen.

Die notwendigen Berechnungskomponenten für die Ermittlung des internen Zinsfußes eines Unternehmens oder einer Geschäftseinheit werden aus einem repräsentativen Jahresabschluss abgeleitet. Hierbei handelt es sich um folgende Komponenten:[701]

- Die inflationsbereinigte **Bruttoinvestitionsbasis**;
- den **Brutto-Cashflow** zu laufenden Preisen;
- die erwartete **Nutzungsdauer der Aktiva**.

2. Die Berechnungskomponenten

a) Die Bruttoinvestitionsbasis (BIB)

Die Bruttoinvestitionsbasis (BIB) bestimmt sich ausgehend von der Bilanzsumme der buchmäßigen Aktiva wie in **Abbildung 83** (S. 338).[702]

Die inflationsbereinigte Bruttoinvestitionsbasis umfasst das gesamte zu einem bestimmten Zeitpunkt in eine Geschäftseinheit investierte Kapital abzgl. der unverzinslichen Verbind-

---

[698] Vgl. *Lewis, Thomas G./Lehmann, Steffen*: Überlegene Investitionsentscheidungen durch CFROI. In: Betriebswirtschaftliche Forschung und Praxis 1992, S. 9.
[699] Vgl. *Busse von Colbe, Walther*: Was ist und was bedeutet Shareholder Value aus betriebswirtschaftlicher Sicht? In: Zeitschrift für Gesellschaftsrecht 1997, S. 287 und *Lorson, Peter*: Shareholder Value-Ansätze. In: Jahrbuch für Controlling und Rechnungswesen 1999, hrsg. von *Gerhard Seicht*, Wien 1999, S. 48.
[700] Vgl. *Lewis, Thomas G.*: Steigerung des Unternehmenswertes – Total Value Management. Landsberg a. L. 1994, S. 42.
[701] Vgl. *Lewis, Thomas G.*: Steigerung des Unternehmenswertes – Total Value Management. Landsberg a. L. 1994, S. 41 und S. 43.
[702] Vgl. *Lewis, Thomas G.*: Steigerung des Unternehmenswertes – Total Value Management. Landsberg a. L. 1994, S. 41–62; siehe auch *Küting, Karlheinz/Lorson, Peter*: Erfolgs(potential)orientiertes Konzernmanagement. In: Betriebs-Berater 1997, Beilage 8, S. 17; *Lorson, Peter*: Shareholder Value-Ansätze. In: Jahrbuch für Controlling und Rechnungswesen 1999, hrsg. von *Gerhard Seicht*, Wien 1999, S. 49.

lichkeiten in heutigen Geldeinheiten. Rückstellungen werden als unverzinsliche Verbindlichkeiten angesehen.[703]

In die Bruttoinvestitionsbasis sind versteckte Formen der Fremdfinanzierung mit dem Kapitalwert der Miet- bzw. Leasingaufwendungen einzubeziehen.[704]

Die Inflationierung des abnutzbaren Sachanlagevermögens dient der Transformation vergangener Ausgaben in heutige Ausgaben und somit der Vergleichbarkeit mit dem ermittelten Brutto-Cashflow. Die Hochrechnung erfolgt mit dem Deflator des Bruttoinlandsprodukts, da dieser den allgemeinen Kaufkraftverlust der Investoren reflektiert.[705]

	Buchmäßige Aktiva
−	Nicht-verzinsliche Schulden (Rückstellungen werden als solche betrachtet.)
+	Kumulierte Abschreibungen (Voll abgeschriebene Aktiva, die nicht ersetzt werden sollen, werden mit ihrem Buchwert oder ihrem Zeitwert erfasst.)
+	Inflationsanpassung des abnutzbaren Sachanlagevermögens zum heutigen Geldwert (Die Hochrechnung erfolgt mit dem Deflator des Bruttoinlandsprodukts, da dieser den allgemeinen Kaufkraftverlust der Investoren reflektiert.)
+	Kapitalisierte Miet- und Leasingaufwendungen (Es handelt sich hierbei um eine andere Art der Fremdfinanzierung.)
−	Erworbener Geschäfts- oder Firmenwert
=	**Inflationsbereinigte Bruttoinvestitionsbasis**

Abbildung 83: Schema zur Berechnung der BIB

Die Behandlung eines derivativen Geschäfts- oder Firmenwerts ist abhängig davon, welchem Zweck die Analyse dienen soll. Besteht das Ziel darin, eine Akquisition rückblickend als Investment zu beurteilen und eine Aussage über die Vorteilhaftigkeit zu treffen, dann wäre ein Verzicht auf den Abzug des Geschäfts- oder Firmenwerts sachgerecht. Steht hingegen die Beurteilung einer Geschäftseinheit im Vordergrund (wie hier implizit unterstellt wurde), so ist der derivative Geschäfts- oder Firmenwert abzuziehen, da dieser nicht von der Geschäftseinheit zu vertreten ist.[706]

---

[703] Vgl. *Lewis, Thomas G.*: Steigerung des Unternehmenswertes – Total Value Management. Landsberg a. L. 1994, S. 42.

[704] Vgl. *Lorson, Peter*: Shareholder Value-Ansätze. In: Jahrbuch für Controlling und Rechnungswesen 1999, hrsg. von *Gerhard Seicht*, Wien 1999, S. 49.

[705] Vgl. *Lewis, Thomas G.*: Steigerung des Unternehmenswertes – Total Value Management. Landsberg a. L. 1994, S. 52.

[706] Vgl. *Lewis, Thomas G.*: Steigerung des Unternehmenswertes – Total Value Management. Landsberg a. L. 1994, S. 59–60.

b) Der Brutto-Cashflow

Den Brutto-Cashflow ermittelt man wie in **Abbildung 84**[707] dargestellt.

	„Gewinn nach Steuern" bzw. Ergebnis nach DVFA/SG
+	Abschreibungen auf das abnutzbare Sachanlagevermögen
+	Zinsaufwendungen
+	Miet- und Leasingaufwendungen
+	FIFO- und LIFO-Anpassungen (werden nur in Ländern mit hohen Inflationsraten vorgenommen)
+/–	Inflationsgewinn/-verlust auf Nettoliquidität
=	**Brutto-Cashflow zu laufenden Preisen**

Abbildung 84: Schema zur Berechnung des Brutto-Cashflows

Es fällt auf, dass im Gegensatz zu der üblichen Ermittlung des (finanzwirtschaftlichen) Cashflow die Bildung und die Auflösung der Rückstellungen nicht in die Berechnung des Brutto-Cashflow einfließen. *Lewis* begründet dies damit, dass „Rückstellungen [...] geschäftsspezifische Verbindlichkeiten und deshalb an das Geschäft gebunden [sind; d. Verf.]. Die Liquidität aus der Bildung von Rückstellungen steht dem Investor also nicht zur Entnahme zur Verfügung."[708]

Die FIFO- und LIFO-Anpassungen korrigieren die Fehlschätzungen des Wareneinsatzes bzw. des Lagerwerts in Ländern mit hoher Inflation.

Die Nettoliquidität ermittelt man als Saldo des in den finanziellen Aktiva gebundenen Kapitals abzgl. der nicht festverzinslichen Verbindlichkeiten. Bei einem positiven Saldo ergibt sich im Zeitablauf ein Inflationsverlust, da sich die finanziellen Nettoaktiva real entwerten.

c) Die Nutzungsdauer

Die Nutzungsdauer des abnutzbaren Sachanlagevermögens bestimmt den Zeitraum, für welchen ein interner Zinsfuß für die Geschäftseinheit berechnet werden soll. Die Nutzungsdauer wird regelmäßig berechnet, indem die historischen Anschaffungskosten durch die jährliche Abschreibung dividiert werden:[709]

---

[707] Vgl. *Lewis, Thomas G.*: Steigerung des Unternehmenswertes – Total Value Management. Landsberg a. L. 1994, S. 41–42; siehe auch *Küting, Karlheinz/Lorson, Peter*: Erfolgs(potential)orientiertes Konzernmanagement. In: Betriebs-Berater 1997, Beilage 8, S. 17; *Lorson, Peter*: Shareholder Value-Ansätze. In: Jahrbuch für Controlling und Rechnungswesen 1999, hrsg. von *Gerhard Seicht*, Wien 1999, S. 50.

[708] *Lewis, Thomas G.*: Steigerung des Unternehmenswertes – Total Value Management. Landsberg a. L. 1994, S. 61.

[709] Vgl. *Lewis, Thomas G.*: Steigerung des Unternehmenswertes – Total Value Management. Landsberg a. L. 1994, S. 43.

$$\text{Nutzungsdauer} = \frac{\text{abnutzbares Sachanlagevermögen zu historischen AK}}{\text{jährliche lineare Abschreibung}}$$

Die nicht abschreibbaren Aktiva stehen der Geschäftseinheit bis zum Ende der Nutzungsdauer zur Verfügung und fließen in Form von Liquidität an diese zurück.

d) Die Ermittlung des Cashflow Return On Investment (CFROI)

Für die Berechnung des CFROI wird ein Cashflow-Profil gebildet, wobei die inflationsbereinigte Bruttoinvestitionsbasis als Anfangsinvestition definiert wird. Es wird unterstellt, dass die Aktiva nur während der Nutzungsdauer des abnutzbaren Sachanlagevermögens Brutto-Cashflows erzeugen. Darüber hinaus geht man auch von einem über die gesamte Nutzungsdauer gleich bleibenden jährlichen Cashflow aus. Am Ende des Planungszeitraums wird der Wert der nicht abschreibbaren Aktiva hinzugerechnet; somit entsprechen diese dem Veräußerungswert in der Investitionsrechnung. In **Abbildung 85**[710] wird das Cashflow-Profil anschaulich dargestellt.

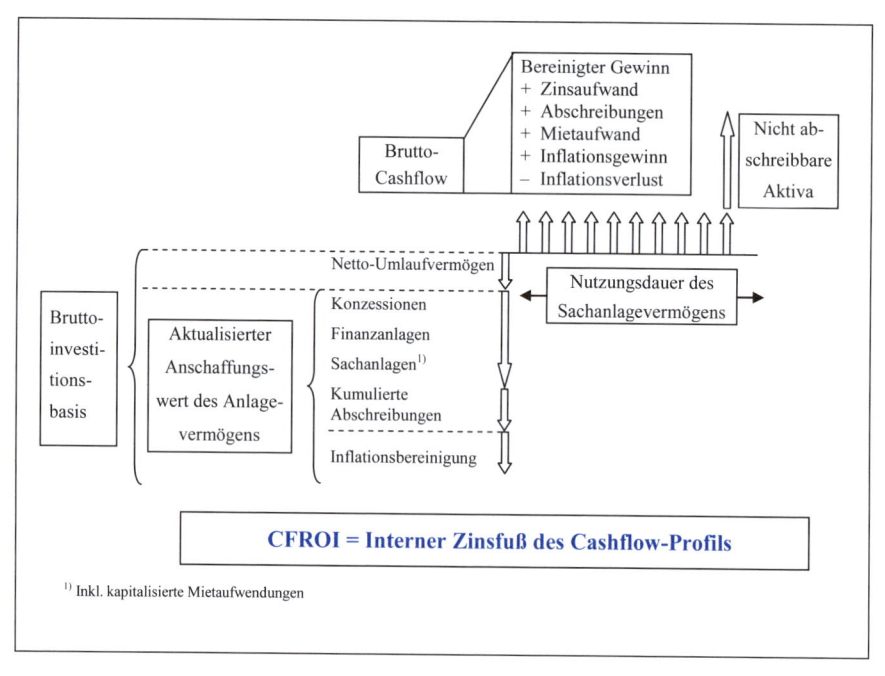

Abbildung 85: Darstellung der Berechnung des CFROI

Die in **Abbildung 85** dargestellte Vorgehensweise lässt sich in nachstehender Formel, die derjenigen der Methode des internen Zinsfußes ähnlich ist, darstellen:

---

[710] Modifiziert entnommen aus *Lewis, Thomas G.*: Steigerung des Unternehmenswertes – Total Value Management. Landsberg a. L. 1994, S. 45.

$$\sum_{t=1}^{n} \frac{BCF_t}{(1+r)^t} + \frac{NAA}{(1+r)^n} = \text{Bruttoinvestitionsbasis}$$

Dabei gilt:

BCF_t : Brutto-Cashflow in Periode t;

NAA : Nicht abschreibbare Aktiva;

r : Interner Zinsfuß.

Gesucht wird der (interne) Zinsfuß, mit Hilfe dessen die Summe der auf den Bezugszeitpunkt $t = 0$ diskontierten Brutto-Cashflows der jeweiligen Perioden und der nicht abschreibbaren Aktiva genau der Bruttoinvestitionsbasis entspricht.

Die Cashflows werden als Zahlungsreihe interpretiert, aus welcher sich dann der interne Zinsfuß berechnen lässt. Somit gibt der CFROI „den durchschnittlichen Return auf das insgesamt in einem Geschäft investierte Kapital [(Bruttoinvestitionsbasis); d. Verf.] zu einem Zeitpunkt wieder"[711].

Aus dem internen Zinsfuß allein lässt sich keine Aussage über die Vorteilhaftigkeit treffen. Hierzu ist der CFROI einem Vergleichsmaßstab gegenüberzustellen. Zu diesem Zweck werden die realen Kosten des Gesamtkapitals (WACC) bestimmt und dem CFROI gegenübergestellt. Ist der Spread – die Differenz zwischen CFROI und WACC – positiv, so wird ein Unternehmenswert geschaffen, ansonsten bleibt der Unternehmenswert gleich (CFROI = WACC) oder er wird vernichtet (CFROI < WACC).

Für das Management bedeutet dies, dass ein zusätzlicher Unternehmenswert durch Steigerung des Spreads bzw. durch Wachstum in Bereichen mit positiven Spreads geschaffen wird.

Nach der Bestimmung des CFROI kann die Veränderung des Unternehmenswerts durch den Cash Value Added (CVA) ermittelt werden. Der CVA ergibt sich, indem die Überrendite mit der Bruttoinvestitionsbasis multipliziert wird. Der Shareholdervalue nach dem CFROI-Konzept wird nun ermittelt, indem zum Kapitalwert der geschätzten zukünftigen CVA_t mit $t = 1, 2, ..., T + CVA_{ewig}$ die modifizierte Bruttoinvestitionsbasis (auch als Netto-Investments bezeichnet) und der Marktwert des nicht betriebsnotwendigen Vermögens addiert und der Marktwert des verzinslichen Fremdkapitals subtrahiert werden.[712]

---

[711] *Lewis, Thomas G.*: Steigerung des Unternehmenswertes – Total Value Management. Landsberg a. L. 1994, S. 44.

[712] Vgl. *Lewis, Thomas G.*: Steigerung des Unternehmenswertes – Total Value Management. Landsberg a. L. 1994, S. 259. Die Bruttoinvestitionsbasis wird um die wirtschaftliche Abschreibung vermindert; dabei wird nicht eindeutig definiert, was unter wirtschaftlichen Abschreibungen zu verstehen ist. Gemeint sein könnten damit die angemessenen betriebswirtschaftlichen Abschreibungen, die meistens niedriger sind als die zugrunde gelegten, meist aus steuerlichen Gründen verrechneten geometrisch-degressiven Abschreibungen.

In **Abbildung 86**[713] wird die Ermittlung des CFROI anhand eines Zahlenbeispiels (Angaben in TEUR) dargestellt. Die nicht abschreibbaren Aktiva betragen 1.000 TEUR, der gleich bleibende Brutto-Cashflow beträgt 150 TEUR über 10 Jahre, die Bruttoinvestitionsbasis liegt bei 1.307 TEUR.

$$\text{Bruttoinvestitionsbasis} = 1.307 = \sum_{t=1}^{10} \frac{150_t}{(1+r)^t} + \frac{1.000}{(1+r)^{10}}$$

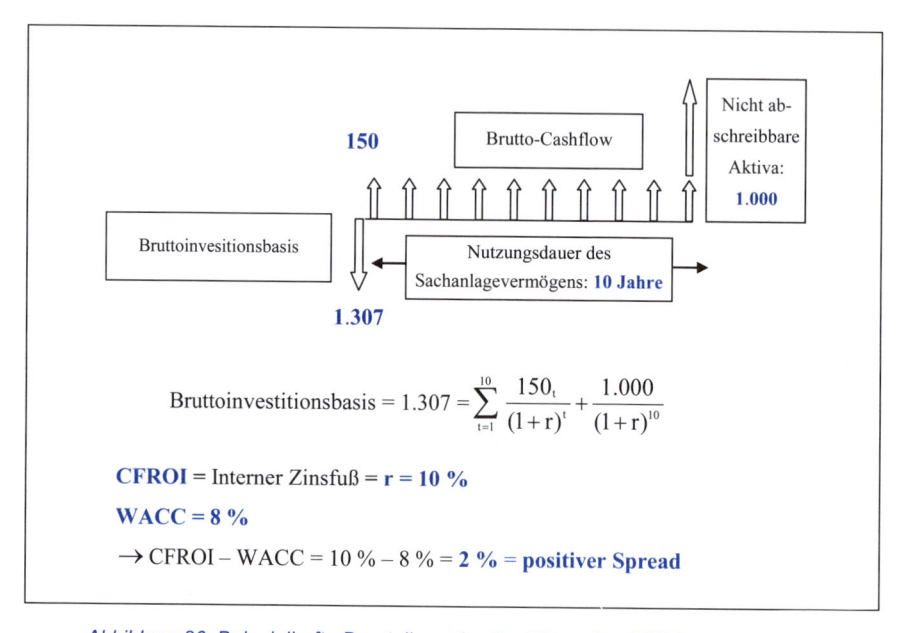

CFROI = Interner Zinsfuß = **r = 10 %**
WACC = 8 %
→ CFROI − WACC = 10 % − 8 % = **2 %** = **positiver Spread**

Abbildung 86: Beispielhafte Darstellung der Ermittlung des CFROI und des CVA

3. Kritische Beurteilung

Lewis nennt folgende Vorteile des CFROI:[714]

- Bereinigung von buchhalterischen Verzerrungen und Einbeziehung von einer größeren Anzahl von Informationen als bei herkömmlichen Erfolgskennziffern; dadurch hohe Korrelation mit der Entwicklung des Unternehmenswerts;
- Ausschaltung von Inflationseinflüssen durch Inflationsanpassung des Sachanlagevermögens;
- Orientierung am Prinzip des Going-Concern, da die Summe aller abgezinsten Cashflows mindestens den investierten Ausgaben entsprechen muss;
- Transparenz und Vergleichbarkeit der Geschäfte durch die Anpassungen der Bruttoinvestitionsbasis und des Brutto-Cashflows; dadurch ebenfalls konsistente Basis eines Managementvergütungssystems.

---

[713] Modifiziert entnommen aus *Lewis, Thomas G./Lehmann, Steffen*: Überlegene Investitionsentscheidungen durch CFROI. In: Betriebswirtschaftliche Forschung und Praxis 1992, S. 11.

[714] Vgl. *Lewis, Thomas G.*: Steigerung des Unternehmenswertes – Total Value Management. Landsberg a. L. 1994, S. 46–62.

Die von *Lewis* als Vorteil angesehene Orientierung am Going-Concern-Prinzip ist dahingehend zu relativieren, dass bei einer Inflationierung des Sachanlagevermögens nicht gewährleistet werden kann, dass ausreichende Free Cashflows zur Finanzierung der erforderlichen Ersatzinvestitionen vorhanden sind.

Kritisch anzumerken sind insb. folgende Punkte:[715]

- Die Technik der Inflationierung der Sachanlagen, da eine Anpassung, die auf dem Deflator des Bruttoinlandsprodukts beruht, nur in Ausnahmefällen die tatsächlichen Wiederbeschaffungswerte wiedergibt;
- die Annahme konstanter Cashflows über die Nutzungsdauer;
- die Ausklammerung des nicht bilanzierungsfähigen Anlagevermögens, insb. hoher Werbekosten und Forschungs- und Entwicklungskosten sowie eines originären Geschäfts- oder Firmenwerts;
- der Verzicht auf langfristige analytische Planung, da der CFROI auf einem „repräsentativen" Abschluss, im Regelfall dem des letzten Geschäftsjahrs, beruht und somit vergangenheitsorientiert ist;
- die Methode des internen Zinsfußes unterstellt die Wiederanlage von freien Mitteln zu dem jeweiligen internen Zinssatz.

IV. Zusammenfassung

Wichtiger Bestandteil jedes Shareholdervalue-Ansatzes sind die gewichteten Gesamtkapitalkosten. Während die Bestimmung der Fremdkapitalkosten in der Praxis keine Probleme bereitet, wurden für die Ermittlung der Eigenkapitalkosten insb. zwei Modelle entwickelt. Beide Modelle unterteilen die Kosten des Eigenkapitals in eine risikofreie Rendite und eine Risikoprämie. Im APM[716] wird der Risikozuschlag nicht wie im CAPM[717] durch eine Einflussgröße, sondern durch mehrere Faktoren bestimmt.

Das EVA-Konzept bezieht sich auf eine Periodenerfolgsgröße, die für eine Teilperiode ermittelt wurde. Die Erfolgsgröße EVA ist eine „Residualeinkommensgröße", die durch den Saldo aus den NOPAT und den gewichteten Gesamtkapitalkosten (WACC), die für das betrieblich gebundene Vermögen (NOA) aufzuwenden sind, bestimmt wird. Die relevanten Berechnungskomponenten werden durch Conversions, die in vier Bereiche eingeteilt werden können, aus dem Jahresabschluss ableitet. Ein positiver EVA impliziert, dass ein Unternehmenswert geschaffen worden ist.

---

[715] Vgl. dazu *Born, Karl*: Unternehmensanalyse und Unternehmensbewertung. Stuttgart 1995, S. 216; *Busse von Colbe, Walther*: Was ist und was bedeutet Shareholder Value aus betriebswirtschaftlicher Sicht? In: Zeitschrift für Gesellschaftsrecht 1997, S. 287; *Lorson, Peter*: Shareholder Value-Ansätze. In: Jahrbuch für Controlling und Rechnungswesen 1999, hrsg. von *Gerhard Seicht*, Wien 1999, S. 52.

[716] Vgl. *Ross, Stephen A.*: The Arbitrage Theory of Capital Asset Pricing. In: Journal Of Economic Theory 1976, S. 341–360.

[717] Vgl. dazu *Bieg, Hartmut/Kußmaul, Heinz*: Investitions- und Finanzierungsmanagement. Band III: Finanzwirtschaftliche Entscheidungen, München 2000, S. 123–152.

Mit dem Konzept des CFROI werden Methoden der dynamischen Investitionsrechnung auf die Messung der Performance von Unternehmen übertragen. Zur Berechnung des CFROI wird ein Cashflow-Profil erstellt, wobei die Cashflows als Zahlungsreihe interpretiert werden. Hieraus lässt sich ein interner Zinsfuß berechnen, der mit dem WACC verglichen wird. Bei einer positiven Differenz zwischen dem internen Zins des Cashflow-Profils und dem WACC wird ein Unternehmenswert geschaffen.

Der DCF-Ansatz beruht auf der Überlegung, dass die zukünftigen Cashflows die zukünftigen Gewinne und Wertsteigerungen des Unternehmens bestimmen. Daher werden die Zahlungsmittelströme der Zukunft mit Hilfe von Wertfaktoren aus Plan-Jahresabschlüssen abgeleitet. Die Prognose künftiger Leistungen wird in eine Detailplanungsperiode und in die verbleibende Lebenszeit des Unternehmens unterteilt. Die so ermittelten Cashflows werden auf den Gegenwartszeitpunkt abgezinst. Grds. wird das DCF-Kalkül durch den Vergleich von mindestens zwei Kapitalwerten ausgewertet. Durch Maßnahmen, die zu einem höheren Kapitalwert führen, wird im DCF-Konzept ein Unternehmenswert geschaffen. Stehen mehrere Alternativen zur Verfügung, ist diejenige zu wählen, die den höchsten absoluten Wertzuwachs bedingt.

Literaturverzeichnis

Adam, Dietrich: Investitionscontrolling. 3. Aufl., München/Wien 2000.

Albach, Horst: Investition und Liquidität. Wiesbaden 1962.

Altrogge, Günter: Investition. 4. Aufl., München/Wien 1996.

Baetge, Jörg u. a.: Darstellung der Discounted-Cashflow-Verfahren (DCF-Verfahren) mit Beispiel. In: Praxishandbuch der Unternehmensbewertung, hrsg. von *Volker H. Peemöller*, 6. Aufl., Herne 2015, S. 353–508.

Bäuerle, Paul: Zur Problematik der Konstruktion praktikabler Entscheidungsmodelle. In: Zeitschrift für Betriebswirtschaft 1989, S. 175–192.

Baldwin, Robert H.: How to Assess Investment Proposals. In: Harvard Business Review 1959, N° 3, S. 98–104.

Ballwieser, Wolfgang: Aktuelle Aspekte der Unternehmensbewertung. In: Die Wirtschaftsprüfung 1995, S. 119–129.

Ballwieser, Wolfgang: Unternehmensbewertung mit Discounted Cash-Flow-Verfahren. In: Die Wirtschaftsprüfung 1998, S. 81–92.

Ballwieser, Wolfgang: Verbindungen von Ertragswert- und Discounted-Cashflow-Verfahren. In: Praxishandbuch der Unternehmensbewertung, hrsg. von *Volker H. Peemöller*, 6. Aufl., Herne 2015, S. 509–520.

Ballwieser, Wolfgang/Hachmeister, Dirk: Unternehmensbewertung: Prozess, Methoden und Probleme. 4. Aufl., Stuttgart 2013.

Bamberg, Günter/Baur, Franz/Krapp, Michael: Statistik. 17. Aufl., München 2012.

Bamberg, Günter/Coenenberg, Adolf G./Krapp, Michael: Betriebswirtschaftliche Entscheidungslehre. 15. Aufl., München 2012.

Barthel, Carl W.: Unternehmenswert: Der Markt bestimmt die Bewertungsmethode. In: Der Betrieb 1990, S. 1145–1151.

Baumeister, Alexander/Ilg, Markus/Werkmeister, Clemens: Systeme des Controllings. In: Allgemeine Betriebswirtschaftslehre, hrsg. von *Marcell Schweitzer* und *Alexander Baumeister*, 11. Aufl., Berlin 2015, S. 981-1029.

Beckmann, Liesel: Die betriebswirtschaftliche Finanzierung. 2. Aufl., München 1956.

Beike, Rolf/Schlütz, Johannes: Finanznachrichten lesen – verstehen – nutzen. Ein Wegweiser durch Kursnotierungen und Marktberichte. 5. Aufl., Stuttgart 2010.

Bender, Jürgen/Lorson, Peter: Verfahren der Unternehmensbewertung (II): Das Ertragswertverfahren nach der HFA-Stellungnahme 2/1983. In: Betrieb und Wirtschaft 1996, S. 1–6.

Bender, Jürgen/Lorson, Peter: Verfahren der Unternehmensbewertung (IV): Discounted Cash-Flow-Verfahren und Anmerkungen zu Shareholder Value-Konzepten. In: Betrieb und Wirtschaft 1997, S. 1–9.

Betriebswirtschaftlicher Ausschuß des VCI: Unternehmerische Investitionskontrolle. Herne/Berlin 1974.

Bieg, Hartmut: Aufgaben, Grundprinzipien und Bestandteile der Finanzwirtschaft. In: Der Steuerberater 1994, S. 456–460 und S. 499–504 sowie Der Steuerberater 1995, S. 15–19 und S. 53–60.

Bieg, Hartmut: Betriebswirtschaftslehre 1: Investition und Unternehmungsbewertung. 2. Aufl., Freiburg i. Br. 1997.

Bieg, Hartmut: Betriebswirtschaftslehre 2: Finanzierung. Freiburg i. Br. 1991.

Bieg, Hartmut: Die Cash-Flow-Analyse als stromgrößenorientierte Finanzanalyse. In: Der Steuerberater 1998, S. 432–439 und S. 472–478 sowie Der Steuerberater 1999, S. 22–29.

Bieg, Hartmut: Die Verfahren der Investitionsrechnung und ihre Verwendung in der Praxis. In: Der Steuerberater 1985, S. 15–29 und S. 59–77.

Bieg, Hartmut: Schwebende Geschäfte in Handels- und Steuerbilanz. Frankfurt a. M./Bern 1977.

Bieg, Hartmut/Kußmaul, Heinz: Finanzierung. 2. Aufl., München 2009.

Bieg, Hartmut/Kußmaul, Heinz: Grundlagen der Bilanzierung. 4. Aufl., Wiesbaden 2000.

Bieg, Hartmut/Kußmaul, Heinz: Investitions- und Finanzierungsmanagement. Band III: Finanzwirtschaftliche Entscheidungen, München 2000.

Bieg, Hartmut/Kußmaul, Heinz/Waschbusch, Gerd: Externes Rechnungswesen. 6. Aufl., München 2012.

Biergans, Enno: Investitionsrechnung. Verfahren der Investitionsrechnung und ihre Anwendung in der Praxis. Nürnberg 1973.

Bischoff, Jörg: Das Shareholder Value-Konzept, Darstellung – Probleme – Handhabungsmöglichkeiten. Wiesbaden 1994.

Bitz, Michael: Grundlagen der Finanzwirtschaft. In: Studienbriefe der FernUniversität Hagen 000089, Hagen 1999.

Bitz, Michael/Rogusch, Michael: Risiko-Nutzen, Geldnutzen und Risikoeinstellung. In: Zeitschrift für Betriebswirtschaft 1976, S. 853–868.

Bloech, Jürgen: Industrieller Standort. In: Industriebetriebslehre, hrsg. von *Marcell Schweitzer*, 2. Aufl., München 1994, S. 61–147.

Blohm, Hans/Lüder, Klaus/Schaefer, Christina: Investition. 10. Aufl., München 2012.

BMF-Schreiben vom 02.01.2015, IV D 4 – S 3102/07/0001, BStBl. I 2015, S. 6.

Böcking, Hans-Joachim/Nowak, Karsten: Der Beitrag der Discounted Cash-flow-Verfahren zur Lösung der Typisierungsproblematik bei Unternehmensbewertungen. In: Der Betrieb 1998, S. 685–690.

Börsig, Clemens: Unternehmenswert und Unternehmensbewertung. In: Zeitschrift für betriebswirtschaftliche Forschung 1993, S. 79–91.

Bohr, Kurt: Shareholder Value. In: Akademie 1998, S. 89–92.

Born, Karl: Unternehmensanalyse und Unternehmensbewertung. Stuttgart 1995.

Brauckschulze, Ute: Die Produktelimination. Münster 1983.

Bretzke, Wolf-Rüdiger: Der Problembezug von Entscheidungsmodellen. Tübingen 1980.

Brounen, Dirk/De Jong, Abe/Koedijk, Kees C. G.: Corporate Finance in Europe – Confronting Theory with Practice. In: Financial Management 2004, S. 71–102.

Buchner, Robert: Der Einfluß erfolgsabhängiger Steuern auf investitions- und finanzierungstheoretische Planungsmodelle. In: Zeitschrift für Betriebswirtschaft 1971, S. 671–704.

Buchner, Robert: Kapitalwert, interner Zinsfuß und Annuität als investitionsrechnerische Auswahlkriterien. In: Wirtschaftswissenschaftliches Studium 1993, S. 218–222.

Bühner, Rolf: Shareholder Value. Eine Analyse von 50 großen Aktiengesellschaften in der Bundesrepublik Deutschland. In: Die Betriebswirtschaft 1993, S. 749–769.

Büschgen, Hans E.: Betriebliche Finanzwirtschaft – Unternehmensinvestitionen. Frankfurt a. M. 1981.

Büschgen, Hans E.: Grundlagen betrieblicher Finanzwirtschaft – Unternehmensfinanzierung. 3. Aufl., Frankfurt a. M. 1991.

Busse von Colbe, Walther: Was ist und was bedeutet Shareholder Value aus betriebswirtschaftlicher Sicht? In: Zeitschrift für Gesellschaftsrecht 1997, S. 271–290.

Busse von Colbe, Walther/Laßmann, Gert: Betriebswirtschaftstheorie. Band 3, 3. Aufl., Berlin 1990.

Castadello, Marc: Die Unternehmensbewertung. In: WP-Handbuch. Band II, hrsg. vom *Institut der Wirtschaftsprüfer*, 14. Aufl., Düsseldorf 2014, S. 1–214.

C&L Deutsche Revision: Wertorientierte Unternehmensführung. Die Ergebnisse einer internationalen Studie von C&L bei 300 Unternehmen in 13 Ländern zum Thema Shareholder Value. Frankfurt a. M. 1997.

Christoffel, Hans Günter: Bewertung nichtnotierter Anteile an Kapitalgesellschaften nach dem Stuttgarter Verfahren ab 1993. In: Neue Wirtschafts-Briefe vom 12.12.1994, Fach 9, S. 2639–2672.

Christoffel, Hans Günter: Neue Anteilsbewertung nach den Vermögensteuer-Richtlinien 1993. In: GmbH-Rundschau 1993, S. 715–717.

Coenenberg, Adolf G./Kleine-Doepke, Rainer: Zur Abbildung der Risikopräferenz durch Nutzenfunktionen. In: Zeitschrift für Betriebswirtschaft 1975, S. 663–665.

Copeland, Tom: Why value value? In: The McKinsey Quarterly 1994, Number 4, S. 97–109.

Copeland, Tom/Koller, Tim/Murrin, Jack: Unternehmenswert. 3. Aufl., Frankfurt a. M./New York 2002.

Däumler, Klaus-Dieter: Finanzmathematisches Tabellenwerk. 4. Aufl., Herne/Berlin 1998.

Däumler, Klaus-Dieter/Grabe, Jürgen: Anwendung von Investitionsrechnungsverfahren in der Praxis. 5. Aufl., Herne 2010.

Däumler, Klaus-Dieter/Grabe, Jürgen: Grundlagen der Investitions- und Wirtschaftlichkeitsrechnung. 13. Aufl., Herne 2014.

Dean, Joel: Capital Budgeting. 9th. printing, New York 1978.

Dinkelbach, Werner/Kleine, Andreas: Elemente einer betriebswirtschaftlichen Entscheidungslehre. Berlin u. a. 1996.

Dirrigl, Hans: Konzepte, Anwendungsbereiche und Grenzen einer strategischen Unternehmensbewertung. In: Betriebswirtschaftliche Forschung und Praxis 1994, S. 409–432.

Domsch, Michel: Simultane Personal- und Investitionsplanung im Produktionsbereich. Bielefeld 1970.

Drexl, Andreas: Nutzungsdauerentscheidungen bei Sicherheit und Risiko. In: Zeitschrift für betriebswirtschaftliche Forschung 1990, S. 50–66.

Drukarczyk, Jochen: DCF-Methoden und Ertragswertmethode – einige klärende Anmerkungen. In: Die Wirtschaftsprüfung 1995, S. 329–334.

Drukarczyk, Jochen/Richter, Frank: Unternehmensgesamtwert, anteilseignerorientierte Finanzentscheidungen und APV-Ansatz. In: Die Betriebswirtschaft 1995, S. 559–580.

Drukarczyk, Jochen/Schüler, Andreas: Unternehmensbewertung. 6. Aufl., München 2009.

Eilenberger, Guido/Ernst, Dietmar/Toebe, Marc: Betriebliche Finanzwirtschaft. 8. Aufl., München 2013.

Eisele, Dirk: Bewertung nichtnotierter Anteile an Kapitalgesellschaften nach dem Stuttgarter Verfahren ab 1995. In: Steuer und Studium 1995, S. 409–412.

Eisele, Wolfgang: Die Amortisationsdauer als Entscheidungskriterium für Investitionsmaßnahmen. In: Wirtschaftswissenschaftliches Studium 1985, S. 373–381.

Eisele, Wolfgang/Knobloch, Alois Paul: Technik des betrieblichen Rechnungswesens. 8. Aufl., München 2011.

Ernst, Dietmar/Schneider, Sonja/Thielen, Bjoern: Unternehmensbewertungen erstellen und verstehen. 5. Aufl., München 2012.

Franke, Günter/Hax, Herbert: Finanzwirtschaft des Unternehmens und Kapitalmarkt. 6. Aufl., Dordrecht u.a. 2009.

Friedlaender, Ernst/Stabernack, Marc G.: Betriebswirtschaftliche Ansätze zur wertorientierten Unternehmensführung. In: Shareholder Value Reporting, hrsg. von *Michael Müller* und *Franz-Josef Leven*, Wien 1998, S. 27–44.

Frischmuth, Gunter: Daten als Grundlage für Investitionsentscheidungen. Berlin 1969.

Fritz, Wolfgang u. a.: Unternehmensziele und strategische Unternehmensführung. In: Die Betriebswirtschaft 1988, S. 567–586.

Georgi, Andreas A.: Analyse der Notwendigkeit einer Berücksichtigung von Steuern in der Investitionsplanung, In: Zeitschrift für betriebswirtschaftliche Forschung 1985, S. 891–911.

Georgi, Andreas A.: Steuern in der Investitionsplanung – Eine Analyse der Entscheidungsrelevanz von Ertrag- und Substanzsteuern –. 2. Aufl., Hamburg 1994.

Glier, Josef: Die Vermögensteuer-Änderungsrichtlinien 1995. In: Deutsches Steuerrecht 1994, S. 1836–1840.

Götze, Uwe: Investitionsrechnung. 7. Aufl., Berlin/Heidelberg 2014.

Grabbe, Hans-Wilhelm: Investitionsrechnung in der Praxis – Ergebnisse einer Unternehmensbefragung. Köln 1976.

Grochla, Erwin: Finanzierung, Begriff der. In: Handwörterbuch der Finanzwirtschaft, hrsg. von *Hans E. Büschgen*, Stuttgart 1976, Sp. 413–431.

Gutenberg, Erich: Grundlagen der Betriebswirtschaftslehre. 3. Band: Die Finanzen. 8. Aufl., Berlin/Heidelberg/New York 1980.

Haar, Horst: Änderungen des Stuttgarter Verfahrens durch die Erbschaftsteuer-Richtlinien und -Hinweise. In: Steuer und Studium 1999, S. 413–416.

Haberstock, Lothar: Quo vadis Steuerbilanzpolitik. In: Zeitschrift für betriebswirtschaftliche Forschung 1984, S. 464–482.

Haberstock, Lothar: Steuerbilanz und Vermögensaufstellung. 3. Aufl., Hamburg 1991.

Haberstock, Lothar: Zur Integrierung der Ertragsbesteuerung in die simultane Produktions-, Investitions- und Finanzierungsplanung mit Hilfe der linearen Programmierung. Köln u.a. 1971.

Hachmeister, Dirk: Der Discounted Cash-Flow als Unternehmenswert. In: Das Wirtschaftsstudium 1996, S. 357–366.

Hachmeister, Dirk: Die Abbildung der Finanzierung im Rahmen verschiedener Discounted Cash-Flow-Verfahren. In: Zeitschrift für betriebswirtschaftliche Forschung 1996, S. 250–277.

Hafner, Ralf: Unternehmensbewertung bei mehrfacher Zielsetzung. In: Betriebswirtschaftliche Forschung und Praxis 1988, S. 485–504.

Hahn, Oswald: Finanzwirtschaft. 2. Aufl., Landsberg a. L. 1983.

Hansmann, Karl-Werner: Entscheidungsmodelle zur Standortplanung der Industrieunternehmen. Wiesbaden 1974.

Haupt, Heiko: Das Investitionszulagengesetz 2010 – der Anfang vom Ende der Investitionszulage. In: Deutsches Steuerrecht 2009, S. 1070–1076.

Hauschildt, Jürgen: Entscheidungsziele. Tübingen 1977.

Hax, Herbert: Investitions- und Finanzplanung mit Hilfe der linearen Programmierung. In: Zeitschrift für betriebswirtschaftliche Forschung 1964, S. 430–446.

Hax, Herbert: Investitionstheorie. 5. Aufl., Würzburg/Wien 1993.

Heidtmann, Dietmar/Däumler, Klaus-Dieter: Anwendung von Investitionsrechnungsverfahren bei mittelständischen Unternehmen – eine empirische Untersuchung. In: Buchführung, Bilanz, Kostenrechnung, Beilage 2/1997.

Heinhold, Michael: Investitionsrechnung. 8. Aufl., München/Wien 1999.

Heinhold, Michael: Simultane Unternehmensplanungsmodelle – ein Irrweg? In: Die Betriebswirtschaft 1989, S. 689–708.

Henke, Manfred: Vermögensrentabilität – ein einfaches dynamisches Investitionskalkül. In: Zeitschrift für Betriebswirtschaft 1973, S. 177–198.

Hering, Thomas: Investitionstheorie, 4. Aufl., Berlin/Boston 2015.

Heurung, Rainer: Zum Einfluß marginaler Steuersatzänderungen auf Investitionsentscheidungen. In: Der Betrieb 1985, S. 661–670.

Heurung, Rainer: Zur Unternehmensbewertung bei Spaltungsprozessen mit Kapitalstrukturproblemen. In: Die Wirtschaftsprüfung 1998, S. 201–215.

Hosterbach, Ernst: Unternehmensbewertung: Renaissance des Substanzwertes. In: Der Betrieb 1987, S. 897–902.

Hostettler, Stephan: Economic Value Added (EVA). 3. Aufl., Bern/Stuttgart/Wien 1998.

Hübner, Heinrich: Die Neuregelung der Anteilsbewertung nach den Vermögensteuer-Richtlinien 1993. In: Deutsches Steuerrecht 1993, S. 1656–1661.

Hübner, Heinrich: Erbschaftsteuerreform 2009 – Gesetze, Materialien, Erläuterungen. München 2008.

IDW: IDW Standard: Grundsätze zur Durchführung von Unternehmensbewertungen (IDW S1 i. d. F. 2008). In: IDW-Fachnachrichten 2008, S. 271–292.

Jacob, Herbert: Neuere Entwicklungen der Investitionsrechnung. In: Zeitschrift für Betriebswirtschaft 1964, S. 487–567 und S. 551–594.

Jacob, Herbert/Leber, Wilhelm: Bernoulli-Prinzip und rationale Entscheidung bei Unsicherheit. In: Zeitschrift für Betriebswirtschaft 1976, S. 177–204.

Jääskeläinen, Veikko: Optimal Financing and Tax Policy of the Corporation. Helsinki 1966.

Kaden, Jens u. a.: Kritische Überlegungen zur Discounted Cash Flow-Methode: Methodenharmonisierung von Ertragswert und Discounted Cash Flow. In: Zeitschrift für Betriebswirtschaft 1997, S. 499–508.

Kahle, Egbert/Lohse, Dieter: Grundkurs Finanzmathematik. 4. Aufl., München 1997.

Kern, Werner: Investitionsrechnung. Stuttgart 1974.

Kilger, Wolfgang: Zur Kritik am internen Zinsfuß. In: Zeitschrift für Betriebswirtschaft 1965, S. 765–798.

Klien, Wolfgang: Die Praxis der Shareholder Value-Ansätze: Irrtümer, Fallstricke und Anwenderhindernisse. In: Deutsches Steuerrecht 1998, S. 1108–1112 und S. 1148–1152.

Klinger, Karl: Das Schwächebild der Investitionsrechnungen. In: Der Betrieb 1964, S. 1821–1824.

Köhler, Harald: Finanzmathematik. 4. Aufl., München/Wien 1997.

Köhler, Richard: Zum Finanzierungsbegriff einer entscheidungsorientierten Betriebswirtschaftslehre. In: Zeitschrift für Betriebswirtschaft 1969, S. 435–456.

König, Wolfgang: Die Vermittlungsfunktion der Unternehmensbewertung. In: Moderne Unternehmensbewertung und Grundsätze ihrer ordnungsmäßigen Durchführung, hrsg. von *Wolfgang Goetzke* und *Günter Sieben*, Köln 1977, S. 73–89.

Kruschwitz, Lutz: Finanzmathematik. 5. Aufl., München 2010.

Kruschwitz, Lutz: Investitionsrechnung. 14. Aufl., München 2014.

Kühn, Richard: Grundzüge eines heuristischen Verfahrens zur Erarbeitung von Planungskonzeptionen. In: Die Betriebswirtschaft 1985, S. 531–543.

Küpper, Hans-Ulrich/Weber, Jürgen/Zünd, André: Zum Verständnis und Selbstverständnis des Controlling. In: Zeitschrift für Betriebswirtschaft 1990, S. 281–293.

Küting, Karlheinz/Heiden, Matthias/Lorson, Peter: Neuere Ansätze der Bilanzanalyse. In: Buchführung, Bilanz, Kostenrechnung, Beilage 1/2000.

Küting, Karlheinz/Lorson, Peter: Erfolgs(potential)orientiertes Konzernmanagement. In: Betriebs-Berater 1997, Beilage 8.

Kußmaul, Heinz: Berücksichtigung der Steuern und Geldentwertung in der Investitionsrechnung. In: Der Steuerberater 1995, S. 463–473.

Kußmaul, Heinz: Berücksichtigung der Steuern und Geldentwertung in der Investitionsrechnung. In: Der Steuerberater 1996, S. 16–22.

Kußmaul, Heinz: Berücksichtigung der Unsicherheit bei Investitionsentscheidungen. In: Der Steuerberater 1996, S. 63–67 und S. 104–112.

Kußmaul, Heinz.: Betriebswirtschaftliche Beratungsempfehlungen zur Finanzierung mittelständischer Unternehmen. In: Steuerberaterkongreß-Report 1990, München 1991, S. 179–295.

Kußmaul, Heinz: Betriebswirtschaftliche Steuerlehre. 4. Aufl., München 2006.

Kußmaul, Heinz: Betriebswirtschaftliche Steuerlehre. 7. Aufl., München 2014.

Kußmaul, Heinz: Darstellung der Discounted Cash-Flow-Verfahren – auch im Vergleich zur Ertragswertmethode nach dem IDW Standard ES 1 –. In: Der Steuerberater 1999, S. 332–347.

Kußmaul, Heinz: Darstellung der Shareholder Value-Ansätze. In: Der Steuerberater 1999, S. 382–390.

Kußmaul, Heinz: Dynamische Verfahren der Investitionsrechnung. In: Der Steuerberater 1995, S. 302–308, S. 348–353, S. 381–389 und S. 428–436.

Kußmaul, Heinz: Ermittlung des Kalkulationszinsfußes und des Wachstumsfaktors im Barwertkonzept zur Fundamentalanalyse. In: Der Steuerberater 1999, S. 175–184.

Kußmaul, Heinz: Ermittlung der künftigen Vorteilsströme im Barwertkonzept zur Fundamentalanalyse. Der Steuerberater 1999, S. 141–148.

Kußmaul, Heinz: Gesamtbewertung von Unternehmen als spezieller Anwendungsfall der Investitionsrechnung. In: Der Steuerberater 1996, S. 262–268, S. 303–312, S. 350–358 und S. 395–402.

Kußmaul, Heinz: Grundlagen der Investition und Investitionsrechnung. In: Der Steuerberater 1995, S. 99–103, S. 135–139 und S. 179–183.

Kußmaul, Heinz: Investitionsprogrammentscheidungen. In: Der Steuerberater 1996, S. 151–154, S. 189–195 und S. 223–230.

Kußmaul, Heinz: Investitionsrechnung. In: Saarbrücker Handbuch der Betriebswirtschaftlichen Beratung, hrsg. von *Karlheinz Küting*, 4. Aufl., Herne 2008, S. 161–250.

Kußmaul, Heinz: Statische Verfahren der Investitionsrechnung. In: Der Steuerberater 1995, S. 221–227 und S. 259–263.

Kußmaul, Heinz: Wirtschaftsgut/Vermögensgegenstand/Vermögenswert (asset)/Schuld (liability). In: Handbuch der Bilanzierung, hrsg. von *Rudolf Federmann, Heinz Kußmaul* und *Stefan Müller*, Freiburg i.Br. 1960 (Loseblatt), 2015.

Kußmaul, Heinz/Leiderer, Bernd: Die Fallstudie aus der Betriebswirtschaftslehre: Investitionsrechnung. In: Das Wirtschaftsstudium 1996, S. 236–240.

Kußmaul, Heinz/Richter, Lutz: Die Baldwin-Methode. In: Finanz Betrieb 2000, S. 683–692.

Kußmaul, Heinz/Ruiner, Christoph/Schappe, Christian: Die Einführung einer Zinsschranke im Rahmen der Unternehmensteuerreform 2008. In: Arbeitspapiere zur Existenzgründung, hrsg. von *Heinz Kußmaul*, Band 25, Saarbrücken 2008.

Lewis, Thomas G.: Steigerung des Unternehmenswertes – Total Value Management. Landsberg a. L. 1994.

Lewis, Thomas G./Lehmann, Steffen: Überlegene Investitionsentscheidungen durch CFROI. In: Betriebswirtschaftliche Forschung und Praxis 1992, S. 1–13.

Little, John D. C.: Models and Managers: The Concept of a Decision Calculus. In: Management Science 1970, S. B 466–B 485.

Loderer, Claudio u. a.: Handbuch der Bewertung. 4. Aufl., Zürich 2007.

Lorson, Peter: Shareholder Value-Ansätze. In: Der Betrieb 1999, S. 1329–1339.

Lorson, Peter: Shareholder Value-Ansätze. In: Jahrbuch für Controlling und Rechnungswesen 1999, hrsg. von *Gerhard Seicht*, Wien 1999, S. 42–72.

Lücke, Wolfgang (Hrsg.): Investitionslexikon. 2. Aufl., München 1991.

Magee, John F.: Decision Trees for Decision Making. In: Harvard Business Review 1964, N° 4, S. 126–138.

Magee, John F.: How To Use Decision Trees in Capital Investment. In: Harvard Business Review 1964, N° 5, S. 79–96.

Mandl, Gerwald/Rabel, Klaus: Methoden der Unternehmensbewertung (Überblick). In: Praxishandbuch der Unternehmensbewertung, hrsg. von *Volker H. Peemöller*, 6. Aufl., Herne 2015, S. 49–90.

Matschke, Manfred J.: Funktionale Unternehmungsbewertung. Band II: Der Arbitriumwert der Unternehmung, Wiesbaden 1979.

Matschke, Manfred J.: Gesamtwert der Unternehmung. In: Lexikon des Rechnungswesens, hrsg. von *Walther Busse von Colbe* und *Bernhard Pellens*, 4. Aufl., München/Wien 1998, S. 278–282.

Matschke, Manfred J./Brösel, Gerrit: Unternehmensbewertung. 4. Aufl., Wiesbaden 2013.

Maul, Karl-Heinz: Offene Probleme der Bewertung von Unternehmen durch Wirtschaftsprüfer. In: Der Betrieb 1992, S. 1253–1259.

Mellerowicz, Konrad: Allgemeine Betriebswirtschaftslehre. 3. Band, 12. Aufl., Berlin 1967.

Mellwig, Winfried: Besteuerung und Investitionsentscheidung – Steuerlast und Vorteilhaftigkeit von Investitionen. In: Das Wirtschaftsstudium 1989, S. 231–235.

Mellwig, Winfried: Die Erfassung der Steuern in der Investitionsrechnung – Grundprobleme und Modellvarianten. In: Das Wirtschaftsstudium 1989, S. 35–41.

Mellwig, Winfried: Investition und Besteuerung. Wiesbaden 1985.

Mellwig, Winfried: Kompendium für das Examen zum vBP/WP. Band 2: Betriebswirtschaft, 2. Aufl., Hamburg 1994.

Mellwig, Winfried: Sensitivitätsanalyse des Steuereinflusses in der Investitionsplanung – Überlegungen zur praktischen Relevanz einer Berücksichtigung der Steuern bei der Investitionsentscheidung. In: Zeitschrift für betriebswirtschaftliche Forschung 1980, S. 16–39.

Merret, A. J./Sykes, Allen: The Finance and Analysis of Capital Projects. 2. Aufl., London 1973.

Mertens, Peter: Ertragsteuerwirkungen auf die Investitionsfinanzierung – ihre Berücksichtigung in der Investitionsrechnung. In: Zeitschrift für betriebswirtschaftliche Forschung 1962, S. 570–588.

Meyering, Stephan: Existenzgründung durch Einzelunternehmenskauf – Bewertung, Kaufpreiszahlung, Ertragsteuern. Berlin 2007.

Moxter, Adolf: Bilanzlehre. 2. Aufl., Wiesbaden 1976.

Moxter, Adolf: Grundsätze ordnungsmäßiger Unternehmensbewertung. 2. Aufl., Wiesbaden 1983.

Mozer, Klaus: Der Kalkulationszinsfuß unter Berücksichtigung der Erfolgsteuern bei Publikumskapitalgesellschaften, insbesondere im deutschen und amerikanischen Steuersystem. Berlin 1972.

Mülhaupt, Ludwig: Finanzielles Gleichgewicht. In: Handwörterbuch der Finanzwirtschaft, hrsg. von *Hans E. Büschgen*. Stuttgart 1976, Sp. 401–413.

Neus, Werner/Hinten, Peter von: Besteuerung und Investitionsvolumen bei unsicheren Erwartungen. In: Die Betriebswirtschaft 1992, S. 235–248.

o. V.: Thema: Das Bernoulli-Prinzip in der Betriebswirtschaftslehre. In: Zeitschrift für Betriebswirtschaft 1985, S. 632–634.

Olbrich, Michael: Unternehmungsnachfolge durch Unternehmungsverkauf. 2. Aufl., Wiesbaden 2014.

Olbrich, Michael/Frey, Niko: Multiplikatorverfahren. In: Handbuch Unternehmensbewertung, hrsg. von *Karl Petersen, Christian Zwirner* und *Gerrit Brösel*, Köln 2013, S. 313–327.

Olfert, Klaus: Investition. 12. Aufl., Ludwigshafen (Rhein) 2012.

Oppenheim Finanzanalyse: Bedeutung und Umsetzung des Shareholder Value-Konzepts in Deutschland – untersucht anhand der Unternehmen des DAX 100, o. O. 1996.

Peemöller, Volker H.: Anlässe der Unternehmensbewertung. In: Praxishandbuch der Unternehmensbewertung, hrsg. von *Volker H. Peemöller*, 6. Aufl., Herne 2015, S. 17–29.

Peemöller, Volker H.: Stand und Entwicklung der Unternehmensbewertung. In: Deutsches Steuerrecht 1993, S. 409–416.

Peemöller, Volker H./Bömelburg, Peter/Denkmann, Andreas: Unternehmensbewertung in Deutschland – Eine empirische Erhebung. In: Die Wirtschaftsprüfung 1994, S. 741–749.

Peemöller, Volker H./Keller, Bernd/Beckmann, Christoph: Unternehmensbewertung. In: Saarbrücker Handbuch der Betriebswirtschaftlichen Beratung, hrsg. von *Karlheinz Küting*, 4. Aufl., Herne 2008, S. 1229–1294.

Peemöller, Volker H./Kunowski, Stefan: Ertragswertverfahren nach IDW. In: Praxishandbuch der Unternehmensbewertung, hrsg. von *Volker H. Peemöller*, 6. Aufl., Herne 2015, S. 277–352.

Perridon, Louis/Steiner, Manfred: Finanzwirtschaft der Unternehmung. 13. Aufl., München 2004.

Perridon, Louis/Steiner, Manfred/Rathgeber, Andreas W.: Finanzwirtschaft der Unternehmung. 16. Aufl., München 2012.

Preißer, Michael/Hegemann, Jürgen/Seltenreich, Stephan: Erbschaftsteuerreform 2009. Freiburg i. Br./Berlin/München 2009.

Rappaport, Alfred: Shareholder Value: Ein Handbuch für Manager und Investoren. 2. Aufl., Stuttgart 1999.

Redley, Rémi: Unternehmensbewertung: Kurzcharakteristika und Bewertung verschiedener Verfahren. In: bilanz & buchhaltung 1994, S. 473–476.

Reichmann, Thomas: Controlling mit Kennzahlen – Die systemgestützte Controlling-Konzeption mit Analyse- und Reportinginstrumenten. 8. Aufl., München 2011.

Reichmann, Thomas/Lange, Christoph: Aufgaben und Instrumente des Investitions-Controlling. In: Die Betriebswirtschaft 1985, S. 454–466.

Richter, Frank: DCF-Methoden und Unternehmensbewertung: Analyse der systematischen Abweichungen der Bewertungsergebnisse. In: Zeitschrift für Bankrecht und Bankwirtschaft 1997, S. 226–237.

Richter, Frank: Die Finanzierungsprämissen des Entity-Ansatzes vor dem Hintergrund des APV-Ansatzes zur Bestimmung von Unternehmenswerten. In: Zeitschrift für betriebswirtschaftliche Forschung 1996, S. 1076–1097.

Rieger, Wilhelm: Einführung in die Privatwirtschaftslehre. 3. Aufl., Erlangen 1964.

Rössle, Karl: Allgemeine Betriebswirtschaftslehre. 5. Aufl., Stuttgart 1956.

Rolfes, Bernd: Dynamische Verfahren der Wirtschaftlichkeitsrechnung. In: Das Wirtschaftsstudium 1986, S. 481–486.

Rolfes, Bernd: Statische Verfahren der Wirtschaftlichkeitsrechnung. In: Das Wirtschaftsstudium 1986, S. 411–417.

Rose, Gerd: Betriebswirtschaftliche Steuerlehre. 3. Aufl., Wiesbaden 1992.

Rose, Gerd: Betrieb und Steuer. 3. Buch: Die Substanzsteuern, 10. Aufl., Wiesbaden 1997.

Rosenberg, Otto: Investitionsplanung im Rahmen einer simultanen Gesamtplanung. Köln u.a. 1975.

Ross, Stephen A.: The Arbitrage Theory of Capital Asset Pricing. In: Journal Of Economic Theory 1976, S. 341–360.

Schaefer, Sigrid: Datenverarbeitungsunterstütztes Investitions-Controlling. München 1993.

Schierenbeck, Henner: Methodik und Aussagewert statischer Investitionskalküle. In: Wirtschaftswissenschaftliches Studium 1976, S. 217–223.

Schierenbeck, Henner/Wöhle, Claudia B.: Grundzüge der Betriebswirtschaftslehre. 18. Aufl., München 2012.

Schildbach, Thomas: Zur Diskussion über das Bernoulli-Prinzip in Deutschland und im Ausland. In: Zeitschrift für Betriebswirtschaft 1989, S. 766–778.

Schildbach, Thomas/Ewert, Ralf: Einige Bemerkungen zur Kritik der Kritik am Bernoulli-Prinzip. In: Zeitschrift für Betriebswirtschaft 1983, S. 583–590.

Schindler, Klaus: Mathematik für Ökonomen. 5. Aufl., Wiesbaden 2005.

Schmidbauer, Rainer: Marktbewertung mithilfe von Multiplikatoren im Spiegel des Discounted-Cashflow-Ansatzes. In: Betriebs-Berater 2004, S. 148–153.

Schmidt, Reinhard H./Terberger, Eva: Grundzüge der Investitions- und Finanzierungstheorie. 4. Aufl., Wiesbaden 1997.

Schneeloch, Dieter: Besteuerung und betriebliche Steuerpolitik. Band 2: Betriebliche Steuerpolitik, 3. Aufl., München 2009.

Schneeweiß, Christoph: Kostenwirksamkeitsanalyse, Nutzwertanalyse und Multi-Attributive Nutzentheorie. In: Wirtschaftswissenschaftliches Studium 1990, S. 13–18.

Schneeweiß, Hans: Entscheidungskriterien bei Risiko. Berlin/Heidelberg/New York 1967.

Schneider, Dieter: Investition, Finanzierung und Besteuerung. 7. Aufl., Wiesbaden 1992.

Schult, Eberhard: Betriebswirtschaftliche Steuerlehre. 4. Aufl., München/Wien 2002.

Schüler, Andreas: Zur Unternehmensbewertung mit Multiplikatoren. In: Die Wirtschaftsprüfung 2014, S. 1146–1158.

Schwarz, Horst: Optimale Investitionsentscheidungen. München 1967.

Schwellnuß, Axel G.: Investitions-Controlling. München 1991.

Schwetzler, Bernhard/Darijtschuk, Niklas: Unternehmensbewertung mit Hilfe der DCF-Methode – Eine Anmerkung zum „Zirkularitätsproblem". In: Zeitschrift für Betriebswirtschaft 1999, S. 295–318.

Seelbach, Horst: Ersatztheorie. In: Zeitschrift für Betriebswirtschaft 1984, S. 106–127.

Seicht, Gerhard: Investition und Finanzierung. 9. Aufl., Wien 1997.

Serfling, Klaus/Pape, Ulrich: Strategische Unternehmensbewertung und Discounted Cash-Flow-Methode. In: Das Wirtschaftsstudium 1996, S. 57–64.

Sieben, Günter: Funktionen der Bewertung ganzer Unternehmen und von Unternehmensanteilen. In: Das Wirtschaftsstudium 1983, S. 539–542.

Sieben, Günter: Schmalenbachs Auffassung von der Unternehmensbewertung. In: Betriebswirtschaftliche Forschung und Praxis 1998, S. 189–203.

Sierke, Bernt R. A.: Investitions-Controlling im Controlling-System – Darstellung eines integrierten Ansatzes mit Hilfe ausgewählter linearer Dekompositionsverfahren. Korbach 1990.

Steiner, Jürgen: Ertragsteuern in der Investitionsplanung. Zur Frage der Entscheidungsstabilität bei der Vorteilhaftigkeitsanalyse von Einzelobjekten. In: Zeitschrift für betriebswirtschaftliche Forschung 1983, S. 280–291.

Stewart, Benett G.: The Quest For Value. New York 1991.

Stützel, Wolfgang: Liquidität. In: Handwörterbuch der Sozialwissenschaften. 6. Band, Stuttgart/Tübingen/Göttingen 1959, S. 622–629.

Süchting, Joachim: Finanzmanagement – Theorie und Politik der Unternehmensfinanzierung. 6. Aufl., Wiesbaden 1995.

Suerbaum, Andreas: Bewertung von Betriebsvermögen. In: Erbschaftsteuerreform 2009, hrsg. von *Rudolf Pauli* und *Michael Maßbaum*, Köln 2009, S. 323–358.

Swoboda, Peter: Investition und Finanzierung. In: Betriebswirtschaftslehre im Grundstudium der Wirtschaftswissenschaft. Band 3, 5. Aufl., Göttingen 1996.

Teichroew, Daniel/Robichek, Alexander A./Montalbano, Michael: An Analysis of Criteria for Investment and Financing Decisions under Certainty. In: Management Science 1965/66, S. 151–179.

Vormbaum, Herbert: Finanzierung der Betriebe. 9. Aufl., Wiesbaden 1995.

Wacker, Wilhelm H./Seibold, Sabine/Oblau, Markus: Lexikon der Steuern. 2. Aufl., München 2005.

Wagner, Franz W.: Der Steuereinfluß in der Investitionsplanung – Eine Quantité négligeable? In: Zeitschrift für betriebswirtschaftliche Forschung 1981, S. 47–52.

Wagner, Franz W.: Die Integration der Besteuerung in die unternehmerische Planung. In: Der Betrieb 1980, S. 553–555.

Wagner, Franz W./Dirrigl, Hans: Die Steuerplanung der Unternehmung. Stuttgart/New York 1980.

Wagner, Wolfgang: Shareholder-Value als Managementinstrument und Aspekte des Konzeptes für die Unternehmensbewertung, Vortrag vom 14.11.1995. In: Rechnungslegung und Prüfung, hrsg. von *Jörg Baetge*, Düsseldorf 1996, S. 311–354.

Walz, Hartmut/Gramlich, Dieter: Investitions- und Finanzplanung. 8. Aufl., Frankfurt a. M. 2011.

Wegener, Wolfgang: Auswirkungen der Steuerreform auf den objektivierten Unternehmenswert von Kapitalgesellschaften. In: Deutsches Steuerrecht 2008, S. 935–942.

Wehrle-Streif, Uwe: Empirische Untersuchung zur Investitionsrechnung. Köln 1989.

Weigel, Winfried: Steuern bei Investitionsentscheidungen. Wiesbaden 1989.

Weingartner, Hans M.: Mathematical Programming and the Analysis of Capital Budgeting Problems. 3rd printing, Englewood Cliffs 1965.

WestLB Research: Das Thema Shareholder Value. Dax-Werte Deutschland. Basis für Investitionsentscheidungen, o. O. 1997.

Witte, Eberhard: Die Liquiditätspolitik der Unternehmung. Tübingen 1963.

Witte, Eberhard: Entscheidungsprozesse. In: Handwörterbuch der Organisation, hrsg. von *Erich Frese*, 3. Aufl., Stuttgart 1992, Sp. 551–565.

Witte, Eberhard: Phasen-Theorem und Organisation komplexer Entscheidungsverläufe. In: Zeitschrift für betriebswirtschaftliche Forschung 1968, S. 625–647.

Wöhe, Günter: Bilanzierung und Bilanzpolitik. 9. Aufl., München 1997.

Wöhe, Günter: Einführung in die Allgemeine Betriebswirtschaftslehre. 18. Aufl., München 1993.

Wöhe, Günter: Einführung in die Allgemeine Betriebswirtschaftslehre. 21. Aufl., München 2002.

Wöhe, Günter/Bieg, Hartmut: Grundzüge der Betriebswirtschaftlichen Steuerlehre. 4. Aufl., München 1995.

Wöhe, Günter/Bilstein, Jürgen.: Grundzüge der Unternehmensfinanzierung. 9. Aufl., München 2002.

Wöhe, Günter/Döring, Ulrich: Einführung in die Allgemeine Betriebswirtschaftslehre. 25. Aufl., München 2013.

Wöhe, Günter/Kußmaul, Heinz: Grundzüge der Buchführung und Bilanztechnik. 9. Aufl., München 2015.

Wöhe, Günter u. a.: Grundzüge der Unternehmensfinanzierung. 11. Aufl., München 2013.

Zangemeister, Christof: Nutzwertanalyse in der Systemtechnik. 4. Aufl., München 1976.

Stichwortverzeichnis

A

Abschreibung
    kalkulatorische 53
    Sonder- 170
Adjusted Present Value-Verfahren
    Darstellung 302
    Kritik 306
Albach-Modell 225
Amortisationsrechnung
    dynamische
        Darstellung 115
        endliche Rente 116
        Kritik 117
        Prämissen 116
        unendliche Rente 117
    statische
        Darstellung 63
        Durchschnittsmethode 64
        Kritik 65
        Kumulationsmethode 64
Annuitätenmethode
    Darstellung 104
    endliche Rente 106
    Kritik 107
    Prämissen 105
    unendliche Rente 106
Ausgaben 3
Auszahlungen 2

B

Baldwin-Methode
    Darstellung 128
    Kritik 130
Bernoulli-Prinzip
    Darstellung 193
    Kritik 194
Bewertung 40
Bruttomethode 173

C

Capital Asset Pricing Model
    Darstellung 284
    Kritik 287
Cashflow Return On Investment 340
Cashflow-Ermittlung
    Allgemeines 278
    direkte Methode 282
    Flow to Equity 281
    Free Cashflow 281
    indirekte Methode 279
    Total Cashflow 280
Checklisten
    siehe Nutzwertanalyse

D

Datenbeschaffungsprobleme 37
DCF-Verfahren
    siehe Adjusted Present Value-Verfahren
    siehe Cashflow-Ermittlung
    siehe Flow to Equity-Verfahren
    siehe Free Cashflow-Verfahren
    siehe Total Cashflow-Verfahren
Dean-Modell 224
Dynamische Verfahren
    Allgemeines 73
    siehe Annuitätenmethode
    siehe Amortisationsrechnung, dynamische
    siehe Kapitalwertmethode
    siehe Methode des internen Zinsfußes
    Zusammenfassung 118

E

Economic Value Added 334
Eigenkapital 3
Einnahmen 3
Einzahlungen 2
Einzelbewertungsverfahren 256

Endwertverfahren
　Allgemeines 122
　siehe Sollzinssatzmethoden
　siehe Vermögensendwertmethode
Entity Approach 276
Entscheidungen
　Einzelentscheidungen 36
　Programmentscheidungen 36, 217
Entscheidungsbaumverfahren
　Anwendungsgebiete 215
　Darstellung 211
　Kritik 213
Equity Approach 276
Ersatzzeitpunkt 149
Ersetzungskapitalwert 152
Ertragswertverfahren 287
Erwartungswert 188
Erwartungswertprinzip 190
Erwartungswert-Varianz-Modell 191

F

Finanzielles Gleichgewicht 15
Finanzierung 7, 24
Finanzierungsbegriff 24
Finanzierungsentscheidungen 17
Finanzwirtschaftlichen Aufgaben 20
Finanzwirtschaftlicher Bereich
　Allgemeines 1, 5
　Ziele 9
Flow to Equity-Verfahren 296
Free Cashflow-Verfahren 297

G

Geldentwertung 175
Geldvermögen 3
Gesamtbewertungsverfahren
　siehe Adjusted Present Value-Verfahren
　Einordnung 273
　siehe Ertragswertverfahren
　siehe Flow to Equity-Verfahren
　siehe Free Cashflow-Verfahren
　siehe Total Cashflow-Verfahren
　siehe vereinfachtes Ertragswertverfahren
Geschäftswertabschreibung
　befristete 266
　unbefristete 265

Gewinnvergleichsrechnung
　Darstellung 58
　Kritik 59

H

Hax-Weingartner-Modell 231
Hurwicz-Regel 197

I

IDW S1
　Allgemeine Bemerkungen 307
　Grundsätze 307
　Unternehmenswert 320
Imponderabilien 41
Interpolation
　lineare 109, 117
Investition 5, 6, 21
Investitionsbegriff 22
Investitionscontrolling
　Aufgaben 47
　Begriff 46
Investitionsprogrammplanung
　Allgemeines 51
　simultane 218
　sukzessive 218
Investitionsprozess
　Beurteilungsphase 31
　Entscheidungsphase 31
　Gliederung 29
　Kontrollphase 32
　Planungsphase 31
　Problemstellungsphase 31
　Realisationsphase 31
　Suchphase 31

K

Kalkulationszinssatz
　endogener 221
　Grundlagen 96
　siehe Steuern
Kapitalbeschaffungsmaßnahmen 17
Kapitalrentabilität 10
Kapitalwertmethode
　Darstellung 100
　endliche Rente 102
　Kritik 103

Prämissen 102
Kapitalwertrate 238
Kettenkapitalwert 148
Korrekturverfahren
    Anwendungsgebiete 215
    Darstellung 199
    Kritik 199
Kostenvergleichsrechnung
    Darstellung 52
    Kritik 56

L

Laplace-Regel 197
Leistungswirtschaftlicher Bereich
    Allgemeines 1
    Ziele 9
Leverage-Effekt 11
Liquidität 12

M

Maximax-Regel 196
Maximin-Regel 196
Methode des internen Zinsfußes
    Berechnung 108
    Darstellung 107
    Kritik 113
    Prämissen 111
    unendliche Rente 113
Minimax-Regel
    siehe Maximin-Regel
Minimin-Regel
    siehe Maximax-Regel
Mittelwertverfahren 264

N

Näherungsverfahren
    siehe Methode des internen Zinsfußes
    siehe *Newton*-Iteration
Nettomethode I 168
Nettomethode II 163
Newton-Iteration 110
Nutzungsdauer 138, 140
Nutzwertanalyse 43

P

Preis-Leistungs-Modell 46
Prognoseverfahren
    qualitative 38
    quantitative 38
Punktbewertungsmodell
    siehe Nutzwertanalyse

R

Reinvermögen 3
Rentabilitätsvergleichsrechnung
    Darstellung 59
    Kritik 62
Return On Investment 11
Risiko 39, 185
Risikoanalyse
    Anwendungsgebiete 215
    Darstellung 206
    Kritik 210

S

Savage-Niehans-Regel 198
Scoringmodell
    siehe Nutzwertanalyse
Sensitivitätsanalyse
    Anwendungsgebiete 215
    Darstellung 200
    Dreifach-Rechnung 200
    Kritik 205
    Kritische-Werte-Rechnung 203
    Zielgrößen-Änderungsrechnung 201
Shareholdervalue-Ansätze
    Allgemeines 11, 326
    siehe Cashflow Return On Investment
    siehe Economic Value Added
Sicherheit 16
Sollzinssatzmethoden
    siehe Baldwin-Methode
    siehe TRM-Methode
    siehe Vermögensrentabilitäts-Methode
Standardabweichung 189
Standardmodell
    siehe Nettomethode II

Statische Verfahren
  Allgemeines 51
  siehe Gewinnvergleichsrechnung
  siehe Kostenvergleichsrechnung
  siehe Rentabilitätsvergleichsrechnung
  siehe Amortisationsrechnung, statische
  Zusammenfassung 70
Steuern
  siehe Bruttomethode
  Ertragsteuern 157
  Gewerbesteuer 166
  Grunderwerbsteuer 160
  Grundsteuer 159
  Investitionszulagen 170
  Investitionszuschüsse 171
  Kalkulationszinssatz 161
  siehe Nettomethode I
  siehe Nettomethode II
  siehe Abschreibungen, Sonder-
  siehe Standardmodell
  Umsatzsteuer 159
Steuerparadoxon 172
Stuttgarter Verfahren 268
Substanzwertverfahren 258

T

Total Cashflow-Verfahren 300
TRM-Methode 126

U

Übergewinnabgeltung 266
Unabhängigkeit 18
Ungewissheit 39, 185
Unsicherheit 185
Unternehmensbewertung
  Anlässe 246
  Grundlagen 243
  siehe IDW S 1
  siehe Verfahren der
    Unternehmensbewertung

V

Varianz 188
Vereinfachtes Ertragswertverfahren
  Darstellung 290
  Ermittlung 292
Verfahren der Unternehmensbewertung
  Einordnung 255
  siehe Einzelbewertungsverfahren
  siehe Gesamtbewertungsverfahren
  siehe Geschäftswertabschreibung
  siehe Mittelwertverfahren
  siehe Stuttgarter Verfahren
  siehe Übergewinnabgeltung
Vermögensendwertmethode
  Kontenausgleichsgebot 124
  Kontenausgleichsverbot 123
  Prämissen 125
Vermögensrentabilitäts-Methode 127
Vollständiger Finanzplan 97

W

WACC-Ansatz 298
Wald-Regel
  siehe Maximin-Regel

Z

Zahlungsmittelbestand 3
Zahlungsströme 5
Ziele
  siehe Finanzwirtschaftlicher Bereich
  siehe Leistungswirtschaftlicher Bereich
  Investoren 34
Zinsen
  kalkulatorische 54, 61
Zufallsvariable
  Allgemeines 185
  diskrete 187
  stetige 187